寻找答案的人，

会变成书写答案的人。

郝长晚

王骏

# 税务规划合规边界与风险防范

郝龙航 王骏 陈仁 刘剑 张妍 主编

- 聚焦四大类四十小类筹划路径与风险
- 透析 120 个样本案例触类旁通
- 税收洼地阴阳合同灵活用工风险识读
- 十个上市公司筹划案例借鉴
- 攻守之道如何把握合规合理底线

攻防之道 深度挖掘

知彼知己 相向而行

倾 / 心 / 打 / 造

中国财经出版传媒集团
中国财政经济出版社

**图书在版编目（CIP）数据**

税务规划合规边界与风险防范／郝龙航等主编．--
北京：中国财政经济出版社，2022.2（2022.3重印）
ISBN 978－7－5223－1093－0

Ⅰ.①税…　Ⅱ.①郝…　Ⅲ.①税务筹划－税法－基本知识－中国　Ⅳ.①D922.220.4

中国版本图书馆 CIP 数据核字（2022）第 009636 号

责任编辑：陈志伟　　　　责任印制：史大鹏
封面设计：李　娜

税务规划合规边界与风险防范
SHUIWU GUIHUA HEGUI BIANJIE YU FENGXIAN FANGFAN

中国财政经济出版社 出版
**URL**：http：//www. cfeph. cn
E－mail：cfeph @ cfemg. cn

社址：北京市海淀区阜成路甲 28 号　邮政编码：100142
营销中心电话：010－88191522
天猫网店：中国财政经济出版社旗舰店
网址：https：//zgczjjcbs. tmall. com
北京时捷印刷有限公司印刷　各地新华书店经销
成品尺寸：170mm×240mm　16 开　35.5 印张　480 000 字
2022 年 2 月第 1 版　2022 年 3 月北京第 2 次印刷
定价：138.00 元
ISBN 978－7－5223－1093－0
（图书出现印装问题，本社负责调换，电话：010－88190548）
本社图书质量投诉电话：010－88190744
**打击盗版举报热线：010－88191661　QQ：2242791300**

# 本书编委会

（排名不分先后）

**主　　编：**

郝龙航　大力税手

王　骏　北京中翰税务师事务所

陈　仁　福州中翰鑫金税务师事务所

刘　剑　国家税务总局泗洪县税务局

张　妍　大力税手联合创始人　北京德和衡律师事务所

**副 主 编：**

谢波峰　中国人民大学数字税收研究所

姜瀚钧　北京德和衡律师事务所

陈　莉　葵花药业集团股份有限公司

刘晓忠　北京中翰税务师事务所

李存周　天津中翰英特税务师事务所

杨国涛　广州中翰锦源税务师事务所

郝顺利　内蒙古中翰泽众税务师事务所

王书红　海南中翰红日诚税务师事务所

王　战　河南中翰盛胜税务师事务所

周凤玲　山东中翰双瑞税务师事务所

刘海英　山东中翰双瑞税务师事务所

朱志春　湖南中翰益商税务师事务所

吴鸿雁　河北中翰钧正税务师事务所

薛行生　南京中瀚通华会计师事务所

**指导专家：**

王淑红　国家税务总局抚顺市税务局

刘嘉怡　中国税务杂志社

陈　正　航天神舟投资管理有限公司

秦　燕　国家税务总局泗洪县税务局

王　蓓　上海中翰海阳税务师事务所

裴　华　重庆中翰九略税务所事务所

骆恩新　山东天永信税务师事务所有限公司

王殿梅　河北中翰中瑞税务师事务所

赵述强　中山市中翰中正税务师事务所

王　琼　岳阳翰邦财税服务有限公司

王艳华　河北中翰天道税务师事务所

徐心梧　税安科技（杭州）有限责任公司

林伟棠　佛山市南峰税务师事务所

徐　进　南通中翰国源税务师事务所

石　雨　威海君合税务师事务所

靳黎娜　北京嘉润税务师事务所

庄元红　四川华西税务师事务所

王秀娟　山东中翰东方税务师事务所

张　湄　问晓税务师事务所（上海）有限公司

刘　嘉　中翰联合（北京）咨询服务有限公司

王　佩　湖北中翰裕众税务师事务有限公司

张恒国　北京中翰税务师事务所

胡　锋　温州中翰德嘉税务师事务所

# 自 序

这本书，合著者几经思虑，几经探讨，数次下笔，皆因不满意而推倒重来。一是敬畏之心，二是忐忑之情。总之，这是一本以探讨为主导方向的书，是非曲直还是自在读者个人心中。

此前以核定与财政返还“双轮驱动”的税务筹划之法被纵容过多，而今征管大环境变化，不当筹划被追税、追责的案例屡有发生。十字路口，何去何从，知底线、辨是非，更要知彼此，方有可为、有所为。

职业习惯使然，我们喜欢深度地看问题、找问题、分析问题，喜欢探索当前情形下逻辑上的、综合性的解决之策、合规创新方式，并不断应用于实践。不过这里的深度，不是那种单纯理论性的研讨与比较，是偏向现况与实用中的深度，并希望由此推动其完善与进步。

广结善缘、专业同行，在写作过程中，很多伙伴给了我们无私的、大量的指导帮助，无时不心怀感恩之心、分享之心。回想 2020 年，在抗击疫情期间开始写的《资本个税》，未让伙伴们失望，字里行间难掩心意，以书会友，友情与知识共舞，甚幸，甚安。但也因写的内容过多、书过重，伙伴们给了一些建议，在写作本书时已有改善处理。

拟写本书之意，非为传道、授业、解惑，实为合著者们经历之事、观察之事的小结，也有读罢一些专家的文章、图书后的思考与观点的碰撞累积，恰时光悠然，冬日暖阳，知识耕耘，希望带来一片收获。

税务筹划（或称税收筹划与税务规划），有人视其为“神”，有人视其为“妖”。实践当中确实存在许多使用不当现象，但不能将“罪过”单纯加诸于名字本身。因为无论如何，它每天都发生在我们身边，在我们很多人的“追求”之中。一般来说，税务筹划的本质在于个人或组织对于利益的获取，在很多时候，它以减少纳税金额或延迟纳税行为为实施结果，通过利用政策空间、组织架构、业务模式、地域分布等复合方式，来达到此目标。但是，合著者认为，这不是税务筹划的唯一目的，我们要站在中立的立场看待这个问题，它不是简单地攫取国家“应得”的税收利益，有时候，它是让你能准确把握正确高效的计税、缴税方法，防范不该纳之税，这是一种响应式的税务筹划，在很多情形下，它的发生概率非常高，也是正常之举。只是当我们戴着“有色眼镜”视之，很容易认为其为不义之举。更有甚者，认为个人或企业只有多纳税，才会减少税务风险，这本身就不是“合法纳税”。税收法定，应依法纳税，而不是讨价还价地纳税。因此，对于税收政策的有效理解、应用，以及防范争议所做的安排，也是一种预防性的筹划。

税务筹划有“大”有“小”，决策权在纳税人手中。大的方面表现在符合国家产业导向、“大开大合式”的规划，小的方面表现在税收政策的“以技取巧”。笔者观察到，很多时候由于政策本身的文字表述局限，存在着不完整性，表现在文字表述上的碎片化、单一化，有一些税务筹划，就是建立在“游戏规则”的咬文嚼字上，甚至也有人以能说服、引导甚至忽悠税务人员为荣，并作为“普世之道”进行宣传，这就激化了纳税人与税务机关之间的矛盾，突出了税务筹划的利益对立性，以及此背景下的理解差异、立场差异，加剧了税务人员的职责忧虑。所以，在进行税务筹划时，能够站在对方的角度考虑，少走极端，或许就是为人之道，也是更高一步的筹划了。有人提出来，税务筹划不要太高调，于纳税人来讲，不宜广而告之，让它顺其业务自然地发生，视其为正常之事即可。所谓低调做事，高调做人，有一定的道理，因为本身即为正常之事，不必作大声嚷嚷之态。有时，实际业务中，也有真事作“假”的筹划安排，比如某企业真实地发生了500万元的咨询费，但是数额过大担心引起关注，所以分不同的主体而处之，拉长时间处理，多种支付方式处理，做生意时间长了，有的企业家特别谨慎的行事思路，实是高于专注理论的学者。也有这样的情形，出于对风险的极度厌恶，对筹划避而远之，认为有风险就不是好事，不能“占”国家的便宜，由于缺乏信任渠道与防范方式，也有的企业家是持有这样的观点的。但是，做什么没有风险呢？即使这样，恐怕风险也不是百分之百可以防范的，真要这么做，倒未尝不可，但面临的经营压力、竞争压力可想而知。最近几年，我们发现，除民营企业外，国有企业对于税务筹划的需求也开始增多、增强，对于负责人的考核，也有增加相应的净利润指标、研发投入的考虑，相较于过去偏重于规模、收入额等有了新的升级。税收一事当下受重视程度很高，特别是疫情之下国家频出税收激励政策、社保政策，在创新经济、地区发展的规划中，发挥着核心的引导与鼓励作用，企业、高收入的民众对此深有感触，合规遵从，有利筹划，也收获了相应的效果。

有筹划，自然面临着“反筹划”的挑战。对于正当的筹划，比如充分享受国家优惠政策的技术研发活动，这是需要鼓励的事，对于不合理的野蛮型的筹划，对于违法实施的筹划，则随时会面临着严峻的挑战。少缴或不缴税的行为有的属于偷逃税款，有的属于避税，因此国家法律法规、税收政策持续进行征管细化、强化，加大对违法行为的打击抑制，强化对避税行为的反制，不断发展与完善相关制度，有些人因行为违法付出了沉重的代价，甚至身陷囹圄；对于避税行为，则可能游走其间，更多的是在合法的规则下，统筹税收政策的有效适用，达到其预期的统筹税负的目标，自然为多数人理解的筹划。但有时提前计缴，可能也有其需求之处，且不可认为少缴税就是筹划的唯一表现，“一棍子打死”。在反制税务筹划方面，税务机关往往有三种应对方式，一是列为异常事项，因为在数据管税的模式背景下，只要有变化较大的指标出现，则认为有风险发生，需要解释、说明，此时也可能被安上一个“吓人”的帽子，使得纳税人被动接受处理意见。现实当中，有一些看似好的筹划方案因为其他因素并不一定得到好的实施，作为服务人士来讲，更不宜高谈阔论，只考虑政策方面设计方案的完美、精巧，而忽略实施层面企业可能面临的被动局面，需要量力而行；二是补充、完善税收规则，强化征管，特别是当发生税收事件化的问题上，采取主动出击的方式进行样本打击，要求其主动改正或以强制方式进行处理，“杀一儆百”，由点及面，起到事半功倍的效果；三是由稽查部门进行行业检查、重点领域检查，或者成立专项工作小组进行整顿，必要时移交经侦进行处理等。所以，筹划需要考虑的风险因素还是比较多样的。

人生需要经营，未来需要规划，税收事宜也有相似性。在全球或国内的经济、社会环境中，企业的成长发展，个人收入的增长，随着税收法制与征管手段的完善与提升，税负波动的敏感度日益明显，而税收并不是冷冰冰的数字与规则，它是有温度的，更有活生生的可加工性。与时俱进，找到适合自己的方式，让自己在不同的成长阶段适当地享受政策的“关爱与偏爱”。

本书结合数位合著者的学习经历、从业经历，观过去、看现在、谋未来，本书总结出四大功能分类的筹划方式，每个类别下面细化了10个相关的应用案例，有的从纳税人的角度，有的从税务机关的角度，有的从中介机构的角度，“或正或邪”，既有热门话题，也有独家报料，希望本书能带您开启一段非凡之旅。当我们分析可能面临的质疑与不确定风险的时候，就如何提前完善、修正自己的筹划方法、展示方式，如何在常规应用与新路径突破中分解与分化风险，如何识读法律责任等提出相应解决思路，从而给您带来不凡的使用价值。反之，税务干部亦可通过了解筹划现状，知彼知己，运用逆向思维发现问题、防范问题与处理问题。

本书是合著者们的一些个性化思考与总结的汇编，其中难免有差错之处，更有需要提升与开拓视野之处，请广大读者予以批评指正。但，它是一本站在中立的角度所写的书，无论是对于纳税人，还是税务机关，都是有益的。给予纳税人以阳光，让他们茁壮成长，开开心心地纳应纳之税，竭力促成双赢局面。

最后，感谢大力税手法税团队的投资伙伴、团队成员，我们在涉税检查争议解决与筹划研究、跨境投资、涉税涉票刑诉与民诉服务、保险与信托、移民、海关关务、国际税等领域，形成了完整的专业研究体系，知识有价，信任无价，相信有价值的相遇。感谢中国财政经济出版社的尉敏老师付出的艰辛努力。

终于，本书得以付梓，了却了一桩心事。我们始终相信，分享多，收获多，无论是朋友还是知识，且愿长行。是为探讨，合规经营、合规从业，与正能量同行。

**郝龙航（第三只眼）代表合著者**

2022 年 1 月 1 日

# 目　录


**第一章　税务筹划的“四门功课”** …… 1

1.1　税务筹划的心理与时代性探究 …… 3

1.1.1　税务筹划的误区 …… 5

(1) 顾此失彼型 …… 5

(2) 单纯利己型 …… 8

(3) 唯专家导向型 …… 9

(4) 冒着“违规违法”的风险型 …… 13

(5) 不做筹划型与极致筹划型 …… 16

(6) 脱离事实纸上谈兵型 …… 17

1.1.2　不同阶段税务筹划的时代特性 …… 18

1.2　税务筹划要达到什么结果 …… 21

1.2.1　税务筹划是解决多交税的问题还是少交税的问题 …… 22

1.2.2　老板的税务筹划心态 …… 26

1.2.3　员工的税务筹划心态 …… 28

1.2.4　中介服务机构的税务筹划心态 …… 29

1.3　税务筹划“四门功课”的创立假设 …… 31

1.3.1　“一拆” …… 31

1.3.2　“二生” …… 33

1.3.3　“三变” …… 34

1.3.4　“四调” …… 35

1.3.5　其他一些方法的理解与观察 …… 37

1.3.6　对于国外经验或规则的借鉴与引用 …… 39

1.4　税务筹划的矛盾与平衡 …… 41

1.4.1　纳税人与税务人士如何看税务筹划 …… 41

1.4.2 合规的、正能量的税务筹划可以在纳税人与税务部门间达成共识 …… 45
1.4.3 借助于第三方力量进行税务筹划需要考虑的因素 …… 49
1.4.4 税法遵从与其他法律法规遵从的差别 …… 52
1.4.5 税务筹划的风险 …… 54
1.4.6 税务筹划是不是一门艺术 …… 70
1.4.7 税务筹划是需要经营的 …… 71
1.4.8 野蛮成长的“核定与财政返还”式筹划正在阵痛中蜕变 …… 73
1.5 税务筹划与反筹划是法律行为且有法律后果 …… 76
1.6 本章小结 …… 82

**第二章 “拆”字诀 …… 85**

2.1 “拆”找空间 …… 85
2.1.1 增值税小规模纳税人备受优惠“宠爱” …… 87
(1) 拆税负主体的情形及风险 …… 90
(2) 拆分进行小规模筹划下的虚假水分 …… 91
(3) 小规模纳税人的税收功能角色 …… 94
2.1.2 拆业务模块避免全部适用收入高税率 …… 98
2.1.3 为规避土地增值税进行拆分以股权转让的操作路径及注意点 …… 104
2.1.4 拆业务模块获取优惠与利益空间 …… 112
(1) 拆立软件公司的注意事项 …… 113
(2) 拆分业务单位避开价外费用的“陷阱” …… 131
2.1.5 拆分业务链条筹划增值税低税率的“灰色地带”异议 …… 133
2.1.6 拆分发放工资薪金规避社保的计缴空间 …… 136
2.1.7 产生利润的拆与转移利润的拆 …… 142
2.1.8 债权与债务的转移问题 …… 147
(1) 关于承债式转让产生计税所得的“误区” …… 147
(2) 股权转让过程中涉及的债权债务的提前处理问题 …… 149
2.1.9 拆“业务包”的问题 …… 152
2.1.10 “暗渡陈仓”式转移无形资产的问题 …… 154
2.2 “拆”的税务风险平衡 …… 157

2.3 小结 …… 159

第三章 "生"字诀 …… 164

3.1 "生"的方向在哪里 …… 165
3.2 "生"的税务风险平衡 …… 167
3.2.1 研究开发费用好筹划但是"陷阱"多多，税务机关多关注 …… 167
(1) 关联方交易形成的研发"空间" …… 169
(2) 高新技术企业认定中研发费用支出的比例要求 …… 172
(3) 不允许进行加计扣除的行业进行"拆"的处理 …… 176
(4) 税务机关如何挤掉研发费用加计扣除中夹杂的"水分" …… 177
3.2.2 利用地区财政"返还"政策进行的交易架构安排 …… 180
(1) 企业组织架构、功能架构与财政政策的对接 …… 180
(2) "生"的利润转化为服务费用的溢价 …… 183
(3) 限售股减持面临的挑战 …… 183
(4) 各方如何面对"财政奖励"的空间与机会 …… 187
3.2.3 技术成果出资"断层"产生的筹划价值 …… 188
3.2.4 技术转让操作产生的成本费用的价值 …… 192
3.2.5 个别集团型服务机构"生"收入的虚开问题 …… 196
3.2.6 生出"进项"的价值链改造 …… 201
(1) 日常进项税额筹划的方式 …… 201
(2) 某大型食品加工企业的进项筹划 …… 201
(3) 从农贸市场购买免税商品的业务处理 …… 213
(4) 大额留抵进项税额无法消化的问题 …… 217
3.2.7 亏损企业的筹划"价值"所在 …… 218
3.2.8 "生"出交易的借款行为 …… 222
(1) 贷款服务增值税不能抵扣怎么办 …… 223
(2) 融资借业务之壳的筹划方式 …… 226
3.2.9 "生"出印花税的运营安排应对 …… 229
3.2.10 "无中生有"中财务人员如何规避自己的职业风险 …… 233
(1) 财务人员的所想、所做与必要的风险防范 …… 234
(2) 代理记账人员的筹划风险 …… 236

(3) 财务人员在筹划过程当中潜在的经济赔偿责任 …………244
3.3 小结……………………………………………………247

**第四章 “变”字诀** ………………………………………250

4.1 “变”的手法概述 ……………………………………250
4.2 “变”的税务风险平衡 ………………………………253
4.2.1 变更用工方式………………………………………254
(1) 个人劳动关系、劳务或项目合作关系，外包用工平台服务关系 ……………………………………………………257
(2) “发票与税”的痛点处理是平台大规模发展的两个支撑点 ……………………………………………………………262
(3) 高管避个税的求变与合规方式 …………………………276
(4) 经营所得对于综合所得的“破坏力”与修正方向 ………288
(5) 形成国内“避税地”效应下的平台经济何去何从 ………296
(6) 差额劳务派遣票或代发形式开票隐含着偷逃税款、虚开发票的行为 ……………………………………………………298
4.2.2 无车运输平台的筹划空间……………………………312
(1) 无车承运平台从哪里来，到哪里去 ……………………312
(2) 无车承运平台的税收筹划案例探讨 ……………………323
4.2.3 利益传递可以选择的筹划……………………………325
4.2.4 满足特定税务处理条件下的筹划……………………328
(1) 满足特殊性税务处理的条件 ……………………………328
(2) 增资与新设投资的条件适用差别 ………………………330
4.2.5 会计处理方法考虑税务筹划的需要…………………332
(1) 无形资产加计摊销的会计核算“保护” ………………333
(2) 加速折旧的税会关系处理 ………………………………335
4.2.6 营改增中“甲供材”试点政策解放了增值税但留下了“陷阱” ………………………………………………………337
4.2.7 变更股东（合伙人、投资人）身份与地点的筹划 ………352
(1) 民营企业老板们头疼的“税事” …………………………352
(2) 从个人直接持股到合伙企业、个人独资企业持股的筹划路径 ……………………………………………………………354

(3) 不公允但有合理理由的跨境个人股权转让是不是存在空间 …… 356
(4) 不同环节下涉税争议问题的风险分析 …… 359
(5) 筹划过程中及结果形成后的争议解决 …… 364
(6) 个人所得税的反避税与企业所得税的反避税方式存在差别 …… 370
4.2.8 资本市场中的节税通道 …… 375
4.2.9 信托避税几时休 …… 379
(1) 投资导向的信托安排 …… 380
(2) 家庭财富管理导向的信托安排 …… 382
4.2.10 合伙企业份额转让与经营所得计税之间的税率差与协调 …… 387
(1) 政策的梳理与理解 …… 388
(2) 适用税率差下可考虑的样本筹划案例 …… 392
(3) 认缴出资额转让及原值扣除的问题 …… 395
(4) 关于反避税政策方面的规则遵从及进展 …… 396
(5) 非交易过户适用情形下限售股的筹划路径 …… 397
(6) 其他个人的经营所得并入综合所得税展望 …… 403
4.3 小结 …… 404

**第五章 “调”字诀 …… 407**

5.1 “调”的手法概述 …… 407
5.2 “调”的税务风险平衡 …… 409
5.2.1 软件公司的腾挪之术有应对手段了 …… 409
5.2.2 房产税的筹划想法与落地 …… 414
5.2.3 股东分家的处理情形 …… 422
5.2.4 个税扣缴“陷阱”的规避 …… 424
(1) 对于个人应税所得的理解与特例规定 …… 425
(2) 免费体验服务、免费品尝等如何界定是否为应税所得 …… 427
(3) 对外业务活动越无偿可能越“受伤” …… 429
5.2.5 总分机构之间资产使用牵涉的增值税抵扣与视同销售问题 …… 437
5.2.6 私募管理人个人所得税的“海南行” …… 438

5.2.7 调整账面资产价值、满足业务条件下的税务问题规划…… 445
(1) 以交易取得承兑汇票的资金套现 …… 446
(2) 如何体现出资产的账面价值问题 …… 447
(3) 搭建税收价值架构的调整考虑 …… 448
5.2.8 野蛮地调整利润的费用化问题…… 450
(1)"找啊找啊，找发票"都找了哪些…… 451
(2) 调报表调出"筹划价值"来 …… 452
5.2.9 影视演员、网红所得的纳税主体界定及被穿透的情形…… 454
(1)"阴阳合同"老套路升级了…… 458
(2) 对"穿透"计税规则判定的风险理解 …… 460
5.2.10 说法与称谓的差别可能"误伤"了你 …… 463
(1) 著作权转让与技术转让的免征增值税适用判断 …… 463
(2) 对赌协议的争议短期内难明确 …… 472
5.3 小结…… 473

**第六章 (拟) 上市 (挂牌) 公司税务筹划案例…… 477**

6.1 实控人变更的筹划…… 478
6.2 员工持股平台由有限公司调整为合伙企业 …… 482
6.3 新三板变更股东身份享受优惠"理直气壮" …… 487
6.4 被收购前变更股东主体考虑了税收筹划的因素…… 488
6.5 两步股权转让还原至个人持股利于未来减持免税…… 491
6.6 通过股权获取方式间接取得相应的不动产或土地使用权的安排…… 493
6.7 成立小规模纳税人进行业务合作的利益点…… 498
6.8 集中贸易合作关系取得招商引资财政返还…… 499
6.9 优惠结束之后再"恢复"的方式 …… 503
6.10 基金避税筹划别用错 (滥) 了政策 …… 506
6.11 小结 …… 523

**第七章 大结局，新开始 …… 528**

7.1 筹划的正当性与违法性…… 528
7.2 筹划的多样性与表演性…… 530

7.3 财政机关、税务机关等政府部门如何协同与防范不合规筹划 …… 532
7.4 税务筹划，合法是基础，合理、合情是空间 …… 535
7.5 小结 …… 538
**附件1：中共中央办公厅、国务院办公厅印发了《关于进一步深化税收征管改革的意见》** …… 540
**附件2：财政部 税务总局关于权益性投资经营所得个人所得税征收管理的公告 财政部 税务总局公告2021年第41号** …… 548
**后记** …… 549

# 第一章　税务筹划的“四门功课”

有时候，我们对于税务筹划的“神秘化”认识，主要源自内心不够强大，知识不够丰富，实践不够充分，我们寄望于某种神奇的力量，来达到突破常规的效能。那么，就让我们一起来揭开它神秘的面纱吧。

曾经认识某集团公司的税务负责人，在某年度预算任务中，给其定的节税任务是5 000万元，据其介绍，已顺利地完成了该任务。这说明，规模越大的企业，筹划施展的空间通常也较大，一般生意人的经营思维，经常认为利润是来源于外部创造，而忽略内部节约所创造的，特别是税收成本方面。对于某些民营企业的老板而言，可能在发生大额的税负支出时，才会想到筹划，这种需求的渴望较为强烈，结果就频频出现一些迁址、转移与核定相结合的“快速筹划法”，有的甚至采取以虚开发票套取利润的方式，走上一条违法之路。临门一脚的税务筹划，出效果快但表现意图也比较明显，多是一锤子买卖，不利于持续经营。

在笔者的学习探索中，从前几年开始，看了一些筹划方面的书籍，听了一些专家的筹划课程，在某些方面，有了更多的认识，也有了较为广泛的实践参与。比如有的书是以若干独立的事项来进行筹划讲解，有的是结合了税会等专业分类穿插案例进行讲解，有的是进行精彩案例演绎式讲解。笔者认为，或许我们可以结合大环境与小环境，在既有的税收政策的规则体系下，充分尊重征纳双方的立场，归纳税务筹划的路径，夯实基本功。

传统相声艺术有“说学逗唱”四门功课，如果从艺术的角度来看，税务筹划何尝不是一门艺术呢？笔者经过梳理，认为当下的筹划可以考虑如下四个方面：一拆、二变、三生、四调。其中的奥妙，万变不离其宗，每一方面下，又可以分为主体与业务两个层面。在本书后面的章节中，笔者将以此为纲，结合政策与案例，为读者提供一场知识盛宴。

另外，从筹划的专业性看，也可以以技分门别类，比如复杂化的筹划与简单化的筹划、直接化的筹划与间接化的筹划、运用第三方载体工具的筹划、时效性政策的筹划等。通常把简单问题复杂化的筹划，其不外乎达到两个目的，一是利用复杂形式掩饰真实目的，多环节、多主体的参与，弱化筹划的暴露风险，降低被税务人员发现的概率，以免引起不必要的感性抵制与理解争议；二是利用信息差，在常规筹划方式外，利用税法规定的不清楚、征管上默认的一些操作口径的空间，来达到为自己、为客户筹划的目的。在当下，生硬的筹划会产生一些无端争议，这样的实施结果就容易被识破，给筹划主体带来麻烦。

其实，有的时候，我们自以为筹划方案做得很高深，可以“忽悠”税务部门的人员。诚然，在基层税务部门，对于税收政策的理解可能存在较多的空间，有时也有发生一些“低级问题”的理解偏差或争议，但是在政策口上，一些税务干部对政策、案例的理解也十分细致，只是不愿意或者没有直接的职责关系去揭露，去直接反击。在税务系统内部，是有相应的程序要求的，不存在税务工作人员与纳税人之间的个人恩怨或者是利益的关系。所以，有时税务筹划的安排，笔者认为需要谨慎、虚心，不宜过于自信地认为打败了谁，也无须讨论谁比谁更强。在一定程度上，若真要对抗起来，纳税人是相对处于弱势地位的，即使做好了复议诉讼的准备，也是需要时间成本，同时还有“机会成本”，毕竟企业的很多税务问题，经常经不起“认真检验”与“风险检查”。这同时就要求，在税务筹划的实施上，要更为严密，将合规化作为重要前提。如果税务筹划能够顺应国家大政方针，有正能量的体现，则会顺其自然赢得各方的尊重。比如在国家的产业发展中，如果其芯片技术有所突破，那么此时可以“心安理得”地享受各种优惠，甚至财政的奖励，还可能被树立为典范呢！

## 1.1 税务筹划的心理与时代性探究

不同人对于税务筹划有不同的感觉，也有不同的认识方法，比如我们可以以孙子兵法中的命名来对标一些筹划的套路，也可以用“筹划大师”“筹划第一人”等来作为对某些高手的称谓，这给税务筹划增加了很多神秘的色彩。笔者认为，若从常规筹划下节税的目的来看，无非就是在当前有效的税收规则下，发现路径、选择路径的问题，是什么让税务筹划得以产生？为什么存在多种路径？这跟税法体系、商业交易方式有关，主要表现在：

一是交易路径方面，存在适用税种数量与征税判断条件的差异。当前我国有 18 个税种，计税规则复杂，其中税负体现明显的比如企业所得税、个人所得税、增值税与消费税、土地增值税、房产税、契税等，若某种交易方式在同样能达到目标的前提下，能够规避其中的一种或者几种税，就会有节税的“获得感”。比较熟悉的比如买卖某项具体资产与买卖股权的差别，“变资产交易为股权交易”的方法在实践当中大量涌现。税务机关偶有对股权进行“穿透”视同资产交易征税，但并没有普遍性的适用，多数情形下缺乏法律法规的支撑，纳税人有充分的主动选择权。

二是商业模式方面，存在匹配的税种及其税率适用的差异。一个企业的运营，表现之一在于收入的流入，其流入所约定的名义不同、权利与义务表现不同，其计税方式可能存在着差异，有时差异还非常大。比如以收取会员费方式，将一些货物的收入拆分到基础服务中，分解价值组成的交易方式，相应带来增值税的降低，特别在最终的消费环节上，可以大有作为。

三是借力第三方主体与工具，存在中间环节主体不同纳税结果的差异。当下，在某些征税主体上，有相应的减免税空间，或者存在未明确的征税事项。比如通过非营利组织进行一些业务安排，再或是有的家族个人资金通过信托进行打理使用，实现灵活的理财与财富管理，规避个税等实际征收，同时也给相关业务方带来可能。

四是充分地利用国家的税收优惠政策、地区优惠政策。转化经营中税收环境的新空间，让税收优惠有针对性的享受。比如在海南自由贸易港设立相应的运营实体与投资主体，享受国家的地区优惠政策。主体的搭建、变更或植入，一般以政策为框架量体裁衣，在这方面，有直接式税额的减免，有收入的减征或免征，有扣减项的增加，每个企业其实都存在许多待发掘的合规空间。

五是分离与组合适应税收价值的产业链。通过功能的再造或分离，通过纳税主体的搭配，再通过交易的组合，从而实现调整后集中的一体化的组织架构方式，分而不散，实现税收利益的优化。

六是“再造血”筹划。将原来已存在但没有发挥出税收杠杆作用的资产发掘出来，或者有规划地“无中生有”造出来，让其具有税收赋能作用，在某个时期、某个环节上，会创造出意想不到的价值。

正是因为税收政策存在的天然空间，适用与不适用，取决于诸多的主观因素，比如纳税人主体的选择、交易方式的选择、交易环节的选择，纳税人完全可以主观上提前进行安排与控制。税收具有强制性、固定性与无偿性三大特点，通常是在交易行为已发生，通过相应的合同等载体所表现出来的交易形式，已形成了计税的前提基础，从而有了相应的固定性等特点。而税务筹划是在事未发，仅有其预期与念头发生之时，提前于行为发生之前进行筹划，让其遵循着一定的预期进行，从而完美地实现最终的计税安排。这就好比是从北京到上海，你是坐飞机还是高铁、普通列车，或者是开车，自然各有不同。而有时产生的一种担心是，如果税务部门的人员质疑：“你为何要选择这种方式进行经营？”纳税人可能会想，我选择的方式是为了相对“少缴税”，难道我要说这是税务筹划的结果吗？这当然不需要解释为筹划，因为其交易方式是事实发生的，依法依规纳税而已，不一定非要与假设可以“多缴税”的情形作对比，以事实为根据，以法律为准绳，不必过于纠结于“自己得到便宜”。笔者看到有的上市公司（或拟上市公司）的披露信息中提到基于税务筹划的考虑，做了某事项的安排，认为实在没有必要，它不是因果关系，只是一个选择权而已。从理想的状态看，税务筹划的体现是“无声胜有声”。

所以，正是基于政策导向、税项差异、地区环境差异等影响，税务筹划的空间可谓很多，相对于商业上大胆创新的欲望与举措，老板们在税收上因为缺乏了解，所以思维习惯偏于保守。加之许多服务机构通过发出广告、夸大危险性小故事等形式，以吸引客户注意。部分老板们对税务筹划产生望而生畏的心理，即使出现相应需求，也缺乏整体和长远考虑，而是临时寻找不同机构比价，筹划完成后则想立即撤退，以免引火上身。当然，税务筹划的实施不宜被限制在某个框架内，需要分散筹划的个体风险，这一点是有必要考虑的。

### 1.1.1　税务筹划的误区

在日积月累的工作、服务经历中，有一些难忘的经验、教训，或许能给大家以警示，起到未雨绸缪的作用。一方面税务筹划不是造假、不是做假，更不是不劳而获的一种投机，它需要相应的付出；另一方面，在规划的时候，需要多方考虑，有取有舍，绝对的理想方案不一定存在，就是存在也可能是某个环节某个时点上的偶然发现。若有的人士提出来：“税收政策我最牛，我有能力将纳税人所有的税避掉，一分钱都不缴!”一定程度上，笔者相信这是可能的，但并不必然存在，以致在这种误导之下，正常纳税的企业老板会认为自己纳的税是“白缴”了，是不应缴纳的，从而导致质量参差不齐的筹划出现，更引发了公民义务与责任担当的缺失，这算是一种观念上的误区吧。人们对于财富、利益的欲望是客观存在的，但没有一定付出的收获，最终并不一定安全，筹划宜因地制宜、量力而行。

**（1）顾此失彼型**。

**【案例1-1】**大强公司是一家咨询公司，营改增以来，适用增值税税率是6%，进项很少，老板感觉税负比较高，因此拟进行相应的筹划，旨在降低增值税税负。于是，聘请外部专家进行了筹划，提出如下方案：每年加大设备淘汰率，加大采购增加进项，一举降低增值税税负。假设2021年拟销售5 000万元（不含税），税额是300万元，成本费用是2 000万元，利润为 3 000 万元，进项假设为 0 元；依筹划方案，2021 年购入设备一批，会计与税务上均一次性计提折旧扣除，不含税金额是 500 万元，税率 13%，共 65 万元可抵扣。

增值税变化比较情况见表 1－1。

**表 1－1　　增值税的变化比较**　　单位：万元

| 方　案 | 应纳税额 | 成本费用 |
| --- | --- | --- |
| 筹划前 | 300－0＝300 | 2 000 |
| 筹划后 | 300－65＝235 | 2 500 |
| 比较 | 降低 65 | 增加 500 |

下面我们比较一下利润表的情形（见表 1－2）：

**表 1－2　　利润表变化比较**　　单位：万元

| 项　目 | 筹划前（a） | 筹划后（b） | 筹划前后比较（a－b） |
| --- | --- | --- | --- |
| 收入 | 5 000 | 5 000 | 0 |
| 成本费用 | 2 000 | 2 500 | －500 |
| 抵扣产生的附加税费的减少（假设为 12%） |  | －7.8（－65×12%） | 7.8 |
| 利润总额 | 3 000 | 2 507.8 | 492.2 |
| 企业所得税（25%） | 750 | 626.95 | 123.05 |
| 净利润 | 2 250 | 1 880.85 | 369.15 |

增值税降低了 65 万元，但是一个企业整体经营情况是需要看净利润与现金流的，即使相应的设备支出可以分年度折旧扣减，其总额是一样的，本例中采取了一次性加速折旧扣减的方式，也满足《财政部　税务总局关于设备 器具扣除有关企业所得税政策的通知》（财税〔2018〕54 号）中的扣除条件。相比较而言筹划后的净利润与现金流少了约 370 万元，如果旧设备仍可以继续使用的话，购买新设备于企业、于股东的价值并不大，这其实是被增值税税负筹划的表面形式所迷惑了。

再来解释一下，支出了 565 万元，进项税额 65 万元，又抵扣了，增值税上相当于没有得利，却带来了附加税费基数的抵减效果，即有 7.8 万元的附加税费减少了，整体来看，影响了 369.15 万元。

对于税种之间联动的关系，在筹划的时候要一并考虑，在营改增实施过程当中，屡有出现类似的筹划观点，多数情形下并不足取。若是真有相应的业务采购必要，那是可以考虑的。以数据来分析案例，笔者认为更为直观，通俗易懂，也是分析税收问题的好媒介。

对于很多“缺少”进项税额抵扣的一般纳税人企业来讲，经常头疼于此，但是若从营利的角度来看，应高兴才是。不过，在一些路径下，有多种方式是可以有效规划的。比如该公司将部分业务进行拆分，以小规模纳税人身份运营部分业务，或者是拆分为另一个一般纳税人企业，将企业设立在有财政奖励的地方，这类筹划方式都是具备实践意义的，也有一些筹划是通过拆分的方式借助于即征即退等优惠政策来实现的，但这些方式需要有应用场景、真实交付物体现、价格合理等因素考虑。

**【案例 1－2】** 承例 1－1，该企业将部分业务拆分，设立另一企业小强公司（一般纳税人），内部完成一次交易，满足关联交易的独立交易原则，若小强公司缴纳了 200 万元的增值税（无进项），大强公司抵扣了 200 万元进项税额，在此基础上，小强公司收到地方财政奖励 60 万元，若同时满足小型微利企业条件，60 万元营业外收入扣减相应的所得税成本后，还是有直观的税收利益增加的，这里兼有了二项功能，也是很多企业应用的筹划方式。

这种方法的应用，其实是利用地区间财政政策的差异进行的筹划，有一定的不稳定性，不过也有现实的操作性，甚至小强公司缴的增值税越多，效果越好。在筹划上，设计从外部产生利益流入，是很多大型企业集团常规筹划之策。不过财政高返的情形也在发生着变化与调整。

但是也有企业投机取巧，没有将风险掌握在可控范围内，结果导致违法行为出现。根据《国家税务总局曝光 8 起虚开发票违法典型案例》：

八、江苏查处利用软件产品税收优惠政策虚开发票，骗取政府补贴案。2020 年 12 月，江苏警税协同配合，成功破获某软件科技公司虚开案，抓获犯罪嫌疑人 2 人。经查，2019 年 7 月以来，该公司控制人利用国家对软件产品增值税实际税负超 3% 部分即征即退的优惠政策，虚高软件产品价格向当地 37 家实体企业开具增值税专用发票 3 518 万元，同时与受票单位勾结，共同制作虚假材料骗取当地工信部门鼓励企业技术升级的财政补贴。截至案发，已有 21 家受票单位向政府申报政策补贴 100 余万元。

这看起来似乎是颇有技术含量的筹划，据笔者观察，这种方法在一些保险服务的平台上也有类似操作的被查案例，技术筹划得很完美，但是应用起来走了样，不具有真实的业务支撑，终究天网恢恢、疏而不漏。

**（2）单纯利己型**。

当下中国的商业环境，信任感备受关注与期待，国家在注册登记、融资、税务、社保、商业纠纷等方面正在加紧推进信用体系的建立与完善，合作共赢成为彼此共事的基础。笔者认为，税务筹划本身跟做人是一样的，是充满正能量的、有助于合作伙伴的，更宜受到欢迎；野蛮的，甚至违法的操作，那就不能叫筹划了，甚至走上犯罪之路；另外还有以伤及合作伙伴的方式获得利益的，笔者认为也是不可取的。

相信在做税务规划的时候，几乎每个人都是想着自己的税务利益，从自身利益出发所进行的筹划，往往不会替上下游的合作伙伴着想。曾经有一位客户的税务经理跟笔者提到："我们集团在做税务筹划的时候，在合同条款当中也同时要考虑客户的利益得失，减少客户的风险。"寥寥数语，却体现出不一样的境界，让笔者刮目相看，当然这本身也是一家优秀的企业，笔者也曾在其集团内从事过财税工作，职业与人生都受益颇多。

当前很多城市大建地铁工程，有时需要从境外引进设备与技术，还有常驻的技术人员辅助现场实施，从事检测与培训等事务。该集团的中国公司从自我税收利益出发，联合国内的采购方、其境外关联公司一起协调交易方式，减少境外公司形成国内常设机构的可能，同时还让国内的采购方减少向境外付汇及代扣代缴税款情形，因为涉及向境外支付在计税上往往存在一些扣缴争议，如某个更换的模块是不是存在特许权使用费的计税情形就很可能难以释明，境外派驻人员形成常设机构也是麻烦的事项等。

再比如很多金融机构的软件运行支撑系统开发，多数是委托外部单位开发的，此时以什么样的交付成果体现，在税额的计缴上、国家优惠政策的享受上，是存在一些利益差异与筹划空间的，若能在商务合作中充分考虑对彼此都有利的节税方案，不失为一种双赢。比如有的金融机构想得到加计扣除的机会，此时就需要以技术开发的名义来提供服务，而不是销售软件的方式。

**【案例1－3】**大强房地产开发公司为了节约纳税成本，降低土地增值税税负，在销售房屋时，强制要求客户签订真真假假的数份合同，其中一份为介绍费合同，收款单位为某地某合伙企业；一份为房屋销售合同，最后一份为装修合同，这样的流程，对于客户来讲，虽然明白目的是什么，但很难有良好的消费体验。比如对于装修的合同，开发商一般在销售时会明确是毛坯还是装修的房屋，此时强加一个装修业务，有的客户并不一定接受，这相当于将房屋的部分销售收入，记为建筑服务的收费了，虽然很美好但这种操作并不是普遍存在。如果所销售的房屋是商业体，在操作上若能与客户达成共识，在税务上就可以做出对彼此都有利的规划了。

**(3) 唯专家导向型**。

关于税务筹划，首先这不是税务机关向纳税人进行税务辅导的业务，纳税人也不要寄望于这是税务机关的服务职责。比如你咨询税收政策时，相关人员可能会给出一个建议，但此建议并不是百分之百确定没有问题的，可能带有自己的主观理解与地方特色；另一方面，若是咨询自己的税务筹划，税务机关不会也不宜给出法定的建议与服务，既当裁判员又当运动员是不合理的；但是对于某项确定性事项适用税收政策方面，这是可以进行咨询的。个别地区税务部门推出创新性的“事前裁定”涉税处理，但这也是相对确定性地给出一个税务内部相关部门集体性的意见，依然不是确定性的，只是可能会约定若未来政策明确仍需要征税，则并不需要缴纳滞纳金，因为这是从税务机关的责任出发，依征管法的规定可以适用的。

在新冠肺炎疫情期间，让纳税人充分享受到减免税政策，是国家的导向性安排，也是考核相关税务机关绩效的手段，为此各地在宣传、送达、参与上，做得越来越好，大到营商环境改善，小到政策宣讲、微信群普及等方式，特别是对于投诉的处理机制也在逐步完善。不过，纳税人还是以主动性配合、支持、理解为多数，少有上来就是情绪化处理税务问题的。

市税务第一稽查局多措并举落实减税降费政策

阳泉市政府　www.yq.gov.cn　2019－09－21　来源：阳泉日报

从个人所得税改革、小微企业普惠性税收减免，到深化增值税改革，减税降费是今年税务部门的头等大事。国家税务总局阳泉市税务局第一稽查局强调提升稽查服务水平，助力减税降费政策落地生根，尤其重视发挥稽查“以检查促发展”的作用，帮助企业享受应享受的政策优惠，服务企业健康发展。

加强税法宣传。稽查人员在检查时向纳税人发放减税降费宣传资料，对小微企业普惠性税收减免政策，增值税、企业所得税等税费具体政策内容及申报方法做详细讲解，更好地促进减税降费政策落地生效。

树立公正执法就是最好的减税降费思想。将核查减税降费政策落实情况作为进户执法第一件事，用稽查工作视角审视相关税收优惠政策的落实情况，辅导企业了解增值税发票使用相关政策，督促企业将涉税风险化解在自查阶段，帮助企业发现是否有应享受而未享受减税降费政策优惠情况，做到严格遵守税收相关法律规定。

建立与管理部门的联系制度，对在税收检查中发现的纳税人应享受而未享受的税收优惠政策及时反馈至管理部门，使税收优惠政策及时得到贯彻落实。加强与相关部门的协作联系，促进治税合力的形成，共建税收共治格局。增强与政府、银行、其他职能部门以及相关企业的沟通和合作，有效降低企业的生产成本，为企业发展减少障碍，使减税降费落地有声，发挥出实实在在的效果。（岳军青　卢姝珍）

税务部门所提供的政策指导多是比较明确的，引用直接的规定。企业统筹安排进行筹划，还是需要靠企业自己的努力。而且，当企业老板或工作人员有了某些“好”的想法之后，恐怕也不会毫无保留地去咨询税务人员，多是旁敲侧击，但有时也很容易被“毙掉”，从而丧失信心，所以筹划的负责人员需要找到一个“心里话的倾听者”，于是，税务机关的人员就不是选项了。当下，纳税人主要有如下四种筹划评估渠道：一是纳税人聘请专业的财务、法务人士进行筹划；二是借力外部的服务机构或个人，空降实施税务筹划；三是样本借鉴，比如老板参照其他企业的做法进行学习模仿；四是向传说中的高手、专家取经进行操作等，最后这种方式是当下非常具有号召力与魔力的崇拜方式，经常在坊间流传着一些所谓的经典筹划案例与充满传奇色彩的筹划语录。

由于税务筹划具有天然的敏感性，且存在对利益的追求欲望，请专家、找大师，向高人学习取经，似乎成了这个业务领域的一个捷径。在各种的培训课程、商业宣传中出现了许多误导性言论，比如在抖音平台上，“一本正经”的筹划专家非常多，其实税务筹划哪有说得那么简单，需要考虑各方面的因素，并且要考虑后续法律风险的防范。如“你缺成本费用票吗”等的诱导，简单地设立个体户、个人独资企业或合伙企业进行发票开具、取得核定的转移利润的方式，有其适用的天时、地利，可能解决一时或一件事情，倒有其空间，只不过，要把各个环节与商业合理性、真实性结合好，恐怕就不是这些专家所能或所愿意给解决的了。而在培训平台上，吸收与借鉴专家的思路固然重要，但要注意各地情形不同、案例也不一定相同，况且专家既然要表现出来专业与神秘性，多有进行故事演绎与过于自信的表现，比如言及：“这个问题是国家税务总局的政策有问题，我的理解才是对的，我给你解决。”又或者：“这个问题，我跟某某部门沟通过，我也给他们提过意见，我的方案很超前！”大家知道，很多解决问题的方式，更可能存在个案性，而不是通用性，笔者认为，专家意见多了解，是很有必要的，是否直接套用，要综合地域性、纳税人的主体大小及谈判能力等来考虑，因为发生的业务是纳税人所真实了解与控制的，专家更多是在技术层面进行铺路与技巧指导，若是不考虑事实只作技术筹划，很可能得不偿失。“批判式培训”也是一种商业筹划之法。

**【案例1－4】** 大强公司老板王大利参加了一次税务筹划高级培训班，授课的是业内大咖，收费高昂。专家讲到关于商业组织形式的课程，比如“老板不要个人作为股东持股，应通过公司进行持股，这样分红是免税的！”不准确但也部分对吧，这就要看老板是做持续性经营还是短期性经营，其实可以简单理解为，如果老板要转让企业或分红取现，其个人所得税按20%适用“财产转让所得”或“利息、股息、红利所得”计税相对是有利的，若是由公司持股，那么公司转让股权收益，要计缴一次企业所得税，进行分配时还要计缴20%个人所得税，税负就会更高了，最高达到40%。所以，王大利需要先盘算生意发展方向，再考虑是否采纳专家意见。

专家意见有可借鉴的地方，同时还要注意“注水”的风险，需要因地制宜的考虑，并且在决定找这个专家筹划之前，不妨多方了解一下，“货比三家”多听听多看看也是可以的。

**【案例1－5】** 某大型集团公司，最近几年看到国家持续地推进技术投入、创新，且不断地出台研究开发加计扣除的优惠政策，甚至加计到100%、75%进行扣除，于是负责财务部门的副总“临危受命”，拟推进税收优惠的享受事宜。财务、税务、技术、法务、采购等相关部门一开会，发现似乎没有一个部门可以担当大任，主导该事项的落实，于是大家一致提议找外部的力量来协助，有一些任务由人家帮着梳理，这样也不会产生谁负责、谁管谁的问题了。于是一拍即合，这样借助外力，也会做得更专业。在年度结束的时候，外部的服务机构一并将相应的技术报告、指标等都准备了，技术部门的工作也得到了解放。同时在内部核算、辅助账等方面，进行了信息化的开发，取得了事半功倍的成效。

分析：这种借助外力推进内力的做法，本身就不失为一种行动筹划，最主要的是取得了相应的成果，从上至下得到了认可，支付一定的、合理的费用，这本来具有一致决策与招投标的公开过程，专业的事由专业的人做很正常。有了问题，也不是自己的责任，比自己做承担的风险少了很多。只是笔者担心外行写的东西是不是真实的。

**（4）冒着“违规违法”的风险型。**

一定程度上讲，笔者认为以违法的手段少缴税的行为不应称为筹划，但由于当前这种类型的市场做法还比较多，笔者亦列其为一种情形。比如比较普遍发生的是利用虚开发票列支成本的问题，这既包含虚开发票的违法行为，也有相应的偷逃税款的违法行为，在利益面前屡有人铤而走险。问题的产生有两个方面，一是现实当中，很多做生意的老板对于税的理解就是花钱，是可以讨价还价的，不知其出问题后的严重程度；二是媒介与中介机构的持续宣传带来的误导，认为这么多人做，而且宣传“合规合法”，从而使得许多人不知道自己的行为违法。所以，这种违规违法的操作，可能同时包含主观因素与非主观因素，但这种动票违法行为并没有给予改错后重新做人的普遍机会，形成了行为痕迹之后，就比较难消除了。

**【案例1-6】**某企业老板有一次通过“买票”处理了一笔费用，结果税务机关很快就联系该老板去一趟税务局，说对方涉嫌虚开发票，正在调查。这种情形下肯定不是“好消息”，而是“鸿门宴”，于是老板比较聪明地让对方赶快作废发票，“买票”的费用先不急着要回了，所以在对方提供了截图资料后，及时与税务机关的人员联系：“这张发票我们的业务人员害怕有问题已让对方作废了！”这种在当月内处理的还好，若是次月开具红字就真不好解释了。

**【案例1-7】**笔者曾接触某咨询问题的建筑企业老板，其言及，营改增之后，以发票计入成本进行“避税”的方式不方便了，但行业内仍有一些同行进行这样的操作，反而认为这种延续过去的方式是很正常的事。老板提出税务筹划的需求，由于建筑企业本身所需的材料并不一定来源于大型企业，多发生无法取得发票的情形，同时建筑企业本身的供应链条包括人工、设备租赁、材料等，通过进行功能的拆分与税收价值的创造，是可以合法实现的。而与建筑行业密切相关的房地产行业，也是存在一些虚假发票的“重灾区”。曾遇某房地产老板，其提出要进行税务筹划，比如其内部有人提出虚增土方数量，在地基整理方面做文章，但似乎还嫌不够用，仍想做进一步筹划，但是其一贯的思路是拿6个点的税点去“换”13%的增值税专用发票，进行所谓“市场行情”的操作，这种操作明显已经违法。由此可见，迫在眉睫的是需要转变企业的固有观念，树立其对法律的敬畏之心。税务机关、公安机关打击的力度已经很强，但大案要案屡打屡发生，不过万一有一天走到自己头上则是100%的风险了。

谈及违法型筹划，多与发票纠缠在一起，无论操作形式如何，往往是从发票开始爆雷的。比如某些医药公司因受制于“两票制”，需要列支大量的拓展费用，于是在各地通过第三方的个人独资、合伙、灵活用工等企业或平台，或者找不同的代办人代理操作这类的企业主体，向医药公司开具发票套现出来，最近涉及这方面的虚开大案屡有发生，同时不排除存在洗钱的风险。

作为服务机构，很容易在这方面的筹划上过于自信，帮客户搭建无实质业务的空壳企业进行开票套现，恐怕这其中流失的税款已难以估计了，不过在当前的征管政策中，又难以及时发现，以致乱象丛生。笔者建议，服务机构在筹划方面，需要谨慎对待，若还给客户提供一份书面的违规的筹划意见，这就更有风险了。

**【案例1-8】**某企业为了进行纳税筹划，举办了一个招标活动，要求每一家投标公司把筹划方案详细地列示出来，并估算相应的节税额，还进行了存档。试想，这种公开的招标信息发布，是不是给自己“挖坑”吗？而且，笔者建议，那些为了显示自己多专业的筹划意见，也尽量少用过于感性的描述来说明。不过合规性的筹划进行招标也是存在的。

中国裁判文书网《某某非国家工作人员受贿一审刑事判决书》中提到：2010年至2016年期间，某某事务所有限公司法人某某，利用负责该税务所全面工作并具体负责为××（集团）有限公司（简称××集团）提供税务服务的职务便利，在为××集团进行企业所得税清缴汇算、税务筹划等税务服务过程中，自行或指派某税务所工作人员帮助××集团在财务资料中增加经营成本、减少纳税申报金额、少缴税款，先后从××集团财务负责人罗某某处收受“好处费”共计65.4万元现金。2018年省税务局稽查局调查核实后，要求××集团自行补缴税款。××集团经自查，补缴企业所得税3 315 615.85元、滞纳金2 373 431.62元。2019年2月20日，被告人某某经公安局经侦支队电话通知后自行到案。依判决，被告人某某犯非国家工作人员受贿罪，判处有期徒刑三年，缓刑五年。所以，谨慎之心须常有，别人无事不代表自己无事，有时看似不容易被发现的风险，或者习以为常的事，很容易因为相应的凭据或服务被认定为不合法，从而承担法律责任。

现实当中也有这样的情形，比如设立在某省的某企业，该省立法机关或行政部门颁布了相应的税收法规或公告等，其规定相较于税收法律而言，有时有所偏紧或设置了新条件，纳税人若因此利益受损，可以根据下位法不得违背上位法的原则，寻求相应的法律救济。所以，纳税人的税务筹划操作是否违法违规还是需要综合法律法规级次来评估判断。不可否认，存在理解差异的筹划极可能会付出一定代价，因此为降低不必要的成本，在存在多种方案时，尽量避开有歧义的选项。虽然在现实生活中，不排除存在下位法被认定为无效的情形，但是否违法违规还是需要结合实际进行专业判断与评估的。还存在这样一些情形，比如发生在境外的某些企业或个人所得项，未纳入到其在国内的年度所得中计税，纳税人明知这部分收入须计税但不进行相应操作，则此行为应被认定为偷税。这类情形存在已久，只是我国现有的征管水平难以对此进行全面的有效监控并追踪。但随着我国税务征管能力的不断提升，以及纳税人可能存在的准备上市等方面的计划，须要求纳税人随机应变，对此做出必要且有效的处理。

**【案例1－9】**某红筹架构的海外上市规划，因为受宏观环境的影响，拟进行回归境内上市，此时就需要拆除红筹架构。但是之前海外避税地的一些公司，存在或多或少的收益，在注销的过程中，相应的款项需要进行清算，此时分到个人名下的部分，就需要考虑个人所得税的问题。不过，笔者在翻阅一些关于拆除红筹架构的法律意见书的内容时发现，描述简单且相对模糊。比如关于境外收入部分，通过一些审计机构出具的审计报告，来“证明”个人海外所得部分已在境内进行计缴税款处理。海外的利益构成也存在复杂情况，比如是否设立了信托架构，某些中介机构配合出具了所谓具有说服力的报告来证明，但涉及税务方面的披露信息需要更加清晰明确，不能仅凭几句话进行答复，监管部门需要更多合作与作为。

**（5）不做筹划型与极致筹划型**。

现实生活中，许多老板认为筹划是有风险的，是投机取巧，见不得光的，容易给自己的生意带来不利的影响，因此认为企业不需要筹划，也不做筹划，有时宁愿多缴点税也不冒风险。所以国有企业、有充分利润与现金流的企业，老板以稳为上，轻易不基于税务筹划做出相应的架构与业务调整。

不可否认，变化即意味着受到关注，产生风险；但是，有一些筹划并不见得就是有争议的。比如，国家为推动海南自贸港的建设，颁布了一系列税收优惠政策，此时企业若满足相应的条件，在海南设立相应的机构享受上述的优惠政策，反而是受到鼓励的。在老板的经营规划中，某些经营决策背后不可避免地隐含着税务合规处理的要求，也存在相应的筹划空间，这是十分正常的情况。

纳税是光荣的，根据国家出台的激励政策依法享受优惠亦是光荣的。公司业务的变化影响了与税收规则的匹配，随机应变才是正确的思路。比如，本身可以享受高新技术企业15%税率优惠的企业却不享受，这反而是一种“不遵守”税法的行为，此做法也不宜提倡。笔者认为，税务筹划是一种正常现象，不应该避而远之。企业的计税方法本身就应该随着政策变化而变化，若不按照国家规定享受优惠，属于工作水平问题，与是否筹划无关。虽然筹划自身也存在某些极端做法，但应辨证看待，做好选择。

反之，一心只追求少缴或不缴税的结果，也不足取。在税务筹划案例中，没有最好，只有更好，利益的得失是需要辨证看待的，一时的得失也不必过分在意。但有些问题，可以解释为筹划，也可以认为是工作失职，比如某企业的财务人员，因为进项税额抵扣操作不及时，造成企业当期的现金流支出巨大，若达到数亿级，这就是工作犯错，是失职的问题了。

**【案例1－10】**张某因家里住房拆迁，换回十余套房产，由于张某年事已高，拟将房产进行信托管理。由于国内办理房产过户进入信托阶段没有特殊的税收优惠政策，将视为转让交易进行计税，包括个人所得税、增值税等，税负较高，张某一直在找筹划的渠道，最好是不缴税的办理方法。最终经过多方评估后找到了适宜的操作路径，但算下来还是要缴纳100万元左右的税款，张某认为亏了，于是私下想办法办理了过户，后来东窗事发，协助办理的中介机构与税务人员被判刑，张某亦受到惩罚。

明知违法仍追求此类筹划带来的利益，是给自己埋雷，认为缴的税就是吃的亏，是以生意人的方式来考虑税收问题，这种观念需要转变。

**（6）脱离事实纸上谈兵型**。

根据笔者的观察，当下一些企业或服务机构的筹划业务，多是重形式轻内容，缺乏基本的事实支撑。有的时候，是因为企业不愿意支付相应的费用，没有发生交易的事实造成的，有的时候就是单纯的“造”筹划。常言道：“不打没有准备的仗。”有经得起检查、探讨的事实支撑，筹划后心里才不会慌。

不过这里要探讨一下，上文所提到的事实，不是在筹划的时候去对接一个既定事实，而是需要去培育、去养护。有点类似植树，小树还没有成材的时候，不要让其扛大梁，要有点耐心。比如搭建一个利润主体，不是成立后就立即开票收款，需要配备适当的生产资料，包括人员、技术、资产、场地等要素，这才是组建一个独立完整个体的基本前提，否则容易引起税务机关的怀疑。

**【案例1－11】**某人力资源公司为某公司员工筹划个人所得税，由第三方平台公司发放一部分，对方开具的是服务费发票，企业未列在工资薪金项下，直接作费用列支了。在这个案例中，一个人取得的所得的名义与实际雇佣关系是难以分清的，我们不排除有的员工同时给自家公司提供了个人独立劳务业务的情况。在无法举证、无对应交易条件下进行的筹划，已经引起财税部门的关注。而对于一个人从一个单位既取得工资薪金又取得劳务或经营所得的情形，也已进行了数据的监控，只是尚未采取行动。笔者认为，脱离事实的筹划，极有可能属于偷逃税款，而有事实支撑的筹划，面临的更多是反避税的风险，这在责任认定上是不同的，其追溯期与加征利息或滞纳金的比例更存在显著差异。无论筹划的技术多么高超，相应的合同条款、款项结算等约定多么完美，如果没有实际业务的交付，则极大可能会出问题。所以，做好基础工作，是完成整体筹划的重要保障。

对于税务机关而言，其实也面临着诸多的困难，特别是对于服务的交易确认、技术的定价确认、股权的定价确认等，相较于货物的可验证性和价格可比性，困难增加了很多，这些越来越成为了筹划的主要载体。

不过笔者也观察到，在以代发工资形式进行筹划时，有时会被审计部门或者公安部门认定为属于虚开发票的情形。若某集团高管在单位既拿一部分工资，又让第三方代发部分所得，虽然是为了减少缴纳薪酬所得的个税，但此行为一旦涉及虚开发票，风险就难以防范。假如第三方服务机构承认虚开发票事实，上下游结合检查时，则很难与主管税务机关进行有效沟通。

以上提到的这些所谓理解误区，是笔者个人的一些梳理，作为本书的开篇，进行一个初步的筹划可行性与必要性的分析。但每个人的理解存在差异，长期来看，也不是一成不变的，所以本书是笔者在学习、工作过程中结合理论与实务总结出的现阶段产物。在企业的经营过程中，税务筹划随时都在发生，只是并不一定被认为是筹划，也不想被认为是筹划。税务筹划的合法路径也很多，企业税收价值的管理是企业价值管理的新方向，相较于激烈的市场竞争，税务筹划更需要大格局与小技术的配合，从而创造更大的价值空间，让我们一起开启这有趣的探索之旅吧。

### 1.1.2 不同阶段税务筹划的时代特性

税务筹划有时代特性，且与时俱进。在过去数十年中，从服务角度来看，税务筹划经过了如下演化阶段：

第一阶段：信息与政策提供筹划。

在我国互联网尚未普及乃至发展初期，普通人对电脑了解甚少，手机使用还处在“大哥大”阶段，此时的财税政策主要是通过纸质形式在地方间进行转发浏览，政策信息存在不对称。因此，是否能够及时取得并掌握完整的政策信息，是筹划人员进行筹划的关键。在此阶段，信息具有高度不对称性，如果能够及时掌握政策走向，就可以提供相应的筹划，这也是纳税筹划的初级开始阶段。

第二阶段：“审批”式取得筹划。

在过去的税收征管流程中，存在较多的税务审批事项，比如 2008 年（不含）之前关于工效挂钩企业工资税前扣除的获批、集团分摊费用的审批等，均作为涉税“筹划目标”而备受关注。这种类型的筹划成功率较特殊，纳税人的主观选择空间受制于各种各样的条件，在此阶段，能否顺利获取批文就是筹划成功的关键。

第三阶段：企业自我筹划的平等阶段。

随着国家全面开展“放管服”改革，审批制不再是征管控制的主要手段，纳税人的自主权与选择权逐步扩大，此时纳税筹划进入了知识应用期，自主的纳税筹划慢慢为企业所关注与接受，并进行相应尝试。市场上提供纳税筹划服务的机构与个人，逐渐形成了一些筹划品牌。这个时期的筹划相对比较直接、明显，此时的金融创新尚未发展，资本市场与跨境交易也相对较少，因此这是税务筹划全面走向市场的初级阶段。

第四阶段：百花齐放阶段。

随着中国民营企业的快速发展，个人财富增多，高净值人士也相应增多，涉税利益的敏感度增强，也出现了对资金转移的需求。其中税感提升的首要方面在于取得财富过程中税费的支出，透过核定、人力产业平台、虚拟产品、地域选择等方式进行筹划的情形倍增，筹划宣传充斥着互联网等媒介，同时夹杂着一些涉嫌违法犯罪的行为，随着打击力度的持续增强，涉税的诉讼案例也越来越多。在此背景下，一方面，纳税筹划风起云涌；另一方面，出现大量相关的争议与矛盾。大家预测，随时都有可能开展对税务筹划的强力整顿，纳税筹划一时间风头无两，许多企业都在“争分夺秒”式进行筹划。针对 2020 年初的新冠肺炎疫情，国家释放了众多财税政策红利，各地简化征管手段，为纳税筹划营造了适宜的发展环境，在大规模商业化的筹划服务中，核定与财政返还成为利器，原有的专业型筹划“相形见绌”。只是这样的政策红利不能吃一世，还是需要开拓专业型筹划道路。

纵观税务筹划一路的发展，不变的是对利益的追逐，变化的是人们所面临的问题，以及其欲望得以实现的路径。我们无法将过去的筹划方法与现在作对比，不宜认为过去的方法是低级的，现在的方法就是高端的，所处环境不同，则没有高低之分。比如近几年流行的以核定为实现路径的筹划，我们能说这种方式很高级吗？显然是有失偏颇的，但从整体来看，税收政策的法制化、智能化，一直在进步，从人管到机器管，从人查到系统风险查，从人定到法定，筹划所面临的环境越来越严格，这就对专业技术提出越来越高的要求。筹划人员要未雨绸缪，提前预测和防控风险，甚至还要预防翻盘风险。同时，政策的变化必然也会引起筹划方式的变化与创新，在这方面，并不一定要具有专业知识，或许商业领域的税务工具的创新，会更具实际意义。当然，此类操作属于双刃剑，在实践的同时，也可能存在较大破坏力，某些极端化的成片式操作，极可能会影响正常的企业经营。

在上面的时间线上，我们还要考虑一下空间的差异。之前，我们经常看到有国外富豪与名企的税收筹划故事，引起很多人的惊奇与羡慕。但是在当下，包括美国苹果公司在内的大量互联网与技术公司，利用国家或地区间的税收政策差异，在全球范围内找到了实现其税收利益最大化的架构搭建及功能配置，以致作为样本在国内广为传播，成为筹划课上的经典案例。笔者认为，很多企业没有必要去学习，因为需要考虑企业体量、业务渠道及法制与征管环境等方面的不同，临渊羡鱼不如归而结网，在任何时候，适合自己的方式才是最优的选择。

现在，一种依靠新技术驱动的税务筹划似乎成为了时髦，笔者近期不时地接到这方面的合作电话、推销电话，它以实现货币结算快速的转移，虚拟的网上集群用工、平台用工等方式，改变了传统税务筹划中点对点的业务形态。此手段创新了社群方式，减少了拓展成本，不过似乎在税的处理上，总是遮遮掩掩，而大家实际最为关心的，还是税负、发票的问题。

笔者认为，这类筹划方式还担当不了新一代的筹划表率，在某种程度来看，它在解决税务问题的落地方面似乎更像是一种退步，新瓶装旧酒，看起来很炫，“吃相有一些难看”。

## 1.2　税务筹划要达到什么结果

“这不是很明确嘛，省钱啊！”多数人当然是持这样的观点。其实并不一定必然是，下面我们结合一些案例分析一下不同情形下筹划的潜在需求。

税务筹划的产生有其必然性的动因，比如交易发生没有现金收入无能力纳税、交易发生有了现金收入想少缴税等。利益是企业经营与个人从事业务活动的正常追求，无可厚非。如果是一些非法的收入或境内外非正当路径的资金转移，现实当中不排除存在利用税收进行“洗白”的情况，这种筹划方式就不是本书探讨的领域了。

**【案例1－12】** 比如涉及电信欺诈的洗钱问题，据了解，是存在通过灵活用工平台进行处理的，这其中有的是借用他人身份证或非法取得身份信息来进行操作，屡有已被公安机关破获的案例报道。若是中介机构在税务筹划中一并协助别人进行了洗钱的操作，这是除偷税、虚开之外另外类型的法律责任问题了。这几年，不排除有的个人将在海外炒比特币、从事矿业投资等情形下赚取的巨额款项，借助交易通道入境，宁愿以缴纳税款的成本来达到资金自由使用的目的，用于国内投资、购房之用。

下面结合一些需求情形说明筹划产生的原因（见表1－3）：

**表1－3　　筹划产生的原因**

| 序号 | 情形 | 想法 | 筹划方向（举例，不限） |
|---|---|---|---|
| 1 | 重组并购，结构优化调整未产生现金流，但依税法产生了纳税义务 | 未产生现金流入，无纳税的经济能力，由此寻找不纳或缓纳、暂不征的政策空间 | 办理特殊性税务处理，或者改变合作方式 |
| 2 | 企业利润大筹划少缴税 | 利润大是高兴的事，但是缴纳的税款也很容易让老板们“心疼”拟进行筹划减少税款支出 | 常见的如利用财政地域政策差异、高新技术企业优惠等进行筹划 |

续表

| 序号 | 情形 | 想法 | 筹划方向（举例，不限） |
|---|---|---|---|
| 3 | 老板从企业提现难操作，税负成本是主因 | 发工资、分红等方式均要“直接计所得缴税”，纳税意愿不足，但又担心被查 | 有的老板就是不断地挂账提现；目前多有操作利润转出或转移分红地的处理 |
| 4 | 业务受制于税收成本，难以有效持续 | 合作伙伴有要求或者合规纳税后难有利润的激烈竞争业务 | 需要考虑税收筹划利益的“对冲”，以让企业有钱赚 |
| 5 | 希望实现地区、时间、主体的税款缴纳调整 | 主观想法的安排在纳税金额上实现 | 在实现主体与条件上进行规划；比如为了落户的考虑有的个人宁愿多缴纳一些个税 |
| 6 | 办理家族信托管理时减少可能的税收成本 | 很多老板可接受的“心理税负成本”少的可怜，1%以上似乎都难以接受，或许可以通过境内外金融工具的嫁接实现税负的调整 | 改变主体的性质，减少明确的缴纳税种或税额 |
| 7 | 看到某项税收利益就是想“捞一把” | 比如存在征管不明确的事项，或明确存在税负差的情形时，制造条件去实现某项特殊的税收利益 | 比如新冠肺炎疫情期间小规模纳税人的优惠取得、利用 |

有因就有果，无利不起早，正是基于各种各样的复杂目的，就出现了各种各样的税务筹划安排，也有了庞大的需求方，由此支撑了一个巨大的财税服务市场的存在，反之也逼着税务机关从被动应变转为主动防范。

### 1.2.1 税务筹划是解决多交税的问题还是少交税的问题

“你多缴税了，这税本不应缴”“怎么这么笨啊”，在日常聊天时经常会听到这类声音，这容易让老板们产生一个错觉：我吃亏了，国家占我便宜了。以致主观地认为税这种事，就不是刚性的事，不少交点税就是不正常的感觉。从而主观地认为，“税”并不是刚性的事，少缴税才是正常的。

从结果导向看，税务筹划的核心功能是解决纳税的问题，通常是少缴或不缴税（含暂不缴税）。那么税务筹划是不是要解决企业存在的“多”缴税问题呢？笔者认为，多缴是一个伪命题，税并不存在“市场价值”之说，并不是纳税人与征税机关之间的讨价还价，而是根据规定依法计税的结果。无论多与少，都是法定的结果，当一个业务结束的时候，其计税结果基本上是确定的了。而专业人士也经常存在一个误区，即不进行纳税筹划的话，纳税人平时就会多“缴”税，这其实是专业人士的自我感觉，当然也常用于与客户的交流之中，以宣传其服务价值。笔者的意思是，不要也不宜为过去耿耿于怀，释然前行为宜。事后的筹划，往往就是假戏假做而已，心里往往也是难安，毕竟发生过的事，再重演一遍可能也会产生自我怀疑。筹划并不是解决过去的事情，而是着眼于未来的安排。若真有“多”缴税的结果，要么所遵循的政策错了，要么政策理解错了，在有效的期限内，个别情况是可以申请退税的。试问做税务筹划的有几个去退过税，有几个是过去真的“多”缴税了，所以，不宜轻信这类说法，或者可以认为这种说法本身就是一种商业宣传。改变经营方式与商务合作方式，适用新的计税规则，产生少缴税的结果，并不是去调整过去，与过去依法“多”缴的税相比较，是基于当前交易情形进行筹划，按现行规则正常计税后比原来税负轻，这是政策规定与适用的结果，过去和现在都没有错。

**【案例1－13】**税收政策有时候仔细品味起来，的确十分有趣。有时个人的语言表达不慎，也可能给自己带来麻烦。比如对于过去的一件事情，解释得不好，也属于税收政策的应用问题，这是需要在适用政策后反向解释业务事项，同样的事情由不同的人来说，承担的责任也可能是不同的。这种情形下，倒可以被认定为对过去事项的解释型筹划。曾经有这样一件事，某银行的分行在接受税务机关检查时，税务人员对其销售的贵金属首饰提出异议，认为其账上记录的手续费收入存在问题，且据此缴纳流转税是不对的。据笔者了解，当时柜台人员告诉税务人员：“这是我们代销商家的货物，销售后进行结算，我们签订的合同是代销协议。”“你们是销售货物啊，为什么没有计缴货物的增值税，而是缴纳的服务费增值税呢?”税务人员问道。后来经过专业服务人员的分析，结合合同当中的条款表述、款项结算、客户购买时的票据索取权利等，认为实际上银行的营业厅只是提供展示这些货物并代理服务的功能，只有在收到客户的款项后，才把销售款给供应商，并且载明销售的主体是供应商，发票的开具也是直接由供应商开具，银行只提供一个桥梁式的代理服务。解释得好不好，也体现语言筹划的水平，其实很多时候，我们在看纳税人提交的税务文书、解释说明时，比如在解释其取得的一些有问题的发票时，专业的保护性陈述往往是不充分、与问题不匹配的。不过这是另一个层面上应对税务问题的内容，不在此作展开说明了。

当下，笔者发现，我们现在提到税务筹划时经常有类似这样的描述："致力于为您解决成本票，解决公转私，解决税负过高，解决社保问题等。"说到解决成本票问题，没有业务就解决了吗？结果实现很美好，但实现方式不合法，走歪道，简单粗暴地以买发票解决问题，当下这类"筹划"是不是大量存在呢？若是有人提出想找笔者做筹划，第一个前提就是不能有虚开发票的行为！要达到少缴税的目的，是要有代价的，不要去与"买票成本"比较，比如要改变交易规则，需要考虑供应商或客户方面的衔接；还比如要搭建新的主体，就要考虑设立成本与运营成本等方面的调整。

**【案例1－14】**跟做生意一样，筹划工作也是需要评估投资效益的。某企业财务负责人学习归来，拟向老板建议进行筹划，招人、设立公司等工作陆续展开，结果一年下来，看到的节税额达到10万元，而付出的成本是20万元。这样的筹划安排显然不是大家所期望的，如果为以后发展奠定了良好基础那倒还算是有筹划价值。这就提示我们在平时的筹划工作中，需要作一个相对可靠的预测，对相应的调整成本、实施程序、难度可行性等进行细化分析后再行动不迟。

表1－4中的这些情形，是业界在日常业务当中的一些筹划方式，可以说每一家企业，都或多或少存在合法的税收改善空间，但阶段不同，其主要的服务方向也是不同的。比如有的企业以合规为筹划方向，其目的是助力企业的持续经营，而不是成立一个企业捞一笔后就注销了，再接着成立一个企业进行下一步运营的筹划。

**表1－4　　　　日常筹划方式及举例**

| 情形 | 筹划的方向 | 举例 |
|---|---|---|
| 少缴税费的减免 | 税基式减少、税率式减少、抵减式减少、税种式减少、适用主体收入减少等等 | 享受高新技术企业所得税优惠、享受地区减免优惠等 |
| 多进抵支、多进增收 | 依靠政府财政支持实现关联交易的调整落地；依靠即征即退或先征后退方式实现增值税的优惠利益 | 个人限售股转让个税返还政策、软件企业增值税税负超3%返还的政策等 |

续表

| 情形 | 筹划的方向 | 举例 |
| --- | --- | --- |
| 时间性调整 | 比如提前实现大额利润或滞后实现大额利润，或者提前列支或滞后列支，或者在某个优惠政策的时段确认收入等方式来实现，或者将纳税期的所得延续到免税适用期来达到目的 | 在弥补亏损期、免税期、优惠政策适用期进行收入或利润的安排 |
| 地区性调整 | 在境内外、国内地区间形成收入或利润实现地，优化税负空间 | 比如通过跨境交易在境外或海南等地搭建投资或资金池结构 |
| 造假性调整 | 在一些上市公司数据造假的案例中，我们发现相应的造假收入形成了真金白银的税费流出，这是其“做实”虚假数据的一种体现形式。不过这不是我们鼓励的筹划之路 | 这种情形下，税费是其实现资本操纵价值的“买单支出”，但个别案例中，有的企业向税务机关申请退回造假数据形成的缴税金额 |
| 转换式调整 | 把一种交易的形式变成另外一种交易的形式来达到优化的效果，在取得相似利益的情况下，还能实现税收利益的降低或转移 | 比如将资产交易转变为股权交易，境内交易转变为境外交易，一级股权交易变为更高一层股权交易等 |
| 助力型目的 | 某老板为达到其个人社会职务的表现等目的，以纳税额为其助力 | 比如作为某领域中的代表人士，自然在合规方面会考虑得比较全面，一定的纳税金额也是一种社会价值的表现 |

在复杂环境下，税务筹划是实现目的的一种手段，只是第一步，而后面的第二步、第三步才可能内含其真实用意。相比于传统的简单的直接节税目标，是不是更为复合与立体了呢？笔者认为，这充分体现了筹划的有趣之处，也是保持其持续发展的动力。不过，这绝对不应是“形式掩盖非法目的”，即实现的最终目的合法性也要考虑，而不仅仅是考虑税收层面的合法性，比如上面提到的造假的情形，筹划者甚至多缴了税，但由于整个行为的违法性，这种筹划也并不值得提倡与赞许。

基本上，笔者认为税务筹划多数情形下不是战略规划的核心，作为一名从事此方面工作的财税法领域人士，有时我们过于看重自己领域与工作的作用，甚至有些自认为“清高”之处，比如写书，也并非就是自己有多厉害，其实只是一种探讨与追求，看似一些“指点江山”之类的文章，随着自己的成长，也会有新的认识。所谓“醉翁之意不在酒”，每个生意人、创业人，自有其不凡之处，单纯做税务的生意，有，但不长久，也不会长久。即使那些看似以税开路的人力辅助类的上市公司，其本身也并不是以税作为唯一的商业经营基础。但笔者相信，税在企业的战略层面上会起到画龙点睛的作用，在战术层面上就更加精彩了，这也是本书的主要内容所在。

**【案例1－15】**大强公司与小力公司签订了一份服务合同，约定由小力公司提供技术开发服务，过了半年交工后，双方要结算了，小力公司的老板提出来，想用自己新成立的个体户来收款、开发票，并且认为自己的服务也没有结束，这个新的主体可以重新签订合同进行全额的结算。

分析：首先我们要分析一下这是不是歪曲事实，本身的实际工作是由小力公司完成的，到了快完工的时候，转为由另一个主体来提供服务，很明显与事实不符；其次，即使小力公司的老板与个体户是一个人，也不宜认为干活的是一个人就可以随意转移主体。在形式上，或许能瞒天过海，但隐藏了小力公司的纳税义务，这是存在问题的。提前安排很关键。

### 1.2.2 老板的税务筹划心态

老板多是纵横生意场的人，对于税务筹划大部分是“门外汉”，很多对于税务筹划也不是很理解，认为缴税是会计或代理公司的事，自己好好做生意就可以了，中小公司在初级阶段多是这种状态。对于税务，有的老板认为这就是“生意”，通过做假账、虚开发票等手段来达到不缴或少缴税的目的，除非被稽查或涉虚开案，否则自己就认识不到问题的严重性。

但是，现在有一个鲜明的变化，从笔者所接触的众多企业家及其已接班或待接班的二代来看，他们的经营观念、思考问题的方式、对于长远的规划，甚至对于费用的支付态度都发生了很大的转变。老一辈习惯于勤劳致富、以关系维系经营的方式，在二代身上慢慢淡化，他们并不想继续用诸如“买发票”一类的节税手段了。

老板的圈子有时也决定了其某些看法的形成、做事的行为，同行的操作手法、朋友的经营套路，会不知不觉借鉴过来，此时老板多关注的是利益的影响问题，很难专业地对接国家法律法规。与虚心借鉴旁人的经营之道不同，老板们对于其财务人员提出的筹划意见，并不总是认真倾听与对待，有时过于自负，认为其说的不一定靠谱，有时甚至认为是不是财务负责人有个人的想法等。就算找服务，可能也会让财务负责人去比价，看谁的服务费用低，其支付此类费用的意愿并不强。总之，少花钱多收益是一种普遍的心理，而且最好别动用自己个人腰包里的钱，这是一种对于财产所有权的自我保护，若是支付的成本还大于节约的税额，那筹划岂不是越筹越“愁”了？笔者也曾遇到有的老板拿着服务机构提供的方案，去咨询税务的朋友进行求证，这就对服务提出了更高要求，强烈建议不要给客户出具太出格的意见。

但是近几年，情况发生了变化，比如一些暴利的行业，受到国家产业政策、征管政策调整，或者是受疫情的影响，老板们不得已越来越重视税负、社保问题了，国家出台了大量的激励性政策，不享受似乎等同于“吃亏了”。无论心态如何，税务筹划在老板们心中的地位越来越高，之前多有不屑一顾的感觉，现在正在被现实慢慢改变。

**【案例 1-16】**某企业管理层拟通过税务筹划提高效益，为货比三家，对外进行招标。于是向某国际大所、某两家税务师事务所进行邀标，要求进行模拟测算节税空间，明确收费方式，而且要求提供给别的客户做过筹划的成功经验佐证（提供合同样本）。这是很正常的要求，多方比较，寻求性价比最高的方案，如果笔者自己是老板，也可能会这么做。不过需要提醒的是，对于某些筹划方案进行保密，是服务机构的基本原则，这是商业上需要考虑遵守的规则。在笔者了解的案例中，越是大的企业，其进行筹划的目标设置的就越过大，最终结果可能并不尽人意，因为这类筹划往往涉及一系列流程，调整过程比较繁琐。比如对于当下薪资个税的筹划，理论上只需要简单地在工资薪金与全年一次性奖金之间进行适当调整可能有效果，但由于人力部门负责薪酬的预算、计算、调整等各方面，还涉及上级部门批复原因，这么简单的事也极可能不了了之。

综上所述，多数老板对于税务筹划的理解过于主观，没有数据的直观显示，重商业而不重视财税，重道听途说而没有探究政策的规定。相反，有的老板却利用了筹划的力量，“悄悄地”实现了额外的收益。在老板们萌发学习念头时，一些总裁班、私享课、大师课应运而生，因为经过被选择数据的画像，这些老板已经被锁定为消费的目标，之后又被现场设置的极易引发共鸣的问题所“吓唬”，被“高深”所吸引，很容易见景生情，从而被一步一步拉进来，现场跟托掏钱不在少数。这也是学费吧，至少是对某些设计的知识“买单”，放宽心地想也是一个成长的过程。

**【案例1-17】** 某电商老板认为找到了一个很有前景的商业模式，即为某在线餐饮平台的企业提供原材料，主要是以小餐馆为销售对象，这些小餐馆本身多是个体工商户，核定计税，并不需要发票，而此电商老板找的供应商也是不提供发票的小供应商，从合规的角度，如果收入体现出来，那么成本没有发票则无法税前列支，且还存在支出需扣缴个税的风险。因此，该老板忧心忡忡，如何能破解这个难题进而让资本认可呢？这时老板是着急的，想低成本地解决这个涉税难题。对于很多小电商来讲，这几年在经营时心中都惴惴不安，去年某地集中检查电商账外收入不纳税的问题，虽因疫情等客观因素被叫停，但此问题始终被关注，如果任由账外不计税，这是主观故意的偷税，说不定哪天哪个人要出事的。因此，尽早地筹划已成为有心老板列入日程开始行动的事情。

### 1.2.3 员工的税务筹划心态

对于员工，从个人所得角度来看，当然倾向于自己少缴个税，所以一般员工对税的思考很简单，无非是公司在扣缴自己所得的个税时是否会多扣。新个人所得税法实施之后，个人的税前扣除事项增多，税负大大减轻，一般工薪阶层的个税敏感度会有所下降。而对于高收入的部门管理人员，特别是项目主管人员，无论是对项目的考核，还是对个人所得，都是受影响比较大的，因此其对税务筹划存在较大期待，一方面自己能够少缴税，另一方面，自己负责的业务能够享受税改带来的利好，尤其是当其负责的项目亏钱但恰好因税改而“起死回生”时，他们会更深刻地体验到优惠空间带来的影响。

**【案例1－18】** 某上市公司销售部业务主管，依公司安排负责某桌面机器人的投资项目，但是若直接进口成套设备，在国内销售后整体利润其实是亏损的。在无计可施的情况下，甚至萌生了“去南方”找进项发票抵扣的想法，毕竟任务还是要完成的，与之相比，失业风险更难以面对。于是咨询专家后，根据其业务的现状，提出其需要将软件与硬件拆分进口，再进行汉化组合生产，由此找到政策适用上的利润点。

记得之前笔者所在的某公司，在销售部门中有销售专员，还有商务专员，后者就是核算项目利润的。当时的产品有竞争力，赚钱比较轻松，是否真的进行核算其实就是走走形式。但是现在不同了，竞争激烈。比如目前的一些软件开发项目、智慧城市项目，开头的业务多是亏本来做的，在这方面，大的企业集团多有亏损的资本，而一些小型的企业若不想新的应对之策，往往就被挤垮了。

上面讲的案例是亏本情形下的自救筹划，对于挣钱的项目，老板们操心的又可能是企业所得税与个人所得税的税负了。作为项目负责人，多会关注如何能够多取得税后所得的方法，比如有的项目主管人员由于专业知识储备不够，常向企业的财税部门求援，由于与财税部门的人员利益相对独立，财税部门往往不愿给出冒风险的建议，通常比较谨慎地说：“税务部门会检查，我们之前的操作不能随便调整！而且这个问题税务机关刚刚检查过。”这样的回复，就需要业务主管人员补充税务筹划相关知识以从容应对，本书除了解决财税人士的专业问题，更主要的是向老板与业务人员释明企业经营过程中内在财税利益的合法创新空间。

### 1.2.4　中介服务机构的税务筹划心态

中介服务机构，通常包括律师事务所、税务师事务所与会计师事务所，这些是较为正统的财税与法律的服务机构，也比较被大众所认可，特别是大型的律师事务所、会计师事务所，有比较高的公信力。而最近几年来，税务师事务所由于传统业务范围少了行政方面的要求，另外其行业的专业性市场受到律师事务所、会计师事务所的挤占，业务受到比较大的影响，但其在税务领域的沟通优势还是比较有特点的。

另外，大约从2016年开始，市场上出现了大量招商服务机构、商务服务机构、人力服务机构，甚至是个人工作室，其搭配各地政府的产业招商政策，做得风风火火，税收与财政是其核心筹划工具。最近几年来，经常有“出事”的案子发生，从而引起一波一波的行业性不安，特别是涉及虚开发票、洗钱的案子，比如某专注福利平台的创始人因发票问题被公安机关羁押，这说明法制监控手段越来越先进。这类案件的发生有税收法规不完善的地方，也有地方政府的“助力”，毕竟实现了当地财政收入的增长。预计随着操作规模的扩大，竞争的加剧，出于对利益的追寻，很可能会有更大的案子出现。

中介服务机构卖服务，多数想挣的是快钱。当前形势已处于一个“白热化”的状态，从业者的心态普遍比较急躁，宣传上也较为直接，比如省税90%、节税70%之类的表述屡屡出现，前几年卖发票的短信满天飞，这几年是微信、小视频比较流行，所以需求方要擦亮眼睛，多方比较后选择可信任的服务商。近几个月，笔者的手机、邮箱等屡屡接到某些信息平台、互联网公司的税筹服务广告，自我介绍是专做税筹。一方面，这说明了税务筹划有投资的价值，不然也不会招兵买马、广泛宣传、频频造势；另一方面，也说明了反筹划的力度必然与日俱增，从大局到微观，必然会一浪接着一浪。

税务服务的产品具有个性化特点，服务收费多与少，没有可比性，难有公允性报价之说，比如某筹划从业者给客户的报价是以其节税额作为收费标准，并要求其通过个人账户转账，所以从业者本身也极可能在偷逃税款了。中介机构收费方式的多样化，说明了市场的接受度与对多样化的认同，这是积极的一面。笔者相信，税收筹划正在历经大浪淘沙阶段，逐渐从野蛮状态向遵从法制状态、从无序状态向有序状态进化，其发展过程也是规则的完善过程，期待正能量的税务筹划服务。

当然，我们也要看到中介机构发挥积极作用的一面。通过它们多种方式的宣传、解读，通过其对税法漏洞的持续推敲，必然推进税收法制的进步。而且这其中还有大量的中介机构坚持专业本分、专业力量，服务纳税人依法纳税，维护纳税人正当的税收权益。天高任鸟飞，海阔凭鱼跃，多点耐心、多份责任，终会迎来广阔的需求空间。

老板、员工、中介机构等，在税务筹划的参与中，或多或少地有自己个性化的理解。笔者认为中介机构要守得住底线，适当地给老板降降期望值，有时也要考虑据理力争。在专业的掌握上，老板与员工也是寄望中介机构出奇招妙招的。但是在相应的业务合作关系中，约定彼此的权利与义务，中介机构要相对考虑得更周全一些，要充分地考虑到风险，毕竟有一些因素是难以完全掌控的，要做好筹划失败的风险评估。

## 1.3 税务筹划“四门功课”的创立假设

本书开篇之时，笔者提出了对于税务筹划理解的“四门功课”，即一拆、二生、三变、四调。那么如何理解，又是如何来落实呢？笔者的理解，完全是基于自己对于税收政策在筹划中的应用思考。市场上有各种筹划、避税的图书，笔者经过学习研究，希望能够以一种全新视角、思路，来将这个被描述得过于神秘的事情解释得直白、清楚，这也是本书的目的之一，也希望能与大家共同探讨和进步。

很多情形下，我们面对的还是传统的筹划方式，相关的操作显得比较直白，所以反筹划工作比较好实施。上面的四种方法更偏向于传统筹划，但运用了一些新工具，若进一步看，在技术的应用上就不是这么直白了，而是要融入业务场景中，这些年来国内的筹划“很偷懒”，基本上就那几招。

### 1.3.1 “一拆”

这里的“拆”，不是拆东墙补西墙的意思，也不是强拆的意思，而是业务拆开。为什么要拆开，这跟税收政策的适用及税收优惠政策的应用的独立性要求相关。

根据表 1－5 中所列举的场景，来看一下拆的功能体现在哪里。

表 1－5　场景及目的

| 场景 | 目的 | 在实践当中的考虑因素 |
|---|---|---|
| 拆主体，一分多 | 当下基于企业所得税与增值税的小型企业主体的税收优惠非常丰富，比如新冠肺炎疫情之下增值税小规模纳税人适用1%的征收率，大大地降低了小企业的税负成本；<br>拆主体有时需要考虑地区的安排，地区的差异也会形成拆的优惠安排；<br>拆主体的时候，可能是新立，也可能是分立，此举并非严格意义上的市场登记部门类型的分立；可以是国内，也可以是境内外综合搭配拆分 | 比如大量的小型企业所惠及，未上市或未挂牌的企业更易进行主观调整操作。比如上市公司并表范围的企业不宜进行核定征收企业所得税的处理，因为核定征收就说明了核算不规范，这与上市的基本核算要求是存在矛盾的 |
| 拆业务，一分多 | 拆分收入以使部分收入比如可以享受增值税的低税率政策，或者形成满足所得税免税所得计算收入范围的条件 | 拆业务有时与上面提到的拆主体搭配使用 |
| 拆资产（含负债） | 将部分资产在可以享受特殊性税务处理等优惠的情形下进行转移，形成业务上未来收益的税收空间 | 拆资产意在调整产业结构，也有的是为与第三方合作，或者直接就是奔着未来税收利益的实现主体去的 |

从上面的举例内容来看，拆的适用情景非常多样，不同的主体、不同的时期、不同的地方，自有其不同的历史使命。但是，一项历史使命的完成，不是只有一条路径，筹划的价值就是体现在如何平衡各种税收利益，以及各种方式组合的选择上，说起来很复杂，但一经确定了，就会变得很简单，化繁琐为简单，减少实施成本，这也是筹划服务的市场价值所在。比如在拆资产的情形中，我们遇到债权与债务的单一转移，现实业务中经常有与之相关的涉税争议问题出现，“拆”就是一个可以处理此类问题的有效手段。

有人说：“这不是跟房子拆迁一样嘛，一拆致富！”这可不一样，税务安排中的“拆”反而会产生调整的成本，并不能即时换得税收利益，而是要等以后的经营表现安排出来。这是需要勤劳工作去争取的，不能坐等“天上掉馅饼”。

### 1.3.2　“二生”

所谓“生”，就是要利用税收或财政政策，生出利益来。这里可并不是指简单的财政返还或奖励，而是政策确实给了生的可能，在生的过程当中，有的需要相应的“投资成本”，有的是政策“白给”的，这里确有“天上掉馅饼”的时候。

我们在理解与应用筹划中“生”的功能时，需要有相应的合理性、真实性，切忌贪，适可而止为上策，或者要自己掌握“火候”来处理。比如表1-6中的情形，就具有这样的功能与路径。

**表1-6　场景及目的**

| 场景 | 目的 | 在实践当中的考虑因素 |
|---|---|---|
| “生”扣减 | 比如研发费用加计扣除，残疾人工资加计扣除等 | 虽然是“生”出来的，但仍需要发生投资成本，若走火入魔，为了加计进行没有必要的研发，岂不得不偿失 |
| “生”资产 | 比如个人或企业技术投资享受的递延纳税政策就是一个很好的优惠政策 | 以暂不纳税为条件换得溢价增加后的企业资产进行摊销税前扣除 |
| “生”抵免 | 比如满足条件的设备购买抵免所得税额的优惠 | 注意满足相应节能与安全等指标的条件 |
| “生”退税 | 外部财政利益的流入，相当于多了一份所得 | 符合国家或地区产业政策安排的优惠等进行选择 |
| “生”研发 | 多有高新技术企业因研发费用不足而苦恼，此时可以考虑进行委托研发，考虑相应合理的溢价，形成研发费用的“增值增加” | 在集团型的企业管理中，笔者认为可以仔细评估合理运用 |

古语讲：“一生二，二生三，三生万物”，在解决了一个端口的税务难题之后，后面的事情就会顺理成章地推进。很多财务人或老板往往就是痛惜刚开始的税收成本或利益得失，从而错失恰当的筹划时机。在整个企业运营当中，找到一个税收价值的突破点很关键。在笔者接触与处理的案例中，对于“生”的筹划使用，若不注重细节的判定与操作，不注意形式载体与程序，很容易留下把柄以致被税务机关质疑，防线被突破，严重者则

可能补税、补交滞纳金，这些“不该发生的事”在现实中屡有发生。

### 1.3.3 “三变”

变化，多是出于对现状的不满意，或者还有更高的追求与理想。求变当然是基于好的预期进行的，在税务筹划的案例中，我们面临的很多诉求都是求变，那么，在税务筹划的实施方案中，有针对性的“变”就成了一门主要的功课。表 1－6 是一些“变”的筹划应用场景。

**表 1－6　　场景及目的**

| 场景 | 目的 | 在实践当中的考虑因素 |
| --- | --- | --- |
| 变所得类型 | 比如个人取得工资薪金计税调整为股权激励方式、经营所得方式，或者以公司类型对外提供服务等进行壳包装 | 比如高管取得的所得，如何筹划，需求比较普遍。同样，当下的用工平台也正是利用了这种方式，以此来规避社保等企业承担的人力成本，这其中的风险点要非常谨慎，屡有被否定的案例发生 |
| 变交易载体 | 因为交易客体不同，适用税种与计税方式也不同，能够有效减轻税负的比如卖资产转化为卖公司，避开涉及增值税、土地增值税等事项 | 以股权形式转让土地使用权，是规避土地增值税的常用方式，但是简单的组合，很容易存在被“穿透”的风险，配套相应的业务流有其现实的风险防范意义 |
| 变股东身份 | 个人、个独或合伙企业、公司作为股东，其享受的计税条件是不同的 | 股东身份没有绝对的好与坏，比如有的公司的员工持股平台，基本上是优先考虑控制权的，税负成本是第二位考虑的。但是要结合股东是取得股息红利还是转让所得的目的，来搭配股东身份，股东身份可以是多情形同时存在的 |
| 变交易方式 | 是销售货物，还是销售货物外加服务，或者提供服务包括货物，这其中的商业之道与税务筹划之策，存在很多的变量 | 比如销售软件著作权还是提供技术开发服务，最终的结果可能是一样的，但在税收利益规划上存在巨大的差异 |
| 变纳税地 | 比如存在招商引资的迁户，大企业与小企业均存在这样的潜在需求；比如对于境外非居民的适用所得税率通常是 10%，相较于国内的 25% 较低，特定情形下，有的企业是直接进行境外股东转让的处理 | 比如某房地产企业从广州迁到深圳、某证券公司从北京迁到深圳，或多或少有着财政利益的影响 |

续表

| 场景 | 目的 | 在实践当中的考虑因素 |
| --- | --- | --- |
| 变交易环节 | 为实现单一或多方面的目的，交易环节被设计成多环节、多主体、多地区，以转让定价的方式进行组合式调整后才向外部最终销售转移 | 交易环节的内部调节是企业的自我税务筹划安排，比如为规避租赁业务的高房产税所进行的多环节的筹划 |
| 借道而变 | 比如有些企业或个人通过信托公司进行资金打理，从而享受到相应的利益，实现一定的理财目标 | 单一信托资金通道业务受到一些管理上的额度限制与管控，需要选择适合的产品类型 |
| 避开计税陷阱 | 计税规则的设置，有时考虑的应税情形比较单一，若改变某个交易方式，避开无效计税行为的发生，也是一种变化 | 这种情形在税收规则中大量存在，比如视同销售的计税规则，纳了税还得不到利益。适当的定价方式是有效避开的手段 |

变化意味着机会，也意味着风险，变化不是蛮干、盲干，而可能是“四两拨千金”，变化也并不一定非要放弃现在，还可以派生性地出现，所以这四门功课，它们之间彼此是相通的。在做筹划时，包括笔者在内，有时我们会习惯性地困在当时的交易假设中，跳不出来，也有时我们努力去找案例、找专家论证，其实筹划的某些关键点，有可能就是完全创新，没有先例的，这些故事让我们在后面的章节中慢慢进行细化分析。

### 1.3.4 “四调”

我们的身体在不舒服的时候，中医讲究“调理”，梳通各个关节，气息顺畅，这样人就康复有精神了。税务筹划中的调，是整体调理之意。比如我们来看，一个人或一个企业，其核心价值是什么，能做什么，需要外部提供什么，是不是要找第三方合作或入伙，以结果为导向，调整人员、业务功能，以及这些功能配置上的税务价值的适用条件，就会在整体上平衡我们的税务筹划价值。在前面的三种方法中，强调的更多是一种手段，解决的是一类或一个问题，而“调”是需要筹划体系化。

中国也有一句俗语：“不要把鸡蛋放在一个篮子里。”再完美的筹划方案，一样有风险，有容易被攻破的破绽，时常调整，适时调整，也是生存进化之道。调也有这样一种情形，比如为达到某项适合筹划的前置条件而进行的筹备，调整到适宜的情形再进行第二步的安排，这是“潜伏期”，这种调是筹划的前奏部分。我们结合相关的场景进行举例，看看如何思考自己的调理（见表1－7）。

表1－7　场景及目的

| 场景 | 目的 | 在实践当中的考虑因素 |
| --- | --- | --- |
| 制造业企业 | 需要区分轻资产与重资产，配置技术、无形资产等模块，高新技术是其中的一项优惠选择 | 制造业本身的薄利空间与竞争压力，若不要技术类价值，不向筹划要价值，那就会比较艰难 |
| 互联网企业 | 需要创造技术成果进行安排 | 减少自创型的研发，拓展增值型的研发空间 |
| 投资性企业 | 需要考虑资金池的使用 | 当下融资利息计增值税但不得抵扣就让集团型企业很“难受”，无偿借款有时无法纳入免税的集团适用范围 |
| 内部利润的调整 | 指标的调整，在年末，或在某个时点上进行调整，以使其满足主要的优惠条件，有的筹划若没有好的业务支撑，没有控制好合理空间，反而容易落入反筹划的被动境地 | 比如利用资产的交易、投资、划拨、租赁等，可以实现较好的利润调整，减轻所得税的综合税负，这通常是集团型企业要考虑规划的 |
| 特殊性税务处理 | 比如将股权收购比例调整到满足进行特殊性税务处理操作的条件 | 现实当中经常有这样的安排 |
| 面临多种优惠选择时 | 配置好适用的优惠条件，找到相对合适的，也是一种方法上的筹划 | 比如税法上给予一次性计税、分期计税、递延计税方法时，选择哪一种就需要事先进行有利评估 |
| 调整结算条件 | 比如调整股息红利分配时点，调整利息收入或租赁收入结算时点，其增值税与所得税的收入时点就会相应得到主观调整 | 根据自身条件进行调整，比如选择的时间点对于纳税形成义务的影响 |
| 政策使用选择性 | 税收政策中给出了相应的选择权，比如是不是使用加速折旧的政策，纳税人可以自行选择 | 如何选择，其实就是一次小筹划 |

调理需要掌握火候，需要时时观察，与时俱进。笔者之前曾做过，也学习过一些同行的服务案例，比如前几年比较流行的一种税务服务产品——企

业的税务健康诊断服务，其目的就是通过评估发现税务调整的内容，如果发现了，则可以结合其他方法进行筹划安排。但从笔者的经历看，这样的服务最后多形成了报告成果，但多没有落实到真金白银上，因为服务事项过于复杂，关注的利益点过多，部门的利益与事务博弈过于繁琐。同时，还因为这种服务多是财务部门发起的，在理论方案与落地之间，还隔着管理层的决策批准环节，以致最后往往只是一个假设的成果分析服务，较难达到理想的效果。最近几年来，这种目标不明确的服务似乎越来越少了。

### 1.3.5　其他一些方法的理解与观察

在笔者所总结的上述“四门功课”之外，还有很多其他表现方法，但对于一般的企业来讲，这四门应是够用了。一个企业并不一定将四种方法全用到，用到核心的方面，就可以认为达到目标了。企业经营的好坏，首先要看商业上的空间，同时也离不开天时、地利、人和，为了达到这一目标，财务部门不仅仅只做记账与报税。比如笔者之前曾供职于一些企业的财税部门，在整体的公司价值体系中，若是被动地接收工作、辅助工作，是得不到价值认可的，自然职务本身的价值也发挥不出来；另一方面，相较于商务、销售部门的人员，财税人员的观念、习惯过于理性与保守，过于墨守成规，甚至只是简单地承接前任人员的操作方法，缺乏活跃的创新性。所以，财税人员本身的态度与思维的调整变化，是更为重要的。没有担当、没有创造价值的意识，那么将作为一个螺丝钉，永远安静地立在那里，毫无精彩贡献。笔者相信，如果办税人员能够振奋起来，不断学习，谦虚借鉴，合理使用自己的专业，发现每一个空间、环节的税收利益，择其试用，自身能力会得到不断提升，也会得到更多的价值认可。自从事税务服务工作以来，有时跟一些企业的办税人员交流，有一些伙伴会站在公司的角度，想很多的办法来考虑同一件事情在不同操作路径下的预期结果，笔者是很愿意与其一起探讨，甚至无私地给予一些帮助的。

在税务筹划的目的上，一方面是为了少缴税或不缴税，另一方面就是让业务能做起来。有的企业在开业之初即进行了规划，这当然是更有眼光的。对于创业者来讲，有时并不会想到这些，开始时也不愿意支付此方面的成本费用，企业能“活着”就开心了，筹划需求与想法多是在企业运营之后才想起来调整，或被逼进行处理的。

笔者曾偶然遇到某位老板，交谈间提到其认识的税务机关的朋友为其提供了一个筹划方案，认为这肯定很保险。笔者认为，即使方向是对的，也是要自己做完美。税收的事项，有时是一个人一个看法，多方求证有其必要性，当然也不要挑花眼，掉入“迷魂阵”中。不过，大家也知道，生意人在聊天的时候，是不是将企业的真实情形向税务机关的朋友和盘托出，也要打个问号。

在理论与实务当中，有的专家提出了总结的不同的筹划逻辑体系，这跟个人的性格一样，有不同的外在表现形式，很正常，其间并不一定矛盾。笔者有幸参加过一些老师的讲座，其实讲课也是跟说相声一样的，同样有四门功课，即使筹划的课程相差无几，也需要向其中添加铺垫和包袱，从而引发观众兴趣并帮助理解，其实一二天课上下来，真实有效的核心往往就是几个点，几句话，让你理解政策使用的思路和原因。若是两天的课程，可能只有半天是浓缩的精华时间，但这就是学习的成本，培训课程也是一种商业上的筹划，多有相近之处，不然如何收费呢？

有的人提出来，对于小型企业的筹划方法是“化整为零”，这其实可以用拆来对接。还有人提出：“三十六计，走为上策，趁还没有什么税务问题，我将财产进行转移后移民。”对其来讲，这也是筹划方法，只是外面的世界是精彩还是无奈，别人也无法体会。更有人提出来：“采取瞒天过海之计，私下支付宝、微信收款，不计入公司收入算税。”这是明显的偷逃税款，奔着犯罪的方向去了。税务筹划并不需要以感性的用词来描述，也不是纳税人与税务机关之间“敌我矛盾”的问题，而是经得起考验的政策使用，即使有时钻漏洞得利了，国家计较的也并不一定是这一点，而会从发展的角度看待国家财政与民众财富的关系，若民众的财富能用于正常的支出与业务活动，这相当于是推动了经济的发展。比如前段时间比特币挖矿比较火，有的人想以此结算并作为财富管理的工具，税可能会被完全避开，没有进入国家的核算与监控体系中来，那在税务上是很难监控到的，毕竟缺乏传统的银行记录的查验。因此，涉及虚拟货币的资产财富，需要整个国家的金融体系进行对接处理，不是税务这一单个部门可以解决与处理的。

最近正好有某税务机关的税务伙伴提及一个案例，言及某会计师事务所给某企业出了一个筹划方案，没有看明白葫芦里装的什么药，一起分析一下。笔者理解后，且称之为“舍得孩子套着狼”的方式吧，意即先自我牺牲有纳税支出，形成买单成本后，将来在别的主体上补偿回来。上面提及的案例，是某个人老板将其100%持有的A公司的股权溢价投资到一个公司，分五年办理了个人所得税的分期纳税，由于A公司账面有4 000万元左右的利润，转让后进行分配股息红利可以享受免税优惠，再进行转让（清算注销也可以），就形成了投资损失，以此损失来抵减接受投资方的利润，这是通过“先吃苦，后享福”的方式进行筹划，是一种腾挪式的筹划。本质上可以归类于“调”的方法中，也算是一个整合的方法。

从笔者经历的1994年起的税制改革，2008年的企业所得税正式实施，到2016年的全面营改增，再到2019年始的个人所得税改革，现在已经有大部分税种已立法或已进入立法进程中，整体的税法架构已经成形，诸多的漏洞、问题点也在不断完善中，过去在税收上可能存在的“既得利益者”，有其时代特性，我们现在不宜再用过去的思路来处理现在的问题。税法的学习、更新要与时俱进，做好相关的技术保障工作。

税务筹划存在多样性，比如针对同一事项，张三可能会想到A方案，李四可能想到B方案，还有C方案、D方案等多种路径，到底哪种更为恰当，没有绝对的标准，需要做好测算与比较，综合考虑商务、财务、税务机关管理等各方面的因素。多样性会迷惑纳税人，但也会促使纳税人在反复比较中取得进步。

### 1.3.6　对于国外经验或规则的借鉴与引用

不可否认，一些企业多存在一些在境外结算的交易行为，比如在香港设立公司，就相关人员在境内的活动拆分部分甚至全部在香港进行“名义”结算，享受税收优惠，而且对非来源于本地所得、资本利得不征利得税，甚至还有很多“潜伏”于避税地的交易资金说不清楚。直接在境外进行的筹划，国家暂时并未对此进行严查，即使有了部分CRS交换的数据，目前仍未看到有相应的具体行动，但已使部分人士忧心起来。对于游离在中国的港澳台地区与其他国家及地区的应税所得，享受了境内市场的红利，却存在较多未履行合规纳税义务的情形，说明跨境反筹划任重道远。

但在我国境内，纳税人的信息（身份信息、银行账户信息等）几乎是透明的，资金的出境也有相应的管控措施。所以，国内的合规性义务是当下纳税人随时面临的考验，其筹划需做到合规合理，而在境外的部分，在相关部门没有拿出有效措施之前，可能也不用筹划。

最近几年来，财税与法律圈的海归人士越来越多，而国内的专家也比较喜欢研究一些发达国家的税收体系与征税规则，促进了知识的交融，很多的理论也在中国税收政策的法制化完善过程中得到了吸收，进行了具有中国特色的转化使用。在反避税领域，OECD的税务研究理念在我国税务部门与企业的工作中得到了应用与相应的认可。但是，我们要注意不要进入一个误区，即认为国外的月亮比中国的圆。由于所面临的政治与经济制度各具特色，税收的调节功能与引导功能自然是有差异的。诚然，当前我们的税收体系缺乏一些整体性，规则较为分散，有一些理论上的空缺，而如美国在经历了几十年的资本发展与市场探索后，积累了一套复杂但完整的计税规则，这是一种知识与管理上的积累，也是一种专业性的成就。但如果认为照搬就会完美解决所有的问题吗？笔者认为，答案是否定的。目前中国经济发展已达到的成就，说明了我们具有中国特色的税收制度起了作用。试看在金融行业进行营改增之时，多少专家提出欧洲的一些金融业务是没有增值税的，如此就认为国内的银行借款利息也不要征税。理论就是理论，用来探讨尚可，完全应用于实践则要结合国情。我们的金融业所取得的市场化的收入，已达到“超额收益水平”，难道继续让我们的农业、制造业来纳税形成国家财政的主要来源吗？另外，很多专家在与税务机关人员沟通争议时，喜欢拿国外的规则作为佐证，似乎说明：“你看，人家发达国家的认识是这样的，你不认可，是不是认识的水平不够呢！”我们需要树立制度自信，正如我们在应对新冠肺炎疫情时所提出的中国方案，就极具特色且效果显著，自我创新与学习借鉴，在寻求发展中都是必不可少的，税收主权与制度自信，要更有力量。

由于中国地域辽阔，存在税收上的地域化理解差异，笔者认为应做到许多举措的统一，增强税法的法定性与刚性、权威性，看到这方面的不足并进行必要改善。

## 1.4　税务筹划的矛盾与平衡

在笔者刚开始筹备本书时，是想单方面从筹划的角度写的，这种单主体的描述，有时会过于自信，或者自恋，只有添加税务机关的角色，对于筹划的探讨才会更出色。筹划与反筹化并不是敌对的关系，也有协调一致的地方。比如某地企业与税务机关达成税收事前裁定，就其对于某一政策的应用提前与税务机关相关部门对接，达成理解共识，并承诺若后面因为政策理解偏差需要补缴税款时，不征收滞纳金，这就有了税务机关的筹划参与和责任参与。但笔者认为，绝大多数的税务筹划，企业并不愿意报告税务机关，也缺乏这样的对接机制、对接职责。并且由于筹划的敏感性，一方想少缴税，另一方自然有防御的心态，这很正常，大量的税务筹划都属于“深水静流”。

### 1.4.1　纳税人与税务人士如何看税务筹划

之前，我们提到纳税人对税务筹划都有点藏着掖着的防范心理，有一些不好意思，还感觉有一些负能量。最近几年，国家持续打造“放管服”营商环境，鼓励企业享受国家优惠政策，甚至还有对优惠落实的督导检查，比如一些地区为了落实优惠政策，凡是持有高新技术企业证书的，要求尽量享受优惠政策，包括研发费用加计扣除，这在一定程度上属于带有强制性的规范了。这当然让一些不达高新技术企业指标的企业左右为难，心里打鼓，若真享受了，后期税务检查时会不会否定呢？这是无法保证的，所以还是要做真做实，心里不慌。

纳税人对税务筹划的态度，笔者认为分为三种（见表1－8）。

表 1－8　纳税人对税务筹划的态度

| 情形 | 描述 |
|---|---|
| 情形一：激情派 | 看结果，不很重视事实与过程，或者比较激进，容易被成功的筹划故事所吸引 |
| 情形二：担心派 | 相对保守，对于筹划的意见，可能需要咨询律师，或请教税务局，这种情形，建议不做为宜，否则给相关人员带来“烦恼”。同时也建议多多学习一下财税相关的知识，提高自己的独立思考能力与判断力 |
| 情形三：中间派 | 有针对性地进行筹划，属于有目的性的安排。可以从小的业务尝试推进，这也是中国人多数采取的“中庸”路线 |

比如最近遇到某金融类的企业，赢利非常可观，创始人是海归派，秉持新理念，有相应的资金渠道来源。可是利润多了，一算账，税负比较高，超过自己的预期，自然而然地想到能不能少缴税。需求产生，筹划往往就有了用武空间。于是，就让财务部门找专家或服务机构进行对接和报价等，某机构提供了这样的筹划思路：设立一个公司，开发相关的技术，筹划成为高新技术企业，以此作为筹划中心进行利润转移。这样行不行呢？这当然是一个筹划的方案，就看能不能做实了。不同的人可能会给出不同的方案，这是正常的，只是有的成本会高，有的会低，有的折腾，有的不折腾，有的需长线安排，有的可以短线安排等。

纳税人对于税务筹划的喜好不同，也是可以理解的，不存在好坏之分，都应采取坦然的心态来规划，不宜做过多的横向比较，比较多了自己也会迷失了方向。那么税务机关在看待税务筹划时，又会如何呢（见表 1－9）？

表 1－9　税务机关对税务筹划的态度

| 情形 | 描述 | 备注 |
|---|---|---|
| 置之不理型 | 这是纳税人的事，是不是有问题与个人利益无关 | 多一事不如少一事 |
| 积极关注，“潜伏”了解 | 曾有传闻与报道，有税务人员“潜伏”在税务从业者的社群中，或者关注企业或中介服务人员的微信朋友圈，发现问题就安排后续的跟进、核实或要求自查 | 税务系统目前已建立了风控部门，有针对性地发现可疑问题，并安排相应的自查提醒，但对于信息的收集还是相对单一的，甚少从个人的生活圈，甚至比如对外出就餐时听到的涉嫌偷税款的信息进行处理 |

续表

| 情形 | 描述 | 备注 |
| --- | --- | --- |
| 重大事项关注型 | 当某一筹划事项被一些媒体披露，或者形成社会事件时，税务部门集中力量进行行业性的检查，比如涉及影视业、房地产业的统一检查与自查，还有部分是来自审计部门、督查部门、财政部门、纪检部门等需要税务部门处理与解决的问题，要求减少税源流失，对干部责任进行合法履职的检查等 | 某些批量化的野蛮筹划、不合法筹划、游走在灰色领域的筹划，在最近几年越来越成规模、成业务链，已严重扰乱了正常的税收征管秩序，打破了全国地区财政收入的平衡 |
| 立法、立政策、立规则 | 鉴于税收法定原则，财税部门有针对性地封堵一些不合理的筹划，打击违法筹划与违法行为 | 筹划的机会往往是“第一拨吃螃蟹”者的有利机会，同样的操作机会越到后来就会越少 |

对于税务机关来讲，发现一个新事务，可能无法及时应对，在纳税人进行一段时间的税务筹划操作后，可能就会出现要求补税或者是新立规则的意见与行动，这中间有一个时间差，或有追溯的情形，或有未来适用的情形。

**【案例 1－19】** 在 2012 年之前，某地某企业与税务机关对固定资产折旧税前扣除产生了争议，《中华人民共和国企业所得税法实施条例》规定了税前扣除需满足最低折旧年限，比如电子设备为 3 年，但是企业会计上折旧年限为 5 年，为了及早得到税前扣除，企业在汇算清缴时作了纳税调减处理（税前按 3 年进行扣除计税），其主管税务机关认为，当会计的折旧年限长于税法规定的最低折旧年限时，应按会计上的来，这是有利于国家利益的考虑意见。由此产生争议，据了解还上报至上级财税部门来定夺。

分析：首先这是一个时间性的计税差异，若税额比较大，则对资金时间性有较大的影响。笔者也经历过此次税改的过程，对于税务机关的理解，从谨慎的角度考虑，确实比较保守。而此企业就是简单地理解，税法规定了最低折旧年限，就不要管我们会计上如何做了，于法有据，则操作合理，据闻最终的结果是企业的操作并不违规。2014 年税务机关单独行文对于此类情形进一步做了明确①：

① 《国家税务总局关于企业所得税应纳税所得额若干问题的公告》（国家税务总局公告 2014 年第 29 号）。

企业固定资产会计折旧年限如果长于税法规定的最低折旧年限，其折旧应按会计折旧年限计算扣除，税法另有规定除外。

现在我们很少需要担心这种争议了，后来颁布了固定资产加速折旧的多项企业所得税优惠政策，不再局限于会计上的折旧年限如何。记得当时财税部门还进行过调研，笔者的意见是，税就是税，会计准则有准则的要求，若加速的基础是会计上也要加速，这样的优惠真难落实，这不是“妨碍”了国家大政方针的有效落地吗？

**【案例1－20】** 某企业进行架构与股东管理职能调整，分解为生产企业、管理与投融资企业两个模块，与酒店的委托经营相似，管理层的人员在管理企业发工资，在生产企业不取得任何的直接报酬，生产企业创造的利润的一定比例，定期支付给提供管理服务的企业，双方开具发票进行结算。后来在当地的一次税务稽查中，稽查人员指出：“这有偷税问题，而且涉及虚开发票的问题！因为你们两家企业本来就是一家的，这不是自己给自己开具发票吗？”

分析：集团公司内部交易开具发票结算，是不是很正常？是的，也是合法的，但为何受到质疑呢？这是因为，从感性角度看，这是有“猫腻”的，有筹划的安排，比如把原企业的利润转移到异地的情形，上来先盖一个“帽子”，是很吓人的。如果其间不能举证存在管理性的服务交付、投融资的安排等事务，就涉嫌虚开的问题，因为没有业务发生，但是若真有业务关系存在，这就算不上虚开。所以，税务筹划本身除了政策的技术性保障，还必须保证事实的支持，最头疼的就是面对质疑如何进行有效沟通与解释。当然，税务筹划的落地有时更重要，实施之前就要预测未来可能面临的问题，做好沟通的铺垫工作，确有其必要。这也给我们提了一个方向性问题，筹划的地点不同，其筹划方案的应用方式也需要量体裁衣，有所调整．比如在一个很偏远的地方，搞了一堆很高深的业务主体进行筹划，要么成了当地的重点关注企业、重点税源大户，要么对于一些问题的沟通成本就非常高。其实可以考虑就某个环节认真筹划，得到认可，有实施效果就可以了。在某些大中城市，技术性的筹划相对容易得到认可。

但是，再补充一句非常重要的话，尽量少提“管理费”这个词语，可以替代性地提“技术服务费”“专项开发费”等这样的词语。这是因为一提管理费就认为是白收的思维习惯，母公司以管理费形式向子公司收取费用，子公司因此支付给母公司的管理费，不得在税前扣除。相关税收政策的规定，很容易产生联想，强烈建议文字描述“不要向枪口上撞”！

纳税人对于税务筹划，可能是既期待又担心。而在税务部门看来，可能会认为一些筹划容易存在损害国家税收利益的问题，这永远是存在变量的。本书的目的在于，让我们的纳税人与税务部门能够站在同一纬度上，来分析一些具体的涉税筹划事项，坦诚地探讨筹划是正当的，还是涉及反避税的，或者是存在违法倾向与违法问题的，让大家形成更为客观的认识。在法的框架范围内，纳税人可以充分拥有其权利，税务部门也要充分地履行其行政职责，一起来探讨筹划的边界。正如机动车行驶遇到交通路灯一样，红灯代表禁止通行，但右转弯的车辆在不妨碍被放行的车辆、行人通行的情况下，可以通行；绿灯代表准许通行，黄灯代表警示但黄灯亮时，已越过停止线的车辆可以继续通行。税务筹划中的红绿黄灯，也应是有差异的。当出现了一些新的情形，税法没有明确规定的时候，如何看待与提出建议，本书也将进行一些探讨，比如当出现能飞的汽车时，我们的道路交通安全法也必须要升级才行，警察不能仍用道路行驶规章来执法。

### 1.4.2　合规的、正能量的税务筹划可以在纳税人与税务部门间达成共识

对于税务筹划，我们需要承认一个事实：它是大量存在的。为了增加纳税人的自信，为了有效地向税务人员展示筹划的相关面貌，形成良性的共识，是很值得期待的，或许税务部门也正“愁”如何有效落实国家的财税优惠政策呢！

比如表 1 – 10 中的优惠举例是容易达成共识的。

**表 1-10　　　　　　　　　优惠情形举例**

| 举例情形 | 简要说明 | 适用期限 |
| --- | --- | --- |
| 小型企业的税收优惠 | 如增值税小规模纳税人的 1% 阶段性征收优惠与月 15 万元（季度 45 万元）及以下的免税；小型微利企业的所得税减免优惠 | 有持续有效的，有时间性的（如疫情期间的特别优惠） |
| 高新技术企业与加计扣除政策 | 享受低税率与税前加计扣除 | 持续有效 |
| 全年一次性奖金单独计个税或者并入综合所得计个税 | 纳税人的权利，甚至在汇算清缴的时候可以进行调整 | 有时间性，2021 年 12 月 31 日执行到期①（依据财政部 税务总局公告 2021 年第 42 号延续到 2023 年 12 月 31 日） |
| 海南自贸港税收优惠 | 符合海南省鼓励类产业的企业，充分享受海南自贸港的税收优惠政策 | 目前看有持续性，未来不排除进行调整 |
| 软件销售增值税即征即退收入 | 可以作为不征税收入，也可以作为征税收入自行选择 | 持续有效 |
| 办理特殊性税务处理 | 对于满足特殊性税务处理条件的，目前适用的情形比较多，政策相对比较完善，在五、六年前为办理一个特殊性税务处理得到认可还比较吃力 | 对于递延纳税、分期纳税的情形也多有支持，但稽查或风险控制部门后续有可能进行抽查、复核等管理 |

这些基本上一看就明白，也是易于理解的，是国家积极推进的优惠政策，部分还纳入了税务机关内部的绩效考核中，享受这样的优惠会较好地得到认可，税务机关的相关人员也多会积极地引导纳税人去享受。比如有的增值税一般纳税人在满足条件时可以转为小规模纳税人这样的政策，办

① 《财政部 税务总局关于个人所得税法修改后有关优惠政策衔接问题的通知》（财税〔2018〕164 号）规定：

一、关于全年一次性奖金、中央企业负责人年度绩效薪金延期兑现收入和任期奖励的政策

（一）居民个人取得全年一次性奖金，符合《国家税务总局关于调整个人取得全年一次性奖金等计算征收个人所得税方法问题的通知》（国税发〔2005〕9 号）规定的，在 2021 年 12 月 31 日前，不并入当年综合所得，以全年一次性奖金收入除以 12 个月得到的数额，按照本通知所附按月换算后的综合所得税率表（以下简称月度税率表），确定适用税率和速算扣除数，单独计算纳税。计算公式为：

应纳税额 = 全年一次性奖金收入 × 适用税率 - 速算扣除数

居民个人取得全年一次性奖金，也可以选择并入当年综合所得计算纳税。

自 2022 年 1 月 1 日起，居民个人取得全年一次性奖金，应并入当年综合所得计算缴纳个人所得税。

税人员会及时提醒办理。也有的税务人员会积极到企业中调研，调查企业的需求、意见，从而更好地提供服务。税务人员的工作表现越来越到位，纳税人也有了更多的体验感与幸福的获得感。或许正是因为有了税务机关的“呵护”，最近几年来以营商环境的改善为导向的政府工作安排，给了筹划者很好的施展空间，但稽查、检查安排的大量减少，使得筹划从业者良莠不齐，当某些问题累积到一定程度的时候，反筹划的力度就会强化了。对于影视、直接带货行业、个人资本项下所得的检查在持续落实。

什么情形下税务筹划会引起彼此的矛盾呢？我们先要理解这个矛盾的意思，税务部门中稽查人员与纳税人本人或其老板、会计之间极少存在个人恩怨，矛盾并不是感性上的心里矛盾。矛盾的产生是源自对于政策规定的不同理解、对于交易情形的不同适用认定。比如表 1 – 11 中的情形，就很难得到认可，如果被发现，就容易产生矛盾。

**表 1 – 11**

| 情形 | 筹划点 | 矛盾产生点 |
| --- | --- | --- |
| 个人以不合理的低价转让股权 | 比如拟第一步转让给合伙企业进行利益筹划、地点转移筹划 | 在征管中税务机关可以依据国家税务总局公告 2014 年第 67 号文件进行转让价格的反避税调整 |
| 境外主体间接转让中国境内企业财产 | 规避非居民税收义务 | 来源于中国境内所得，不时有对其进行追缴税款的案例公告 |
| 医药企业设立壳公司提供服务报销费用 | 以发票报销费用或用于佣金或回扣等对外支付 | 业务真实性的举证或上游传递的虚开调查信息 |

因为税务筹划并不属于法定的报告义务，纳税人进行了税务筹划，通常是实施形成结果后，在税务稽查部门进行检查时才会与之产生矛盾，事实已然形成，矛盾往往就是你对我错的较量。减少矛盾的发生，避免走向复议或诉讼，或者被税务机关直接移交公安机关。因此，开始就要想好退路，这是做好筹划售后服务的体现。有一些筹划可能一直没有碰到检查，没有矛盾发生过，平平安安地过去了，这当然不代表就是安全的，没有问题的。矛盾的发生有其概率性，企业家们不能想当然地认为是自己“倒霉”被检查，更不能靠侥幸活着。

**【案例1-21】** 由于税法政策细则的不明确与缺乏，税务处理的经验就很重要。而且相关处理有其地域性，比如A公司的某项税务处理方式在甲地得到认可，在乙地就不一定得到税务机关的认可，经验有辅助作用，“地利”也很重要，这是中国税法在实务中的应用现状，未来一段时间内还会持续下去。笔者经常收集一些税收政策理解的地区口径样本，并对此进行一定分析，发现筹划的地点选择，是关系筹划成功与否的很重要的因素。

不可否认，当下的纳税筹划争议，存在着“咬文嚼字”式的筹划与反筹划。这是一把“双刃剑”，有时纳税人认为一样的业务场景，照着税务部门的一个批复文件原则也可以实施，而税务主管人员可能认为某项批复限于对某企业的适用，不作扩大化的遵守。还有，当纳税人依税务部门的文件来执行时，税务主管人员可能依大原则认为其不符合上位法的规定，比如直接否定了国家税务总局的规范性文件的规定，此时还能说什么呢？“有口难辩”，要么放弃，要么发生矛盾激化。此类事件，笔者甚至遇到过两个真实的案例。中国税法的成文法体系特征，决定了理解差异的事情还会持续地发生，这是筹划中存在的主要不确定性。在彼此达成共识的路上，有时候经验比政策更重要。若某位筹划大师曾说：“不用担心，税务人员的理解是不对的，有问题找我，我去找国家税务总局的人员确定，让他们明确政策!”你还会不会相信呢？此时可以要求写一个承诺性的书面说明，至少对于筹划的风险要做一些分解、控制。对于屡见商业宣传资料中的“筹划数十起，无一被追税”这类话更要小心了，这本身就有着某种侥幸的心理存在，或者缺乏底气，若真追税如何应对呢？到时候还是纳税人的事，估计找大师时可能早甩锅了。

反之，比如你是税务机关的检查人员，在面对一个企业的筹划安排时，会如何“出招”？站在这个角度，从“反筹划”的视角出发进行思考，笔者认为这是对税务部门人士的一种最起码的尊重，也有利于大家心平气和地理解、掌握企业筹划的合规性、可讨论空间等。总之，相应的经验积累、地点选择、调研沟通，做到心里有底，避免纸上谈兵式的筹划，也避免欺骗式的筹划，给彼此留下解释的空间与基本的尊重，这样就有了可行性的基础了。共识并不是需要去彼此相告知，而是有着共同的适应的环境，这才是笔者想表达的共识的意思。

### 1.4.3 借助于第三方力量进行税务筹划需要考虑的因素

税务筹划，没有明确的边界，可讨论的内容非常广泛。企业中的筹划，多是源于一个动因，一般是出于自身利益的保护，比如高管感觉自己的个人所得税缴纳多了，可能就会询问公司的财务人员：“为什么我们的税负这么高，我看现在网络上税务筹划的文章与宣传很多，你们也研究一下！”这就带有明显的期盼。

现在，越来越多的集团性企业，开始建立与完善内部的税务独立管理部门，出现了一些代表性的样本，比如一些国有企业、民企、大的外资企业一直以来都比较重视税务管理，至少配备了相应的专岗。有一些人员是从税务部门辞职后加入的，也有从大型会计师或税务师事务所、律所来的，通常有着较为专业的背景，加之对企业内部情况掌握得较为准确，自己做自己的筹划，这样是不是就足够从容筹划了呢？有没有必要再找第三方机构或专家了呢？

笔者认为在条件允许的情形下，找个旁观者是有必要的：

一是，借鉴第三方的成果经验、信息价值、落地价值，毕竟税务的筹划方案是否具备“临门一脚”的落地能力，还需要考虑得更周全、更完善，不然自己做一个理论的筹划，最后若被否定或出现问题，这是工作不力的表现。

二是，对于筹划事项的后续维护，可以由第三方给予相应的售后服务约定，比如可以约定在实施之后的三年内提供协调与沟通的服务维护等。第三方做“背锅侠”，也未尝不可，这不是能力大小的问题，而是出于风险分摊的考虑。

三是，中间的缓冲地带设置，企业作为筹划的受益者与当事人，即使上面提到的专家与税务机关的工作人员交往比较多，二者之间直接进行筹划信息的探讨也是非常敏感的，若被否定了工作很被动，若被肯定了心里还存在着感激之情，都难以释怀，由第三方转换处理就相对比较踏实了。

若由第三方提供服务，在信息保密的约定上，除了商务条款上的约定（建议不作敏感性的描述），还需要考虑行政管理部门的要求。比如对于税务筹划的合同、收入等事项，若服务机构向某行业部门或税务部门报备，这就可能存在不可防范的风险了，双方需要坦诚相告。如《涉税专业服务监管办法（试行）（2019 修正）》提出：

第四条　涉税专业服务机构是指税务师事务所和从事涉税专业服务的会计师事务所、律师事务所、代理记账机构、税务代理公司、财税类咨询公司等机构。

第五条　涉税专业服务机构可以从事下列涉税业务：

（一）纳税申报代理。对纳税人、扣缴义务人提供的资料进行归集和专业判断，代理纳税人、扣缴义务人进行纳税申报准备和签署纳税申报表、扣缴税款报告表以及相关文件。

（二）一般税务咨询。对纳税人、扣缴义务人的日常办税事项提供税务咨询服务。

（三）专业税务顾问。对纳税人、扣缴义务人的涉税事项提供长期的专业税务顾问服务。

（四）税收策划。对纳税人、扣缴义务人的经营和投资活动提供符合税收法律法规及相关规定的纳税计划、纳税方案。

（五）涉税鉴证。按照法律、法规以及依据法律、法规制定的相关规定要求，对涉税事项真实性和合法性出具鉴定和证明。

（六）纳税情况审查。接受行政机关、司法机关委托，依法对企业纳税情况进行审查，作出专业结论。

（七）其他税务事项代理。接受纳税人、扣缴义务人的委托，代理建账记账、发票领用、减免退税申请等税务事项。

（八）其他涉税服务。

前款第三项至第六项涉税业务，应当由具有税务师事务所、会计师事务所、律师事务所资质的涉税专业服务机构从事，相关文书应由税务师、注册会计师、律师签字，并承担相应的责任。

第九条税务机关应当建立业务信息采集制度，利用现有的信息化平台分类采集业务信息，加强内部信息共享，提高分析利用水平。

涉税专业服务机构应当以年度报告形式，向税务机关报送从事涉税专业服务的总体情况。

税务师事务所、会计师事务所、律师事务所从事专业税务顾问、税收策划、涉税鉴证、纳税情况审查业务，应当向税务机关单独报送相关业务信息。

《国家税务总局关于进一步完善涉税专业服务监管制度有关事项的公告》（国家税务总局公告 2019 年第 43 号）进一步提出：

一、简化涉税专业服务信息采集

（一）减少涉税专业服务信息采集项目。不再要求涉税专业服务机构报送“协议金额”“服务协议摘要”“涉及委托人税款金额”“业务报告摘要”信息。

（二）延长专项业务报告信息采集时限。将税务师事务所、会计师事务所、律师事务所报送专项业务报告信息的时限，由完成业务的次月底前，调整为次年 3 月 31 日前。

（三）放宽从事涉税服务人员信息报送要求。涉税专业服务机构可以根据自身业务特点，确定本机构报送“从事涉税服务人员基本信息”的具体人员范围。

（四）优化业务分类填报口径。涉税专业服务机构难以区分“一般税务咨询”“专业税务顾问”和“税收策划”三类涉税业务的，可按“一般税务咨询”填报；对于实际提供纳税申报服务而不签署纳税申报表的，可按“一般税务咨询”填报。

（五）增加总分机构涉税专业服务信息报送选择。涉税专业服务机构跨地区设立不具有法人资格分支机构（包括分所和分公司）的，可选择由总机构向所在地主管税务机关汇总报送分支机构涉税专业服务信息，也可选择由分支机构自行向所在地主管税务机关报送涉税专业服务信息。

从上述要求可以看出，如果需要做税务筹划，要考虑服务方的行业监管要求，要特别注意约定事项的合规性，进行恰当地条款描述，避免被误解，更要避免被抓住“小辫子”。但据笔者的观察，由于相关信息的敏感性，多数中介机构可能选择不进行信息的报告，在借助中介机构的专业支持时，纳税人要考虑相关部门监管的要求，将服务事项“坦诚”地表达出来。

### 1.4.4 税法遵从与其他法律法规遵从的差别

有法可依、有法必依、执法必严、违法必究，是我国法制建设的基本原则。一个人或企业在社会与经营活动中，会面临着诸多的法律规则的限制与相应违法行为发生后的责任追究问题，比如对于《中华人民共和国民法典》所提到的合同、婚姻内容等，日常接触得比较多。但税法却是非常复杂的一个独立法律分支，专业性强，行政执法部门层级多、分工细、人员多，远远超过了其他法律种类所涉及的方方面面，有非常明显的独立性。违反税收法律，会受到法律的严厉制裁，包括行政处罚、刑事处罚等。但税法还有一个很大的不同，就是它关系着实实在在的经济利益问题，涉及钱的支出，如税款、滞纳金、罚款等都是以钱来计量的，征管法规定滞纳金每天万分之五，罚款最高5倍，具有极强的利益敏感性。有时候，纳税人无力承担税款及滞纳金时，会失去法律救济的机会，没有经历过税务争议的纳税人可能无此感觉，但是经历之后，才能知道有些问题是个人无力独自面对的，笔者也曾观察到一些争议中的纳税人无奈、无助的状态。有人提出，过去少缴的税，后来被追补，这不是占了资金的机会收益吗？自己可以炒股、炒房挣钱啊！这又把缴税当成经营中欠供应商的钱一样看待了，这不是生意，试想多数情形下滞纳金的计算比例恐怕远高出资金的投资收益吧。

若税务筹划不当，未来面临的经济责任风险、法律责任风险在极端情形下是不可控的。老板们对其持谨慎态度，是可以理解的，也是应该谨慎的，收益期望值越大，风险也就越大，这是需要平衡的。税务筹划是事前的筹划，不是事后的筹划，是整体式的筹划，如“业务、财务与税务”一起串起来的筹划，在这个链条中，笔者认为还要加上“售后维护”的环节，要时刻关注风险点及媒介信息的报道，以免被“秋后算账”。所谓的售后维护，主要是法律上的风险自检，就跟人们日常做体检一样，了解自己筹划方案的“弱点与痛点”，不妨时刻保持一种职业的敏感性与警惕性。

不能排除有的筹划方案就是“捡漏”，是灵光一现的结果，并不需要前面复杂的筹备、评估，也不用付费找第三方协助，一个税务负责人就搞定了。但笔者认为，切不可因此大意，做筹划时没有人管，等后面出了问题谁来应对与承担责任？这是筹划的核心，安全的保障，需引起重视。

纳税义务体现税款的货币可计量属性，它带来的痛点非常直接，筹划需求一直是刚性的存在，由于税收政策与税收征管太特别、太复杂，即使是专业人来处理，也有充满模糊与不确定性。所以就税法遵从而言，越是具有挑战性的问题，越是难有遵从之说，其实是在不确定性中找到相对确定的处理意见。笔者认为，要恰当地理解税法遵从的弹性，这是相较于其他法律规范与处理的重要差别之处。

### 1.4.5 税务筹划的风险

从事任何经营活动，做任何事儿，都是存在风险的，税务筹划更是，在看到利益的诱惑之时，更要考虑风险的程度、可行性空间。

"百分之百无风险，全程无忧陪护"之类的筹划宣传，说明对于税法的理解还不透彻，非专业人士的"商业筹划之策"多是口号式的筹划。笔者在此多说一下这方面的风险，除了上面我们提到的各地税务理解的偏差，还有涉税诉讼之事在不同地区、不同层级的法院存在判决结果差异，甚至出现相反的判决结果，比如对于虚开发票案中企业所得税税前扣除的判定，就存在较多差异。相关税务筹划的风险及责任见表 1－12。

表 1－12　　税务筹划风险及责任

| 风险描述 | 问　题 | 可能的风险与责任 |
|---|---|---|
| 自身功课未做足被挑毛病 | 筹划的方案没有问题，是自己的证据链条与相应凭据不充分形成筹划失败的风险 | 否定筹划追缴税款与滞纳金，甚至一并按涉嫌虚开发票移交处理 |
| 税务系统风控指标异常提示 | 此时多会由主管税务机关提出问题点，有时风控部门会发信息到企业的申报客户端，要求企业进行风险处理、提供说明 | 不好解释或有争议事项的筹划，就可能被要求补税，比如要求电商补税的案例 |
| 全部交给第三方来筹划 | 缺乏参与度，约定的权利义务责任不充分，后期可能面临出现问题谁也解释不清的情形，比如对方业务人员变更，无据可查了 | 补税、滞纳金等风险 |
| 关联交易定价不合理避税的风险 | 恶意进行避税的操作 | 税务机关反避税应对 |
| 对政策理解不充分、过于相信专家意见的风险 | 税收政策日新月异，必须保持政策的时时更新；另外经常在微信、培训中流传的专家意见，很可能存在"崇拜"过度现象 | 自己的风险只能自己扛，崇拜的结果是永远跟在别人"屁股后面跑" |
| 涉嫌刑事责任的风险 | 现实当中不乏因逃避缴纳税款而犯逃税罪或虚开发票罪的案例 | 一旦立案，补救措施比较有限，需要更广泛的辩护应对 |
| 利益方举报的风险 | 涉税举报案频发，形成的书面资料、微信聊天记录等。比如私户收款未开具发票，客户举报偷税 | 基本上举报就需要稽查立案处理 |
| 因为相关方出现问题被涉及检查出现的风险 | 特别容易出现问题的是相关方因虚开发票受到牵连 | 对于供应商或客户的选择，其本身是不是税务作风正直的人，也是需要关注的点 |

笔者认为，有税务风险其实并不可怕，而且我们无论如何都避不开风险，税务筹划不需要 100% 规避风险，也无法达到 100%。笔者曾听闻一个案例，一个企业股东拟转让公司，为了找到最优的少缴个税的筹划方案，寻遍天下名师，结果搞得人人皆知，此时税务机关也关注起来，看看企业到底能搞出什么样的动作。这本来是一件自己可以悄悄做的事情，可能只需要正常筹划即可，但太贪心，处理不当，结果自己给自己挖了坑。有的纳税人，跟中介机构签订筹划的“对赌协议”，甚至签订了担保条款，但是当涉及金额巨大时，一般的中介机构也难以承担所谓的“损失”，出问题时找不找得到人都是个问题。在此，笔者提示，减少过度的操作，保持对税法的基本尊重，除了技术上要过硬之外，在落地操作上，要考虑给自己留出空间。

笔者遇到有的财务人士或企业老板想到一个“大胆”的筹划路径，即认为对于一些税款，不进行纳税申报，熬过几年，是不是就可以逃出法律上的责任追溯期，进入安全区了呢？确实有这样的幸运案例，但不代表绝对可控，也不代表会幸运地降落在自己头上。幸运的总是少数，相关的法律保护手段可以学习借鉴。比如下面这个摘自裁判文书网的案例。

张××、国家税务总局淄博市税务局第二稽查局税务行政管理（税务）二审行政判决书

山东省淄博市中级人民法院

行政判决书

（20×1）鲁03行终××号

上诉人（原审原告）张××，女，19××年××月××日出生，汉族，住淄博市博山经济开发区。

被上诉人（原审被告）国家税务总局淄博市税务局第二稽查局，统一社会信用代码11370300MB2857××××。住所地：淄博市淄川区般阳路

××号。

法定代表人郑××，局长。

委托代理人严××，山东言博律师事务所律师。

委托代理人冯××，山东言博律师事务所律师。

上诉人张××因诉被上诉人国家税务总局淄博市税务局第二稽查局（以下简称“市税务局第二稽查局”）不履行征缴税款法定职责一案，不服淄博市淄川区人民法院（2020）鲁0302行初54号行政判决，向本院提起上诉。本院受理后，依法组成合议庭对本案进行了审理，本案现已审理终结。

原审法院查明，2019年7月9日被告市税务局第二稽查局收到原告张××举报，内容为“刘×江、刘×蕊共收到5 500万元股权转让费，除去出资和别的费用900多万元，他们共获得红利4 500多万元，需要缴纳个人所得税900多万元”。被告受理举报后制作检举税收违法行为登记表、税务稽查调查核实审批表、税务稽查调查核实任务通知书，于2019年7月23日分别向刘×江、刘×蕊、淄博曼乔纺织用品有限公司（原淄博银龙实业有限公司）、淄博银仕来纺织有限公司、淄博博山银杉化纤有限公司下达《税务检查通知书》。被告调取了淄博银龙实业有限公司、淄博银仕来纺织有限公司、淄博博山银杉化纤有限公司相关账簿、记账凭证，淄博银龙实业有限公司资本变动情况审计报告、淄博高新技术产业开发区人民法院民事调解书、说明、过付款收据，上述三家公司与刘×、刘×江、刘×蕊签订的《协议书》，刘×江、刘×蕊与刘×签订的《股权转让协议书》，刘×江与刘×签订的《股权转让协议书》，上述三家公司的《股东会决议》。被告查明，刘×江、刘×蕊于2008年4月29日与淄博银龙实业有限公司、淄博银仕来纺织有限公司、淄博博山银杉化纤有限公司、刘×签订股权转让协议，将持有的淄博银龙实业有限公司、淄博银仕来纺织有限公司、淄博博山银杉化纤有限公司的全部股权（含登记股权）转让给刘×，淄博银龙实业有限公司、淄博银仕来纺织有限公司、淄博博山银杉化纤有限公司及刘×自2008年5月19日至2012年12月31日向刘×江支付包括但不限于其投入到淄博银龙实业有限公司、淄博银仕来纺织有限公司、淄博博山银杉化纤有限公司的各项投资款、集资款、借款、刘×江以车队名义借给上述三家公司的款项5 500万元。2019年9月30日，因案情复杂，被告经批准检查时限延长至2019年12月7日。2019年11月14日，被告制作《关于“刘×江与其妻刘×蕊股权转让涉税举报案件”调查核实报告》。2019年11月18日被告举报中心通过电话向原告告知调查处理的决定。另查明，2008年7月15日，刘×江持有的淄博曼乔纺织用品有限公司、淄博博山银杉化纤有限公司的股权在工商登记部门办理了股东变更登记手续。

原审法院认为，根据《中华人民共和国税收征收管理法》第五条、《国家税务总局淄博市税务局职能配置机构设置和人员编制暂行规定》的规定，本案被告负责淄博市淄川区、博山区、周村区等六个区域的税收征收管理工作，具有受理原告举报税收违法事项的法定职责。《中华人民共和国税收征收管理法》第五十二条对纳税追征期限作出了规定，其第一款规定，因税务机关的责任，致使纳税人、扣缴义务人未缴或者少缴税款的，税务机关在三年内可以要求纳税人、扣缴义务人补缴税款，但是不得加收滞纳金。第二款规定，因纳税人、扣缴义务人计算错误等失误，未缴或者少缴税款的，税务机关在三年内可以追征税款、滞纳金；有特殊情况的，追征期可以延长到五年。第三款规定，对偷税、抗税、骗税的，税务机关追征其未缴或者少缴的税款、滞纳金或者所骗取的税款，不受前款规定期限的限制。该法第六十三条、第六十六条、第六十七条分别对偷税、骗税、抗税行为进行了界定，其中偷税是指纳税人伪造、变造、隐匿、擅自销毁账簿、记账凭证，或者在账簿上多列支出或者不列、少列收入，或者经税务机关通知申报而拒不申报或者进行虚假的纳税申报，不缴或者少缴应纳税款的；骗税是指以假报出口或者其他欺骗手段，骗取国家出口退税款的；抗税是指以暴力、威胁方法拒不缴纳税款的。本案原告举报的未纳税行为系刘×江、刘×蕊夫妻转让股权获得收入未申报纳税情形，根据上述法律规定，该未申报纳税情形不属于该法第五十二条第三款规定的税务机关可以无限期追征未缴或者少缴税款、滞纳金的偷税、抗税、骗税情形；该未申报纳税情形应当属于该法第六十四条第二款规定的纳税人不进行纳税申报造成不缴或少缴应纳税款的情形，其追征期应当按照税收征管法第五十二条第二款的规定处理，一般为三年，特殊情况可以延长至五年。本案所涉股权转让行为发生于2008年4月29日，股东变更手续于2008年7月15日在工商登记部门办理，转让款项支付于2012年12月31日完成，而被告受理查处原告举报时间为2019年，刘×江、刘×蕊夫妻转让股权获得收入未申报纳税期间已经超过追征期限5年的最长期限。被告作出对刘×江、刘×蕊夫妻未缴个税不予追征的决定符合法律规定。本案被告以口头形式告知原告处理情况与查处结果符合《税收违法行为检举管理办法》第三十条的规定，被告执法程序合法。本案原告诉讼请求不成立，依法不予支持。本案原告掌握被举报人刘×江、刘×蕊需要交纳个人所得税的事实进行实名举报，如税款征缴成功则可依法获得举报奖励，其与被告税收征缴履职行为具有利害关系，具有原告主体资格，被告主张原告与案涉行政行为没有利害关系的答辩理由不成立，依法不予采纳。据此，依照《中华人民共和国行政诉讼法》第六十九条的规定，判决：驳回原告张××的诉讼请求。案件受理费50元，由原告张××负担。

宣判后，原审原告张××不服一审判决，向本院提起上诉，请求撤销淄博市淄川区人民法院（2020）鲁0302行初54号行政判决并依法改判；被上诉人承担本案诉讼费。上诉理由：一、判决认定事实错误。判决书描述“经庭审质证，被告提交1号到9号证据，能够证明被告依法对原告事项进行受理、调查核实的案件事实，本院予以认定”。上诉人认为，判决书对于被上诉人已受理原告举报事项认定正确，对证明被上诉人依法调查核实认定错误，对被上诉人提交的证据9及证明的事项认定错误。理由如下：（一）被上诉人提交的1－8号证据证明了对上诉人举报的事项进行了受理和部分事项核查，同时也证明被上诉人有选择性履职行为。法律规定企业内部股东之间的股权转让应在相关部门管理和法律框架下依法进行，股权转让不是企业内部股东私自进行的，还有第三方管理者即当时主管税务机关博山地税局，被上诉人没有调查核实主管税务机关依法对企业股权转让的管理信息，该证据可以证明税务机关“发现”刘×江、刘×蕊未申报纳税的时间未超5年。国税函〔2009〕285号《国家税务局关于加强股权转让所得征收个人所得税管理的通知》、2015年施行的《股权转让所得个人所得税管理办法（试行）》都规定了企业股权转让后税务变更备案相关事宜，也对税务部门如何管理做了规定。鲁地税发〔2005〕25号《山东省地方税务局税收管理员工作规范》也明确规定了税管员对企业变更真实性的核查和逾期未申报纳税的催报催缴的职责。根据上述法律规定被上诉人应调查核实企业股权转让后是否依法在税务机关作过股东变更申请，税务机关是否审核通过企业提交的变更材料，是否同意企业依法变更股东，对企业股权转让后主管税务机关在履职过程中是否应该“发现”刘×江、刘×蕊未申报纳税的行为，被上诉人只选择对自己有利的事项调查核实，对能证明该案件的其他事项没有调查核实，选择性执法也是违法行为，选择性履职也是不履职的表现形式。（二）证据9一部分内容没有提交证据证明，一部分内容违反法律规定。1. 被上诉人在证据9认为刘×江、刘×蕊未申报纳税的原因是因为计算错误。《税收征管法实施细则》第八十一条对《征管法》第五十二条第二款做了解释。被上诉人没有证据证明刘×江、刘×蕊未申报纳税的行为符合该条款，用该条款规定的追征期限处理他们的未纳税行为违法。2. 行政诉讼法规定行政行为的依据必须是法律、法规、规章和规范性文件。国税函〔2009〕326号国家税务总局关于新疆地税的“批复”不是税收规范性文件，不能作为被上诉人税收行政行为的依据。二、一审法院违反法定程序。一审法院组织两次开庭，上诉人都当面提交证据，但是法庭只让原审原告质证被告的证据，没有让原审被告质证原告的证据。判决书上也只提到原审被告的证据，对原审原告的提交证据只字未提。三、一审淄川区法院行为超越法定职权。除了《征管法》第八十六条规定了税收违法行为5年内的行政处罚期以外，其他税收规范性文件包括以上的文件也没有规定64条的追征期，到目前为止该条款的追征期是法律空白。淄川区法院认定用《征管法》第五十二条第二款规定的追征期限处理违反六十四条第二款情形的行为是超越职权。四、一审法院违背事实和法律。（一）违背事实。1. 一审法院违背当年博山税务局在依法履职管理企业股权转让行为过程中和2009年全省开展股权转让所得税核查的工作中已“发现”刘×江、刘×蕊未申报纳税的事实。根据国税发〔2003〕81号和鲁国税发〔2003〕133号的规定，工商部门和税务部门有登记、变更信息共享机制，并规定税务部门应对共享信息核实和管理。主管税务机关博山税务局在信息共享时间已经发现刘×江、刘×蕊获得收益应缴税款，税管员在履职的过程中已“发现”他们未纳税的违法行为。2009年下半年确有博山税务局的工作人员到淄博银仕来纺织有限公司（所有企业的统称）对博山银杉化纤和淄博曼乔纺织（原银龙实业）做股权转让方面的调查核实，并称“他们去找刘×江申报纳税被拒”。2. 博山银杉和淄博曼乔纺织（原银龙实业）在股权转让完成后，在法定时间依法到税务机关做了股东变更登记并提交相关证明材料。博山税务局依法审核并通过变更。3. 税务机关“发现”刘×江、刘×蕊未纳税的时间应是主管税务机关审核通过企业股东变更及税务员履行催报催缴职责的时间及2009年山东地税执行国税函〔2009〕285号《国家税务局关于加强股权转让所得征收个人所得税管理的通知》在全省开展股权转让所得税核查的时间，不是被上诉人受理举报和查处的时间。（二）违背法律。没有税收法律、法规规定除《征管法》第五十二条第三款规定以外的其他情形的追征期用五十二条第二款的规定处理。《宪法》《税收征管法实施细则》规定依法纳税是公民的基本义务，除非法律规定可以停止的情形，义务具有终身性和不可替代性，一审法院认定应当以五十二条第二款的追征期处理违反六十四条第二款的情形并判决原审被告不追征刘×江、刘×蕊应纳税的决定符合法律规定的行为违反了《征管法》第三条的规定。四、原审被告未对举报线索中提到的股权转让行为到主管税务机关调查核实，违反了《税务稽查工作规程》和《征管法》的相关规定。没有提交被诉行政行为的全部证据，违反了高院《关于行政诉讼证据若干问题的规定》。为掩盖自己未依法完全履行调查核实职责的行为，在庭上做虚假陈述，认为企业股权转让只做工商变更登记不需要到税务机关做股东变更登记，否认了主管税务机关依法对股权转让行为进行管理的法定职责，该虚假申述违反了《税务登记管理办法》和《股权转让所得个人所得税管理办法》的相关规定。五、原审被告辩称他们把国税函〔2009〕326号“批复”作为税收规范性文件并依据该文件作出不追征刘×江、刘×蕊未申报纳税行政行为的的理由，是因为该“批复”同时抄送国家税务总局各辖区且公布在《国家税务总局公报》上供全国人民查阅，原审被告的行为违反了《税务机关公文处理办法》和《税收规范性文件制定管理办法》关于“批复”和“税收规范性文件”的规定。综上所述，一审法院认定事实错误、违反法定程序、超越法定职权、违背事实和法律作出枉法判决是违法行为。原审被告未完全履行调查核实的职责，隐瞒山东工商、税务协调领导工作小组已依法开展工作的事实，隐瞒博山税务局已依法管理企业股权转让行为的事实，谎称刘×江、刘×蕊未申报纳税的理由符合《征管法》第五十二条第二款，把“批复”作为税收规范性文件并作为依据作出不追征刘×江、刘×蕊夫妻应纳税款决定的行政行为是违法行为。为维护上诉人的合法权益，上诉人依据《行政诉讼法》的相关规定依法上诉，请二审法院以事实为依据，以法律为准绳，撤销淄川区人民法院（2020）鲁0302行初54号行政判决并依法改判。

被上诉人市税务局第二稽查局所辩称，一、上诉人与案涉行政行为没有利害关系，应当驳回起诉。上诉人的检举行为不属于“投诉”，其检举事项涉及到国家税务部门对税收违法行为的监管，税务部门处理行为与上诉人自身合法权益不存在法律上的利害关系，上诉人提起本案行政诉讼主体不适格，应当驳回上诉人起诉。检举人是否与税务处理行为具有利害关系，在于其检举的行为是否对检举人造成权利义务的影响，税务机关是否对检举行为进行处理以及税务机关的处理行为是否为检举人创设或确定新的权利义务。该案中，上诉人张××与其检举的行为没有利害关系，税务机关在收到检举后，依法进行了处理，并将处理结果告知了上诉人。税务机关的处理行为亦与上诉人没有利害关系，应当依法驳回上诉人起诉。二、被上诉人按照法定程序对检举事项进行处理，已经履行法定职责。1. 被上诉人依法进行调查，原审判决认定事实清楚。被上诉人在收到上诉人的检举后，取得了淄博银龙实业有限公司、淄博银仕来纺织有限公司、淄博博山银杉化纤有限公司相关账簿、记账凭证，淄博银龙实业有限公司资本变动情况审计报告，淄博高新技术产业开发区人民法院民事调解书、说明、过付款收据，上述三家公司与刘×、刘×江、刘×蕊签订的协议书，刘×江、刘×蕊与刘×签订的《股权转让协议书》，刘×江与刘×签订的股权转让协议书，上述三家公司的股东会决议，调取了三家公司工商登记的股东变更信息。经查，刘×江、刘×蕊将持有的淄博银龙实业有限公司、淄博银仕来纺织有限公司、淄博博山银杉化纤有限公司的全部股权（含登记股权）转让给刘×，淄博银龙实业有限公司、淄博银仕来纺织有限公司、淄博博山银杉化纤有限公司及刘×向刘×江支付包括但不限于其投入到淄博银龙实业有限公司、淄博银仕来纺织有限公司博博山银杉化纤有限公司的各项投资款、集资款、借款、刘×江以车队名义借给上述三家公司的全部款项。自2008年5月19日至2012年6月25日，受让人刘×已分批将上述款项支付给刘×江。依据淄博市行政审批服务局出具的企业信息显示，刘×江将持有的淄博博山银龙化纤有限公司2%（10万）的股权变更为刘×，刘×江将持有的博乔曼纺织用品有限公司17%（871.22万）的股权变更为刘×。以上股权于2008年7月15日在工商部门进行变更登记。上述公司未在税务部门申报办理变更税务登记。2. 被上诉人对涉案税款的处理适用法律正确，原审判决应依法维持《个人所得税自行纳税申报办法（试行）》（国税发〔2006〕162 号）第二条规定：“凡依据个人所得税法负有纳税义务的纳税人，有下列情形之一的，应当按照本办法的规定办理纳税申报：（一）年所得 12 万元以上的。第三条规定，本办法第二条第一项年所得 12 万元以上的纳税人无论取得的各项所得是否已足额缴纳了个人所得税，均应当按照本办法的规定，于纳税年度终了后向主管税务机关办理纳税申报。”被检举人应当在 2012 年 12 月 31 日前向主管税务机关办理纳税申报。《中华人民共和国税收征收管理法》第五十二条第二款规定：“因纳税人、扣缴义务人计算错误等失误，未缴或者少缴税款的，税务机关在三年内可以追征税款、滞纳金；有特殊情况的，追征期可以延长到五年。”国税函〔2009〕326 号《国家税务总局关于未申报税款追缴期限问题的批复》“税收征管法第五十二条规定：对偷税、抗税、骗税的，税务机关可以无限期追征其未缴或者少缴的税款滞纳金或者所骗取的税款。税收征管法第六十四条第二款规定的纳税人不进行纳税申报造成不缴或少缴应纳税款的情形不属于偷税抗税、骗税，其追征期按照税收征管法第五十二条规定的精神，一般为三年，特殊情况可以延长至五年。”刘 × 江、刘 × 蕊股权转让交易是在 2008 年 5 月 19 日至 2012 年 12 月 31 日期间完成。涉及税款由于超过五年追征期，不应再予以追征。国税函〔2009〕326 号《国家税务总局关于未申报税款追缴期限问题的批复》由国家税务总局公布在《国家税务总局公报》2009 年第 6 期及国家税务总局官方网站上，标题为“关于未申报税款追缴期限问题的批复”标题，面向社会公众公开查阅。“抄送：各省、自治区、直辖市和计划单列市税务局、地方税务局”。《全国税务机关公文处理实施办法》（国税发〔2004〕132 号）第 21 条规定：“批复，适用于答复下级机关请示的事项。具有答复事项专指性的特征。批复一般只送请示单位，若批复的事项需有关单位执行或者周知，可抄送有关单位。”因此，国税函〔2009〕326 号《国家税务总局关于未申报税款追缴期限问题的批复》不是内部行政规范性文件，而是公开发布的、具有普遍约束力，被上诉人应当遵照执行。《税收征管法》第六十三条、第六十六条、第六十七条分别对偷税、骗税、抗税行为进行了界定，其中偷税是指纳税人伪造、变造、隐匿、擅自销毁账簿、记账凭证，或者在账簿上多列支出或者不列、少列收入，或者经税务机关通知申报而拒不申报或者进行虚假的纳税申报，不缴或者少缴应纳税款的；骗税是指以假报出口或者其他欺骗手段，骗取国家出口退税款的；抗税是指以暴力、威胁方法拒不缴纳税款的。本案上诉人举报的未纳税行为系刘×江、刘×蕊夫妻转让股权获得收入未申报纳税情形，根据上述法律规定，该未申报纳税情形不属于该法第五十二条第三款规定的税务机关可以无限期追征未缴或者少缴税款、滞纳金的偷税、抗税、骗税情形；该未申报纳税情形应当属于该法第六十四条第二款规定的纳税人不进行纳税申报造成不缴或少缴应纳税款的情形，其追征期应当按照税收征管法第五十二条第二款的规定处理，一般为三年，特殊情况可以延长至五年。3. 被上诉人检查、告知程序合法，内容恰当。2019 年 7 月 9 日被上诉人收到上诉人检举，内容为“刘×江、刘×蕊共收到 5 500 万元股权转让费，除去出资和别的费用 900 多万元，他们共获得红利 4 500 多万元，需要交纳个人所得税 900 多万元”。并当日制作检举税收违法行为登记表、税务稽查调查核实审批表、税务稽查调查核实任务通知书。被上诉人于 2019 年 7 月 23 日分别向刘×江、刘×蕊、淄博曼乔纺织用品有限公司（原淄博银龙实业有限公司）、淄博银仕来纺织有限公司、博博山银杉化纤有限公司下达《税务检查通知书》。2019 年 9 月 30 日，因案情复杂，经批准检查时限延长至 2019 年 12 月 7 日。2019 年 11 月 14 日，被上诉人制作《关于“刘×江与其妻刘×蕊股权转让涉税举报案件”调查核实报告》。2019 年 11 月 18 日被上诉人举报中心通过电话向上诉人告知调查处理的决定。案件核查、回复均符合《税务稽查案源管理办法（试行）》（税总发〔2016〕71 号）和《税收违法行为检举管理办法》（国家税务总局令〔2011〕第 24 号）的程序要求。综上，本案不属于法院的受案范围，被上诉人已依法履行法定职责，应依法驳回起诉或驳回上诉、维持原判。

二审期间，上诉人张××向本院提交税务工作相关规定和政府信息公开申请答复书若干，但不属于《最高人民法院关于行政诉讼证据若干问题的规定》第五十二条规定的新证据，本院不予组织质证。本院经审理查明的事实与原审判决认定的事实一致，依法予以确认。

本院认为，（一）关于张××与被诉不予追征决定是否具有利害关系的问题。根据《最高人民法院关于适用〈中华人民共和国行政诉讼法〉的解释》第十二条第（五）项之规定，为维护自身合法权益向行政机关投诉，具有处理投诉职责的行政机关作出或者未作出处理，投诉人对此提起诉讼的，属于“与行政行为有利害关系”，投诉人具有原告主体资格。本案上诉人张××基于获得税务举报奖励等利益进行举报，对举报事项提供了相应的初步事实和证据线索，其与被上诉人市税务局第二稽查局的不予追征决定具有利害关系，其具有本案行政诉讼原告主体资格。因此，被上诉人关于上诉人不具有本案原告主体资格的主张，本院不予采纳。

（二）关于被诉不予追征决定是否合法的问题。《中华人民共和国税收征收管理法》第五十二条第二款规定，因纳税人、扣缴义务人计算错误等失误，未缴或者少缴税款的，税务机关在三年内可以追征税款、滞纳金；有特殊情况的，追征期可以延长到五年。该条第三款规定，对偷税、抗税、骗税的，税务机关追征其未缴或者少缴的税款、滞纳金或者所骗取的税款，不受前款规定期限的限制。该法第六十四条第二款规定，纳税人不进行纳税申报，不缴或者少缴应纳税款的，由税务机关追缴其不缴或者少缴的税款、滞纳金，并处不缴或者少缴的税款百分之五十以上五倍以下的罚款。参照国税函〔2009〕326号《国家税务总局关于未申报税款追缴期限问题的批复》内容，“税收征管法第五十二条规定：对偷税、抗税、骗税的，税务机关可以无限期追征其未缴或者少缴的税款、滞纳金或者所骗取的税款。税收征管法第六十四条第二款规定的纳税人不进行纳税申报造成不缴或少缴应纳税款的情形不属于偷税、抗税、骗税，其追征期按照税收征管法第五十二条规定的精神，一般为三年，特殊情况可以延长至五年。”本案中，上诉人张××向被上诉人市税务局第二稽查局提出的检举事项系针对刘×江、刘×蕊夫妻未对转让股权收入进行申报纳税的行为，属于《中华人民共和国税收征收管理法》第六十四条第二款规定的“纳税人不进行纳税申报，不缴或者少缴应纳税款的”情形，不属于该法第五十二条第三款规定的可无限期追征的偷税、抗税、骗税情形，对该未进行纳税申报导致不缴或者少缴应纳税款情形的追征期限应为三年，特殊情况可以延长至五年。上诉人张××检举所涉的股权转让、股东变更登记以及支付转让款等行为发生在2008年至2012年期间，而上诉人向被上诉人提出检举的时间是2019年6月，此时，已经超过5年的最长追征期限，被上诉人作出不予追征的决定，事实清楚，符合法律规定。被上诉人依据《税收违法行为检举管理办法》第三十条的规定，口头告知上诉人处理情况与查处结果，亦不违反法定程序。综上，原审法院判决驳回张××的诉讼请求，认定事实清楚，适用法律正确，审判程序合法，本院依法予以维持。上诉人张××的上诉理由不能成立，本院依法不予支持。据此，依照《中华人民共和国行政诉讼法》第八十九条第一款第（一）项之规定，判决如下：

驳回上诉，维持原判。

二审案件受理费50.00元，由上诉人张××负担。

本判决为终审判决。

审判长　商××
审判员　陈　×
审判员　荣××
2021年3月29日
法官助理　刘　×
书记员　冯　×

下面这个公告是地方税务机关在官网上发布的税务检查处理决定书的内容，读起来同样会有感触：

国家税务总局××市税务局第二稽查局税务处理决定书送达公告

芜税二稽公告〔2021〕3号

肖××：（纳税人识别号：略）

我局于2020年12月29日对你公司作出《税务处理决定书》（芜税二稽处〔2020〕55号.doc），因我局采用直接送达、邮寄送达和委托送达均无法将《税务处理决定书》送达你公司，现依据《中华人民共和国税收征收管理法实施细则》第一百零六条第二款之规定予以公告。自本公告发出之日起经过30日，即视为送达。

联系人：刘××、杨××

联系电话：略

国家税务总局××市税务局第二稽查局

2021年1月21日

国家税务总局××市税务局第二稽查局

税务处理决定书

×税二稽处〔2020〕55号

肖××：（纳税人识别号：略）

我局（所）于2020年7月17日至2020年12月14日对你（单位）2009年1月1日至2013年12月31日个人所得税情况进行了检查，违法事实及处理决定如下：

一、违法事实

1. 你于2010年3月与周××签订股权转让协议，将持有的安徽省无为县东圣置业有限公司的50%股权转让给周××，转让金额3 650万元。2010年4月《安徽省巢湖市中级人民法院民事调解书》（〔2010〕巢民二终字第0071号）确认你50%股权实际出资为1 103万元。你转让安徽省无为县东圣置业有限公司的股权所得为2 547万元（支付金额3 950－归还借款300－原有股权投资1 103＝2 547万元）。转让股权所得应缴纳个人所得税509.4万元，未申报缴纳。

2. 你于2009年3月与茂华控股集团有限公司签订股权转协议，将持有的无为县茂华置业有限公司51%股权转让给茂华控股集团有限公司，转让金额2 800万元。股权转让协议确认你持有的51%股权及权益为2 370万元，转让股权所得为430万元。股权所得应缴纳个人所得税86万元，未申报缴纳。

二、处理决定

依据《中华人民共和国税收征收管理法》第六十四条第二款、第五十二条和《国家税务总局关于未申报税款追缴期限问题的批复》国税函〔2009〕326号文件规定，此两笔税款已过追征期，不予追征。

你（单位）若同我局（所）在纳税上有争议，必须先依照本决定的期限缴纳税款及滞纳金或者提供相应的担保，然后可自上述款项缴清或者提供相应担保被税务机关确认之日起六十日内依法向国家税务总局芜湖市税务局申请行政复议。

税务机关（签章）

2020年12月29日

还有一个代表性的案例，《周××与国家税务总局宜兴市税务局二审行政判决书》中有这样的内容：

本院认为：《中华人民共和国税收征收管理法》第五十二条规定，因税务机关的责任，致使纳税人、扣缴义务人未缴或者少缴税款的，税务机关在三年内可以要求纳税人、扣缴义务人补缴税款，但是不得加收滞纳金。因纳税人、扣缴义务人计算错误等失误，未缴或者少缴税款的，税务机关在三年内可以追征税款、滞纳金；有特殊情况的，追征期可以延长到五年。对偷税、抗税、骗税的，税务机关追征其未缴或者少缴的税款、滞纳金或者所骗取的税款，不受前款规定期限的限制。《国家税务总局关于未申报税款追缴期限问题的批复》（国税函〔2009〕326号）规定，纳税人不进行纳税申报造成不缴或少缴应纳税款的情形不属于偷税、抗税、骗税，其追征期一般为三年，特殊情况可以延长至五年。本案中，相关证据证周××所举报卢某于2008年4月将个人股权转让的行为属于卢某未申报个人所得税的行为但不属于偷税。宜兴税务局认为卢某的行为已经超过“不进行纳税申报”涉税行为的最长追征期限有相关依据支持。

上面提到的几个案例，均是个人转让股权未纳税未被追税的事项，在新个税法下，个人股权转让依“财产转让所得”计税时，若没有代扣代缴税款，个人需要在次年6月30日前自行进行申报缴纳税款，这相当于增加了一道管理环节，即明确了纳税申报的法定义务。另外，在当前个人股权转让的操作中，多地已明确需要按照个人所得税法的要求提供纳税证明，就算当时未要求提供，后续数据交换时也比较容易发现，并不会像过去那样缺乏相应监管手段。若股权的收购方是单位，相较于个人，其对法定的扣缴义务比较重视，多方限制之下，这种“好事”应是越来越少了。收购方是个人的案例零星发生，法律规定不是无限期地要求纳税人补税、滞纳金，纳税人法律权利的知晓与保护同样重要。因为从法理上看，个人不申报情形下是不满足偷税的适用情形的，即使要求在次年须进行自行申报缴纳税款，但不申报违反的是适用行政罚款的规定，并不必然形成未申报所得税的偷逃认定。比如当下个人综合所得的年度汇算清缴，据笔者观察，一些高收入人士“硬”是不进行汇算清缴，这种情形下，是不是过了三年或五年后税务机关就失去追征的法定权限了呢？有可能，但需要采取针对性处理措施。

取得虚开发票，是不是也存在诸如五年的责任追溯期问题？这个问题稍微复杂了一些，分两个层面，一是涉及虚开发票（包括专用发票和普通发票）的行政与刑责判断，二是涉及补税的行政与刑责判断。前者若有证据证明虚开，若已立案追究刑事责任是没有年限限制的，而后者追税是有年限规则的，比如超过五年的需要考虑用偷税的认定方式来追缴税款及滞纳金。

**【案例1－22】** 某集团公司拟为高管的个税进行筹划，想到一个办法就是通过临工平台代开发票结算，并采用由临工平台进行代开走核定征收率的方式计缴个税。这倒也是一个税后所得，形式上是“合法”的。结果在审计部门进行检查时，发现个税变化幅度比较大，就找出了上述问题。再深究一下，问题是存在的，这个临工平台否定了雇佣事实，以别的形式改变了事实，相关部门提出两个处理意见：一是涉及少计缴工薪个税，需要合并进行补税；二是涉及临工平台虚开服务费专用发票，涉及抵扣6%的增值税进项税额，拟定性为虚开。若如此就比较严重了。

分析：补税，估计没得说，由于个人还未进行综合所得的汇算清缴，由单位进行补扣缴处理。论及虚开，临工平台自己确实说不清，在过去，定虚开也就定了，笔者认为可能还有空间应对。一是，这确实有相关人员的工作与支付事实，资金没有回流；二是没有形成国家税款的流失，在当前的司法处理框架下，或许有空间。《最高人民检察院关于充分发挥检察职能服务保障“六稳”“六保”的意见》提出：“注意把握一般涉税违法行为与以骗取国家税款为目的的涉税犯罪的界限，对于有实际生产经营活动的企业为虚增业绩、融资、贷款等非骗税目的且没有造成税款损失的虚开增值税专用发票行为，不以虚开增值税专用发票罪定性处理，依法作出不起诉决定的，移送税务机关给予行政处罚。”在个税补缴的基础之上，争取得到宽容认可，这应是比较理想的结果了。但是否定事实找第三方开票是很被动的事实。

2021 年 9 月 28 日《税务总局曝光增值税发票虚开骗税和隐瞒高收入未如实申报纳税典型案例》中提到：

三、安徽破获利用“阴阳合同”隐瞒股权转让收入逃税案。安徽省淮南市税务稽查部门根据举报线索，查实安徽某药业公司股东鲍某与殷某签订股权转让协议，将其实际持有的该药业公司 51.09% 的股权转让给殷某，实际转让价格为 7 000 万元。后鲍某为偷逃相关税款另行伪造股权转让协议进行纳税申报，少缴税款合计 1 175.48 万元。淮南市税务稽查部门依法作出对鲍某追缴税款、加收滞纳金并处罚款的处理处罚决定后，鲍某未按期补缴税款、滞纳金和罚款。税务部门随即依法将该案移送公安机关立案侦查，后鲍某被检察院提起公诉。进入司法程序后，鲍某补缴全部税款。2021 年 3 月，安徽省某区人民法院判决认定，鲍某将其持有的某公司股权转让他人后采取欺骗、隐瞒手段进行虚假纳税申报，且涉及金额巨大，其行为已构成逃税罪，依法判处鲍某有期徒刑 4 年，并处罚金人民币 50 万元。

这是“阴阳合同”情形下偷逃税款的行为，但为什么最后缴纳了税款后还入刑了呢，不是有某明星补税案可以作为参照吗？这是因为是在进入司法程序后补缴的，而不是在税务机关的决定书出具之后按期缴纳的。因此，这种方法存在巨大的风险，最终不仅需要补缴税款，还面临刑事责任，着实不应视同儿戏。

税务筹划的风险，100%无风险是不存在的，最主要是有人的理解因素在里面，相对可控还是可以做到的。比如上面的这个案例，可以尝试考虑另外一些方法来适当地规划一下。但是，我们不能教条地理解风险、判断风险，风险始于政策，但处理风险需要考虑所处的环境等更复杂的因素，以及它的连锁风险，必要的时候，“舍车保帅”也是彼此化解风险的方式之一。

### 1.4.6 税务筹划是不是一门艺术

我们经常会听到一种说法：税务筹划是一门艺术，是税务领域最高端之处。对于此，笔者认为不宜这样神化，也不宜这样描述。不同纳税人面临税收筹划时有不同的感觉，笔者坚信税收是一门法律，是一个国家聚集财政收入、发挥国家职能的法定来源，它的强制性、无偿性是无法避免的。尽管它的应用具有多面性，纳税人的主体形式选择也是多样化的，但不代表它是由纳税人来决定的规则，也不能任由纳税人自由加工，它的核心仍是法定计税、缴税。可以尝试进行这样的表述：正当的税务筹划是一种选择权的筹划！而不是“破坏”税收规则的筹划，相反，它恰恰是遵从了规则，是合法的纳税。

不恰当的误导宣传，导致被过分关注，这能怨谁呢？这其中纳税人自身受到的影响比较大，因为征管过程当中，纳税人是处于相对弱势的一方，服务机构对此“乐享其成”。最近几年来，营商环境大为改变，税务机关的行事风格也发生了很多的变化，从简单的“征管”向“征管服”转变，持续优化涉税环境，逐步走向包容，“减政放权”在税收征管上的变化尤其明显，纳税人从事税务筹划的机会、主动性、施展空间就多了，在享受既得的筹划利益、没有争议发生之前，很多纳税人实实在在地享受到了这些改革的便利。

当前企业税务筹划的实施是很容易的，因为基本上没有了税务审核或备案的前置程序，但不能掉以轻心，要深谋远虑。税务筹划的重点考验阶段是在未来面临的风险查核、稽查的环节，即使前置程序实施得十分完美，自我感觉达到了预期效果，未来也可能承担较大的风险！在场景的搭配上，我们可以借助艺术的想象空间，以艺术化的方式，来完成税务合规的选择使用。

笔者认为，税务筹划本质上不是艺术创造，它就是实实在在地遵循税法的规定，进行选择权的调整，这些选择项纳税人可能已知道，但不知如何选择，或者不全知道而想知道，筹划其实就是这么简单的事情。所谓的艺术，是在设计上进行套用规则的创新，体现独特的专业性，这在税务筹划的某个过程中是可以起到画龙点睛作用的。这个环节倒可以称为艺术化的创新，但它的基底，并不艺术。

### 1.4.7　税务筹划是需要经营的

可惜的是，这么多年来，我们都是在“技”的角度对筹划进行诸多讨论，进而演化成了一场“纳税人与税务机关之间的 PK 关系”，有一种竞技的感觉。如此一来，出于争强好胜的心理，每个人都想显示出自己技高一筹的本领，虽然是情理之中，但也因此容易激发矛盾。

目前，国家正在推进激励小微企业的大规模税收优惠举措，但只做小微企业不是一些老板所追求的结果，或者为了享受小微企业的优惠，企业就不去发展壮大了，这更没有必要。小企业有小企业的追求与筹划，大企业也有大企业的筹划安排，更多的时候，筹划是大企业的一种需求。对于小企业，税务机关从服务的角度，更多是提供一种协助执行与告知服务，而不会明确地告诉其选择何种业务安排路径以减少税负。上面我们提到，所谓专家、大师的筹划，在宣传上往往是带着胜利者的姿态在展示，从而营造出一种神秘感，进而在其个人的培训或业务中取得商业价值。但是对于企业来讲，低调从事方为上策，即使请了所谓的大师筹划，也不宜高调宣传，大师能担保没有问题吗？比如若是税务机关集中力量对某些大师的筹划进行检查，相信出问题的比比皆是。笔者认为，筹划不是以技论英雄、论输赢，而是要老板们从可持续经营角度来看待、规划税务筹划的事项，基于业务筹划驱动税务结果，我们所说的税务筹划用“基于税务目标之下的业务筹划”来表述似乎更为恰当。

税务筹划可以理解为是企业的某项生产要素，或者某项政策性的技术类无形资产，融入到生产经营当中进行的价值创造，这是可行的。

另一方面，站在税务机关的角度，其实际上并不能直接发现或感应到税务筹划，而是通过对企业的风控监管，定期或不定期的风险排查锁定风险来发现问题。如果抱着挑毛病的心态来看待税收筹划，挑出毛病来很正常，纳税人相对处于“弱势”的地位，这是现实，有时税务人员的一句话就足以使得纳税人来回折腾。所以基于合理经营的前提，应重视井然有序，不做激进的事项。在经营活动之外进行的筹划，如同画蛇添足，容易将自己置于理亏境地。

站在经营的角度看待筹划，这是一件需要进行长期安排的事，而不是单纯的税收政策“PK”。不过笔者观察认为，目前的筹划之需多是老板遇到了问题，比如利润太高了不愿意多缴税时，就想找专家筹划了。那么，作为企业雇员的财税人员，是否有义务去帮老板做筹划安排呢？这是一个复杂的问题，一是“外来的和尚好念经”，这种心理是普遍存在的；二是雇员的利益相关性与业务职责的问题，没有激励也多是没有产出的。比如有的企业找到笔者，提出进行筹划的要求，其实笔者也难逃大师们面临的问题，因为自己不是经营者，只能发挥调色板的功能，有时进行“亡羊补牢”的工作，有时确实有“神来之笔”。笔者也经常反思，基于未来之需做出正能量的筹划，确实任重道远。在上面分析税务筹划的情形时，专家多是经济类的学习背景，往往容易陷入纠结税收规则条款的的游戏，不像法律人士一样在想法上“大开大合”，更没有老板们的行业理解深度，“技筹”是很自然的结果。笔者也曾关注一些老师在培训时或文章中体现出来的跨界知识与理解，或许相对于财税人来讲比较新鲜，认为比较专业，但是若由真正的行业与专业高手来看，往往只是皮毛。因此，筹划基础的多元化和专业化，就需要律师、行业专家的参与，有时也需要有海外学习、执业背景的人士，或移民、保险、信托、资金理财、反洗钱、外汇、金融、婚姻等多领域人才的协助，至少这种多方位的思考是具备整体性、安全性防范的，其实施效果会更有保障，更具落地可能性。之前笔者遇到一些问题，比如个人欠税时其保险产品能否被法院列为可执行的财产，或者一些海外上市的企业在避税地设置的空壳企业在搭建其信托架构时，可撤销与不可撤销的选择差异等，税务筹划不仅是替纳税人节省一点税款这么简单，要从一个广义的维度来考虑筹划会更恰当。因此，笔者在工作中也在向法律等各领域专业人士学习，不断磨合与实践，当跳出税收规则的小圈子时，税务筹划的价值可能就会倍增，并且更为有效与安全。

### 1.4.8　野蛮成长的“核定与财政返还”式筹划正在阵痛中蜕变

大致从2015年以来，各地利用税收征管中的自由裁量权，对个体工商户、个人独资企业或合伙企业的个税核定功能发挥到了极限，加之各种产业化平台的融入，将更多的自然人拉入到这波浪潮中，以致形成了全民税筹的时代。特别是最近几年，出现了两种影响因素：一是营商环境的改变，税务征管的容忍度提高，各地政府在与所在地税务机关的业务协调中，促使了税务筹划的加速落地；二是受到疫情影响，进行经济调节，各地的财政压力不小，以吸引投资、增加财政收入为导向的招商引资十分活跃，但不幸的是，招商引资吸引来的企业多是依靠虚拟经济、注册经济，核心是奔着降低、规避税负去的，结果是当地的财政收入确实实现了从其他地区的流入。

站在税务执法的角度，大量的核定必然存在一定执法瑕疵，但尚未触及根本性违法。若涉及事前核定，这在征管法当中并没有列举，所以是不是存在渎职之嫌，值得探讨。若是采取先允许其设立一段时间，再对其进行核定的方式，倒是一种技术处理手段。而在全国税务系统大数据的整合方面，可能仍存在属地操作信息不共享的事项，使某些处理隐蔽性更强，更易于地方操作。当然这还是小事，更多的可能就有涉及明显的利益绑定与输送问题，这才是执法的风险与服务的风险。

当我们再回头看看那些大行其道的税务筹划之法时，发现它对税收秩序形成了极大冲击，针对财政贡献关系进行大规模“讨价还价”，同时其影响社保体系的稳定性，对国家财政收入造成一定“侵蚀”，打破了税收法定的刚性与人们对于税法遵从的尊重，妨碍公民公平地依法履行税收相关义务。当然这中间亦有所说的“灰色空间”，即其本身操作上并不直接违法，这是法律法规健全过程中的阵痛，算是成长的烦恼吧。

2021 年 3 月 24 日中共中央办公厅、国务院办公厅印发了《关于进一步深化税收征管改革的意见》，偷逃税款和避税行为受到关注：

对逃避税问题多发的行业、地区和人群，根据税收风险适当提高“双随机、一公开”抽查比例。对隐瞒收入、虚列成本、转移利润以及利用“税收洼地”“阴阳合同”和关联交易等逃避税行为，加强预防性制度建设，加大依法防控和监督检查力度。

“税收洼地”直接出现在文件中，各地在自我修正的过程中，税务主管部门亦在频频研讨，作出分步整顿、完善信息监控工具、加强督导工作等一系列安排，预计 2021 年下半年与 2022 年将是强化治理的关键时期。回归政策激励本身，照顾中小微企业为主要出发点，国家治理环境的变化，无疑对多年来逃税、避税的筹划“生意”带来重大影响，加之有相应的审计、纪检等部门的参与，对一些事项的追责、追税处理亦会不断发生。审计署在《国务院关于 2020 年度中央预算执行和其他财政收支的审计工作报告》（2021 年 6 月 7 日在第十三届全国人民代表大会常务委员会第二十九次会议上审计署审计长 侯凯）中提出：

违规返还税款造成财政收入流失。15 省市以财政奖励等名义返还税款 238.73 亿元，返还比例大多为地方分成收入的 90% 以上。

共发现偷逃税款等问题线索 9 起，涉及金额 18 多亿元。多发生在汽车销售、农产品采购、高收入群体个税缴纳等领域。有的企业跨省联手，通过虚构业务、串通定价等，短期内虚开大量发票抵扣税款并随即注销；有的高收入人员恶意出让转移资产，逃缴高额个税。

对野蛮筹划“磨刀霍霍”，方式频出，个案检查样本效果明显。税务筹划的“两驾马车”正在降速，但因为利益的存在，坚持者仍在想突破，观察者在看新的机会，比如寻求国资入股搭建平台，以增强抵抗风险的"能力"等，这方面就期待财税部门的政策明确与细化了。

所谓"君子爱财，取之有道"，当面对金钱诱惑的时候，"别人能干我也要干"的想法是具有一定感染性的，有人认为法不责众，其实是未到时候，因为谁也不想成为被处理的典型。一定规模以上的企业，基业长青，大道经营，主业有经营有所得，才是持续创造收入的保障，而税收的所得，是有偶发性、时代性的，常在河边走哪有不湿鞋。

在当前的大变局环境之下，要有自己的守法底线，减少风险的发生概率，筹划中既可能主动出击，也要加固护城河，"攻与守"需要有所平衡。作为一个企业家，往往因为面子而在自己不了解的领域被误导，若只注重结果而忽略过程，听到一个打动自己的痛点，就认为找到了救世主的时候，就容易跳入陷阱，现在更宜理智决策了。

或许有人认为财政返还没有风险，曾有报道通过招商园区以虚假业务骗取财政补贴的案例，相关的当事人因此被判刑。

**【案例 1 - 23】** 某企业在某省招商园区设立了贸易公司，进行统采统销的对接，比如采购货物后销售给其关联方企业，在当地缴纳了 1 000 万元的增值税（销项税额 8 200 万元 - 进项税额 7 200 万元），当地给予返还 400 万元，其销项税额 8 200 万元在承接方企业处进行了全额抵扣。这是以财政利益为考虑的筹划安排。

分析：这种情形想必大家都比较熟悉，企业取得此类补贴还需再计缴一次所得税。但是这种情形是不是涉及虚开增值税专用发票，是不是因为业务链条上有财政利益的取得而侵害了国家的税收利益，值得商榷。笔者认为这是两个层面的问题，一是虚开有其法定的认定方式，比如业务不真实、让第三方虚开发票等情形，这是危害了税收征管的秩序和税收利益；二是财政的返还，是基于税收征收之后的使用问题，是财政预算使用的路径，不宜直接与发票虚开进行挂钩认识与处理。

中国检察网曾有这样的报道（摘录）：

广州市××企业管理咨询有限公司（以下简称“××公司”）与申请企业串通，签订委托申报高新企业认定或者培育的“服务协议”，并按照30%至50%不等的比例约定分成财政补助款。申报企业按照协议的要求提供营业执照、财务报表、纳税报表、销售合同、销售发票等基本材料，然后再由××公司根据申报的条件对相关数据进行修改，并联系知识产权代理公司购买申报所需的专利，联系税务师事务所按照申报条件出具虚假的研发费用审计报告和高新技术产品收入审计报告等材料，最后由申报企业加盖公章并提交科技部门，以此骗取国家高新技术企业认定或者培育的财政补贴款，具体情况如下：

被告人张某某在经营管理广州市××有限公司（以下简称“××公司”）期间，伙同××公司，以上述方式成功为××公司申报了高新企业认定，并于2018年6月26日获得高新企业认定的财政补贴人民币70万元。被告人张某某收到该笔款项后，支付给了××公司分成款人民币30万元，剩下的人民币40万元已被被告人张某某用于公司经营开支。2020年3月5日，被告人张某某已退回人民币70万元至佛山市公安局退赃专用账户。

若是没有业务，就是以虚构业务或虚开发票形式骗取财政补贴，这就涉嫌诈骗罪了。因为存在大量以财政补贴返还为条件进行招商引资的情形，以及同一城市不同区域、不同城市之间的无序竞争，估计这种方式也极可能要受到限制了，特别是那些高返的地区或城市。

## 1.5 税务筹划与反筹划是法律行为且有法律后果

在不同人的眼里，对税务筹划（或类似的安排）有不同的认识，有的认为“高深”，有的认为纯属“忽悠”；有的认为是灰色收益，有的认为有违法之嫌；有的认为是投机取巧，有的认为可以是光明正大的事；也有的认为能做不能说，有的认为这是一个生意、一个风口。

纳税筹划是一种行为的实施，它所表现出来的是一种纳税行为选择，形成了税收法律行为与法律关系，取得的是一种法律结果，那么它是否受法律保护，这是关键。

下面是某税务机关官网发布的一个公告内容（名称进行了处理）。

税务文书送达公告（××市××皮具有限公司税务处理决定书）

国家税务总局××市税务局第一稽查局2021年第901××号送达公告

××××皮具有限公司（纳税人识别号：××××0101065847253×）：

因采用直接送达、留置送达、委托送达、邮寄送达等方式无法向你单位送达税务文书。根据《中华人民共和国税收征收管理法实施细则》第一百零六条的规定，向你单位公告送达《税务处理决定书》（×税一稽处〔2021〕50×号），文书内容如下：

一、违法事实

你单位取得阜宁县××纺织品贸易有限公司于2015年12月22日开具的增值税专用发票3份，发票代码：3200153130，发票号码18180720至18180722，货物名称为涤纶布，金额合计299 841.03元，税额合计50 972.97元，价税合计350 814.00元。上述3份发票涉及的进项税额合计50 972.97元，你单位于税款所属期2016年1月申报抵扣，至检查日止未作进项税额转出处理。上述发票经国家税务总局盐城市税务局第二稽查局证实为虚开的增值税专用发票。

上述违法事实有以下证据证明：(1) 国家税务总局盐城市税务局第二稽查局出具的“已证实虚开通知单”及清单；(2) 增值税专用发票电子底账系统及增值税防伪税控系统导出的你单位取得上述发票明细清单；(3) 金三系统导出的你单位相关所属期增值税纳税申报表及专用发票认证结果清单。

二、处理决定

1. 增值税处理

根据《中华人民共和国增值税暂行条例》第一条、第九条、《中华人民共和国增值税暂行条例实施细则》第十九条、《国家税务总局关于纳税人虚开增值税专用发票征补税款问题的公告》(国家税务总局公告2012年第33号)"纳税人取得虚开的增值税专用发票，不得作为增值税合法有效的扣税凭证抵扣其进项税额"的规定，你单位取得虚开的增值税专用发票，其进项税额不予抵扣，应追征你单位增值税50 972.97元。

2. 相关城市维护建设税、教育费附加和地方教育附加处理

根据《中华人民共和国城市维护建设税暂行条例》(2011年1月8日修订)第二条、第三条、第四条，《征收教育费附加的暂行规定》(2011年1月8日修订)第二条、第三条，《关于贯彻落实××省地方教育附加征收使用管理暂行办法的意见》(×××〔2011〕58号)和《××省地方教育附加征收使用管理暂行办法》第六条、第十条的规定，应追征你单位上述少缴增值税相应的城市维护建设税3 568.11元，教育费附加1 529.19元，地方教育附加1 019.46元。

根据《中华人民共和国税收征收管理法》第五十二条、《中华人民共和国税收征收管理法实施细则》第八十二条的规定，你单位上述应补缴的增值税及相应税费已超过法定追征期，故本案不再作追征处理。

你单位若同我局在税务处理决定上有争议，可自收到本决定书之日起六十日内依法向国家税务总局××市税务局(地址：××市××区××路3号)申请行政复议。

请你单位及时到我局(地址：略)领取《税务处理决定书》(×税一稽处〔2021〕502号)正本，否则，自公告之日起满30日，上述《税务处理决定书》(×税一稽处〔2021〕502号)正本即视为送达。

特此公告。

国家税务总局××税务局第一稽查局

2021年7月1日

结合案例，或许有人提出这样的质疑，为何取得了虚开的增值税专用

发票，税务机关让我补了税费就不追究刑事责任了呢？这里的情形比较复杂，比如在保证国家税款未损失的情形下，默认了其是“无辜受害者”的角色，老板也多从这个角度去解释，否则这种违法行为的法律后果是不可控的。在转出这项及缴纳滞纳金，或补缴企业所得税后，多有来移交经侦处理的情形。上面的案例只可以作为侥幸案例参考一下。

就法律关系的处理而言，纳税人与税务机关之间是行政关系，它存在较多的沟通、探讨的空间，最终也有行政复议与诉讼的法律救济手段。回归到在尊重与遵循法律规则与关系框架下考虑税务筹划的问题，可能会让我们在心理上有所解脱。这是因为，无论是纳税人心里的“负罪感”也好，还是税务机关部分人士认为这是“歪门邪道”也好，总之，它不应带有绝对的主观理解与判断，而是用法律权利与义务去预测、实施与防护。当以纳税人的法定选择权利来考虑时，那些依附于税务筹划上的感性认识就会被法律规则所替代，由此我们的认识很可能会得到进一步的升级。

笔者曾读过陈兴良老师的文章《刑法思维的方法入门》，其中提到三个方面的法律思维观点，对于绝大部分财税人以及税务机关的干部来讲，笔者认为有可供借鉴参考的地方：

一是关于情理法的思考，合法是基本前提，合理是根本要求，合情是最高境界。笔者认为，税务筹划的首要出发点，是合法。

二是我国罪刑法定原则的一个基本内容是“法无明文规定不为罪”。笔者认为，税务处理是否违法违规，应以明文规定为判断标准，而不是简单地理解与推论。此时有人可能提出来，我们的税收制度体系化不强，情景性的规定与征管意见较多，实务中面临着较多的“咬文嚼字”问题。这确实是现实存在的问题，税收政策中存在的模糊性导致了筹划的模糊性，对于筹划人来讲，这是机会，也是风险。理想的、完美的世外桃源是不存在的，把握当下、掌握主动，基于公平性，大家处于同一个规则下，用发展的眼光、积极的行动来处理才是正道，希望税收法制化会带来越来越多的确定性。

三是关于法律漏洞的理解，有法内漏洞与法外漏洞，前者可以由法官解释填补，而后者只能根据罪刑法定原则做出无罪判决。笔者认为，税收上的自由裁量权、地区差异性，是普遍存在的。中国法律的成文法体系，一定是存在理解过程的，而每个税务干部的经历、视野、认知，是保守还是开明存在差异，理解存在差异性，这是无法完美地规定并加以协调一致的，只能尽最大可能地引导，在系统中设置相对固定的流程来实施。另外，虽然我们国家并不是判例法体系，但是一些法院判例、国家税务总局发布的案例观点，一定程度上影响着财税人与税务干部的思维方向，相信随着国家法制环境的逐渐优化，随着税收信息化的大力融合与统一，随着纳税人纳税意识的提升，习惯在行政法体系下收缩与扩大化地处理问题的现状，将会得到持续的自我改善。

部分行为产生的法律结果详见表 1－13。

**表 1－13　　部分行为产生的相应法律后果**

| 责任分类 | 事项 | 细项 |
| --- | --- | --- |
| 行政责任 | 确定性违规事项 | 补缴税款、滞纳金（每日万分之五） |
| | | 罚款 |
| | 反避税规则 | 补税、加收利息① |
| 刑事责任 | 逃避缴纳税款② | 罚金 |
| | | 刑罚阻却，有期徒刑或拘役 |
| | 虚开增值税专用发票、用于骗取出口退税、抵扣税款发票罪 | 罚金有期徒刑或拘役，无期徒刑 |
| | 非法购买增值税专用发票 | 处五年以下有期徒刑或者拘役，并处或者单处二万元以上二十万元以下罚金 |

① 比如参照企业所得税的规定：应当按照税款所属纳税年度中国人民银行公布的与补税期间同期的人民币贷款基准利率加 5 个百分点计算。

② 《刑法》第二百零一条【逃税罪】纳税人采取欺骗、隐瞒手段进行虚假纳税申报或者不申报，逃避缴纳税款数额较大并且占应纳税额百分之十以上的，处三年以下有期徒刑或者拘役，并处罚金；数额巨大并且占应纳税额百分之三十以上的，处三年以上七年以下有期徒刑，并处罚金。

扣缴义务人采取前款所列手段，不缴或者少缴已扣、已收税款，数额较大的，依照前款的规定处罚。

对多次实施前两款行为，未经处理的，按照累计数额计算。

有第一款行为，经税务机关依法下达追缴通知后，补缴应纳税款，缴纳滞纳金，已受行政处罚的，不予追究刑事责任；但是，五年内因逃避缴纳税款受过刑事处罚或者被税务机关给予二次以上行政处罚的除外。

从笔者接触的众多涉税争议的案例来看，即使企业不进行税务筹划的安排，日常业务当中涉税处理的违规风险也是不能完全防范的。纳税计缴、票据取得与开具的事项是持续发生的，稍有不慎就容易被认定为偷税行为。所以税务筹划并不独立于日常业务之外，它本身就是日常业务处理中的组成部分，财税人员、老板处理业务的过程也是进行一部分税务筹划的过程。若最终出现了争议、违法事项的时候，那就是涉税应对环节要解决的问题了。所以完全认为避开税务筹划的情形是不存在的。

税务机关作为税收法律关系的另一个“主角”，如何发现在税务筹划中“披着羊皮的狼”，就要做到既要看大势，又要懂技术，既要高瞻远瞩，又要注重法律处理的细节，真心不易。本书要讨论的筹划与反筹划的关系，笔者认为它们之间并不必然是同步的，所谓反筹划，更多地应体现出法律的震慑力，而不是简单地在微观层面上与纳税人“PK”，去保护非常微观的利益。在筹划分析、举例时，植入反筹划的因素，是为了让纳税人明晰风险，有自我调节的修复能力，也让税务机关知彼知己，从而更好地促进筹划的发展，也利于财税部门完善政策、因势利导，或许会更好地为纳税人提供有益、安全的空间。那么，反筹划意在反什么呢（见表1－14）？

**表1－14　　反筹划的考虑事项及风险**

| 反筹划的考虑事项 | 说明 | 风险 |
|---|---|---|
| 造假行为是偷税 | 比如私户收款不纳税、编造虚假合同转移利润、虚列人员成本等 | 这是欠的税务的债，税务机关进行真实性确认、资金路线查看就很容易发现 |
| 虚开发票 | 取得虚开发票列支成本费用 | 虚开发票轻则罚款，重则责任人员入刑 |
| 故意违反政策 | 未按税收政策的规定进行合规的计算收入、成本费用 | 若是故意少缴税行为则属于偷税情形 |
| 关联交易避税行为 | 比如有业务但故意以不公允的价格以减少应纳税额的情形 | 反避税调整的风险，一般追溯期为10年 |
| 相关人员涉嫌刑事责任的移交风险 | 要考虑是否存在移交的情形 | 因税涉刑事责任得不偿失 |

但寄望于纳税人税务筹划的自我修正，驱动力并不强。这几年来，反筹划的相对弱化，被动应对，导致了数年来筹划的无序大流行，反筹划之

路任重道远。作为“主角”的税务机关，确有必要建立一套应对机制，完善部门间分工的应对职责，相对集中地锁定风险、处理风险完善政策。比如对于上市公司这类群体，就可以考虑有一套适用它们运营规则的反筹划风险应对体系，其信息相对透明，行业集中、监管完善，有相应的纳税负担能力与社会影响力。未来，基于税收大数据的风险排查或许可以带来重大解放，也将更智能化、更有效率。

## 1.6 本章小结

在本章内容中，笔者想充分地结合自己对税务筹划的认知，结合征管现状、涉税案例、行业业态，从纳税人、税务机关、中介机构等不同的主体视角出发，多方位地剖析税务筹划中的那些神秘所在。无论是喜欢它，还是厌恶它，它都是客观存在的，也是丰富多彩的。它会遇到不同的人，每个人都是它的主人，因为主人的想法、行为不同，它所展示出来的样子也各异。

税务筹划就是这么神秘的存在，且充满魔力！

平常，税收政策已经给了我们充分的可利用空间，纳税人的主观经营行为并不是由税法所决定与限制的，它是动态的，遇到静态存在的税法规则，或避或碰，往往是一念之间，且没有反悔机会。既然是“知彼知己”的存在，筹划就是无法避免的选择。

年长一些的同行、伙伴可能知道，在改革开放的发展过程中，存在税收规则不健全、管理漏洞比较多的阶段，一些看似很“成功”、很“风光”的人士，背后很可能背着税收的“债”。从发展的角度来看，国家与征管部门很少再去追究某些人“第一桶金”取得的合法性，去检验财产来源的合规性。但现在不同了，我国已逐步实现法治化，征管环境与行政治理体系已今非昔比，过去或许存在一些不依法纳税的做法，今后不再有那样的“好日子”了。当新一代创业人成长起来，对法的认识、对税的认识、对于筹划的认识，也已在改变中了。

上面我们提到，税务筹划强调的是事前的安排，但有的纳税人提出，我们现在刚知道政策，想追溯之前的业务，重新签订合同，改变会计处理方式，再重新享受政策的优惠，向税务机关办理退税可以吗？这需要看情况，并非绝对不行。但彼时的交易方式决定彼时的纳税义务，再把历史情况进行修改，这不是改错，而是“造假”了。我们不能否定当时的发生行为及表现形式，如果仅仅是因为没有办理税务信息的登记、备案或提交资料等，通常不会影响优惠的享受，可以在法定年限内进行追溯申请退税。

已失效的《国家税务总局关于发布〈税收减免管理办法〉的公告》（国家税务总局公告 2015 年第 43 号）曾规定：

第六条　纳税人依法可以享受减免税待遇，但是未享受而多缴税款的，纳税人可以在税收征管法规定的期限内申请减免税，要求退还多缴的税款。

我们在看到这样的规定时，要注意两个方面的理解：一是当时的条件应是满足相应的税收优惠政策的，二是必须在税收征管法的规定期限内，笔者理解即为《中华人民共和国税收征收管理法》中第五十一条所规定的：

纳税人超过应纳税额缴纳的税款，税务机关发现后应当立即退还；纳税人自结算缴纳税款之日起三年内发现的，可以向税务机关要求退还多缴的税款并加算银行同期存款利息，税务机关及时查实后应当立即退还；涉及从国库中退库的，依照法律、行政法规有关国库管理的规定退还。

但对于研究开发费用加计扣除的追溯享受，《财政部 国家税务总局 科技部关于完善研究开发费用税前加计扣除政策的通知》（财税〔2015〕119 号）进行了规定：企业符合本通知规定的研发费用加计扣除条件而在 2016 年 1 月 1 日以后未及时享受该项税收优惠的，可以追溯享受并履行备案手续，追溯期限最长为 3 年。

笔者经常反思一件事情，作为一名税务领域的长期从业人士，我们在为国家建设的过程中，作为中国公民是否也做出了自己的一份贡献，比如航天领域科技工作者，实实在在地为国家、为人民做出了直接的贡献。然而若我们在告诉别人一些筹划方面的技巧时，会不会影响到国家税收的正常征收秩序？对这个问题，我们可以试着这样理解：第一，从国家的产业政策、行业调整，鼓励中小企业、大众创业的角度来看，必要的税收政策是起引导作用的，越享受国家的优惠政策说明企业发展的方向越契合国家整体性的战略方向；第二，只有那些有收入、有发展动力的个人或企业，往往才需要纳税，当前的税务筹划不代表一直不缴税，有一些仅涉及时间性的规划，当未来发展更好之时，实现的潜在税收贡献值会更高；第三，相较于科技工作者，税务筹划所创造的价值也有助于企业的成长与投资能力的提高，对个人消费起到促进作用，并且将有效推动内循环及经济的可持续发展。企业会因此可能增加对未来的投入，比如投入更多的研发项目，这样间接来看，税务服务也具有生产力价值。相较于其他法律风险的应对与商务服务的价值，税务筹划服务不是单纯的消耗性服务，它能够带来经济利益的预期与价值。从本章提到的一些情形看，正当的税务筹划并不是“见不得人”，也不是建立在损害国家利益的基础上的，关键在于我们要做正能量的税务筹划。

法律面前人人平等，但是对于税收规则的应用，并不全是平等的，相比较看，税务筹划带来的是不一样的机会、不一样的收获与风险。当喜欢上税务筹划，却又充满焦虑与迷茫、纠结与忐忑时，路在何方？在接下来的内容当中，我们将结合政策、方法、案例，站在纳税人与税务机关的不同视角，看看如何让税务“愁”划变为税务“筹”划。

当税务领域筹划只依靠核定与财政返还，狂欢之时，也是悲哀之时！现在不同了，天时、地时、人和已具备，充满正能量基因的税务筹划的春天正在孕育之中了！或许诸如投资、架构、交易的筹划方式会丰富起来。

神秘面纱，趣味故事，千里之行，始于足下，路上的风景，正待有缘人。正是基于这些身边的故事，或许有一些升华的区别于传统的安排会不经意间“灵光出现”。

# 第二章　“拆”字诀

“拆”是一个很有意思的字，在大众的眼里，往往浮现的是拆迁户的形象，随之而来的是“包租公/婆”的幸福生活。税务筹划中，我们也希望能用拆的方法，给纳税人带来税收上的点滴幸福。在税务筹划中，拆的应用非常广泛，之前有伙伴咨询过笔者，我们能否将客户不开发票的收入用个人账户收款，从而拆分出来不必纳税，但这是法定的应税收入，不纳税就是违法了！“强拆”不是筹划之道，对于这种“违建”式的拆分，税务管理部门就要强拆并要求补税了。比如，某私企老板利用亲戚、朋友的名字开立了多个私人账户，用来收货款，不仅操作违法，将来还有很多说不清的利益的事，假如某位亲戚去世，这账上的资金属于谁都难以举证。违法的行为是自己的，利益成了别人的，岂不是更悲哀。

拆的主要意图是为了将某个主体或业务分解，使其满足某一特定税收政策适用条件，并借此条件达到税收上的改善安排。

本章的内容，笔者拟以分类适用的情形为讲述形式，在每一种情形中，再用若干小案例进行分析，同时将我们的分析、税务机关可能关注的风险点进行列示。注意，我们以假设的案例进行模拟，在实际操作当中，需要更谨慎地考虑商业合理性，以及征管方面的要求，还要注意不宜“蛮干”，必须同时考虑搭建相应的“防火墙”。

## 2.1　“拆”找空间

不知大家是否发现，现在老板做生意，往往设立多个主体，部分企业家设立的主体甚至有数百个。这其中有地区分布、业务分工、职责分工、经营决策权的考虑，也有法律风险、资本市场的考虑等，很多情况下企业家们也并不是自己当部分主体的法定代表人或出资人。与此同时，对于大部分企业来讲，不同的主体如何进行税收功能因素的安排，也是值得琢磨的。

目前，在商事领域，主要的商事主体包括公司、合伙企业、个人独资企业、个体工商户四种。其中公司属于有限责任，后三者属于无限责任（合伙企业分有限合伙企业和无限合伙企业形式），在设立的时候，需要考虑以谁为主体进行商业活动比较有利，常见的搭建方式有合伙企业作为公司的股东，以公司为主体经营等。

各种不同经营主体面临的主要计税税种是增值税与所得税（含个人所得税与企业所得税），其比较结果见表 2－1。

**表 2－1　　增值税与所得税的比较结果**

| 商事主体 | 增值税 | 企业所得税 | 个人所得税 |
|---|---|---|---|
| 公司 | 适用的规则一致，一般按年 500 万元为标准确定小规模纳税人或一般纳税人，未达到上述销售额的，核算健全的也可以登记为一般纳税人 | 有 | 取得股息红利时依 20% 计税，取得薪酬时按照综合所得计算个税 |
| 合伙企业（无限合伙企业和有限合伙企业）的个人合伙人 | | 无 | 有，多依 5% ~35% 按经营所得查账计税，特殊情形如合伙企业取得的股息、红利、利息等分配按照 20% 计税 |
| 个人独资企业 | | 无 | 同上 |
| 个体工商户 | | 无 | 5% ~35% 按经营所得计税 |

不同的商事主体，其税种的适用及计算方式是不同的，这体现了税收的底层逻辑与国家的征税原则，到了具体的实施层面上，其计税的规则与优惠享受就更复杂了。为何不简化计税成本操作从简呢，这难道不是明显制造税收上的不公平性吗？我们可以这样理解，不同的主体，其经济功能与社会功能是存在差异的，国家的税收政策有其时代性的通盘考虑，并不是也没必要故意设置这么复杂让纳税人搞不明白，更不是故意设置陷阱。这是公开的政策，开始就产生了筹划的选项，并允许在后续的运营过程当中使用“修正的机会”，充分赋予了经营者自由选择的权利，所以，根据自己的规划进行主体的选择与税收政策适用，纳税人可以比较自由地调

整，这其中就包括“拆”的筹划安排。

### 2.1.1 增值税小规模纳税人备受优惠“宠爱”

增值税小规模纳税人享受了诸多的税负“照顾”，反观一般纳税人，即使相关的收入指标等数据满足小规模纳税人减免税的优惠判断标准，也是无法享受这些优惠的。目前小规模纳税人所享受的税收优惠见表2-2。

表2-2 小规模纳税人所享受的税收优惠

| 情形 | 优惠描述 | 实施期限 |
| --- | --- | --- |
| 增值税免税 | 小规模纳税人发生增值税应税销售行为，合计月销售额未超过15万元（以1个季度为1个纳税期的，季度销售额未超过45万元，下同）的，免征增值税① | 长期 |
| 新冠肺炎疫情期间支持政策 | 湖北省增值税小规模纳税人适用3%征收率的应税销售收入，减按1%征收率征收增值税；适用3%预征率的预缴增值税项目，减按1%预征率预缴增值税 | 自2021年4月1日至2021年12月31日 |

① 《国家税务总局关于小规模纳税人免征增值税征管问题的公告》（国家税务总局公告2021年第5号）规定：

一、小规模纳税人发生增值税应税销售行为，合计月销售额未超过15万元（以1个季度为1个纳税期的，季度销售额未超过45万元，下同）的，免征增值税。

小规模纳税人发生增值税应税销售行为，合计月销售额超过15万元，但扣除本期发生的销售不动产的销售额后未超过15万元的，其销售货物、劳务、服务、无形资产取得的销售额免征增值税。

二、适用增值税差额征税政策的小规模纳税人，以差额后的销售额确定是否可以享受本公告规定的免征增值税政策。

《增值税纳税申报表（小规模纳税人适用）》中的“免税销售额”相关栏次，填写差额后的销售额。

三、按固定期限纳税的小规模纳税人可以选择以1个月或1个季度为纳税期限，一经选择，一个会计年度内不得变更。

四、《中华人民共和国增值税暂行条例实施细则》第九条所称的其他个人，采取一次性收取租金形式出租不动产取得的租金收入，可在对应的租赁期内平均分摊，分摊后的月租金收入未超过15万元的，免征增值税。

五、按照现行规定应当预缴增值税税款的小规模纳税人，凡在预缴地实现的月销售额未超过15万元的，当期无需预缴税款。

六、小规模纳税人中的单位和个体工商户销售不动产，应按其纳税期、本公告第五条以及其他现行政策规定确定是否预缴增值税；其他个人销售不动产，继续按照现行规定征免增值税。

七、已经使用金税盘、税控盘等税控专用设备开具增值税发票的小规模纳税人，月销售额未超过15万元的，可以继续使用现有设备开具发票，也可以自愿向税务机关免费换领税务Ukey开具发票。

八、本公告自2021年4月1日起施行。

续表

| 情形 | 优惠描述 | 实施期限 |
|---|---|---|
| 地方税费 | 由省、自治区、直辖市人民政府根据本地区实际情况，以及宏观调控需要确定，对增值税小规模纳税人可以在50%的税额幅度内减征资源税、城市维护建设税、房产税、城镇土地使用税、印花税（不含证券交易印花税）、耕地占用税和教育费附加、地方教育附加 | 2019年1月1日至2021年12月31日 |

反观纳税主体如果为增值税一般纳税人，在疫情期间，部分行业如餐饮、住宿等可以享受收入免税。但其他行业的纳税人仍需按适用的税率计税，目前适用的税率是13%、9%与6%三档，部分行业进项可享受加计扣除的优惠，但服务类的企业进项并不多，比如当月只有10 000元的销售额（不含税），低于小规模纳税人月15万元的标准，但不能享受小规模纳税人的免税优惠。之前允许在过去12个月或4个季度销售额不超过500万元情形下可转为小规模纳税人，2021年截至当前未再给予可转变的政策机会。

之前笔者有一种想当然的认识，认为企业作为一般纳税人，可能生意会好做一些，毕竟购买方可以取得更多的抵扣。但实际上存在若干的购买方不需要抵扣，特别是个人消费群体、政府单位、小企业等，这类抵扣对上述个体的敏感度影响已经没有那么深了。在新冠肺炎疫情常态化背景下，1%的征收率与6%的税率（若进项不多时）税负差别就很大，对于那些经营不稳定的小规模纳税人而言自然就有很大的吸引力，特别是有的地方对于作为小规模纳税人的合伙企业、个人独资企业的个人经营所得可以实施个税核定，利益相关性巨大。因为很多人认为一般纳税人本身就要求会计核算健全，由此不能给一般纳税人核定，其实笔者之前了解到某些地方对作为一般纳税人的合伙企业与个人独资企业的个人可以核定个税，但2021年中期已开始进行试点清理，一般纳税人享受经营所得核定的空间越来越少。

**【案例2-1】** 某商务服务企业，于2021年2月登记为一般纳税人，并在2月开始按一般计税方法计税。若当月销售额为100万元（不含税），当月无进项税额抵扣，增值税为6万元，若按征收率3%计算为3万元，按优惠征收率1%计算则为1万元，差距比较明显。

分析：增值税对小规模纳税人的优惠，适用标准为年度最高销售额不超过500万元，对于多数私营企业来讲，收入水平已相当不错了。若业务收入达到600万元时，可以拆分业务设立两个及以上的小规模纳税人身份的主体进行经营，国家市场监督管理政策不限制个人设立商事主体的数量（少量特定行业或有国家其他政策限制资质与数量的除外），即使在同一个地址，同一个税务主管机关也不影响。注意，这是单指的增值税的影响因素。但我们不能一直钻“牛角尖”，若是客户明确就只跟一般纳税人做生意，且利润还有得挣，则就维护一家这样的主体，可不宜捡了芝麻丢了西瓜！老板可以在设立企业时直接登记为一般纳税人，另外的主体适当地保持小规模纳税人身份，量体裁衣发展业务。纳税人需提前评估以12个月为周期连续滚动的销售额，并做好业务合作方的对接，主要体现为收款、合同、实际业务提供方的一致化，特别提醒不要借别人的壳来操作，要把风险掌握在自己手中，否则万一对方有其他虚开发票的违法情形，容易把自己牵扯进去。笔者曾遇到同行有这样的宣传：“我这里有能够取得核定征收的合伙企业，有谁想要吗?”如果真的一笔业务也没发生，则需要进一步了解有没有其他风险事项，商业领域的风险是敞口的，不如税收政策有确定性。

**【案例2－2】**笔者亲历的一个案例，小规模纳税人的企业，其在转为一般纳税人之前，其年销售额是可以超过500万元的，比如取得1 000万元的销售额时仍适用小规模纳税人的计税方法。大强公司于2020年4月还是小规模纳税人，当月取得了一次性800万元的收入（年度结算时点集中于一个月内），此时当月不可能划分两段，按照一块属于500万元以内的小规模，超过部分按一般纳税人计税方式，这种逻辑不成立。5月是不是必须要升级为一般纳税人了呢？不是！5月进行申报，申报后正式形成了税务系统的收入数据，这时系统才有预警关注，依照登记管理规定，纳税人此时可以选择5月当月成为一般纳税人，也可以次月成为一般纳税人，这是一个选择项。如果选择后者，在5月依然可以按小规模纳税人计税，若当月又实现收入800万元，还是小规模纳税人，甚至收入一个亿，也是这样。更有特殊的情形，纳税人不主动登记，主管税务机关通知进行登记，若是6月通知的，此时纳税人依然可以选择次月即7月成为一般纳税人！笔者发现很多人对此有误解，不过上面的操作方式有政策依据，有操作心得，或许可以对部分伙伴起到更好的辅助理解作用。

**（1）拆税负主体的情形及风险。**

上面已分析了大多数的小型企业降低增值税税负的情形，即利用小规模纳税人的身份享受政策优惠。不过2022年小规模纳税人的增值税征收率仍将延续1%的征收率，假设面临着1%到3%的变化时就要利用好。

**【案例2-3】**大强公司是增值税小规模纳税人，2021年前三季度实现收入200万元（不含税），有一笔收款200万元将于2022年1月收款，第四季度预计没有业务收入。假设要按3%计缴增值税，对方暂无抵扣需求，此时双方商议将收款日期约定在2021年第四季度内，开具发票，但是钱实际上仍在2022年1月支付。

分析：2021年的200万元收入对应的增值税是2万元（按1%计算），若是2022年计税预计可能是6万元，相差4万元，省一点是一点，小企业运营都是掐着手指头过日子，小企业的老板们会懂得的。有人提醒这算不算造假呢？笔者认为白纸黑字经双方签订确定付款日款了，这是受法律保护的约定，一直追到1月支付，也是常有的事，前面是结果，后面是过程，不宜认为是造假。但若不改收款日期，只是人为地提前早开具了发票，依先开发票先有纳税义务的规定，按当时的1%计税，这种做法就是不合规的了，因为真实计税的纳税义务是发生在次月，可以追2%的差额增值税。

**【案例2-4】**大强公司是一家连锁婴儿用品商场，某省级城市有20余家门店，在架构上属于总分公司的模式，每家门店的年销售额约在2 000万元，增值税得到批准全市汇总计缴。但该企业的财税负责人拟筹划降低税负，因为其进销税额差平时也不大，其主要是想通过筹划让每个主体享受小型微利企业的所得税优惠，使得应纳税所得额在100万元以内的为2.5%，超过100万元至300万元的为10%。多数门店的应纳税所得额基本上在300万元以内，符合条件，但因为原来是总分机构汇总计算企业所得税，若想独立缴纳企业所得税，必须是独立的法人，不能以总分公司的名义。经过评估，这种调整的管理成本、运营成本比较高，相比于筹划的收益不大合适，于是放弃了此筹划方案，重新考虑其他方式。

分析：若是能满足真实性前提，拆分为多个独立的法人后，既可以享受小规模纳税人的征收率计增值税，又可以享受小型微利企业的所得税优惠，“一举两得”，这算是一种综合式的筹划考虑。

**（2）拆分进行小规模筹划下的虚假水分。**

尽管国家持续照顾小微企业的发展，在税收政策和服务方式上都做出很多调整，唯恐工作不到位。但是，滥竽充数者，依然是法制所不容的，站在反筹划的角度，如何来发现问题呢？笔者认为几方面可以考虑，详见表2－3。

**表2－3　从反筹划角度考虑问题**

| 关注 | 检查事项 | 风险 |
| --- | --- | --- |
| 混淆主体开发票计收入 | 款项、发票、合同、人员混淆 | 虚开风险与少缴税款风险，如网红查税 |
| 登记一般纳税人不及时 | 及时通知进行一般纳税人的登记，减少中间的过渡月份 | 征管程序实施不到位的风险 |
| 进项抵扣的问题 | 转为一般纳税人后取得其在小规模纳税人时的专用发票抵扣① | 需要结合业务发生、付款要求、对应关系等来分析是不是可以抵扣，目前在此方面存在监管空白 |
| 私户收款的风险 | 为保持小规模纳税人身份，私户收款不入账，少计缴税款事件也是频发 | 可以查阅公司的介绍、微信公众号信息等关于收款方面的内容 |

① 《国家税务总局关于纳税人认定或登记为一般纳税人前进项税额抵扣问题的公告》（国家税务总局公告2015年第59号）规定：

现将纳税人认定或登记为一般纳税人前进项税额抵扣问题公告如下：

一、纳税人自办理税务登记至认定或登记为一般纳税人期间，未取得生产经营收入，未按照销售额和征收率简易计算应纳税额申报缴纳增值税的，其在此期间取得的增值税扣税凭证，可以在认定或登记为一般纳税人后抵扣进项税额。

二、上述增值税扣税凭证按照现行规定无法办理认证或者稽核比对的，按照以下规定处理：（一）购买方纳税人取得的增值税专用发票，按照《国家税务总局关于推行增值税发票系统升级版有关问题的公告》（国家税务总局公告2014年第73号）规定的程序，由销售方纳税人开具红字增值税专用发票后重新开具蓝字增值税专用发票。

购买方纳税人按照国家税务总局公告2014年第73号规定填开《开具红字增值税专用发票信息表》或《开具红字货物运输业增值税专用发票信息表》时，选择“所购货物或劳务、服务不属于增值税扣税项目范围”或“所购服务不属于增值税扣税项目范围”。

（二）纳税人取得的海关进口增值税专用缴款书，按照《国家税务总局关于逾期增值税扣税凭证抵扣问题的公告》（国家税务总局公告2011年第50号）规定的程序，经国家税务总局稽核比对相符后抵扣进项税额。

三、本公告自发布之日起施行。此前未处理的事项，按照本公告规定执行。

特此公告。

上面是涉及主体本身的问题，在过去两年里，1%的增值税及加上小规模纳税人的个税核定的标配，促使许多疯狂者成立数十个甚至数百个独立主体，个别为避开虚开增值税专用发票的风险，开具增值税普通发票，在受票单位税前扣除列支费用，就是极可能不真实地利用优惠政策的漏洞。

至于那些为无数员工成立个体工商户规避社保与个税的情形，也在利用与上面类似的优惠政策。这是灵活用工服务平台在给个人委托代征出现风险的背景下，想出的一种形式上“没毛病”的突破，但其本质是在否定用工身份，将之包装为经营活动计税，这实际上令人感到有些别扭，按照劳动合同法的描述，这并不是采购个体户的服务。但有的情形下，这种筹划方式就存在合理性，比如一项建筑服务的业务，某个包工头以这种个体户的方式承接业务，开具发票结算，这是有恰当的适用场景的。后面包工头在分钱的时候如何给相关人员计税，就离监管更遥远了。

尽管我们知道这里企业所使用的规避手段，但对于某团、某丰等用工数量巨大的平台，目前在国家层面上并没有对此进行否定，在税收治理与征管上也没有进行否定与治理的安排，这里包括了纳税方式的问题与社保的问题。但个别案例表明，对于那些缺乏抗风险能力的小规模人力资源平台而言，若其中涉及洗钱、发票虚开的行为，很可能不久就要被淹没在严征管的大潮中，不及时构筑防火墙、完善风控可能有危险因素。

下面这个被举报账外收入未缴增值税的稽查案例，就涉及到前期老板与税务机关稽查人员之间“你来我往”的过招情景。

**【案例2-5】**2021年2月某稽查局在检查某小规模纳税人时，发现其2020年有数月未报税的账外收入，若依500万元的标准来推算，在2020年11月就达到标准了。问题来了，此时稽查局是否要求其从2020年11月开始按一般计税方法计税，还是将所有的收入放在2021年2月按小规模纳税人一次性计税后再要求转登记为一般纳税人？笔者与同行也针对此问题进行了交流，发现理解存在一定差异，对此疑问，我们很有必要搞清楚。

分析：《增值税一般纳税人登记管理办法》（国家税务总局令第43号）规定：

第二条 增值税纳税人（以下简称“纳税人”），年应税销售额超过财政部、国家税务总局规定的小规模纳税人标准（以下简称“规定标准”）的，除本办法第四条规定外，应当向主管税务机关办理一般纳税人登记。

本办法所称年应税销售额，是指纳税人在连续不超过12个月或四个季度的经营期内累计应征增值税销售额，包括纳税申报销售额、稽查查补销售额、纳税评估调整销售额。

销售服务、无形资产或者不动产（以下简称“应税行为”）有扣除项目的纳税人，其应税行为年应税销售额按未扣除之前的销售额计算。纳税人偶然发生的销售无形资产、转让不动产的销售额，不计入应税行为年应税销售额。

《国家税务总局关于增值税一般纳税人登记管理若干事项的公告》（国家税务总局公告2018年第6号）进一步明确：

二、《办法》第二条所称“纳税申报销售额”是指纳税人自行申报的全部应征增值税销售额，其中包括免税销售额和税务机关代开发票销售额。“稽查查补销售额”和“纳税评估调整销售额”计入查补税款申报当月（或当季）的销售额，不计入税款所属期销售额。

在之前，《国家税务总局关于界定超标准小规模纳税人偷税数额的批复》（税总函〔2015〕311号）答复原黑龙江省国家税务局请示时回复：

你局《关于界定超标准小规模纳税人偷税数额的请示》（黑国税发〔2014〕85号）收悉。根据《增值税一般纳税人资格认定管理办法》（国家税务总局令第22号）、《国家税务总局关于明确〈增值税一般纳税人资格认定管理办法〉若干条款处理意见的通知》（国税函〔2010〕139号）有关规定，批复如下：

稽查查补销售额和纳税评估调整销售额计入查补税款申报当月的销售额，以界定增值税小规模纳税人年应税销售额。

纳税人年应税销售额超过小规模纳税人标准且未在规定时限内申请一般纳税人资格认定的，主管税务机关应制作《税务事项通知书》予以告知。纳税人在《税务事项通知书》规定时限内仍未向主管税务机关报送一般纳税人认定有关资料的，其《税务事项通知书》规定时限届满之后的销售额依照增值税税率计算应纳税额，不得抵扣进项税额。税务机关送达的《税务事项通知书》规定时限届满之前的销售额，应按小规模纳税人简易计税方法，依3%征收率计算应纳税额。

你局对所属企业实施税务检查，发生的具体涉税事项，应按上述原则处理。其中，涉及滞纳金和罚款的计算等问题，仍按照相关规定执行。

综合上面的意见，在判定纳税人身份转换的条件时，查补或评估的销售额需要计入查补税款申报当月的销售额。该问题明确后，纳税人的权利就得到了维护，至于如何申报小规模纳税人期间的账外收入及缴纳滞纳金，并不影响上面的处理规则。

**（3）小规模纳税人的税收功能角色。**

承上所述，小规模纳税人的税收功能角色主要体现在三方面：

一是自我拆分使用，享受自己的小利益；

二是自我转出时作为拆分模块功能使用，化整为零，化大为小；

三是包装设计用工平台之用，相当于业界集群式注册个体户方式。

设计成立个体户、个独、合伙企业等，给自己包装一个经营的外壳，独立于自然人个人从事业务，以解决用工成本，避开劳务报酬等综合所得征税，也避开代扣代缴个税的风险，但特定情形下可能被否定。

但如果有企业拟上市之时，认为自我拆分的转出款项是为了避税之用，则应对其中的部分款项进行恢复，比如回归到支付员工工资或采购款项的中来。为了上市的大目标，前述的调整方法就存在较大的代价，需要回归到没有被拆分之前的状态进行报表列示与计缴税款。下面是某股份有限公司“招股说明书（申报稿）”公开披露的内容：

4. 比照关联交易披露的重要交易

1）自2018年1月至2020年2月，发行人之子公司×青岛及其子公司博××北京、博××智能科技（青岛）有限公司北京分公司、博××智能科技（天津）有限公司北京分公司、博××衡水5家公司存在以下情形：发行人之员工、前员工或亲属等设立了多个小微公司，该类小微公司只与上述5家主体发生交易、开具发票并获取资金，而后将收取的款项扣除相关税费及经营所需后作为薪酬支付给发行人部分员工及为发行人提供服务的其他人员（博×用、北京××装饰为发行人提供加工服务的人员）。

由于上述小微公司为发行人之员工、前员工或亲属等设立的企业，且仅与上述五家主体发生交易，本部分将其与发行人的交易比照关联交易进行披露。

（1）小微公司设立的背景，设立小微公司的具体情况、对应人员，收入来源。

设立小微公司的原因为天津市、兰州市永登县、上海市等地注册该类公司享有一定的税收节税空间，通过小微公司领薪可为员工节省个税税负，因此自2018年起，公司员工、前员工或亲属在上述城市相继设立18家小微公司，上述小微公司注册地点、设立时间、主要人员及其身份情况如下（略）。

小微公司的收入即发放的薪酬对应员工为公司及其分、子公司提供劳务的实质，均为员工的应发薪酬，结合小微公司账户流水核查，其收入均来自于公司，所有收入在扣除相关税费、手续费等支出后，全部用于发放薪酬，因此小微公司不存在其他收入来源。

……

（4）通过小微公司发放职工薪酬的流程，报告期内涉及人员数量、范围，发放薪酬的会计处理方式：

①通过小微公司发放职工薪酬的流程通过小微公司发放薪酬的起止时间为2018年1月至2020年2月，因涉及的小微公司、薪酬发放方式等均存在差异，该事项可分为3个阶段，各时间段及涉及的小微公司情况如下（略）。

A：第一阶段：通过天津2家及兰州市永登县6家小微公司发放薪酬，资金流向为公司通过银行转账支付给小微公司，小微公司通过银行转账支付给代发人员，代发人员集中取现后发放给领薪人员。

B：第二阶段：天津及永登公司已经陆续注销，上海10家公司还未设立，此阶段的薪酬发放直接由代发人员向公司以借款的名义借出，再由代发人员集中取现，以现金的形式发放给最终领薪人员。

C：第三阶段：薪酬发放通过上海10家小微公司完成，该阶段的资金流向分为两种情形，即正常薪酬发放流程和偿还上海10家筹建期间的借款流程。正常薪酬发放流程为公司通过银行转账支付给上海10家公司，上海10家公司转账至其法定代表人账户，法定代表人转账至代发人员，最终代发人员通过直接给领薪人员批量转账的方式发放薪酬偿还筹建期借款流程为上海10家公司设立后，补开了筹建期间发放薪酬的发票，公司将资金通过银行转账至上海10家公司，上海10家公司通过银行转账至其法定代表人账户，法定代表人将款项转账至筹建期代发人员（借款人），代发人员通过银行转账返还至公司账户，偿还之前的借款。

……

通过体外发放薪酬有较为明确的人员参与及费用确定标准，为了满足降低员工税负的目的，领薪人员主要为薪酬处于中、高水平的员工，根据员工意愿本着自愿的原则参与。同时，为保障员工的利益，经与员工充分沟通，在员工个人意愿的基础上，亦制定了明确的费用分拆标准。

薪酬发放过程中，公司留存了小微公司、法定代表人等的重要账户流水，收集了代发人员取现凭证，签署了员工现金领用签字表等凭证资料，具备比较完善的制度体系及内控措施。

体外薪酬发放事项具备明确的人员确定及费用分拆标准，建立了较为完善的制度体系和内控措施，所发薪酬与领薪人员的职级和岗位具有匹配对应关系。

……

由于领薪人员通过小微公司领取薪酬享受了一定的税收优惠政策，体外领取的薪酬存在未合并进行个人所得税申报和纳税的情形。

……

公司通过向上述小微公司进行采购交易的方式为部分员工发放多份薪酬，主要目的是为了利用小微公司注册地的税收优惠政策，为员工节省个税税负，但上述薪酬实质上均为员工的应发薪酬，对应领薪人员为公司及其分、子公司提供劳务的实质。

报告期内，涉及薪酬发放并取得小微公司发票的公司主体包括博××岛、博××北京、博××智能科技（青岛）有限公司北京分公司、博××智能科技（天津）有限公司北京分公司、博××衡水5家公司，截至目前，上述5家主体已取得税务机关开具的专项证明，公司上述行为不涉及虚开增值税发票行为。

……

公司采取此类业务模式的主要目的系降低员工个人所得税税负压力，此类业务模式未故意骗取国家税款及严重扰乱增值税发票管理秩序，也未造成任何国家税源流失的后果，不构成重大违法违规行为。鉴于主管税务机关已出具专项证明认可此类业务实质且未造成税款流失，且公司已合规缴纳增值税及个人所得税，公司及其子公司因上述事项遭受上述税务机关行政处罚及其他违法违规处罚的风险较低。

这与包工头接单的业务处理有相近之处，包工头按经营所得计个税后，再分给其他人员时就没有考虑计税了。不过这种操作多在上市前已完成了数据回归，按薪酬所得补缴了个税，社保事项多没有提及。目前实务当中大部分都不是由自己去搭建这些功能主体，而是直接包给灵活用工平台操作，直接按商务用工服务进行开票结算。本质上这些人也都是用工单位去找、去管理、去决定是否雇用的，用工平台没有精力和人手去管这些人员，只不过在形式上通过手机软件完成了登记接单的声明等形式认定。

一方面，扶持个体户的生存发展是国家层面的政策，但是以此为壳的各种拆分主体，表现出了强烈的生命力，发挥着重要的筹划功能与价值，而不关乎生存的问题；另一方面，这种处理方式部分地区还在“大行其道”，未来如何，还需看政策引导，但须守规则，谋正事。

### 2.1.2 拆业务模块避免全部适用收入高税率

在2.1.1中提到的小规模纳税人“税收利益”，多是经营刚起步或规模较小的企业的想法，对于大型企业而言，不可能为了这个“小利”而停止发展壮大，也不可能设立多个主体来运营，管理成本与商业维护成本都不够折腾的，且也不符合未来资本市场的发展走向。所以，我们还是要回到业务层面，来看看对于一般纳税人业务的筹划拆分。

目前我国一般纳税人计算增值税主要适用三档税率，13%、9%与6%，还有一个零税率，是出口业务适用的，对其不作过多分析，自全面营改增以来的税率变化如表2-4所示。

**表 2-4　自全面营改增以来的税率变化**

| 应税事项 | 2016. 5. 1 | | 2018. 5. 1 -2019. 3. 31 | 2019. 4. 1 至今 |
|---|---|---|---|---|
| 销售货物或进口货物（除下面特别约定事项外） | 17% | | 16% | 13% |
| 加工、修理修配劳务 | 17% | | 16% | 13% |
| 有形动产租赁 | 17% | | 16% | 13% |
| 交通运输、邮政、基础电信、建筑、不动产租赁服务，销售不动产，转让土地使用权 | 11% | | 10% | 9% |
| 租赁土地使用权（按照不动产经营租赁服务缴纳增值税） | 11% | | 10% | 9% |
| 其他现代服务业 | 6% | | 6% | 6% |
| 销售货物或进口货物（特定） | 2016. 5. 1 | 2017. 7. 1 -2018. 4. 30 | 2018. 5. 1 -2019. 3. 31 | 2019. 4. 1 至今 |
| 农产品（含粮食）、自来水、暖气、石油液化气、天然气、食用植物油、冷气、热水、煤气、居民用煤炭制品、食用盐、农机、饲料、农药、农膜、化肥、沼气、二甲醚、图书、报纸、杂志、音像制品、电子出版物 | 13% | 11% | 10% | 9% |

增值税的税率差异，决定了不同经营业务的税负差异，在大多数人看来，上面的分类描述得比较清楚，做不同的业务，各算各的税。但是很多时候，业务是包括了人工、物料、设备、技术等多方面支持的，比如建筑企业提供工程建筑服务，里面有建筑材料、设备等，若一个主体提供服务通常按混合销售全部以建筑服务税率 9% 计销项税，但换个方式，由两个及以上主体来分别提供业务，就可以拆分多种类的应税事项计算销项税额。对于制造业、商贸企业来讲，假设能拆分出来一部分实际存在的业务，按照服务业适用税率 6% 来计征，客户也能接受时，就可以考虑一下。

**【案例2－6】**某制造企业是一家知名的跨国公司，在国内设立了一家装配销售与提供售后服务的子公司，主要是提供罐装生产线。原来的销售方案是一套设备1 000万元（含税），包括货值、运输、安装、培训等费用，销售发票开具的是货物，适用税率13%。企业拟进行筹划，调整销售方案，其中货物价值调整为800万元，另100万元提供安装服务，100万元提供培训支持服务。单就增值税来讲，我们分析一下产生的比较明显的销项差异（见表2－5）。

**表2－5　筹划前后销项税额差异**　　单位：万元

| 事项 | 原方案销项税额（a） | 新方案销项税额（b） | 差异（a－b） |
|---|---|---|---|
| 货物 | 1000÷1.13×13%＝115.04 | 800÷1.13×13%＝92.04 | 23 |
| 安装 | 0 | 100÷1.09×9%＝8.26 | －8.26 |
| 培训 | 0 | 100÷1.06×6%＝5.66 | －5.66 |
| 合计 | 115.04 | 105.96 | 9.08 |

只要存在税率差，就存在筹划的空间。但是，若只是在一个主体上对合同进行拆分，一个合同拆为三个合同，并不必然安全！因为有时逃不出对一个主体混合销售的判定，多数情形下只有多个主体才能打破混合销售情形下的主体锁定。

在政策的适用上，作为生产销售设备的厂家，同时提供货物与服务，统一按照货物征税①，但是政策存在特别适用情形的除外，对此，《国家税务总局关于明确中外合作办学等若干增值税征管问题的公告》（国家税务总局公告2018年第42号）规定：

一般纳税人销售自产机器设备的同时提供安装服务，应分别核算机器设备和安装服务的销售额，安装服务可以按照甲供工程选择适用简易计税方法计税。

---

①《财政部 国家税务总局关于全面推开营业税改征增值税试点的通知》（财税〔2016〕36号）规定：第四十条 一项销售行为如果既涉及服务又涉及货物，为混合销售。从事货物的生产、批发或者零售的单位和个体工商户的混合销售行为，按照销售货物缴纳增值税；其他单位和个体工商户的混合销售行为，按照销售服务缴纳增值税。

本条所称从事货物的生产、批发或者零售的单位和个体工商户，包括以从事货物的生产、批发或者零售为主，并兼营销售服务的单位和个体工商户在内。

一般纳税人销售外购机器设备的同时提供安装服务，如果已经按照兼营的有关规定，分别核算机器设备和安装服务的销售额，安装服务可以按照甲供工程选择适用简易计税方法计税。

纳税人对安装运行后的机器设备提供的维护保养服务，按照“其他现代服务”缴纳增值税。

这说明了此类情形下，一个主体的业务也可以拆分，比如上面一个主体签订的合同，可以将销售服务拆分，所以表2-5中的操作是可行的. 其实在一些省份已很明确规定，混合销售情形下若是合同对不同的业务收费约定清楚，就可以各自计税，虽然在操作层面已经有了突破，但是政策上不宜完全放开，不然避税的空间就真的遍地开花了。依上面的政策，就安装的部分可以选择按简易方法计税，即 $100 \div 1.03 \times 3\% = 2.91$ 万元。下面说明三点注意事项：

第一，若上面的价格是不含税的1 000万元，按税率加上增值税后，从13%降到6%，对方给的也少了，销售方没有因此筹划获利。因此在价格上我们要注意，税少了还要考虑对方给的是不是少了，合同签订关键。

第二，对分开交易的理解。第一步完成设备销售，第二步再签订安装合同，安装服务视为“甲供材”的建筑服务，可以选择简易计税。

第三，减按1%征收率复工复产优惠政策，并不适用一般纳税人，安装服务即使按照简易办法计税了，也只能是3%。

对于不适用上述情形的商贸公司等，可以考虑在公司下设立子公司或分公司，单独运营安装服务或技术服务、培训服务、运输服务、仓储服务等，使之不产生混合销售的可能，回到拆主体的层面上，比如年销售额在500万元以下（不含本级）时，还可以考虑选择小规模纳税人的计税方法。

**【案例2-7】**某服装生产销售企业，在某专家辅导下进行筹划，原来某经销商一年的购货额是400万元（不含税价，税率13%），筹划的方式是让经销商支付200万元的会员费①，以200万元拿货（不低于成本），意在降低其增值税税负成本。筹划前后销项税额差异见表2-6。

表2-6　　筹划前后销项税额差异　　单位：万元

| 事项 | 原方案销项税额（a） | 新方案销项税额（b） | 差异（a-b） |
| --- | --- | --- | --- |
| 货物 | 400×13%=52 | 200×13%=26 | 26 |
| 会员费 | 0 | 200×6%=12 | -12 |
| 合计 | 52 | 38 | 14 |

案例假设的节税效果确实明显，而且不损及经销商的利益，因为对方是小规模纳税人，不涉及抵扣之需。在技术上是可行的，如果认为会员费不好听，可以以地区经销权之类的名义。整体上笔者认为有可行的空间与合理的商业逻辑支撑，如果低于成本销售，400万元中会员费为300万元，就不合常理了。

上面的筹划方式，感觉上实施起来是比较轻松的，最主要的是要与客户达成某种共识，若客户存在抵扣之需，采取有别于此的方式，也可能实现双赢的局面，此时要站在共同的层面上考虑。

**【案例2-8】** 大强钢铁公司平时向一些个体小工厂销售钢材，用于建筑厂房，直接销售给对方，对方再找建筑企业进行施工。大强公司为了更好地服务市场，自己设立了一个小强建筑公司，现在是一般纳税人身份。若原来某客户销售钢材价款30万元（含税），现在由小强公司以包工包料的方式进行销售，价款应是30万元外加建筑服务费5万元（建筑服务混合销售按9%），货物由大强公司先销售给小强公司，内部销进已抵平，试比较前后的增值税计税方面变化（见表2-7）：

表2-7　　筹划前后销项税额差异　　单位：万元

| 事项 | 原方案销项税额（a） | 新方案销项税额（b） | 差异（a-b） |
| --- | --- | --- | --- |
| 货物 | 30÷1.13×13%=3.45 | 30÷1.09×9%=2.48 | 0.97 |
| 建筑服务 | 0 | 5÷1.09×9%=0.41 | 新增业务不比较 |

① 会员卡费用，多有税务机关认为是涉及其他权益类无形资产的行为，不是预付的货物价款，若满足这种要求，笔者认为也是解释得通的。

在大强公司销售给小强公司货物时产生的销项税额，进销项抵消，不存在利益影响，在表 2-7 中，材料销售实现的税额节约值是 0.97 万元。在这个筹划中，可能面临新增建筑公司需要增加管理与运营成本，以及存在经营多方风险等情形，这时可以外包给第三方。如果有大的工程项目需要资质的，这种方式就不一定有可行性，术业需要有专攻。把高税率的交易体现在内部相互抵消，把低税率的交易体现在对外销售，就极可能实现巨额的利益。不过有一些漏洞还是需要慢慢弥补。

上面我们提到的拆业务，仅仅是就增值税适用的税率这一项展开讨论。从不同业务的筹划空间来看，制造业、商贸企业等的主业一般是按 13% 税率计税的货物，但也存在按 9% 计税的情形。而对于一般的服务业而言，本身税率就是 6%，筹划空间就比较有限。只要业务拆分筹划到位，则所收获的并非蝇头小利，建议可以充分发挥想象空间。

反之，站在反筹划的角度来探讨，笔者认为拆业务的筹划存在如下两方面风险：

一方面，对于同一个单位的销售价格拆分，需要注意价格的合理性，不宜极端化地拆分收入比例。比如在增值税方面，对于销售的设备及里面的嵌入式软件，要求硬件的利润率不低于 10%，不过目前，笔者还没有发现有因此而被税务机关处理的报道。在这个过程中，纳税人并不是偷逃税款，至多属于避税行为，当质疑关联方的交易存在规避所得税时，税务机关就需要进行反避税的处理。若是非关联方的交易，税务机关依然可以增值税上的“纳税人发生应税行为价格明显偏低或者偏高且不具有合理商业目的”作为依据直接调整销售额；若从此处入手发起挑战，这是一件“出力不讨好”的反筹划应对，因为本身就是讨价还价的过程，除非手中还有别的牌可出，才容易达到调整的目的。

另一方面，对于增值税政策中混合销售的不恰当应用。除非特例规定，目前税收规则上并没有放开自由分立业务类型计税，无论是一并签订合同，还是故意分开签订合同，均不影响混合销售的判断计税。这个规则现在应用得比较错乱，因为从底层识别来看，业务类型较难分清，经营多样性形式复杂。未来看，当税率相对接近或者进一步简并后，纠结于税率差异的筹划才会慢慢地减少。当前，合规计税的判定，税率筹划的争议，本身就是很难说得清的。

为了减少不必要的争议，在拆业务的同时考虑拆不同的主体进行分别承接，将大大减少上述争议。笔者认为，税务机关对于拆业务筹划的应对，一是态度不够明确，迁就纳税人的情形比较多；二是行动不多，可能认为反正销售方计多少税，抵扣方抵多少税，没有引起国家税款的流失。大的方向上没错，但考虑某些情形下的细节之时，必有漏洞出现。

极端情形之下，若筹划过头，加上政策考虑欠周，很有可能存在因筹划导致进项与销项税额的“倒挂”，正常经营下的抵扣长期抵不完就会形成留抵税额，而在营改增试点过程中，屡有过此类事件发生，若是政策性的问题，及时修改调整即可，若是筹划而来的，需要引起警惕并想办法适应规则，不宜出现这样的结果。

### 2.1.3　为规避土地增值税进行拆分以股权转让的操作路径及注意点

数年来，土地资源紧张，大型房地产开发企业取得土地使用权的方式除了通过出让从国土部门直接取得外，从小的房企收购土地资源也是一条捷径，业界普遍的操作方式是以收购股权间接取得土地。在非房地产开发的业务领域，不动产（含土地使用权）的转移也是大量存在的。在各种各样盘活的土地使用权交易中，税负问题始终是老板最关切的焦点，当有约交易额50%的部分都是税费的时候，这个交易自然就难做了，在这个领域，税务筹划的需求一直很强烈。

众所周知，涉地转让筹划的主要目标是减少土地增值税，而企业所得税次之。通常的解决路径是变不动产的转让为股权的转让或类似的交易方式，来避开土地增值税规定的纳税义务。笔者观察到，在非房地产开发企业参与的交易中，常规操作路径如表2－8所示。

表 2-8　　非房地产开发企业参与交易的常规操作路径

| 步骤 | 操作 | 注意事项 |
|---|---|---|
| 第一步 | 以资产投资或增资到子公司 | 同时考虑契税的免税①与土地增值税的不征税适用情形② |
| 第二步 | 股权转让 | 据报道有个别地区的税务机关对此发起挑战，认为是以股权形式实质性转让不动产，征收土地增值税，这个风险理论上是存在的 |

操作非常简单，也非常明确。其风险在于税务机关的穿透实质性判断，其实“征”的理论是不完整的，因为一是征的主体不是现在不动产的法定持有者，二是将来不动产转让或再开发后转让，没有政策解释如何延续上一环节计税后增加成本的问题，这个理论是存在问题的。

但是笔者通过观察与经验分析，发现这其中的风险却并不限于“看透”征收土地增值税的问题，还要考虑其他税种的解决，考虑其操作的细节与附加其他税种的筹划因素：

① 《财政部税务总局关于继续执行企业事业单位改制重组有关契税政策的公告》（财政部 税务总局公告 2021 年第 17 号）规定：

六、资产划转

对承受县级以上人民政府或国有资产管理部门按规定进行行政性调整、划转国有土地、房屋权属的单位，免征契税。

同一投资主体内部所属企业之间土地、房屋权属的划转，包括母公司与其全资子公司之间，同一公司所属全资子公司之间，同一自然人与其设立的个人独资企业、一人有限公司之间土地、房屋权属的划转，免征契税。

母公司以土地、房屋权属向其全资子公司增资，视同划转，免征契税。

② 《财政部 税务总局关于继续实施企业改制重组有关土地增值税政策的公告》（财政部 税务总局公告 2021 年第 21 号）规定：

二、按照法律规定或者合同约定，两个或两个以上企业合并为一个企业，且原企业投资主体存续的，对原企业将房地产转移、变更到合并后的企业，暂不征土地增值税。

三、按照法律规定或者合同约定，企业分设为两个或两个以上与原企业投资主体相同的企业，对原企业将房地产转移、变更到分立后的企业，暂不征土地增值税。

四、单位、个人在改制重组时以房地产作价入股进行投资，对其将房地产转移、变更到被投资的企业，暂不征土地增值税。

六、改制重组后再转让房地产并申报缴纳土地增值税时，对“取得土地使用权所支付的金额”，按照改制重组前取得该宗国有土地使用权所支付的地价款和按国家统一规定缴纳的有关费用确定；经批准以国有土地使用权作价出资入股的，为作价入股时县级及以上自然资源部门批准的评估价格。按购房发票确定扣除项目金额的，按照改制重组前购房发票所载金额并从购买年度起至本次转让年度止每年加计 5% 计算扣除项目金额，购买年度是指购房发票所载日期的当年。

五、上述改制重组有关土地增值税政策不适用于房地产转移任意一方为房地产开发企业的情形。

一是直接以不动产增资到拟收购方的企业，后面再作相应的退出安排，一样达到实施的目的，只是此时享受不到契税免税。

二是转让100%股权面临着被质疑的风险，甚至在特殊情形下，税务部门以实质征税，本身的应对是比较难的，虽然法规无明确的普遍性规定，仅有数个地方可参考的批复①或内部的一些口径说明，尚不足以令纳税人普遍性的信服。

三是比如某房地产开发运营的集团，变更其酒店资产，这种情形下，若是转让股权形式，应不大会被“看透”征土地增值税，试想若是股权转让就要查核不动产来计征土地增值税，规则岂不是很混乱了！即使是100%转让的前提下，笔者认为企业有充实的业务支撑，其转让并不是简单的不动产，而是涉及销售渠道、商誉等更复杂的商业因素。所以对于那种“赤裸裸”只有未运营的不动产资产的股权转让，应当进一步丰富其筹划素材及充实内容。

本环节不征收土地增值税，后面的环节若是再转让不动产，其计税扣减并不是依出资的评估值，而是要追溯到出资前所确认的成本金额来扣减，这是时间性的差异，不会给国家造成永久性的绝对性的税额损失。只是很有可能一直使用到期，容易形成“沉默”税收，当纳税义务无限递延时，就越接近于绝对性差异了。

但上述文件的土地增值税不征税政策，若存在某一方是房地产开发企业时，双方均不得适用。鉴于土地资源的稀缺性，那些收购小房企股权的

---

① 摘自国家税务总局官网《国家税务总局关于以转让股权名义转让房地产行为征收土地增值税问题的批复》（国税函〔2000〕687号，全文有效）：

广西壮族自治区地方税务局：

你局《关于以转让股权名义转让房地产行为征收土地增值税问题的请示》（桂地税报〔2000〕32号）收悉。

鉴于深圳市能源集团有限公司和深圳能源投资股份有限公司一次性共同转让深圳能源（钦州）实业有限公司100%的股权，且这些以股权形式表现的资产主要是土地使用权、地上建筑物及附着物，经研究，对此应按土地增值税的规定征税。

国家税务总局

二〇〇〇年九月五日

大房企集团，看重的是土地后期的开发价值与其市场品牌的溢价规划，就算在收购股权情形下，未来土地扣减的成本也比较低，无法将股权的溢价支出部分（实际是土地使用权的估值对应价值）转为未来计算土地增值税的扣减支付额。这是商业因素确定的，更多是土地转让手续，还有卖方的税务筹划坚持所致，靠破解此关系来解决未来扣减成本的问题不现实，只能通过其他方式来统筹规划未来的土地增值税。比如有的企业利用关联方交易加大开发支出，选择有利的分摊方式。也有争取核定的操作，但这几年来各地基本上收紧了这个“核定权”。至于一些房企进行虚列成本的操作，就不在我们的合规筹划讨论范围了，另外还要特别考虑避免非法倒卖土地的刑责问题①。

实践当中，我们要同步考虑一下出资情形下企业所得税与增值税的政策规划问题（见表2-9）

**表2-9　企业所得税与增值税的政策规划**

| 税　种 | 投资方税务处理 | 接受投资方税务处理 |
|---|---|---|
| 企业所得税 | 对于转让方以公允价计算所得并入当年度应纳税所得额计税 | 以公允价值入账计税基础 |
| | 可在不超过5年期限内，分期均匀计入相应年度的应纳税所得额 | |
| | 可以选择适用的特殊性税务处理，但要保持比如12个月的持有期后才能对外转让 | 按照原来的计税基础入账 |
| 增值税 | 符合“打包”转让情形的，不征收增值税，此处的筹划要素搭配比较重要，需要谨慎处理 | 开具不征税发票② |
| | 不符合“打包”转让情形的，计征增值税 | 取得专用发票可以依规定抵扣 |

① 《刑法》第二百二十八条【非法转让、倒卖土地使用权罪】以牟利为目的，违反土地管理法规，非法转让、倒卖土地使用权，情节严重的，处三年以下有期徒刑或者拘役，并处或者单处非法转让、倒卖土地使用权价额百分之五以上百分之二十以下罚金；情节特别严重的，处三年以上七年以下有期徒刑，并处非法转让、倒卖土地使用权价额百分之五以上百分之二十以下罚金。

② 601预付卡销售和充值；602销售自行开发的房地产项目预收款；603已申报缴纳营业税未开票补开票；604代收印花税；605代收车船使用税；606融资性售后回租承租方出售资产；607资产重组涉及的不动产；608资产重组涉及的土地使用权；609代理进口免税货物货款；610有奖发票奖金支付；611不征税自来水；612建筑服务预收款；613代收民航发展基金；614拍卖行受托拍卖文物艺术品代收货款。

下面我们结合三个案例，以使纳税人与税务部门的人员关注此风险。

案例一：上市委问询发行人得知其转让子公司100%股权的直接目的是转让相关不动产，是否需要缴纳土地增值税，是否存在被追缴风险。

此案例的股份有限公司已被认为不符合发行条件、上市条件和信息披露要求，笔者查询了相应的资料，其主要的操作如表2-10所示（部分名称已隐去）。

表2-10　　　　发行公司主要操作

| 时间 | 交易事项 |
|---|---|
| 2018年3月设立全资子公司 | 发行人设立全资子公司×××× |
| 2018年4月，以不动产增资子公司 | 2018年8月，××有限公司以位于祁连山南路2891弄200号的不动产对××众创进行增资，依据评估价（该不动产账面价值263 215 261.43元，评估价值3.2亿元）、增资金额为32 000万元。2018年9月完成不动产权属变更登记，过户至××××名下 |
| 2018年11月，出售子公司股权 | 2018年10月，××有限公司将其持有的××众创100%股权以截至2018年9月30日的经评估净资产为参考，确定以31 640万元的价格转让给××××。发行人与××××签署股权转让协议，对上述股权转让事宜予以约定<br>2018年11月，××××完成股东变动并办理完成工商变更登记，成为××××的全资子公司。至此，上述不动产从发行人体内完成剥离 |

这个问题是上市委现场问询的问题之一①，上市委相当于替税务机关在把关了，不过上市委更多是关注风险，要求给出相应的解释。纵然有问题，也没有法定职责要求同步将信息转予税务机关，关注的人可能并不能给出专业的判断，更不给予处理，在这个环节中，税务机关的职责存在一定程度上的缺失。对于一家拟准备上市的企业，首先价值观要有正面展示，即使没有特意的避税行为，在这个环节中，暴露出来的信息也很可能被放大。这说明一个问题，这种以不动产投资形成股权再转让的筹划方式

① 《科创板上市委2021年第18次审议会议结果公告》：根据申请文件，发行人转让××××100%股权的直接目的是转让相关不动产。请发行人代表说明该次交易是否需要缴纳土地增值税，是否存在被追缴风险。请保荐代表人发表明确意见。

较为明显，上市委专家对此比较敏感。此类操作，极可能是服务机构协助进行的筹划，给客户提供如此“直白式”“仓促式”的方案，虽然达到了节税目标，但在商业规划方面略显薄弱。不知道最终结果是否受此影响。

案例二：某上市公司转让股权（主要对应资产为不动产）被征土地增值税。

2019年9月30日恒立实业《关于转让岳阳恒通实业有限责任公司股权转让完结后续会计核算的公告》披露：

2016年11月底，公司将YYHT实业有限责任公司（以下简称“HT实业”）80%股权作价23 280.80万元转让给长沙FZ房地产咨询有限公司，相关详细信息请见2016年底公司进行重大资产出售时刊登于《证券时报》以及巨潮资讯网（www.cninfo.com.cn）的一系列公告。2017年7月底，公司将HT实业20%股权作价5 820.20万元转让给长沙DM房地产有限公司，详情请见2017年7月28日披露于《证券时报》以及巨潮资讯网（www.cninfo.com.cn）的公告（公告编号：2017－41）。

鉴于HT实业的资产状况，上述转让事项起始××市主管税务机关就将此事项认定为：以股权转让名义的土地使用权转让，需按税法规定缴纳土地增值税。

此公告发出后，备受关注，笔者认为值得探讨。但我们也知道，税务的问题有时不是一个事项的争议，而在于系统性的风险处理，有选择的放弃不代表就是“失败”，这一点，我们要有充分地理解空间。

案例三：某股份有限公司上市问询中解释“是否仅将向关联方出租的土地厂房增资，先增资再出售的原因”。

根据××新材与××科技、××医疗签订的租赁合同，××新材向关联方出租其持有的位于佛山市三水区白坭镇汇银路2号的部分厂房及土地，其中：土地面积为2 000平方米，厂房面积为4 300平方米。××新材增资的土地厂房系其持有的所有土地、房屋建筑物及在建工程，其中，土地面积为 13 312.20 平方米、房屋建筑物面积为 4 870.82 平方米。因此，××新材增资的土地厂房不仅包括向关联方出租的土地厂房。

××新材将其持有的土地及厂房以先增资再出售给发行人，系基于税收合理筹划的考虑，具有合理性。本次增资再出售所涉及的税收情况如下：

（1）土地增值税

根据《关于继续实施企业改制重组有关土地增值税政策的通知》（财税〔2018〕57 号）第四条规定，单位、个人在改制重组时以房地产作价入股进行投资，对其将房地产转移、变更到被投资的企业，暂不征土地增值税。

××新材以房地产作价增资××材料适用上述规定，暂不征收土地增值税。2019 年 11 月 28 日，国家税务总局佛山市三水区税务总局白坭税务所出具“房地产过户免征（不征）税证明”，经审核，该××新材以房地产增资行为暂不征土地增值税。

（2）契税

根据《关于进一步支持企业事业单位改制重组有关契税政策的通知》（财税〔2015〕37 号）第六条规定，同一投资主体内部所属企业之间土地、房屋权属的划转，包括母公司与其全资子公司之间，同一公司所属全资子公司之间，同一自然人与其设立的个人独资企业、一人有限公司之间土地、房屋权属的划转，免征契税。

××新材以房地产作价增资××材料适用上述规定，免征契税。2019 年 11 月 28 日，国家税务总局佛山市三水区税务总局白坭税务所出具“契税免税（不征）证明“，经审核，该××新材以房地产增资行为免征契税。

（3）增值税

××新材以房地产作价增资××材料按规定需缴纳增值税。由于上述房屋建筑物系 2016 年 4 月 30 日之后自建，根据《营业税改征增值税试点实施办法》（财税〔2016〕36 号）、《关于深化增值税改革有关政策的公告》（财政部、税务总局、海关总署公告 2019 年第 39 号）规定，需缴纳增值税。截至 2019 年 12 月 31 日，××新材已按规定缴纳增值税。

（4）企业所得税

根据《国家税务总局关于非货币性资产投资企业所得税有关征管问题的公告》（国家税务总局公告 2015 年第 33 号）第一条规定：实行查账征收的居民企业（以下简称企业）以非货币性资产对外投资确认的非货币性资产转让所得，可自确认非货币性资产转让收入年度起不超过连续 5 个纳税年度的期间内，分期均匀计入相应年度的应纳税所得额，按规定计算缴纳企业所得税。

2019 年 11 月 19 日，××新材向国家税务总局佛山市三水区税务局白坭税务所申请以其土地房产投资设立全资子公司××材料时，出资时的评估价值高于原账面价值的非货币性资产转让所得自该收入确认起在连续 3 年内分期计入相应年度的应纳税所得额。

（5）印花税

2019 年 12 月，××新材与××科技签订《股权转让协议》，转让价格 2 438 万元。2020 年 1 月，××新材已按“产权转移书据”税目缴纳印花税。

综上，由于××新材与发行人系属于同一控制的企业，基于税收合理筹划，故先将相关土地厂房增资后再出售，具有合理性；××新材已按相关税收法律法规的规定缴纳了有关税费。

本案例中倒是明确地表示“基于税收合理筹划的考虑”，这也是坦诚的，本身政策就是可以选择的，并不违规，再加上合理性的解释，税务机关出具证明的加持，有理有据。应特别注意的是，政策中规定的是向全资子公司“增资”情形下可免征契税，增资即先成立全资子公司，再增加投资的行为，不宜直接采取新设成立出资的方式。同时注意目前政策已延续。

那么，对于这种明显的有规避税收行为的应对，从税务机关的角度，似乎视同转让不动产是可以进行“声讨”的。笔者也时有听闻一些地方基于税收收入的考虑，拟推进土地增值税的穿透征收，不过最后可能也不了了之，毕竟这种事项还是个案处理为宜，若形成批量化的整治，恐怕这种执法的潜在风险与媒介关注度极可能失控。

### 2.1.4 拆业务模块获取优惠与利益空间

这个方法其实比较常规，但知道框架不知如何恰当细化的大有人在。实务当中，有很多目标可以通过拆业务模块来直接或间接达到，与此同时也有可能实现税收利益的优化。

从笔者接触的案例来看，拆业务模块通常有如表 2 – 11 所示的一些操作方式，及可能存在的税收利益空间。

**表 2 – 11　拆业务模块的操作方式及可能存在的税收利益空间**

| 拆的情形 | 举例用途说明 | 税收利益空间 |
| --- | --- | --- |
| 拆出技术部门 | 以技术部门为基础拆出来形成高新技术企业，原来的生产或贸易收入过大，无法满足研发费用投入的指标要求 | 形成独立的优惠主体，让一部分利润得到税收优惠的价值 |
| 拆出软件研发部门 | 形成软件企业，通过内部交易形成软件收入，仍可享受到所得税的优惠与增值税的优惠 | 这是很常规的操作，但是对于软件收入的处理需要专业支持 |
| 拆出资产给重组对方 | 因在集团内或与外部单位进行合作形成资产的转移，或借壳上市等之需转移资产或资产包 | 多数情形下若选择特殊性税务处理，不致产生所得税的计缴，增值税有不征的情形，即使征税接受方也是可以抵扣的 |
| 拆出资产再进行转让的行为 | 为了特定的利益安排，先低价或不征税划拨资产给相关单位，再行对外转让，以实现利润转移或取得财税利益 | 比如转入方有巨额亏损，或者存在异地财政奖励等政策带来的利益优惠 |
| 因组织架构调整拆出 | 比如企业的分立行为，也是一种拆出的行为 | 对于企业股东来讲，分立存在特殊性税务处理的适用情形，对于个人股东，无上述的明确性特殊税务处理政策支持，但实践中有案例 |

续表

| 拆的情形 | 举例用途说明 | 税收利益空间 |
|---|---|---|
| 因处置不良资产等转出债权、债务等情形 | 比如银行为了降低呆账率而转出不良债权的行为 | 自我核销与转出损失，达到税前扣除的不同情形下的要件之需，基于此而采取的转出行为 |
| 实现个人股东的资金需要而转出资金 | 比如以企业的资金投资于一个新的公司，由自然人控股，相当于借“经营行为”实质性地控制了资金的使用 | 这种情形下自然人端有税务筹划的安排，而对于企业的资金投资行为，本身并不产生应税事项 |
| 拆业务模块上市等资本市场的操作 | 比如上新三板、主板或科创板等的安排，主要是资本市场的融资考虑与个人财富的资本溢价考虑 | 在特定情形下达到税收筹划的目标，比如通过新三板达到个税的税收筹划目的 |
| 拆分收款主体规避增值税“价外费用”计税的筹划 | 某增值税纳税人收取的押金等被税务机关认为属于价外费用先行计税，采取退还时再退税的处理方法 | 不同主体的操作避免税收计税“陷阱” |

结合上面的举例，我们发现通过资产及其相关业务的拆分，将实现不同场景下的税收利益的方向选择，有一些是纳税人主动可以发起的，有一些是业务发生过程当中的自我调整。下面我们结合部分案例，分析一下其中的详细适用情形及风险。

**（1）拆立软件公司的注意事项。**

目前，对于软件技术行业的研发投入与相应的政策激励，无疑是国之大事，面临着美国等西方国家的技术封锁，在软件技术的研发上，国家给予了若干战略性的政策支持，税收政策是其中的一个主要方面。在本节中，我们主要针对软件企业的优惠，给予一些有特点的解释与应用说明。

《国务院关于印发新时期促进集成电路产业和软件产业高质量发展若干政策的通知》（国发〔2020〕8号）明确提出：

（二）国家鼓励的集成电路设计、装备、材料、封装、测试企业和软件企业，自获利年度起，第一年至第二年免征企业所得税，第三年至第五年按照25%的法定税率减半征收企业所得税。国家鼓励的集成电路设计、装备、材料、封装、测试企业条件由工业和信息化部会同相关部门制定。

（三）国家鼓励的重点集成电路设计企业和软件企业，自获利年度起，第一年至第五年免征企业所得税，接续年度减按10%的税率征收企业所得税。国家鼓励的重点集成电路设计企业和软件企业清单由国家发展改革委、工业和信息化部会同相关部门制定。

（四）国家对集成电路企业或项目、软件企业实施的所得税优惠政策条件和范围，根据产业技术进步情况进行动态调整。集成电路设计企业、软件企业在本政策实施以前年度的企业所得税，按照国发〔2011〕4号文件明确的企业所得税“两免三减半”优惠政策执行。

（五）继续实施集成电路企业和软件企业①增值税优惠政策。

---

①《财政部 国家税务总局关于软件产品增值税政策的通知》（财税〔2011〕100号）规定：

一、软件产品增值税政策

（一）增值税一般纳税人销售其自行开发生产的软件产品，按17%税率征收增值税后，对其增值税实际税负超过3%的部分实行即征即退政策（17%已调整为13%，下同）。

（二）增值税一般纳税人将进口软件产品进行本地化改造后对外销售，其销售的软件产品可享受本条第一款规定的增值税即征即退政策。

本地化改造是指对进口软件产品进行重新设计、改进、转换等，单纯对进口软件产品进行汉字化处理不包括在内。

（三）纳税人受托开发软件产品，著作权属于受托方的征收增值税，著作权属于委托方或属于双方共同拥有的不征收增值税；对经过国家版权局注册登记，纳税人在销售时一并转让著作权、所有权的，不征收增值税。

二、软件产品界定及分类

本通知所称软件产品，是指信息处理程序及相关文档和数据。软件产品包括计算机软件产品、信息系统和嵌入式软件产品。嵌入式软件产品是指嵌入在计算机硬件、机器设备中并随其一并销售，构成计算机硬件、机器设备组成部分的软件产品。

三、满足下列条件的软件产品，经主管税务机关审核批准，可以享受本通知规定的增值税政策：

1. 取得省级软件产业主管部门认可的软件检测机构出具的检测证明材料；

2. 取得软件产业主管部门颁发的《软件产品登记证书》或著作权行政管理部门颁发的《计算机软件著作权登记证书》。（依据国家税务总局令第48号本条第1项条件取消）

四、软件产品增值税即征即退税额的计算

（一）软件产品增值税即征即退税额的计算方法：

即征即退税额＝当期软件产品增值税应纳税额－当期软件产品销售额×3%

当期软件产品增值税应纳税额＝当期软件产品销项税额－当期软件产品可抵扣进项税额

当期软件产品销项税额＝当期软件产品销售额×17%

（转下页注）

2021年4月23日，中华人民共和国工业和信息化部 国家发展改革委 财政部 国家税务总局公告2021年第10号文件规定：

为贯彻落实《国务院关于印发新时期促进集成电路产业和软件产业高质量发展若干政策的通知》（国发〔2020〕8号）精神，根据《关于促进集成电路产业和软件产业高质量发展企业所得税的公告》（财政部 税务总局 国家发展改革委 工业和信息化部公告2020年第45号），工业和信息化部、国家发展改革委、财政部、税务总局制定了国家鼓励的软件企业条件，现公告如下：

一、国家鼓励的软件企业是指同时符合下列条件的企业：

（一）在中国境内（不包括港、澳、台地区）依法设立，以软件产品

---

(接上页注①)（二）嵌入式软件产品增值税即征即退税额的计算：

1. 嵌入式软件产品增值税即征即退税额的计算方法

即征即退税额 = 当期嵌入式软件产品增值税应纳税额 - 当期嵌入式软件产品销售额 ×3%

当期嵌入式软件产品增值税应纳税额 = 当期嵌入式软件产品销项税额 - 当期嵌入式软件产品可抵扣进项税额

当期嵌入式软件产品销项税额 = 当期嵌入式软件产品销售额 ×17%

2. 当期嵌入式软件产品销售额的计算公式

当期嵌入式软件产品销售额 = 当期嵌入式软件产品与计算机硬件、机器设备销售额合计 - 当期计算机硬件、机器设备销售额

计算机硬件、机器设备销售额按照下列顺序确定：

①按纳税人最近同期同类货物的平均销售价格计算确定；

②按其他纳税人最近同期同类货物的平均销售价格计算确定；

③按计算机硬件、机器设备组成计税价格计算确定。

计算机硬件、机器设备组成计税价格 = 计算机硬件、机器设备成本 × （1 + 10%）。

五、按照上述办法计算，即征即退税额大于零时，税务机关应按规定，及时办理退税手续。

六、增值税一般纳税人在销售软件产品的同时销售其他货物或者应税劳务的，对于无法划分的进项税额，应按照实际成本或销售收入比例确定软件产品应分摊的进项税额；对专用于软件产品开发生产设备及工具的进项税额，不得进行分摊。纳税人应将选定的分摊方式报主管税务机关备案，并自备案之日起一年内不得变更。

专用于软件产品开发生产的设备及工具，包括但不限于用于软件设计的计算机设备、读写打印器具设备、工具软件、软件平台和测试设备。

七、对增值税一般纳税人随同计算机硬件、机器设备一并销售嵌入式软件产品，如果适用本通知规定按照组成计税价格计算确定计算机硬件、机器设备销售额的，应当分别核算嵌入式软件产品与计算机硬件、机器设备部分的成本。凡未分别核算或者核算不清的，不得享受本通知规定的增值税政策。

开发及相关信息技术服务为主营业务并具有独立法人资格的企业；该企业的设立具有合理商业目的，且不以减少、免除或推迟缴纳税款为主要目的；

（二）汇算清缴年度具有劳动合同关系或劳务派遣、聘用关系，其中具有本科及以上学历的月平均职工人数占企业月平均职工总人数的比例不低于40%，研究开发人员月平均数占企业月平均职工总数的比例不低于25%；

（三）拥有核心关键技术，并以此为基础开展经营活动，汇算清缴年度研究开发费用总额占企业销售（营业）收入总额的比例不低于7%，企业在中国境内发生的研究开发费用金额占研究开发费用总额的比例不低于60%；

（四）汇算清缴年度软件产品开发销售及相关信息技术服务（营业）收入占企业收入总额的比例不低于55%［嵌入式软件产品开发销售（营业）收入占企业收入总额的比例不低于45%］，其中软件产品自主开发销售及相关信息技术服务（营业）收入占企业收入总额的比例不低于45%［嵌入式软件产品开发销售（营业）收入占企业收入总额的比例不低于40%］；

（五）主营业务或主要产品具有专利或计算机软件著作权等属于本企业的知识产权；

（六）具有与软件开发相适应的生产经营场所、软硬件设施等开发环境（如合法的开发工具等），建立符合软件工程要求的质量管理体系并持续有效运行；

（七）汇算清缴年度未发生重大安全事故、重大质量事故、知识产权侵权等行为，企业合法经营。

二、本公告第一条中所称研究开发费用政策口径，按照《财政部　国

家税务总局　科技部关于完善研究开发费用税前加计扣除政策的通知》（财税〔2015〕119号）和《国家税务总局关于研发费用税前加计扣除归集范围有关问题的公告》（国家税务总局公告2017年第40号）等规定执行。

三、本公告自2020年1月1日起执行，由工业和信息化部会同国家发展改革委、财政部、税务总局负责解释。

企业所得税的起步优惠政策是“二免三减半”，所提到的获利，是指税法上的应纳税所得额大于零①，这是抵减了弥补以前年度亏损后的所得额，不是指会计上的利润。增值税政策中，对于一般纳税人销售软件是按超税负3%部分即征即退，如果是小规模纳税人，征收率是3%，疫情下享受1%或免税的优惠政策，不退税，本身也不存在超3%的税负。

在拆业务模块成立软件公司的过程当中，往往不涉及重资产的转移，主要是人员与成果的转移。比如北京某互联网企业将软件公司设立在深圳，这就涉及人员配合的问题，要考虑社保的缴纳与享受问题、员工的买房买车的资质取得影响等。还可能涉及一些原来软件版权的问题，视情形可以考虑转移，也可以考虑不转移。

除了互联网企业、智能化设备制造企业外，传统的制造业企业（比如应用嵌入式软件）、餐饮住宿企业、商务策划咨询企业等，在当下的技术环境中，基本上都难脱离软件技术的支持，其应用范围非常广泛，这就说明筹划应用也非常广泛，无外乎是定多少钱彼此计价的问题。

有一个问题，我们不要误入“牛角尖”，比如消费者购入一部手机，

---

① 《国家税务总局关于执行软件企业所得税优惠政策有关问题的公告》（国家税务总局公告2013年第43号）规定：软件企业的获利年度，是指软件企业开始生产经营后，第一个应纳税所得额大于零的纳税年度，包括对企业所得税实行核定征收方式的纳税年度。

《财政部 国家税务总局关于软件和集成电路产业企业所得税优惠政策有关问题的通知》（财税〔2016〕49号）规定：软件、集成电路企业应从企业的获利年度起计算定期减免税优惠期。如获利年度不符合优惠条件的，应自首次符合软件、集成电路企业条件的年度起，在其优惠期的剩余年限内享受相应的减免税优惠。

手机中的操作系统是不是软件？当然是，且是不断升级的。但是我们付的是货物的钱，并没有单独付操作系统的钱，这是混合体的销售，并不需要强制进行拆分然后就不同的部分计缴增值税，税收规则也难以实施。但是在前端，企业层面是可以分开组装的，其中更会有商标权、著作权、使用权等的融合，在全国、全球都有其税收利益的筹划空间。另外，企业或行政事业单位采购硬件时，其中的软件部分是可以作为固定资产入账的，通常单位的一些采购预算是界定为硬件设备，这种情形下，多是一体化采购的，而单独采购软件的情形下，比如金融机构采购的软件系统，相应的硬件则成为了附属品，由此若要充分地享受此优惠，多是拆分软件公司后进行内部的关联交易以实现相应税收上的收入或所得，进而享受到优惠的政策。消费者因麻烦一般不愿意接受一个硬件的采买，又接受一个硬件支持系统的软件采买，不过这不是必须，比如有的服务器，其软件部分是后配的，这种情形下分开采购是经常发生的，只是老百姓接受起来有些困难。

软件公司从事的开发服务，在交易内容与交付成果上会有不同的交易载体与法律权利义务表现，尽管在结果上都用上了某项软件功能，但其背后的交易事项、产权归属、法律关系是不同的，下面我们结合交易约定及税收规则来看看不同情形下的适用税收优惠的规则（见表 2－12）。

**表 2－12　　不同情形下适用税收优惠的规则**

| 软件公司提供业务 | 著作权归属 | 企业所得税 | 增值税 |
|---|---|---|---|
| 销售软件 | 软件公司 | 一般软件公司自获利年度起享受“二免三减半”或按高新技术企业优惠享受（二免三减半享受完后），购买方可以享受加速摊销的政策税前扣除① | 一般纳税人享受超税负 3% 部分即征即退 |

① 《财政部 国家税务总局关于进一步鼓励软件产业和集成电路产业发展企业所得税政策的通知》（财税〔2012〕27 号）规定：

七、企业外购的软件，凡符合固定资产或无形资产确认条件的，可以按照固定资产或无形资产进行核算，其折旧或摊销年限可以适当缩短，最短可为 2 年（含）。

注意，这里的外购，并不宜延伸至接受投资取得的软件，此问题笔者亦是多次找专家老师了解确认，并未得到一致认同。

续表

| 软件公司提供业务 | 著作权归属 | 企业所得税 | 增值税 |
|---|---|---|---|
| 提供技术开发服务 | 著作权归委托方或双方共有 | 可以视条件享受高新技术企业优惠，委托方可以享受到研发加计所得税前扣除的税收优惠 | 技术开发服务享受增值税免税优惠政策，但存在委托方的抵扣之需多要求开具专用发票①而无法享受 |
| 提供软件使用权 | 软件公司 | 符合条件的技术转让所得享受企业所得税的减免优惠② | 符合条件的技术转让收入免增值税 |

① 笔者关注到个别税务机关对软件开发享受增值税优惠并不予认可，其认为依据财税〔2016〕36号文件规定，技术转让、技术开发，是指《销售服务、无形资产、不动产注释》中“转让技术”“研发服务”范围内的业务活动。其中研发服务是指技术开发服务，是指就新技术、新产品、新工艺或者新材料及其系统进行研究与试验开发的业务活动。而软件服务，是指提供软件开发服务、软件维护服务、软件测试服务的业务活动，是属于文件当中的信息技术服务。笔者并不认为是绝对的，比如开发一套手机操作系统，这是不是技术开发服务，因为提交的程序即软件是一个载体，其中的智慧是融入了软件的程序语言中，并不是单纯的软件开发服务，是以软件为载体的技术开发服务。

同样，转让软件著作权也有这样的问题，在文件当中提到技术包括专利技术与非专利技术，而著作权是无形资产范围描述中独立存在的，所以也有税务机关据此判断软件著作权转让不是技术转让，不得享受免税优惠。在这一点上，反正是可以抵扣的，并不必然带来增值税的“损失”。笔者同样认为，这不是绝对的，通过软件著作权的转让，一样可以转移技术，所以在这一点上，科技部门的理解与此很有可能不一样。

② 《国家税务总局关于技术转让所得企业所得税有关问题的公告》（国家税务总局公告2015年第82号）规定：

一、自2015年10月1日起，全国范围内的居民企业转让5年（含，下同）以上非独占许可使用权取得的技术转让所得，纳入享受企业所得税优惠的技术转让所得范围。居民企业的年度技术转让所得不超过500万元的部分，免征企业所得税；超过500万元的部分，减半征收企业所得税。

所称技术包括专利（含国防专利）、计算机软件著作权、集成电路布图设计专有权、植物新品种权、生物医药新品种，以及财政部和国家税务总局确定的其他技术。其中，专利是指法律授予独占权的发明、实用新型以及非简单改变产品图案和形状的外观设计。

《财政部 国家税务总局关于居民企业技术转让有关企业所得税政策问题的通知》（财税〔2010〕111号）规定：

四、居民企业从直接或间接持有股权之和达到100%的关联方取得的技术转让所得，不享受技术转让减免企业所得税优惠政策。

《财政部 税务总局 科技部 知识产权局关于中关村国家自主创新示范区特定区域技术转让企业所得税试点政策的通知》（财税〔2020〕61号）规定：

一、在中关村国家自主创新示范区特定区域内注册的居民企业，符合条件的技术转让所得，在一个纳税年度内不超过2 000万元的部分，免征企业所得税；超过2 000万元部分，减半征收企业所得税。

（转下页注）

续表

| 软件公司提供业务 | 著作权归属 | 企业所得税 | 增值税 |
|---|---|---|---|
| 转让软件著作权 | 软件公司 | 符合条件的技术转让所得享受企业所得税的减免优惠 | 符合条件的软件著作权转让免增值税 |

对于技术与软件及其著作权之间的关系，在增值税中并没有特别的条款进行界限性的规定，以致部分税务机关通过相关条款的综合推论，得出其认可或不认可税收优惠的判断。注意，企业所得税的政策非常肯定，此时宜借鉴一下《技术合同认定登记管理办法（2000）》（国科发政字〔2000〕063号）中的描述：

第二条　本办法适用于法人、个人和其他组织依法订立的技术开发合同、技术转让合同、技术咨询合同和技术服务合同的认定登记工作。

《科学技术部关于印发〈技术合同认定规则〉的通知》（国科发政字〔2001〕253号）进一步提出：

第二条　技术合同认定是指根据《技术合同认定登记管理办法》设立的技术合同登记机构对技术合同当事人申请认定登记的合同文本从技术上进行核查，确认其是否符合技术合同要求的专项管理工作。

技术合同登记机构应当对申请认定登记的合同是否属于技术合同及属于何种技术合同作出结论，并核定其技术交易额（技术性收入）。

---

(接上页注②)中关村国家自主创新示范区特定区域包括：朝阳园、海淀园、丰台园、顺义园、大兴一亦庄园、昌平园。

二、本通知所称技术，是指专利（含国防专利）、计算机软件著作权、集成电路布图设计专有权、植物新品种权、生物医药新品种，以及财政部和国家税务总局确定的其他技术。其中，专利是权利人依法就发明创造，包括发明、实用新型、外观设计享有的专有的权利。

三、本通知所称技术转让，是指居民企业转让符合本通知第二条规定技术的所有权、或3年以上（含3年）非独占许可使用权和全球独占许可使用权的行为。

四、技术转让应签订技术转让合同。相关管理事项按照《财政部 国家税务总局关于居民企业技术转让有关企业所得税政策问题的通知》（财税〔2010〕111号）第三条规定执行。

五、居民企业从直接或间接持有股权之和达到100%的关联方取得的技术转让所得，可享受本通知规定的优惠政策。

第六条 以技术入股方式订立的合同，可按技术转让合同认定登记。

以技术开发、转让、咨询或服务为内容的技术承包合同，可根据承包项目的性质和具体技术内容确定合同的类型，并予以认定登记。

第二十三条 下列各项符合本规则第二十一条规定的，属于技术开发合同：

……

（五）信息技术的研究开发项目，包括语言系统、过程控制、管理工程、特定专家系统、计算机辅助设计、计算机集成制造系统等，但软件复制和无原创性的程序编制的除外；

……

第二十九条 申请认定登记的技术合同，其标的涉及专利申请权、专利权、植物新品种权、集成电路布图设计权的，当事人应当提交相应的知识产权权利证书复印件。无相应证书复印件或者在有关知识产权终止、被宣告无效后申请认定登记的，不予登记。

申请认定登记的技术合同，其标的涉及计算机软件著作权的，可以提示当事人提供计算机软件著作权登记证明的复印件。

第四十条 技术服务合同的认定条件是：

（一）合同的标的为运用专业技术知识、经验和信息解决特定技术问题的服务性项目；

（二）服务内容为改进产品结构、改良工艺流程、提高产品质量、降低产品成本、节约资源能耗、保护资源环境、实现安全操作、提高经济效益和社会效益等专业技术工作；

（三）工作成果有具体的质量和数量指标；

（四）技术知识的传递不涉及专利、技术秘密成果及其他知识产权的权属。

第四十一条　下列各项符合本规则第四十条规定，且该专业技术项目有明确技术问题和解决难度的，属于技术服务合同：

……

（四）计算机技术应用服务，包括计算机硬件、软件、嵌入式系统、计算机网络技术的应用服务，计算机辅助设计系统（CAD）和计算机集成制造系统（CIMS）的推广、应用和技术指导等；

……

在整个理解过程当中，我们可以发现，软件著作权本身代表了隐含其内的技术功能的达到与实现，借助于此，促进了技术的实现，并不对立矛盾。

在企业所得税的政策中，若要享受软件企业的税收优惠，在2020年（不含）之前需要满足如下条件（与前文提到的当前规定条件发生较多变化）：

以软件产品开发销售（营业）为主营业务并同时符合下列条件的企业：

（一）在中国境内（不包括港、澳、台地区）依法注册的居民企业；

（二）汇算清缴年度具有劳动合同关系且具有大学专科以上学历的职工人数占企业月平均职工总人数的比例不低于40%，其中研究开发人员占企业月平均职工总数的比例不低于20%；

（三）拥有核心关键技术，并以此为基础开展经营活动，且汇算清缴年度研究开发费用总额占企业销售（营业）收入总额的比例不低于6%；其中，企业在中国境内发生的研究开发费用金额占研究开发费用总额的比例不低于 60%；

（四）汇算清缴年度软件产品开发销售（营业）收入占企业收入总额的比例不低于 50%（嵌入式软件产品和信息系统集成产品开发销售（营业）收入占企业收入总额[①]的比例不低于 40%），其中：软件产品自主开发销售（营业）收入占企业收入总额的比例不低于 40%（嵌入式软件产品和信息系统集成产品开发销售（营业）收入占企业收入总额的比例不低于 30%）；

（五）主营业务拥有自主知识产权；

（六）具有与软件开发相适应软硬件设施等开发环境（如合法的开发工具等）；

（七）汇算清缴年度未发生重大安全、重大质量事故或严重环境违法行为。

什么是“软件产品开发销售（营业）收入”？从上面所列示的交易类型看，通常是软件公司须自有著作权（所有权），并对外销售软件产品，适用增值税上的税率为 13%，这样就相通了。由此得出软件产品开发销售（营业）收入一定是“软件产品货物销售收入”吗？非也，这个问题笔者之前也有疑惑，比如某软件公司对外提供的 SaaS 服务[②]，即在线软件的使用，并没有安装的一些数据包（如 Office 产品购买后的安装），或者提供在线的软件工具，这算不算是软件产品开发（营业）收入呢？笔者经过调查确认，发现规定是这样的：

软件产品开发销售（营业）收入，是指软件企业从事计算机软件、信息系统或嵌入式软件等软件产品开发并销售的收入，以及信息系统集成服务、信息技术咨询服务、数据处理和存储服务等技术服务收入。

---

① 软件企业的收入总额，是指《企业所得税法》第六条规定的收入总额。

② SaaS，是 Software - as - a - Service 的缩写名称，意思为软件即服务，即通过网络提供软件服务。SaaS 平台供应商将应用软件统一部署在自己的服务器上，客户可以根据工作实际需求，通过互联网向厂商定购所需的应用软件服务，按定购的服务多少和时间长短向厂商支付费用，并通过互联网获得 Saas 平台供应商提供的服务。

《软件产业统计报表制度（2011—2012）》中的描述可以参照：

第一部分：软件产品及服务的主要范围

1. 软件产品：指以知识为基础所形成的无形产品（广义）。或指以知识为基础借助于中央处理器（CPU）为运行平台的指令和程序的有序结合，从而形成的无形产品（狭义）。主要包括基础软件、中间件、应用软件、支撑软件、定制软件、信息安全软件和接受委托开发的嵌入式软件。

（1）基础软件：是计算机系统中最靠近硬件层次的软件。通常包含操作系统和数据库管理系统。

（2）中间件：是介于基础软件和应用软件之间的一类软件产品。运行在分布式网络环境中，为应用系统提供数据访问、信息交换、事务处理、应用整合、智能分析等通用服务。

（3）应用软件：是指为特定领域研发，具有指定功能的软件。一般处在操作系统和中间件上层。如管理软件、教育软件等。

（4）接受委托开发的嵌入式软件：指软件企业接受硬件企业委托为其开发、研制的并以软件形式销售的嵌入式软件系统。

（5）信息安全软件：是企业开发的保障信息内容和网络不受侵害的软件及支持与应用系统。包括基础和平台类安全产品、内容安全产品、网络安全产品、专用安全产品、安全测试评估与安全服务类产品、安全应用产品等。

（6）支撑软件：指软件开发过程中使用到的开发工具和环境、建模工具、界面工具、项目管理工具、配置管理软件、测试工具等软件。

（7）软件定制服务：指通过承接外包的方式，向需方提供定制的软件设计、代码编写及调试、执行测试和编写文档等服务。其中，供方并不拥有服务过程中产生的著作权。

2. 信息系统集成服务：指通过结构化的综合布线系统和计算机网络技术，将各个分离的设备、功能和信息等集成到相互关联的、统一和协调的系统之中，并为软硬件系统及业务正常运行提供的支持服务。包括基于需方业务需求提供的信息系统设计服务、集成实施服务，以及为需方软硬件系统及业务正常运行提供的支持服务。

3. 信息技术咨询服务：在信息资源开发利用、工程建设、人员培训、管理体系建设、技术支撑等方面向需方提供的管理或技术咨询评估服务。包括：信息化规划、信息技术管理、信息系统工程监理、测试评估认证、信息技术培训等。

4. 数据处理和运营服务：指利用信息技术为需方提供的除信息技术咨询、系统集成等常规服务以外的附加服务，包括数据处理、运营服务、存储服务、数字内容加工处理、客户交互服务等服务。

5. 嵌入式系统软件：指以应用为中心编制的，并镶嵌和固化在硬件中，与硬件共同构成完整功能的软件产品。（注：指制造业企业自主研发并使用的嵌入式系统软件。）

6. IC 设计：指企业开展的集成电路研发、设计服务。

另外软件产品开发销售（营业）收入与软件产品自主开发销售（营业）收入有何差异之处呢？估计财税及法律领域的工作人士也不一定理解得那么多，笔者摘录了 2016 年《北京市软件和集成电路产业企业所得税优惠政策核查工作管理办法》中的解释：

5. 软件产品开发销售（营业）收入：指软件企业从事计算机软件、信息系统或嵌入式软件等软件产品开发并销售的收入，以及信息系统集成服务、信息技术咨询服务、数据处理和存储服务等技术服务收入。

6. 软件产品自主开发销售（营业）收入：指软件企业从事具有自主知识产权，非代理计算机软件、信息系统或嵌入式软件等软件产品开发并销售的收入，以及依托自主知识产权软件产品提供的信息系统集成服务、信息技术咨询服务、数据处理和存储服务等技术服务收入。

若是提供外包软件技术开发服务，著作权属于委托方，成果是对方享受的，对方还能享受研发加计的税前扣除优惠政策①。此时笔者谨慎地认为仅是提供了技术服务，虽然做的是软件的开发工作，但并不是销售软件产品的收入，受托开发软件提供的技术开发服务，是否属于软件产品开发销售（营业）收入呢？从上面的描述看，并没有给出非常明确的规定，为此笔者咨询了某软件业协会的专家，其认为是可以归集到上面的技术性服务收入范围的。但笔者仍认为不属于软件产品自主开发销售（营业）收入，在筹划安排上，还是需要优先考虑自有著作权的软件产品销售服务上。软件公司的收入指标是硬性要求②，但估计在收入类型上，可能并不

---

① 《财政部 国家税务总局 科技部关于完善研究开发费用税前加计扣除政策的通知》（财税〔2015〕119号）规定：

企业委托外部机构或个人进行研发活动所发生的费用，按照费用实际发生额的80%计入委托方研发费用并计算加计扣除，受托方不得再进行加计扣除。委托外部研究开发费用实际发生额应按照独立交易原则确定。

委托方与受托方存在关联关系的，受托方应向委托方提供研发项目费用支出明细情况。

《财政部 税务总局 科技部关于企业委托境外研究开发费用税前加计扣除有关政策问题的通知》（财税〔2018〕64号）规定：

一、委托境外进行研发活动所发生的费用，按照费用实际发生额的80%计入委托方的委托境外研发费用。委托境外研发费用不超过境内符合条件的研发费用三分之二的部分，可以按规定在企业所得税前加计扣除。

上述费用实际发生额应按照独立交易原则确定。委托方与受托方存在关联关系的，受托方应向委托方提供研发项目费用支出明细情况。

二、委托境外进行研发活动应签订技术开发合同，并由委托方到科技行政主管部门进行登记。相关事项按技术合同认定登记管理办法及技术合同认定规则执行。

② 在汇算清缴期结束前向税务机关提交以下资料：

1. 企业开发销售的主要软件产品列表或技术服务列表；

2. 主营业务为软件产品开发的企业，提供至少1个主要产品的软件著作权或专利权等自主知识产权的有效证明文件，以及第三方检测机构提供的软件产品测试报告；主营业务仅为技术服务的企业提供核心技术说明；

3. 企业职工人数、学历结构、研究开发人员及其占企业职工总数的比例说明，以及汇算清缴年度最后一个月社会保险缴纳证明等相关证明材料；

4. 经具有资质的中介机构鉴证的企业财务会计报告（包括会计报表、会计报表附注和财务情况说明书）以及软件产品开发销售（营业）收入、软件产品自主开发销售（营业）收入、研究开发费用、境内研究开发费用等情况说明；

5. 与主要客户签订的一至两份代表性的软件产品销售合同或技术服务合同复印件；

6. 企业开发环境相关证明材料。

是那么的明确，在实务中，税务机关在检查时可以进一步确定此方面的真实性。当下，信息技术日新月异，云共享平台快速发展，一些描述性的产品或服务体现形式，正越来越向非常态化发展，这也会带来专业判断的困惑，这一点，税收政策亦需与时俱进。

另外，软件企业在满足所得税的优惠条件时，有一般软件产品与嵌入式软件产品两个分类，即体现在条款中括号内与括号外的判断条件。不知大家是否发现，在一个软件企业的自主软件产品中，一般软件的占比为30%，嵌入式软件的占比为25%，若各比各自适用的条件时，不满足各自条件，但若加起来都超过了50%，能不能享受软件企业的所得税优惠呢?依条款的设置条件看，不满足!

**【案例2-9】**大强公司在2019年度满足软件企业的“免税期”条件，若当年计算的整体应纳税所得额是100万元，其中有政府给予的补贴20万元，不属于软件销售收入的范围，此时并不需要拆分出来计税，而只要满足了软件企业的优惠条件，就其整体法人为主体享受免税待遇，即按100万元享受免税。

软件著作权与软件开发服务在企业的运营中往往“默默地”发挥作用，企业中存在较多没有体现出价值的沉默的财富！顺应国家产业鼓励政策而应取得的政策优惠，其弹性空间非常大，是非常成熟的筹划工具与实现路径。

**【案例2-10】**某销售豆浆机的小家电企业，原来的技术部门、生产部门、销售部门是一体的，结合正常的规划之需，决定将技术部门拆分成立独立的法人子公司，开发软件并销售给原公司。假设2020年内部交易金额为1 000万元（不含税金额），软件的适用税率为13%，进项为0元，我们可以直观地发现其中的优惠利益（见表2-13）。

表2-13　　软件企业税收优惠享受空间

| 税项 | 所享优惠 | 说明 |
| --- | --- | --- |
| 企业所得税 | 新设软件企业，可以享受到“二免三减半”税收优惠，本年度无须缴纳所得税 | 从获利年度起开始享受 |

续表

| 税项 | 所享优惠 | 说明 |
| --- | --- | --- |
| 增值税 | 超税负3%增值税即征即退，若无进项时，130万元的增值税返还100万元，企业入账在“其他收益”中 | 符合条件的软件企业按照《财政部 国家税务总局关于软件产品增值税政策的通知》（财税〔2011〕100号）规定取得的即征即退增值税款，由企业专项用于软件产品研发和扩大再生产并单独进行核算，可以作为不征税收入，在计算应纳税所得额时从收入总额中减除。笔者认为并不强制作不征税收入，若是计入应税收入但不影响软件达到企业所得税优惠的条件，可以一并享受优惠 |

软件企业的税收优惠是“多方面”的，有很多的政策优惠空间可以运用，上面提到的只是其中的一部分。从给筹划挑毛病的角度理解，笔者认为要注意如下事项：

一是行政机关并不能限制纳税人的主观商业安排，其对税收政策的运用条件进行设计，一方面是体现了顺应国家产业政策的鼓励，但另一方面，很有可能纳税人在政策运用中理解与使用不当，这是要关注的。比如把原公司的软件著作权直接变更到子公司，这其中就存在交易定价和研发真实性等问题。

二是嵌入式软件销售定价的问题，其实对于硬件部分的成本利润率，在财税〔2011〕100号文件中税务机关给予的底限是10%，但拆分独立软件公司的操作，并不是销售嵌入式软件，而是由新设子公司“名正言顺”地销售软件。笔者发现有的上市公司在其招股说明书中有类似披露，软件的销售毛利率达到90%以上的情形，可以从转让定价的技术入手，考虑一下其利润的贡献。由于两个公司的税负不一样，这种情形下是可以进行转让定价调整的①。

① 《国家税务总局关于发布〈特别纳税调查调整及相互协商程序管理办法〉的公告》（国家税务总局公告2017年第6号）之附件《特别纳税调查调整及相互协商程序管理办法》第三十八条 实际税负相同的境内关联方之间的交易，只要该交易没有直接或者间接导致国家总体税收收入的减少，原则上不作特别纳税调整。

三是软件公司销售软件收到的即征即退的增值税作为不征税收入处理。笔者遇到有的公司在享受研发费用加计扣除时，主管税务机关人员让其优先使用所退税款，不得享受研发加计的优惠，这也是一种应对的征管方法。反之，笔者发现有纳税人的财务负责人要其作为不征税收入，即使不支出，也会有60个月的无偿使用期，到第61个月所属年度再转入收入计入应税所得，这是一种纳税递延的战术。

四是销售软件的增值税即征即退优惠政策，并不绑定于这家企业达到企业所得税优惠的认定条件，只要满足财税〔2011〕100号文件所列条件即可享受。

五是母子公司间的费用分摊、人员共用时，很有可能导致软件公司的费用列支不足，“过多地”列入了生产制造企业的账上。

由于增值税即征即退是国家的强制性优惠政策规定，与政府财政奖励、补贴不同，有的地区可能因财政困难没有退得那么快，这倒是会有发生，但不会不给，无非是考虑做一些沟通应对处理。对于从事筹划的伙伴们来说，上面关于软件的内容，涉及的只是某些环节的分析，它还有大量的应用场景，笔者认为它不是一个简单的税务问题，还是一个知识产权与法律的综合问题，可以有更多的功能发挥出来，比如技术出资的安排。

那么当税务机关质疑交易、价格存在明显的不合理之处时，可能会发生超出反避税范围的什么情形呢？2021年5月5日《国家税务总局曝光8起虚开发票违法典型案例》中曾披露：

八、江苏查处利用软件产品税收优惠政策虚开发票，骗取政府补贴案。2020年12月，江苏警税协同配合，成功破获某软件科技公司虚开案，抓获犯罪嫌疑人2人。经查，2019年7月以来，该公司控制人利用国家对软件产品增值税实际税负超3%部分即征即退的优惠政策，虚高软件产品价格向当地37家实体企业开具增值税专用发票3 518万元，同时与受票单位勾结，共同制作虚假材料骗取当地工信部门鼓励企业技术升级的财政补贴。截至案发，已有21家受票单位向政府申报政策补贴100余万元。

针对这个案例，我们需要考虑：若是真实的业务，存在软件产品的销售行为，仅价格上被认为“虚高”，是不是虚开？笔者认为这首先属于反避税的范畴，而且江苏等地的反避税经验丰富，若不存在软件的真实销售，只是打着软件产品的幌子，就涉嫌虚开发票。从报道的信息中可以看出，这是对外大量“销售”的行为，可能在软件著作权等形式上存在但并没有交付，相关方的生产经营也不需要此类软件。所以税务、财政方面的事情，有时违法与合规筹划之间的边界并不是那么清晰。

软件企业的所得税优惠，增值税即征即退的政策相结合，就产生了内部交易的税收利益“创造”，一方主体所得税“二免三减半”，另一方主体可以税前扣除（加速摊销）；一方主体增值税即征即退，另一方主体可以全额抵扣。笔者听闻某保险代理公司就利用了这样的政策空间，实施了大量的“虚开”行为，而且软件产品相较于货物，价格可比性弱，定价比较自由，自我保护意识更强。但说到虚开，我们有必要延伸一下，比如一件10元的商品，销售给另一方定价100元，按100元开具了增值税专用发票，是不是属于违反法律规定的虚开行为？这不可能绝对性地下定论。

《最高人民法院关于适用〈全国人民代表大会常务委员会关于惩治虚开、伪造和非法出售增值税专用发票犯罪的决定〉的若干问题的解释》（法发〔1996〕30号）曾提出；

具有下列行为之一的，属于“虚开增值税专用发票”：（1）没有货物购销或者没有提供或接受应税劳务而为他人、为自己、让他人为自己、介绍他人开具增值税专用发票；（2）有货物购销或者提供或接受了应税劳务但为他人、为自己、让他人为自己、介绍他人开具数量或者金额不实的增值税专用发票；（3）进行了实际经营活动，但让他人为自己代开增值税专用发票。

上面的解释中曾提到有货虚开的情形，笔者认为需要结合情形判断，比如对于交易额是10元，却让别人开具了100元的发票，90元不需支付，是虚假的部分，这算是虚开的情形。对于我们上面提到的价格有失公允的交易，双方据此交付与结算，宜从反避税的角度进行调整，而不宜认为这也必然是虚开。

**【案例 2 -11】** 利用软件著作权等方式进行交易，似乎是很好的筹划手段，但风险也存在。比如某企业在海南设立了一家公司，拟享受企业所得税 15% 的税收优惠政策，于是在 2021 年 7 月签订合同，将海南公司取得的数十项软件著作权转让给北京关联方某公司，双方定价 1.5 亿元，海南公司拟享受技术转让所得的优惠，500 万元以内免税，500 万元以上减半征税即按 12.5% 计算所得税；增值税上，企业拟申请免税，做了技术合同登记备案，但主管税务机关并不认可，认为不属于技术转让，是著作权转让，这个理由在上面的内容中我们有过探讨，但后来听闻税务机关又认可了。大家可以想想，通过交易一倒手，这种税务筹划是不是很简单呢？笔者认为，越是想得顺利的事项，越需谨慎行事，这种方式虽可行，但在实践当中须结合双方需求安排好各种凭据，寻求适用的规则，保证业务合理性。比如上面的 1.5 亿定价就可能存在不实之处。

**(2) 拆分业务单位避开价外费用的"陷阱"。**

这个事项，笔者以案例来解释一下，就会易于理解。《增值税暂行条例》规定：销售额为纳税人发生应税销售行为收取的全部价款和价外费用，但是不包括收取的销项税额。《增值税暂行条例实施细则》规定：价外费用，包括价外向购买方收取的手续费、补贴、基金、集资费、返还利润、奖励费、违约金、滞纳金、延期付款利息、赔偿金、代收款项、代垫款项、包装费、包装物租金、储备费、优质费、运输装卸费以及其他各种性质的价外收费。

**【案例 2 -12】** 某公司从事不动产租赁业务，在收取租金时，一并收取了押金共计 1 000 万元，其主管税务机关检查人员发现后，认为其未作为价外费用并入增值税销售额计税。企业解释这是押金，并不是价外费用(即不属于自己所得的收入)，税务认为押金属于"其他各种性质的价外收费"，如果将来退回押金了，再进行退税处理。

分析：相信很多人会认为企业说得对，税务机关的处理有问题。笔者想起多年前遇到的一个案例，是北京某大型商场出租场地收的押金，涉及营业税的价外费用认定的争议①，结果争议到市级税务机关，答复的结果是认为属于价外费用②。营改增以后，笔者发现国家税务总局的网上回复意见，认为并不宜作为价外费用理解③，只有在不再归还或没收时，才宜并入价外费用计税。

由于价外费用是个“无底洞”，为了规避这种争议，比如出租不动产的单位的处理即如图 2-1 所示。

这是为了规避不必要的涉税争议而采取的一种技术应对方式，本身它并不产生正向的税收利益，但节约也是间接的“创收”，不承担税款或不

---

① 已作废的《营业税暂行条例实施细则》规定：价外费用，包括收取的手续费、补贴、基金、集资费、返还利润、奖励费、违约金、滞纳金、延期付款利息、赔偿金、代收款项、代垫款项、罚息及其他各种性质的价外收费，但不包括同时符合以下条件代为收取的政府性基金或者行政事业性收费：

（一）由国务院或者财政部批准设立的政府性基金，由国务院或者省级人民政府及其财政、价格主管部门批准设立的行政事业性收费；

（二）收取时开具省级以上财政部门印制的财政票据；

（三）所收款项全额上缴财政。

② 如很多年前广东省地方税务局（已撤销）曾在《关于纳税人提供应税劳务向对方收取的押金应按规定征收营业税的批复》（粤地税函〔1998〕225 号）回复这样的意见：

根据《中华人民共和国营业税暂行条例》及其实施细则规定，纳税人的营业额为纳税人提供应税劳务、转让无形资产或者销售不动产向对方收取的全部价款和价外费用。价外费用包括向对方收取的手续费、基金、集资费、代收款项、代垫款项及其他各种性质的价外收费。押金属于“其他各种性质的价外收费”范围。因此，纳税人发生营业税应税行为向对方收取的押金，无论会计制度规定如何核算，均应并入营业额计征营业税。若发生退还押金，可允许从当期计税营业额中予以扣减。

③ 出租不动产收取的押金，若租户退租将退回此押金，请问收取押金时是否需要缴纳增值税？

发布时间：2021-02-22

答：根据《财政部　国家税务总局关于全面推开营业税改征增值税试点的通知》（财税〔2016〕36 号）附件 1《营业税改征增值税试点实施办法》第一条规定：“在中华人民共和国境内（以下称境内）销售服务、无形资产或者不动产（以下称应税行为）的单位和个人，为增值税纳税人，应当按照本办法缴纳增值税，不缴纳营业税。单位，是指企业、行政单位、事业单位、军事单位、社会团体及其他单位。个人，是指个体工商户和其他个人。”和第三十七条规定：“销售额，是指纳税人发生应税行为取得的全部价款和价外费用，财政部和国家税务总局另有规定的除外。价外费用，是指价外收取的各种性质的收费，但不包括以下项目：（一）代为收取并符合本办法第十条规定的政府性基金或者行政事业性收费。（二）以委托方名义开具发票代委托方收取的款项。”

因此，如不属于上述文件规定的增值税征收范围，无需缴纳增值税。

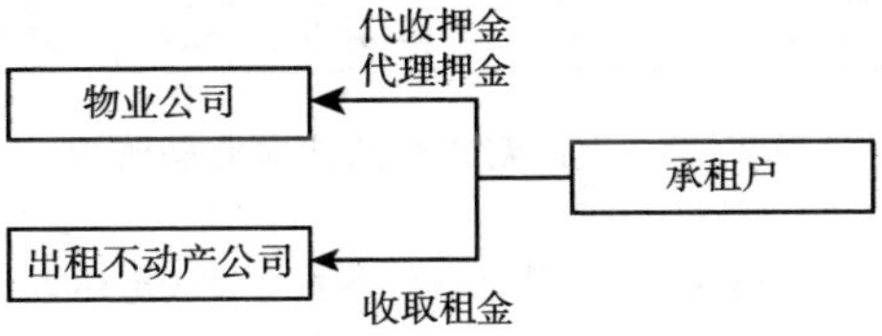


**图 2－1 出租不动产的单位的处理**

占用资金流的税费支出，也是筹划的重要事项。从笔者的经历看，遇到这种争议的事项，沟通起来还是非常困难的，想让财税部门专门出具一份文件来解释是不现实的，索性消灭这种争议的“萌芽”才是正道。

跟一个客户进行业务往来，比如上面我们提到过的“混合销售”的问题，销售货物同时提供运输服务的，此时就要考虑混合销售的风险，按照销售货物统一计算增值税是按照13%税率，若将运输业务拆分出来，则可以分别按13%和9%适用税率，此时，这个款项是需要从客户处分别来收取，才能体现出少计销项税额的结果。其实也简单，这是一个商业问题，若客户不接受，或要求按照运输费用的9%支付税额，也是商业常态。那些面对终端消费者的业务，通常是行得通的。只是我们要避开上面提到“价外费用陷阱”，不然真有可能白白缴纳了不该属于自己收入的增值税了，或者出现适用主体单一按照高税率计税的情形。

## 2.1.5 拆分业务链条筹划增值税低税率的“灰色地带”异议

这是一个经典的案例，当然，笔者认为这是营改增试点政策过程当中的“bug”。大家知道，运输业的适用税率是9%，快递业务的适用税率是6%，当下有一些大的快递公司，利用此政策，“筹划节约”了巨大的税收利益。依营改增的政策，“快递公司”从事的增值税描述的业务类型可不仅仅是快递业务，还包括运输业务，在这其中，规避掉运输业务的高税率就成了筹划的重点。或许这对于其他行业也有借鉴意义。

**【案例 2－13】** 某快递公司从事从上海到北京的快递业务，流程如图 2－2 所示。

**图 2-2　上海到北京的快递业务流程**

快递集团企业内部设立了上海快递公司、物流运输公司、北京快递公司三个纳税主体，一个快件收费若是 30 元，上海收取后进行分配，其中按照上海收 8 元，运输公司收 14 元，北京收 8 元进行结算，那么如何缴纳增值税呢？据闻这是某机构给出的筹划方案，是不是无计可取呢？

依据财税〔2016〕36 号文件：

（7）收派服务，是指接受寄件人委托，在承诺的时限内完成函件和包裹的收件、分拣、派送服务的业务活动。

收件服务，是指从寄件人收取函件和包裹，并运送到服务提供方同城的集散中心的业务活动。

分拣服务，是指服务提供方在其集散中心对函件和包裹进行归类、分发的业务活动。

派送服务，是指服务提供方从其集散中心将函件和包裹送达同城的收件人的业务活动。

上述业务的适用税率是 6%。一般在市区内寄快件，快递人员并不会直接进行派送，而是集中整理分发后派送。上面强调的是同城，对于跨城市之间的送达过程，依政策描述适用运输服务。那么若上海的派件送到北京的收件人手中，其收取的费用其实是包括了两类服务，不过当下的快递公司多是只给派件人或收件人开具收派服务 6% 的全额发票，不体现运输服务的收费。从完成服务的收费对应范围看，又离不开中间段的运输服务 9%，但为什么没有 9% 的计税结果体现给予付费人抵扣呢，中间差的 3% 筹划节约得对不对呢？这也利用了收寄人的信息不对称与不计较。

下面仅就此笔业务作简要分析（见表 2-14）。

表 2-14　　业务分析　　单位：元

| 主体 | 增值税 | | |
|---|---|---|---|
| | 销项税额 | 进项税额 | 计算的应纳税额 |
| 上海公司 | 30 ÷ 1.06 × 0.06 = 1.7 | 1.16 + 0.45 = 1.61 | 0.09 |
| 中间段运输公司 | 14 ÷ 1.09 × 0.09 = 1.16 | 在此不考虑 | 1.16 |
| 北京公司 | 8 ÷ 1.06 × 0.06 = 0.45 | 在此不考虑 | 0.45 |

仅考虑此笔业务相关的数据，应纳税额的整体结果就是 1.7 元，整体上看，是按 6% 计算出来的销项税额。但若是分开给客户结算时，16 元按 6% 计销项税额是 0.91 元，14 元按 9% 计销项税额是 1.16 元，合计是 2.07 元，相差 0.37 元，集团层面直接就节约了。这是一个简单的举例，其核心在于内部消化了 9% 的销项与进项，对于外部的客户则混淆了服务的类型，客户多数也不清楚相关政策。在纳税人提供两项以上的服务时，应分别核算不同税率或征收率的销售额，若划分不清时，从高适用税率或征收率。

同时，笔者了解到对此类业务的处理，有一些补税的案例发生，但在各个省份的认识上还不尽统一。若站在反筹划的角度看这个问题，有没有适用政策错误，企业有没有反驳的理由呢？笔者是这样理解的，从财税〔2016〕36 号文件中对于“无车承运”一样认为是运输服务的角度看，在这个业务中，上海公司从事的派送业务中包括了同城派送及运输的功能，也是其收费的基础，在税收政策中，是可以要求拆出来的，因为这不是混合销售的概念，强制拆或从高适用税率，自然有政策上的支持。虽然客户并不知情，也不知道有没有内部的外包运输关系，向上海公司要运输服务的发票，作为一个全包的承运主体，在一定程度上这个筹划是违背政策逻辑的，依政策依据，要求补税似乎并不为过。

在业务链条的问题上，比如生产企业销售钢结构架并给予安装，此时认为按照以混合销售方式销售货物按 13% 计缴增值税，若拆分这个业务链条，安装部分独立接单，货物的销项与进项也是在内部抵消，与上面的情形类同。但我们上面提到的成立建筑公司包工包料按 9% 税率计税避开销售货物以 13% 税率计税，那是一个混合销售的筹划情形。在现实当中也存在不动产经营租赁适用税率是 9%，而仓储服务按 6% 适用的情形，都是一个重新定义、设计服务事项的业务筹划问题，同时还要结合自身的营业现状进行重新规划。这绝对不是简单的税收规则的“文字”游戏，而是要结合实际营业情况以及风险与责任的可接受程度进行筹划。

目前在增值税相关政策中，对于混合销售的政策规范①，产生了一些让人困惑的地方，且不说如何判断“从事货物的生产、批发或者零售的单位和个体工商户，包括以从事货物的生产、批发或者零售为主，并兼营销售服务的单位和个体工商户在内”业务中的“为主”问题，更是在营改增的文件当中不断突破做出了一些特殊化的规定，打破了这种原则性的规定，以致让人感觉这其中的突破性是“正常”的。所以，在规划混合销售的方案有利应用中，面临着“认定”的风险，不过目前从改善营商环境的背景与趋势来看，做有利的选择，风险上似乎仍可控，但若是对风险比较敏感，选择上面提到的拆分架构的处理，算是比较有利的保障。

### 2.1.6 拆分发放工资薪金规避社保的计缴空间

以拆分工资发放方式来规避个税，对于大量用工企业是比较有吸引力的。但最近几年来，即税务机关履职征收社保（住房公积金未纳入税务机关征收）以来，大家对于社保合规化的敏感度日益提高，这是因为有较多的民营企业没有为员工缴足社保与住房公积金。当下虽然政府考虑到企业经营不易，在大的方向上未进行大规模的追查、核查安排，不过税务机关已经完整地掌握了员工的个税收入数据，这基本上是真实的数据，可以随时被检查或被要求按适用标准缴纳社保费用。对于上市企业，其合规性的遵循比较好，比如在疫情期间承担着较大的社保成本费用，亦有谋划少缴的可能性。众所周知，对于住房公积金，国家政策是允许在5%至12%间自主确定，而且住房公积金有一个特别规定，即农业户

---

① 财税〔2016〕36号规定：一项销售行为如果既涉及服务又涉及货物，为混合销售。从事货物的生产、批发或者零售的单位和个体工商户的混合销售行为，按照销售货物缴纳增值税；其他单位和个体工商户的混合销售行为，按照销售服务缴纳增值税。

本条所称从事货物的生产、批发或者零售的单位和个体工商户，包括以从事货物的生产、批发或者零售为主，并兼营销售服务的单位和个体工商户在内。

口的职工可以不予缴纳①。但社保却没有这方面的规定，即使有了城镇居民的社保、农村“农合”“新农合”或“农保”“新农保”等保障体系，若是雇佣关系，单位仍需为其缴纳职保，由于其工作不稳定、不连续，很难有连续缴足15年养老保险享受退休待遇的，即使要求退保，只能在达到退休年龄时办理自己缴纳部分的退还，单位缴纳的统筹部分并不给到个人。加之社会就业收入压力大，当下的实实在在到手的薪酬多一些更为实在，由此造成部分员工也不愿意缴纳的现状，同时单位也有节约承担支出部分的想法，也就使得“不完整缴纳”的情形大量出现。

那么，有没有可以对员工缴纳社保进行规划处理的方法呢？据笔者的观察，在当前一些服务机构的宣传资料中，存在如表2－15所示的两种操作方式。

**表2－15　服务机构的操作路径及风险**

| 操作路径举例 | 描述 | 风险 |
|---|---|---|
| 拆发工资 | 部分工资由雇佣单位进行发放并以此为基数附缴社保，部分工资由人力公司等外部第三方单位代发放不缴社保，通过开具发票入费用，不入薪酬；也有的单位通过采购预付卡福利的方式支付，并提供发票入账 | 有造假的问题，而且员工多不知情，有虚开发票的问题；员工汇算清缴综合所得计税 |
| 人员“劳务化” | 比如某饭店的服务员全部改为由某个“包工头”成立个体户的方式进行“经营服务”②，或者改为灵活用工平台的外包方式服务 | 扭曲劳动用工关系，虽不断有法院判例支持劳动用工雇佣关系的存在，但是未引起足够的警示，也缺乏相应的引导作用，仍多以“个案”形式应对处理 |

① 北京日报：农业户籍职工不强制缴公积金

2020－07－24

市民杨先生：我家是外地的，户籍是农村户口，现在在北京的一家公司上班，但是公司要求不给外地农村户口的职工缴纳公积金。请问这是否符合北京市公积金相关规定？

北京住房公积金管理中心：依据《住房公积金管理条例》第一条，为促进城镇住房建设，提高城镇居民的居住水平，制定本条例。住房公积金制度是城镇住房制度改革的产物，对农业户口在职职工是否应建立公积金账户未作出明确规定。

《关于住房公积金管理若干具体问题的指导意见》（建金管〔2005〕5号）第一条规定，有条件的地方，城镇单位聘用进城务工人员，单位和职工可缴存住房公积金。由此可见，法律法规对进城务工人员缴存住房公积金未做强制规定。目前，农业户籍职工不强制缴纳公积金，但如和单位协商一致，也可以缴纳公积金。

② 《中华人民共和国社会保险法》规定：无雇工的个体工商户、未在用人单位参加基本养老保险的非全日制从业人员以及其他灵活就业人员可以参加基本养老保险，由个人缴纳基本养老保险费。

自愿参加社会保险的无雇工的个体工商户、未在用人单位参加社会保险的非全日制从业人员以及其他灵活就业人员，应当向社会保险经办机构申请办理社会保险登记。

对于个体工商户的用工管理，执行中难以有效管控，依规定在其雇工的情形下，需要缴纳社保，但是由于多是业务合作关系，相关人员对权利保护的认识并不在于社保，而是要有工作干。从之前的一些报道中看到，有些地方的社保支付面临着困难，国家对于社保有相应的支持转拨调剂。不过我们可以理解，社保是一个国家的稳定器，是国之大计，大面积地规避社保，带来的影响是普遍的，虽然当下考虑到支持企业、关切企业的发展，不进行强制规范，不代表未来不“依法”征收。

最近正好与律师伙伴进行劳动合同相关的探讨，有关理解内容如表2－16所示。

**表2－16　劳动合同相关问题及理解依据**

| 问题 | 理解 | 依据 |
|---|---|---|
| 一个人是不是限于签订一份劳动合同 | 并不强制，不然税法也不会存在个人来源于两处以上工资计税的说法。但会不会扰乱了单位的正常雇佣利益有待商榷 | 《劳动合同法》未限制，但第三十九条劳动者有下列情形之一的，用人单位可以解除劳动合同：（四）劳动者同时与其他用人单位建立劳动关系，对完成本单位的工作任务造成严重影响，或者经用人单位提出，拒不改正的 |
| 非全日制用工是不是签订的劳动合同，若是，是不是强制缴纳社会保险费 | 从事非全日制用工的劳动者可以与一个或者一个以上用人单位订立劳动合同，但是，后订立的劳动合同不得影响先订立的劳动合同的履行 | 依社保法规定，未在用人单位参加基本养老保险的非全日制从业人员以及其他灵活就业人员可以参加基本养老保险，由个人缴纳基本养老保险费 |
| 签订多份劳动合同是不是可以只缴纳一份社保 | 社保是落实到个人的，一个人有社保关系的，不宜再背社保关系。而当前因为各地社保未联网等原因，有多地缴纳的情形存在，也是现状。非全日制用工的，并不强制单位为其缴纳社保，但是为其缴纳工伤保险还是有必要的 | 《人力资源和社会保障部关于城镇企业职工基本养老保险关系转移接续若干问题的通知》（人社部规〔2016〕5号）规定：五、关于重复领取基本养老金的处理。《暂行办法》实施之后重复领取基本养老金的参保人员，由本人与社会保险经办机构协商确定保留其中一个养老保险关系并继续领取待遇，其他的养老保险关系应予以清理，个人账户剩余部分一次性退还本人<br>《关于贯彻落实国务院办公厅转发城镇企业职工基本养老保险关系转移接续暂行办法 |

续表

| 问题 | 理解 | 依据 |
| --- | --- | --- |
| | | 的通知》(人社部发〔2009〕187号)规定：参保人员流动就业，同时在两地以上存续基本养老保险关系的，在办理转移接续基本养老保险关系时，由社会保险经办机构与本人协商确定保留其中一个基本养老保险关系和个人账户，同期其他关系予以清理，个人账户储存额退还本人，相应的个人缴费年限不重复计算 |

比如张三在某集团型企业就职，其劳动合同及社保落在集团内北京公司，但集团又安排其挂职任江苏某子公司的高管，同时取得另一份工资，则江苏子公司是否也有法定缴纳社保的义务呢？依照规定，一个自然人只能有一个社保账号，由于当下各地的社保体系并未在全国范围内联网，重合缴纳社保的情形是存在的，此时该自然人能否享受两份社保待遇呢？答案是否定的，在未来转移合并时，只能选择一个地方的社保待遇，另一个地方的个人缴纳的部分是可以退给个人的①，基于此，已有社保的人员再取得第二份工资时，是不需要缴纳社保的，这个逻辑是没有问题的。注意，有的地方管理社保基数时用的是“双基数”，即单位缴纳的统筹部分是按单位的薪酬金额来计算，员工个人缴纳的部分是按应缴员工的薪酬基数来计算的，这样的话，统筹部分就需要将另一份工资的金额计缴在内，不过这种情形正在发生变化，征收上明显有一些意在“得便宜”的有利化处理。

《国家医保局 财政部 国家税务总局关于加强和改进基本医疗保险参保工作的指导意见》(医保发〔2020〕33号)提出：

(四)有序清理重复参保

重复参保是指同一参保人重复参加同一基本医疗保险制度(制度内重

---

① 《关于印发城镇企业职工基本养老保险关系转移接续若干具体问题意见的通知》(人社部发〔2010〕70号)提出：

十、关于多重养老保险关系

参保人员在两地以上同时存续基本养老保险关系或重复缴纳基本养老保险费的，应按照“先转后清”的原则，由转入地社会保险经办机构负责按规定清理。

复参保）或重复参加不同基本医疗保险制度（跨制度重复参保），具体表现为同一时间段内同一参保人有两条及以上参保缴费状态正常的参保信息记录。原则上不允许重复参保。

重复参加职工医保的，原则上保留就业地参保关系；重复参加居民医保的，原则上保留常住地参保关系；学生重复参保，原则上保留学籍地参保关系；跨制度重复参保且连续参加职工医保一年以上（含一年）的，原则上保留职工医保参保关系。以上各类情形在保留一个参保关系同时，应及时终止重复的参保关系。以非全日制、临时性工作等灵活就业形式的跨制度重复参保，保留一个可享受待遇的参保关系，暂停重复的参保关系。

如《〈深圳经济特区社会养老保险条例〉实施细则》（深圳市人民政府令第257号）规定：

第三条　参保人不得在两个以上统筹地区同时参加职工基本养老保险。已在市外参加居民养老保险的，经本人申请，可不参加本市职工基本养老保险。

达到法定退休年龄后户籍迁入本市的人员，不纳入本市社会养老保险参保范围。居民养老保险另有规定的，从其规定。

在市外已享受养老保险待遇的人员，不纳入本市社会养老保险范围。

第四条　参保人在两个以上统筹地区重复参加社会养老保险的，应按国家有关规定办理清退手续；选择清退本市重复缴费的，其个人缴费部分的本金和利息退还本人，其余划入本市基本养老保险统筹基金。

参保人在本市重复参加职工基本养老保险的，由其本人选择保留一个养老保险关系，其他重复缴费部分予以清退，其中个人缴费部分的本金和利息退还本人，其余划入基本养老保险统筹基金。

已缴纳的地方补充养老保险费不予清退。

总之，无论是“甩锅式”的规避方式，还是利用灵活用工平台、临时工方式的筹划，以及认为是业务段“包工”方式的业务筹划，其实是很难逃出劳动用工的定性的，只是相对弱势的务工人员，对社保利益的敏感性较低，举报或争议的案例相对较少。不过，企业架构与职能的相应规划、调整，用工方式的变化中，也有合规的一面可以做到部分不需要计缴社保。

若是站在反筹划的角度，毋庸置疑，以税务机关系统中掌握的工资薪酬反推社保人员、缴纳基数，轻轻松松就可以产生大额的补缴。当前个案风险必然是存在的，普遍性的风险相对较弱，也有一些企业因为经营困难产生欠缴。那么，企业的管理层及人力资源部门，该如何创新地对高管、员工的社保进行各有所需的规划呢？筹划空间是存在的，比如笔者发现有的尝试搭建独立的合伙管理架构进行规避处理。

有人愿意多缴纳一份社保是存在别的工作之需，有一些资格的认定，如注册会计师、造价工程师等，是需要缴纳社保保持履职身份的。对于一些挂证的事务所来讲，有时某些持证人员未缴纳社保，是在别的单位缴纳或已退休；但有的从业资格绑定着社保的缴纳。

住房和城乡建设部城市管理监督局在其官网有这样的公告样本：

**撤销行政许可意见告知书（建督撤告字〔2021〕19号）送达公告**

王××：

我部在对浙江××工程管理咨询有限公司工程造价咨询乙级晋升甲级企业资质告知承诺制审查工作中，发现××建筑职业技术学院同时为你缴纳社保的情况。根据《住房和城乡建设部办公厅关于做好工程建设领域专业技术人员职业资格“挂证”等违法违规行为专项整治工程的补充通知》（建办市函〔2019〕92号）规定，属“挂证”行为。

依据《中华人民共和国行政许可法》第六十九条、第七十九条和

《注册造价工程师管理办法》第二十八条、第三十三条，我部拟撤销你的造价工程师注册，且自撤销注册之日起3年内不得再次申请造价工程师注册。

我部通过你提供的地址，向你邮寄《住房和城乡建设部撤销行政许可意见告知书》（建督撤告字〔2021〕19号），你本人未予签收，现向你公告送达。你可自公告之日起60日内向我部进行书面陈述或申辩，逾期未提出的，视为放弃上述权利。

有人想规避缴纳，有人想多缴纳，不同目的下的行为选择，在合法与不合法之间的取舍，目前还未跟税务一样采取强征管的措施，加之各省社保体系的各自管理，也未达到金税三期这样“全国一张网”的水平。

### 2.1.7 产生利润的拆与转移利润的拆

在实践当中，笔者发现很多这样的案例，鉴于中国税法对于某类主体、某种交易计税判断规则的差异，就会产生转移税收利益的筹划事项。

**【案例2-14】**某公司在2020年度发现其有即将过期的大额亏损，金额为2 000万元，于是决定处置部分资产，形成当期的利润。由于相关的资产对外转移涉及商业保密，且存在时间处理的难度，于是选择了一项股权资产，评估后转让给子公司（100%控股），但不选择以划拨方式的特殊性税务处理，也不选择非货币性资产投资的分期纳税政策，而是一次性确认所得处理1 800万元，这相当于充分利用了时间的节点。若按25%计税，相应的税款是450万元，以亏损换来了后续接受方股权的计税基础1 800万元。

在这个过程中，主要是利用内部交易形成利润（个别情形下也可以产生亏损的安排），这要结合相应的公允性进行处理，不宜人为地以不公允的方式处理，避免留下麻烦。在交易完成后，若要收回股权，则可以考虑以特殊性税务处理划拨的方式解决，也可以继续保留在子公司，相应在合并报表的范围内满足会计数据的整体化要求。但在管理架构上，可能存在内部人为的抵触心理，理顺一些就会更好。

案例比较简单，笔者认为以筹划的交易达到筹划的目标，这是常规之策。

**【案例2-15】**集团公司A及其100%控股的子公司a，在2020年度预计子公司的亏损比较大，拟通过特殊性税务处理方式先将部分资产转移至子公司，待经过12个月①后再通过公允交易对外转移，即进行转让取得所得，用于弥补其亏损。甚至再转让给集团公司，以公允价方式取得所得，进而充分地利用好法人主体的亏损。

分析：上面的案例，比如进行重组的合理商业目的解释时，自然不宜明确有避税的安排，需要有相应的合理商业说明，若其后处置产生收益，税务机关也不应全部用反避税的方式进行调整，因为此时同时面临政策本身的条件设置及对未来的不确定性把握，前者是明确的，后者是不确定的，由此可以认为，这其中存在政策的腾挪式应用场景。

对于上面的案例，若从“风险应对”的角度来看，笔者认为在感性上

---

① 《国家税务总局关于资产（股权）划转企业所得税征管问题的公告》（国家税务总局公告2015年第40号）规定：

五、交易双方应在企业所得税年度汇算清缴时，分别向各自主管税务机关报送《居民企业资产（股权）划转特殊性税务处理申报表》（详见附件）和相关资料（一式两份）。相关资料包括：

1. 股权或资产划转总体情况说明，包括基本情况、划转方案等，并详细说明划转的商业目的；

2. 交易双方或多方签订的股权或资产划转合同（协议），需有权部门（包括内部和外部）批准的，应提供批准文件；

3. 被划转股权或资产账面净值和计税基础说明；

4. 交易双方按账面净值划转股权或资产的说明（需附会计处理资料）；

5. 交易双方均未在会计上确认损益的说明（需附会计处理资料）；

6. 12个月内不改变被划转股权或资产原来实质性经营活动的承诺书。

六、交易双方应在股权或资产划转完成后的下一年度的企业所得税年度申报时，各自向主管税务机关提交书面情况说明，以证明被划转股权或资产自划转完成日后连续12个月内，没有改变原来的实质性经营活动。

七、交易一方在股权或资产划转完成日后连续12个月内发生生产经营业务、公司性质、资产或股权结构等情况变化，致使股权或资产划转不再符合特殊性税务处理条件的，发生变化的交易一方应在情况发生变化的30日内报告其主管税务机关，同时书面通知另一方。另一方应在接到通知后30日内将有关变化报告其主管税务机关。

或许存在着让人不舒服的感觉，但对于特殊性税务处理的否定，还是需要进行一番研究与梳理才能想出对策的，似乎也只有所谓的合理商业目的与价格公允性方面可以进行一定质疑了。

对于转出方来讲，若其没有选择特殊性税务处理，也就是对其所得分五年均匀计入相关年度①，其计税基础在第一年度即全部转移到子公司，子公司当年度即可进行转让。这部分中间的过渡是为了达到分五年的结果，第二步的转让基本上并不产生所得了。下面结合案例分析一下其应用场景：

**【案例 2－16】** 大强公司 2021 年拟对外转让某子公司的股权，计税基础净值是 2 000 万元，拟转让价格是 1 亿元，产生转让所得 8 000 万元，需要一次性计入当年度的应纳税所得额。考虑到大强公司也没有亏损等可抵减事项及优惠事项，于是决定分两步走：第一步，将 9 500 万元投资给子公司小强公司（计入资本公积），选择按五年分期均匀确认所得额；第二

---

① 《财政部 国家税务总局关于非货币性资产投资企业所得税政策问题的通知》（财税〔2014〕116 号）规定：

一、居民企业（以下简称企业）以非货币性资产对外投资确认的非货币性资产转让所得，可在不超过 5 年期限内，分期均匀计入相应年度的应纳税所得额，按规定计算缴纳企业所得税。

二、企业以非货币性资产对外投资，应对非货币性资产进行评估并按评估后的公允价值扣除计税基础后的余额，计算确认非货币性资产转让所得。

企业以非货币性资产对外投资，应于投资协议生效并办理股权登记手续时，确认非货币性资产转让收入的实现。

三、企业以非货币性资产对外投资而取得被投资企业的股权，应以非货币性资产的原计税成本为计税基础，加上每年确认的非货币性资产转让所得，逐年进行调整。

被投资企业取得非货币性资产的计税基础，应按非货币性资产的公允价值确定。

四、企业在对外投资 5 年内转让上述股权或投资收回的，应停止执行递延纳税政策，并就递延期内尚未确认的非货币性资产转让所得，在转让股权或投资收回当年的企业所得税年度汇算清缴时，一次性计算缴纳企业所得税；企业在计算股权转让所得时，可按本通知第三条第一款规定将股权的计税基础一次调整到位。

企业在对外投资 5 年内注销的，应停止执行递延纳税政策，并就递延期内尚未确认的非货币性资产转让所得，在注销当年的企业所得税年度汇算清缴时，一次性计算缴纳企业所得税。五、本通知所称非货币性资产，是指现金、银行存款、应收账款、应收票据以及准备持有至到期的债券投资等货币性资产以外的资产。

本通知所称非货币性资产投资，限于以非货币性资产出资设立新的居民企业，或将非货币性资产注入现存的居民企业。

六、企业发生非货币性资产投资，符合《财政部 国家税务总局关于企业重组业务企业所得税处理若干问题的通知》（财税〔2009〕59 号）等文件规定的特殊性税务处理条件的，也可选择按特殊性税务处理规定执行。

步，小强公司再对外转让，大强与小强公司此笔业务的计税所得处理见表2－17。

**表2－17　大强与小强公司业务的计税所得处理**　　单位：万元

| 公司 | 2021年度 | 2022年度 | 2023年度 | 2024年度 | 2025年度 |
|---|---|---|---|---|---|
| 大强公司 | 1 500 | 1 500 | 1 500 | 1 500 | 1 500 |
| 小强公司 | 500 | * | * | * | * |

在上面的转让行为中，可能有人会提出：

一是，若子公司亏损，低价转让，将利润转至小强公司弥补亏损，至此，对于大强公司来讲，面临着转让定价的调整问题（尽管可能性并不是很大），是存在一定风险的。笔者之前遇到某评估案例，最终无奈地以净资产为参照进行了调整（没有评估情形下以原投资额平价进行的转让）。

二是，子公司对外变现了，是不是会影响到母公司分期计所得的安排？这两者并不绑定，也没有附加的限制条件，若大强公司将其自身以非货币性资产换得的股权进行转让，则需要将待分期的所得额一次性计入当年度的应纳税所得额。另外，即使大强公司是在五年内持续按持股比例取得分配的股息红利享受免税待遇，一样不影响分期处理。

三是，关于价格的问题，第一步宜认为按1亿元作为收入，现在人为地按9 500万元，这是为了给子公司留下适当的利润空间，并不是固定的，需要结合评估时点、利润情形进行技术上的可行性处理。

在大强公司分期确认所得的情形下，其并不必然产生整体的计算所得税款，比如2023年度产生经营亏损，未含上述调整项的其他所有纳税调整后所得为－2 000万元，此时进行调整后是－500万元，并不必然需要缴纳原分期所得额对应的税款。

类同的分步原理下，比如境内企业大力公司收购某非居民企业持有的境内股权，依照征管扣缴的规定，需要在支付款项的大力公司所在地的主管税务机关扣缴预提所得税。若是考虑到被收购企业的所在地有财政利益的奖励等事项，则可以考虑先在当地设立或找一个“过渡方”完成第一步收购、实际溢价交易及扣缴所得税款，此过渡方再向大力公司转让。另比如，对于个人转让公司股权时的个人所得税，需要在被投资公司所在地税务机关缴纳，此时可以经过培育，在异地搭建一个母公司，再通过转让母公司股权的方式完成子公司实质性的转让。这些理论的方法，有实践当中有一定应用的场景，但并不代表这绝对是“天衣无缝”的，毕竟交易中的影响因素比较多，需要在此基础上统筹考虑。

**【案例 2－17】** 大强集团公司下设小强子公司，100%控股，在2021年，子公司有1 000万元亏损未处理，且2022年度就过了弥补期，老板对于亏损有着很高的管理敏感度，让财务负责人好好地规划一下。经过测算，发现母公司当年度恰好会产生应税利润，于是决定将子公司数套设备出售给母公司（单独价格不超过500万元）[①]，再以经营租赁的方式租回来，计税基础的净值为100万元，转让价格为1 200万元，母公司收到后，选择加速折旧一次性在税前扣除，这样实现了子公司的盈利弥补亏损1 000万元，母公司作了一次性税前扣除1 200万元。

分析：在这个规划方案中，我们要注意当前的经营租赁会计核算的改变与税收规则的差异性，比如子公司租回资产时，若长期使用须作“使用权资产”认定，但并不影响子公司后续支付费用的税前扣除及母公司进行资产加速折旧处理。上面的数据有些略显夸张，只是为了凸显使用效果，若实际用之，需要注意市场行情、技术附加值等因素。

---

① 《财政部 国家税务总局关于设备、器具扣除有关企业所得税政策的通知》（财税〔2018〕54号）规定：

一、企业在2018年1月1日至2020年12月31日期间新购进的设备、器具，单位价值不超过500万元的，允许一次性计入当期成本费用在计算应纳税所得额时扣除，不再分年度计算折旧；单位价值超过500万元的，仍按企业所得税法实施条例、《财政部 国家税务总局关于完善固定资产加速折旧企业所得税政策的通知》（财税〔2014〕75号）、《财政部 国家税务总局关于进一步完善固定资产加速折旧企业所得税政策的通知》（财税〔2015〕106号）等相关规定执行。

二、本通知所称设备、器具，是指除房屋、建筑物以外的固定资产。

《关于延长部分税收优惠政策执行期限的公告》（财政部 税务总局公告2021年第6号）规定：一、《财政部 税务总局关于设备 器具扣除有关企业所得税政策的通知》（财税〔2018〕54号）等16个文件规定的税收优惠政策凡已经到期的，执行期限延长至2023年12月31日。

通过转移资产，形成交易所确认的利润或损失，以减少当期应纳税额，从而达到时间性节约甚至永久性节约的目标，有很多常用的手段可以考虑。对于地域性税收的实现，通过交易也可以有效地变通。上面的这些筹划思路，提供的是一种基本的样本路径，站在审核者的角度，在观察比如特殊性税务处理的合理商业目的、定价的公允性等方面时，可能会发现有意安排的痕迹。但是对于不同法人之间发生的交易，除了对价格的关注之外，很难进行否定，毕竟这真的是纳税人的主观经营行为，这种行为并不是简单的反避税所能反的事项，因此也需要税务机关集思广益，发现问题、引导纠正。

### 2.1.8 债权与债务的转移问题

债权与债务，在税收上经常产生涉及计税所得的问题，利益敏感性比较高，恰当地处理不同业务情形下的债权与债务，一是会带来交易的顺畅进行，二是会减少不必要的涉税成本争议与难题。

**（1）关于承债式转让产生计税所得的“误区”**。

据笔者观察，同时结合笔者曾协助某税务机关处理的一个诉讼争议案例发现，由于在合同当中不恰当的约定，从而出现“瑕疵”引起的涉税争议，甚至被要求进行计税、补税的情形非常多，税务机关及实务界也存在不同的声音。

最近有一个客户咨询其签订的合同中有没有涉及税务的风险，笔者发现，在约定交易对方承接被转让公司的债务这一条款中，存在涉税的“暧昧”感觉。本节内容，我们就来分析一下这个具有现实意义的规划情形。

**【案例 2－18】** 大强公司拟转让全资子公司小强公司 100% 股权，转让时小强公司账面有 2 000 万元的银行贷款需要偿还，但小强公司账面净资产为 1 000 万元，无力偿还，大强公司原出资额为 100 万元，经过评估后，股权价值是 1 200 万元（拟交易价格）。本来大强公司不想转让小强公司，但是因为 2 000 万元的债务即将到期，也不想提供援助，于是“忍痛”进行转让，前提条件是受让方要负责小强公司到期需偿还债务。最终找到了买家，双方签订合同，约定股权转让价格是 1 200 万元，同时约定受让方需给小强公司偿还债务 2 000 万元。对于本次股权转让所得的计算，出现两种观点（如表 2－18 所示）。

**表 2－18　　股权转让所得计算的观点说明**　　单位：万元

| 观点 | 内容 | 说明 |
|---|---|---|
| 观点一 | 股权价格 1 200 万元－投资成本 100 万元＝1 100 万元 | 承担的债务是受让方与其未来的子公司之间的事，与转让方无关 |
| 观点二 | 股权价格 1 200－投资成本 100＋承债金额 2 000 万元＝3 100 万元 | 承债部分也是转让的对价组成部分，有约从约 |

记得多年前有一个涉及非居民承债式转让扣缴企业所得税的案例，曾经在《中国税务报》上有过登载。这个所谓的“承债式”转让，其实只是一个误解，因为本身此债务不是转让方的债务，而是独立法人小强公司的债务，之所以这样约定，是为了减少自己间接的麻烦，未来若是受让方代为偿还了债务，子公司将来是要归还的，就这一点而言，未来形成的是债务关系，应不是转让价格的问题。所以，上面合同条款的描述，本身就是“不恰当的”，比如可以描述为：“受让方在其受让公司股权后，若小强公司无力偿还债务，受让方视小强公司的需要可向其借款或增资，与转让方无关。”

不过有一个特别情形需要探讨。比如大强公司为小强公司提供了担保，当担保很有可能发生之时，在感性上可以认为转让方的确极可能面临潜在的代偿风险，但它又是一个转让条件，且有很大可能会有这样的经济责任产生，此时的约定，就很可能产生争议了。笔者发现有一些专家、律师从或有情形来解释，以及从受让方与被转让主体的关系来解释，比如就算履行了担保义务，那么也是形成被转让公司的债权的，但若担保条款一并转让了呢？这中间就存在交易了。在这儿，笔者也提出一个观点，就是基于条款的约定及现状，可以先行计入所得，将来要是被转让公司偿还，那就退税，这样可能就都“解放”了。如果被转让公司没有资金，是受让方增资后归还的，那也应认可退税。在这儿我们不是来争议此事项的，而是要想办法规避此问题，这就涉及筹划的问题了。

通常情形下，若是被转让主体的债务，在写进交易条款的时候，需要慎之又慎。

**（2）股权转让过程中涉及的债权债务的提前处理问题。**

在股权收购中，受让方由于无法有效地去对接、索回应收款项，或者是不想承接被转让公司的债务，此时多要求转让方剥离债权债务，并签订相应的约定书及剥离后的定价方式。一个公司的价值，因为相应的债权与债务的变化，自然涉及定价的调整，同时也影响转让方与被转让方的计税。

**【案例2－19】** 大强公司拟转让小强公司股权，小强公司欠大强公司债务1 000万元，受让股权的大力公司不要小强公司继续承担此债务，约定的股权交易价格是5 000万元（不含上面的债务1 000万元）。问题来了，尽管大力公司不接受此债务，但是此债务是小强公司的，若不支付，小强公司需要将其转入无法支付的款项并计缴1 000万元所得的企业所得税，大强公司需要做1 000万元的损失，但大概率难达到税前扣除的条件，因为是其自己放弃的债权。在这种情形下应如何调整呢？

分析：在这种情形下，大家普遍的操作路径是大强公司将债权转为其对小强公司的投资，再进行转让，这样形成投资收益的减少，一样达到上述的目标，而且也不必让小强公司计所得，间接使大力公司受益。这样的操作，是不是更贴近双方交易的真实面目呢？笔者认为是的！大强公司不要小强公司的债务，本身就具有权益性投资的性质了。

有时候，被转让公司的债务对应的是第三人，对方不会轻易地放弃债权，此时只能是原股东来“买单”了，因为转让时不含此债务，对应的转让价值也会有所提高，股东此时可以与第三方签订债权转让协议，让自己成为债务人，同时自己也成为被转让公司的债权人。在这个环节中，笔者曾经遇到存在可以利用的税收空间的案例。

**【案例2－20】** 大强公司拟转让小强公司100%股权，对方不要小强公司的债权，也不要小强公司的债务，比如债权是100万元，债务也是100

万元，此时可以一起转划拨给大强公司，相当于100%母子公司划拨处理。即使有一些差异，也是可以配合一些资产进行组合处理的。

分析：《国家税务总局关于股权转让收入征收个人所得税问题的批复》（国税函〔2007〕244号）曾经回复过个人股东转让股权涉及承担债权债务时“财产转让所得”的计税问题，其内容为：

广东省地方税务局：

你局《关于个人所得税财产转让所得中的转让股权的认定问题的请示》（粤地税发〔2006〕187号）收悉。经研究，批复如下：

一、你省某温泉公司原全体股东，通过签订股权转让协议，以转让公司全部资产方式将股权转让给新股东，协议约定时间以前的债权债务由原股东负责，协议约定时间以后的债权债务由新股东负责。根据《中华人民共和国个人所得税法》及其实施条例的规定，原股东取得股权转让所得，应按“财产转让所得”项目征收个人所得税。

二、应纳税所得额的计算

（一）对于原股东取得转让收入后，根据持股比例先清收债权、归还债务后，再对每个股东进行分配的，应纳税所得额的计算公式为：

应纳税所得额 =（原股东股权转让总收入 - 原股东承担的债务总额 + 原股东所收回的债权总额 - 注册资本额 - 股权转让过程中的有关税费）× 原股东持股比例。

其中，原股东承担的债务不包括应付未付股东的利润（下同）。

（二）对于原股东取得转让收入后，根据持股比例对股权转让收入、债权债务进行分配的，应纳税所得额的计算公式为：应纳税所得额 = 原股东分配取得股权转让收入 + 原股东清收公司债权收入 - 原股东承担公司债务支出 - 原股东向公司投资成本。

笔者在2020年曾接触过此类案例，外地某省级税务机关理解上述批复为税务总局单一回复原广东省地方税务局的意见，并没有抄送各地税务机关，不具有普遍适用效力。笔者认为，在财产转让所得的计量上，上述公式对于个人股东计量的所得，有其合理性。所谓的债权与债务，其实本身是建立在假设转移的基础上进行思考的，但实际上，对于被转让的公司，如何在企业所得税上恰当处理也是须同步考虑的。债权与债务正好相抵，此时零价转移，行得通，若不相等，作为独立法人的被转让公司肯定还是要平账的！

【**案例2－21**】大强公司持有小强公司100%股权，大强公司欠小强公司债务1 000万元，含上述债权的情形下，小强公司评估价是5 000万元，受让方认为追索大强公司的债权有风险，不想负担追债的麻烦。于是提出来以4 000万元的价格收购，小强公司应收大强公司的1 000万元债权不要了！在税务处理上，小强公司税前无法扣减此笔“损失”，同时大强公司还要转入所得1 000万元计缴企业所得税。又是一个老问题，这应该如何解决呢？

分析：我们假设小强公司把债权转给受让方股东形成新债权，这样受让方股东应收大强公司的债权，受让方股东欠着小强公司1 000万元，如图2－3所示。

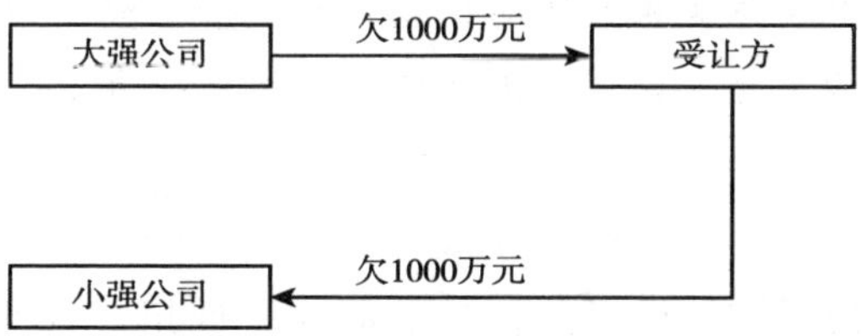


**图2－3 小强公司、大强公司与受让方的债务债权关系**

小强公司在被转让时的价格还是5 000万元，只是1 000万元取得后用于抵账了，或者直接抵销账务，受让方不需要还了，这相当于先把外账做平了，受让方后面欠小强公司的债务，就先挂账处理了。

【**案例2－22**】若小强公司欠大强公司1 000万元，受让方不接受转股权的处理意见，也不要此债务，股权评估价格是5 000万元（考虑了上述债务的存在因素），大强公司也可以考虑采取将债权及股权一并转让的处理方法。比如小强公司本身经营很差，基本上很难还款，保留债权的意义不大，此时就可以整体打包转让。此时股权评估价格还是5 000万元，债权转让为10万元，为了减少损失以及不予认可的争议，股权也可以在评估时考虑一下价格的下降，与债权一起，整体打包评估一下价格，再进行公允比例拆分。

依笔者的观察，在公司的日常经营、转让、注销时，债权与债务的处理隐藏着很多涉税风险，或许会有混水摸鱼的情形发生。比如“悄悄”换了债权人或债务人名字的，直接进行债权与债务对抵的，私下已还款或收款的，无缘无故放弃债权或债务的，都可能存在着利益兑换的问题。遇到这种情形，活学活用即可。

### 2.1.9 拆“业务包”的问题

标题中提到的“业务包”，主要是指增值税规定中提到的情形，如在财税〔2016〕36号提到的不征收增值税的事项：

在资产重组过程中，通过合并、分立、出售、置换等方式，将全部或者部分实物资产以及与其相关联的债权、负债和劳动力一并转让给其他单位和个人，其中涉及的不动产、土地使用权转让行为。

在实践当中，发生的资产转让或投资行为，若是对应的资产属性，则极可能产生了增值税的计税义务，虽然后续有抵扣，从笔者接触的案例来看，企业也有不愿意在重组环节产生税费的，于是，以“业务包”形式进行重组调整的方式就出现了。从上面的规定来看，有四大要素的特征体现，当然也不强求必须全有，不过也不宜只有一个实物资产。本身这是通过“业务打包”的形式来体现的，有业务一般得有人员、运营的硬件设施，资金往来等要素，因此，创造独立的业务模式就是一个关键的特征，并且最好是要配置人员一起。

在操作方式上，有合并、分立、出售、置换等方式，对此，屡有人士提出这是列举范围，不能突破出别的方式，比如以投资的形式就不应被认可。其实很多税务问题，就是教条式理解产生的问题，大家可以想想，这个业务形态是用一种行为的概括式描述为前置定语来说明的，在上面的规定中，定语不宜认为是条款规定的核心。从笔者的操作案例来看，以业务包出资是得到认可的，相当于是以净资产出资，这种情形下，不征收增值税是可以适用此规划的。

笔者曾咨询过相关领域的权威专家，其认为，在政策的制订实施过程当中，对于比如特殊性税务处理下的100%股权关系的母子公司的资产划拨，比较开明地认为是可以随带负债的，并不限于绝对的资产，也不认为是支付的货币对价，认可净资产的概念理解，符合净资产投资的性质。也有认为附带债务的就是货币对价方式，实践当中笔者发现确有这样的思考与理解。但增值税中却明确可以带着债权与债务。不过，为了减少不必要的争议或解释的麻烦，提前作出清理或调整，不是更好吗？笔者认为，涉税筹划的关系处理上要简洁，不要过多发挥探索精神，理论上的对与错，是可以忍受的，最多只关乎专家的面子问题，切不宜把面子与客户的利益或公司的利益纠结于一起。

关于拆业务包的组合问题，税务机关的质疑可能在于，为什么这些资产与一些债权、债务是相关联的，是不是强拉配的东西？很有可能会认为是独立的资产、债权与债务的变更，举证问题是一个人为的问题，笔者认为，既然要做这样一个业务的组合，就需要体现出持续经营。

**【案例2-23】** 某上市公司拟进行业务拆分，涉及某分公司，其中有数处不动产，经过“人随资产走”等筹划安排之后，又拟进行不动产的处置，在这种情形下，如何进行一些税务优化的考虑呢？

分析：对于分公司的业务拆分，这个业务包好理解，本身就是有相关性的。但在处理过程当中，若是存在总分公司之间的债权债务关系，或者部分需要总公司承担的债权或债务、资产等，可以提前转移到总公司，在这儿并不是绝对限制不得变化的。“量体裁衣”后的业务包，通过投资的形式或转让的方式置入新的主体，这时需要考虑一下不动产土地增值税的问题。比如在笔者遇到的案例中，因为存在一些亏损可以弥补，选择了企业所得税以评估价值一次性计算确认所得的处理，而土地增值税与契税则享受了不征或免征的优惠政策，增值税适用了不征的政策，分公司原来的业务得到了延续。

不可避免的是，有一些组合有人为安排的嫌疑，产生争议的事项是存在的。另外，在上述的政策中，没有给予除土地使用权外无形资产的优惠明确，此时若从原理上推论，不征收增值税为“宜”。然而税法毕竟是税法，有时推论只是一种论，并非一种结果确定方式。一些培训讲师直言，可以确定无形资产在这种情形下的转移也是不征增值税的，笔者支持有利建议，只是不宜把结论可能存在的风险让客户承担，不认可自有不认可的前置条件，要么就复议、诉讼，相信没有几个企业会为此走到这一步。至于货物类的资产，在原增值税体系下已得到认可[①]。

### 2.1.10 “暗渡陈仓”式转移无形资产的问题

实践当中，我们在关注企业的资产负债表时，看到的是报表上的数字，很多民营企业是有一些资产并未完整地体现在账面上的，形成这个事项的原因很多，比如：

---

① 《国家税务总局关于纳税人资产重组有关增值税问题的公告》（国家税务总局公告2011年第13号）规定：

“根据《中华人民共和国增值税暂行条例》及其实施细则的有关规定，现将纳税人资产重组有关增值税问题公告如下：

纳税人在资产重组过程中，通过合并、分立、出售、置换等方式，将全部或者部分实物资产以及与其相关联的债权、负债和劳动力一并转让给其他单位和个人，不属于增值税的征税范围，其中涉及的货物转让，不征收增值税。”

《国家税务总局关于纳税人资产重组有关增值税问题的公告》（国家税务总局公告2013年第66号）规定：

“现将纳税人资产重组有关增值税问题公告如下：

纳税人在资产重组过程中，通过合并、分立、出售、置换等方式，将全部或者部分实物资产以及与其相关联的债权、负债经多次转让后，最终的受让方与劳动力接收方为同一单位和个人的，仍适用《国家税务总局关于纳税人资产重组有关增值税问题的公告》（国家税务总局公告2011年第13号）的相关规定，其中货物的多次转让行为均不征收增值税。资产的出让方需将资产重组方案等文件资料报其主管税务机关。”

一是历史上有较多的账外资产，因为公私区分不清所导致，有多也有少的可能，存在比如老板自己购买的车放在公司账上报销，实际老板并不想转让给公司的情形；

二是费用化的资产比较多，比如研究开发的项目，很可能没有资本化计入无形资产账上，但有相应的著作权或所有权、专利权等权照证书；

三是原有公司的隐形价值，比如在募资的时候，会考虑团队在整个行业的位置、影响力及优势，估值相对是比较高的，此时税务机关若仍以报表数据为基准进行查核，自然难以得出精确的结果。

**【案例 2-24】** 某上市公司拟收购实控人另外持有的两家有限公司，有人可能会质疑会不会存在利益转移的问题，这个且不探讨。在转让的时候，老板认为自己直接转让缴纳 20% 的个税税负比较重，比如原来投资成本是 100 万元，由于其持有某项专利技术，收购评估价值是 5 000 万元，20% 的个税初步测算是 960 万元，如何减轻税负呢？

分析：之前一般的筹划路径是转移至优惠的地区，比如存在财政奖励或者有核定的地区进行操作，在操作路径与转让路径上，有规避当下监管的一些方式。上面的这个案例中，由于报表相对简单且净资产的数值不高，也没有不动产等高溢价的资产需要进行评估。第一步在转出的时候，由于税务机关未发现资产的未来升值空间，筹划者或许会暗自偷笑。数年来，专业性的税务服务机构的服务价值随着以直接转让再核定方式的大行其道，似乎在不断地“贬值”，这个行业即将面临着巨大的竞争压力，因为很多人士不在专业上多投入，挣的是“快钱”“第一桶金”。在专业上投入的不足，缺少对知识的专注与敬畏，加之也没有向会计业务、法律业务方面转型的能力，这种模式下，只要国家征管部门收紧口径或进行清理，投机行为的市场就可能快速失去。其实税务领域的专业性极强，一般的律师或会计师掌握的知识，短期之内难以在专业上、执业上对此产生影响，但如果大家均逐利于前文这类的筹划之事，专业性体现不出来，倒跟做生意一样简单了。这种窗口期的生意，老板们要关注做的时机。笔者想表达的是，当脱离了引导产业经济、传播正能量的目标的筹划大量出现之时，风险也随之而来，得意背后就需要小心行事。据笔者了解，某些地区在核定之后，甚至注销之后，屡有进行“追税”的安排，这个风险，恐怕有时真不是筹划机构可以控制得住的。

在本节内容中，笔者一是提示筹划的风险，二是提示在应对一些特殊筹划之事时可以关注的事项，三是希望筹划能够传递专业的正能量，避免成为一种单纯的利益工具。但这个目标确实很难达到，那就以彼此共同的关注、共同的努力，来促使其有所变化吧，实际上业界已感受到变化的到来。

**【案例2－25】** 老板张三拟将其持有的大强公司的股权进行对外投资合作，因为其公司的运营模式比较先进，可能给地方政府带来可观的未来财政利益，且起到品牌宣传的作用，于是准备与政府共同组建一家公司，张三以股权出资，原投资成本100万元，评估价值8 000万元，政府货币出资8 000万元，但政府不参与具体的经营管理，只作为战略性股东存在。现在的问题出现了，张三没钱在这个环节纳税，即使分五年也难有资金纳税，或者张三就不愿意缴这个税款，于是想方设法地找避税的方案。比如有专家给其出了一个方案，即将评估的价值调整为2 000万元，少缴一部分个税，余下的6 000万元，由张三及亲属再成立数家合伙企业，分三年以咨询费名义由新成立的合资公司向其付款，等付到6 000万元时，张三再以现金向合资公司入资，相当于通过交易“洗”出相应的资金。在上面的操作当中，需要有合伙企业的节税安排，同时相应的成本费用还要在合资公司列支。这样的筹划，相当具有创新性，但是不是具有风险呢？

分析：且不提政府作为投资方是不是“同意”或“默认”这么做，比如人为调整入资价值，“虚列”支付成本，政府基于国有出资的监管责任至少要关注一下。若上述费用只是开票收款的行为，并没有真实的行为支撑，这是虚开发票行为，可能发现起来较难，但对于创业人来讲，这是隐藏的一个“炸弹”，万一有一天被揭露出来，危害极大。

在筹划的手段上，搭建更多的层级、更复杂的结构，嫁接金融产品、海内外交易，这是一般筹划服务机构的“水平”体现。本书在展示一些筹划案例时，往往通过直接的操作，实现比较明确的目标。现实当中，让简单的事项复杂化，是“暗渡陈仓”式税务筹划的另外一种体现。

**【案例2-26】**张三持有大强公司100%股权，拟进行50%股份转让，其原来的出资成本是100万元，转让价为6 000万元，此时净资产低于100万元。第一步，张三拟先转让50%份额给其新设立的某有限公司或合伙企业，转让价格为50万元，本步骤实现的所得为0元，无个税；第二步，新主体再转让50%份额，转让价为3 000万元，在此环节中，实现所得2 950万元，这不是还要计缴个税吗？而且税负还高！此时就要进行第三步，再成立一堆企业，通过成本费用列支的方式，大量地抵减所得额，而其他一些“开具发票”的企业，则化大为小，进行一些核定或财政返还的不严格的操作或注销，从而稳住第二步主体公司少计所得的目标。

分析：“复杂化”的筹划，被发现的成本及困难增多。与此同时，如同“一个谎言需要更多的谎言来掩盖”，需要投入的成本、协调的成本自然会更多，当然付出劳动并不是主要的，主要的是虚拟的业务加上发票的配合，如何做实，是个挑战。当不同的主体分属不同的区域时，对于税务机关的协同挑战需要大数据的支持。核心当然是基于股权转让这样一个突破口进行梳理，估计税源会得到很大的改善，但也不排除有管理上的漏洞。而对于筹划机构或人士来讲，如果全权替客户操作，本身就是参与造假了，如果认定为偷税，恐怕难逃其中的责任。所以在利益面前，必须要掌握底线，当下对于直播网红的个税追缴已在进行了地区协同及政策应对的反击。

在本节内容中，笔者认为，我们是有主观权利去选择，恰当地利用一些征管规则，进行相应的真实规划，达到技术性的规则指标的，但是若操作不当，则会触及违法的行为发生。所以无论是筹划机构，还是纳税人、老板们，都需要多问一下所以然。

## 2.2 “拆”的税务风险平衡

笔者将上面所提的十种情形作为供大家探讨的样本，以抛砖引玉。这其中，拆的应用场景非常丰富，而拆的过程往往伴随着应税行为的发生，如何用、什么时候用，在形式及路径上确实充满了千变万化，那么此时我们再来考虑税法的刚性规定的大原则时会发现，我们不能去改变政策、改变规则，但是我们可以改变行为、改变方式，这种组合就促成了多样的筹划安排，而其结果自然有所差异。

我们提到，拆的筹划安排，有合规合理的，也有隐蔽的、灰色的甚至违法的，作为主要发起者的纳税人或筹划专家们，以及作为被动参与方的税务机关，在发现与揭秘的过程当中，必然面临对客观事实的认知与对于政策适用性理解的“碰撞”，那么，这种利益与法之间的平衡，就会体现出保守与激进的差异。在上面的内容中，笔者提出来，要从经营的角度来思考筹划问题，保持一份正常的心态。偶有短线的筹划，笔者始终建议以合法为前提操作。

法律人、财税人的视野聚焦往往相对单一，但其实很多生意在做成的时候，税不起核心的作用。可以这么说，税务上的安排，不追求极端，因为同时也要考虑生意上的伙伴及生意做的是否轻松、简单。比如一个筹划方案需要两个月的规划实施时间，但是过了两个月后，生意都做不成了，大环境变化了，这就要求站在做生意的角度看待税的价值并进行成本比较。往往在没有出现问题的时候，老板认为税仅仅就是一个支出项而已。对于服务机构而言，提示底线是关键，至于是不是在这个点上得到价值认可，并不一定。如果某老板提到：“我们根本不需要筹划，也不愿意支付费用，自己买几张发票就解决了税务问题!”对于这样的认识、这样的客户，就不必苦口婆心去解释、强求什么，这也是筹划机构要考虑的一种风险平衡。比如某“套路贷”案中，涉案律师就因此受到牵涉入刑，看似仅仅是用专业提供了一种服务，但这个服务本身是带来了“恶果”的，这样的风险是没有必要的。

**【案例 2－27】** 甲与乙自然人共同投资设立了大强公司，双方各持股50%，双方经常因为意见不同产生争议。于是，甲通过操作，以大强公司的名义对外投资小强公司，占股30%，投资3 000万元，甲自己认缴7 000万元出资，这样做的目的是为了将部分资产转移至自己个人可控的公司下开展业务。这时如果转出的是货币，不涉及交易的税负产生，筹划的意义在于转出资产并进行控制。在税上，有可能产生一个问题，比如大强公司用原值1 000万元的无形资产出资，公允价值是8 000万元，在投资小强公司时，将5 000万元计入资本公积，3 000万元计入实收资本中，这也相当于一种隐含利益形式的转移。有的情形下，也故意将公允值评低进行投资，这种拆的安排，本身就存在某种特别性，若筹划人士参与此方案的制订与实施，还可能存在更多的违法风险。比如涉及国有资产流失、逃避债务、侵占财产等方面的罪责，肯定不能明知故犯的。

笔者曾经听闻，一位老板用技术出资享受了递延纳税优惠政策，税上倒没有什么争议，问题也不是出现在虚价估价出资上，而是出在职务侵占上。对于利益的追求当然是无可厚非的，但税保证不了生意的完美与成功。

对于“拆”的筹划，切勿进入违法违规的领域，比如某老板拟转让股权，双方定价2 000万元，原值为200万元。由于溢价较高，个税税负较重，老板与对方商量，合同签约的价格为1 000万元，另外的1 000万元通过私下账户收款的方式“筹划”。这明显是编造虚假合同、阴阳合同，跟影视明星阴阳合同逃税是一类性质，这就是错用“拆”的功能了。

## 2.3 小结

本章所提税务筹划中的“拆”字诀，广泛应用于企业的重组筹划中，它建立在以税负成本的递延或减少为目的的基础上。因为不同税种计税规则的差异，就推动了筹划的多样性，在最终结果达成的前提下，设计不同的前进路径，确实有很多的技巧性。笔者一直强调的是以合规合法为前提，只要是政策理解与技术水平的问题，则不是核心的问题。

笔者在遇到一些客户时，老板一般开始都急得不行，后面很可能就淡定了，有时咨询的机构多，筹划的路径了解得差不多了，也有自己进行实施的。其实这不能怪客户不讲职业道德，这在于对筹划的初步理解与深度理解上。筹划本身，有人认为就是一个环节的“点破”，但这其实不是全部，很大程度上还依赖于经验、沟通等因素去解决问题，所以还是有必要从专业机构得到一些有价值的信息并听取落地的细节注意事项的。

有企业在想利用小型微利企业的所得税优惠，将应纳税所得额控制在300万元以内。此举将大大降低税负，这也是一种拆分主体进行业务对接的方式，比如拆分业务由不同主体对外销售，或者将部分功能拆分给新成立的企业，利用关联方的业务进行所得的分拆。这种主观性的安排，有业务真实性的保障，可以认为并不属于违法事项。

《关于实施小微企业和个体工商户所得税优惠政策的公告》（财政部 税务总局公告2021年第12号）规定：

为进一步支持小微企业和个体工商户发展，现就实施小微企业和个体工商户所得税优惠政策有关事项公告如下：

一、对小型微利企业年应纳税所得额不超过100万元的部分，在《财政部 税务总局关于实施小微企业普惠性税收减免政策的通知》（财税〔2019〕13号）第二条①规定的优惠政策基础上，再减半征收企业所得税。

二、对个体工商户年应纳税所得额不超过100万元的部分，在现行优惠政策基础上，减半征收个人所得税。

三、本公告执行期限为2021年1月1日至2022年12月31日。

---

① 二、对小型微利企业年应纳税所得额不超过100万元的部分，减按25%计入应纳税所得额，按20%的税率缴纳企业所得税；对年应纳税所得额超过100万元但不超过300万元的部分，减按50%计入应纳税所得额，按20%的税率缴纳企业所得税。

上述小型微利企业是指从事国家非限制和禁止行业，且同时符合年度应纳税所得额不超过300万元、从业人数不超过300人、资产总额不超过5 000万元等三个条件的企业。

从业人数，包括与企业建立劳动关系的职工人数和企业接受的劳务派遣用工人数。所称从业人数和资产总额指标，应按企业全年的季度平均值确定。具体计算公式如下：

季度平均值＝（季初值＋季末值）÷2

全年季度平均值＝全年各季度平均值之和÷4

年度中间开业或者终止经营活动的，以其实际经营期作为一个纳税年度确定上述相关指标。

如果某企业满足小型微利企业的条件，当年的应纳税所得额恰好是300万元，此时的企业所得税如表2－19所示。

表2－19 企业所得税计算表 单位：万元

| 应纳税所得额 | 部分≤100 | 100＜部分≤300 | 合计 |
|---|---|---|---|
| 300 | 100×25%×20÷2＝2.5 | 200×50%×20%＝20 | 22.5 |

若以25%的税率计算所得税是75万元，相差52.5万元，节约的幅度非常大。但是若达到301万元，没有相应的优惠政策时，企业所得税为301×25%＝75.25万元，因此以划整为零的方式来分解所得，会成为某些中小型企业的筹划路径。比如某餐饮企业，其在各省设立的运营机构是以独立子公司的形式搭建的，此时就极可能享受到此类的优惠。还有一些蛋糕店，有时干脆就是以个体工商户的形式运营，老板也不需要合并报表，暂时没有上市或挂牌的计划，这何尝不是一种有效的降低税费成本的方式呢？在此计算方式下，列示一下超过300万元的平衡点：若利润在300万元，与应纳税所得额一致，不存在纳税调整的情形，此时税后所得为277.5万元，以25%反推应纳税所得额为370万元，这也是2021年新优惠政策下的测算数据，这时税后所得为370×75%＝277.5万元，一致；若考虑纳税调整的情形，比如利润额为280万元，纳税调整后的应纳税所得额为300万元，调增20万元，此时税后利润为280－22.5＝257.5万元，同样的方式，其利润为350万元调增20万元计370万元时，税额为370×25%＝92.5万元，350－92.5＝257.5万元。

上面提到的“拆”的筹划安排，其实是一种利益上的拆，并不是真正的要把资产拆走，是一种“假拆”，真实目的是获取税收上的利益。

对于“拆”的理解，分立也是其中的一种，比如分立中特殊性税务处理的所得税政策套用，此时分立须有相应的商业合理性以及12个月的股权锁定期，但是对于个人股东而言，目前没有明确的政策支持特殊性递延纳税的享受待遇。另一方面，分立还需要考虑《中华人民共和国公司法》的规定：

第一百七十五条公司分立，其财产作相应的分割。

公司分立，应当编制资产负债表及财产清单。公司应当自作出分立决议之日起十日内通知债权人，并于三十日内在报纸上公告。

第一百七十六条公司分立前的债务由分立后的公司承担连带责任。但是，公司在分立前与债权人就债务清偿达成的书面协议另有约定的除外。

但对于“拆”，有时也并非是基于税的需求，而是基于资金或资产转移的目的，主要是进行适用的延伸。比如下面这个案例，可以充分地说明非财税人的思维逻辑，当然财税及法律人士也需要突破自己的“一亩三分地”的自恋状态。

**【案例 2－28】**某老板拟将 5 000 万元的资金置入某主体中，此资金拟从其所投资的 A 公司提取，若提取利润出来，需要以股息按 20% 计缴个人所得税。对此，老板进行了一系列的筹划，设置由某主体先行取得某股权类资产，再由 A 公司进行溢价的收购，从而实现货币的变现。在这个过程当中，其时间段、商业价值的合理性需要做到同步的适应，而所谓税的价值，在此过程当中并没有体现。有人提出来，能不能以 A 公司投资入资的形式来达到目的，不过关系上并没有切断，这不是老板想要的结果。

在整体发挥“拆”的功能时，有一些情形是由老板或纳税人自己的主观行为来决定的，且税务机关并不能对此进行限制。但是有一些交易的价值确认、商业合理性，可能面临着税务机关反筹划的突破。比如某地企业在新疆霍尔果斯设立的公司，因为所从事的业务是从某地企业拆分过来的，且由于只安排了 2 名财务人员进行运营，因此税务机关对其发起挑战，认为是“硬”拆了某地企业的所得给新疆的企业，享受当地企业所得税的减免优惠。这样的操作未被认可，被要求并入某地企业的所得中补缴 5 200 余万元税款及滞纳金。这种反筹划的处理方式，笔者认为有一些探讨的空间，比如需提供价值的创造是不是一定是基于人员成本的支出佐证，是不是可以转为两个主体之间的劳务服务的关联定价问题，而不是“横刀夺爱”。很多投资性企业多是空壳性质，若有经营性的所得，主要人员归属企业的主管税务机关，是不是可以去“要回”其所得征税呢？其在新疆缴纳的流转税如何处理呢，当地税务机关是不是也要确认并发表意见呢？这是一个复杂的反避税处理，也是需要纳税人引起高度警惕的案例，毕竟一些涉税争议焦点，并不在于政策本身的正确与否，而是税务检查人员与纳税人、服务机构人员的理解差异。

延伸来看，当下很多企业将销售功能拆分、将某业务拆分成立无相应配套人员的销售公司、合伙企业等，其实背后的底气并不充足。筹划本身也需要在政策的框架下，夯实其业务及商业合理性、真实性，当被挑出毛病之时，有“政策理由”也不一定讲得通。

另外，在拆的过程当中，存在虚虚实实的路径与主体，比如信托、资管等金融工具，或者通过第三方代理企业的名义进行操作，其中比较知名的“德发案”让大家对于拍卖的路径及税务机关发起挑战的理由有了更深的理解。其实在现实当中，为了证明所谓的“公允性”及交易的“公开性”，会出现一定数量的参与主体，这也是为了保障有序落实筹划目标。

本章内容，更多的是基础性的内容与案例，以点带面，启发思考，笔者认为，每个人的心中，都或多或少有自己的筹划想法，无论是初级的，还是自认为高级的，都存在应用的场景。高级的路径，有时不过是多了一个包装的工具、代理人，最终可能殊途同归。而站在反筹划的角度，肯定正能量的筹划，警示有风险的筹划，需要考虑大环境，有代表性案例的“前车之鉴”，任重道远，亟需行动。在过往时期，税务机关通过大数据与风控指标的设置，确实达到了广泛“撒网”的目标，只是在政策的引用、确定与完善上，笔者认为还需要更强，更让纳税人信服为宜。另外，站在国家税收权益的角度，重视向外转移的筹划，安定内部的筹划，避免国家的税款流失，应引起战略性的重视。

拆拆虽健康，操作需谨慎！

# 第三章　“生”字诀

生生不息！这是生命的力量。有别于存量筹划，这是增量筹划。

筹划还能“生”出税收价值？这是肯定的，但是我们切忌“走火入魔”，不要为生而生。这跟上一章中提到的“拆”的功能是不同的，拆是为了减少过程当中的税费负担，同时希望对未来的经营有利或产生税收价值。“生”的功能，是基于某项业务发生且在税收上直接产生有利利益的情形，比如很常见的就是研究开发费用的加计扣除，笔者观察，越来越多的企业开始在此方面发力，凸显出了很大的税收价值。

比如某集团有限公司集中采购研发加计扣除税务顾问项目招标标包 1 的中标候选人公示中列示：

一、评标情况

1. 中标候选人基本情况

中标候选人第 1 名：××××税务师事务所（上海）有限公司，投标报价：节税金额 432 490 000. 00 元、固定费率 15%，质量：满足招标文件要求，工期：满足招标文件要求。

中标候选人第 2 名：上海×××税务师事务所有限公司，投标报价：节税金额 126 410 500. 00 元、固定费率 15%，质量：满足招标文件要求，工期：满足招标文件要求。

研发费用加计扣除的预期节税效果，以及相应的报务收费，是目前很多大型企业开始关注与推进的事项。笔者经过查询发现，最终是候选人第

1名中标，还有一个项目是另一家税务师事务所中标，固定费率是9%。其实之前某些国有大型企业集团的研发费用是采取按比例由总部收取的方式，各子公司的列支数据并不一定就等于实际发生的研发费用，但是依据《财政部 国家税务总局 科技部关于完善研究开发费用税前加计扣除政策的通知》（财税〔2015〕119号）规定，研发费用是可以按照一定原则进行合理分摊的：

企业集团根据生产经营和科技开发的实际情况，对技术要求高、投资数额大，需要集中研发的项目，其实际发生的研发费用，可以按照权利和义务相一致、费用支出和收益分享相配比的原则，合理确定研发费用的分摊方法，在受益成员企业间进行分摊，由相关成员企业分别计算加计扣除。

别以为这些筹划事项容易做，这是需要技术加专业支持的，同时相应的技术资料、核算管理、文件规范等，也是需要持续服务的。只要能够创造出来收益，回报也是相当可观的，对于此类“光明正大”的税务筹划，即使税务机关发现，也不会出手制止，这本身就是企业合法享受的政策支持。至于之前年度没有享受到，可以追溯三年，不过资料整理、复核起来，难免产生无法核实、配对的地方。

在本章内容中，笔者将结合当前政策的优惠规则或者筹划空间，用创造性的想法来探讨税收筹划的价值，同时以期给税务机关在征管方面的监控与风险的识别带来有意义的借鉴。

## 3.1 “生”的方向在哪里

在复杂的税收政策体系当中，节约税费支出是很多人所熟悉的筹划，也是所需要的。不过，为了企业的长期经营之需，加之顺应国家对于产业政策的引导激励举措，能够“生”出优惠价值的筹划可能别具一凡精彩，具体内容见表3-1。

表 3－1　筹划情形及“生”的内容

| 情　形 | “生”的内容 | 提　示 |
|---|---|---|
| 企业所得税税前加计扣除 | 包括研究开发费用加计扣除、残疾人工资加计扣除等，当前的政策是前者 75% 或 100%，后者 100% 加计，此处的加计扣除是基于费用化或无形资产摊销基础之上的加计扣除，切不宜认为加计的功能就限于此了，还有很多可以超常发挥的想象空间 | 个体工商户、个人独资企业、合伙企业、自然人的个人所得税没有此优惠可以享受 |
| 技术成果投资 | 评估溢价暂不确认投资方的所得，但接受投资的企业可以以投资时的评估价值进行摊销税前扣除 | 目前限于自然人和缴纳企业所得税的企业可以享受 |
| 增值税 | 取得退税情形下的抵扣，生出财政返还的利润空间（第二章中有过类似讨论） | 在拆的情形下可以配合相应的政策享受其优惠空间 |
| 研发投入不足引起的高新资质达不到条件的问题 | 这个问题是让高新技术企业很头疼的事项，更让多数高新技术害怕被检查否定的地方 | 合理、合规的生出研发费用 |
| 生出交易的借款行为 | 因为贷款服务不得抵扣，集团内融资（实控主体之间）收息情形下会产生税费损失 | 相当于规划一个交易来避开业务不利的税务问题 |
| 利用市场主体享受的税收优惠 | 对于某些特定市场主体的税收优惠政策，是可以作为筹划条件来尝试的 | 并不是普遍性的筹划手段 |
| 利益再造，如亏损企业的利用 | 利用亏损企业形成的交易利润对冲，从而达成少计缴所得税的目标。目前市场上有“专业”收购亏损企业的人士，看来这里面的税务商机还是存在的 | 收购亏损企业的经营风险还是比较大的，毕竟是亏损企业，经营风险比较大，尽职调查需要找“靠谱”的资源 |
| 现金流再造，如进项留抵税额的再生 | 进项税额的留抵，除了部分行业给予过退税或允许就增量部分计算退还外，大量因企业经营出现停滞或歇业等情形存在未能抵扣完的进项税 | 需要考虑业务的支撑，避免出现虚开发票的行为 |

笔者认为，在“生”的价值规划下，需要考虑两个层面的情形：

一是，基于业务本身的“生”，如果没有业务真实发生为前提或支撑，税务筹划计划就是空中楼阁，难以实现“镜中花、水中月”的变现；

二是，税收政策需“对症下药”，从笔者的经验来看，有的纳税人或办税人员、老板心存余悸，害怕政策适用不当，“国家的便宜哪有这么好赚的?”凡此种种，也很正常。反之税务机关的人士也是一样，若站在微观的角度来看待问题，很有可能越看越感觉不自信、有问题了。不过，本章内容会给真正有相关业务的纳税人带去一些专业信心的。

## 3.2 “生”的税务风险平衡

下面我们将细化一些有代表性的想法，结合笔者遇到的或观察到的某些案例，来研究税收政策的应用场景，从而发现创造税收价值的可能。

### 3.2.1 研究开发费用好筹划但是“陷阱”多多，税务机关多关注

在此我们就不再详细阐述研发加计扣除的政策适用问题了，而是从当前研发加计扣除中存在的一些主要问题展开，这些问题点也是税务机关应提高关注与强化复核的地方。

目前关于研发加计扣除的政策主要如表 3－2 所示：

表 3－2 关于研发加计扣除的政策

| 说明事项 | 适用时限 | 政策规定 | 依据 |
| --- | --- | --- | --- |
| 加计 75% | 2018 年 1 月 1 日至 2023 年 12 月 31 日 | 企业开展研发活动中实际发生的研发费用，未形成无形资产计入当期损益的，在按规定据实扣除的基础上，在 2018 年 1 月 1 日至 2020 年 12 月 31 日期间，再按照实际发生额的 75% 在税前加计扣除；形成无形资产的，在上述期间按照无形资产成本的 175% 在税前摊销 | 财政部 税务总局公告 2021 年第 6 号① |

① 财政部 税务总局公告 2021 年第 6 号，即《关于延长部分税收优惠政策执行期限的公告》。

续表

| 说明事项 | 适用时限 | 政策规定 | 依据 |
|---|---|---|---|
| 加计 100% | 2021 年 1 月 1 日起 | 制造业企业① | 财政部 税务总局公告 2021 年第 13 号② |
| 不得加计扣除的行业 | 长期 | 1. 烟草制造业<br>2. 住宿和餐饮业<br>3. 批发和零售业<br>4. 房地产业<br>5. 租赁和商务服务业<br>6. 娱乐业<br>7. 财政部和国家税务总局规定的其他行业<br>上述行业以《国民经济行业分类与代码(GB/4754－2011)》为准，并随之更新 | 财税〔2015〕119 号③ |
| 委托境内研发（单位和个人） | 长期 | 按照费用实际发生额的 80% 计入委托方研发费用并计算加计扣除，受托方不得再进行加计扣除 | 同上 |
| 委托境外研发（不含个人） | 2018 年 1 月 1 日起，长期 | 委托境外进行研发活动所发生的费用，按照费用实际发生额的 80% 计入委托方的委托境外研发费用。委托境外研发费用不超过境内符合条件的研发费用三分之二的部分，可以按规定在企业所得税前加计扣除。委托境外进行研发活动不包括委托境外个人进行的研发活动<br>上述费用实际发生额应按照独立交易原则确定。委托方与受托方存在关联关系的，受托方应向委托方提供研发项目费用支出明细情况 | 财税〔2018〕64 号④ |

① 制造业企业，是指以制造业业务为主营业务，享受优惠当年主营业务收入占收入总额的比例达到 50% 以上的企业。制造业的范围按照《国民经济行业分类》（GB/T 4574－2017）确定，如国家有关部门更新《国民经济行业分类》，从其规定。收入总额按照企业所得税法第六条规定执行。

② 财政部 税务总局公告 2021 年第 13 号，即《关于进一步完善研发费用税前加计扣除政策的公告》。

③ 财税〔2015〕119 号，即《财政部 国家税务总局 科技部关于完善研究开发费用税前加计扣除政策的通知》。《国家税务总局 关于企业研究开发费用税前加计扣除政策有关问题的公告》（国家税务总局公告 2015 年第 97 号）进一步明确：四、不适用加计扣除政策行业的判定……

《通知》中不适用税前加计扣除政策行业的企业，是指以《通知》所列行业业务为主营业务，其研发费用发生当年的主营业务收入占企业按税法第六条规定计算的收入总额减除不征税收入和投资收益的余额 50%（不含）以上的企业。

所以，我们可以看到，并不是简单地看企业的名字就能决定能不能享受加计扣除的优惠政策的，而是有量化计算的指标的。

④ 财税〔2018〕64 号，即《财政部 税务总局 科技部关于企业委托境外研究开发费用税前加计扣除有关政策问题的通知》。

根据上述信息，很多同行会想到尽量去归集公司的研发费用，准备各种各样的资料作好备查，从无到有，这也是笔者接触很多公司时他们想到的筹划方案。比如这几年，一些大型的金融机构开始对此进行筹划安排，找外部机构协助，方便进行内部沟通与资料的协助梳理。笔者也有听闻，有中介机构在为某大型央企提供研发加计扣除的咨询服务时，承诺帮其“制作”研发备查的技术资料，平常技术部门多不愿意配合整理这些资料，这种情形下，中介机构的服务则显得十分到位，但是风险也是存在的。笔者建议这些资料一定需要技术人员签字，万一将来进行落实查验，中介机构不要因小失大，因为一点利益而承担补税的责任。这跟土地增值税清算不同，土地增值税清算基本上清算后少有进行再次审核或检查的，毕竟工作量比较大，除非真的有专项检查或举报，才会进行复审。这里面多存在一些“私下沟通”的路径与行为，对于土地增值税的筹划，利益影响大，方式也比较多比较杂，但本书未对此进行探讨，主要是因为这个行业的利益特殊性、地方性明显，在技术方法上比较单一，有时关键在于背后的筹划工作做得是不是到位。研发费用加计扣除却是比较敏感的，经常会引起关注，税务机关工作人员中有文科学习背景的比较多，对于技术的理解可能更多地落在形式与自我感知上，所以有时处理起来难免有争议，下面一些情形，可能实务当中存在相关应用场景。

**（1）关联方交易形成的研发“空间”。**

依规定，委托外部研发（境内），按支付金额的 80% 为加计的基数，比如委托外部研发费用为 1 060 万元（含增值税），税额为 60 万元，不含税金额为 1 000 万元，此时企业按 1 000 万元计入无形资产（或者特定条件下一次性计入成本费用），并以其 80% 即 800 万元作为加计基数，在符合规定的年度内，加计 75%，共可扣除 1 000 万元 + 600（800 × 75%）万元 = 1 600 万元。当时对于委托关联方研发，《国家税务总局关于研发费用税前加计扣除归集范围有关问题的公告》（国家税务总局公告 2017 年第 40 号）还进行了专门的规定与解读：

国家税务总局公告 2015 年第 97 号第三条所称“研发活动发生费用”是指委托方实际支付给受托方的费用。无论委托方是否享受研发费用税前加计扣除政策，受托方均不得加计扣除。

委托方委托关联方开展研发活动的，受托方需向委托方提供研发过程中实际发生的研发项目费用支出明细情况。

明确委托研发加计扣除口径。一是明确加计扣除的金额。财税〔2015〕119号要求委托方与受托方存在关联关系的，受托方应向委托方提供研发项目费用支出明细情况。实际执行中往往将提供研发费用支出明细情况理解为委托关联方研发的需执行不同的加计扣除政策，导致各地理解和执行不一。依据政策本意，提供研发支出明细情况的目的是为了判断关联方交易是否符合独立交易原则。因此委托关联方和委托非关联方开展研发活动，其加计扣除的口径是一致的。为避免歧义，公告在保证委托研发加计扣除的口径不变的前提下，对97号公告的表述进行了解释，即：97号公告第三条所称“研发活动发生费用”是指委托方实际支付给受托方的费用。二是明确委托方享受加计扣除优惠的权益不得转移给受托方。财税〔2015〕119号已明确了委托研发发生的费用由委托方加计扣除，受托方不得加计扣除。此为委托研发加计扣除的原则，不管委托方是否享受优惠，受托方均不得享受优惠。公告对此口径进行了明确。三是明确研发费用支出明细情况涵盖的费用范围。由于对政策口径的理解不一，导致对研发费用支出明细涵盖的费用范围的理解也不一致，诸如受托方实际发生的费用、受托方发生的属于可加计扣除范围的费用等口径。在充分考虑研发费用支出明细情况的目的和受托方的执行成本等因素后，公告将研发费用支出明细情况明确为受托方实际发生的费用情况。比如，A企业2017年委托其B关联企业研发，假设该研发符合研发费用加计扣除的相关条件。A企业支付给B企业100万元。B企业实际发生费用90万元（其中按可加计扣除口径归集的费用为85万元），利润10万元。2017年，A企业可加计扣除的金额为100×80%×50%=40万元，B企业应向A企业提供实际发生费用90万元的明细情况。

基于转让定价的安排，在内部创造价值方面，这里明显给出了筹划空间，当然前提是要真实和存在相对合理性，通过下面一个很简单的例子，我们来说明一下。

**【案例3-1】**大强集团公司下设两家子公司小强1与小强2，均从事风电设备方面的生产加工，集团公司设置了相应的管理部门和研发部门，但是研发的技术人员是分布于小强1与小强2公司中的，集团并不需要在大强公司做研发投入，因为集团公司本身取得的所得多为股息红利所得，是免税所得。我们暂不考虑高新技术企业所需研发支出的影响，若小强1与小强2在2021年各发生符合加计扣除条件的研发支出1 000万元，按75%加计扣除，即税前可加计扣减750万元，整体集团层面投入是2 000万元，加计是1 500万元。若小强1委托小强2公司进行研发，支付的研发费用是1 500万元，小强2公司实际成本还是1 000万元。注意，此时就不需要再去复核小强2公司的研发支出中有哪些是符合条件的、哪些是不符合条件的了，只要看总金额即可（通常是不含增值税的金额），研发加计的金额如表3－3所示：

**表3－3　研发加计的金额**　　单位：万元

| 事项 | 研发支出金额 | 加计扣除金额 |
|---|---|---|
| 自行研发支出 | 1 000 | 750 |
| 委托研发支出 | 1 500 | 1 500×80%×75%＝900 |
| 合计 | 2 500 | 1 650 |

相比各自进行研发的情形下，加计扣除总额多了150万元，这是因为内部交易新增了加计扣除的基数，也即研发加计并不是将受托方实际发生的相应支出作为委托方的加计扣除基数，可以有相应的利润部分包括进来，只要打八折的情形下大于原来的实际发生额就有利。关于这个问题，之前多有争议，后来财税部门明确若是涉及关联方的，需要提供受托方实际发生的费用明细，这里只是判别研发服务费是不是公允之用，并不是为了限制计算加计扣除；若是非关联方的，则不需要实际费用明细。有的人可能质疑，非关联方间是不是有政策漏洞呢？其实作为生意人，不可能花一大笔钱为了得回来75%加计扣除的利益，税前扣除抵减的所得税相较支出的总金额明显不划算。据观察，在目前企业的运营当中，研发欲望并不是非常强烈的，老板们也是能省则省，但在面临着享受高新技术企业优惠的强制性指标要求时，有时不得不投入一些有水分的研发支出。在上面案例中的集团合并报表层面，收入、支出并没有发生变化，但在个体法人层面，因为有了所得税的节约，其税后利润得到了价值提升。

通常意义上看，通过关联方的交易，会制造出政策优惠空间，所以，关联方的定价就有必要进行合理安排，这同样应引起税务机关的关注。

**(2) 高新技术企业认定中研发费用支出的比例要求。**

在高新技术企业的资格认定中，依据《高新技术企业认定管理办法(2016修订)》(国科发火〔2016〕32号)的规定:

第十一条 认定为高新技术企业须同时满足以下条件:

(一) 企业申请认定时须注册成立一年以上;

(二) 企业通过自主研发、受让、受赠、并购等方式，获得对其主要产品(服务)在技术上发挥核心支持作用的知识产权的所有权;

(三) 对企业主要产品(服务)发挥核心支持作用的技术属于《国家重点支持的高新技术领域》规定的范围;

(四) 企业从事研发和相关技术创新活动的科技人员占企业当年职工总数的比例不低于10%;

(五) 企业近三个会计年度(实际经营期不满三年的按实际经营时间计算，下同)的研究开发费用总额占同期销售收入总额的比例符合如下要求:

1. 最近一年销售收入小于5 000万元(含)的企业，比例不低于5%;

2. 最近一年销售收入在5 000万元至2亿元(含)的企业，比例不低于4%;

3. 最近一年销售收入在2亿元以上的企业，比例不低于3%。

其中，企业在中国境内发生的研究开发费用总额占全部研究开发费用总额的比例不低于60%;

(六) 近一年高新技术产品(服务)收入占企业同期总收入的比例不

低于60%；

（七）企业创新能力评价应达到相应要求；

（八）企业申请认定前一年内未发生重大安全、重大质量事故或严重环境违法行为。

从现实情况来看，存在较多因研发费用支出达不到比例标准而无法享受高新优惠，或存在数据不真实，即使此前被“认定”为高新，后面被否定的案例。比如最近一年销售收入小于5 000万元，若三年的销售收入总额是10 000万元，按5%计算是500万元，这是要求发生的支出总额的最低限。我们再来看一下研发支出的范围要求，《关于修订印发〈高新技术企业认定管理工作指引〉的通知》（国科发火〔2016〕195号）规定：

研究开发费用的归集范围

（1）人员人工费用

包括企业科技人员的工资薪金、基本养老保险费、基本医疗保险费、失业保险费、工伤保险费、生育保险费和住房公积金，以及外聘科技人员的劳务费用。

（2）直接投入费用

直接投入费用是指企业为实施研究开发活动而实际发生的相关支出。包括：

——直接消耗的材料、燃料和动力费用；

——用于中间试验和产品试制的模具、工艺装备开发及制造费，不构成固定资产的样品、样机及一般测试手段购置费，试制产品的检验费；

——用于研究开发活动的仪器、设备的运行维护、调整、检验、检测、维修等费用，以及通过经营租赁方式租入的用于研发活动的固定资产租赁费。

（3）折旧费用与长期待摊费用

折旧费用是指用于研究开发活动的仪器、设备和在用建筑物的折旧费。

长期待摊费用是指研发设施的改建、改装、装修和修理过程中发生的长期待摊费用。

（4）无形资产摊销费用

无形资产摊销费用是指用于研究开发活动的软件、知识产权、非专利技术（专有技术、许可证、设计和计算方法等）的摊销费用。

（5）设计费用

设计费用是指为新产品和新工艺进行构思、开发和制造，进行工序、技术规范、规程制定、操作特性方面的设计等发生的费用。包括为获得创新性、创意性、突破性产品进行的创意设计活动发生的相关费用。

（6）装备调试费用与试验费用

装备调试费用是指工装准备过程中研究开发活动所发生的费用，包括研制特殊、专用的生产机器，改变生产和质量控制程序，或制定新方法及标准等活动所发生的费用。

为大规模批量化和商业化生产所进行的常规性工装准备和工业工程发生的费用不能计入归集范围。

试验费用包括新药研制的临床试验费、勘探开发技术的现场试验费、田间试验费等。

（7）委托外部研究开发费用

委托外部研究开发费用是指企业委托境内外其他机构或个人进行研究开发活动所发生的费用（研究开发活动成果为委托方企业拥有，且与该企业的主要经营业务紧密相关）。委托外部研究开发费用的实际发生额应按照独立交易原则确定，按照实际发生额的80%计入委托方研发费用总额。

（8）其他费用

其他费用是指上述费用之外与研究开发活动直接相关的其他费用，包括技术图书资料费、资料翻译费、专家咨询费、高新科技研发保险费，研发成果的检索、论证、评审、鉴定、验收费用，知识产权的申请费、注册费、代理费，会议费、差旅费、通讯费等。此项费用一般不得超过研究开发总费用的20%，另有规定的除外。

我们结合委托外部研究开发费用的事项来进行说明。根据有效合理的架构安排及真实业务之需，若按照实际发生额的130%来定价，在实际发生额不变的情形下，无形之中“生”出了适当的研发支出。前提当然还是合理性的定价安排，比如某建筑公司年度销售额是100亿元，研发支出是很难达到3亿元的，此时可以考虑上面的方式，也可以拆分出来一个主体进行高新技术企业的规划，搭配一些研发加计、软件技术等事项，则极可能达到理想的效果。不过要提醒的是，高新技术企业本身也要有自己的投入，不宜100%委托外部研发，例如可以研发某个部分事项，购入时作为研发成本进行入账处理。

要特别注意，高新技术企业认定中统计的研究开发费用，是大口径的统计，包括了资本化和费用化的。浙江省注册会计师协会对此专门进行过答疑，《浙江省注册会计师协会专业技术委员会专家提示（第3号）——高新技术企业认定专项审计实务答疑》答复如下：

四、申报企业近三个会计年度实际发生的作为资本化核算的研究开发费用，是否属于高新技术企业认定研究开发费用归集范围？

答：根据《工作指引》对申报企业近三个会计年度开展研究开发活动发生的研究开发费用归集核算政策规定，会计核算方式不是界定是否属于高新技术企业认定研究开发费用归集范围判断标准；只要申报企业近三个会计年度内发生的研究开发费用，其对应的研究开发项目及其研究开发费用支出，符合《工作指引》规定的研究开发活动定义和研究开发费用归集范围，不论是作为资本化核算的，还是作为费用化核算的，都属于申报企业近三个会计年度高新技术企业认定研究开发费用归集范围。

此时就要注意，对于会计核算中由之前资本化的研发投入形成的无形资产的摊销，就不能再重复统计计入了。反之，对于研究开发费用加计扣除，则是基于费用化与摊销的加计扣除，这两者的统计口径存在差异，统计规则也是存在差异的。

**（3）不允许进行加计扣除的行业进行“拆”的处理**。

上面我们提到，一些行业是不允许享受加计扣除优惠政策的，比如咨询公司，可能开发了 SaaS 平台对外提供咨询服务，亦或本身也开发了大量的数据库资源。我们也观察到有一些行业专家对此限制提出了“放行”的呼吁，但在当前的政策限制下，不能被动等，而是要有所行动。此时就可以很简单地进行“拆”的功能配合，将研发的功能拆分出来，并形成独立的法人主体，绕开商业服务业的范围。这确实是一件比较简单的事项，作为一个技术类企业向商业服务企业提供服务，在定价上做出合理安排就容易达到目标。与其临渊羡鱼，不如退而结网。

在上述拆的过程当中，需要结合实际情形进行功能搭建，可能很多人都知道“拆”，但是拆了之后，如何对接业务、开具发票，优化整体的税收利益呢？笔者认为，需要结合第二章中提到的技术类税收优惠政策的可比因素来选择（见表 3 – 4）。

**表 3 – 4　　“拆”后的业务对接与发票开具**

| 情形 | “拆”出来的主体从事业务 | 优惠政策 | 发票开具 |
|---|---|---|---|
| 1 | 受托研发服务 | 委托方享受研发加计，既然行业不得享受，这个业务方式是无效的 | 技术服务费 |
| 2 | 提供技术支持性使用服务 | 提供方享受研发加计 | 服务费 |
| 3 | 软件销售 | 同上 | 软件货物销售 |
| 4 | 技术使用权或所有权转让 | 同上 | 著作权或技术使用费 |

所以，研发费用加计扣除的优惠政策，需要在交易形式中发现选择项进行综合评估，比如软件企业可以享受的“二免三减半”、技术转让所得等所得税优惠政策，关键在于找到适合自己的方式。在实施过程当中，主要表现是拆出来的企业从事属于自己的研发任务并享受其成果利益，而不

是替被拆主体做受托研发的嫁妆。

**（4）税务机关如何挤掉研发费用加计扣除中夹杂的“水分”。**

当前，随着“简政放权”的大力推进，越来越多的纳税人开始关注研发费用加计扣除的税收优惠政策，想办法得到相应的筹划利益。那么，面对如此火热的研发费用加计扣除场景，一方面我们有欣喜之处，毕竟我们希望更多的企业投入技术创新中来；但另一方面，从这么多年来一些“不良”企业“骗补”等频频发生的事件来看，企业报告的研发费用支出可能存在着“水分”，而唯有税务机关可以一手掌握，及时发现问题并进行处理。作为技术对接的科技部门对其的关注点多与税收上的风险点不同，毕竟在税收上这是抵减国家税款的严肃事情。

从笔者的观察来看，目前存在着表 3－5 所示的一些风险点：

**表 3－5　税务筹划风险点**

| 事　项 | 描　述 | 检查风险点 |
| --- | --- | --- |
| 不真实 | 有的企业账上核算的数据并不准确，或者是没有真实发生，就是在申报所得税时人为地“凑”数据填表，实际上是虚假申报，财务人员的责任比较大。比如某建筑公司的研发支出，大量的投入水泥、钢材、特殊工艺材料等，更像是投入工程的物料，不是研发后报废的情形 | 主要检查表、账、原始凭据，结合现状查验，比如人员访谈、信息收集、账册调账情形的问询、投入物料的合理性工艺了解等 |
| 委托研发 | 注意交付物的体现形式，比如委托外部的研发服务，有的时候形成了无形资产，有的时候未形成无形资产只是一种消耗性的支出，此时就可能会存在摊销的问题。自有无形资产的需要按不低于 10 年的税前扣除标准摊销，而有的企业可能只是按三年或五年，甚至一次性费用化处理，形成研发加计基数的计量不准确。但是购入软件用于研发时，可以最短在 2 年内加速摊销，此时著作权属于对方，相对年限低，加速摊销就快，相当于提前确认了研发费用加计的基数 | 重点核查委托研发服务的合同，产权归属的约定或权照证书等，同时注意查看支付款项、发票等情形。若委托研发工作是 100% 可交付的情形（即不承担失败的风险），可以认为是无形资产的资本化处理。但是若存在自我测试、补充完善的情形，则可以费用化 |

续表

| 事　项 | 描　述 | 检查风险点 |
| --- | --- | --- |
| 固定资产加速折旧 | 当前的政策规定新购进的设备、器具，单位价值不超过500万元的，允许一次性计入当期成本费用在计算应纳税所得额时扣除，此时亦可以据此扣除享受研发加计扣除的政策优惠。若是五年折旧期，就有可能部分折旧不满足研发的相关性归集原则，此政策有时限性及特殊性 | 需要重点考虑是否满足加速折旧的条件及应用研发活动的事实安排 |
| 资本化与费用化 | 现实中多有存在未准确、未真实进行划分入账的情形，更多的情形下是进行费用化扣除了，若是形成自主知识产权的研发活动，通常情形下，应有资本化的体现，而非都认为属于研究阶段即费用化阶段。比如某些上市公司的财报信息反映的研发活动的费用化，就可能存在此方面的问题 | 尽管税收政策当中没有对资本化与费用化的规则要求，可以借鉴会计准则的规定。同时要关注已计入无形资产但不属于政策中允许加计扣除研发费用范围的，企业摊销时不得计算加计扣除 |
| 合理分摊的方式 | 比如对于支付的第三方云平台的服务费，里面有多少是运营支出，有多少是研发支出，需要有合理性的划分，而不是全都放在研发支出中 | 对于已运营的公司来说，研发支出往往是在经营当中发生的，普遍存在需要划分的情形 |
| 满足税前扣除条件的前提往往被忽略 | 法律、行政法规和国务院财税主管部门规定不允许企业所得税前扣除的费用和支出项目不得计算加计扣除 | 多数情形下企业存在以会计数据统计加计的基数，比如预提性的费用、未取得合规票据时的费用也夹杂其中了 |

研发费用加计扣除本身就是一件需要风险管理的事项，当越来越多的企业参与这一优惠享受的进程时，就难免鱼龙混杂。更何况，研发支出还决定着高新技术企业、软件企业等优惠政策的指标达成，所以“硬做”就成为过去几年来一些咨询机构的发家起步主要方式。比如笔者曾关注过某些税务服务机构帮助企业“实现”高新认定，在标榜自己的专业服务之外，更多地可能是“引入”服务的误区甚至是错误，或者参与造假。无论如何，完全寄望让服务机构“审核”与“协助”企业完成真正的高新等认定，不是100%可靠的，机构的功利性，利益的关联性，决定了服务机构的服务本质与特定情形下的“价值”服务表现。若是税务机关定期进行相关的质量检查，并发布相应的样本展示，将可以起到很好的引导和警示作用。

但是税务机关对企业的研究开发项目存疑时，不能一方独立地进行否定，税务机关对企业享受加计扣除优惠的研发项目有异议的，可以转请地市级（含）以上科技行政主管部门出具鉴定意见，科技部门应及时回复意见。企业承担省部级（含）以上科研项目的，以及以前年度已鉴定的跨年度研发项目，不再需要鉴定。这可能会增加一些争议项目的否定难度，或许会抑制税务机关的工作积极性。

《关于进一步做好企业研发费用加计扣除政策落实工作的通知》（国科发政〔2017〕211号）提出：

一、建立协同工作机制

地方各级人民政府科技、财政和税务主管部门要建立工作协调机制，加强工作衔接，形成工作合力。要切实加强对企业的事前事中事后管理和服务，以多种形式开展政策宣讲，引导企业规范研发项目管理和费用归集，确保政策落实、落细、落地。

二、事中异议项目鉴定

1. 税务部门对企业享受加计扣除优惠的研发项目有异议的，应及时通过县（区）级科技部门将项目资料送地市级（含）以上科技部门进行鉴定；由省直接管理的县/市，可直接由县级科技部门进行鉴定（以下统称“鉴定部门”）。

2. 鉴定部门在收到税务部门的鉴定需求后，应及时组织专家进行鉴定，并在规定时间内通过原渠道将鉴定意见反馈税务部门。鉴定时，应由3名以上相关领域的产业、技术、管理等专家参加。

3. 税务部门对鉴定部门的鉴定意见有异议的，可转请省级人民政府科技行政管理部门出具鉴定意见。

4. 对企业承担的省部级（含）以上科研项目，以及以前年度已鉴定的跨年度研发项目，税务部门不再要求进行鉴定。

三、事后核查异议项目鉴定

税务部门在对企业享受的研发费用加计扣除优惠开展事后核查中，对企业研发项目有异议的，可按照本通知第二条的规定送科技部门鉴定。

四、有关要求

1. 开展企业研发项目鉴定，不得向企业收取任何费用，所需要的工作经费应纳入部门经费预算给予保障。

2. 有条件的地方可建立信息化服务平台，为企业提供自我评价、材料提交、工作流转与信息传递等服务，提高工作效率，降低企业成本。

3. 各地方可根据本通知精神，制定实施细则，进一步明确职责分工、工作程序、办理时限等。

至于是不是真正的研发，“水分”是不是存在，那就让子弹再飞一会吧。

### 3.2.2 利用地区财政“返还”政策进行的交易架构安排

随着各地招商引资政策的持续火热，对于存量税收资源的吸引变得越来越普遍及多样，政策也是越来越“优惠”。比如刚开始，新疆与西藏的部分地区比较有吸引力，很多人不惧千山万水“西去取经”，到当地设立企业享受西部大开发优惠政策、自治区免税优惠政策，以及财政返还等。由于这类企业多是空壳形式，具有明显的“套利”性质，后因相应政策的要求增多，亦因内地一些地区掌握了招商引资的方法，一些园区慢慢地成立起来，终成“群雄并起”之状。

对于财政返还政策，尽管税是由税务机关征上来的，在征上有法定的管理职责，但在如何用地方财政支出上，则由当地政府决定。

**（1）企业组织架构、功能架构与财政政策的对接。**

**【案例3－2】** 大强公司是某地的一家服装生产销售公司，在全国各地的商场销售，销售某品牌男装，在2020年得到筹划专家的指导，拟在某“税收洼地”（当地政府增值税分成部分的90%予以返还，所得税返还地方留成部分的80%）设立小强贸易公司，在职能上作为总经销的身份从事经营。比如原来一件衣服，大强公司出厂价是200元，零售价是500元，给商场价格是350元。现大强公司拟先以250元卖给小强公司，小强公司再以350元卖给商场销售，相当于将原来的150元的差价进行了拆分，这个很容易理解，相当于“插入一个交易主体”。

分析：若地方增值税分成是50%，50%的90%部分为45%，简单估算小强公司的差价100元的13%为当地实现的增值税13元，其45%即5.85元；企业所得税若地方留成40%，其80%即32%，简单估算所得为100元时，所得税为25元，其32%部分为8元，合计得利13.85元。在这种情形下，若一年销售了100 000件衣服，则就有1 385 000元的返还。当然，企业取得的这类返还仍是属于所得税应税所得，需要计缴25%的企业所得税（里面有一个循环的过程，到最后金额会变得越来越小可忽略）。对于服装这类已经充分竞争的行业来讲，这个利润的取得可能比正常经营的利润来得还给力。

但是，有的人可能提到，对于这样的公司，若相关的人员配置不充分，仅仅承担“开票公司”的运营功能，有没有风险，原销售地税务机关能否将利润收回，有没有虚开的问题？我们需要认真地分析，大家可以发现，这里面有真实的交易货物，虽然物流与之前可能一样，仍是由厂家直发各地商场的方式，但最终的权利义务主体从过去的两方变更为三方了，若是存在真实的物流支持，则没有虚开的风险。但在此笔者提示，发货的指令与单据、物流的合同等，需要及时结合新交易主体进行调整，若仍套用原来的发货方、发货合同，则很容易被套上一个“虚开”的帽子，将是十分被动的。特别是当地发现税源被转移时，一是征管系统的税负率会有所变化，二是若该企业原属于当地的重点税源户，则可能会面临质疑风险。接下来的挑战就是定价的问题，比如为何拿100元的利润给一个没有需要发放工资的员工、没有承担广告费支出、没有正式办公场地的公司呢？从转让定价的角度，其职能与风险会存在不匹配的地方，就算解释其承担了全部的市场风险，那么将来货物退回、质量责任的承担主体是不是还是大强公司呢？所以这样的筹划，看似简单，其实一点也不简单，因为它是基本问题的较量，并不是直接违反了哪项税收政策，若进入到反避税的环节，则是“讨价还价”的过程。对于小强公司所在地财政来讲，引进税源，是“高兴的事”，当地的税务机关恐怕不会发起转让定价的调整，最多在其开具发票较多的时候，需要进行一定的查验以履行相应的监管职责。好在这种交易的体现是进13%的专用发票，出13%的专用发票，且来源相对单一，也没有变名之类的需要，是一个相对可靠的“领票方”。

从笔者的观察来看，目前这样的机构多数存在“壳”运行的方式，底气本就不是很充足。另外，比如有的医药生产企业，需要解决支付费用的问题，以高管或企业员工作为代持人来设立一些合伙或个人独资性质的企业，解决费用发票的入账问题，业务真实性难以考究，是否存在虚开的问题亦是很多人关注的焦点。这时也极可能产生设立所属地的财政返还，不过，多数情形下各地的操作是以返给纳税人的方式进行的，也不排除有的地方是奖励给引资单位或某个个人的名下，再由其进行安排自用或分配处理。

在财政返还的问题上，对于税务机关而言，如果存在与引资机构利益输送的情形，则可能面临另外一个层面上的风险，其中不排除有涉嫌行贿、受贿的风险。

当然还有别的引资手段，其中可以采取总部经济的方式，直接将大型企业引资搬迁过来，这里面有国家政策的引导，也有地方经济环境、特色的吸引，结合地方政策的财政激励，比如直接给予奖补、给予员工落户与子女入学的便利等，这属于更综合性的优惠政策。

可能有的人士提出来，以壳公司模式进行运营，能否以核心技术为中心，即是一个无形资产的创新中心。比如跨国企业在某国或地区设立的技术权利中心，收取相应的特许权使用费，形成利益中心，亦是税负节约的中心。结合功能及税收政策，无论是跨境投资经营，还是在国内跨地区投资经营，这种操作模式是一直会存在下去的，也会伴随争议与质疑。

一波未平，一波又起，被关注、被要求整改的地方消失了，又有新的地方站出来，对于税收利益的追求，是客观存在的。若国家层面真的采取强制化“一刀切”的限制措施，相信企业的心思会更向业务上偏重。但即使有着这样那样的承诺，仍然有不少人奔波在寻求财政返还的路上，落袋为安。对于利益的渴求，还是建议不妨适可而止。

**（2）“生”的利润转化为服务费用的溢价。**

从笔者的观察来看，多有服务机构协助客户进行财政返还等筹划安排，这种筹划并不与税务机关打交道，但是却与税相关，是另一个层面上的税务筹划。对于此类服务，业界的服务费用极低甚至免费提供，这本身极可能是基于服务机构取得当地财政返还的奖励利益的考虑，比如将返还的比例打折给引资的企业，自己挣一个差价。又比如约定不同级次的奖励比例，服务机构统算得到了溢价比例的部分。还有就是直接与客户约定收取财政返回多少的比例作为服务费用等。这种商业关系，本身是一种彼此之间的主观约定，并不见得违背物价法或存在不正当竞争的情形，服务本身的价格量化标准就是很难界定的，这类皆大欢喜的约定也不错。

不过实话实说，这种筹划的路径，没有什么技术含量，竞争也是越来越激烈。对纳税人来讲，应该多咨询几家服务机构，多了解一些地区的政策，有税收贡献能力的纳税人，一定程度上还是比较受欢迎的，但如何转出税收利益，却是需要“聪明”的税务筹划。这种情形当然面临着不确定性，一是地方政府的治理理念，在不同的经济环境下，采取的策略是不同的；二是国家整体层面的规划调整，亦存在着不确定性；三是财政预算体系的变化，对于财政返还或奖励来源的税款比例，是变化的，比如某市级与区级的划分比例，就可能频繁地调整。

为了减少相关的不确定性，财政的支出利益，可能采用不同的名目。而今，这种普遍性的财政招商举措，则是充满着政策上的变数。

**（3）限售股减持面临的挑战。**

对于这个问题，可能我们并不能够站在更高的层级上来探讨，只是从技术的角度进行一些意见的初步整理。纳税人对其纳税地的腾挪，源于地方财政的“利益对价”，一定程度上影响了纳税人之间的公平与国家财政的整体性。一方面，某个缺口的打开，间接地转化为税额的饶让，某地财政收入的增加，不是经济增量产生的结果，可能是从别的地方“转移”过来的，整体上是减少了国家的财政收入，形成不同地方政府间的税源“抢夺”战。另一方面，类似基金、互联网、人力产业园等行业，将零星的企业税源归集于一体，尽管有投机的一面，但也会带来行业集聚发展的好处，资源、政策的整合，有针对性的政策服务支持，特别是当国家集中力量发展某地经济之时，税收引导往往在前期发挥着重要的作用。

**【案例3-3】**某自然人是上市公司的创始人，计划在2021年减持1 000万股限售股，当前股价是200元/股，共计20亿元，成本价为1元。该自然人需要按财产转让所得以20%的税率计缴个人所得税，其间分为证券公司扣缴与个人自行申报两个环节来完成。那么，该自然人该如何进行筹划呢？

分析：从2010年明确对个人转让限售股开始征收个人所得税，大部分上市公司，其限售股的范围是首次公开发行股票并上市时形成的限售股，以及上市首日至解禁日期间由上述股份孳生的送、转股。即限售股征税范围只跟解禁日前的数量有关，并不包含解禁日后受到稀释而需要延伸范围，若不考虑可扣除的税费，其个人所得税为1 000万股×（200元-1元）×20%=39 800万元，对此个税的“割肉之痛”，筹划欲望比较强。

现实当中，有两种比较常见的筹划方式，一是通过解禁后送转股的方式稀释股价，减少计税股票数量的单价的方式，达到减少其个人所得税税额的目的；二是个人将其证券账户转移至某“税收洼地”，享受当地返还奖励的利益，高者有时能返到其纳税额的接近40%。这时并不是办理跨地区税务登记的转移，依政策，个人限售股在纳税地的管理上，由证券机构所在地主管税务机关负责征收管理，此情形下，比较容易进行转移。那么，个人纳税人在取得政府的财政返还或奖励之时，有没有新的个人所得税应税所得的纳税义务呢？前面我们有分析，合伙企业、个人独资企业收到政府奖励之时，需要计入经营所得。但对于个人，没有明确属于个人的哪一种应税所得类型，是不是可以认为不产生应税义务，即不需要缴纳个税呢？

《国家税务总局关于个人取得的奖金收入征收个人所得税问题的批复》（国税函（1998）293号）曾有这样的回复意见：

广西壮族自治区地方税务局：

你局《关于个人从省以下政府或政府其他部门取得的奖金征收个人所得税问题的请示》（桂地税报〔1998〕20号）收悉。经研究，现批复如下：

依据《中华人民共和国个人所得税法》的规定，个人因在各行各业做出突出贡献而从省级以下人民政府及其所属部门取得的一次性奖励收入，不论其奖金来源于何处，均不属于税法所规定的免税奖金范畴，应按“偶然所得”项目征收个人所得税。

新个税法下仍有偶然所得的税目，同时这类奖励也很难契合免税的适用类型，笔者倾向于认为其属于应税所得的范围。但现实当中，这类款项多是由政府财政支出的，难道税务机关还要求其代扣代缴个人所得税吗？

之前笔者遇到一个案例，由于某地需要拆迁，原来招商引资的约定受到影响，给投资人的投资造成损失，为此地方政府决定予以补偿，此时形成两种方案：一是补偿给所投资的企业，此时必然产生企业所得税，清算分配时还有个人所得税（企业注销清算或者迁移时也存在缴企业所得税的情形）；二是补偿给投资的股东，案例中的投资股东为自然人，此时这种补偿性的款项就无法形成纳税主体的应纳税所得额，可以轻松地实现解套的路径。

有的人提及若是用合伙企业作为投资主体，持有上市公司的限售股，能否复制上面的操作呢？这种情形的操作方式肯定是不同的，合伙企业取得的是经营所得，并不适用个人转让限售股的税收政策。比如大家熟悉的三种路径：一是取得合伙企业所在地的财政奖励或迁移至某“合适的地区”进行上述的操作，这是相对保守的操作；二是迁转后通过硬性手段取得核定的政策，目前来看，这种操作越来越受到关注，也越来越敏感，因为核定本身的聚焦度及关注度过高，税务机关也需要有人承担准予核定权的职责，特别是那种说不清楚的事前核定方式。笔者观察，现在已经开始封堵这种核定了，也有对此发起追缴的案例，之前屡有以此路径开启“胜利大逃亡”的操作方式。在无法核定之时，通过查账征收模拟核定的操作，在有些情形下成为一种默契。当然，这种情形下可以明确地解释为有偷逃税款的极大嫌疑，加之若产生增值税的计缴，在行业的利润率方面，亦可能引起关注，不排除有的地方亦默认不缴增值税，避开此敏感关注指标，从过去真核定的“合规”，到现在的“默契核定造假之嫌”，若做不好账、做不好银行流水、做不到成本的相关性与真实性，恐怕会让一些知名机构或个人吃大亏，因此还是需要有专业度、成熟度的操作方式；三是通过迁转，不达完全的条件但“挂靠”享受创业投资企业个人合伙人20%的计税方式，同时配合适当的财政奖励，此类地方是屈指可数的，也属于一种默契的筹划方式。

对于新三板挂牌企业来讲，其个人股东并不适用上市公司一致的限售股计税政策，《财政部 国家税务总局 证监会关于个人转让全国中小企业股份转让系统挂牌公司股票有关个人所得税政策的通知》（财税〔2018〕137号）规定：

一、自2018年11月1日（含）起，对个人转让新三板挂牌公司非原始股取得的所得，暂免征收个人所得税。

本通知所称非原始股是指个人在新三板挂牌公司挂牌后取得的股票，以及由上述股票孳生的送、转股。

二、对个人转让新三板挂牌公司原始股取得的所得，按照“财产转让所得”，适用20%的比例税率征收个人所得税。

本通知所称原始股是指个人在新三板挂牌公司挂牌前取得的股票，以及在该公司挂牌前和挂牌后由上述股票孳生的送、转股。

上述范围已“校正”了限售股的送、转股时限截止的规则，减少了人为操作转股降低税负的路径，这是基于价值的锁定，不是基于数量的锁定，因此更为合理了。

在现实的操作环境中，亦可能存在个人对直接持有的限售股未进行最终清算纳税申报的处理，因为本身是在证券机构所在地的税务机关办理申报，证券机构的代扣代缴是否准确，在经历着不断完善的信息掌握、完备的过程。曾经就存在某地税务机关对于某上市公司的控股股东追征限售股减持的个税的案例，据了解，最终可能并未对其追缴滞纳金，也没有罚款，亦未定性为偷逃税款，有其侥幸之处。现实中证券公司多帮客户打理。

**（4）各方如何面对“财政奖励”的空间与机会。**

对于纳税人或投资人来说，只要不是弄虚作假进行的运作，取得财政奖励是相对安全的。在地方政府允诺给予但未予兑现之时，能否进行上诉以求其权利得到认可与支持呢？在某些时候，得到认可更为公平合理一些，毕竟政府亦是作为合约方主体身份存在的。

对于一些公司来讲，取得的财政性资金，当不能满足企业所得税上的“不征税收入”的条件，就需要在取得当年计入所得计税。同时，这种财政性资金又区别于政府购买服务，在实践当中必须认真地掌握其计税规则。

**【案例3-4】**某企业与某地政府签订了招商引资协议，约定在其成功招商的企业完成税收任务的一定比例计算奖励额度，其2020年度经计算的额度是2 000万元，并在2020年12月31日向政府开具了发票，对于此2 000万元要不要并入2020年度汇算清缴的收入总额，企业与税务机关存在不同的理解。

分析：首先我们分析一下，依据当前有效的增值税文件，先行开具发票的纳税义务发生时间即开具发票之时，既然开具了发票（给政府部门开具普通发票即可，不需要开具增值税专用发票），即使没有收到款项，或未到约定日期收到款项，此时其增值税是需要缴纳的。但是企业所得税是不是也这样判断呢？这就要看服务是不是发生并可靠地确定。在上面的服务过程当中，既然双方认可了服务的交易认定，那么服务的收入形成了一笔债权，亦应在2020年度确认该笔收入计缴企业所得税。但是若该笔服务费用性质的奖励并没有得到确定，即政府部门还没有认可，招商的成果是否完成未得到最终审核认可，不排除有的企业存在纳税退回等情形。此时的企业所得税的服务收入亦得不到确定，即使开具了发票，也并不需要在当年度确认应纳税所得额。

对于税务机关来讲，无法从税收政策上限制财政返还的实施，但这并不意味着收的税收是“白收”了。其实招商引资是一个复杂的过程，其影响也相对复杂，往往是地方行政机关进行推进的一项政府活动，招入的企业所缴纳的税款，为税务机关的税收做出了新的增量贡献。当它有时成为一种实施国家战略的手段，或者是为当地科技、用工、扶贫等方面带来功效时，反而可能说明财政支出是成功的。但此情形下，各地政府对税务机关的要求就可能多起来，包括效率化、要求给予一些特别便利的操作等，或许会要求有创新的执法程序与行政程序，比如要求能够便利注销、要求开具发票额度的便利等，一定程度上，需要在税务信息系统中得到应用，谁签字、谁负责，这是有直接影响的，需要掌握行政事务中的风险底线。

对于各地以政府名义成立的招商平台也好，招商机构也罢，这里既有商业性的安排，也有与政府相关部门交往的事务，还存在相当激烈的行业竞争。如何协调好几方的利益关系，同时能给所招商的企业提供专业性的服务，是非常重要的，比如所招的企业明显有虚开发票的动机时，应当如何干涉，或者只是简单地协助做税务机关的“工作”？此事在具体操作时需要掌握一定的“火候”。

### 3.2.3 技术成果出资“断层”产生的筹划价值

笔者曾在已出版的《资本个税》一书中对其有过税负影响的分析，我们先从政策的对接方面以及应用实践方面，为企业与个人提供政策的解读与可行性分析。

技术成果出资属于出资人以非货币性资产出资的一种情形，出资人包括个人、企业等，但是国家给予不同投资人的投资计税规则是存在差异的。其中个体工商户，在当前的工商登记管理中，不能作为股东或投资人存在，这是一个例外，其余一些国内常见的企业类型，在投资设立公司时，其计税规则方式如表 3－6 所示：

表 3-6 计税规则方式

| 投资主体 | 一次性计税规则 | 分期纳税规则 | 递延纳税规则 |
|---|---|---|---|
| 个人 | 可以适用 | 可以适用 | 特定情形下可以适用技术成果出资的递延纳税政策 |
| 个人独资企业 | 是 | 不适用 | 不适用 |
| 合伙企业 | 是 | 不适用 | 不适用 |
| 公司 | 可以适用 | 可以适用 | 特定情形下可以适用如特殊性税务处理，或以技术成果出资的递延纳税政策 |

其中对于个人与公司等来讲，技术成果出资的计税规则，明显存在着政策上的“筹划空间”，而且这是国家支持性的政策。《财政部 国家税务总局关于完善股权激励和技术入股有关所得税政策的通知》(财税〔2016〕101 号) 规定：

三、对技术成果投资入股实施选择性税收优惠政策

(一) 企业或个人以技术成果投资入股到境内居民企业，被投资企业支付的对价全部为股票（权）的，企业或个人可选择继续按现行有关税收政策执行，也可选择适用递延纳税优惠政策。

选择技术成果投资入股递延纳税政策的，经向主管税务机关备案，投资入股当期可暂不纳税，允许递延至转让股权时，按股权转让收入减去技术成果原值和合理税费后的差额计算缴纳所得税。

(二) 企业或个人选择适用上述任一项政策，均允许被投资企业按技术成果投资入股时的评估值入账并在企业所得税前摊销扣除。

(三) 技术成果是指专利技术（含国防专利）、计算机软件著作权、集成电路布图设计专有权、植物新品种权、生物医药新品种，以及科技部、财政部、国家税务总局确定的其他技术成果。

(四) 技术成果投资入股，是指纳税人将技术成果所有权让渡给被投资企业、取得该企业股票（权）的行为。

从“量变到质变”来考虑，递延纳税的政策在特定条件下具有可控的“永续”功能体现。但从笔者观察的数个案例来看，有的企业利用了此政策的筹划“空间”，却在实践当中因实施不当导致补缴税款、滞纳金，也有因为过度操作引起税务机关怀疑从而被检查的案例。

**【案例3-5】**李某2016年9月以其某项专利技术全部投资作价100万元入股A企业，获得A企业股票100万股，占企业股本的5%。若李某发明该项专利技术的成本为20万元，入股时发生评估费及其他合理税费共10万元。假设后来李某将这部分股权以200万元卖掉，转让时发生税费15万元，李某应如何计算纳税？

分析：李某以专利技术投资入股，有两种税收处理方式：一是按照原有政策，在入股当期，用专利技术转让收入扣除专利技术财产原值和相关税费的差额计算个人所得税，并在当期或分期5年缴纳；二是按照递延纳税政策，在专利技术投资入股时不计税，待未来转让这部分股权时，直接以股权转让收入扣除专利技术的财产原值和合理税费的差额计算个人所得税。

按原政策计算：

李某技术入股当期需缴税，应纳税额=(100万元-20万元-10万元)×20%=14万元；

转让股权时李某也需缴税，应纳税额=(200万元-100万元-15万元)×20%=17万元；

两次合计，李某共缴纳个人所得税31万元。

若按递延纳税政策计算：

李某入股当期无须缴税。

待李某转让该部分股权时一次性缴税。转让时应纳税额=[200万元-

(20 万元 + 10 万元) - 15 万元] × 20% = 31 万元。

选择递延纳税后，在转让股权之时，李某应缴税款与原来一样，但李某在入股当期无须缴税，压力大大减小，待其转让时再缴税，确保有充足的资金流。若李某数十年一直持有股权不转让，也就一直不需要计算财产转让所得的个税。

但若李某选择递延纳税后，李某每年有不错的分红，最终仅以 40 万元合理价格将股权卖掉，假设转让股权时税费为 5 万元。则转让时李某该如何计税？

根据递延纳税相关政策，李某转让股权时，按照转让收入扣除技术成果原值及合理税费后的余额，计算缴纳个人所得税。因此，虽然李某的股权转让收入较当初专利技术投资时作价降低了，但其仍根据股权转让实际收入计算个人所得税，李某技术成果投资入股风险大大降低。

应缴税款 = [40 万元 - (20 万元 + 10 万元) - 5 万元] × 20% = 1 万元。

**【案例 3 - 6】** 大强公司拟以某项专利技术出资小强公司，该专利账面原值为 100 万元，已计提摊销 60 万元，出资评估作价 2 000 万元，若满足上述政策的递延纳税条件，此时大强公司的所得为 2 000 - 40 = 1 600 万元，暂不确认所得，待将来转让股权时，再计算所得，假设未来的转让价可能是 500 万元，此时我们分析一下政策应用层面的问题。

分析：从上面的案例中我们可以看到，若选择递延纳税的政策，其实中间的评估价 2 000 万元形成不了即时的纳税义务，需要看未来的转让价如何，若真是低于 40 万元亏本卖的，则不需要计税。那么对于有的纳税人故意“做大”出资的情形下，给予了可以先不计税产生税负成本的“便利”，同时对于接受投资的小强公司来讲，却可以以 2 000 万元作为无形资产的原值进行摊销（一般不低于 10 年）税前扣除，可谓“一举两得”。但从笔者的观察来看，如此优惠的政策却未得到很好地应用，原因何在呢？一是可能这个操作复杂，毕竟拥有技术的企业更多地是自己使用，并没有过多想到税收上的利益空间；二是企业老板不能安心使用该政策，害怕政策上掌握得不恰当；三是一些服务机构可能更多地提供协助企业解决入账发票的“筹划”，不愿意做麻烦的筹划，以致让这样一个“好政策”被白白浪费。

从所得税的原理看，在上一环节就溢价所得计税之后，后面的计税成本才予以认可扣减，这是承上启下的一贯原则，即“付税产生计税基础”。在企业所得税上有特殊性税务处理的政策规范，即递延纳税的认可，但要求延续原来的计税基础，并不给予下一环节主体以公允价作为计税基础的处理，这确实是“破天荒”的优惠政策的创新，它所享受的递延政策非特殊性税务处理中的递延纳税政策所能比。

当然未来企业经营得好，有利润分配时，若是个人股东，需按20%计算股息红利的个税，而企业所得税的计算则存在不确定性。比如企业在可预见的未来，并不转让对其持有的股权或进行清算注销，相当于得到了企业所得税的税前扣除的好处。若是真能因此激励企业以技术成果投资，找到用武之地，相当于政府做的安排成为一项政策创新，我们也期待这样的结果，而不应仅仅认为是政策的“漏洞”。研究税收政策的我们需要走出“理论”的小圈子，站在更宽广的视角看待这点利益的得失问题。

那么，对于无底线地高估价格入资的操作，税务机关若认为估值明显不合理的，主管税务机关有权进行调整。但说起来容易做起来难，这肯定也需要投入持续的精力跟进，但至少可以对纳税人的一些想法产生一定威慑力，起到警示作用。正如上面所提到的，本身这方面的案例就比较少，且目前仍然没有被好好地筹划利用，所以这是一个可顺势而为的激励政策，税务机关不妨也给予积极的宣传与引导，方可发挥税收调节经济、激励技术创新的作用。

### 3.2.4 技术转让操作产生的成本费用的价值

对于此事项，本身可以依靠“拆”的功能，但由于它会产生用“免税”换“扣除”的结果，所以也是产生利益的一种安排。我们先了解一下政策的规定（见表3－7）。

表 3-7 相关政策规定

| 政策类型 | 详细规定 | 依据 |
|---|---|---|
| 普遍适用的优惠 | 符合条件的技术转让所得免征、减征企业所得税，是指一个纳税年度内，居民企业技术转让所得不超过500万元的部分，免征企业所得税；超过500万元的部分，减半征收企业所得税 | 《企业所得税法实施条例》 |
| | 一、技术转让的范围，包括居民企业转让专利技术、计算机软件著作权、集成电路布图设计权、植物新品种、生物医药新品种，以及财政部和国家税务总局确定的其他技术<br>其中：专利技术，是指法律授予独占权的发明、实用新型和非简单改变产品图案的外观设计<br>二、本通知所称技术转让，是指居民企业转让其拥有符合本通知第一条规定技术的所有权或5年以上（含5年）全球独占许可使用权的行为① | 《关于居民企业技术转让有关企业所得税政策问题的通知》（财税〔2010〕111号） |
| | 一、自2015年10月1日起，全国范围内的居民企业转让5年（含，下同）以上非独占许可使用权取得的技术转让所得，纳入享受企业所得税优惠的技术转让所得范围。居民企业的年度技术转让所得不超过500万元的部分，免征企业所得税；超过500万元的部分，减半征收企业所得税<br>所称技术包括专利（含国防专利）、计算机软件著作权、集成电路布图设计专有权、植物新品种权、生物医药新品种，以及财政部和国家税务总局确定的其他技术。其中，专利是指法律授予独占权的发明、实用新型以及非简单改变产品图案和形状的外观设计<br>二、企业转让符合条件的5年以上非独占许可使用权的技术，限于其拥有所有权的技术。技术所有权的权属由国务院行政主管部门确定。其中，专利由国家知识产权局确定权属；国防专利由总装备部确定权属；计算机软件著作权由国家版权局确定权属；集成电路布图设计专有权由国家知识产权局确定权属；植物新品种权由农业部确定权属；生物医药新品种由国家食品药品监督管理总局确定权属<br>三、符合条件的5年以上非独占许可使用权技术转让所得应按以下方法计算：<br>技术转让所得＝技术转让收入－无形资产摊销费用－相关税费－应分摊期间费用<br>技术转让收入是指转让方履行技术转让合同后获得的价款，不包括销售或转让设备、仪器、零部件、原材料等非技术性收入。不属于与技术转让项目密不可分的技术咨询、服务、培训等收入，不得计入技术转让收入。技术许可使用权转让收入，应按转让协议约定的许可使用权人应付许可使用权使用费的日期确认收入的实现<br>无形资产摊销费用是指该无形资产按税法规定当年计算摊销的费用。涉及自用和对外许可使用的，应按照受益原则合理划分 | 《国家税务总局关于技术转让所得企业所得税有关问题的公告》（国家税务总局公告2015年第82号） |

① 国家税务总局公告2015年第82号文件对此进行了调整。

续表

| 政策类型 | 详细规定 | 依据 |
|---|---|---|
| 普遍适用的优惠 | 相关税费是指技术转让过程中实际发生的有关税费，包括除企业所得税和允许抵扣的增值税以外的各项税金及其附加、合同签订费用、律师费等相关费用<br>应分摊期间费用（不含无形资产摊销费用和相关税费）是指技术转让按照当年销售收入占比分摊的期间费用 | |
| 特定适用的优惠 | 一、在中关村国家自主创新示范区特定区域内注册的居民企业，符合条件的技术转让所得，在一个纳税年度内不超过2 000万元的部分，免征企业所得税；超过2 000万元部分，减半征收企业所得税<br>中关村国家自主创新示范区特定区域包括：朝阳园、海淀园、丰台园、顺义园、大兴——亦庄园、昌平园<br>二、本通知所称技术，是指专利（含国防专利）、计算机软件著作权、集成电路布图设计专有权、植物新品种权、生物医药新品种，以及财政部和国家税务总局确定的其他技术。其中，专利是权利人依法就发明创造，包括发明、实用新型、外观设计享有的专有的权利<br>三、本通知所称技术转让，是指居民企业转让符合本通知第二条规定技术的所有权、或3年以上（含3年）非独占许可使用权和全球独占许可使用权的行为<br>四、技术转让应签订技术转让合同。相关管理事项按照《财政部 国家税务总局关于居民企业技术转让有关企业所得税政策问题的通知》（财税〔2010〕111号）第三条规定执行<br>五、居民企业从直接或间接持有股权之和达到100%的关联方取得的技术转让所得，可享受本通知规定的优惠政策① | 《财政部 税务总局 科技部 知识产权局关于中关村国家自主创新示范区特定区域技术转让企业所得税试点政策的通知》（财税〔2020〕61号） |

我们可以尝试以一个最简单的转让著作权的例子来解释一下：大强公司想要自产自用一套软件平台系统，经过筹划，拟由其新设立的小强公司进行研究，研究成功后转让技术所有权给大强公司，转让收入是500万元，相关成本、税费及费用为50万元，此时技术转让所得为450万元，满足免税的条件，而购买方支付的500万元则计入无形资产中进行摊销税前扣除。在增值税上，此500万元能否享受免税的待遇其实并不重要，因为通常情形下是可以抵扣的，进行整体考虑时并没有在税费支出上吃亏。特定的场景中，是可以考虑办理技术转让的免税处理的。在财税〔2016〕36号中，有的税务机关“专业”地认为，文件中定义技术仅包括“专利技术和非专

① 《财政部 国家税务总局关于居民企业技术转让有关企业所得税政策问题的通知》（财税〔2010〕111号）对于普遍适用的优惠政策是这样限制的：

四、居民企业从直接或间接持有股权之和达到100%的关联方取得的技术转让所得，不享受技术转让减免企业所得税优惠政策。

利技术”，但笔者认为不宜机械地套用，本书第二章探讨过因为著作权就极可能是一种技术的形式，但不一定是专利技术。在企业所得税上是“大大方方”地认可了著作权在技术转让所得的范围之内的。再者说，若企业取得了科技部门备案的资料，难道税务机关还要反对吗？当然，部分税务部门在实践当中并没有对此研究得这么深入。

同时大家可以发现，对在中关村国家自主创新示范区特定区域内注册的居民企业，其适用免税金额从500万元提升到了2 000万元，而且放开了100%持股关联方的限制，对于一些大型的互联网、技术创新性的企业来讲，既为其提供了技术展示的机会，同时也将得到税收价值的创造。

本节中探讨的问题，跟上一节中提到的“技术成果出资”的筹划是不同的，技术转让是包括所有权与使用权的转让行为，技术成果出资限于所有权的出资行为。技术成果出资，严格来讲并不是税收优惠，是递延纳税的政策，而技术转让所得才是真正的优惠。另外，技术成果出资没有金额的限制，而技术转让所得却有“保守”的限额规定。

那么，既然是国家赋予的财税优惠政策，税务机关应予以鼓励才是，不必在开始时就前堵后截，国家的政策就是让纳税人享受的，而不是有优惠政策享受时，我们就老担心被企业“钻空子”造成国家税款流失。最关键的是要站好国家财政税收的“岗”，也要放开胸怀，问题是随着实践得到不断解决的。依据《国家税务总局关于发布修订后的〈企业所得税优惠政策事项办理办法〉的公告》（国家税务总局公告2018年第23号）的规定，纳税人享受技术转让所得的所得税优惠政策，需要根据交易留存备查如下资料：

1. 所转让的技术产权证明；

2. 企业发生境内技术转让：

（1）技术转让合同（副本）；
（2）技术合同登记证明；

(3) 技术转让所得归集、分摊、计算的相关资料;
(4) 实际缴纳相关税费的证明资料;

3. 企业向境外转让技术:

(1) 技术出口合同 (副本);
(2) 技术出口合同登记证书或技术出口许可证;
(3) 技术出口合同数据表;
(4) 技术转让所得归集、分摊、计算的相关资料;
(5) 实际缴纳相关税费的证明资料;
(6) 有关部门按照商务部、科技部发布的《中国禁止出口限制出口技术目录》出具的审查意见;

4. 转让技术所有权的,其成本费用情况;转让使用权的,其无形资产费用摊销情况;

5. 技术转让年度,转让双方股权关联情况。

整体而言,技术转让所得的免税优惠政策,利益是直接体现的,而建立在内部交易基础上"一举两得"的税务筹划,则需要大局化地考虑,但在细节方面却宜细致入微。

### 3.2.5 个别集团型服务机构"生"收入的虚开问题

近期遇到这样一个案例,某大型财税服务机构,因某"加盟"的合伙人举报总部虚开发票,其集团的主要负责人被收押。那么,对于集团内的交易,比如为了做大收入规模,而通过一些主体开发票的行为,是不是虚开发票的行为呢?这里要考虑两个层面的风险,一是若无实物、无服务行为情形之下的开具,依当前有效的法律法规,定性为虚开不为过;二是若认为未造成国家税款流失,未危害税收利益,或有情有可原之处,也有不予以定刑的处理。这其中的不确定性风险应当何去何从,做筹划,不宜在侥幸之中寻找安全。

而股东或合伙人之间的利益冲突，也有借发票或偷税之事来“出手”的。比如举报某位合作股东虚开发票的行为，是很容易掌握“证据”的。所以说，虚开的风险，可能由外部引起，也有可能源自内部矛盾的触发。另外，若通过虚开发票做大收入以达到骗取贷款的目的，则可能会再增加一个罪名。

关于某知名歌手被举报偷税的案例，或有因双方商业合作上的矛盾所致，据有关媒体报道：

2020 年底 - 2021 年，某经纪公司在内部审计核算中发现，在代理韩某经纪业务期间，韩某存在“大量少缴或者漏缴与其收入相对应的个人所得税的现象”，并提到已经收集材料向国家税务机关进行举报。而在“××××传媒”的同条微博下，博主还放出了不少与韩某有关的合同附件截图，以及向国家税务总局稽查局举报中心寄送资料的快递单据。

在一些筹划举例中，我们不时探讨过搭建架构、内部交易的一些路径，在此过程当中，当然会出现发票开具的行为，这会不会产生做大收入并且存在虚开的风险呢？本质上，这是与虚开行为存在差异的，关联方交易是一个很正常的独立法人单位之间的交易，若是按照我们居家过日子一样的理解，只是左口袋到右口袋的操作，若不按照独立交易原则进行核算主体的计税处理，还是属于反避税的处理范围！并且，基于分工作业的考虑，相关国家的法律法规又不限制纳税人的组织形式、交易行为，若其交易是真实的，那么自己就不需要像做了“贼”一样，内心不安。前几年，一些大型企业在运营中，基于收入的指标进行“彼此开具发票”做流水的销售，笔者接触了几个案例，确实是深陷“虚开”的泥坑，加之一些不法分子利用国有企业的身份“背书”，这样似乎可以“做实虚开”，由其向相关方开具发票，再由第三方开具发票过来抵扣。由于两头在外，不掌握交易的过程，最后很有可能“赔了夫人又折兵”。虽然说国有企业不大可能存在骗取国家税款的主观不良目的，但是由于第三方虚开定性的触发，很容易被牵涉让自己承担税款的损失与责任了。

**【案例3-7】**笔者数年前曾遇到一个国有企业的案例，其本身是做矿产品销售的，在一年之内，通过平价“转圈”销售的方式，不断做大收入规模，当地税务机关检查人员发现后，认为存在虚开嫌疑，并以此作为谈判条件，要求企业就一些事项补税，不然以虚开定性。最终企业可能补缴了500余万元的税款，才算是化解了一个可能涉嫌虚开的风险，这算是“花钱免灾型”的筹划吧。

类似情形还有某集团公司的一个创新部门，是由一帮科学家组成的团队，由于其对于财税、发票等方面的政策比较陌生，为了较好地体现运营效果，就为相关方提供了“通道”参与贸易业务，结果因上游方的虚开案受到牵连。还有一个案例，一个海归创业人，回来后与当地的“土豪”一起投资设立了一家显示器相关产业的企业，技术领先性明显，市场预期发展一片大好，但是越是发展不错的企业，越有可能产生矛盾或者存在利益分配潜在不满的问题。在这种情形下，其中一位股东举报这位海归创业人虚开增值税专用发票，被羁押了很长时间，最终判决认为其没有虚开的行为，但是经营合作是做不成了，企业运营也不能有效地继续了。这说明，找到一个有共同理想追求的伙伴是多么的重要。其实这个案例中，是否算是虚开存在不确定性。比如企业在未生产出商品时，先行给下游供应商开具了发票，约定过一阵有商品了进行发货，这算不算虚开？以目前的政策理解，不宜定性为虚开，因为后面是跟着货物销售的安排的。有时真是“一着不慎，满盘皆输”，找一个好的或帮着把关的财务人，或者通过内部有效的决策机制来共担决策责任的安排是很有必要的。千万不能简单地认为，税就是钱的事，“只要钱能解决的都不是事儿”。因为税收起始是钱的事，后面的处理却都是法律的事，由此入刑、入狱的情形是比较多的。所以说，本书所讲的筹划，有时并不仅仅是企业纳税的问题，更进一步讲，是老板、创业人如何做合法生意，保护自己合法权益的问题。

不过这里探讨一个问题，即先开具发票后交付货物或服务的情形下，不予以判定为虚开行为，这会不会成为虚开的一个借口呢？比如开具了100万元的发票，税务机关对此进行调查，老板回复说我们是等“一万年后”交付，能不能解释此非虚开呢？笔者认为这没有标准答案，其一，综合考虑从事业务的基础、能力与收款的相关性，若什么都没有，就极可能不靠谱，同时配合相关人员的证人证言，很容易被看破；其二，需求方真的需要，若是虚开，相应的款项会想办法回转到支付人方，这一点很关键。就算是服务比较虚无法核查，但逻辑上也是一样的。

**【案例3-8】**大强企业与其子公司小强企业，日常业务中，是大强企业统一对外采购，再平价销售给小强企业，最终小强企业向客户进行销售。在操作过程当中，大强公司对外是按100元/件（不含税价格）采购的，再以同样的价格销售给小强公司，此时企业的财务负责人咨询：“这样做有没有风险呢?”

分析：首先我们要理解什么是风险，一般我们在提到税务问题时，或者在进行一些培训宣传、写作文章时，总是提到风险，其实自己有时也不知想表达什么样明确的观点，只是感觉可能会有问题。这里的风险，当然不用担心虚开的问题，是指定价的合理性问题。从独立交易原则出发，大强公司是不是应“挣”些利润，即使是0.5%的利润也可以，这是基于定价合理性的问题，为了减少这类风险，适当加一点利润可能会更好。

在“生”收入方面，现实当中不可避免地存在一些开“壳”公司大量开具发票的情形，而且这种情形越来越受到国家税务总局的关注，比如“税收洼地”、虚假关联交易避税、打着创新经济的平台虚增业务收入等，有几个能说得清呢？如实业务很重要。

税务总局贯彻《关于进一步深化税收征管改革的意见》精神，要求：以税收风险为导向 精准实施税务监管

2021年04月29日 来源：国家税务总局稽查局

为深入贯彻落实中办、国办《关于进一步深化税收征管改革的意见》，国家税务总局要求各地税务部门以税收风险为导向、以“双随机、一公开”为基本方式，针对逃避税问题多发的重点领域，适当提高抽查比例，

有序开展随机抽查，精准实施税务监管，打击涉税违法行为，保护守法诚信经营，维护经济税收秩序，维护国家税收安全，维护社会公平正义。

一是聚焦重点领域。围绕社会舆论和人民群众关切，针对农副产品生产加工、废旧物资收购利用、大宗商品（如煤炭、钢材、电解铜、黄金）购销、营利性教育机构、医疗美容、直播平台、中介机构、高收入人群股权转让等行业和领域，重点查处虚开（及接受虚开）发票、隐瞒收入、虚列成本、利用“税收洼地”和关联交易恶意税收筹划以及利用新型经营模式逃避税等涉税违法行为。

二是坚持风险导向。以“信用＋风险”监管为基础，针对上述重点领域，强化税收大数据风险分析，根据税收风险适当提高“双随机、一公开”抽查比例。坚持“无风险不进户”，防止任意执法，未发现明显税收违法疑点和线索的，一般不确定为检查对象，着力引导纳税遵从。

三是规范执法程序。进一步规范税务系统组织实施“双随机”抽查的方式方法，探索形成个案解剖式调研检查、组织行业自查、实施重点检查的稽查治理模式，切实整顿规范重点领域税收秩序。认真做好查补税款的组织入库工作，提升稽查执法效果。坚持执法公开透明，自觉接受社会监督。

四是深化联合监管。积极参与市场监管领域部门联合随机抽查工作机制，形成税收共治合力。进一步健全完善税务、公安、海关和人民银行联合打击虚开骗税部际协作机制，精准有效打击“假企业”“假出口”“假申报”等违法行为。进一步强化税警协作，实行税警双方制度化、信息化、常态化联合办案，增强打击力度，彰显税法权威。

单说用工平台的流水转化而来的收入，都可能不知怎么回事，用工平台与用工企业一起决定了相关个人或主体通过平台为企业提供服务的业务关系，着实有点强扭的感觉，这要是货物，是很难行得通的。只是服务说起来虚无缥缈，通过平台“一日游”一下，结果就成了平台采购服务、销售服务。而这背后，核心是发票与个税税负、社保等关键问题，需要理顺这个关系，同时还要具有表现形式。同样，对于无车承运平台，大家也明白其中的“门道”，就算政策上允许平台来承接运输业务，也不代表就是简单的“空手套白狼”的玩法。这说明经济模式的创新，在宽容的政策环境下，确实突破了传统的业务关系与业务理解，但也存在着逃避纳税与社保义务的潜在问题。鼓励与支持的“借口”可以用一时，但并不能撑“一世”，所以，很有必要作出相应的引导，避免一个一个的“大瓜”不断冒出来。

税务机关在应对、打击虚开发票方面有着丰富的经验，纵是再高大上的平台，若牵涉到某些案件中，涉及查补税款、相关责任人移交公安经侦等情形的不在少数。但目前平台“生”收入往往很高，不规范的、违规的操作是存在的，在笔者看来，这种做税务生意的好日子，正面临越来越大的监控挑战。大家可以发现劳务派遣虚开、预付卡虚开的情形查得越来越多了。

### 3.2.6 生出“进项”的价值链改造

大家都知道，对于增值税一般纳税人而言，其应纳税额是以当期的销项税额减去进项税额计算缴纳的，若其存在简易计税的应纳税额需要单独计缴，不并入上述公式中统算。那么，在销项税额已确定的情形下，如何有效地合规筹划进项税额就成了很多人关注的一个点。野蛮者去找、去买票抵扣，这是违法，不在我们的筹划探讨范围之内。

**（1）日常进项税额筹划的方式。**

在企业的日常经营当中，关于进项税额的管理，很多人主要关注表3-8的事项：

上面列举的这些情形，笔者在现实当中遇到的比较多，但是这些涉及进项税额的事项，多是企业办税人员的“管”税，而没有筹划出来多少利益价值，那么真能筹划出来吗？

**（2）某大型食品加工企业的进项筹划。**

我们先从一个简单的案例开始，对于某个事项的筹划，应从多角度、多方面考虑，不是简单的一笔交易就结束了，需要合法前提铺垫式的筹划，水到渠成。比如与企业所得税、资金管理、合同签订、物流、运营要求或资质等方面的对接，特别是集团的税务筹划，是一项庞大的税务工程。本书作为一本通俗性的书籍，更多的是从某个方向或观念上进行分析、举例，希望举一反三，最终达到合规筹划的目标。

**表 3-8　进项税额的管理注意事项**

| 筹划方式 | 描述 | 风险点 |
| --- | --- | --- |
| 合理安排抵扣期间 | 抵扣没有时限性要求①，也不受收入权责相关性的所属期的限制，现实当中及早抵扣，让抵扣尽快体现抵减销项的安排，是多数人的操作 | 若是直接在系统当中勾选确认抵扣方式的，在票据保管方面的责任少一些，若是凭纸质票据进行确认抵扣的，需要及时取得与填报，这些单据的传递与统计不一定准确、完整、及时 |
| 进项转出时存在少转出的可能 | 利用进项转出适用比例法时，控制进项税额的抵扣确认期，可以带来少转出的效果 | 若存在税务机关要求一年内进行清算的情形，其效果会打折扣 |
| 对于专用于不得抵扣事项的规避 | 专用于不得抵扣事项的固定资产、无形资产（不包括其他权益性无形资产）、不动产抵扣的情形 | 以“不专用”的方式规划出现 |
| 供应商的选择 | 在不确定能否取得抵扣票据的情形下，比较采购价格存在困难，多数一般纳税人会直接选择与能开具抵扣票的供应商合作 | 一般重点考虑大的供应商即可，小额零星的采购可灵活掌握 |

① 《国家税务总局关于取消增值税扣税凭证认证确认期限等增值税征管问题的公告》（国家税务总局公告 2019 年第 45 号）规定：

一、增值税一般纳税人取得 2017 年 1 月 1 日及以后开具的增值税专用发票、海关进口增值税专用缴款书、机动车销售统一发票、收费公路通行费增值税电子普通发票，取消认证确认、稽核比对、申报抵扣的期限。纳税人在进行增值税纳税申报时，应当通过本省（自治区、直辖市和计划单列市）增值税发票综合服务平台对上述扣税凭证信息进行用途确认。

增值税一般纳税人取得 2016 年 12 月 31 日及以前开具的增值税专用发票、海关进口增值税专用缴款书、机动车销售统一发票，超过认证确认、稽核比对、申报抵扣期限，但符合规定条件的，仍可按照《国家税务总局关于逾期增值税扣税凭证抵扣问题的公告》（2011 年第 50 号，国家税务总局公告 2017 年第 36 号、2018 年第 31 号修改）、《国家税务总局关于未按期申报抵扣增值税扣税凭证有关问题的公告》（2011 年第 78 号，国家税务总局公告 2018 年第 31 号修改）规定，继续抵扣进项税额。

续表

| 筹划方式 | 描述 | 风险点 |
| --- | --- | --- |
| 与客户结算方式、交易方式的选择 | 比如付款方式与票据取得的前后顺序、对方提供的交易是简易计税方式还是一般计税方式、是不是混合销售等都会影响到抵扣的利益 | 既考虑到本身的抵扣利益，最好也需要考虑合作方的涉税优化利益 |

**【案例 3－9】**大强公司是一家大型食品加工类企业，主营业务为肉类精细加工，销售的对象是大型超市、网上商城等，适用税率为 13%。大强公司的材料供应是收购农户或农场的生猪或家禽，收回后进行粗加工、精细加工等流程，在一家公司处理完所有的流程。由于竞争压力，企业的利润空间越来越小，因此想从财税政策方面寻找突破，希望通过筹划改善现状。

分析：本案例就是出于复合型税收功能的安排与考虑。企业进行的第一个环节，“拆分”出来一家小强 A 公司，专门负责供应农业产品，销售给大强公司再进行深加工，这是一个基本的功能延伸。为什么要这样规划呢？看表 3－9 小强 A 公司的适用说明：

**表 3－9　　小强 A 公司的规划适用说明**

| 税种 | 说明 | 政策适用 | 政策规定 |
| --- | --- | --- | --- |
| 增值税 | 由初级农产品的收购方向初级农产品的生产者转化 | 通过提高的合理的价格，增加大强公司采购初级农产品可抵扣的税额 | 案例中提到的是属于纳税人购进用于生产或者委托加工 13% 税率货物的农产品，按照 10% 的扣除率计算进项税额① |

① 《财政部 税务总局 海关总署关于深化增值税改革有关政策的公告》（财政部 税务总局 海关总署公告 2019 年第 39 号）规定：纳税人购进用于生产或者委托加工 13% 税率货物的农产品，按照 10% 的扣除率计算进项税额。

《财政部 国家税务总局关于简并增值税税率有关政策的通知》（财税〔2017〕37 号，注意规定中的税率现在已发生了变化）规定：二、纳税人购进农产品，按下列规定抵扣进项税额：

（一）除本条第（二）项规定外，纳税人购进农产品，取得一般纳税人开具的增值税专用发票或海关进口增值税专用缴款书的，以增值税专用发票或海关进口增值税专用缴款书上注明的增值税额为进项税额；从按照简易计税方法依照 3% 征收率计算缴纳增值税的小规模纳税人取得增值税 专用发票的，以增值税专用发票上注明的金额和 11% 的扣除率计算进项税额；取得（开具）农产品销售发票或收购发票的，以农产品销售发票或收购发票上注明的农产品买价和 11% 的扣除率计算进项税额。

（二）营业税改征增值税试点期间，纳税人购进用于生产销售或委托受托加工 17% 税率货物的农产品维持原扣除力度不变。

续表

| 税种 | 说明 | 政策适用 | 政策规定 |
| --- | --- | --- | --- |
| 企业所得税 | 生产初级农产品的情形下可以享受所得免税待遇 | 独立所得税纳税主体可以享受减免税的优惠 | 《企业所得税法实施条例》第八十六条企业所得税法第二十七条第（一）项规定的企业从事农、林、牧、渔业项目的所得，可以免征、减征企业所得税，是指：<br>（一）企业从事下列项目的所得，免征企业所得税：<br>……<br>5. 牲畜、家禽的饲养；<br>…… |

如何从一个不从事具体喂养畜禽的企业变为自己喂养出产生猪与家禽的企业呢？政策给出了明确的方向：

《关于“公司＋农户”经营模式企业所得税优惠问题的公告》（税务总局公告2010年第2号）

现就有关“公司＋农户”模式企业所得税优惠问题公告如下：

目前，一些企业采取“公司＋农户”经营模式从事牲畜、家禽的饲养，即公司与农户签订委托养殖合同，向农户提供畜禽苗、饲料、兽药及疫苗等（所有权〈产权〉仍属于公司），农户将畜禽养大成为成品后交付公司回收。鉴于采取“公司＋农户”经营模式的企业，虽不直接从事畜禽的养殖，但系委托农户饲养，并承担诸如市场、管理、采购、销售等经营职责及绝大部分经营管理风险，公司和农户是劳务外包关系。为此，对此类以“公司＋农户”经营模式从事农、林、牧、渔业项目生产的企业，可以按照《中华人民共和国企业所得税法实施条例》第八十六条的有关规定，享受减免企业所得税优惠政策。

本公告自2010年1月1日起施行。

国家税务总局

二〇一〇年七月九日

《国家税务总局关于纳税人采取“公司＋农户”经营模式销售畜禽有关增值税问题的公告》（国家税务总局公告2013年第8号）规定如下。

现就纳税人采取“公司＋农户”经营模式销售畜禽有关增值税问题公告如下：

目前，一些纳税人采取“公司＋农户”经营模式从事畜禽饲养，即公司与农户签订委托养殖合同，向农户提供畜禽苗、饲料、兽药及疫苗等（所有权属于公司），农户饲养畜禽苗至成品后交付公司回收，公司将回收的成品畜禽用于销售。在上述经营模式下，纳税人回收再销售畜禽，属于农业生产者销售自产农产品①，应根据《中华人民共和国增值税暂行条例》的有关规定免征增值税。

本公告中的畜禽是指属于《财政部 国家税务总局关于印发〈农业产品征税范围注释〉的通知》（财税字〔1995〕52号）文件中规定的农业产品。

本公告自2013年4月1日起施行。

---

① 依据《财政部 国家税务总局关于印发〈农业产品征税范围注释〉的通知》（财税字〔1995〕52号）规定：

一、《中华人民共和国增值税暂行条例》第十六条所列免税项目的第一项所称的“农业生产者销售的自产农业产品”，是指直接从事植物的种植、收割和动物的饲养、捕捞的单位和个人销售的注释所列的自产农业产品；对上述单位和个人销售的外购的农业产品，以及单位和个人外购农业产品生产、加工后销售的仍然属于注释所列的农业产品，不属于免税的范围，应当按照规定税率征收增值税。

其附件《农业产品征税范围注释》提到：

农业产品是指种植业、养殖业、林业、牧业、水产业生产的各种植物、动物的初级产品。农业产品的征税范围包括：

（二）畜牧产品

畜牧产品是指人工饲养、繁殖取得和捕获的各种畜禽。本货物的征税范围包括：

1. 兽类、禽类和爬行类动物，如牛、马、猪、羊、鸡、鸭等。

2. 兽类、禽类和爬行类动物的肉产品，包括整块或者分割的鲜肉、冷藏或者冷冻肉、盐渍肉，兽类、禽类和爬行类动物的内脏、头、尾、蹄等组织。

各种兽类、禽类和爬行类动物的肉类生制品，如腊肉、腌肉、熏肉等，也属于本货物的征税范围。

各种肉类罐头、肉类熟制品，不属于本货物的征税范围。

3. 蛋类产品。是指各种禽类动物和爬行类动物的卵，包括鲜蛋、冷藏蛋。

经加工的咸蛋、松花蛋、腌制的蛋等，也属于本货物的征税范围。

各种蛋类的罐头不属于本货物的征税范围。

4. 鲜奶。是指各种哺乳类动物的乳汁和经净化、杀菌等加工工序生产的乳汁。

用鲜奶加工的各种奶制品，如酸奶、奶酪、奶油等，不属于本货物的征税范围。

特此公告。

国家税务总局

2013年2月6日

由于产业化的分工生产之需，自行开拓生产基地把握发展与运营，统一进行委托养殖，也是企业发展的正常需要。同时依据政策规定，农业生产者销售的自产农产品免征增值税，原来的年度采购金额是10 000万元，依10%计算抵扣1 000万元（销售的产品适用税率是13%）。若子公司小强A公司自己成了销售初级农产品的公司，适用增值税免税政策，此时开具增值税普通发票给大强公司，考虑功能增多定价为15 000万元，其抵扣额为1 500万元，整体看抵扣利益直接增加了500万元。从笔者的角度来看，对于价格的合理性，可能有的人认为不应增加过高，也有的人提出之前有税务局检查调整的先例，但至少，这样的操作思路在增值税与企业所得税上均找到了利益机会，增值税是不是“生”出来了呢？小强A公司没有缴纳增值税，但是却能给大强公司抵扣，我们看看因500万元的抵扣，在税收上改变了什么（见表3－10）。

**表3－10　调整后的税收影响**

| 税种 | 小强A公司 | 大强公司 | 综合影响 |
|---|---|---|---|
| 增值税 | 增值税免税 | 抵扣1 500万元，较原来多抵扣500万元 | 整体增值税缴纳减少500万元 |
| 企业所得税 | 企业所得税免税 | 增加了5 000万元成本，扣减抵扣的500万元后，增加了4 500万元的成本，按25%计算少缴所得税1 125万元 | 整体净利润增加1 125万元 |

可以说，这个成本是用免税“生”出来的，有点像“空手道、变戏法”，但政策比较明确，条件也是满足的，而且对于畜牧业的发展说不定也起到了重要的推动作用，属于国家鼓励的范围，企业可以根据配套政策进行调整。但若只是买进来再卖出去，就享受不到自产的优惠待遇。

再比如，对于奶制品公司，收购原奶也存在类似的问题，不过据笔者观察，一些地区的个人设立奶站，统一收购牧民们养殖奶牛产的原奶，再销售给乳业公司，在这种情形下，奶站是不是属于销售自产农产品？不是，若是这样处理的，存在抵扣问题。但是个人成立的奶站收购奶农的原奶，可以认定为是贸易关系，也可以操作为居间服务、存储服务的关系，现实当中，不排除就是“认定”此中间商作为自产农产品的单位或个人来处理了，笔者担心现实当中没有严格的核查（见表 3－11）。

**表 3－11　　销售方与购买方的优惠享受**

| 情形 | 销售方 | | | 购买方 | |
|---|---|---|---|---|---|
| | | | | 购买方用于特例外一般事项 | 购买方用于生产或者委托加工 13% 税率货物 |
| | 主体身份 | 发票类型 | 征免税/率 | 抵扣率 | 抵扣率 |
| 农业生产者销售自产初级农产品 | 一般纳税人 | 增值税专用发票 | 销项税率 9% | 9%（注明税额） | 10% |
| | | 免税农产品销售发票（如增值税普通发票） | 免税 | 9%（买价总金额×9%） | 10% |
| | 小规模纳税人（除自然人外） | 增值税专用发票 | 征收率 3% | 9%（不含税金额×9%） | 10% |
| | | 同上 | 征收率 1% | 1%① | 认为难以享受② |

① 我公司是一家餐饮企业，属于一般纳税人资格，本月取得了小规模纳税人开具的税率为 1% 农产品专票，能否按 9% 计算抵扣进项税额？

留言时间：2021 年 08 月 30 日 答复时间：2021 年 08 月 31 日 答复单位：国家税务总局网站 答：根据《财政部　国家税务总局关于简并增值税税率有关政策的通知》（财税〔2017〕37 号）第二条、《财政部　税务总局关于调整增值税税率的通知》（财税〔2018〕32 号）第二条、《财政部　税务总局　海关总署关于深化增值税改革有关政策的公告》（财政部　税务总局　海关总署公告 2019 年第 39 号）第二条规定，纳税人购进农产品，从依照 3% 征收率计算缴纳增值税的小规模纳税人取得增值税专用发票的，以增值税专用发票上注明的金额和 9% 的扣除率计算进项税额；纳税人购进农产品用于生产或者委托加工 13% 税率货物的，按照 10% 的扣除率计算进项税额。

因此，你公司购进农产品，如销售农产品的小规模纳税人选择放弃享受减征增值税政策，开具 3% 征收率的增值税专用发票，你公司取得了小规模纳税人开具的 3% 征收率的增值税专用发票，即可按上述规定计算抵扣进项税额。

② 主要是因为基于加计的比例是基于按 9% 抵扣的情形下产生的逻辑，对于 1% 征收率情形下若不认可按 9%，则很难加计扣除，不过这一情形是短期内的优惠政策，未来还是 3% 为主要的方向。

续表

| 情形 | 销售方 | | | 购买方 | |
| --- | --- | --- | --- | --- | --- |
| | | | | 购买方用于特例外一般事项 | 购买方用于生产或者委托加工13%税率货物 |
| | 主体身份 | 发票类型 | 征免税/率 | 抵扣率 | 抵扣率 |
| 农业生产者销售自产初级农产品 | 小规模纳税人（除自然人外） | 免税农产品销售发票（如增值税普通发票） | 免税 | 9%（买价总金额×9%） | 10% |
| | 自然人 | 农产品收购发票① | 免税 | 9%（买价总金额×9%） | 10% |
| | | 代开发票② | 免税 | 同上 | |
| 批发、零售（非自产销售）初级农产品 | 小规模纳税人（不含自然人） | 增值税普通发票 | 免税 | 不得抵扣 | 不得抵扣 |
| | | | 征收率3%或1% | 不得抵扣 | 不得抵扣 |
| | | 增值税专用发票 | 征收率3% | 9%（不含税金额×9%） | 10% |
| | | | 征收率1% | 1%③ | 认为难以享受 |

① 纳税人通过增值税发票开票软件使用增值税普通发票开具收购发票，系统在发票左上角自动打印“收购”字样。

② 代开的发票也属于开具的普通发票，是可以作为抵扣凭证的。比如《三亚税务推出掌上代开免税农产品增值税电子普通发票 农民开票不再“多头跑”》报道中有这样的内容：据了解，农户（个人）销售自产农产品，可向税务机关申请代开免税农产品增值税普通发票，购买方（增值税一般纳税人）可凭发票抵扣税款。

③ 我公司是一家餐饮企业，属于一般纳税人资格，本月取得了小规模纳税人开具的税率为1%农产品专票，能否按9%计算抵扣进项税额？

留言时间：2021年08月30日 答复时间：2021年08月31日 答复单位：国家税务总局网站

答：根据《财政部 国家税务总局关于简并增值税税率有关政策的通知》（财税〔2017〕37号）第二条、《财政部 税务总局关于调整增值税税率的通知》（财税〔2018〕32号）第二条、《财政部 税务总局 海关总署关于深化增值税改革有关政策的公告》（财政部 税务总局 海关总署公告2019年第39号）第二条规定，纳税人购进农产品，从依照3%征收率计算缴纳增值税的小规模纳税人取得增值税专用发票的，以增值税专用发票上注明的金额和9%的扣除率计算进项税额；纳税人购进农产品用于生产或者委托加工13%税率货物的，按照10%的扣除率计算进项税额。

因此，你公司购进农产品，如销售农产品的小规模纳税人选择放弃享受减征增值税政策，开具3%征收率的增值税专用发票，你公司取得了小规模纳税人开具的3%征收率的增值税专用发票，即可按上述规定计算抵扣进项税额。

续表

<table>
<tr><td rowspan="3">情　形</td><td colspan="3" rowspan="2">销售方</td><td colspan="2">购买方</td></tr>
<tr><td>购买方用于特例外一般事项</td><td>购买方用于生产或者委托加工13%税率货物</td></tr>
<tr><td>主体身份</td><td>发票类型</td><td>征免税/率</td><td>抵扣率</td><td>抵扣率</td></tr>
<tr><td rowspan="3">批发、零售（非自产销售）初级农产品</td><td rowspan="3">一般纳税人</td><td rowspan="2">增值税普通发票</td><td>免税</td><td>不得抵扣</td><td>不得抵扣</td></tr>
<tr><td>9%</td><td>不得抵扣</td><td>不得抵扣</td></tr>
<tr><td>增值税专用发票</td><td>9%</td><td>9%（注明税额）</td><td>10%</td></tr>
<tr><td>海关进口缴纳后再抵扣</td><td>*</td><td>*</td><td>*</td><td>9%</td><td>10%</td></tr>
</table>

当销售方享受所得税免税，购买方计入成本费用税前计税扣除；销售方享受增值税免税，购买方却可以抵扣。在这个框架下，把内部的功能链条进行细化，打造成符合商业模式的合理性存在，同时搭配架构的地区配置，可能会产生不错的效果。但这类筹划案例中也会存在虚假操作，比如有的房地产开发企业购入关联方的自产绿植，里面或许就存在一定水分，下面是一个涉及苗木种植的筹划案例。

国家税务总局株洲市税务局第一稽查局税务处理决定书

株税一稽处〔2020〕46号

株洲市××苗木种植农民专业合作社：(纳税人识别号：93430200813892132)

我局（所）于2020年10月12日至2020年11月17日对你（单位）2013年11月13日至2020年8月31日的涉税情况进行了检查，违法事实及处理决定如下：

一、违法事实

对你合作社存续期间的经营情况通过下面几个方面进行了检查和核实：

1. 对货物流的检查

（1）检查人员通过调查了解，得知你合作社的实际控制人为李×（证件号码：略，手机号码：略），其他股东或其他人员都未参与你合作社实际经营。通过检查发现你合作社根本没有大规模种植生产苗木的能力。你合作社称对外开具的苗木销售发票是其社员自产自销的苗木，但通过查询你合作社的登记信息，其自行提供的社员名单上无一人是你合作社的股东。

（2）你合作社系苗木种植企业，销售的苗木按常理有对应的树苗等原材料采购信息。检查人员通过对你合作社涉案人员的询问及核对你合作社的账簿、凭证等，发现你合作社无任何购进树苗的发票、合同和相关银行付款凭证。

（3）通过对实际控制人李×的询问，得知你合作社名下并没有任何货物及其他资产，但你合作社从2016年6月10日起至2017年6月29日共对外虚开了增值税普通发票313份，金额合计30 192 745.78元。

（4）通过对实际控制人李×的询问，得知你合作社与上述发票相关的销售合同均是为了对应发票开具内容而伪造，确定所开具发票无真实的苗木交易。

2. 对资金流的检查

（1）按开具发票要求你合作社提供相关的资金付款情况，发现部分企业根本没有货款交易或声称是现金交易。

（2）检查人员查询并调取你合作社的银行资金流信息，通过对以银行转账形式的回款进一步调查，发现大部分款项回流到接受发票的相关人账户中，而且大多是按开票金额收到转账后，扣除0.5%－0.8%的手续费后将剩余款项转回原付款方或中间人账户，存在资金回流现象。

（3）通过对声称现金交易的资金来源及流向的调查，最后均证实为无真实资金交易。

综上所述，检查人员认为你合作社利用国家对农业生产者自产自销苗木免税的优惠政策，以农民身份申请成立多家合作社，向税务机关领取苗木发票，以签订虚假合同、资金回流或现金支付手续费等手段，伪造虚假的苗木销售，以0.4%到0.8%的手续费开具发票出售给部分企事业单位用于套取资金、冲抵成本、抵扣税款，造成国家税款及其他重大损失。你合作社上述无真实货物交易收取手续费对外开具发票的行为属于虚开增值税发票行为。

二、处理决定

（一）根据《中华人民共和国增值税暂行条例》第十五条“下列项目免征增值税：（一）农业生产者销售的自产农产品”、《财政部 国家税务总局关于全面推开营业税改征增值税试点的通知》（财税〔2016〕36号）的附件1《营业税改征增值税试点实施办法》第二十五条“下列进项税额准予从销项税额中抵扣：（三）购进农产品，除取得增值税专用发票或者海关进口增值税专用缴款书外，按照农产品收购发票或者销售发票上注明的农产品买价和13%的扣除率计算的进项税额”、《中华人民共和国企业所得税法》第二十七条“企业的下列所得，可以免征、减征企业所得税：（一）从事农、林、牧、渔业项目的所得”、《财政部 国家税务总局关于农民专业合作社有关税收政策的通知》（财税〔2008〕81号）“一、对农民专业合作社销售本社成员生产的农业产品，视同农业生产者销售自产农业产品免征增值税。本通知所称农民专业合作社，是指依照《中华人民共和国农民专业合作社法》规定设立和登记的农民专业合作社”、《中华人民共和国农民合作社法》第五条“农民专业合作社依照本法登记，取得法人资格。农民专业合作社对由成员出资、公积金、国家财政直接补助、他人捐赠以及合法取得的其他资产所形成的财产，享有占有、使用和处分的权利，并以上述财产对债务承担责任”、第十九条“农民专业合作社应该置备成员名册，并报登记机关”、第二十四条“符合本法第十九条、第二十条规定的公民、企业、事业单位或者社会组织，要求加入已成立的农民专业合作社，应当向理事长或者理事会提出书面申请，经成员大会或者成员代表大会表决通过后，成为本社成员”的规定，你合作社提供的社员名单上无一人是符合以上规定的合法成员，可以判定你合作社为社员名单上人员对外开具的发票不是为你合作社的经营行为所开具，只是利用国家对农业生产者自产自销苗木免税的优惠政策对外虚开发票用以赚取手续费。

（二）根据《中华人民共和国发票管理办法》第十六条“需要临时使用发票的单位和个人，可以凭购销商品、提供或者接受服务以及从事其他经营活动的书面证明、经办人身份证明，直接向经营地税务机关申请代开发票。依照税收法律、行政法规规定应当缴纳税款的，税务机关应当先征收税款，再开具发票。税务机关根据发票管理的需要，可以按照国务院税务主管部门的规定委托其他单位代开发票。禁止非法代开发票”、第二十二条“开具发票应当按照规定的时限、顺序、栏目，全部联次一次性如实开具，并加盖发票专用章。任何单位和个人不得有下列虚开发票行为：（一）为他人、为自己开具与实际经营业务情况不符的发票；（二）让他人为自己开具与实际经营业务情况不符的发票；（三）介绍他人开具与实际经营业务情况不符的发票”、第三十七条“违反本办法第二十二条第二款的规定虚开发票的，由税务机关没收违法所得；虚开金额在 1 万元以下的，可以并处 5 万元以下的罚款；虚开金额超过 1 万元的，并处 5 万元以上 50 万元以下的罚款；构成犯罪的，依法追究刑事责任。非法代开发票的，依照前款规定处罚”的规定，可以判定你合作社无真实业务，对外开具增值税普通发票 313 份，金额合计 30 192 745.78 元属于“虚开增值税发票”。

（三）依据《中华人民共和国刑法》第二百零五条之一“虚开本法第二百零五条规定以外的其他发票，情节严重的，处二年以下有期徒刑、拘役或者管制，并处罚金；情节特别严重的，处二年以上七年以下有期徒刑，并处罚金。单位犯前款罪的，对单位判处罚金，并对其直接负责的主管人员和其他直接责任人员，依照前款的规定处罚”和《行政执法机关移送涉嫌犯罪案件的规定》（国务院令第 310 号）第三条“行政执法机关在依法查处违法行为过程中，发现违法事实涉及的金额、违法事实的情节、违法事实造成的后果等，根据刑法关于破坏社会主义市场经济秩序罪、妨害社会管理秩序罪等罪的规定和最高人民法院、最高人民检察院关于破坏社会主义市场经济秩序罪、妨害社会管理秩序罪等罪的司法解释以及最高人民检察院、公安部关于经济犯罪案件的追诉标准等规定，涉嫌构成犯罪，依法需要追究刑事责任的，必须依照本规定向公安机关移送”的规定，你合作社以上税收违法行为已涉嫌犯罪并达到追诉标准，由于之前公安机关已对该企业立案侦查，故不再重复移送公安机关。

（四）根据《中共中央办公厅 国务院办公厅转发国务院法制办等部门〈关于加强行政执法与刑事司法衔接工作的意见〉的通知》（中办发〔2011〕8号）第一条第（三）项：“行政执法机关向公安机关移送涉嫌犯罪案件，应当移交案件的全部材料，同时将案件移送书及有关材料目录抄送人民检察院。行政执法机关在移送案件时已经作出行政处罚决定的，应当将行政处罚决定书一并抄送公安机关、人民检察院；未作出行政处罚决定的，原则上应当在公安机关决定不予立案或者撤销案件、人民检察院作出不起诉决定、人民法院作出无罪判决或者免于刑事处罚后，再决定是否给予行政处罚。”建议对在公安机关决定不予立案或者撤销案件、人民检察院作出不起诉决定、人民法院作出无罪判决或者免于刑事处罚后，再决定是否给予行政处罚。

限你（单位）自收到本决定书之日起15日内按照规定进行相关账务调整。

你（单位）若同我局（所）在纳税上有争议，必须先依照本决定的期限缴纳税款及滞纳金或者提供相应的担保，然后可自上述款项缴清或者提供相应担保被税务机关确认之日起六十日内依法向国家税务总局株洲市税务局申请行政复议。

二〇二〇年十一月十八日

**（3）从农贸市场购买免税商品的业务处理**。

本小节的内容，主要是为补充上一小节，同样享受免税的待遇政策，但此时的抵扣是行不通的。

《财政部 国家税务总局关于免征部分鲜活肉蛋产品流通环节增值税政策的通知》（财税〔2012〕75号）规定：

一、对从事农产品批发、零售的纳税人销售的部分鲜活肉蛋产品免征增值税。

免征增值税的鲜活肉产品，是指猪、牛、羊、鸡、鸭、鹅及其整块或者分割的鲜肉、冷藏或者冷冻肉，内脏、头、尾、骨、蹄、翅、爪等组织。

免征增值税的鲜活蛋产品，是指鸡蛋、鸭蛋、鹅蛋，包括鲜蛋、冷藏蛋以及对其进行破壳分离的蛋液、蛋黄和蛋壳。

上述产品中不包括《中华人民共和国野生动物保护法》所规定的国家珍贵、濒危野生动物及其鲜活肉类、蛋类产品。

二、从事农产品批发、零售的纳税人既销售本通知第一条规定的部分鲜活肉蛋产品又销售其他增值税应税货物的，应分别核算上述鲜活肉蛋产品和其他增值税应税货物的销售额；未分别核算的，不得享受部分鲜活肉蛋产品增值税免税政策。

《财政部 国家税务总局关于免征蔬菜流通环节增值税有关问题的通知》（财税〔2011〕137号）规定：

经国务院批准，自2012年1月1日起，免征蔬菜流通环节增值税。现将有关事项通知如下：

一、对从事蔬菜批发、零售的纳税人销售的蔬菜免征增值税。

蔬菜是指可作副食的草本、木本植物，包括各种蔬菜、菌类植物和少数可作副食的木本植物。蔬菜的主要品种参照《蔬菜主要品种目录》（见附件）执行。

经挑选、清洗、切分、晾晒、包装、脱水、冷藏、冷冻等工序加工的蔬菜，属于本通知所述蔬菜的范围。

各种蔬菜罐头不属于本通知所述蔬菜的范围。蔬菜罐头是指蔬菜经处理、装罐、密封、杀菌或无菌包装而制成的食品。

二、纳税人既销售蔬菜又销售其他增值税应税货物的，应分别核算蔬菜和其他增值税应税货物的销售额；未分别核算的，不得享受蔬菜增值税免税政策。

此政策对于某些大型的餐饮企业来讲，影响比较大，但对于小规模纳税人餐饮企业，由于不涉及抵扣，所以供应商是不是免增值税并不影响其利益。由于这些批发、零售的产品多是从生产者或者别的贸易供应商处采购进来的，在此环节的免税，使得纳税人从批发、零售环节购进适用免征增值税政策的蔬菜、部分鲜活肉蛋而取得的普通发票，不得作为计算抵扣进项税额的凭证，从而形成了并不需要抵扣的断层，导致下一环节客户的潜在“损失”。

**【案例3-10】** 某从事经销鲜活肉蛋产品的企业，年销售额1 090万元（总额），其从农业生产者处采购的产品价格是700万元（总额），上述产品全部销售给了一些大型的酒店，对方亦为一般纳税人，表3-12是在其适用免税与不免税开专用发票的情形下做一个比较（假设不考虑其他运营事项的影响）。

**表3-12 适用免税与不免税开专用发票的情形比较** 单位：万元

| 情形 | 增值税 | 利润总额 | 酒店方影响 |
|---|---|---|---|
| 免税 | 0 | 1 090 - 700 = 390 | 1 090万元入成本费用 |
| 不免税 | 1 090 ÷ 1.09 × 9% - 700 × 9% = 90 - 63 = 27 | 1 000 - （700 - 63） = 1 000 - 637 = 363 | 1 000万元入成本费用<br>90抵扣增值税 |

在上面的举例中，如销售方企业不享受免税优惠，则利润会下降27万元，这里我们没有考虑其他费用，且毛利率也是存在变化的，但是对于下一家作为一般纳税人的购买方来讲，是有利益损失的，相应的利润额减少了90万元。若考虑到25%企业所得税的影响，不考虑附加税费的因素，对于净利润有67.5万元的不利影响。可能有的人提出来，因为该企业有集中供应的渠道，若其客户自己进行采购，其成本可能会更高，这是有可能的，毕竟企业的资源是一个综合性的影响因素。那么能否在不影响该企业免税的基础之上，在商业模式上有所调整呢？在技术上是存在一些方法的，比如下面的操作：

该企业是要挣取390万元的利润总额，若采取代购[①]的方式，该企业代酒店进行采购，酒店取得农产品的销售发票或自行开具收购发票，给该企业管理费用，390×(1+6%)=413.40万元，其中23.40万元可以进行抵扣，同时700万元可以抵扣63万元。当然，这只是一种理论探讨，现实当中因为商业保密的问题，该企业可能也不会把利润底线暴露出来，但在某种情形下，这可以提供一种紧密利益相关方的操作思路参考。若部分客户是小规模纳税人，就不需要这么复杂的合作关系了，是否免税不影响其利润与抵扣。

核定抵扣进项税额时是不是仍需取得合法抵扣凭据？试点纳税人购进农产品不再凭增值税扣税凭证抵扣增值税进项税额，但这并不代表不需要发票等合规凭据，因为有的核定方法是用到采购单价的；同时其企业所得税税前亦难扣除。如《国家税务总局广东省税务局 广东省财政厅关于在酱油制造和豆豉制造行业试行农产品增值税进项税额核定扣除办法的公告》（国家税务总局广东省税务局 广东省财政厅公告2020年第5号）规定：

四、试点纳税人购进农产品不再凭增值税扣税凭证抵扣增值税进项税额。在购进农产品时仍应按照《中华人民共和国发票管理办法》有关规定取得发票或开具农产品收购发票，并按《实施办法》第六条规定计入成本。纳税人不按规定取得发票或开具农产品收购发票，导致会计核算不健全或者不能够提供准确税务资料的，经主管税务机关核实确认后，退出农产品核定扣除试点。

但若是对购入初级农产品实施增值税进项税额核定扣除试点的，就不宜简单地套用上面的规则，而是要结合某个环节上的实际情形进行设计。

---

① 《财政部 国家税务总局关于增值税、营业税若干政策规定的通知》（财税字〔1994〕26号）规定：

五、关于代购货物征税问题

代购货物行为，凡同时具备以下条件的，不征收增值税；不同时具备以下条件的，无论会计制度规定如何核算，均征收增值税。

（一）受托方不垫付资金；

（二）销货方将发票开具给委托方，并由受托方将该项发票转交给委托方；

（三）受托方按销售方实际收取的销售额和增值税额（如系代理进口货物则为海关代征的增值税额）与委托方结算货款，并另外收取手续费。

**（4）大额留抵进项税额无法消化的问题。**

现实当中，我们经常会发现，有的企业账上会长时间留存部分进项税额的留抵金额，但由于各种原因，企业经营停滞，没有销项产生，以致看似是企业的一项“资产性质的财产”，却无法变现。当下，国家为一些特定的行业提供了部分留抵退税的政策，但有相应的限制性条件，比如增量的部分退税。对于已有的存量留抵税额，若在最后注销时依然没有消化，只能算是自己的“损失”了。那么有没有可以优化的措施（见表3-13）呢？

表3-13　　大额留抵进项税额无法消化的优化措施

| 方　法 | 描　述 | 说　明 |
|---|---|---|
| 高溢价业务通道 | 新业务不能自带高比例的进项税额，不然没有办法有效地消除原来的存量进项留抵税额 | 不能认为有进项就大额“虚开”发票，尽管不产生纳税额，但虚开的风险可不是“过家家” |
| 存量资产的处理 | 对于该公司，发现其存量资产的价值，并进行设计后转化销售。但像贷款服务等属于不得抵扣的情形，产生销项也没有用处 | 要考虑收入形成所得税的成本的评估，比如原来是不是有亏损，其空间额度要掌握好 |
| 利用免税或不征税的交易 | 此举在于不要形成进项，但以拆分转让等交易产生销项的方式 | 比如在集团层面组合交易规划 |
| 直接吸收合并 | 合并方合并该企业，该企业注销，形成留抵进项的转移，这是税收政策的一个明确有效的路径① | 要考虑吸收合并方承接的风险，或者存在被合并方的一些经营资质等保留的必要性 |

① 《国家税务总局关于纳税人资产重组增值税留抵税额处理有关问题的公告》（国家税务总局公告2012年第55号）规定：

现将纳税人资产重组中增值税留抵税额处理有关问题公告如下：

一、增值税一般纳税人（以下称“原纳税人”）在资产重组过程中，将全部资产、负债和劳动力一并转让给其他增值税一般纳税人（以下称“新纳税人”），并按程序办理注销税务登记的，其在办理注销登记前尚未抵扣的进项税额可结转至新纳税人处继续抵扣。

二、原纳税人主管税务机关应认真核查纳税人资产重组相关资料，核实原纳税人在办理注销税务登记前尚未抵扣的进项税额，填写《增值税一般纳税人资产重组进项留抵税额转移单》（见附件）。

《增值税一般纳税人资产重组进项留抵税额转移单》一式三份，原纳税人主管税务机关留存一份，交纳税人一份，传递新纳税人主管税务机关一份。

三、新纳税人主管税务机关应将原纳税人主管税务机关传递来的《增值税一般纳税人资产重组进项留抵税额转移单》与纳税人报送资料进行认真核对，对原纳税人尚未抵扣的进项税额，在确认无误后，允许新纳税人继续申报抵扣。

本公告自2013年1月1日起施行。

那么，这种进项税额转移的价值如何体现出来呢？若大强公司有留抵进项100万元，亏损额500万元，大强公司将账面一批较新的固定资产进行转让，转让价格800万元，销项税额若为104万元（800×13%），原账面净值为300万元，产生所得为500万元。此时的应纳税额如表3－14所示。

**表3－14　应纳税额计算**

| 税　种 | 税　额 | 说　明 |
| --- | --- | --- |
| 增值税 | 104－100＝4万元 | 还有小额的附加税费 |
| 企业所得税 | 亏损弥补500万元，不产生所得税，未分配利润为0元 | 注意亏损的弥补年限是否影响可弥补的亏损额 |

对于增值税抵扣的100万元，并不计入利润表，即形成不了未分配利润，而是从待抵扣的项目转化到现金当中了。收到的104万元现金，只要缴纳4万元增值税，此时100万元留在现金里面了，价值是相关资产的真实性体现，在注销时也是可以分配的，但若不是合并情形下的注销，进项税额留抵部分是无法分配到股东名下的，股东也不能以此向国家申请退税。

有的人士可能提议，留抵的税额不就是国家欠企业的“钱”吗？应调整这一政策，由国家即时返还才好！这何尝不是呢，不过我们知道，这个进项是通过持续的、很多环节的交易形成的，在有些时候，保证不了其支付上一方的税额是不是完整地计算缴纳给国家了。笔者认为，要实现这一目标，还是需要相当长的时间的，需要更多的系统化保障，也要有税款征收与财政承担能力的支持，特别是避免虚开行为对国家税款利益的损害。

### 3.2.7　亏损企业的筹划“价值”所在

近一段时间以来，经常有人咨询笔者：“你有没有推荐的亏损公司可转让啊？”这要做什么呢？笔者分析了一下，感觉亏损企业确实有可充分利用的税收价值，而不是大家习惯上关于买卖的商业价值！这里说的亏损企业，主要是指其在税收上存在可弥补亏损额，而不是仅看会计上的亏损额。有时我们要在收购时确认一下税务系统当中查询的亏损数据，这需要尽职调查的确认，不能光凭查阅企业的复印申报表数据确定。

**【案例3－11】** 大强公司拟从事一项业务，预计利润在2 000万元，由于大强公司自己的经营已有不错的利润，于是大强公司的老板找到一位朋友，其手里有一家亏损企业，可以转让，转让价10万元，亏损额2 000万元（假设与税前可弥补的亏损额一致）。大强公司的老板将业务转移到收购的公司运营，相应的纳税申报及发票等均正常解决，也不存在虚开发票的问题。这样一来有何税款的节约（不考虑增值税的因素，见表3－15）？

**表3－15　企业所得税与个人所得税的税款节约比较情况**　单位：万元

| 方　案 | 企业所得税 | 个人所得税（可不分） |
| --- | --- | --- |
| 大强公司运营 | 2 000×25%＝500 | 分红个税：1 500×20%＝300<br>税后所得：1 200 |
| 新收购公司运营 | 0 | 分红个税：弥补亏损没有账面利润可分，不存在分红计税的情形<br>若清算分配（不考虑其他分配资产）财产转让所得的个人所得税为（2 000－10）×20%＝398万元①，税后所得为2 000－398－10＝1 592万元，但也可以不作分配放在账上，直接合理地消费支出或投资处理 |

亏损企业的价值相当于一个节税器，在企业的特殊性税务处理中，盈利企业吸收合并亏损企业，或者亏损企业吸收合并盈利企业，都是存在亏损额价值再利用的因素及安排。那么有的人提出，合伙企业的亏损能不能利用？其实是一样的，合伙企业的可弥补亏损有五年结转的持续期，只是

① 《国家税务总局关于个人终止投资经营收回款项征收个人所得税问题的公告》（2011年第41号）规定：

一、个人因各种原因终止投资、联营、经营合作等行为，从被投资企业或合作项目、被投资企业的其他投资者以及合作项目的经营合作人取得股权转让收入、违约金、补偿金、赔偿金及以其他名目收回的款项等，均属于个人所得税应税收入，应按照“财产转让所得”项目适用的规定计算缴纳个人所得税。

应纳税所得额的计算公式如下：

应纳税所得额＝个人取得的股权转让收入、违约金、补偿金、赔偿金及以其他名目收回款项合计数－原实际出资额（投入额）及相关税费

合伙企业没有企业所得税，是需要按照经营所得计算分配应纳税所得额后来计税的。现实中，也有的个人通过受让某核定征税的合伙企业等方式，来达到其收入筹划的特定目的。

**【案例3-12】** 大强公司于2020年度开始设立并经营，当年度实现利润1 000万元，纳税调整后的应纳税所得额为1 200万元，所得税税率为25%，当年度计缴所得税为1 200×25%=300万元，若没有递延所得税等影响，税后利润为1 000-300=700万元。大强公司2021年度亏损500万元，纳税调整后所得为-500万元，尽管截止到2021年底资产负债表的未分配利润是700-500=200万元，并不是负数，但2021年度亏损的500万元是可以结转到以后年度进行弥补亏损抵税的，这就是资产属性的价值。

关于企业所得税中的亏损弥补年限，常规为向后结转五年①，但也有特例。

《关于延长高新技术企业和科技型中小企业亏损结转年限的通知》（财税〔2018〕76号）规定：自2018年1月1日起，当年具备高新技术企业或科技型中小企业资格（以下统称资格）的企业，其具备资格年度之前5个年度发生的尚未弥补完的亏损，准予结转以后年度弥补，最长结转年限由5年延长至10年。

《关于促进集成电路产业和软件产业高质量发展企业所得税政策的公告》（财政部 税务总局 发展改革委 工业和信息化部公告2020年第45号）规定：国家鼓励的线宽小于130纳米（含）的集成电路生产企业，属于国家鼓励的集成电路生产企业清单年度之前5个纳税年度发生的尚未弥补完的亏损，准予向以后年度结转，总结转年限最长不得超过10年。

《财政部 税务总局关于支持新型冠状病毒感染的肺炎疫情防控有关税收政策的公告》（财政部 税务总局公告2020年第8号）规定：受疫情影响

---

① 《企业所得税法》第十八条 企业纳税年度发生的亏损，准予向以后年度结转，用以后年度的所得弥补，但结转年限最长不得超过五年。

较大的困难行业企业2020年度发生的亏损，最长结转年限由5年延长至8年。

《关于电影等行业税费支持政策的公告》（财政部 税务总局公告2020年第25号）规定：对电影行业企业2020年度发生的亏损，最长结转年限由5年延长至8年。电影行业企业限于电影制作、发行和放映等企业，不包括通过互联网、电信网、广播电视网等信息网络传播电影的企业。

“生”的税收价值，多数情形下筹划的利益还是需要自己“辛辛苦苦”以挣来的利润为基础，但是资本市场却不同，它是以股票的价值来体现公司整体的市场价值的，这其中往往有着较高的市盈率，甚至达到数十倍数百倍，若实控人减持股票，此变现的价值基本上都远远超过企业实打实真正创造的未分配利润。由于具有“杠杆效应”，通过股票交易能够得到超额利益回报。在规划股票的价值时，一些亏损的公司却屡屡造假造业绩，比如虚增收入、虚增利润等。在造假过程中，有一些交易的体现，是需要以开具发票、缴纳税款作为“证据支撑”的，此时的税款就不是筹划节约了，而是要筹划如何完成缴纳。明知是假的不应该缴纳的税款，却也是心甘情愿地缴纳，因为有更大的利益在后面。有些企业在数据造假被揭露以后，还向税务机关申请退税，那么应不应退呢？从交易发生的角度，相应的数据属实，给予退税倒是合规的，毕竟是缴纳错了。但若是开具的增值税专用发票，这可能还有虚开的问题，出现问题的多数企业并没有刻意去退税，而更在意的可能是是否需要接受处罚退市、赔偿等问题。

《宁波××达电器股份有限公司关于收到退税的公告》曾披露：

一、退税的基本情况

宁波××达电器股份有限公司（以下简称“公司”）的全资子公司宁波××达文化投资有限公司（以下简称“圣莱达文化”）于近日收到宁波市慈城税务所退回的250万元企业所得税税款。

由于2018年5月10日公司收到中国证监会《行政处罚决定书》（〔2018〕33号），认定公司2015年度虚构影视版权转让业务，虚增2015

年度收入和利润 1 000 万元，公司已根据《企业会计准则》的要求对上述会计差错进行了更正。经公司申请，慈城税务所于近日退还圣莱达文化已缴纳的所得税税款 250 万元。

《＊ST××：关于前期会计差错更正专项说明的公告》曾提到：

本次会计差错更正为与前次会计差错更正事项之关联事项更正：前次公司已根据河北证监局下发的冀证监处罚字〔2021〕1 号《行政处罚及市场禁入事先告知书》事项并结合公司自查情况对公司 2016 年至 2020 年财务会计报表进行了更正，具体内容详见公司于 2021 年 4 月 30 日及 2021 年 5 月 6 日披露的《关于前期会计差错更正的公告》（公告编号：2021－053）、《关于××方舟股份有限公司前期差错更正的审核报告》中喜专审字〔2021〕第 01023 号。前次会计差错更正后，公司子公司南京××向所在注册地税务部门申请了 2016 年至 2019 年企业所得税更正申报，申请退回以前年度误缴企业所得税。南京××于 2021 年 6 月收到 2017 年及 2018 年对应的退税款，合计 15 240 015.46 元。

最近我们关注到网上一些基金机构等通过交易操作割股民的“韭菜”，不得不说，通过上市实现老板们更大的财富梦，是一条捷径。有的企业上市之后，所进行的抽逃资金、内幕交易等一系列操作，不断伤害着股民，更伤害着中国的资本市场。

另外在商业运作中，有的老板收购一家经营不佳的企业后，会进行技术性培育，包装出动人的故事，继而做大估值，装入上市公司或者转让套现，这种情况也是比较常见。

### 3.2.8 “生”出交易的借款行为

笔者在最近的一次服务过程当中，遇到这样一个问题：某互联网企业 A 为某制造企业提供融资服务，但却不是通过借款，也不是通过入资或发行债券等金融工具的方式融资，而是作为一个贸易中间商。因为原来的客户设置了 45 天账期的资金，为周转资金，由 A 在采购时即向该制造企业付货款，自己承担客户的45天账期的回款，但是需要得到融资利益。假设原来的销售价格是100万元（不含税价格），互联网企业是以96万元购买，仍按100万元向其原客户销售，4万元的差价相当于他们所说的“贸易性融资利息”。

自认为是融资利息，但法定表现形式上是货物销售，开具的发票也是货物，能否以“实质重于形式”的原则按利息收入来计税呢？在上面的交易中，挣钱的手段是以“垫资”换得利益，但在计税方式上，还是定义为货物销售，笔者认为，在会计报表上也不宜记为贷款服务收入。

融资性贸易，或许会给我们带来一些启发。比如在涉嫌虚开时，定性可能是存在空间的。

**（1）贷款服务增值税不能抵扣怎么办。**

营改增政策规定，除融资租赁行业允许差额扣除贷款利息计缴增值税外，其余情形下贷款服务是不得抵扣或扣减的，这里面考虑的因素比较复杂，比如官方解释若贷款服务抵扣，就要考虑存款利息的征税等相衔接的处理。笔者认为两者并不矛盾，也不存在因果关系，本身从事贷款服务的一方计缴了增值税，应允许下一方抵扣才匹配，而且现在的融资成本又这么高，不允许抵扣的话影响企业的利益。特别是一些集团内部间的融资业务，一方计缴税款，一方不得抵扣入成本费用，整体在税款上是吃亏的。尽管当前的政策明确集团内的无偿借款行为免征增值税，本着独立经营的原则，集团考核资金有偿使用计息又是比较多的，也比较符合经营管理之需。

我们以案例列示一下差异之处（见表3-16）。

**表3-16　资金融入方、融出方与客户的税额计算差异**

| 交易类型 | 制造企业融入资金方 | 互联网公司融出资金方 | 客　户 |
|---|---|---|---|
| 正常销售收不到款，再从第三方融资 | （1）销售货物给客户100万元销售额，13万元销项税额，款项暂时收不回<br>（2）从互联网公司融资利息4×（1+6%）=4.24万元融资费用 | 收到4.24万元，其中4万元利息收入，销项税额0.24万元 | 100万元为货物价格，进项税额为13万元 |

续表

| 交易类型 | 制造企业融入资金方 | 互联网公司融出资金方 | 客　户 |
|---|---|---|---|
| 销售货款 96 万元 | 96 万元销售额，96 × 13% = 12.48 万元销项税额 | 100 - 96 = 4 万元利润差，增值税应纳税额 13 - 12.48 = 0.52 万元 | 同上 |
| 利润总额 | 贷款加融资方式比销售方式少 96 - 95.76 = 0.24 万元（未考虑附加税费的影响） | 利润额不变 | 不变 |

由于 4 万元的利息费用不得抵扣，其影响的增值税额 0.24 万元，是对于利润总额的影响。比如集团内部也是一样，若因为融入资金方支付融出方的销项税额是 600 万元，我们分析一下抵扣与不抵扣对利润的影响，详细说明见表 3 - 17。

**表 3 - 17　　　　抵扣与不抵扣对利润的影响**

| 事项 | 影响 | 金额（万元） |
|---|---|---|
| 600 万元不能抵扣 | 计入成本费用（假设均满足扣除条件） | 600 |
| 600 万元影响的附加税费 | 由于不能抵扣，相应的附加税费随着应纳税额而增加，假设为 12%（其中城市维护建设税为增值税额 7%，教育费附加为 3%，地方教育附加为 2%） | 600 × 12% = 72 |
| 合计扣除额抵减所得税的影响 | 672 万元计入所得税扣除有抵减效能，假设所得税率为 25% | 少交 672 × 25% = 168 |
| 对于净利润的影响 | 对于净利润的影响额是 672 万元的 75% | 减少 672 × 75% = 504，相当于不可抵扣税额 600 万元的 84% |

因为如果 600 万元能够抵扣，利润额中不需要扣减，增值税的税额就会减少现金流出，在整体的影响中，净利润减少的比例为不可抵扣税额的 84%。就算集团内有财务公司，收利息时也无法解决抵扣的税负问题。

有一种统借统还的资金使用情形，在满足相应的条件下①，可以享受免税待遇的。另有规定，在2023年12月31日前对企业集团内单位（含企业集团）之间的资金无偿借贷行为，免征增值税。最近笔者遇到一个关联方无偿借款的案例，由于其并不完全满足企业集团内单位之间适用免税的条件，被税务机关要求以视同销售计缴增值税，在此情形下，销售方计缴了增值税，而融资方由于未付成本也无法税前扣除。对于无偿借款的行为，企业所得税上并无视同销售的列举规定，笔者曾咨询相关的所得税专业人士，谨慎地认为不强制对此发起企业所得税视同销售的调整比较适宜。至于对自然人提供的无偿借款，个人所得税上没有视同销售计税的规定。对于个人转让股权的核定，似乎与视同销售的结果有相近之处，但其引用的依据是反避税的定价核定的原则，视同销售是基于无偿情形下税收规则的公平性的考虑，除特定的近亲属之外，个人股权若是无偿赠送的，视为零元转让，并对股权价格进行核定处理。但该政策也有好的一面，即核定之后，个人被核定的转让收入是可以传递给受让人作为原值成本核算的。不过增值税的视同销售是可以开专票让下方抵扣的。

有的企业集团内部为了减少这种不可抵扣带来的对净利润的影响，索性就以购销往来款的方式长期挂账。在彼此的业务交易过程当中，预收预付款项比较常见，甚至数年数十年的挂账也较多，但这跟贷款服务的性质是存在差异的，这是基于交易之下的“占位费”。从笔者的观察看，还没有发现税务机关要求对此进行转让定价方面的调整，但若仔细检查，在这

---

① 财税〔2016〕36号文件中免征增值税的情形包括：

7. 统借统还业务中，企业集团或企业集团中的核心企业以及集团所属财务公司按不高于支付给金融机构的借款利率水平或者支付的债券票面利率水平，向企业集团或者集团内下属单位收取的利息。

统借方向资金使用单位收取的利息，高于支付给金融机构借款利率水平或者支付的债券票面利率水平的，应全额缴纳增值税。

统借统还业务，是指：

（1）企业集团或者企业集团中的核心企业向金融机构借款或对外发行债券取得资金后，将所借资金分拨给下属单位（包括独立核算单位和非独立核算单位，下同），并向下属单位收取用于归还金融机构或债券购买方本息的业务。

（2）企业集团向金融机构借款或对外发行债券取得资金后，由集团所属财务公司与企业集团或者集团内下属单位签订统借统还贷款合同并分拨资金，并向企业集团或者集团内下属单位收取本息，再转付企业集团，由企业集团统一归还金融机构或债券购买方的业务。

类科目当中大概率会隐藏着实为融资的事项。

**（2）融资借业务之壳的筹划方式**。

承接上面我们对于融资性贸易的举例，现实当中，一些专家认为，将贷款转化为贸易关系，将融出资金方作为一个交易方，嵌入到融入资金方与客户的交易中，将实现抵扣的转化，利息转化为贸易价差，突破了贷款服务不得抵扣的限制。笔者认为，理论上是可行的，但是如果让银行、信托去做这类生意，估计百分百不会参与。那么，在非金融机构的范围内，就是一些非关联方企业间或集团内部企业间的融资性交易了，集团内的可能好接受，也愿意参与。而非关联方间的合作，必然存在难度，这毕竟是法律关系的改变，需要承担另一种风险，也是对事实的扭曲，除非利益获取的空间让彼此都得到满足，否则就是“纸上谈兵”的筹划，是个案的灵光一现。

对于设备的融资租赁，本身也是一种融资方式，比如融资性售后回租，在增值税上已明确认定属于贷款服务，并不考虑形式上实物或不动产交割的法律关系处理，这是特例情形的穿透，也是营改增以来在持续不断地探索、调整下才有的当下的意见。另外还有一些通过应收款项收益权转让，保理业务及资产可转换债券、融券等方式进行的融资，实践当中也多未明确计税规则。

**【案例3-13】**裁判文书网中一个案例，某个人以交易方式购买房屋，但最终办理退购，税务机关认为其多收回的部分属于利息定性，应计缴相应的营业税与个人所得税等税款。我们摘录了最高人民法院在《林××、莆田市地方税务局稽查局税务行政管理（税务）再审审查与审判监督行政裁定书》[〔2018〕最高法行申253号]中的判定内容：

一、关于税务机关能否根据实质课税原则独立认定涉案民事法律关系的问题

根据《税收征收管理法》以及相关规定，税务机关是主管税收工作的行政主体，承担管辖权范围内的各项税收、非税收入征管等法定职责。因

此，税务机关一般并不履行认定民事法律关系性质职能；且税务机关对民事法律关系的认定一般还应尊重生效法律文书相关认定效力的羁束。但是，税务机关依照法律、行政法规的规定征收税款系其法定职责，在征收税款过程中必然会涉及对相关应税行为性质的识别和判定，而这也是实质课税原则的基本要求。否定税务机关对名实不符的民事法律关系的认定权，不允许税务机关根据纳税人经营活动的实质内容依法征收税款，将不可避免地影响税收征收工作的正常开展，难以避免纳税义务人滥用私法自治以规避或减少依法纳税义务，从而造成国家法定税收收入流失，而有违税收公平原则。而且，税法与民法系平等相邻之法域，前者体现量能课税与公平原则，后者强调契约自由；对同一法律关系的认定，税法与民法的规定可能并不完全一致：依民法有效之契约，依税法可能并不承认；而依民法无效之契约，依税法亦可能并不否认。因此，税务机关依据税收征收法律等对民事法律关系的认定，仅在税务行政管理、税额确定和税款征缴程序等专门领域有既决力，而当事人仍可依据民事法律规范通过仲裁或民事诉讼等方式另行确认民事法律关系。因而，在坚持税务机关对实质民事交易关系认定负举证责任的前提下，允许税务机关基于确切让人信服之理由自行认定民事法律关系，对民事交易秩序的稳定性和当事人权益并不构成重大威胁。当然，税务机关对实质民事交易关系的认定应当符合事实与税收征收法律规范，税务机关认为其他机关对相应民事法律关系的认定与其认定明显抵触的，宜先考虑通过法定渠道解决，而不宜迳行作出相冲突的认定。

本案的特殊性在于，虽然泉州仲裁委员会相关仲裁文书确认×隆公司与林××、陈××协议系《商品房买卖合同》并调解予以解除，但该仲裁由×隆公司于2014年3月18日申请，次日即3月19日即以调解书结案；且未独立认定任何案件事实。而税务机关已经就其系民间借贷关系的实质认定举证证明：林××、陈××在《商品房买卖合同》签订之前，已经转账支付×隆公司人民币6 000万元，而×隆公司在签订合同当日，又返还林××500万元，即至签订《商品房买卖合同》之日，林××、陈××共向×隆公司支付资金5 500万元；合同双方签订《商品房买卖合同》后，陈××分别于2013年5月、7月、9月、10月、11月、12月与2014年1月、2月、3月，收到×隆公司转入资金共4 740.5万元；林××分别于2013年3月、4月、6月、8月、10月与2014年1月、3月，收到×隆公司转入资金共 4 587.5 万元，即陈××、林××合计收到×隆公司转入资金 9 328 万元，扣除林××于 2013 年 10 月 10 日支付给×隆公司的资金 500 万元，收支相抵后，较之《商品房买卖合同》价金 5 500 万元还多出 3 328 万元。上述林××、陈××与×隆公司资金往来系客观真实发生，各方均不否认；林××、陈××虽主张上述款项系×隆公司支付的“履约保证金”，但×隆公司在税务机关调查中并不承认存在所谓“履约保证金”，且出售商品房的房地产公司逐月按特定比例给购房人支付所谓“履约保证金”也并不符合商品房买卖交易习惯，而更符合民间借贷交易习惯。同时，税务机关还提供林××、陈××在莆田市检察院等机关谈话笔录，其均承认借款 5 500 万元给×隆公司，月利率 5%，×隆公司以商品房作抵押，双方签订《商品房买卖合同》，一年内共收取利息 3 328 万元的事实；×隆公司出具的《关于林××部分往来款说明》《情况说明》，以及林某 2、张××等证人证言，也均证明林××、陈××共借款 5 500 万元给×隆公司的事实。因此，涉案《商品房买卖合同》仅仅是双方为了保证出借资金的安全而签订，具有一定的让与担保属性，但该交易行为也符合《中华人民共和国合同法》第一百九十六条规定的借贷合同法律关系。因此，税务机关依据实质课税原则，根据当事人民事交易的实质内容自行、独立认定林××、陈××与×隆公司之间实际形成民间借贷法律关系，将林××收取的、×隆公司支付的除本金以外的 1 187.5 万元认定为民间借贷利息收入，符合事实和法律，即依据纳税人民事交易活动的实质而非表面形式予以征税。

所以，在特定的证据与基础信息支持之下，税务机关据此推断出交易的实质，并要求就利息收入定性计税。关于这一点，主要是源自相关方在合同条款当中的描述内容，主观意愿的表达与计税方式的结果确定，我们还是要充分地评估这里的关联风险。比如参照某明星的偷税案例，若其将真实的报酬金额拆分出来部分说成是借款行为，就是一直不还，不计入交易收入计税，相较而言估计明星更不愿意承担偿债的风险，毕竟税费只是一个相对的支出，还有剩在手中的税后利润呢。

**【案例 3-14】** 某公司老板欲从公司取钱自用，因为有较高的税负，不想以薪酬或分红方式来取得，于是通过借款的方式挂账处理，反正公司的钱也是自己的钱，这是很多老板的想法。不过由于我国的个税政策规定，对于个人股东借款，若一年内不还，税务机关将按“股息、红利”所得来计征20%的个税，而且这样的案例在安徽与福建均有法院的判例参考。这个征税的风险很多财税人都知道，只是实务当中，这种检查并没有普遍性地展开而已。比如张三是一家公司的老板，让出纳给提出100万元的现金，存到出纳的名下，私下再转给老板使用，账上挂的是员工名字的往来款项，这种掩饰只是表面的，因为大额的提现，及随后的存现，银行系统是可以对货币号码与身份信息进行关联识别的。

如果从税务机关检查的角度，只要检查一下公司的往来科目、资金转入个人账户、大额提现、资金转移至某些用工平台等情形，很有可能发现是规避个税“公转私”的处理，即使某些时候附带的发票报销支持，往往缺乏真实业务的支撑。还有的通过关联方公司之间频繁的转移资金、票据转移等处理，将操作复杂化。但说实话，个人之间资金的转移，目前去一一确定是不是与交易相关，单凭税务机关的力量，确实很难查询与查证。但税务机关的“杀手锏”就是若对某个人进行涉税检查，要检查其账户流水（包括微信或支付宝），一一说明问题之时，很容易产生威慑力。比如有的人可能找亲戚或朋友代管款项，实则本身也是有风险的，笔者曾经遇到某公司的境外股权代持人意外去世，结果就产生了被代持人与其继承人之间的财产归属争议，要想有所准备，可以考虑当时办理一个公证，从而避免之后的许多麻烦。

但其实我们要注意一个比较实务的问题，当下有一些投资人，出于某些便利因素的考虑，可能会让其家人比如父母、亲戚、公司职员等人来作名义的股东，而自己仍是实际控制人。此时若实际控制人借款，税务法上该如何识别？若此人跟税务机关汇报时声称自己就是真正的投资人、真正的老板，那就无可争议直接套用上面的借款规则计税；如果就是不承认，税务机关其实是很难用“实质重于形式”来突破，况且这种调查工作能不能推动还是两说。

### 3.2.9 “生”出印花税的运营安排应对

印花税是一个小税种，但对于一些大型的企业集团来讲，印花税有时也会缴的很“心疼”。目前来看，印花税已进入立法阶段，之前那些寄望于印花税不征的想法是不现实了。比如某集团的内部交易计算出的印花税缴纳额达到亿元之巨时，这是“生”出的一种负担，对于这种情形，作为管理层，会是一种什么样的心情呢？

之前我们提到印花税的一些筹划方式如表 3 – 18 所示。

**表 3 – 18　　印花税的一些筹划方式**

| 事项 | 说明 | 依据 |
| --- | --- | --- |
| 不签合同 | 不签订合同协议书，不计缴印花税 | 一、对工业、商业、物资、外贸等部门使用的调拨单是否贴花?①<br>目前，工业、商业、物资、外贸等部门经销和调拨商品物资使用的调拨单（或其他名称的单、卡、书、表等），填开使用的情况比较复杂，既有作为部门内执行计划使用的，也有代替合同使用的。对此，应区分性质和用途确定是否贴花。凡属于明确双方供需关系，据以供货和结算，具有合同性质的凭证，应按规定贴花。各省、自治区、直辖市税务局可根据上述原则，结合实际，对各种调拨单作出具体鉴别和认定 |
| 核定计征 | 部分地区以核定计征的方式征税 | 各地差别比较大，比如有的按照购销金额统计，有的给予适当的折扣 |
| 增值税额剔除 | 营改增后明确若拆分出来增值税税额的合同，不需要对税额部分计征 | 关于印花税计税依据问题②<br>这次两部委下发的《通知》中没有提到印花税计税依据问题。主要是营改增之前，这一问题就已明确，没有变化。各地执行口径仍按照印花税条例规定，依据合同所载金额确定计税依据。合同中所载金额和增值税分开注明的，按不含增值税的合同金额确定计税依据，未分开注明的，以合同所载金额为计税依据 |
| 签订框架合同 | 先暂按 5 元贴花，后据实计缴 | 对于续签或签订框架合同后并没有据实再计缴的情形 |
| 股权出资情形 | 是不是适用“产权转移书据”征印花税有不同的理解 | 曾有地方税务机关回复意见认为以股权出资不适用计征印花税的情形，但未得到普遍认可 |

① 摘自《关于印花税若干具体问题的解释和规定的通知》（国税发〔1991〕155 号）。

② 国家税务总局 2016 年 4 月 25 日视频会议有关政策口径委托代征组发言材料。

上面举例的情形，有纳税人认为不应“多缴”印花税，也体现了相应的筹划想法。印花税这一“古老”的税种，源于1988年的《中华人民共和国印花税暂行条例》，通常的理解是对于条例所列举的凭证需要计缴印花税，而没有列举的不需要计缴，哪些是列举的、哪些是没有列举的，情形太复杂了。比如上面提到的股权转让协议应依产权转移书据缴纳印花税，但以此作为非货币性资产出资情形，算不算属于列举的征税事项？对此自然会有疑惑，而后面的解释或重新明确的又很少，加之经济的快速发展，当今经济交易及其体现形式在颠覆式创新之下，无论是对于执法者，还是守法者，印花税列举计征都是一种挑战。

**【案例3－15】**某北京电子产业集团公司在全国各地设立30家分公司，集团统一采购手机、电脑等货物，再发送给各地的子公司进行零售。近期某税务局稽查局进行纳税检查，发现集团公司与分公司之间的业务没有缴纳印花税，认为既然其间开具了增值税专用发票并取得了收款，进行了销售认定，就应按“购销合同”计算万分之三的印花税，双方都需要计缴！企业的税务部门认为，这是我们内部的调拨，不是交易，不应计缴印花税，由此发生争议！

分析：大家可以发现，集团公司与供应商签订合同计算了一次印花税，两方分公司在零售时，若有购机合同，又将计缴一次印花税，若中间划拨环节再计缴一次，那么相当于重复了两遍。若单次印花税税额是2 000万元，正常是4 000万元，现在要缴共8 000万元。管理层要是知道了，是不是会不理解并且认为财务负责人办事不力呢？

国家税务总局关于企业集团内部使用的有关凭证征收印花税问题的通知

国税函〔2009〕9号

各省、自治区、直辖市和计划单列市地方税务局：

据有关地区和企业反映，一些企业集团内部在经销和调拨商品物资时使用的各种形式的凭证（表、证、单、书、卡等），既有作为企业集团内部执行计划使用的，又有代替合同使用的。根据《中华人民共和国印花税暂行条例》及有关规定，现将企业集团内部使用的有关凭证如何界定征收印花税的问题通知如下：

对于企业集团内具有平等法律地位的主体之间自愿订立、明确双方购销关系、据以供货和结算、具有合同性质的凭证，应按规定征收印花税。对于企业集团内部执行计划使用的、不具有合同性质的凭证，不征收印花税。

国家税务总局

二〇〇九年一月五日

所谓购销，是以业务购销交易为基础的。从上面的意见来看，总分公司之间并不具有平等的法律地位，所谓的购销并不包含自己与自己做生意的情况，因此这个前提可以用来借鉴，但如果是母子公司间，则就不好解释了，尤其有的还不是100%控股关系的母子公司。上面提到的这个存在争议的案例，在最终的交涉阶段，还是得到了稽查人员的认可，不需要缴纳印花税。那么，在面临着母子或子子公司之间的业务链条关系时，比如从原材料到最终的产品，经历了比较多的内部流转环节（购销次数），每一次的交易额都有重复缴纳印花税的计量基数传递情形。这跟增值税不一样，有环环抵扣的处理，印花税没有差额计税的适用情形，如此就没有办法了吗？我们应从政策上找突破口，没有现成的可用的“锦囊”，那只有调整组织架构、调整交易模式了，比如通过子改分、购销改为委托加工、代销等方式调整业务，这种情形下，不一定是优化到底了，但至少有节约的空间。

**【案例3－16】** 笔者两年前曾接触过一家私募投资基金，其业务人员提到，最近遇到一件头疼的事，他们一个合伙私募基金将其持有的股权进行转让，定价为1元，但其公允价值在1亿元左右，此时他们的会计师事务所审计人员提出来，需要按照公允价值进行评估以计缴印花税。

分析：由于税种中税收理念的差异，在企业所得税、增值税、土地增值税等税种中，需要考虑独立交易中的价格公允性与合理性，这包括了转让定价的调整、不合理价格的调整等处理手段。但是对于印花税，在当前的税收政策架构下，是基于约定进行的征税计量，并不需要过度地延伸税法的理解。笔者认为，约定的价格就是计算印花税的基数。再者说，纳税人签订了合同，不管是不是履行，以及履行多或少，都不必追究实际的结果，规定上也是要对签订的合同征税，这时生意都没有做成，交易额是0元，是否征税需要看结果与上述案件情形适应与否，合同如果不是阴阳造假合同，还是受保护的，但不宜进行过度解读，至多可以给出风险提示，而不是认为纳税人少缴了印花税。

所以，有时候，企业的税负是被别人给吓着“生”出来的，如果企业不够胆量且缺乏专业的保障基础，那不知会因此担惊受怕多少，更有可能误入所谓规避风险的“纳税误区”。

### 3.2.10 “无中生有”中财务人员如何规避自己的职业风险

不得不说，当前存在着大量“无中生有”的筹划案例，比如违法以虚开发票报账的事例，多有老板与财务负责人同时承担了相应的刑事责任！试想一下，从别人手中拿来的发票，能用得放心吗？还有代开的一些无事实存在、无合理解释的发票，一问就容易露馅，心里自然也会一直不踏实。

财务人员在企业的职务角色不同，可能其发挥的作用与面临的风险也会不同。比如在民营企业中，财务负责人多是与老板亲近的人，相对更有话语权，若想为公司节约一些税收成本，财务牵头的比较多。但是财务人员更多的是提出方案，在实际实施层面上，还需要业务人员参与，进行协作。这时候，就很有必要做好方案的合规性复核并厘清责任。但在一些大型企业中，业务人员有着较大的话语权时，财务人员就面临着是否有必要去确认操作的业务、确认到什么程度的问题，若是事情做多了还有可能引起内部关于职责划分的矛盾。所以，财务人员要有自我保护意识，千万不能为别人做了嫁衣，自己担了不该发生的责任。

比如我们在本章中提到的技术出资的规划、组织架构的调整等，这些筹划有相应的程序要求，有比较明确的凭据存在，相对风险会小一点，只是在价格的设定上，财务需要关注一下合理性。

**(1) 财务人员的所想、所做与必要的风险防范。**

纳税筹划基本上是源于财务人员的工作，或者是外部代理服务机构人员的服务筹划，这种筹划是在相关人员对于政策、实际业务场景支持的基础之上进行调整、安排。税务筹划是一种结果倒推式的安排，其本身是通过前端筹划的业务方式与进展来适用税收政策的，甚少有一种简单的只靠政策来达到目标的筹划。当一切看起来顺其自然、合理有序的发生之时，此处就不需筹划但胜似筹划了。

**【案例3－17】** 某集团公司年度预算会议提出，要求财务部门2021年节税1 000万元，于是财务部门负责人经过数日思考，终于形成了一份自认为完善的筹划方案，并且还让外部的咨询机构提供了一份《健康诊断与筹划报告》作为参考，该报告经过董事长审阅后，传达给各部门执行。作为财务负责人，是不是就看收成了呢？

分析：笔者认为，税事无小事。需要了解筹划方案是不是具有可操作性，且筹划方案并不是规章制度，有必要看其是否解释清楚实施过程当中的相应职责和细化任务，有没有对分工、要求、红线、底线提出警示，这些有必要“先小人后君子”呈现出来。同时，对于这样一份筹划报告，没有必要广而告之。最终形成的决议，作为一份经营管理决议更为合适。

**【案例3－18】** 某企业为扩大经营规模，想做一些贸易类业务，业务员张三说认识某位朋友，可以做倒手贸易。于是在经营管理会上，包括业务负责人、财务负责人、总经理在内的数人商讨方案可行性，财务负责人提出，需要有效地跟进款项结算的安全性、物流发货的凭据等，避免虚开的风险。业务人员提出，每一笔业务都有相关方的发货单、收货单的照片及扫描件给到财务！这就是本章中提到的“生”收入的一些场景。如果上例的情形中，因为某环节中有企业涉及虚开定性，而财务负责人参与了上面的决策过程，会不会因为谨慎性不够，或同意做，从而承担相应的法律责任呢？

分析：笔者认为，若财务负责人在上述的事项决策及运行中，是知道存在虚开过“票”的行为，甚至还出谋划策，取得了可能的利益，通常作为从犯，涉刑的责任不容易轻松地避掉；若并不知情，也提出了相应谨慎性的要求及管理意见，在此过程当中亦未收取相应的利益，笔者认为可以有效地避开风险。但又因财务人员实际操作开发票，若没有谨慎地处理相应的环节与凭据，应如何举证说明自己仅是失职而对虚开行为不知情呢？中国裁判文书网中《武汉××日化有限公司、武汉××利标商贸有限公司虚开增值税专用发票、用于骗取出口退税、抵扣税款发票、隐匿、故意销毁会计凭证、会计账簿、财务会计报告一审刑事判决书》［〔2018〕鄂01刑初96号］摘要：

关于被告人张×芳的辩护人提出的张×芳是初犯，认罪悔罪，请求从轻处罚的辩护意见，经查，属实，本院予以采纳。

本院认为，被告单位××公司、××利标在企业经营过程中，在没有真实贸易的情况下，为新晨公司、楚天公司虚开增值税专用发票价税合计22 411 650元，全部向税务机关申报造成税款损失3 256 392元；被告人张×芳作为两家公司财务负责人决定虚开，系单位犯罪中直接负责的主管人员，对全部犯罪金额承担法律责任；被告人罗杨×作为××公司财务主管按照被告人张×芳指示落实虚开，系单位犯罪中的直接责任人员，对××公司的犯罪金额（税款损失2 399 380元）承担刑事责任，其行为均构成虚开增值税专用发票罪。被告人张×芳将公司内账不提供给侦查机关反而将其隐匿，其行为构成隐匿会计凭证、会计账簿、财务会计报告罪。被告单位××公司、××利标、被告人张×芳、罗杨×在为他人进行虚开增值税专用发票的共同犯罪中起次要作用，系从犯，对被告单位××公司、××利标予以从轻处罚，对被告人张×芳、罗杨×予以减轻处罚。被告人张×芳一人犯数罪，应数罪并罚。被告人罗杨×犯罪情节较轻，有悔罪表现，同时考虑其没有再犯罪的危险，宣告缓刑对所居住社区没有重大不良影响，对其宣告缓刑。依照《中华人民共和国刑法》第三十条，第三十一条，第二百零五条第二款，第一百六十二条之一，第二十五条第一款，第二十七条，第六十九条第一款、第三款的规定，判决如下：

一、被告单位武汉××日化有限公司、武汉××利标商贸有限公司犯

虚开增值税专用发票罪，分别判处罚金人民币十万元。（罚金自本判决生效之日起一个月内缴纳）

二、被告人张×芳犯虚开增值税专用发票罪，判处有期徒刑三年六个月；犯隐匿会计凭证、会计账簿、财务会计报告罪，判处有期徒刑六个月，并处罚金人民币二万元，决定执行有期徒刑三年九个月，并处罚金人民币二万元。

（刑期从判决执行之日起计算。判决执行以前先行羁押的，羁押一日折抵刑期一日，即自2016年10月14日起至2020年7月13日止；罚金自本判决生效之日起一个月内缴纳。）

三、被告人罗杨×犯虚开增值税专用发票罪，判处有期徒刑二年，缓刑二年六个月。

（缓刑考验期限，从判决确定之日起计算。）

如不服本判决，可在接到判决书的第二日起十日内，通过本院或者直接向湖北省高级人民法院提出上诉。书面上诉的，应当提交上诉状正本一份，副本二份。

**（2）代理记账人员的筹划风险。**

当下从事代账业务的机构或人员众多，水平相差很大，竞争非常激烈，一个月几百元的大有人在。为企业做好服务，同时希望能挣点钱的想法比较普遍。

如公布于中国裁决文书网的《雍×虚开发票一审刑事判决书》［〔2020〕湘0121刑初626号］：

公诉机关湖南省长沙县人民检察院。

被告人雍×，女，1991年8月4日出生于湖南省长沙市望城区，汉族，大专文化，户籍所在地长沙市望城区，住长沙市岳麓区。因涉嫌犯虚开发票罪，于2019年7月25日被取保候审。

湖南省长沙县人民检察院以长县检刑检刑诉〔2020〕210号起诉书指控被告人雍×犯虚开发票罪，于2020年8月31日向本院提起公诉。本院受理后，依法适用简易程序，实行独任审判，公开开庭审理了本案。长沙县人民检察院指派检察员龙艳姣出庭支持公诉，被告人雍×到庭参加诉讼。现已审理终结。

公诉机关指控：被告人雍×于2013年6月在长沙市开福区注册成立长沙××财务有限公司，主要经营业务为财务咨询、记账、报税和工商登记等，其为公司法人代表。该公司于2017年被注销。其中湖南××水利工程有限公司及湖南××湾商贸有限公司等都由其公司在代理做账，每月按200-1 000元不等收取代理记账费用。

2016年10月，被告人雍×帮助湖南××水利工程有限公司购买湖南××建材有限公司在长沙县税务局领取的虚开的增值税普通发票11份，发票号码为02276285-02276295，价税合计总金额21 765元；购买长沙××建材有限公司在长沙县税务局领取的虚开的增值税普通发票2份，发票号码为02189964-02189965，价税合计198 900元；购买长沙××建材有限公司在长沙县税务局领取的虚开的增值税普通发票17份，发票号码为03621153-03621169，价税合计1 602 100元。

2019年7月8日，被告人雍×被公安机关传唤到案。

为证明上述事实，公诉机关提交了证人禹某、姚某、赵某、潘某等人的证言，湖南××水利工程有限公司记账凭证、湖南××建材有限公司工商资料及发票开具情况、长沙××财务有限公司工商资料及发票开具情况、长沙××建材有限公司工商资料及发票开具情况、长沙××建材有限公司工商资料及发票开具情况、到案经过、户籍资料等书证及被告人雍×的供述等证据。

公诉机关认为，被告人雍×的行为构成虚开发票罪，有坦白情节，认罪认罚，建议对被告人雍×判处有期徒刑一年，缓刑二年，并处罚金。

被告人雍×对指控事实、罪名及量刑建议均没有异议，且签字具结，在开庭审理过程中亦无异议。

经审查查明，公诉机关指控被告人雍×犯虚开发票罪的事实清楚，证据确实、充分，本院予以确认。

本院认为，被告人雍×虚开增值税普通发票，情节严重，其行为已构成虚开发票罪。公诉机关指控的罪名成立，对被告人雍×依法应予以惩处。被告人雍×到案后能如实供述自己的罪行，认罪认罚，依法可以从轻处罚。公诉机关的量刑建议适当，应予采纳。据此，依照《中华人民共和国刑法》第二百零五条之一第一款，第六十七条第三款，第七十二条第一款、第三款之规定，判决如下：

被告人雍×犯虚开发票罪，判处有期徒刑一年，缓刑二年，并处罚金人民币二万元。

（缓刑考验期限从判决确定之日起计算；罚金限在本判决发生法律效力后三日内缴纳。）

如不服本判决，可在收到判决书的第二日起十日内通过本院或者直接向湖南省长沙市中级人民法院提出上诉。书面上诉的，应当提交上诉状正本一份，副本二份。

又比如下面的这个判例，《苑×英虚开增值税专用发票二审刑事裁定书》［〔2018〕京刑终172号］：

原公诉机关北京市人民检察院第一分院。

上诉人（原审被告人）苑×英，女，61岁（1957年10月4日出生），汉族，出生地河北省保定市，中专文化，北京×××通科技发展有限公司、北京×××达科技发展有限公司、嘉×（北京）科技有限公司兼职会计，住北京市海淀区；因涉嫌犯虚开增值税专用发票罪，于2017年3月31日被羁押，同年5月5日被逮捕；现羁押于北京市第一看守所。

辩护人××，北京市××律师事务所律师。

北京市第一中级人民法院审理北京市人民检察院第一分院指控原审被告人苑×英犯虚开增值税专用发票罪一案，于二〇一八年六月二十九日作出（2018）京01刑初6号刑事判决：被告人苑×英犯虚开增值税专用发票罪（单位），判处有期徒刑十二年；犯虚开增值税专用发票罪，判处有期徒刑十二年，剥夺政治权利三年，并处罚金人民币四十万元；决定执行有期徒刑十四年，剥夺政治权利三年，并处罚金人民币四十万元。

宣判后，原审被告人苑×英不服一审判决，向本院提出上诉。本院依法组成合议庭，经过阅卷，讯问上诉人苑×英并听取其辩护人的辩护意见，认为本案事实清楚，依法决定不开庭审理。本案现已审理终结。

北京市第一中级人民法院刑事判决认定：

2013年至2016年间，被告人苑×英作为北京×××通科技发展有限公司（以下简称×××通公司）、北京×××达科技发展有限公司（以下简称×××达公司）、嘉×（北京）科技有限公司（以下简称嘉×科技公司）的兼职会计，在本单位与北京××思源科技有限公司（以下简称××思源公司）、××众和（北京）商贸有限公司（以下简称××众和公司）无实际业务往来的情况下，从××思源公司、××众和公司虚开增值税专用发票272张，税款合计人民币1 345万余元（以下币种均为人民币），案发前已抵扣税款1 345万余元。上述三家公司已补缴全部税款。

被告人苑×英在明知北京××驰华智能科技有限公司（以下简称××驰华公司）、北京××森太科技发展有限公司（以下简称××森太公司）、北京××德信网络技术有限公司（后变更为北京××互达信息技术有限公司，以下分别简称××德信公司、××互达公司）、北京××瑞科技有限公司（以下简称××瑞公司）、北京××高医疗科技有限公司（以下简称××高公司）、北京××阳科技发展有限公司（以下简称××阳公司）、北京××翰琪科技有限公司（以下简称××翰琪公司）、北京××智通科技有限公司（以下简称××智通公司）等八家公司与××思源公司、××众和公司无真实业务的情况下，介绍上述公司从××思源公司、××众和公司虚开增值税专用发票405张，税款合计1 005万余元，案发前已抵扣税款1 000万余元。上述八家公司已补缴全部税款。

被告人苑×英作案后被查获归案。上述十三家公司均另案处理。

具体犯罪事实如下：

一、2015年至2016年，被告人苑×英作为×××通公司的兼职会计，在本单位与××众和公司无实际业务往来的情况下，从××众和公司虚开增值税专用发票4张，税款合计47万余元，案发前税款均已抵扣。×××通公司已补缴全部税款。

二、2013年至2016年，被告人苑×英作为×××达公司的兼职会计，在本单位与××思源公司、××众和公司无实际业务往来的情况下，从××思源公司、××众和公司虚开增值税专用发票169张，税款合计976万余元，案发前税款均已抵扣。×××达公司已补缴全部税款。

三、2013年至2016年，被告人苑×英作为嘉×科技公司的兼职会计，在本单位与××思源公司、××众和公司无实际业务往来的情况下，从××思源公司、××众和公司虚开增值税专用发票99张，税款合计321万余元，案发前税款均已抵扣。嘉×科技公司已补缴全部税款。

四、2013年至2016年，被告人苑×英在明知××驰华公司、××森太公司、××德信公司（××互达公司）与××思源公司、××众和公司无真实业务的情况下，介绍上述公司从××思源公司、××众和公司虚开增值税专用发票300张，税款合计682万余元，案发前税款均已抵扣。×

×驰华公司、××森太公司、××德信公司（××互达公司）已补缴全部税款。

五、2016年，被告人苑×英在明知××瑞公司与××思源公司、××众和公司无真实业务的情况下，介绍该公司从××思源公司、××众和公司虚开增值税专用发票24张，税款合计39万余元，案发前税款均已抵扣。××瑞公司已补缴全部税款。

六、2016年，被告人苑×英在明知××高公司与××思源公司、××众和公司无真实业务的情况下，介绍该公司从××思源公司、××众和公司虚开增值税专用发票67张，税款合计231万余元，案发前税款均已抵扣。××高公司已补缴全部税款。

七、2016年，被告人苑×英在明知××阳公司与××众和公司无真实业务的情况下，介绍该公司从××众和公司虚开增值税专用发票2张，税款合计11万余元，案发前已抵扣税款7万余元。××阳公司已补缴全部税款。

八、2014年至2016年，被告人苑×英在明知××翰琪公司与××思源公司、××众和公司无真实业务的情况下，介绍该公司从××思源公司、××众和公司虚开增值税专用发票10张，税款合计23万余元，案发前税款均已抵扣。××翰琪公司已补缴全部税款。

九、2016年，被告人苑×英在明知××智通公司与××众和公司无真实业务的情况下，介绍该公司从××众和公司虚开增值税专用发票2张，税款合计17万余元，案发前税款均已抵扣。××智通公司已补缴全部税款。

一审法院认定上述事实的证据有：证人李某1、孙某、郑某、王某1、刘某1、张某、刘某2、罗某、陈某1、梁某、杨某、徐某、付某、王某2、蔡某、魏某、刘某3、王某3、李某2、陈某2、郑某、金某、吴某的证言、产品购销合同、银行业务回单、记账凭证、增值税专用发票、国税发票明细表、认证结果通知书、银行账户对账单、两公司银行对账单收款明细表、王苑、刘学、苑×英、孙某个人银行账户交易明细、苑×英小账明细表等、北京天正华会计师事务所关于北京××思源科技有限公司、××众和（北京）商贸有限公司涉嫌虚开增值税专用发票的司法会计鉴定意见书、已补充税款证明、预补缴税款申请书、中国民生银行电子缴税付款凭证、公司营业执照、北京市海淀区人民法院（2017）京0108刑初2693号、2661号、2190号刑事判决书、国税发票明细表、认证结果通知书、抵扣证明、会计凭证明细账、两公司银行对账单收款明细表、王×、刘×、苑×英个人银行账户交易明细、苑×英小账明细表等、北京天正华会计师事务所关于北京××思源科技有限公司、××众和（北京）商贸有限公司涉嫌虚开增值税专用发票的司法会计鉴定意见书、税收缴款书、工作说明、北京市公安司法鉴定中心京公司鉴（电）字〔2017〕第613号电子物证检验报告及光盘附件等、抵扣证明、扣押决定书、扣押笔录、扣押清单、中国工商银行电子缴税付款凭证、北京农商银行客户回单、税收缴款书、北京农商银行客户回单、到案经过、拘留证、逮捕证、户籍材料以及被告人苑×英的供述。

上诉人苑×英的上诉理由为：一审判决未认定其自首错误，认定其到案后否认×××通公司虚开增值税专用发票，直至数次讯问后才供认其参与×××通等公司虚开增值税专用发票罪的事实与实际不符。其接到民警电话，到地铁口主动配合民警的工作，符合自首的规定，请求二审法院查明事实，依法改判或重新审判。苑×英的辩护人的辩护意见为：北京市海淀区公安局“到案经过”材料是苑×英自首的事实依据，苑×英随口所说的不知道，并不是对×××通公司虚开增值税专用发票的否认，其不但如实供述了×××通公司的主要犯罪事实，还如实供述了涉案主要犯罪事实，苑×英的行为符合自首规定，希望法庭查明事实给予公正的判决。

一审法院在判决书中所列认定本案事实的全部证据，已经该院庭审质证查实后予以确认。在本院审理期间，上诉人苑×英的辩护人申请办案警官说明笔录内容记载的有关情况，以证明苑×英经民警电话传唤后，主动到指定地点配合调查，一审判决认定苑×英到案后未如实供述其犯罪事实与实际不符。经查：在案侦查人员出具的到案经过材料证实，苑×英接到×××通公司孙某电话，告知其侦查人员正在×××通公司内查账，让其将账目送至公司，后侦查人员与其约定见面地点并将其带至×××通公司，其在第一次供述中，否认×××通公司虚开增值税专用发票犯罪，接受数次讯问后供认了其参与×××通公司等虚开增值税专用发票犯罪的事实。对此，上诉人苑×英辩称，其不清楚该行为属于犯罪行为，但其如实陈述了所有事实，应认定为自首。本院认为，苑×英经民警电话传唤后，主动到指定地点配合调查，但其到案后否认构成犯罪，虽后来其如实供述了涉案犯罪事实，但依照刑法及其相关司法解释的规定，其行为并不能认定为自首。故本院对苑×英的辩护人所提申请不予准许。本院对一审法院判决书所列证据依法亦予以确认。

本院经审理认为，上诉人苑×英作为单位的其他直接责任人员，让他人为本单位虚开增值税专用发票，骗取国家税款，数额巨大，情节特别严重，其行为已构成虚开增值税专用发票罪；被告人苑×英介绍他人虚开增值税专用发票，骗取国家税款，数额巨大，情节特别严重，其行为亦构成虚开增值税专用发票罪。一审法院判决认定苑×英犯罪的事实清楚，证据确实、充分。上诉人苑×英及其辩护人均不否认苑×英作为单位的直接责任人员，让他人为本单位虚开增值税专用发票，骗取国家税款，以及苑×英介绍她人虚开增值税专用发票，骗取国家税款的行为，分别构成虚开增值税专用发票罪；上诉人苑×英及其辩护人仅对一审判决未认定苑×英属于自动到案，并如实供述犯罪事实的自首情节提出异议，本院认为，苑×英经民警电话传唤后，主动到指定地点配合调查，但到案后未如实供述其犯罪事实，故不符合自首的法律规定。故上诉人苑×英及其辩护人所提上诉理由和辩护意见均缺乏事实和法律依据，本院不予采纳。在二审审理期间，上诉人苑×英没有新的从轻、减轻处罚情节。

一审法院根据苑×英犯罪的事实、性质、情节和对于社会的危害程度，依法对其所作判决，事实清楚，证据确实、充分，定罪及适用法律正确，量刑适当，审判程序合法，应予维持。据此，本院依照《中华人民共和国刑事诉讼法》第二百二十五条第一款第（一）项之规定，裁定如下：

驳回苑×英的上诉，维持原判。

本裁定为终审裁定。

上面提到的案例，是从发票违法的角度展开说的，另外还涉及偷逃税款的责任。“生”之下的筹划，不是那么好做的，既要考虑业务真实、合理性发生，还要考虑各个环节的衔接、验证，在没有出问题之前，每一个操盘的人都感觉自己挺厉害的，能想出这么好的办法。但有了问题之后，就是彼此撇清责任的时候了。

**（3）财务人员在筹划过程当中潜在的经济赔偿责任。**

上面我们提到的是所涉财务人员承担的涉及人身自由的刑责问题，那么单位会否因财务人员筹划不当，存在工作失误、失职等，就其行为带来的损失对其进行追究，或者提供服务的机构因约定承担赔偿责任而产生承担经济损失的事项呢？

比如下面这个交易双方的涉税争议案例，是涉及股权转让过程中，因假发票入账被追缴税款与罚款时，受让方对转让方追究补偿责任。《郑×威、李×明损害公司利益责任纠纷再审审查与审判监督民事裁定书》［〔2017〕粤民申6421号］提出这样的意见：

本院经审查认为，关于郑×威等申请人是否应当承担损害赔偿责任的问题。根据《中华人民共和国公司法》的相关规定，郑×威等人作为天马公司的董事、高管人员，对于天马公司负有法定的忠实义务和勤勉义务。根据税务机关向天马公司作出的《税务处理决定书》《税务行政处罚决定书》，天马公司在2006年、2007年度均存在以假发票等不合法凭证入账以及不按规定缴交税费等多项违法违章事实。郑×威等人作为公司事务的执行人和管理人，在未能提出合理免责事由的情况下，应当对天马公司的上述违法违章行为负责。因此，二审法院认定郑×威等人违反法定义务损害天马公司利益，具有事实与法律依据。

当然有的时候，财务人员有可能成为“替罪羊”。若有公司管理层认为这是财务负责人的个人行为，其本人可能有自己的利益想法而虚开发票，这就“悲催”了。比如在《××市康×实业有限公司与国家税务总局焦作市税务局第二稽查局、国家税务总局焦作市税务局一审行政判决书》［〔2020〕豫0811行初70号］中有这样的一段描述：

……

二、被告认定事实错误。1、原告不存在偷税行为。沁阳市人民法院(2017)豫0882刑初1045号刑事判决书第27页第3段“本案中，在案证据不能证明石×兰购买增值税专用发票是沁阳市康佳实业有限公司为牟取本单位利益，由单位的负责人或经单位集体讨论决定所进行的，其行为不符合单位犯罪的法律特征，不构成单位犯罪”。生效的判决已以明确认定，石×兰的行为是个人行为，不是为公司牟取利益，且其个人已被判处刑罚，生效判决已经证明原告自始至终是没有用虚开发票抵扣税款的主观故意，对此是无辜的，完全不知情的。被告将员工石×兰个人行为与公司行为混淆，错误的将石×兰虚开发票抵扣税款的行为认定为原告公司偷税。首先本案中原告没有指使或要求任何人为公司偷税的主观故意（生效判决书可以证明）；其次石×兰私自虚开发票未向原告公司任何人进行过汇报，其虚开发票为单位抵扣税款，造成原告少缴纳税款的结果，原告是善意的，不知情的，若不是其被法院判处刑罚，原告至今都不可能知道；第三，原告公司没有指使或要求任何人伪造、变造、隐匿、擅自销毁账簿、记账凭证的行为，也没有指使或要求任何人在账簿上多列支出或者不列、少列收入的行为，更不存在经税务机关通知申报而指使或要求任何人拒不申报或者进行虚假的纳税申报，不缴或者少缴应纳税款的行为；第四，员工石×兰私自虚开发票为公司抵扣税款并非是为了公司利益，有可能是为了自己或朋友贩卖税票，也有可能是为了将抵扣的税款据为己有，还有可能是为了报复公司，给公司制造麻烦。无论出于怎样的目的，由于她个人虚开票抵扣税款的犯罪行为，已造成原告倒闭，员工失业，给原告造成了巨大的损失，原告同样也是受害者、受蒙蔽者。总之原告公司不存在被告认定的偷税行为。因此被告认定原告偷税的事实是完全错误的。

……

所以，筹划的愿景很好，但对于彼此责任的厘清、防范与约束，是很有必要的！经济赔偿责任会影响自己的生活、生存，但是若有刑事责任，那失去的东西就比较多了。在单位中从事财务工作的伙伴，与在机构中提供服务的业务人员，其实每天都在处理一些涉及合规与违规边缘的法律事项，所面对的不是简单的商业性质的业务，而是存在较大法律风险，再也不是过去那种在工厂中端好所谓的“铁饭碗”，仅仅做好记账的活了。

笔者在工作过程当中注意到，有的企业老板或企业的法务人员，有一种强烈的自我保护意识，即在签订服务合同时，往往要求服务方（通常是作为乙方）提供服务成果的担保。比如在汇算清缴的数据协助确认服务中，若服务目标未达成或因为后期出现查补税款之时，就要求进行赔偿。作为乙方，一方面既想承揽一些业务有活做，另一方面又怕承担这样的风险责任。那么，我们是不是认为“没有金刚钻，不揽瓷器活”呢，是这个服务机构或人员没有这个能力吗？上面我们提出过，当下的很多税务问题，特别是争议、筹划问题，有比较多的是理解差异、征管变化。比如有一个座谈会，当时国家财税政策部门的负责人士与省级单位政策部门的人士均有参加，在对一个问题发表意见时，前者认为可行，后者却不认同前者的意见，这时的矛盾是不是就反映了政策属地化中“县官不如现管”的现状？反之，我们可以这样理解，税务的问题，若从商业的角度来看，正如任何生意都是有风险一样，希望越大，其风险值也会增大！在寻求外部税务服务时，我们无非是想找到更专业、更有沟通能力、更有实践能力的机构与人员来操作。如果认为一家机构的服务能力不够，可以多找几家组成服务联合体，也未尝不可。但是，基于商业条款的设计、服务方对于专业的理解程度差异以及企业期望值差异等情况，这种追责风险是存在的，只是笔者在现实当中接触的不多，但也确实看到过有差点进入司法程序解决服务争议之事。

作为负责企业办税业务的财税人士，在职责与价值创造上，有时分得并不是很清晰，甚至有的人提出“干得越多，责任越大”的观点。笔者认为，急功近利型的筹划看似很有效果，其实长远来看，若财税团队都不担责，是走不长、走不远的。有效的筹划建议，将可能给财务人员带来好的机会以及升职空间。那么，此时就有必要考虑一个对自己、对团队均有保护性的措施，比如找到第三方机构协助，进行风险分摊及责任隔离，相得益彰，不失为一种现实的合作方式。有的人士可能提出来，企业能不能拿着方案去向税务机关咨询呢？这里有两个问题：一是这种咨询本身没有回复的法定程序，也不符合税务机关的服务规范，比如一些政策导向性的问题，如小微企业的优惠、研究开发费用加计扣除等，这种带有政策性质的问题，提供协助的可能性比较大，但是若是其他的一些筹划咨询，很难让税务机关的干部走进"统一战线"；二是关于政策，关于业务本身的实际情形，税务机关的干部也不会去调查那么清楚，对于政策的理解可能比较单一。基于上述两个原因，谨慎为宜，相应的咨询不是担保，只是一个可能。

笔者曾看到过一个报导，提及某企业财务人员在朋友圈"晒"了一下税务筹划的业绩，结果引起某位税务干部的注意，从而进行一番调查，补了很多税款。这种个案，其实是财务人员面临的另外一种风险。

虽然税收政策存在不明确之处，但是合规的底线却是清楚的。筹划的技术处理再不明确，事真不真实还是很明确的，假的真不了，真的也假不了！

## 3.3 小结

本章涉及"生"的筹划功能介绍，主要是想与大家探讨一下税收政策的溢价功能，税务问题并不限于通过筹划把税负降低，而是有着另外的创造功能。虽然我们认为，对于一个国家产业的升级、技术的创新，是需要在科研层面的投入与做强，但是财税政策本身也是支持这方面发展的主要工具。物质基础决定上层建筑，在较为宽松的财税环境下，对科研创新的激励存在明显的支持作用的。

对于"生"功能的使用，我们首先要严肃与谨慎，不宜激进；其次，我们要进行更为体系化的安排，而不能限于财务人员的单打独斗。有的老板可能有这样的想法：我们的财务人员只要不给企业多缴税就好了！其实这是一种误解，老板们可能认为少缴税就是好的，经过本章的分析，可能就会或多或少地发现税务方面的更多价值空间，当然也有风险因素。

**【案例 3－19】**某企业在前几年汇算清缴之后发生了财务人员的变更，结果就没有注意到退税的事，因为当时的退税程序还需要企业提交申请表，与现行的系统自行判断处理不一样。结果后来过了三年多，有一次税务干部在查询数据时发现了此问题，告诉了企业之后，负责人很是震惊，竟然有数千万之巨！好在是税务机关主动发现的，若纳税人自己发现的，早就超过了在征管法时限范围内要求退回的法定期限了。这种喜悦的心情，就是“生”出来的效果。但这是工作失误、内控管理不当造成的，一次是幸运，再发生恐怕就不可原谅了。

整体而言，就是合理、真实、有支持的凭据或第三方的证据支持，“生”的功能利用，不失为专业人士的一种有力工具。

那么，站在税务机关的角度，对于纳税人“生”的筹划行为，该如何看待与应对呢？毕竟这里面有税收利益影响，有指标的“异常”情形出现！笔者考虑，站在不同的岗位上，可能得出来的观点会有所差异。可能存在共性的问题主要在以下三个方面：

一是以发票体现的业务真实性如何。需要关注开具发票的数量及入账金额，若比较多或比较大时，则可能属于异常指标，有必要查清来龙去脉。

二是不合理的匹配关系的发生。比如某主体没有人员，没有资产，却有满满的经营性收入，这就存在不合理之处，还有的企业是存在大量的免税收入，但是相应的权利证照是不是存在，也需要关注。因为“生”的情形下对于税收优惠的利用，本来也是税务机关后续监管的主要事项之一。

三是在处理相关事项的时候，需要跟不同部门的人员多多对接，单纯对接财务口的人员，对方基本上是能对答入流的，但是如果是业务人员，可能就会有“料”了。听闻有一次税务稽查，开始的时候，税务老师们表现得很“友好”，让各个部门的人员来时不时地介绍一些业务的情形。比如在业务部门介绍收入确认流程时提到：“相关收入的确认，需要财务部门的签核，比如去年有一笔业务，当时财务告诉我们第二年再确认收入！”结果可想而知，不用查账了，就查查这笔吧，这是你们自己介绍的，我们还是很友好地来处理。最后企业自觉地就该笔收入补缴了所得税。这说明有时应对风险并不需要“针锋相对”，也不需要“剑拔弩张”，通过不同人表述的相互矛盾就可以发现疏漏之处，特别像这种“生”的筹划事项，更是容易找到询问的路径与要点。

但也不能停留在上面提到的应对水平上，筹划的手段、工具、环节，一定是越来越复杂化、模糊化的，那种明显摆在那儿等着查出问题的筹划，已经逐渐在减少了。我们期待“金税四期”等数字管税工具发挥越来越智能，越具有风险防范的功能。

# 第四章 “变”字诀

唯一不变的就是变化本身!

这是一个一切都在快速变化的时代，以变突围，以变制胜，谁能想象，十年前自己的样子、思想，相较现在发生了巨大的变化，感觉差了一个时代。置身于变化之中，税务筹划也只能跟随而变、适应而变、创新而变。其中一个重要的现实是，传统的税务筹划已处于“满大街吆喝”的状态，无非就是身披不同的外衣，但是一些诸如筹划设计的 SaaS 平台，以新技术体现的股权设计加筹划加落地的方式，其标准化与可视性、批量化的思维是值得学习的。只是各家存在差异之处，或是出于保密的考虑，也可能有自己的想法与需求。相对来讲，筹划的追求还是个性化的、私密性的，属于一种更高端的事项。

“变”的功能在筹划当中的应用场景非常广泛，事项繁多、复杂，无论是主动的变，还是被动的变，对于利益的统筹考虑与调整，都是一种探索。在本章内容中，我们依然结合一些可行的、有趣的、比较热门领域的案例，进行一些样本分析。变的方向可能有多方面，有商业便利的考虑、有税收利益的考虑、有地区转移的考虑、有家族财富安排的考虑、有资本市场的考虑等。

## 4.1 “变”的手法概述

我们可以从不同的出发点来看“变”的功能体现，在不同的人看来，视角是不同的，比如从时间段上来看，变的环节和风险如表 4－1 所示。

笔者认为，变的前提，应尽量提前操作，筹划未发生之事，这是筹划，此时空间大，可塑造性强。而筹划已发生之事，极可能是造假，让故事重演一遍，这不是电影中月光宝盒的故事，越到最后，影响的限制因素越多。下面我们考虑一下从主体角度考虑的变化（见表4-2）。

**表4-1　变的环节和风险**

| 变的环节 | 举例 | 风险度 |
| --- | --- | --- |
| 事前变化，凡事预则立 | 比如在拟筹划特殊性税务处理时，通过调整达到可实施特殊性税务处理的条件，如并购比例的调整 | 税法基本上没有设置事前限制性的调整条件，很多情形下是可以有效地化解障碍进行事前筹划的 |
| 事中调整，需要追溯 | 比如在某个业务交易中，由直接经营改为代销的关系，调整合同与发票开具的内容 | 此时往往事情进行了一段时间，需要看有没有实质性的影响，避免只是形式上的调整 |
| 事后调整，往往存在假的可能 | 比如股权转让收益高了，想要找空间节税，笔者经常遇到咨询此类问题或对此感兴趣的老板 | 当有大额的利润时，如何消化、转移，甚至可能出现制造亏损等各种手法，有一些有合规的基础，有一些就是造假的行为 |

**表4-2　从主体角度考虑的变化**

| 变的环节 | 举例 | 风险度 |
| --- | --- | --- |
| 投资者个人的角度 | 从原来拿工资到拿分红，或者是权益转让等方式取得利益，也可以通过多层体系暂时实现不纳税的暂存处理；或者是通过信托等工具来持有股权、股票等方式完成可能的减税等方面的规划 | 对于投资者个人的筹划产品比较大，比如通过各种各样的方式取得发票报销隐性化地处理；通过多层、多样交易实现涉税利益的优化。合规与违规情形比较复杂 |
| 运营主体层面 | 个人搭建合伙企业、有限公司、个人独资企业、个体工商户等主体开展业务，税收利益错综复杂。而每一个主体中的计税规则也是有差异，有复杂的选择空间，针对性地利用好、规划好，税收空间大 | 当个人搭建较多的业务主体时，其业务的准确匹配与适用，仍需要考虑独立主体的法律责任与风险的隔离 |
| 员工或外包服务人员的层面 | 为了减少高管的个税，或者为了减少企业支付的（承担的）税费成本、社保成本等，而进行的产生于服务者或工作者的安排 | 目前众多的用工平台、用车平台、代开平台等，鱼龙混杂，在税务人看来，是一个个经过包装的“炸药包” |

这是从主体的角度考虑的变化之处，更多地可能还是企业的交易模式与架构的变化，比如开始是独立主体的运营，慢慢做大了、业务多了、政策空间广泛了，老板们进行调整与筹划的需求就多样化起来。接触的比较多的情形如表4－3所示。

**表4－3　变的常见情形**

| 变的环节 | 举　例 | 风　险　度 |
|---|---|---|
| 对外业务合作的筹划 | 比如开展新业务需要筹划安排；与外部联营合营、投资时进行筹划；融资时进行筹划；供应链方面的筹划等 | 一是商业上的风险，二是可能涉及违法方面的行政或刑事问题，因为当合作对手出现不合规操作，特别是发票不合规时，往往可能引起本方的问题，选择合作方也是一种筹划 |
| 运营过程中单独对某事项的筹划 | 比如某房地产开发项目土地增值税的筹划；高新技术企业的资质条件筹划；减持限售股等筹划；进行特殊性税务处理等筹划 | 当下很多的中介服务机构在提供此类服务，企业可以充分地选择，但建议筹划的边界不宜过于极端 |
| 基于税收征管当中的事项安排 | 比如转让定价的制定，风险指标的预警管理，某些涉税争议事项的防范筹划 | 为了减少未来的争议、问题而进行的筹划安排，这是为了减少问题的发生而进行的防范规划 |

在上面提到的不同情形下求“变”的筹划，只是提出一个入口，不代表绝对如此，有时是复合型的筹划安排。与此同时，这里的变有主动性的，也有被动性的变，比如老板或企业管理层主动推进的筹划安排，或者是因为生意上无法继续，此时想通过财税手段得到补偿、得到优惠，让生意能做下去的安排。

**【案例4－1】** 某房地产开发企业于2020年达到清算条件，经过测算，税负比较高，于是老板让财务负责人想办法。经过财务负责人多方谋划，想到如下几个备选方法：一是直接找发票增加成本，这明显是不合规的手段，但过去就干过，存在侥幸心理；二是编造建安成本，让一些所谓的包工头开具一些工程的发票给自己的关联建安企业，再由建安企业给房地产企业开具发票；三是想办法核定，不过当下这个操作收得很紧，比较难取得；四是找中介机构，通过一些土地成本分配方法的调整，通过技术手段作出一些调整；五是追加投资，做一些辅助功能的开发增加成本。营改增之后，简单找发票的方式面临着巨大的违规成本，时有企业出问题。有时笔者也跟进行税务稽查的老师请教沟通，认为在当前的土地增值税清算中，一般清算结束，很少再有针对认可清算结果的重新查核，更少有定偷税的情形。这跟清算的工作安排有相应的关系，比如清算后已有人员进行了签字确认，再查是不是涉及人员职责的问题等。未来的土地增值税立法征求意见稿中提出了让纳税人自行清算的办法，不失为一种有效的调整。现实当中，涉及土地、不动产等的涉税事项尤其复杂，更需要谨慎地操作安排。

**【案例 4－2】** 中介机构在如何推进客户筹划方面，也要发挥主动性。比如有中介机构在为客户提供清算等大业务时，以预计的税费为标准，对比此标准的节税金额为收取费用的基数，也是一种以服务推动筹划的业务类型。

2021 年 9 月 24 日《关于加强注册制下中介机构投资银行业务廉洁从业监管的意见（征求意见稿）》提出：

六、【激励约束】中介机构应当建立科学合理的激励约束机制和内部问责机制。证券公司不得将从业人员薪酬收入与其承做或承揽的项目收入直接挂钩，不得以业务包干等过度激励方式开展投资银行业务，应当在劳务合同、内部制度中明确，对存在廉洁从业违法违规行为的从业人员，可以要求其退还相关行为发生当年奖金或者停止对其实施长效激励措施；会计师事务所、律师事务所等其他中介机构应当参照执行。

## 4.2 “变”的税务风险平衡

在当前的经济环境与税收环境下，笔者拟收集当下比较热门的一些筹划相关的事项，并对此作出一些出于个人理解的观察与分析，以让我们的老板与相关政府部门更为了解与发现其中的风险点，从而促进税法的合法性、公平性、可持续性，这也会促使老板们更为谨慎地安排和筹划。

变的目标往往涉及如下三个方面：一是为了减少支出，二是为了增加收益，三是为了增加安全性与减少风险。当我们面临着激烈的市场竞争时，在税收上若有所突破，将可能激发整个企业的产业链的生存活力。

下面的一些事项在“拆”功能章节中已部分提及，在本环节中重点分析一下变化的风险。

### 4.2.1 变更用工方式

变更用工方式是当下较为热门的筹划手段，尤其是现在兴起各种各样的用工平台，包括中介机构主导的、地方政府支持的，还有一些是大型企业自给自用型的。疫情之下，因为用工成本的增加，闲置人员的增多，人员的流动性较为频繁，疫情之初开发了“租借”人员的用工方式。其实这是一种暂时的服务延伸，相当于一个企业的员工在工作量不饱和时，将员工“提供”给第三方使用，以抵减部分的成本支出。但这时并未形成多重雇佣关系，而只是一种劳务性的服务，在营改增上可以称之为现代服务。因为这是基于单位之间的业务达成，并非是个人与对方单位之间的业务关系达成，即不是雇佣，也不存在与员工个人的劳务服务关系。

那么基于平台企业的发展，大规模的不需要固定在流水线上的业务外包型工作出现了。比如快递（闪送）、外卖送餐、保洁与维修等业务，以及网约车、教育培训、医生问诊、网红直播的业务活动等，这种大量以计件为酬劳结算的方式出现，给人一种个体经营的感觉，它突破了传统劳动法的雇佣限制，即相当于以时间为周期的雇佣关系，占用了个人的所有相关时间。当下普遍的一个称呼是“灵活用工”，非常值得肯定的是，其为劳动就业及个体价值的创造提供了广阔的空间，人尽其才、人尽其用，极大地释放了劳动力价值。在企业与个人的法律关系认定上，平台企业基本上认为其与个人之间的关系不是雇佣关系，而是一种服务关系，或者是一种技术服务的关系，接单与派单，平台提供的是信息、是规范。笔者发现，在一些法院的判例样本中，如“闪送”的人员出现交通事故时，在认定其与平台单位的关系时，有认为属于劳动关系的情形，因为接单人员遵守平台单位相应的管理制度、考勤要求等，但个案的情形并不足以影响到当下非劳动关系认定的大量存在，劳动保障部门对此也没有明确的反对意见，也没有依法院的这类判例进行大面积的整改。

基于当前的法律框架，以及平台的多样性，笔者认为其中的用工方式主要有如表4－4所示的一些表现形式：

表4－4 用工方式表现形式

| 用工模式 | 描 述 | 涉税关注点 |
|---|---|---|
| 真实派单接单模式 | 一种可以从业务合作的角度考虑的业务关系，在现在的框架下并不明确违背劳动合同方面的法律法规 | 与个人关系的处理、与外包平台关系的处理 |
| 平台支持模式 | 提供一个网上平台，由需求方与提供服务方建立信息对接，属于中介的关系 | 平台抽成不参与业务购销 |
| 披着“用工平台”外衣的人力税费社保筹划 | 基于可能洗钱、高管与老板避税、减少社保支出的目的，披着“平台”外衣的筹划，往往每一次国家发布支持平台经济发展的文件的时候，会自我感觉风险可控，但屡有涉嫌虚开与洗钱的个案发生 | 不合理安排产生的逃避纳税义务、逃避社会责任的风险比较高，同时存在着虚开增值税发票以及洗钱的风险① |

可以说，在当前的法律法规框架下，一些用工方式存在一定争议。比如媒体报道的某团递送的“外卖小哥”，其保险是由个人自管的，单位并没有为其缴纳社会保险等事项，尽管备受一些人的“指责”，但未明确其违反哪项规定。当然某团也可以以雇佣方式与这些外卖小哥建立劳动关系，但其与外卖小哥通过“用工平台”以业务外包形式建立业务关系购入服务，这中间不宜简单地判定某团“逃避”了社保义务。未来如何解决这些人的社保等保障问题，如何维持国家社保体系的可持续发展，需要建立与完善法规体系，创新保险产品，以适应这种互联网平台企业的用工创新模式，并封堵漏洞。

上述在派单接单的平台业务模式中，多数平台企业又在业务上增加一个环节，即将个人推送到另一个灵活用工平台上，让个人表现为类似会员模式，相当于这些人员是在此平台找的零星业务，按期统算个人应得的金

① 《中华人民共和国反洗钱法（修订草案公开征求意见稿）》提出：本法所称反洗钱，是指为了预防通过各种方式掩饰、隐瞒犯罪所得及其收益的来源和性质的洗钱活动，遏制相关违法犯罪活动，依照本法采取相关措施的行为。预防和遏制恐怖主义融资活动适用本法；其他法律另有规定的，适用其规定。

额与后面真正用工的业务平台结算，加收税点开具6%的专用发票，业务平台抵扣，同时开具方还能得到当地的财政奖励，无形当中“挣了国家一道钱”。这是一种风险“甩锅”式的技术创新，但前面形式上的摆设是不是存在有意虚开发票的问题，倒是值得好好地分析一下。

一些在线咨询平台（如某行平台等）、网红直播平台（不包括网红带货直播）等，是一个运营信息的技术平台，提供了网上的供需场景搭建。但由于相应的款项结算是通过平台完成的（比如平台以扣除一定比例后的余额结算支付给供给方，或网站刷礼物折现后再支付个人的方式），在涉及个税的认定上，普遍认为其有扣缴的义务，而并没有向前端延伸要求去追究款项支付方的扣缴义务，比如刷礼物的个人，但个人在认定上是赠送，难界定为所得去扣缴。

“混水摸鱼”型的平台型企业，以用工差额普通发票甚至专用发票的方式“提供服务”，若是没有真实业务支撑，最终将款项间接转入相关人员的手中，这种操作从大了看，有比较明显的“虚开”风险。尽管可能地方招商中认可所谓的平台模式，但不代表认可业务上的造假。笔者与一些做生意的人士交流时，发现他们认为这是很好的商业创新场景，是不是考虑进行上市安排；而若跟经侦或税务检查人士交流时，他们则认为这跟虚开性质是一步之遥的事。也有这样的情形，将明显不是接单业务的工作“硬”做成接单模式，通过服务外包或者人人成为“个体工商户”的操作，减少社保等支出。这种“灰色地带”如何防范风险，目前存在合规引导的问题。

那么这些创新模式的表象及背后，我们的企业、老板、税务机关的人士，可能都有自己的一些个人观点。比如有的人认为只要业务真实就可行，有的人认为别人这么干没有问题我们就跟着干，有的人认为灵活用工的企业有上市的案例了，这不是说明互联网经济存在成功的可能吗？笔者认为，灵活用工的巨大市场之需，突破传统的用工模式，配置劳动力就业，激活劳动力价值，无疑是具有极大的经济价值与社会价值的。但是它的一些野蛮生长方式，或许会破坏一个社会的基本功能体系，特别是对于社保责任的逃避与恶意规避纳税义务的安排，给从业者带来机会的同时，也制造了风险。“第一桶金”固然可喜，但当社会中的“聪明人”越来越多时，长此以往无序地发展下去，往往毁掉的就是整个行业。比如在征管中，它给《个人所得税法》中的所得类型及其计税规则带来的“破坏力”是相当大的，后面的案例中我们将做进一步的分析。

由于灵活用工平台的发展极为迅速，且生意十分有诱惑力，也有较多的专家、人力服务机构、中介机构、生意人加入其中。各地各级政府基于财政利益的考虑，确实希望业务多点开花。笔者认为，税务机关干部要避开职责风险、参与虚开发票的风险、行贿受贿的风险、洗钱的风险，就要及时关注此类业务，进行一些以合规性为前提的安排，从而减少行政、刑事违法的行为发生。

**（1）个人劳动关系、劳务或项目合作关系，外包用工平台服务关系。**

在人力成本、合作利润的支付过程当中，我们通常面临如表4－5所示的四种方式：

**表4－5 人力成本、合作利润的支付过程中所面临的四种方式**

| 业务关系假设 | 描述 | 所得涉税处理 |
| --- | --- | --- |
| 劳动关系 | 受《劳动合同法》保护与限制，劳动合同，是指劳动者同企业、国家机关、事业单位、民办非企业单位、个体经济组织等用人单位之间订立的明确双方权利和义务的协议 | 明确属于薪酬所得，属于职保的范围需要计缴社保相关费用。个税所得需要计入员工的综合所得，进行年度的汇算清缴。单位支付时需预扣预缴个税。企业所得税前以自制凭证扣除 |
| 劳务关系 | 个人从事劳务取得的所得，包括从事设计、装潢、安装、制图、化验、测试、医疗、法律、会计、咨询、讲学、翻译、审稿、书画、雕刻、影视、录音、录像、演出、表演、广告、展览、技术服务、介绍服务、经纪服务、代办服务以及其他劳务取得的所得 | 属于劳务报酬所得，年度同薪酬一起并入综合所得汇算清缴，可扣减20%的费用额①，单位支付时需预扣预缴个税（若个人有代开发票的情形，主管税务机关普遍操作是不管个税，只要求计缴增值税及其附加税费，扣缴义务由支付单位负责） |

① 《个人所得税法》规定：劳务报酬所得、稿酬所得、特许权使用费所得以收入减除百分之二十的费用后的余额为收入额。稿酬所得的收入额减按百分之七十计算。

续表

| 业务关系假设 | 描述 | 所得涉税处理 |
| --- | --- | --- |
| 项目合作关系 | 个人从事生产、经营活动取得所得，比如个人为单位从事的装修、运输服务 | 个人属于经营所得计缴个税（如核定方式），单位支付依规定不需要扣缴①，个人视情形进行汇算清缴或不需要汇算清缴 |
| 通过第三方平台结算、开具发票的情形 | 形式上是通过一个企业的业务合作，取得发票支付款项进行结算，注意这里的结算是三方平台，其实基本上还是依照用工单位与个人之间的计量与确认“转”支付一下 | 第三方平台套“经营所得”核定个税帮个人计缴，甚至有的地方放宽到个人自然人月收入 10 万元以内无个税，无增值税的模式，第三方平台与个人之间的关系，类似业务外包，但平台有时并不知道个人提供了什么样的服务细节，“假”特征凸现 |

在大的框架上，劳动关系的建立与履行成本非常高，比如某东平台上的快递人员，有报道开始就是雇佣制的，后来调整为项目合作制，即个人采取类似个体户的运营方式。作为企业员工不是挺好的吗？既可以激发员工的一体化荣誉感，也能够体现企业解决劳动力就业问题的社会责任感，构成一个命运共同体，但是现实可能逼着作为主导方的企业不想继续让工作人员以职工身份存续，比如如下这些影响的因素：

一是雇佣人员使得企业承担的附属成本多，特别是社保成本比较高，另外管理成本、合规要求均有比较多的条件。但我们也注意到，对于一些正规运营的需要持续工作的企业，比如央企、大型外企、大型民营企业，仍会保守地采用雇佣制，建立长久的工作关系。现实当中发生在考虑降低高管的个税税负成本时，往往会出现节税的需求，此时就可能产生通过人力公司或用工平台“中转”开票结算的筹划方式。

二是向雇佣制用工人员发放的是薪酬，需要扣缴个税，对于某些约定

① 《国家税务总局关于发布〈个人所得税扣缴申报管理办法（试行）〉的公告》（国家税务总局公告 2018 年第 61 号）规定：第四条 实行个人所得税全员全额扣缴申报的应税所得包括：

（一）工资、薪金所得；

（二）劳务报酬所得；

（三）稿酬所得；

（四）特许权使用费所得；

（五）利息、股息、红利所得；

（六）财产租赁所得；

（七）财产转让所得；（八）偶然所得。

了要求取得税后所得的高管来讲，无疑增加了企业的税负成本。

三是某些情形下存在“劳务支付情形”，比如平台与网红的合作形式，之前某地税务机关以劳务报酬名义要求平台扣缴补税的情形已有先例。由于市场竞争激烈，以及考虑税负成本的筹划，当下存在大量的“劳务转化经营所得”的包装，甚至有经营所得替代其他所得之势。如此操作之下，即使按经营所得5%～35%级距税率查账计个税，在高级距水平上，亦比薪酬所得的适用比率低，加之财政返还的支持，更是如鱼得水。若是走到核定的操作上，很容易一举解决高税负的问题。

四是基于第三项情形的存在，即使如此大规模地支付个人的“经营所得”从而避开高税负与扣缴个税义务，支付方心里还是不放心，万一被主管税务机关或稽查部门认定这就是劳务，不是经营所得，相信应对起来是非常困难的，毕竟自行认定为经营所得，自己本身也是心虚的。那么此时延伸出两种方式，一是找第三方代发平台（灵活用工平台的形式）进行操作，避开与个人打交道，让风险由第三方承担，第三方有能力有渠道就自己解决；二是让这些个人成立个体工商户进行操作。前者是取得的增值税专用发票（为了抵扣利益多按6%计缴增值税并抵扣）入账，后者多是普通发票入账，但由于后者开具发票量较大，有时也采取合并开具的方式甚至“白条”入账扣除方式。某些时候也有以个人身份办理临时税务登记的情形，减少了工商环节的操作。由于甩开了扣缴义务，相较于与个人直接建立业务关系的情形，此种模式建立起法律形式的“保护”与“间接化处理”，无疑给真正的用工单位带来扣缴风险责任的解脱。尽管第三方挣的是手续费，由于第三方平台开具专用发票产生了服务收入，此时产生了虚的收入与成本，流水创造的企业规模可能很大，其实挣的就是“代发”手续费点数。

现实情形中的环节可能比这个还复杂，比如再架几层业务关系，中间过渡层看似没有形成多少利润，其实是分解利润与风险的综合安排。此时，若从传统的角度来看，有的人士可能认为，既然这些主体、交易关系是你们设计出来的，彼此之间的关系本质上就是用工薪酬关系，需要计缴社保。对此观点，能否以“实质重于形式”的原则进行突破，甚至从反避税的角度强制要求回归呢？不宜这样简单定论，比如社保政策中，就根本没有反避社保一说。但个人若是与单位之间签订了“抽屉协议”，约定所进行的一系列安排都是满足上述协议的包装手段，彼此之间均需对此保密，则可以认为属于造假，存在“阴阳合同”问题。但是若彼此之间是从薪酬关系聊到了合作关系、共同投资关系、单位之间的关系，这是一种商事安排，其受法律保护的形式、责任与义务是不同的，但考虑到合作目标都可以达到时，自然不能简单粗暴地来否定。不过当对整个社会秩序的挑战越来越多的时候，面临的风险是比较大的，若因此出现处理不当，加之舆论导向的宣传，则极可能触发矛盾。笔者认为，这其中并不是简单的“正义”与“非正义”之间的较量，而是认不认可这些创造的形式合不合法的理解问题。看起来也是在法之所允与法之禁止的分界处徘徊。边干边看，或许是这样的一种忐忑状态了！平台的作用真正体现在哪里，大家也心知肚明。

不可否认，灵活用工产生的大背景，有其真实、合理之处，同时正逢经济发展到此阶段，大众劳动力的相对过剩与业态价格竞争的客观存在，注定了对于税收成本、社保成本的趋利安排，其间违法操作难免失控。短期之内，业态的发展还需要观察，需要引导，而税务机关、市场监督管理部门、社保部门、财政部门、公安部门等，也不宜因为产生一定问题而否定这个行业的性质与发展趋势。但是对其中形成规模的违规问题，笔者认为对某些样本的严格处理是很有必要的，纵容会带来更多的混乱和对纳税秩序及用工权益的破坏。

**【案例4-3】** 媒体报道的某明星签订“阴阳合同”之事，是将原本的演艺合同变为出品单位的投资，因为货币投资行为既不是增值税的应税行为，也不是所得税的所得事项，反正钱给到对方个人所能控制的单位了，至于如何支出使用，就非常灵活了，利益输送到此已完成。在民间的个人之间，买卖字画、古董等行为屡有发生，主要是因为这些情形不需要登记过户，无法实现行政监控，税务计征缺少发现的手段。同时由于金融系统数据尚未纳入税收征管的法定例行程序，目前私人领域的税收漏洞空间比较大。在一些个案当中，启用了一些银行、第三方支付机构的数据辅助，比如调取支付宝、微信支付的数据，或者在稽查案件中查询银行流水的数据等，此时避税空间基本上就非常有限了，只是这个手段还没有普遍采用。2020年发生在某地的电商补税的案例，其检查正是在取得网络销售平台的交易流水之后展开的，税收遵从的刚性又增添了一些不平衡的因素。

用工方式的多元化代表了经济角色的多元化与创造性，数量的增多也代表了经济的活跃度与发展可能性。在大众创业、万众创新的大潮之下，现在的市场主体或许会慢慢地走向成熟与理性。

国新办于2021年6月1日举行国务院政策例行吹风会，我们摘录了部分内容：

（国家市场监督管理总局副局长 熊茂平）各位媒体朋友们，大家下午好。很高兴参加今天的国务院政策例行吹风会，特别感谢各位新闻界的朋友亲临现场，首先借这个机会也感谢各位媒体朋友们对市场监管总局的关心，我向大家简要介绍一下支持个体工商户发展工作的有关情况。个体工商户是公民以自然人身份依法开展经营活动的市场主体形式，伴随着改革开放不断发展，到今年4月底，全国登记在册的个体工商户达9 586.4万户，占各类市场主体总量的三分之二，在繁荣经济、稳定就业、促进创新、方便群众生活等方面发挥着独特的重要作用。党中央、国务院高度重视个体工商户的发展。习近平总书记指出，要高度重视支持个体工商户发展，提供更直接更有效的政策帮扶。李克强总理强调，个体工商户是重要的就业主体，要进一步支持个体工商户纾困和发展。近年来，特别是新冠肺炎疫情以来，党中央、国务院把保就业、保民生作为宏观调控的重要政策取向之一，把保市场主体放在更加突出位置。各有关部门深入推进“放管服”改革，持续优化营商环境，聚焦市场主体，在税收、金融、就业、社保等方面出台了一系列普惠性政策，对帮助广大个体工商户应对疫情影响，实现平稳发展起到了积极的作用。今年1至4月，全国新设个体工商户605.9万户，同比增长55.2%，新办纳税事项个体工商户187.5万户，同比增长70.8%，除受疫情影响比较直接的接触性服务行业外，个体工商户基本恢复到疫情前的水平，经营活跃状况较去年有了大幅提高。但是，由于当前国内外环境复杂严峻，受疫情不确定性、成本上升等因素影响，个体工商户生产经营仍面临困难。5月26日，国务院常务会议专题研究进一步支持小微企业、个体工商户纾困和发展，提出落实落细减税降费措施、加大普惠金融力度、给予稳岗就业补贴、引导平台降低收费抽成、推动个体工商户参加社保、建立个体工商户扶持体系等多方面措施，继续有针对性加强对个体工商户的支持。下一步，市场监管总局将认真贯彻落实党中央、国务院决策部署，会同有关部门继续做好“六稳”工作、落实“六保”任务，突出把握个体工商户在稳就业、保民生方面的独特作用，坚持以问题为导向，完善服务体系，突出精准施策，统筹形成合力，着力构建更普惠、更公平、更可及、更可持续的长效机制，扶持个体工商户健康发展。

正当经营的个体工商户的发展，需要关怀式的税收政策鼓励，但打着个体工商户外衣的筹划安排，值得进一步关注。个体工商户的大量增长，可能存在上面提到的规划安排的结果，事情有其两面性，我们在欣喜于个体工商户数量增长的同时，也要关注综合所得纳税人的数量变化。据笔者观察，个人综合所得的汇算清缴已进入第二个年头，让尽量多满足条件的个人参与汇算清缴，是一种工作成果的体现。对于应进行汇算清缴补税而没有进行的个人，如何有效地锁定、进行个人的信用关联与识别，相关的制度估计会逐渐得到完善。

至于有一些打着灵活用工平台名号进行洗钱、套现用于非法用途或用于个人用途的安排，更不是正常的、真实的灵活用工，这中间隐含的问题就可能真的触及其他法律红线了。

**（2）“发票与税”的痛点处理是平台大规模发展的两个支撑点。**

据笔者观察，无论是高大上的专家，还是代理记账机构、招商机构、人力公司，甚至生意人、IT 从业人等，在做税务的服务业务时，或多或少会将核定或财政返还、用工平台等作为落地的突破口或出口，因为那些传统的专业型筹划方案，实施的效果不如上面的方式来得有效、来得直接、来得简单。

单说灵活用工平台，无论业务真假，其解决问题的两个支撑点是“发票”与“税”。另外，社保负担对于部分企业有刚性因素影响，也需走灵活用工方式规避。

发票问题。支付方需要发票作为支付入账的会计凭据，也是税前扣除的凭证，这是雷打不动的“控税手段”，国家税务总局公告 2018 年第 28 号公告给出了一点空间：

第九条企业在境内发生的支出项目属于增值税应税项目（以下简称“应税项目”）的，对方为已办理税务登记的增值税纳税人，其支出以发票（包括按照规定由税务机关代开的发票）作为税前扣除凭证；对方为依法无需办理税务登记的单位或者从事小额零星经营业务的个人，其支出以税务机关代开的发票或者收款凭证及内部凭证作为税前扣除凭证，收款凭证应载明收款单位名称、个人姓名及身份证号、支出项目、收款金额等相关信息。

小额零星经营业务的判断标准是个人从事应税项目经营业务的销售额不超过增值税相关政策规定的起征点。

目前，关于小额零星支出的判断，若依照增值税的政策规定，按次或按日最多500元的标准，按月可以享受3万元的标准①。目前还没有提到以15万元的小规模纳税人增值税月免税额作为标准，况且文件当中的“起征点”目前只到了2万元的最高限，这个名字产生了偏差的解释。但不排除有一些地区“强认”月销售额15万元（之前为10万元）的标准作为小额零星支出的标准。但其实在增值税的解释上，普遍认为个人没有月销售额的概念（除了个人出租不动产、保险代理人提供的服务等特别情形）。若按次或按日500元的最高限掌握，支付高于此额是需要发票作为支付凭据的。况且，让个人

---

① 国家税务总局2018年第三季度政策解读现场实录2018. 8. 30

6. 境内支出的税前扣除凭证管理要求

（1）增值税应税项目

A. 对方为已办理税务登记的增值税纳税人。企业支出以对方开具的发票作为税前扣除凭证。也就是，凡对方能够开具增值税发票的，必须以发票作为扣除凭证。以往一些企业（如银行）用利息单代替发票给予企业，而没有按照规定开具发票，本公告发布后，必须统一按照规定开具发票。否则，相关企业发生的利息，将无法税前扣除。

B. 对方为无需办理税务登记的单位。企业与一些单位发生交易，这些交易虽为应税劳务，但这些单位无需办理税务登记，无法日常开具增值税发票，此种情形，可以用代开发票或收款凭证及内部凭证作为税前扣除凭证。如从政府机关、团体收购废旧物资，这些单位无法开具增值税发票，要么代开，要么以收款凭证即可作为税前扣除凭证。[2018－08－30 10：25 ]

C. 对方为个人且从事小额零星经营业务，即企业与个人发生交易，且与该个人应税交易额未超过增值税相关政策规定起征点的，企业支出可以税务机关代开的发票或者收款凭证以及内部凭证作为税前扣除凭证。根据《中华人民共和国增值税暂行条例》及实施细则、《财政部 税务总局关于延续小微企业增值税政策的通知》（财税〔2017〕76号）等政策规定，小额零星经营业务可按以下标准判断：按月纳税的，月销售额不超过3万元；按次纳税的，每次（日）销售额不超过300－500元（具体标准按照各省有关部门规定执行）。但是，如果个人销售额超过上述规定，相关支出仍应以发票（包括按照规定由税务机关代开的发票）作为税前扣除凭证。[2018－08－30 10：25]

主动去税务机关代开发票，操作的确会有一些困难，且增加了相应成本。

另一个情形就是税负的问题，目前大量的个人业务合作，是一种劳务关系，此时依据个税的政策需要按照劳务报酬代扣代缴个税，而个人年度结束后也需要并入综合所得进行汇算清缴。两方似乎都很“不情愿”，因为扣缴产生的结果，可能不利于商业竞争，若承担税负，支付方又不愿意，毕竟其本身互联网经营的商业压力也比较大。

《国家税务总局关于发布〈个人所得税扣缴申报管理办法（试行）〉的公告》（国家税务总局公告2018年第61号）规定：

第八条　扣缴义务人向居民个人支付劳务报酬所得、稿酬所得、特许权使用费所得时，应当按照以下方法按次或者按月预扣预缴税款：

劳务报酬所得、稿酬所得、特许权使用费所得以收入减除费用后的余额为收入额；其中，稿酬所得的收入额减按百分之七十计算。

减除费用：预扣预缴税款时，劳务报酬所得、稿酬所得、特许权使用费所得每次收入不超过四千元的，减除费用按八百元计算；每次收入四千元以上的，减除费用按收入的百分之二十计算。

应纳税所得额：劳务报酬所得、稿酬所得、特许权使用费所得，以每次收入额为预扣预缴应纳税所得额，计算应预扣预缴税额。劳务报酬所得适用个人所得税预扣率表二（见附件），稿酬所得、特许权使用费所得适用百分之二十的比例预扣率。

居民个人办理年度综合所得汇算清缴时，应当依法计算劳务报酬所得、稿酬所得、特许权使用费所得的收入额，并入年度综合所得计算应纳税款，税款多退少补。

居民个人劳务报酬所得预扣预缴适用的计算方式如表4-6所示：

表 4-6　居民个人劳务报酬所得预扣预缴计算表

| 级数 | 预扣预缴应纳税所得额 | 预扣率（%） | 速算扣除数 |
| --- | --- | --- | --- |
| 1 | 不超过 20 000 元的 | 20 | 0 |
| 2 | 超过 20 000 元至 50 000 元的部分 | 30 | 2 000 |
| 3 | 超过 50 000 元的部分 | 40 | 7 000 |

此扣缴计算的方式极可能存在偏高的问题，扣缴义务人的压力比较大。正因为扣缴的“税负”较重，若支付单位与个人打交道，这个“坎”有时确实难迈过去！尽管在零星的情形下，支付单位将支付款项对应的业务认定或包装为经营所得，但若是以劳务为特征的支付，比如网红类、直播课堂类、外卖快递类、在线医护答疑等，与从事建筑服务的经营类的业务确实有差异，就算他们取得了一些代开的发票，按照征收率征收个税的，也可能被认定为具有代扣代缴的法定义务！而在按照劳务报酬所得计税的背景下，税务机关可以代开发票，不过个税是不需要随票附征的，需要支付单位整体来计算扣缴，相当于把责任转给了支付单位。

肯定是要解决上面税的问题，灵活用工新业态应运而生，假设没有上述扣缴与个税类型问题，灵活用工存不存在可能大打折扣，毕竟要付费给平台的，这是成本。企业自己付也可以啊。首先，前面我们肯定过，这是一种新的用工方式，灵活、便利，国家鼓励发展这种用工业态，于己于公都有必要性。若上面的这些个人通过平台单位的安排，统一由平台单位开具服务业发票，相当于这些个人通过第三方的平台企业（一个独立的纳税主体企业）整体来接活提供服务，由支付单位与平台企业、金融机构或第三方支付企业建立支付通道，平台企业取得一定比例的加成服务费或税点。平台企业在其所在地完成支付个人的行为后（比如以征收率等方式核定），再以套零星支出或开具统一的大额普通发票来作为成本费用列支（甚至是空列）。同时平台企业根据其在增值税等方面对当地的税源贡献情况，再取得一定的财政利益，这是一个框架的运营方式，也是相对普遍的方式。背后这些人的招募管理、考核等极可能还是真正用工单位独立完成，平台企业“一身轻”。

毕竟多数情况下个人套经营所得经不起太多的推敲，于是大量的个体户转型开始出现，在载体上升级为个体工商户的经营所得，把这个环节的困扰给解决了。不过人人成为个体户，似乎有人也不大愿意，无论你的登记多么便利，总是存在个人的一些不想“折腾”与显名的问题，若找别人代替也会有一些个人的利益问题。但这似乎是一条有保障的路径，且正在各地不断地发生与演化中。

因为劳动法、劳动合同法等是在相对传统的历史时期形成的，当创新的用工方式并不是简单地以“坐班”作为主要形式，而是以业务来计量时，似乎转化为了劳务型与服务型关系，有一些确实有形式包装之嫌，而有一些确实也符合这种场景。在这种情形下，社保的责任、雇主的保险责任与管理责任、个税税负的压力得到了解放。尽管时有因交通事故等意外的发生，法院判例否定了服务关系，而确立其为雇佣关系，但并未形成广泛的认识与明确的用工保护政策。在上面的事项得以实施之后，发票问题、扣缴的法定责任问题也一并找到了解决的路径，何乐而不为呢？

市场经济的蓬勃发展，笔者认为其中存在着大量价格与成本的极致压缩与比拼的情形。当下，我们的基础性人口消费基数在全球占有绝对的优势，而这种优势，在发展初期，一定是以价格比拼为套路的，加之劳动力的供给多于需求，对于与当下个人直接利益相关的社保、职责身份等需求并不强烈，重要的是能够得到一份工作，拿到手的钱更多。在这一大背景下，对于创新是存在包容性的，但是触及法律底线的违法行为也有可能会零星爆发，引起税务机关等相关部门的警戒，特别是发票与税，在地方政府引资的前提下，进行无序扩张，虚开与偷逃税款、洗钱等情形纠结在一起，说不好哪条线出现问题就会引起某个业务链条上企业的连锁反应。

但法律规定是相对固定、机械的，不会给予过多的创新包容，风险一直就摆在那里。假设某人从某单位取得报酬，不知道为何变成为第三方平台企业服务了，提供服务的人也不知道收的钱是通过其开具的发票向接受服务方结算的，这种情形下的发票，是不是虚开呢？因为平台企业多数情形下也说不清楚交付物如何，个人是谁，基本上就是根据需求方提供的明细开具发票结算，转账支付。再创新、再包容，这里面的风险相信大家心里也明白，只是可能感觉这个“生意”还能做！接受抵扣入账的一方，多数认为自己有实际的业务支撑，是真实的业务，这已经算是好的。而那些以各种名义转移、套现的，本身就是虚假的人或事，完全是在浑水摸鱼！

可能在一些场景下，也存在一定的合理性，通过建立完善的认知链条、服务链条，优化校验环节，即使不是服务关系的业务，也做成了服务关系，短期来看，可能还存在一些空间。比如饭店的服务员，全包装成单一个体工商户，这明显是形式主义了，若说成是劳务派遣倒还有解释空间。国家未来的社会保障体系建设以及合规空间安排有其必然性与原则性，需要从长计议。

最近笔者观察一些法院判例，及各地公安经侦部门打击虚开发票的报道，发现风险似乎正在悄悄来临，而同时税务机关亦对其能力职责进行了强化，对违法操作行为开始有意识地关注起来。新冠肺炎疫情之下，国家对于产业的引导、鼓励与调整，也考验着财税部门的监管与处理水平。

上面的分析，均是基于业务真实发生的角度进行描述的，在操作过程当中进行了一些变形的处理，这种处理在传统的判断规则与习惯下，面临着是放还是管的问题。而在“放”的大环境下，“越界与过火”的操作，正在经受着法律框架下的合规考验。笔者观察，没有以税收问题的破解为目的作为前提，这个操作模式很难推进，也很难吸引众多业务场景合作，它解决了纳税人的税负负担，也减轻了用工方的责任与经济压力，可谓是“一石二鸟”。我们已有过分析，基本上全部的国有企业，多数的外资企业、跨国性企业，仍是以传统雇佣制用工方式为主，没有这方面趋利规避的需求与本意，这倒不是一种担当，笔者认为这是基于其本身具有的产业地位及利润的创造空间。

比如笔者查阅某东物流上市的信息披露（摘要）：

截至 2020 年 12 月 31 日，我们拥有超过 19 万名配送人员，并与一个即时性众包网络达成合作。

……

由于我们于劳动密集型行业经营，劳动力市场总体紧缩、人力成本增加或任何劳资争议（包括罢工）均可能会影响我们的业务。

我们的业务需要大量人员，于2018年、2019年及截至2020年9月30日止九个月，人力成本分别占我们经营费用及营业成本总额的48.4%、44.8%及43.1%。倘我们未能维持稳定且敬业的劳动力，可能会导致我们的服务中断或延迟。于电子商务活动的高峰期，我们通常雇用额外或临时工人，尤其是物流及配送人员。我们发现劳动力市场总体趋紧。我们已经历且预计会继续经历因薪金、社会福利及员工人数增加而导致的人力成本增加，我们亦可能面临季节性劳动力短缺。我们可能会与其他公司竞争劳动力，且我们可能无法提供较其他公司而言具有竞争力的薪金及福利。

我们聘请外包公司为我们的部分运营提供外包人员。我们对该等人员的控制有限，并可能因违反适用中国劳动法律法规而承担责任。

我们聘请外包公司派遣大量员工到我们的物流设施工作。我们仅与外包公司签订协议，因此与该等外包人员并无任何直接合同关系。由于该等外包人员并非直接受雇于我们，我们对其的控制较我们的自有员工更为有限。倘任何外包人员未能按照我们的规程、政策及业务指引进行操作或履行其职责，则我们的市场声誉、品牌形象及经营业绩或会受到重大不利影响。

我们与外包公司的协议约定，倘外包公司未能履行其对外包人员的职责，我们无须对该等人员负责。然而，倘外包公司违反适用的中国劳动法律法规或彼等与有关人员的雇佣协议项下任何有关约定，则有关人员可能向我们提出索赔，因为彼等在我们的物流设施提供服务。因此，我们可能承担法律或财务责任，且我们的市场声誉、品牌形象以及我们的业务、财务状况及经营业绩可能会受到重大不利影响。

我们就经营的若干环节使用第三方，倘未能与彼等保持良好的关系，可能会对我们的业务、财务状况及经营业绩造成重大不利影响。

我们聘请独立第三方补充我们经营的若干环节，例如货物运输及最后一公里配送。我们部分依赖第三方提供运输服务（包括车队及司机）、仓储设备、替换零件、包装及若干其他材料。我们的设备及运输服务供货商群均并不集中，且其表现会影响我们的整体服务质量。此外，第三方运输服务市场分散，服务供货商数量众多，难以找到规模符合我们运营所需且表现及可靠性符合我们标准的可靠合作伙伴。仓储设备及材料等关键物流及供应链服务的可用性降低或成本增加，会对我们的运营成本、盈利能力及现金流量造成影响。

……

根据中国法律法规的要求，我们通过中国政府强制福利缴款计划参加市、省政府组织的各类员工社会保障计划，其中包括养老金、医疗保险、失业保险、生育保险、工伤保险和住房公积金计划。根据中国法律，我们须按员工薪金、奖金及若干津贴的特定百分比进行员工福利计划缴款，最高不超过地方政府不定期规定的上限。我们本身或通过某些合资格人力资源服务供货商参与该等社会保障计划及员工福利计划并对该等计划进行供款。我们与该等人力资源服务供货商订立法律协议。根据法律协议，人力资源服务供货商须按适用法律法规规定为我们的若干雇员提供薪酬，社会保险及住房公积金的相关费用最终由我们承担，且人力资源服务供货商须使我们免受任何索赔、员工诉讼或任何行政调查以及因违反该协议的条款及条件而受到的处罚。

若是第三方通过派遣其雇佣的人员参与用工企业的服务①，第三方为雇佣员工缴纳的社保等支出，是会转嫁到用工企业处由其承担的，这与我

---

① 《中华人民共和国劳动合同法》规定：

第五十八条 劳务派遣单位是本法所称用人单位，应当履行用人单位对劳动者的义务。劳务派遣单位与被派遣劳动者订立的劳动合同，除应当载明本法第十七条规定的事项外，还应当载明被派遣劳动者的用工单位以及派遣期限、工作岗位等情况。

劳务派遣单位应当与被派遣劳动者订立二年以上的固定期限劳动合同，按月支付劳动报酬；被派遣劳动者在无工作期间，劳务派遣单位应当按照所在地人民政府规定的最低工资标准，向其按月支付报酬。

第五十九条 劳务派遣单位派遣劳动者应当与接受以劳务派遣形式用工的单位（以下称用工单位）订立劳务派遣协议。劳务派遣协议应当约定派遣岗位和人员数量、派遣期限、劳动报酬和社会保险费的数额与支付方式以及违反协议的责任。

用工单位应当根据工作岗位的实际需要与劳务派遣单位确定派遣期限，不得将连续用工期限分割订立数个短期劳务派遣协议。

们提过的灵活用工平台用相关人员经营所得来定性支付避开雇佣关系、社保缴纳是不同的。若站在盈利及经营的角度，通过灵活用工的操作，想必可以很好地实现经济上的利益。当然，我们并不了解其物流的用工模式及合作模式，传统用工是自己安排人员干活，而业务合作则是一种商务关系。若某东物流又将部分业务外包给了另一个物流公司，这是业务合作，并不是以个人安排用工为表现形式，这其中尽管还是人与人之间的交接，但法律关系却是不同的。

下面我们简要总结一下当下用工方式的体现（见表4－7）。

**表4－7　　当下用工方式的体现**

| 方式介绍 | 说明 | 税务处理 |
|---|---|---|
| 将雇佣的员工转化为灵活用工人员或个体工商户模式（类似包工头模式） | 相当于还是单位与个人之间的关系，只不过是以个人劳务或个体工商户的经营来对接的工作方式 | 对于灵活用工的个人以劳务报酬或经营所得处理，普遍以经营所得操作；若个体户的方式也可能是以某个个人牵头带着一帮人工作，相当于进行了责任分工 |
| 将雇佣的员工通过劳务派遣方式处理 | 通过劳务派遣公司进行人员对接，但是理论上接受派遣方（用工方）需要支付派遣方（用人方）的薪酬、社保和管理费，对方可能不一定合规操作，这也相当于分离了责任 | 是单位与单位之间的服务关系，企业所得税上对于直接发放报酬的处理允许作为用工单位的工资薪金进行归集列支①，个税扣缴亦存在用工方负责的个案情形 |
| 通过第三方用工平台处理 | 相当于第三方平台接单，又去找的个人提供服务（现实的关系多是用工单位直接找的个人进行了服务，同步或后续由第三方开票支付） | 两个单位之间的服务，商务关系上第三方平台甚少提供保险、管理、成果担保等服务，只是履行薪酬结算与发票开具等功能 |
| 通过同行企业的协作支持办理 | 比如疫情期间饭店富余员工工作的协同服务 | 也是单位与单位之间的服务关系，相当于是商务服务 |

其实从本质上讲，不想自己雇佣人员使之以员工身份工作，从而减少一

① 《国家税务总局关于企业工资薪金和职工福利费等支出税前扣除问题的公告》（国家税务总局公告2015年第34号）规定：

三、企业接受外部劳务派遣用工支出税前扣除问题

企业接受外部劳务派遣用工所实际发生的费用，应分两种情况按规定在税前扣除：按照协议（合同）约定直接支付给劳务派遣公司的费用，应作为劳务费支出；直接支付给员工个人的费用，应作为工资薪金支出和职工福利费支出。其中属于工资薪金支出的费用，准予计入企业工资薪金总额的基数，作为计算其他各项相关费用扣除的依据。

些成本费用的压力，提升自己公司的盈利能力或者是改善生存空间，并无过错。毕竟生存都困难了，再谈理想似乎也较为虚无。故此，以单位名义提供商务服务的灵活用工平台得以快速成长起来，在新冠肺炎疫情背景下，也确实为临时用工的单位带来了便利。可以这么说，疫情突发，给了灵活用工平台发展的契机，也为其社会价值的体现提供了空间。那么在用工方式上，当然是自己单位自行招募的个人会更服从管理，工作也更为单一集中，如果让别的单位提供服务，自然不是那么简单。同时，若业务不长久，对方的人员数量也并不一定满足要求，提供服务的人员也缺乏相应的归属感。

整体来看，因为经济形势仍受到疫情、就业及财政方面的一些影响，面临着不确定性，对于这种所谓的创新经济模式，无论其宣传的热度如何，也难掩其只是通过一些“小手段”来发展的一种商业模式的性质，可能大家都明白：其中有风险！而地方政府是在考虑财政利益的前提下才引入业务平台的，背后存在某些潜在支持。

当一个灵活用工的平台比较大，流水达到数亿、数百亿元之巨时，对于受票单位来讲，相当于被绑定在一个充满不确定性的火山口上，因为很难保障这其中没有任何的风险问题发生。而相较于此，可控、可追踪的业务用工服务可能会好一些，至少能解释得清楚。笔者观察到，受票单位随着业务量的增多，也会考虑作一些风险自我防范式的管理，让业务更分散一些，比如为了主体的风险考虑，前面置入一个公司作为中间的交易主体以分散风险，这都是在发展过程中逐步摸索出来的一种风险因素的形式防范举措与保护手段。

曾经有的人提出过，这么多的个人，其税收征管历来都是难题，即使有收入，征管的成本也是比较高的，效率与效益都不佳。这同时也是世界性的难题，比如很多个人之间的交易，除非一一去核查银行交易结算的流水，否则在当前的监管环境下，及时准确地计税是很难的。而平台的出现，使得税务机关可能通过企业这个易于纳入监管范围的载体，快速准确地发现原来无法发现的税收收入，如果站在这个角度，也有其有益的一面。所以观察一件事情，需要树立大局观，秉持辩证思维，边行边看。比如对于当下的用工平台，在相关的政府管理部门来看，认为其中确实存在一些问题，但基本上是持支持态度的，尚没有进行限制或者抵触之意。

但是也存在反例，如有的医药经销型企业，无论是通过第三方平台也好，还是通过第三方或自己设立的一系列的个人独资企业、合伙企业也好，是出于业务人员套现、回流资金的考虑，从而进行开具发票的结算，这本身就存在虚开的风险，若有较多的第三方主体参与，估计早晚会出事。业务是假的，第三方平台可能并不知道，那么最后双方都可能面临违法责任承担风险。有一些问题，只是“何时发现”的问题，前面提到的是模糊性的违规风险，后面是确定性的违规风险，我们所探讨的筹划，肯定不是给大家推荐后者的虚开模式。

中国法院网的一篇文章，可以让我们多了解一些劳动用工方面的规则应用，《外包雇员与发包单位是否构成劳动关系》（2016－08－25 来源：中国法院网 作者：陈海孝）：

【基本案情】

原告A饲料公司

被告胡某

原告A饲料公司成立于2000年8月10日，经营范围为：配合饲料、浓缩饲料、添加剂预混合饲料生产，粮食收购，配合饲料、预混合饲料、浓缩饲料销售，生物技术研发、生产、销售，农用微生物菌剂研发、生产、销售，自营和代理各类商品及技术的进出口业务，兽用化学制剂、中药制剂、外用杀虫剂、消毒剂、水产环境改良微生物制剂的研制、生产、经营。被告胡某于2015年3月1日到原告公司从事装卸工作。2015年5月22日，被告胡某在下班途中发生交通事故入院治疗。后因伤残补助金等事宜未能协商一致，被告胡某向淮安市淮阴区劳动人事争议仲裁委员会申请劳动仲裁，请求确认其与原告之间存在劳动关系，该委受理后于2015年12月14日作出仲裁裁决书，裁决：申请人胡某与被申请人A饲料公司之间于2015年3月1日以后存在劳动关系。被告A饲料公司对该裁决不服，诉至法院，请求确认原、被告之间不存在劳动关系。原告提供了一份该公司与案外人张某签订的《装卸协议》，该协议载明：“一、承包方式：乙方（张某）自行组织人员、自担风险、自负盈亏承包甲方（A饲料公司）装卸事务。二、承包期限：自2015年元月1日起至2015年12月31日。三、甲方按本条约定向乙方支付承包费用：1. 大料装卸5.3元/吨，其中卸车码垛超高6元/吨，预混料卸车7元/吨，预混料装车6元/吨，包装袋卸货1元/件，微生态0.5元/箱，立筒仓进料完成全部工作以后按照2.5元/吨计算；2. 如当月总装卸量计费达不到平均2 400元/人，由甲方补足；……四、双方的其他权利与义务：1. 本协议签订后，乙方应将其雇佣的人员名册提交甲方确认方可进入装卸区从事装卸工作，发生人员变动时，应在三日内通知甲方，否则视为违约；2. 为维护甲方经营与管理秩序，乙方雇佣人员进入甲方公司装卸区从事装卸工作时，应服从甲方的统一管理，如出现不服从管理现象，每次扣款50元，情节严重的，乙方应当辞退；为维护甲方形象，乙方应规范言行，不得以各种名目向客户索要财物，一经发现责令退回索要钱物，并对乙方处以100元/次罚款，情节严重的处以200元罚款。3. 甲方的上班时间，乙方必须在装卸现场。乙方有事须离开现场，应提前一天向甲方管理人员提出申请，获得批准后方可离开，未经同意视作违约，每次扣款80元，乙方应负责自己装卸区内的卫生。4. 乙方应对其雇佣的人员进行安全教育，发生人身或财产伤害等，一切后果由乙方自行承担。如在装卸过程中给甲方造成经济损失，应赔偿损失。5. 如有临时或紧急工作任务，乙方必须服从甲方的安排和调度，不得拒绝工作任务，不准以种种借口推诿扯皮拖延时间，否则罚款每次100元。6. 乙方在协议有效期内未经甲方同意，而自动解除协议，或无故怠工、罢工给甲方货物装卸不正常而造成损失的，甲方有权根据情况从装卸费中扣除3 000～5 000元作为违约金。7. 甲方提供完好输送机3台、手推车10部供乙方使用，乙方要妥善保管，安全使用，人为破坏修理费用乙方承担……”

被告从事装卸工作的基本工资为每月2 400元，按装卸每吨5～7元计酬，工资是由张某发放现金。工作时间是早上8点至晚上5点，一般没有休息日，考勤由张某负责，请假也是向张某请。张某跟被告一样也是服从原告公司的具体要求，按照公司的要求上、下班，从事装卸的具体工作，每月比其余装卸工多领取300元工资。原告公司向被告发放了一些劳保品，也为被告购买了意外保险。原告公司要求装卸队每天都要到公司，即使是公司业务淡季，也要每天到公司待命，因为公司每天都有装卸量，要及时将货物装卸运走，月底时队长将每月装卸量交到公司财务，由公司财务进行结算后支付其费用。

原告认为：因经营需要，原告将装卸业务对外发包，由张某独立承包经营，双方约定：张某自行组织、雇佣人员，自负盈亏、自担风险承包原告的装卸业务，原告按每吨不同装卸种类区分不同的价格，定期与张某结算、支付承包费。协议签订后，张某即组织人员从事装卸事务，原告亦按期向其支付承包费用。胡某系张某雇佣人员，与原告之间不存在劳动关系。

被告认为：被告与原告之间存在人身依附关系，应当确认为劳动关系。被告入职是经原告公司老总认可；被告遵守原告公司的劳动作息时间；即使被告在3月份只完成了少量的装卸工作，依然按照约定取得了基本的劳动报酬2 400元。上述理由足以证明被告是原告的员工，双方具有劳动关系。

【裁判要点】

法院经审理认为：A饲料公司与案外人张某签订《装卸协议》，原告公司将其装卸业务发包给张某，并由张某另行组织包括被告在内的工人从事装卸工作。在此过程中：其一，原告公司为饲料公司，装卸业务作为原告公司的应有业务，并非临时性业务，被告从事的劳动系原告公司的正常岗位劳动。其二，该协议中约定了月装卸量计费的最低限额为平均每人2 400元，张某需将其雇佣人员名册提交原告公司确认，装卸队在原告公司的上班时间必须在岗待命，这些条款反映出原、被告之间的关系具有一定的稳定性，被告所领取的工资也是其主要的生活来源。其三，原告公司虽未直接对被告进行管理，但通过其与张某签订的《装卸协议》间接对装卸队进行了严格管理，原、被告之间存在着管理与被管理的关系。综上，法院认为原、被告之间的关系符合劳动关系的特征，双方之间存在着劳动关系。判决：原告A饲料公司与被告胡某自2015年3月1日起存在劳动关系。

【评析】

目前，不少企业出于经济上节约用工成本的考虑，为了少缴社会保险、规避经济补偿金等原因，不与员工签订书面劳动合同。本案从形式上看，A饲料公司将其装卸业务发包给了案外人张某，双方签订了《装卸协议》，胡某作为装卸工，貌似应是张某的雇员，而非A饲料公司的员工，而法院经审理，最终判决A饲料公司与胡某之间存在劳动关系。那么是否所有外包雇员都与发包单位构成劳动关系呢？另外一起还有一起确认劳动关系的案件，与本案有点类似。原告毛某系一乡政府食堂的杂工，其起诉要求确认与乡政府之间存在劳动关系。法院经审理查明，乡政府已将食堂对外承包给李某，李某根据乡政府的要求每天为乡政府工作人员供应三餐，按月与乡政府结算，毛某系李某招用，每月工资由李某从承包费中发放，平时由李某管理，而李某只需保证按时完成三餐供应、保证餐点卫生，具体菜式及标准由乡政府决定，食堂的其他事项乡政府均不予理涉。李某每月根据食堂就餐人数及就餐标准与乡政府结算承包费，除工人工资外，食堂其他成本也由其承担，盈亏自负。最终法院判决毛某与乡政府之间不存在劳动关系。这两个类似案例确有截然不同的判决结果，我们可以从这两个案例的不同之处来进行评判：

1. 外包业务的内容为用人单位的主要业务还是辅助业务。第一个案例中，A饲料公司作为饲料生产、销售企业，装卸业务应属于其主要业务之一；而第二个案例中，乡政府作为国家最低一级行政机关，其主要业务为行政管理，食堂只是其辅助性业务。

2. 用人单位是否对外包雇员进行管理。第一个案例之中，A饲料公司虽未直接对胡某进行管理，但是通过《装卸协议》约束承包人张某对装卸工进行了严格细致的管理，A饲料公司将其对装卸工的管理制度写入了《装卸协议》；第二个案例之中，乡政府并未对毛某进行管理。换而言之，A公司不仅对装卸业务的成果有要求，对装卸业务的过程也有要求；而乡政府只对食堂餐饮业务的成果有要求，对于这其中的劳动过程并不予以干涉。

3. 用工关系是否稳定。在第一个案例中，承包方要将其所雇佣人员名单报A饲料公司备案，同时公司还保证装卸工最低月工资2 400元，为的是在淡季留住人；在第二个案例之中，乡政府与毛某之间并无直接关系，乡政府对于食堂雇佣几个工人、工人工资均不理涉。

4. 承包方是否自负盈亏。在第一个案例之中，张某根据装卸业务结算装卸费用，再将装卸费用发放给装卸工，同时张某自身也从事装卸，其并未从承包事务中获取更多利润，装卸业务的工具由公司提供，装卸工的最低工资由公司保证，张某并非自负盈亏；在第二个案例之中，承包人李某则从乡政府领取承包费，支付雇员工资及其他食堂成本后剩余部分为其利润，其获取利润跟其自身对食堂管理息息相关，为自负盈亏。

根据上述四个方面的不同，我们可以看出，外包雇员与发包单位之间并不必然构成劳动关系。具体到个案的认定时，可以从上述四个方面予以考察。

（作者单位：江苏省淮安市淮阴区人民法院）

但是，还有一个问题需要思考一下，就是在这种灵工平台的模式下，纳税地转移的问题，在税收征管政策中似乎是个空白，更是个容易被利用的模糊点。比如网上有这样的报道：据国家信息中心 2021 年的统计数据显示，国内为共享经济提供服务的人数为 8 400 万人，而同期这些共享平台的自有员工只有 631 万人。这个数据很惊人，假如北京有 10 万人为共享经济提供服务，他们的个税纳税地可能一会儿在福建、一会儿在天津、一会儿在河南，从税法角度，这是不是与实际服务发生地出现明显脱节了。不过税收政策似乎也很无奈，因为其摆脱了从源头代扣代缴的“抓手”，只要这些个人接受了平台发的钱，就在当地贡献了税收，这中间涉及的不是个税，而是他们业务支持的服务业的增值税，这个 6% 的增值税并没有什么进项抵扣，基本上接近于应纳税额，而用工方得以抵扣，反而被别的地方挪走了大额的税收收入。而且笔者听闻有的专家或地方认为政策上对于经营所得无扣缴义务，帮助或认同平台对个税的“责任要求”，从而实现利益的最大化，这个出发点存在负能量的表现。

**（3）高管避个税的求变与合规方式。**

从高管取得所得的角度，税收上相对比较简单，所得类型无非就在九大类中选择。传统来看，高管属于高收入的群体，其所得方式多为薪酬，其中包括日常工资、年终奖励、提成，还包括股权激励等在内。但这些基于雇佣关系取得的所得，将一并作为综合所得来计缴个税，其适用的最高级距税率是 45%，高管们对于该税务指数是比较敏感的。新个税法实施之后，对于工薪一族，其实没有多大的避税意愿，当然也是想得到雇佣关系下的社保之类的保障及相对稳定的工作认同，做一个自由从业者，没有组织的关怀，想必不是他们主动请求的，而是上面我们提到的基于最终用工单位自己的利益考虑，主动发起的安排，个人是被动的接受者。

据笔者的观察与了解，市场上对于高管规避个税的需求比较强烈，高管自己感觉税负重，可能也会找企业的财务人员或者外部的服务机构进行咨询、协助筹划操作。若有的高管提出，年终奖一人 200 万元，税负太高的话，就找人“买点发票”吧。可能在全国税务系统没有统一数据平台之前，很难直接发现，有时只能是在税务检查时产生疑问，为何有这么大额的服务费。有的时候，作为企业的财务总监，会让高管或高收入的员工定期拿一些发票报销处理费用，比如一些不相关人员的机票、火车票等，这种情形下，有没有风险呢？其实是有的，其中既有单位的风险，也有个人的风险，只是多数不涉及专用发票抵扣，相对来讲，检查得并不严格，再者说也不存在强烈的预期结果，但拿出来探讨一下要求补税还是可以的。

对于一些大型集团，比如某主要高管认为税负过重，找到财务负责人让其筹划降低税负的情形十分常见。但财务负责人基于个人职业安全的考虑，并不情愿去推进此事，拖着也就拖着了，这种自我保护的意识还是需要的。

**【案例 4 -4】**在抖音平台上，“专家们”在传授这样一种筹划的套路：比如某宝公司购买了一架私人飞机，花了 3 亿元，平价 3 亿元卖给某云，某云又租给某宝 10 年，每年收 1 亿元租金，某云共收 10 亿元，同时约定维修费、油费、管理费、人员费等均由某宝承担。无形之中“套”现 7 个亿，多好的筹划啊！笔者一听，也是挺认可的，这“公转私”的问题不是解决了吗？主要是利用交易来转化。

分析：这个案例，某宝税前有扣除，某云有所得，一举两得。不过我们先要理清楚某云需要计缴的税款，其所得为财产租赁所得，增值税以小规模纳税人计缴，个人所得税税率是 20%，购买成本不得扣除，某宝支付的租赁费可以税前扣除，若某云取得股息红利，某宝用的税后利润进行分配，税率是 20%。我们且不说这个交易存不存在交易合理性，以及是不是存在变相侵占公司财产的可能，当然也有租赁合同不续的风险，我们只分析税方面的因素，是有其便利性的，但全国有几个这样的高管呢？首先公司得能付得起这个费用，其次还能买得起飞机。其实对于某云来讲，在对钱没有概念的时候，有必要这么做吗？而且这个案例的前提是某云取得薪酬所得作为税负比较的对象，没有考虑20%的个税问题，某云消费难道还需要完全自己花钱吗？另外，若某宝企业的所得税率为15%，让某云承担20%的个税去抵15%的企业所得税，在此时为国家做的贡献不是更多吗？为了把钱装入某云的个人腰包，这种筹划是可以考虑的，没有问题，但人家就是不拿工资，这个虚构的工资只是一个假想的比较对象，税务机关也不能强迫其一定要取得薪酬，其消费的东西，跟当下多数的老板们一样，多是在企业层面处理的。网上还有大量提到的老板购置豪车避税的税筹故事，其实很多时候是财税人自己的异想天开罢了，企业经营不是这么简单的。若真有需要，倒是可以适当购入税前扣除一下。

但是，对于一些小企业的老板们，在正常需求的基础之上，适当购入汽车计入公司账上，用于个人业务之需，在当前的政策下，若不高于500万元，是可以一次性税前扣除的。这是一些人的筹划想法，此时就没有必要卖给老板再租回了。老板也可以自行购买豪车（比如股东结构比较复杂时），再租给公司使用，同上述案例相近，就看其20%的财产租赁所得的个税如何缴纳了！

上面提到的是作为股东或投资人的老板的个税筹划案例，若仅是公司高管，也是可以考虑购入豪车等配置的，当然前提是需要用车、用物之类，以公司名义购入，归个人使用安排。在数年后，以极低的价格处置给高管，实践当中也有遇到类似情况，相当于用使用权避开了“个人所得税”。但是买房却极可能不同，当下的不动产多有价格上涨的预期，不好掌控。

简要梳理一下高管规避个税的一些做法（见表4－8）。

**表4－8　　高管规避个税的做法**

| 方式 | 说明 | 风险 |
| --- | --- | --- |
| 全年一次性奖金与日常薪酬平衡发放 | 政策延续到2023年12月31日 | 合规 |
| 通过不正当方式取得的虚假发票报销套现 | 违反《发票管理办法》，严重者触及《刑法》所规定的刑责 | 违法，面临行政处罚的责任或刑事责任 |

续表

| 方式 | 说明 | 风险 |
| --- | --- | --- |
| 编造交易，通过第三方用工平台套现 | 不真实的情形下，如通过亲戚朋友或代办方的身份证明取得发票支付后进行收回套现 | 违法逃避个税，如有的通过人力公司开劳务派遣差额普通发票进行转换支付，也存在虚开发票情形 |
| 以自己的名义代开经营所得计税方式下的发票或者设立个体户等方式结算费用 | 拆分薪酬列入经营所得降低税负，本身是高管，又通过发票报销或进行商业主体间的交易结算，属于包装的虚假方式。若不是高管身份，未取得薪酬类所得且业务有体现，笔者认为有一定的商业合理性存在 | 从高管身份变化为“服务”关系，这个关键点要梳理清楚 |
| 通过借款等方式处理 | 比如借款长期挂账，后面进行核销，尽管企业所得税前不允许扣减，即使纳税调增后，也想避开后面的薪酬个税 | 采取“迷魂阵法”来规避个人所得税的方式 |
| 通过溢价买卖等关系 | 以高于公允的价格向高管等购入股权、技术等处理方式，以转移到其掌握的企业或个人名下 | 利益完成转移，纳税与否看后面的操作安排 |
| 通过海外渠道进行利益补偿 | 比如通过避税地的企业进行股份转让，进行分配或支付，避开当下的征管范围，从而形成滞留海外的收入，这也是当下的征管难点所在 | 普遍看，具有中国税收居民身份的个人，在中国有就其全球应税所得计缴个税的义务，当下的 CRS 所涉及的部分国家或地区的个人账户信息交换数据已启动图并得到交换，但尚未发现披露涉及追缴税款的案例 |
| 通过信托、资管等工具规避个税 | 比如通过设立信托，或者通过资管产品，很直白地规避后面取得所得时的纳税义务。如某老板为员工购买信托进行“避税”，相当于老板在企业体外用自己的资金对员工进行的劳动补偿，本质上也是属于薪酬的组成部分，而不是简单的信托设立人、受益人的关系 | 在金融创新的时代，税收政策如何与时俱进，是一件很有挑战的事情，与其纠结于传统问题或现存的众多争议，还不如去盯着有现金流的“金融类”产品涉税的征管，但此举影响较大 |
| 老板个人账户发薪酬 | 部分拟上市公司披露的信息中，有老板个人账户支付薪酬的情形 | 此属明显的偷税安排，个人有纳税的义务，老板（企业）有扣缴的义务 |

续表

| 方式 | 说明 | 风险 |
| --- | --- | --- |
| 较低价安排转让股权等情形 | 在企业拟进行第三方资本进入之前，或者拟上市安排之前，基于对未来的预期，对于过去成绩的肯定，让员工以净资产为计价基础的价值取得股权 | 在计量上有一定的技术体现，若时间节点上具有合理性，可以进行一些安排 |
| 选择有财政奖励地区所在地的企业给高管发薪酬 | 为取得个人纳税后可以享受财政奖励 | 该奖励理解上属于偶然所得，需要进行计税，若是通过企业发放的可以要求有扣缴义务，或者员工自行纳税①。但可能现实当中多用挂账冲减处理，没有形成纳税结果，个别税务机关还处于默认状态 |

对于高管来讲，笔者发现，他们在谈论薪酬的时候，有时会要求取得税后薪酬，此时高管本身并没有避税的主动要求，但站在企业的角度，自然想少承担一部分个税成本。于是有的企业财务就想办法以工作室的模式、第三方平台的模式等给高管套现。大家知道，由于新个税法实施，加之信息全国共享，个人可以自行查询综合所得的数据，之前以各种方式“购买”身份证信息来套现的情形，已被举报地难以“成功”进行批量操作了。笔者认为，这才是大数据的效能，真正地保护了自然人的信息权益，也促使了纳税遵从的实现。此时，若这些被冒名的人真正地来索取薪酬，冒用的单位估计也会很难受。当然违法归违法，也必须考虑是否存在涉嫌敲诈。所以，这一方式对于高管们来讲，或许还有实施的空间，比如找的朋友、亲戚、家人等，似乎相对可控，不易被发现，但若真有员工举报时，估计也会造成极为不利的后果。

---

① 参照《国家税务总局关于个人取得的奖金收入征收个人所得税问题的批复》（国税函〔1998〕293 号）：

广西壮族自治区地方税务局：

你局《关于个人从省以下政府或政府其他部门取得的奖金征收个人所得税问题的请示》（桂地税报〔1998〕20 号）收悉。经研究，现批复如下：

依据《中华人民共和国个人所得税法》的规定，个人因在各行各业做出突出贡献而从省级以下人民政府及其所属部门取得的一次性奖励收入，不论其奖金来源于何处，均不属于税法所规定的免税奖金范畴，应按“偶然所得”项目征收个人所得税。

但是，当前通过用工平台以经营所得名义以核定征收率发放的所得，并不产生于个人所得税的年度汇缴之列，是不同性质的所得类型，不需要合并，这也是技术上的规避之策。但该数据可以查询到，未来可能被监管到。

摘自 12309 中国检察网的一则起诉书，可以给财务人员、销售人员带来警示。

上海市黄浦区人民检察院

起诉书

沪黄检刑诉〔2021〕290 号

被告人何某某，男，1984 年××月××日出生，公民身份号码：4206841984××××××××，汉族，大学本科文化，原系上海××有限公司华东区销售总监，户籍在湖北省宜城市××镇××组。2020 年 12 月 19 日因涉嫌虚开发票罪，由上海市公安局黄浦分局刑事拘留，同月 21 日延长拘留期限至三十日；2021 年 1 月 22 日经本院批准，同日由该局执行逮捕。

本案由上海市公安局黄浦分局侦查终结，以被告人何某某涉嫌虚开发票罪，于 2021 年 3 月 22 日移送本院审查起诉。本院受理后，于次日告知被告人有权委托辩护人和认罪认罚可能导致的法律后果；依法讯问了被告人，听取了被告人及辩护律师的意见，审查了全部案件材料。被告人何某某同意本案适用简易程序审理。

经依法审查查明：

2016 年 10 月，时任上海××甲服务有限公司（以下简称：××甲）总裁史某某（另案处理）在负责公司经营期间，为达到少缴个人所得税等避税目的，经与上海××有限公司（以下简称：××公司）总裁胡某某（另案处理）约定，以支付 3.5%的服务费的方式，通过××公司控制的第三方平台以走账套现等手段，为×甲及其子公司上海×乙服务有限公司（以下简称：×乙）员工代发薪资及虚开增值税普通发票。后时任××公司华东区销售总监被告人何某某受胡某某指使，在明知无实际业务往来的情况下，与×甲、×乙工作人员对接联系操作代发薪资及虚开发票事宜。经审计，2016 年 10 月至 2018 年 7 月，×甲、×乙先后虚受由××公司实际控制的上海××企业服务有限公司、上海×甲技术有限公司、上海×乙技术有限公司、上海××科技有限公司、上海×丙技术有限公司开具的增值税普通发票价税合计人民币 31 540 169.02 元，涉案发票均入账使用。

2020 年 12 月 19 日，被告人何某某在本市崇明区被公安民警抓获，其到案后对上述事实供认不讳。

上述事实，有以下证据证明：

证人胡某某、史某某、康某某、刘某某、彭某某、虞某某、严某某的证言，证实被告人何某某受他人指使，为×甲、×乙对接联系虚开发票的情况。

相关客户服务协议、电子邮件往来记录、费用分发表单等证据，证实被告人何某某在明知无真实业务往来的情况下，为他人对接联系虚开发票的情况。

涉案增值税普通发票、付款申请表、相关记账凭证、银行转账记录等证据，分别证实涉案虚开发票入账使用及资金回流的情况。

上海公信会计事务所有限公司出具的司法鉴定专项审计报告，证实本案虚开发票涉案金额等情况。

税务机关出具的税务事项通知书、自行补税明细、完税证明等证据，证实×甲、×乙接税务机关通知自查涉案发票纳税情况后补缴个人所得税的情况。

6. 公安机关调取的户籍信息、工商信息及出具的抓获经过，分别证实被告人的身份信息、到案情况及涉案单位的工商信息。

7. 被告人何某某的多次供述，证实其对上述事实供认不讳。

上述证据收集程序合法，内容客观真实，足以认定指控事实。被告人何某某对指控的犯罪事实和证据没有异议，并自愿认罪认罚。

本院认为，被告人何某某受他人指使，在无实际业务往来的情况下，为他人虚开发票，情节特别严重，其行为已触犯《中华人民共和国刑法》第二百零五条之一，犯罪事实清楚，证据确实、充分，应当以虚开发票罪追究其刑事责任。本案系共同犯罪，适用《中华人民共和国刑法》第二十五条第一款，其中被告人何某某系从犯，根据《中华人民共和国刑法》第二十七条的规定，应当减轻处罚。被告人认罪认罚，依据《中华人民共和国刑事诉讼法》第十五条的规定，可以从宽处理。被告人如实供述自己罪行，根据《中华人民共和国刑法》第六十七条第三款的规定，可以从轻处罚。建议判处被告人何某某有期徒刑一年，并处罚金人民币二万元。根据《中华人民共和国刑事诉讼法》第一百七十六条之规定，提起公诉，请依法审判。

此致

上海市黄浦区人民法院

检察员：陈志鋆

2021 年 4 月 22 日

附：

1. 被告人何某某现羁押于上海市黄浦区看守所。
2. 侦查卷宗一册。
3. 《适用简易程序建议书》一份。
4. 《认罪认罚具结书》一份。
5. 其他需要附注的事项。

附：相关法律条文

《中华人民共和国刑法》

第二百零五条之一　虚开本法第二百零五条规定以外的其他发票，情节严重的，处二年以下有期徒刑、拘役或者管制，并处罚金；情节特别严重的，处二年以上七年以下有期徒刑，并处罚金。

单位犯前款罪的，对单位判处罚金，并对其直接负责的主管人员和其他直接责任人员，依照前款的规定处罚。

第二十五条第一款　共同犯罪是指二人以上共同故意犯罪。

第二十七条　在共同犯罪中起次要或者辅助作用的，是从犯。

对于从犯，应当从轻、减轻处罚或者免除处罚。

第六十七条第三款　犯罪嫌疑人虽不具有前两款规定的自首情节，但是如实供述自己罪行的，可以从轻处罚；因其如实供述自己罪行，避免特别严重后果发生的，可以减轻处罚。

《中华人民共和国刑事诉讼法》

第十五条　犯罪嫌疑人、被告人自愿如实供述自己的罪行，承认指控的犯罪事实，愿意接受处罚的，可以依法从宽处理。

第一百七十六条　人民检察院认为犯罪嫌疑人的犯罪事实已经查清，证据确实、充分，依法应当追究刑事责任的，应当作出起诉决定，按照审判管辖的规定，向人民法院提起公诉，并将案卷材料移送人民法院。

犯罪嫌疑人认罪认罚的，人民检察院应当就主刑、附加刑、是否适用缓刑等提出量刑建议，并随案移送认罪认罚具结书等材料。

前几年，笔者经常听闻一些人力服务机构创新使用“福利积分”开具发票结算的消费金模式，这何尝不是一种虚开的情形呢？所谓，常在河边走，哪能不湿鞋。可能大多数的案子还没有充分地暴露出来，没有被治理，这也只是一件“幸事”了，及时地收手或以专业助力服务，可能是未来财税与法律服务市场的健康化转变方向。据笔者观察，在这个领域，无论是大数据的创业想法，还是基于 SaaS 的记账软件，亦或是提供电子发票的信息化、小程序化的服务，以及所谓的风控系统，在经济收益无法及时变现的时候，成为为高管提供税务筹划的载体工具，用于第三方用工平台的搭建与自营园区。这种方式虽不被大肆宣扬，但却在不断拓展，其中甚至存在大量涉嫌虚开的情形。当然也有一些个人或机构不断地在转型，鉴于“第一桶金”的取得，趋向合规的转型成为选项之一，其宣传、讲座中的内容也可能是其不断洗白的方式。最近几年的财税市场，有点像许多年前的房地产市场，充满了一些野蛮的掘金行为。当我们的老板们或者是高管们在充分理解了这些风险之后，非常希望及时地做出观念、行为的调整。目前来看，在财税主管部门层面，还没有对此亮明态度，没有出手，各地的案例也多是公安经侦发起的，税务机关大多是联合办案式的参与。这有两个层面的原因：一是灵活用工平台及各地招商平台、园区、基金小镇等的大量存在，特别是灵活用工在应对疫情的背景下，有其广泛的“积极”意义，不宜在此时做一些“封杀”的动作；二是政策确实未进行明确，没有“先发制人”的“武器”，无据可用，不能任性用事，所以有必要对事态情形进行观察。另外，灵活用工平台确实存在良莠不齐现象，需要在有案可查时有针对性地进行检查定性，这也是当前改善营商环境，但同时更需深化征管改革的方向。

简单地分析，若不改变高管在“雇佣前提”下支付的所得，或多或少会存在问题。纵然以合伙企业、个独企业为载体作为支付服务费用的对象，也实质上算是一种薪酬所得。笔者建议，这种情形下，要特别注意让真实发生的业务体现出来，同时符合基本合理的交易常态，在一个多组织架构的规划当中，有合理的存在，才可能会有一些规划的空间。

至于高管的“股东化”或“合伙人化”，大家接触比较多的是员工的持股平台方式，在境内多是合伙主体，易于企业的实际控制人行使管理权及合伙约定收益、出资权利与义务，比有限责任公司的管理更便利。相比个人直接持有上市或挂牌公司的原始股份在转让时需要适用20%的税率，以及分配股息红利时可以在达到一定时间后享受免税待遇，选择以合伙企业作为持股平台的方式，依政策是无法适用上述计税方式或优惠的。现实当中，国家仅给予经备案的创业投资基金的个人合伙人选择单一投资基金的计税方式以20%计税[①]的权利，这是特例。各地存在对不符合条件情形下默认20%计税的处理，不是一种合规地操作。

---

①《财政部 国家税务总局关于创业投资企业个人合伙人所得税政策问题的通知》（财税〔2019〕8号）规定：

一、创投企业可以选择按单一投资基金核算或者按创投企业年度所得整体核算两种方式之一，对其个人合伙人来源于创投企业的所得计算个人所得税应纳税额。

本通知所称创投企业，是指符合《创业投资企业管理暂行办法》（发展改革委等10部门令第39号）或者《私募投资基金监督管理暂行办法》（证监会令第105号）关于创业投资企业（基金）的有关规定，并按照上述规定完成备案且规范运作的合伙制创业投资企业（基金）。

二、创投企业选择按单一投资基金核算的，其个人合伙人从该基金应分得的股权转让所得和股息红利所得，按照20%税率计算缴纳个人所得税。

创投企业选择按年度所得整体核算的，其个人合伙人应从创投企业取得的所得，按照"经营所得"项目、5%－35%的超额累进税率计算缴纳个人所得税。

三、单一投资基金核算，是指单一投资基金（包括不以基金名义设立的创投企业）在一个纳税年度内从不同创业投资项目取得的股权转让所得和股息红利所得按下述方法分别核算纳税：

（一）股权转让所得。单个投资项目的股权转让所得，按年度股权转让收入扣除对应股权原值和转让环节合理费用后的余额计算，股权原值和转让环节合理费用的确定方法，参照股权转让所得个人所得税有关政策规定执行；单一投资基金的股权转让所得，按一个纳税年度内不同投资项目的所得和损失相互抵减后的余额计算，余额大于或等于零的，即确认为该基金的年度股权转让所得；余额小于零的，该基金年度股权转让所得按零计算且不能跨年结转。

个人合伙人按照其应从基金年度股权转让所得中分得的份额计算其应纳税额，并由创投企业在次年3月31日前代扣代缴个人所得税。如符合《财政部 税务总局关于创业投资企业和天使投资个人有关税收政策的通知》（财税〔2018〕55号）规定条件的，创投企业个人合伙人可以按照被转让项目对应投资额的70%抵扣其应从基金年度股权转让所得中分得的份额后再计算其应纳税额，当期不足抵扣的，不得向以后年度结转。

（二）股息红利所得。单一投资基金的股息红利所得，以其来源于所投资项目分配的股息、红利收入以及其他固定收益类证券等收入的全额计算。

个人合伙人按照其应从基金股息红利所得中分得的份额计算其应纳税额，并由创投企业按次代扣代缴个人所得税。

（三）除前述可以扣除的成本、费用之外，单一投资基金发生的包括投资基金管理人的管理费和业绩报酬在内的其他支出，不得在核算时扣除。

本条规定的单一投资基金核算方法仅适用于计算创投企业个人合伙人的应纳税额。

四、创投企业年度所得整体核算，是指将创投企业以每一纳税年度的收入总额减除成本、费用以及损失后，计算应分配给个人合伙人的所得。如符合《财政部 税务总局关于创业投资企业和天使投资个人有关税收政策的通知》（财税〔2018〕55号）规定条件的，创投企业个人合伙人可以按照被转让项目对应投资额的70%抵扣其可以从创投企业应分得的经营所得后再计算其应纳税额。年度核算亏损的，准予按有关规定向以后年度结转。

按照"经营所得"项目计税的个人合伙人，没有综合所得的，可依法减除基本减除费用、专项扣除、专项附加扣除以及国务院确定的其他扣除。从多处取得经营所得的，应汇总计算个人所得税，只减除一次上述费用和扣除。

五、创投企业选择按单一投资基金核算或按创投企业年度所得整体核算后，3年内不能变更。

（转下页注）

对于高管来讲，其对于社保，对于在某些城市买房或买车的资格，也是有基本要求的，但因社保有最高的基数限制，多了也交纳不了，而购房或购车的资格往往只要有交纳的数据证明即可。还有比如北京市积分落户的指标中，对于个人纳税额超过一定金额的会有加分的安排。综合来看，高管进行避税安排的背后其实也存在一些影响因素，即它的避税安排并不是标准化的。

还有一些高管，特别是私募领域，属于海归的持有境外国家或地区护照身份的也比较多，有的还放弃或不具有中国户籍身份，这时的筹划安排就不是那么简单了。比如美国籍的个人，其对于海外所得的计税，要求比较严格，纳税人的遵从度也比较高，单一用境内的税务规则来套用，不一定达到最优的效果。尽管现实来看，有一些在国内的所得，可能存在没有完整地向其所在纳税义务国申报的情况。在此，笔者认为，需要从长计议，比如可以考虑以所得实现递延的方式等进行操作，也可以代理人名义进行临时业务活动，但这需要个人有充分的风险意识并做好防范。

**【案例 4－5】**设立于某直辖市的某大型地产企业，在海外已上市，每年给高管发放的薪酬约为 1 亿元，高管的名字多数出现在披露的信息名单中。为此，集团税务部门经过筹划，并经集团管理会议讨论，在国内某“洼地”设立某合伙主体，主要用于发放薪酬之用，相关的资金以服务费的名义向各项目公司收取，地方财政的 30% 左右奖励给个人。

分析：这种方式说得过去，尽管不能很明确地说合伙企业提供了真实的服务，但这些人毕竟是集团的高管，可能真有相应的服务表现。若直接

---

(接上页注①)六、创投企业选择按单一投资基金核算的，应当在按照本通知第一条规定完成备案的 30 日内，向主管税务机关进行核算方式备案；未按规定备案的，视同选择按创投企业年度所得整体核算。2019 年 1 月 1 日前已经完成备案的创投企业，选择按单一投资基金核算的，应当在 2019 年 3 月 1 日前向主管税务机关进行核算方式备案。创投企业选择一种核算方式满 3 年需要调整的，应当在满 3 年的次年 1 月 31 日前，重新向主管税务机关备案。

七、税务部门依法开展税收征管和后续管理工作，可转请发展改革部门、证券监督管理部门对创投企业及其所投项目是否符合有关规定进行核查，发展改革部门、证券监督管理部门应当予以配合。

八、本通知执行期限为 2019 年 1 月 1 日起至 2023 年 12 月 31 日止。

认定为虚开发票，也存在一些探讨与取证的事项，因为服务跟货物的发票虚开十分不一样，不过在实务当中还是需要关注业务服务载体的体现的。

总结一下，大家可以发现，在高管的避税方式中，有的属于野蛮型，有的略显专业与合规，有的就相对安全，比如获得了财政奖励的情形，还有一些“擦边球”的操作。作为公司的老板，为高管提供节税的配合，并不是必然的，比如上市公司的高管，其薪酬多是需要公开披露的，但在一些特别奖励的事项发生时，不排除采取了不合规的处理方式。在国有企业当中，若调整薪酬发放方式，面临着诸多的监管与审计、管理环节，很难轻易得到实施。这样来看，为高管避个税的操作更多是发生在民营企业、私募行业，这样一来，税务机关也可以聚焦重点关注的范围了。比如税务机关可以调取某个人全国的纳税数据，若相关的利益来源于相对关联的主体方，就可以关注一下这方面有没有问题。不过，我们不排除目前在国家税务总局的金税工程信息系统中，可能存在有不联网单机版操作的模块，信息的不联网很可能隐藏着避税的行为。

**（4）经营所得对于综合所得的“破坏力”与修正方向。**

当下，只要打开抖音、头条、微信，参加培训会议等，就会发现各种筹划大行其道，在此我们需要站在法律的角度来看，不是简单的一棍子“打死”。其中一个最为直接的方式，就是将某些综合所得转化为经营所得，进而通过当地对经营所得进行的核定计税，数年来产生了大规模的、大量的“税款流失”风险。

原因可能大家已有耳闻，即《个人所得税法实施条例》中对于经营所得类型的定义：

（五）经营所得，是指：

1. 个体工商户从事生产、经营活动取得的所得，个人独资企业投资人、合伙企业的个人合伙人来源于境内注册的个人独资企业、合伙企业生产、经营的所得；

2. 个人依法从事办学、医疗、咨询以及其他有偿服务活动取得的所得；

3. 个人对企业、事业单位承包经营、承租经营以及转包、转租取得的所得；

4. 个人从事其他生产、经营活动取得的所得。

而对于劳务报酬所得类型的规定是：

（二）劳务报酬所得，是指个人从事劳务取得的所得，包括从事设计、装潢、安装、制图、化验、测试、医疗、法律、会计、咨询、讲学、翻译、审稿、书画、雕刻、影视、录音、录像、演出、表演、广告、展览、技术服务、介绍服务、经纪服务、代办服务以及其他劳务取得的所得。

若个人已注册成为个体工商户、合伙企业或个独企业，相当于有了确定为经营所得的“护身符”，对于个人进行临时税务登记的情形，也未尝不可，可以一样视为简单版的“护身符”。至于穿透工作室，对于影视明星以劳务报酬方式补税的案例，有特定的判定原因。问题在于个人以自然人身份提供业务活动时，在经营所得与劳务报酬所得之间的纠结与“操作空间”。由于这属于一个理解的问题，凡是理解的问题，就可能或左或右，出现套利的空间。特别是对于跨异地来本地代开发票或建立用工平台的企业来讲，看似带来的是财政收入的增量，但减少的是异地财政的贡献值。这种情形在某些地区已呈愈演愈烈之势，若站在国家层面，由于给予充分的核定空间，纳税额绝对值是减少的，这对全国财政是有损害的。加之财政奖励的双重操作，结果可能更为激进了。

什么都向经营所得上“靠”，经营所得似乎动摇了个人所得税分类计税的某些基础，带来了直接的影响与潜在的危害，需要在国家层面统筹考虑。更有甚者，套经营所得计税的规则，可能是给有所得的个人挖了个“陷阱”！

**【案例 4-6】**某平台运营者进行市场宣传活动，提到某地经营所得个税征收起点是 10 万元，以下不征个税，于是感兴趣者趋之若鹜。但其实运营者心里有个小算盘：我才不管你们缴不缴税呢，反正我有财政奖励的利益。经营所得对于支付方而言没有扣缴义务，是由取得所得的个人履行自行申报的纳税义务，这些认为“享受了优惠”的可能个人还沾沾自喜，竟然一点个税都没有。也有的人可能名义上扣了所谓的“税点”，包括个税是按照比如0.6%的比例扣的，但是拖着不缴，反正对经营所得没有扣缴义务，相当于“贪”了这块利益。对于这些个人来讲，就是“赤裸裸”的陷阱，不纳税的责任估计未来暴露出来时就成为这些个人的风险，只是可能很多人还是蒙在鼓里。这时，纳点税反而可能更安全。不然，拿到手的却是来税所得。

劳务报酬等所得，包装为经营所得计税的降税方式的“攻城略地”，打破了正常的征管秩序，打破了地区间的财政格局，各地的招商政策因此而层出不穷，个税的高收入调节功能也在失去应有的功能，应引起我们的充分重视。反之，站在税务机关的角度，需要修补什么样的政策补丁，需要完善什么样的征管方式，有必要提出警示，通过完善制度以案说法。比如正常的经营类所得，北京的网约车在北京提供网约车客运服务，通过平台接单，完成支付，个税的纳税地在哪里？当前的操作方式是由平台企业在其注册所在地完成了此笔经营所得个税的缴纳，若用户需要发票，由平台方统一开具运输发票（无车运输），其支付给个人的款项相当于运营成本，可能是通过代开统一发票的方式解决的。这就面临一个现实的问题，在哪里注册，哪里就成为了税收贡献的做出地，但与业务的发生地、人的经常居住地等均无关，无疑，能够吸引到这样的企业最为“安全”，贡献值也更大。

**【案例4－7】**笔者曾在某咨询平台上提供过咨询服务，有小额零星的打赏收入，比如某次取得收入是199元，扣除佣金15%部分即29.85元，余下169.15元，当提现160时，被“扣下”税费10.61元，比例为6.63%，收到净额为149.39元，支付单位为天津某平台公司，不是在线平台的这家公司。

分析：结合上面的分析，这类情形据推论是用的第三方平台，且是按照6%的平台服务费专用发票进行的流水处理。这种情形下，笔者并不知道自己是通过第三方接的任务，也不知道第三方与笔者属于何种关系，但是第三方支付了款项，所以是一个说不清的业务流程。但是这不到800元的劳务性质的所得，无论是谁作为扣缴义务人，都是没有达到扣缴税额标准的，在年度结束后综合所得汇算清缴中，笔者应自行纳税申报，税款进行多退少补处理。但对方“扣”了税费，那极可能就是以经营所得计税，这个经营所得可能是按照征收率来计算的，比较市场“行情”，比例也不算低了。于此，此笔税后所得，就此推断不需要进行综合所得税的汇算清缴。同时在经营所得上，据笔者的观察，此类征收率情形下的计缴，也不需要进行经营所得年度汇总汇算清缴（若有多起多处经营所得的情形下），没有自动推送汇算清缴的数据。从上面的案例中，我们可以发现，在适用所得类型、结算主体、个人汇算清缴中，似乎存在一些“不伦不类”的感觉，我们权当正处于新个税法实施之后的探索期吧。好在，有税额缴纳给国家，就这一点而言，个人可能不一定非要讨个说法，有税款入库，也似乎有可以接受的地方。若比如某人在平台上（自己企及付给自己）“自问自答”（两部手机登记）认可由单位向个人支付款项，估计也没有去管。

在实务当中，有的平台可能是通过短信或提供网页登录，默认提现者与其建立了劳务供应关系，这也算是一种变通的方式吧。承接上面提到的纳税地点的问题，笔者之前也曾与所得税的专家请教并探讨过，似乎对于个人取得临时经营所得的纳税地问题，不甚明确，而且也面临着难以明确的现实困难。对于不动产转让、股权转让等财产转让所得，纳税归属地比较明确，对于有注册登记地或临时税务登记情形下的经营所得纳税地，也比较明确。

对于综合所得，结合当前的政策规定，属于个人自行需要履行的汇算清缴申报缴纳义务，向任职、受雇单位所在地主管税务机关办理纳税申报。纳税人有两处以上任职、受雇单位的，选择向其中一处任职、受雇单位所在地主管税务机关办理纳税申报；纳税人没有任职、受雇单位的，向户籍所在地或经常居住地主管税务机关办理纳税申报。

对于经营所得，《国家税务总局关于个人所得税自行纳税申报有关问题的公告》（国家税务总局公告2018年第62号）规定：

二、取得经营所得的纳税申报

个体工商户业主、个人独资企业投资者、合伙企业个人合伙人、承包承租经营者个人以及其他从事生产、经营活动的个人取得经营所得，包括以下情形：

（一）个体工商户从事生产、经营活动取得的所得，个人独资企业投资人、合伙企业的个人合伙人来源于境内注册的个人独资企业、合伙企业生产、经营的所得；

（二）个人依法从事办学、医疗、咨询以及其他有偿服务活动取得的所得；

（三）个人对企业、事业单位承包经营、承租经营以及转包、转租取得的所得；

（四）个人从事其他生产、经营活动取得的所得。

纳税人取得经营所得，按年计算个人所得税，由纳税人在月度或季度终了后15日内，向经营管理所在地主管税务机关办理预缴纳税申报，并报送《个人所得税经营所得纳税申报表（A表）》。在取得所得的次年3月31日前，向经营管理所在地主管税务机关办理汇算清缴，并报送《个人所得税经营所得纳税申报表（B表）》；从两处以上取得经营所得的，选择向其中一处经营管理所在地主管税务机关办理年度汇总申报，并报送《个人所得税经营所得纳税申报表（C表）》。

其中第（四）项提到的个人从事其他生产、经营活动取得所得的情形，给我们的征管环节“埋了个雷”。比如某个人在北京提供的某项培训服务，直接通过在异地某省份某地税务机关为个人代开服务发票结算，以经营所得的方式计税，税款缴纳在异地。这种个人服务地与纳税地脱离的情况，有没有问题、有没有漏洞？答案是：规定不清楚，政策指向了目标，但却没有确定的路径。由于不涉及雇佣关系的转化，而个人又是自由流动的状态，纳税地没有规定明确，有的人认为在服务地计缴税款比较合理，也有的人认为在个人居住地比较合理，正是因为不明确，就给筹划留了机会。这种错乱的状态，易引起征管的混乱，也可能给不同的地区带来财政关系的错乱，有必要对此进行有效征管引导。从未来的导向看，定位于支付方或支付方所在地进行管控，算是比较好掌握的方式，也符合大多数个人经营活动所在地的习惯。正是因为《个人所得税法实施条例》留下的这个“漏洞”或“口子”，个人的经营所得不涉及扣缴义务，多种因素集合在一起，计征方式、地区转移、纳税筹划等各种乱象丛生。我们最初可能单纯地认为个人的经营所得普遍是有登记主体的，自己算税还是比较规矩，没有想到在实践当中以征收率进行的征税操作，且不要求纳入个人汇算清缴范围，似乎形成了一个个税“漏斗”。

2019 年 1 月 1 日生效的《个人所得税法》创新了综合所得的计税规则与征管方式，是我国个税史上一次伟大的创新与试验，但是当下个人经营所得的计税空间像“黑洞”一样正在蚕食着综合所得的正常征税规则。笔者听闻，有人提议将个人未作登记情形下取得的经营所得并入综合所得计税，那么对于那些从事建筑服务等业务的“包工头”来讲，其成本如何扣减，就需要进行细化考虑，毕竟有的业务的确有成本发生。

财税〔2016〕36 号文件规定：其他个人提供建筑服务，销售或者租赁不动产，转让自然资源使用权，应向建筑服务发生地、不动产所在地、自然资源所在地主管税务机关申报纳税。这里比较明确的是增值税的纳税地点，通常其纳税地点决定了在哪里代开发票，有时个税也一并收了。另如《国家税务总局天津市税务局关于个人所得税征收管理有关事项的公告》（国家税务总局天津市税务局公告 2021 年第 1 号）规定：

一、关于自然人临时代开发票预征个人所得税的事项

（一）对在本市范围内临时从事生产、经营的零散税收纳税人在代开增值税发票时，按纳税人开票金额（不含增值税）的 1.5% 预征个人所得税。

（二）年度终了后，纳税人按照《国家税务总局关于个人所得税自行纳税申报有关问题的公告》（2018 年第 62 号）规定办理经营所得汇算清缴时，按本公告第一条第（一）项规定被预征的个人所得税可以在汇算清缴时扣除。

（三）对自然人取得劳务报酬所得、稿酬所得、特许权使用费所得等综合所得需要代开发票的，在代开发票环节不征收个人所得税。其个人所

得税由扣缴义务人依照《个人所得税扣缴申报管理办法（试行）》（国家税务总局公告2018年第61号发布）规定预扣预缴（或代扣代缴）并办理全员全额扣缴申报。代开发票单位在开具发票时，应在发票备注栏内统一注明“个人所得税由支付方依法预扣预缴（或代扣代缴）”。

（四）自然人销售和出租不动产代开发票的，仍按原政策执行。

如何对错误进行修正、对模糊事项进行明确，因势利导，堵住税收漏洞，已迫在眉睫。对于经营所得的漏洞，笔者观察，财税部门及各地的税务部门正在不断地完善规定、明确责任，也在不断“封杀”一些存在违规风险的招商操作。

下面我们梳理一下税收政策当中，对于个人所得税纳税地点已有的明确规定（见表4－9）。

**表4－9　　关于个人所得税纳税地点的规定**

| 情　形 | 规　定 | 依　据 |
| --- | --- | --- |
| 综合所得 | 需要办理汇算清缴的纳税人，应当在取得所得的次年3月1日至6月30日内，向任职、受雇单位所在地主管税务机关办理纳税申报，并报送《个人所得税年度自行纳税申报表》。纳税人有两处以上任职、受雇单位的，选择向其中一处任职、受雇单位所在地主管税务机关办理纳税申报；纳税人没有任职、受雇单位的，向户籍所在地或经常居住地主管税务机关办理纳税申报 | 国家税务总局公告2018年第62号 |
| 跨省异地工程作业人员 | 一、总承包企业、分承包企业派驻跨省异地工程项目的管理人员、技术人员和其他工作人员在异地工作期间的工资、薪金所得个人所得税，由总承包企业、分承包企业依法代扣代缴并向工程作业所在地税务机关申报缴纳<br>总承包企业和分承包企业通过劳务派遣公司聘用劳务人员跨省异地工作期间的工资、薪金所得个人所得税，由劳务派遣公司依法代扣代缴并向工程作业所在地税务机关申报缴纳<br>二、跨省异地施工单位应就其所支付的工程作业人员工资、薪金所得，向工程作业所在地税务机关办理全员全额扣缴明细申报。凡实行全员全额扣缴明细申报的，工程作业所在地税务机关不得核定征收个人所得税 | 国家税务总局公告2015年第52号① |

① 国家税务总局公告2015年第52号，即《国家税务总局关于建筑安装业跨省异地工程作业人员个人所得税征收管理问题的公告》。

续表

| 情形 | 规定 | 依据 |
|---|---|---|
| | 三、总承包企业、分承包企业和劳务派遣公司机构所在地税务机关需要掌握异地工程作业人员工资、薪金所得个人所得税缴纳情况的，工程作业所在地税务机关应及时提供。总承包企业、分承包企业和劳务派遣公司机构所在地税务机关不得对异地工程作业人员已纳税工资、薪金所得重复征税。两地税务机关应加强沟通协调，切实维护纳税人权益<br>四、建筑安装业省内异地施工作业人员个人所得税征收管理参照本公告执行 | |
| 个人股权转让 | 被投资企业所在地地税机关为主管税务机关 | 国家税务总局公告 2014 年第 67 号 |
| 非货币性资产投资 | 三、纳税人以不动产投资的，以不动产所在地税务机关为主管税务机关；纳税人以其持有的企业股权对外投资的，以该企业所在地税务机关为主管税务机关；纳税人以其他非货币资产投资的，以被投资企业所在地税务机关为主管税务机关 | 国家税务总局公告 2015 年第 20 号① |
| 个人转让存量房产 | 对存量房交易环节所涉及的税收要实行“一窗式”征收 | 国税发〔2005〕156 号② |

除了经营所得没有扣缴情形，若存在扣缴义务人进行扣缴，除有特别规定纳税地点外，一般是在扣缴义务人所在地主管税务机关完成税款的入库。综合所得的汇算清缴，若有两处及以上任职、受雇单位时，纳税人可以选择某一处单位的主管税务机关办理汇算清缴。

本节内容中所描述的混淆所得类型，属于将劳务报酬、薪酬等包装为经营所得以筹划少缴税款的情形。笔者认为，这是税收法制建设过程当中的一些“小插曲”，只有暴露出来问题，才会进一步推动征管机制的完善。对于一些不合规的、违法的包装筹划，需要给予警示，对违法行为予以打击，这是税法的刚性所在，也是公平性所在。

若税务机关想进行一些突破，比如对于个人未登记情形下经营所得纳

① 国家税务总局公告 2015 年第 20 号，即《国家税务总局关于个人非货币性资产投资有关个人所得税征管问题的公告》。

② 国税发〔2005〕156 号，即《国家税务总局关于实施房地产税收一体化管理若干具体问题的通知》。

税地的质疑，从服务发生地来判定纳税地是缺乏税法依据的；从人员地理位置所在地判定，就超出税务部门的职责所在；从扣缴义务人源头入手，否定经营所得认定为劳务报酬所得要求扣缴，可能是一个办法。但对于那些通过很多的个体工商户形式来提供工作服务的情形，只有否定这种包装并认定为雇佣或劳务关系才好突破，而这可能只有法院才好作出判断。对于那些不直接对接个体工商户，而是通过第三方用工平台进行操作的情形，虚开发票是个比较明显的突破口，但往往可能事关重大，需要公安、反洗钱部门、政府其他部门等共同参与协作，在职责体现、最终取得的效果上可能会更好。

创新是好事，结合实际业务的支撑，这才有一定的安全保障。

**(5) 形成国内“避税地”效应下的平台经济何去何从。**

当下，国内的灵活用工企业，无论是自己设立的还是共享的，多数是找到一个税收洼地，取得个税计征优惠条件，或者取得财政返还的利益。这就好比当下避税地的壳公司一样，处于两头在外的境地，即供给方与采购方在外地，壳公司可能就是个注册的名字，加一个所谓的共享注册地，或者形式上搭配一间办公室，简单地实现了地区间财政的空中转移。传统的税收管理秩序是属地式的，甚至面对面的，现在这种异地式的配置方式，对国家整体层面的税收征管已形成了挑战，在财政体系方面还没有特别明确的规范意见。不排除对于财政奖励或返还的限制措施出台。

上面我们有分析，以经营所得“包装”综合所得的操作方式，对个人所得税法的法定规则已带来一定的负面影响，乱用与错用频现，形成了对以薪酬所得、劳务报酬所得计税的纳税人的“不公平”。而财政返还也好，奖励也好，或者高级人才引进之类的奖励，其称呼多因操作便利性而不同，但根本利益是“降低税负”，只是有的是通过间接方式解决的，但对于纳税人来讲，却是直接绑定在一起分析去哪里缴税更有利。财政奖励虽不在税务征管体系中，也不在税务机关的职责范围内，或者说税务机关本身是无力独自去影响该政府预算支出的事项的，但财政奖励影响的是整个税收秩序，我们且不议其对与错，至少它形成了地区间财政的“竞争格局”，一定程度影响了税法的刚性，即税法的固定性。

当下，各地对于招商方面的财政支出安排，有的是原路返回给纳税人，个人经营所得的多数是返还给相关的企业，企业再转付给个人。这里就有一个问题，若是给付到相关的企业，如合伙企业，则是否仍需要按照经营所得分配给个人再计缴一次税？从政策的理解看，是需要的。也有的地方可能会全部或部分支付给招商的机构（基本上不是个人），以服务合约的方式进行奖励，这种奖励也可能给付给纳税人或其所属的企业，剩下的就是彼此协调处理了，是发票报销方式还是再转移到相关方的企业中，方式就比较复杂多样了。

上面描述的情形，跟当下电商是否纳税、是否完整准确纳税存在差异。电商查税，其实数据取得比较简单，问题已“昭然若揭”，但可能因正处新冠肺炎疫情期间，且涉及小微企业较多，考虑到老百姓挣钱也不容易，就暂时不检查得这么严格了。对于某些电商企业明显的偷税行为，其登记地的税务机关是可以有效地进行管控的，比如天津的企业，在淘宝平台设立的店铺发生销售行为，尽管其网上的展示与销售都是通过淘宝平台完成的，但这只是它实现销售的工具，并不是从淘宝所在地的杭州取得跨地区的所得，未产生上面我们提到的对地区财政利益的影响。在国家（地区）间，对于实物交易，也多是不以网上商城所在地来考虑。若是涉及跨境的服务，情形就更为复杂，如可能涉及著作权、特许权使用之类的问题，还可能引发如游戏这样的数字经济的纳税地争议。

《中华人民共和国电子商务法》（2018 年 8 月 31 日第十三届全国人民代表大会常务委员会第五次会议通过）规定：

第十一条　电子商务经营者应当依法履行纳税义务，并依法享受税收优惠。

依照前条规定不需要办理市场主体登记的电子商务经营者在首次纳税义务发生后，应当依照税收征收管理法律、行政法规的规定申请办理税务登记，并如实申报纳税。

尽管过去可能因为某些原因没有形成有效的税收治理秩序，没有视其与实体企业有一样的税收管理地位，但是笔者认为，税收法定及税法的公平性，这个方向与共识已形成了。

笔者在本章节中想表达的是，一个新生事物的出现，可以从两方面来看，一是投机，二是投资。灵活用工的规模化出现，是基于互联网平台经济的发展之需产生的，过去“独门独院”式的小作坊作业，也维持不了持续的用工，比如一个月只有一两单业务，估计劳务用工人员也不大会愿意全身心地从事这样的工作，因为能挣到钱才是关键。另外，平台运营方本身对于用工的安排也并不是以违法行为去换取的，是基于传统的劳动法律制度，未进行细化考虑的情况下发生的，传统基于雇佣制下的社保体系，在面对庞大的接单式的用工量之后，尚无进行相应完善，更没有来得及考虑未来社保收支的大盘子以及如何维持保障力度。在这种对供需没有造成多大“影响”的情形下，以税筹来撬动整个链条的运转，就顺理成章地创新出来了，这当然说明了税法的漏洞存在。当下，在国家层面出台的强化税收征管的文件，其意义深远，待落实到税收实践当中时，可能就会出现样本效应，比如对于某些大额股票、股权收益的个独与合伙企业，以及某些网红的纳税遵从的检查或调整，在某些税收规则上进行简单地调整后快速精准打击，正在成为现实，也对行业，老板与中介机构起到了很大的震慑作用。总之，灵活用工平台在探求中前行，但须有明确性的法律规范加以治理与引导。

**（6）差额劳务派遣票或代发形式开票隐含着偷逃税款、虚开发票的行为。**

虚拟编造人员用工成本，通过让劳务派遣公司虚开发票的方式列支成本，还有一些筹划员工福利费的虚构业务的方式，在一些大型的劳动用工密集型场景中，比如建筑企业、代理行业等，频繁发生。

情形一：虚构业务虚开发票形成费用支付。

笔者听闻，这种方式在某些地方甚为“壮观”，业务较为集中。通过差额的普通发票，虚拟人员成本，入账方形成成本费用，开具发票方以差额入账，也没有什么税负成本，相应的资金通过回流，再转到取得发票方的关联名下，从而套出资金。这种情形，就是赤裸裸的卖票行为，也有不少人为此承担了相应的刑事责任。形式的背后很容易被看破。

这种情形下，由于要中转资金回流，需票方对于资金的安全性比较担心，据笔者观察，劳务派遣差额开具发票的方式，还没有普遍性地参照灵活用工平台建立起三方转账协议，通过金融机构的平台，向相应的人员进行款项的直达支付，这是灵活用工平台对外宣传中颇为“强调”的一件事，即以企业解决资金过账的安全性问题。不过听闻在有的涉事企业被立案检查并被查封账户之后，仍有不明真相的“需票人”大量地向相应的账户内支付款项，也不知最后这些人是否取回了相应的款项。

本情形下的“筹划”，是明显的虚开发票行为，需票方同时也存在税前扣除偷逃税款的行为，必然为国家法律所打击。但是当一些所谓的筹划人来考虑这个问题的时候，却并不一定这么想，而是认为，这不是个案吗，很多的操作者不是没有被抓住吗？创造财富是需要冒风险的，他们反而认为这只是一种商业成败。这就说明了税法中的违法责任追究还不够刚性，同时也有大量的“漏网之鱼”存在。行业中的从业者勿以为自己的形式载体可以保护自己，对风险要有充分的认识。

广西公开曝光10起虚开骗税违法犯罪典型案件，部分内容如下（发布时间：2021－07－19 来源：广西新闻网）：

四、广西广盛劳务有限责任公司虚开案

经桂林市公安局经侦支队联合桂林市税务局稽查局侦办查明，陈某伙同许某立、陈某、马某波以广西××劳务有限责任公司名义在没有提供真实劳务派遣服务的情况下，通过与需要发票的客户公司签订虚假的“劳务合同”“劳务派遣合同”、伪造工资发放表等手段，虚构劳务派遣业务，向需要发票的客户公司按发票金额的2%～3%收取开票费用，虚开增值税普通发票501份，价税合计8 041.74万元。2021年1月，一审法院以虚开发票罪，判处陈某有期徒刑二年六个月，并处罚金人民币八万元；判处许某立有期徒刑一年八个月，并处罚金人民币五万元，判处陈某有期徒刑一年八个月，并处罚金人民币五万元；判处马健波有期徒刑一年六个月，并处罚金人民币三万元。

四人对公诉机关指控的事实和罪名没有异议，认罪认罚。

中国税务报曾有报道，《青岛破获巨额虚开人力资源发票案》（2021年09月28日 作者：本报记者 胡海啸 通讯员 刘勇）：

近日，国家税务总局青岛市税务局第一稽查局联合青岛市公安局市南分局展开收网行动，成功破获某控股管理有限公司虚开人力资源发票案，抓获犯罪嫌疑人18名，查获涉嫌虚开发票10 360份，涉案金额高达23.18亿元。这是青岛市税务局破获的首起虚开人力资源发票案件。

该案为青岛市税务局稽查局交办的重点案件。接到任务后，青岛市税务局第一稽查局迅速抽调业务骨干，与市南区公安分局组成税警联合专案组开展侦查。侦查过程中，税警联合专案组成员密切沟通、统一部署、统一行动。税警双方充分发挥各自所长，运用数字化稽查手段绘制模型，全链条调查，多方取证。

该案涉及地域广，侦办难度大，专案组迎难而上，与作案团伙斗智斗勇。在青岛市税务局货劳税处大数据平台的支持下，经过近一年的深入调查取证，专案组对涉案团伙的发票流、资金流等追本溯源，查明了某控股管理有限公司的作案轨迹，固定了资金回流等关键证据，摸清了涉案团伙的组织架构、人员构成及有关涉案企业的名单。最终，税警双方协同制定周密的抓捕行动方案，将该案犯罪团伙一网打尽，现场查获了大量虚开发票证据。

办案人员表示，经查发现，一段时间以来，社会上有部分劳务派遣公司，利用差额征税政策，虚构经营成本中的人员工资、人员社保及福利，虚开发票，谋取非法利益。所谓差额征税政策是指，根据《财政部 国家税务总局关于进一步明确全面推开营改增试点有关劳务派遣服务、收费公路通行费抵扣等政策的通知》（财税〔2016〕47号）规定，一般纳税人和小规模纳税人提供劳务派遣服务，可以选择差额纳税，以取得的全部价款和价外费用，扣除代用工单位支付给劳务派遣员工的工资、福利和为其办理社会保险及住房公积金后的余额为销售额，按照简易计税方法依5%的征收率计算缴纳增值税。

办案人员希望，广大纳税人以此案为警示，遵从税法规定，依法经营，规范发展。

情形二：一种看似不违反税法的取得差额劳务派遣发票的行为

**【案例4-8】** 某企业是一家大型的基建企业，工资额度受上级国有资产管理部门的指标管理，但还是有业务支出发生，因此想突破一下。实际可能是自己找的人，但是没有工资额度，就想到了用第三方劳务派遣开具发票的形式来处理，有一点像灵活用工的方式。还有的是想通过劳务派遣给一些在编的人员多发点薪酬，但是不能通过自己单位的工资额度，于是也想到了用劳务派遣的方式来开发票入账解决。

那么对于这种业务场景下取得发票的行为，是不是涉及虚开发票，其税前扣除又如何呢？下面的这个样本案例，值得关注。

《国家税务总局唐山市税务局稽查局与国家税务总局河北省税务局、中国二十二冶集团有限公司税务处理决定二审行政判决书》［河北省唐山市中级人民法院行政判决书〔2018〕冀02行终474号］摘录如下：

上诉人（原审被告）国家税务总局唐山市税务局稽查局（原唐山市国家税务局稽查局）。住所地：唐山市长宁西道603号。

……

上诉人（原审被告）国家税务总局河北省税务局（原河北省国家税务局）。住所地：河北省石家庄市平安南大街35号。

……

被上诉人（原审原告）中国二十二冶集团有限公司。住所地：唐山丰润区幸福道16号。

……

上诉人国家税务总局唐山市税务局稽查局、国家税务总局河北省税务局因税务处理决定一案，不服河北省唐山市路北区人民法院（2017）冀0203行初366号行政判决，向本院提起上诉。本院依法组成合议庭，公开开庭审理了本案，国家税务总局唐山市税务局稽查局法定代表人及行政机关负责人刘某滨以及委托代理人李某毅、郑某成，国家税务总局河北省税务局负责人郑某玉及委托代理人刘某霞、张某，中国二十二冶集团有限公司之委托代理人季某、寇某敏到庭参加诉讼。本案现已审理终结。

原审查明，2008年至2013年原告从承德××劳务派遣有限公司等四家公司取得合计146 226 770.12元虚开发票，为取得虚开发票支付3 474 276.37元款项。虚开发票名目下支出情况：1. 为本公司员工发放并在企业所得税前扣除的工资性支出145 422 763.12元；2. 税前多列支业务招待费46 320元；3. 未取得合法凭证税前列支业务招待费274 014元；4. 发放给非本公司员工的工资性支出483 673元。唐山市国家税务局稽查局认定应调增原告2008年至2013年应纳税所得额149 701 046.49元，造成少缴所得税37 425 261.63元构成偷税。2017年5月15日，被告唐山市国家税务局稽查局作出冀唐国税稽处〔2017〕101号税务行政处理决定书，决定追缴企业所得税37 425 261.63元。原告不服，向河北省国家税务局提起行政复议，2017年9月7日，河北省国家税务局作出冀国税复决字〔2017〕3号行政复议决定书，决定维持上述处理决定。

原审法院认为，企业职工取得必要的、适当的工资收入既合法又合理。原告认为给职工支付的145 422 763.12元工资未违反本公司的工资制度，被告否认原告支付145 422 763.12元工资的合理性，但未提供充分证据予以证明，应承担举证不能的法律责任，该工资应认定为合理支出。应当指出，企业职工工资的合理性与工资资金的来源方式是否合法没有必然联系，原告虚开发票套取本企业资金，其行为违法并不必然导致原告使用套取的资金给职工发放工资违法。《中华人民共和国企业所得税法》第八条规定："企业实际发生的与取得收入有关的、合理的支出，包括成本、费用、税金、损失和其他支出，准予在计算应纳税所得额时扣除。"本案争议的145 422 763.12元工资性支出是原告生产经营中客观存在的成本，被告根据该资金来源的违法性否定为职工支付工资的合理性既不符合《中华人民共和国企业所得税法》第八条之规定，也存在主要证据不足的问题。被告认定145 422 763.12元工资性支出为应调增应纳税所得额依法不能成立，以此为依据作出的税务处理决定依法应予撤销。依照《中华人民共和国行政诉讼法》第七十条第（一）项之规定，判决如下：一、撤销被告唐山市国家税务局稽查局作出的冀唐国税稽罚〔2017〕101号《行政处理决定书》。二、撤销被告河北省国家税务局作出的冀国税复决字〔2017〕3号《行政复议决定书》。三、责令被告唐山市国家税务局稽查局在本判决生效后六十日内重新作出处理决定。

国家税务总局唐山市税务局稽查局上诉称：一审判决认定事实、适用法律错误，依法应予撤销。一、一审法院认为“被告否认原告支付14 522 763.12元工资的合理性，但未提供充分证据予以证明，应承担举证不能的法律责任”，认定“存在主要证据不足”与事实不符。上诉人作出的冀唐国税稽罚〔2017〕101号《税务行政处理决定书》认定被上诉人少缴企业所得税行为属于偷税，事实清楚，证据充分。提供了充分证据予以证明。上诉人为证明被上诉人存在利用虚开发票套取资金发放工资，增加成本，减少了应纳税所得额，少缴企业所得税属于偷税行为。在举证期限内向一审法庭提交了以下主要证据：河北省地方税务局稽查局出具的关于承德××等四家劳务派遣公司虚开发票案件情况报告、河北省地方税务局稽查局出具的调查笔录、2008年至2013年二十二冶预算、2008年至2013年应付职工酬金计提支付表、2008年至2013年职工薪酬明细表、各种明细账等150份事实方面的证据，并提供了9份法律依据方面的证据。被上诉人对上诉人在一审提交证据的真实性、合法性予以认可，一审判决对证据的真实性也作出了认定，不存在未提供充分证据予以证明的问题。被上诉人对上诉人在一审提交证据的关联性提出了异议，但一审判决并未明确予以采纳。上诉人提交的证据足以证明被上诉人违反工资制度发放工资不符合税法所规定的“合理性”要求、违规税前列支招待费、违规扣除为取得虚开发票支付费用，所证明的事实是清楚的，不存在《行政诉讼法》第七十条第一项规定的主要证据不足的问题。二、一审法院认为“被告否认原告支付14 522 763.12元工资的合理性，但未提供充分证据予以证明，应承担举证不能的法律责任，该工资应认定为合理工资”，认定“该工资应认定为合理工资”属于事实认定错误。劳动者付出劳动获得劳动报酬无可非议，更不能要求劳动者考虑企业发放劳动报酬资金的来源是否合法的问题。从劳动者的角度说，无论发放工资资金的来源是合法的，还是非法的，只要获得的是应得的劳动报酬就不存在是否违法的问题，劳动者本身没有过错。本案当中，行政处理的是被上诉人违反税务行政法律法规的违法行为，并未否定其职工取得工资的合法行为。被上诉人违反相关企业所得税法律法规发放的该部分工资不属于企业所得税法规定的“合理工资”。被上诉人制定了《中国二十二冶集团有限公司工资总额管理办法》（人力字〔2010〕22号）等较为规范的工资薪金制度，但被上诉人并未按照工资薪金制度执行，而是利用让他人虚开发票套取资金后，一部分纳入工资总额通过“应付职工薪酬”在有关成本费用类科目列支并在企业所得税税前扣除，另一部分以“劳务费”的名义计入有关成本费用类科目并在企业所得税税前扣除，主观上存在逃避工资薪金制度监管的故意。根据《企业所得税法》第八条、《企业所得税法实施条例》第三十四条、《国家税务总局关于企业工资薪金及职工福利费扣除问题的通知》（国税函〔2009〕3号）的相关规定，该部分违规发放的工资薪金当然的不属于企业所得税法规定的“合理工资”范畴。让他人虚开发票是严重违反税务行政管理法律法规的行为，始终是国家严厉打击的税收违法行为。被上诉人利用虚开发票套取资金发放工资并列入成本核算，事实清楚，证据充分，一审法院也予以了认可。上诉人作出追缴企业所得税的税务行政处理决定，依据的主要事实是被上诉人具有让他人虚开发票、用虚开发票虚列成本、违反工资制度发放工资从而造成少缴企业所得税的违法事实。一审法院简单认为“企业职工工资的合理性与工资资金的来源方式是否合法没有必然联系，原告虚开发票套取本企业资金，其行为违法并不必然导致原告使用套取的资金给职工发放工资违法”，明显属于以偏概全和事实认定错误。三、一审法院认为“本案争议的145 422 763.12元工资性支出是原告生产经营中客观存在的成本，被告根据该资金来源的违法性否定为职工支付工资的合理性既不符合《中华人民共和国企业所得税法》第八条之规定”，属于法律适用错误。《企业所得税法》第八条仅是一种原则性规定，《企业所得税法》第二十条又明确规定“本章规定的收入、扣除的具体范围、标准和资产的税务处理的具体办法，由国务院财政、税务主管部门规定”。一审法院忽略了《企业所得税法实施条例》第三十四条、

《国家税务总局关于企业工资薪金及职工福利费扣除问题的通知》(国税函〔2009〕3号)的具体要求,明显属于法律适用问题。四、被上诉人违反工资制度,以让他人虚开发票套取资金方式发放工资,所造成少缴企业所得税属于偷税,应当予以追缴。作为企业必须按照国家税法的规定,对企业工资薪金进行企业所得税扣除。违反工资制度,特别是被上诉人这种采用虚开发票及其他违法方法套取资金属于严重违反税收法规的行为,势必扰乱社会主义市场经济秩序,是应当受到行政处理的行为,按照《税收征收管理法》第六十三条第一款的规定,税务机关应当追缴税款被上诉人少缴税款。上诉请求:依法撤销唐山市路北区人民法院(2017)冀0203行初366号判决,驳回被上诉人的诉讼请求。

国家税务总局河北省税务局上诉称:一审判决认定事实、适用法律错误,依法应予撤销。一、税法并不限制企业为职工发放工资薪金数额,但会依据税法规定对企业发放的工资予以评价,从而影响企业应纳税数额。一审法院并未考虑涉案工资支出是否符合税法规定,即该支出在税法中的“合法性”问题。换言之,该支出的“客观存在”并不意味着即具有税法上的“合法性”。劳动者享有取得劳动报酬的权利,企业为职工发放工资属于自主的市场行为,企业可以根据自身经营状况、管理战略等自行决定发放工资的具体数额。但是在税法中,并不是企业发放的所有“工资薪金”都可以得到认可,尤其在企业所得税法中,会计处理与税务处理存在较大差异,根据《企业所得税法实施条例》第三十四条规定,即使是企业生产经营中客观存在的工资薪金,只有被税法评价为“合理的工资薪金”时,才允许在企业所得税税前扣除。二、税法对被上诉人所支付145 422 763.12元工资予以否定评价,故不属于“合理工资薪金”。关于合理工资薪金问题,《企业所得税法》第八条、《企业所得税法实施条例》第三十四条、国家税务总局发布《关于企业工资薪金及职工福利费扣除问题的通知》(国税函〔2009〕3号)有明确规定。被上诉人已经制定了较为规范的工资薪金制度,即《中国二十二冶集团有限公司工资总额管理办法》(人力字〔2010〕22号)等文件,但在执行过程中,被上诉人并未按照工资薪金制度执行。作为争议焦点的145 422 763.12元“工资”并未纳入到被上诉人的工资薪金制度管理范围,税务机关提交的证据资料以及被上诉人《二十二冶公司关于劳务派遣事项的说明》《二十二冶机电等分公司情况说明》等自述材料都已证明,该部分是被上诉人为规避自身工资制度而采取特殊手段发放的，当然属于违反工资制度的“不合理工资薪金”。三、被上诉人明知145 422 763.12元工资发放违反企业工资薪金制度，仍通过违法违规方式进行了发放，并在企业所得税税前扣除，属于偷税。一审法院认为，被上诉人虚开发票套取资金，并不必然导致工资发放违法。需要明确的是，一审法院此处所称“违法”是指违反税法还是其他法律？如指违反税法，上文已清晰指出，该支出是不符合税法相关规定的。如指其他法律，则不在本案讨论范围内，勿需研究。正是被上诉人采用了虚开发票套取资金进行工资发放的行为，说明了其明知该支出违反自身工资制度而故意为之，其必然不被税法所认可。但被上诉人为了该支出能够在企业所得税税前扣除，虚构业务、虚开发票、虚假记账、虚假申报，根据《税收征收管理法》第六十三条的规定，其行为属于偷税无疑。上诉请求：依法撤销一审判决，驳回被上诉人的诉讼请求。

被上诉人中国二十二冶集团有限公司对国家税务总局唐山市税务局稽查局的上诉理由答辩如下：一、一审法院认定“存在主要证据不足”，与事实相符。一审法院对上诉人提交的证据从真实性、合法性与关联性的角度进行了综合考虑。上诉人提交的证据不足以证明企业职工工资的不合理性，即不足以证明公司合理的工资成本不能在税前扣除。二、上诉人第二点上诉理由存在逻辑错误，答辩人虽然存在以“虚开发票”的形式发放职工工资的行为，但是该行为并不必然导致该部分工资不属于企业所得税法规定的“合理工资”或者导致答辩人所发放的该部分工资不能被税前扣除。首先，上诉人已经明确表示，其不否定答辩人职工取得的14 522 763.12元工资属于合法行为。既然答辩人职工有权获得该部分工资，这就表示答辩人职工付出了与该工资相对应的劳动，因此该部分工资必然属于答辩人所应负担的与生产经营活动有关的成本。其次，答辩人通过“虚开发票”发放工资的形式虽然不符合税务行政法规，但是该“虚开行为”不会导致答辩人真实发生的生产经营成本（即职工的工资薪金）不能得到税前扣除。一方面不允许税前扣除不符合税法的比例原则。对“虚开”发票（而且是在发票所载的成本金额是真实发生的，只是发票的内容描述与实际不符的情形下）违法行为的制裁手段和所造成的损害后果远远超出了法益保护的必要性。另一方面，不允许答辩人税前扣除该部分支出也不符合现行税收法律法规规定。我国现行税收法律法规对于虚开发票行为和企业税前成本的扣除分别做出了相关规定，对于虚开发票行为及后果规定在《中华人民共和国发票管理办法》第二十二条和第三十七条中，而企业税前成本的扣除则被规定在《企业所得税法》第八条和《企业所得税法实施条例》第二十七条中。因此，虚开发票这一行为并不必然导致虚开发票所载成本不能被扣除，只有虚开发票所载金额不属于企业真实经营成本支出的，才会导致虚开发票所载金额不能被税前扣除。对此，也可以同样参见国家税务总局于2018年6月6日最新发布的关于《企业所得税税前扣除凭证管理办法》的公告（以下简称“28号公告”），28号公告第七、八条明确了企业税前扣除凭证不仅包括发票，还包括合同协议、支出依据、付款凭证等。本案中，虽然答辩人取得的劳务派遣发票不符合规定，但是根据28号公告第十三条所体现的精神，如果答辩人能够补充提供其他相关有效凭证，证明支出真实且已经实际发生，则该支出仍可以在税前扣除。28号公告第十条规定，如果一项支出不属于应税项目，且对方为个人的，以内部凭证作为税前扣除凭证。本案中，答辩人支付给职工的工资薪金不属于应税项目，且税务总局没有规定对发放工资的行为需要开具发票，答辩人可以以内部凭证作为税前扣除凭证。三、一审法院在审理和判决中并无法律适用错误。首先，根据《行政诉讼法》第六十三条规定，人民法院审理行政案件，以法律和行政法规、地方性行政法规为依据，参照规章。而3号文不属于法律、行政法规、地方性法规，也并不属于规章，而仅仅是其他一般规范性文件，人民法院审理案件无需依据或参照该文件的规定。其次，上诉人所依据的3号文违反上位法《企业所得税法实施条例》。根据《企业所得税法》第八条、《企业所得税法实施条例》第二十七条、《企业所得税法实施条例》第三十四条之规定，工资薪金是本企业给任职或者受雇员工的劳动报酬，只要该工资薪金符合第二十七条“合理”支出的定义，根据该三十四条第一款的规定就应该在所得税前准予扣除。3号文第一条关于合理工资薪金问题中的什么是“合理工资薪金”的解释，除了“实际发放给员工的工资薪金”尊重了《企业所得税法实施条例》第三十四条，其他增添的内容均缩小了上位法规定的纳税主体的权利范围，直接限制或者剥夺了企业的权利。四、答辩人通过两个渠道发放工资是合理的，并未违反自己制定的工资管理制度。答辩人的行为并不构成偷税。第一，答辩人主管单位中冶集团根据国有企业薪酬管理要求对答辩人每年发放给本单位员工的工资总额由中冶集团于次年四季度根据答辩人上年度效益情况核定。为了保证将每年发放给员工的工资总额控制在中冶集团核定的额度内，答辩人对下属各单位每月工资总额严格按照答辩人制定的《中国二十二冶集团有限公司工资总额管理办法》（人力字〔2010〕22号）中工效挂钩的要求进行考核、控制，按照规定各单位工资总额实行月预支，次月结算，年度总结算的办法，即员工每月工资的多少是由当月本单位利润完成情况决定的。而作为施工企业，答辩人每月的利润具有不确定性，若某单位某一时期出现利润水平低甚或亏损时，则该单位员工虽然付出了艰苦的劳动，但只能拿到很少的工资。这将严重影响员工的正常生活，极大挫伤员工、特别是一线作业员工工作积极性，导致工程项目建设和正常的生产经营秩序受到极为不利的影响。即便相关单位之后完成了年度利润指标，想要采取事后补发的方式补发利润完成不好月份员工应得的工资，也需要在中冶集团第二年对答辩人上年度工资总额清算结束后根据清算结果进行，期间间隔时间过长，无法解决员工面临的现实生活需求。因此，鉴于利润完成的不确定性和最终无奈之下，个别效益不好的单位为保证劳动者切身利益，保证公司正常的生产经营活动，采取了两种渠道发放工资。每年中冶集团对答辩人工资总额清算结果出来后，答辩人都会及时根据有关单位的申请和该单位利润完成情况，严格按照人力字〔2010〕22号中第六条特殊规定对该单位超过工效挂钩部分的工资总额进行考核追认。人力字〔2010〕22号第六条规定，“实行工效挂钩的单位，如按上述工效挂钩核算提取的工资总额不足，或有特殊原因需要增加工资总额的，须报公司人力资源部审核，经公司批准后可适当增加工资总额”。该规定与22号中第五条原则规定共同完整构成了答辩人各个单位年度工资总额发放规则，上诉人只是片面强调第五条，认为答辩人没有按照自己制定的工资制度发放，忽略了第六条特殊情况下的对第五条的调整规定，存在对答辩人工资制度的错误理解。且答辩人涉案员工所获取的工资都是被中冶集团所肯定认可的，是合法来源的所得，因此不存在上诉人所指称的“套取”国家利益的行为。根据人力字〔2010〕22号工资总额管理办法第二条所规定的，“工资总额是指企业直接支付给本企业全部员工的劳动报酬总额，应以直接支付给全体员工的全部劳动报酬为根据”，涉案员工通过两个渠道直接由答辩人支付的两个劳动报酬数额应该加总合计，计入答辩人工资制度下第二条的“本企业全部员工的劳动报酬总额”。因此把通过劳动派遣支付的工资计算工资总额构成恰恰是对答辩人工资制度的遵守，并没有违反国税函〔2009〕3号第一条的规定。第二，上诉人通过开具劳务派遣发票的形式支付员工工资虽然具有不规范性，但是主观上并不存在“进行虚假纳税申报”的故意，客观上也没有因此获取利益和造成少缴企业所得税的后果，因此该行为不应当被认定为偷税。答辩人和上诉人在庭审中均同意该费用实质是支付给员工的劳动报酬，根据实质优于形式的原则，该劳动报酬如没有明显不合理的理由，应允许企业税前扣除。上诉人仅根据表面分析，将不规范的开具发票行为等同于偷税，而没有深入正确理解发票所载金额的实质以及答辩人不得已采取两种方式发放工资的公司制度限制因素。

被上诉人中国二十二冶集团有限公司对国家税务总局河北省税务局的上诉理由答辩如下：一、对于答辩人以劳务派遣的形式支付的工资薪金的“合理性”与“合法性”问题，答辩人认为，本案中企业职工工资支出的合理性与合法性与工资资金的发放形式并没有必然联系。因为即使上诉人否定“虚开”的劳务派遣费用发票的合规性，不允许以该发票作为税前抵扣的依据，但是接下来上诉人应该考虑的问题是重新对该笔支出进行定性。答辩人通过劳务派遣发放工资并没有使得答辩人所雇佣的劳动者获得明显超出市场价格的报酬，也没有超过中冶集团每年对答辩人核定的年度工资总额。因此对于此劳动力的付出答辩人所支出的以劳务派遣形式发放的工资薪金根据《企业所得税实施条例》第二十七条属于合理的支出，根据《企业所得税实施条例》第三十四条规定应该给予税前扣除。二、答辩人通过两种渠道发放工资薪金并未违反自己的工资薪金制度，因此也未违反3号文的规定，同时，3号文本身对“合理工资薪金”的认定违反了上位法，法院在审理中不应该适用其中违反上位法的规定。三、答辩人的工资发放并没有违反自身的工资薪金制度，“虚开”劳务派遣发票的行为并不必然构成偷税，对此可参见答辩人对上诉人国家税务总局唐山市税务局稽查局第二项和第四项上诉理由的答辩。虽然形式上答辩人采用了开具劳务派遣发票不规范的形式，但是实质上并没有对国家他人造成损失，答辩人也没有获取利益（相反需要支付额外管理费用），属于违法阻却事由，因此应该排除上诉人“虚开发票”违法的认定，进而排除认定虚假纳税申报的故意。

综上，本案中，上诉人没有证据证明答辩人以劳务派遣费的形式支付的工资薪金与企业经营活动无关或者金额超出正常商业目的，因此应当承担举证不能的法律责任。一审法院认定事实清楚，适用法律正确，其撤销上诉人税务处理决定以及行政复议决定的判决应予以维持。

本院经审理查明的事实与一审判决认定的事实一致，本院予以确认。

本院二审查明，根据《国务院机构改革方案》要求，国家税务总局河北省税务局已于2018年6月15日正式挂牌成立，由原河北省国家税务局、原河北省地方税务局合并组建。按照《全国人民代表大会常务委员会关于国务院机构改革涉及法律规定的行政机关职责调整问题的规定》、《国务院关于国务院机构改革涉及行政法规规定的行政机关职责调整问题的规定》的有关要求，现行法律、行政法规规定的原河北省国家税务局职责和工作，由国家税务总局河北省税务局继续承担。国家税务总局唐山市税务局于2018年7月5日发布2018年第1号公告《国家税务总局唐山市税务局关于国家税务总局唐山市税务局正式挂牌成立的公告》，国家税务总局唐山市税务局稽查局于2018年7月5日挂牌，承继原唐山市国家税务局稽查局、唐山市地方税务局稽查局的工作职责和权利义务。

本院认为，本案的争议焦点主要是中国二十二冶集团有限公司接受虚开发票方式为职工发放工资145 422 763.12元的行为是否属于偷税行为。《中华人民共和国税收征收管理法》第六十三条第一款规定"纳税人伪造、变造、隐匿、擅自销毁帐簿、记帐凭证，或者在帐簿上多列支出或者不列、少列收入，或者经税务机关通知申报而拒不申报或者进行虚假的纳税申报，不缴或者少缴应纳税款的，是偷税。对纳税人偷税的，由税务机关追缴其不缴或者少缴的税款、滞纳金，并处不缴或者少缴的税款百分之五十以上五倍以下的罚款；构成犯罪的，依法追究刑事责任。"根据该条规定，造成不缴或少缴应纳税款后果的，是偷税，应予处罚。《中华人民共和国企业所得税法》第八条规定："企业实际发生的与取得收入有关的、合理的支出，包括成本、费用、税金、损失和其他支出，准予在计算应纳税所得额时扣除。"《中华人民共和国企业所得税法实施条例》二十七条规定："企业所得税法第八条所称有关的支出，是指与取得收入直接相关的支出。企业所得税法第八条所称合理的支出，是指符合生产经营活动常规，应当计入当期损益或者有关资产成本的必要和正常的支出。”《中华人民共和国企业所得税法实施条例》第三十四条规定：“企业发生的合理的工资薪金支出，准予扣除。前款所称工资薪金，是指企业每一纳税年度支付给在本企业任职或者受雇的员工的所有现金形式或者非现金形式的劳动报酬，包括基本工资、奖金、津贴。”上诉人及被上诉人对于该145 422 763.12元属于给职工支付的工资并无异议。且上诉人国家税务总局唐山市税务局稽查局上诉称“行政处理的是被上诉人违反税务行政法律法规的违法行为，并未否定其职工取得工资的合法行为。”上诉人认定145 422 763.12元工资性支出不准在税前扣除，为应调增应纳税所得额，不符合上述法律法规的规定，作出的税务处理决定理据不足，依法应予撤销。综上，上诉人国家税务总局唐山市税务局稽查局、国家税务总局河北省税务局上诉理据均不足，本院不予支持。原审判决认定事实清楚，适用法律正确。依照《中华人民共和国行政诉讼法》第八十九条第一款第（一）项之规定，判决如下：

驳回上诉，维持原判。

二审案件受理费100元，由上诉人国家税务总局唐山市税务局稽查局、国家税务总局河北省税务局各负担50元。

本判决为终审判决。
审判长　张某敏
审判员　田某忠
审判员　杜　某
二〇一八年九月二十日
书记员　于　某

这个案例具有非常明显的争议性，你会支持哪一方？若你是站在税务机关的角度，又如何来抗辩呢？笔者认为，在理解形式证据与实际业务时，税法有税法的形式规则要求，也有特别情形下的实质重于形式的判断。

本案中企业方是从实质性出发，加之集团的“认可态度”，在判决中得到法院的支持。那么企业为什么要用虚开发票的形式掩盖业务真相呢？对于企业所得税的税前扣除，若真实发生了，扣也无妨，不过从边缘入手提出问题，围魏救赵也可以考虑。当然，如果税务机关以涉嫌违规线索提交给管理部门、审计部门或纪律检查部门的话，可能情形又不一样了，对于支付的那些开票“费用”是不是涉及国有资产的问题，以及存在个税扣缴的问题等，都可能有风险。总之，作为一个复杂的事项，这也只是一些人在讨论之时的假设，与本案无关。

情形三：利用人力资源分外包开具普通发票结算的业务处理。

依营改增政策，人力资源公司提供代发服务（比如其可以打通各大银行的数据对接）就代发部分依据财税〔2016〕47 号文件可以开具普通发票，其实这个发票有点多余让开，代开就是受托发放往来处理即可。但这张发票可能成为了委托方入账不扣个税的误用，代发的扣缴个税义务更在委托方，但实际中可能谁都没扣。另外也有用差额开票方式套劳务派遣的形式体现，其实可能不是真的劳务派遣。

### 4.2.2 无车运输平台的筹划空间

无车运输平台，这本身就是一件很值得关注的事，比如大家熟悉的滴滴平台，本身并不拥有车辆的所有权与租赁使用权，也不给司机发放劳务报酬，但政策给其明确的业务描述是提供运输服务。在文件明确之前，打车平台的企业刚创业时，并没有得到这一认可，是通过车辆租赁，又与招募司机相结合，最终完成的接单。后来，基于这种创新业务所带来的社会价值与经济因素等方面的考虑，政策上对其放开了，即不属于违法经营了。在本节中，我们认识一下这个新鲜事物，探究在这种商业模式下，所存在的税收功能的筹划空间与风险。

**(1) 无车承运平台从哪里来，到哪里去。**

互联网的发展，提供了快速集成信息、传递信息与对接信息的能力，而且这种信息的传递与交互速度是很快的，基本上可以达到时时的共享。

比如我们用的导航地图，其对于路况进行即时信息收集并作出分析，给驾驶人员提供可以选择的快捷路径，从而避开拥堵，这在过去可能是想都不敢想的事情，互联网改变了这一切。税收技术基本上也难想到这种可能性，它在新鲜事物出来之后，往往先以当前原则性的规定进行推论，从而得出宜如何计税、如何征税、如何适用开票规则等。本着税收具有为经济服务、调节经济的功能，就需要给予新鲜事物一些“特殊的、超前的认定与便利”，也不能太保守，不要让恐惧与担心成为创新的阻碍。而且，这种决策往往是政府层面进行的统筹安排与要求。

**【案例 4-9】** 笔者之前听闻，一个从事货物运输对接的平台企业有一项为难之处，即对于在他们平台上接单的货车，多数是个体或个人的，没有办法开具发票，很多企业性单位想用但因为个人提供不了发票，以致意见很大。笔者当时在想，这件事情本来就是无解的，因为传统的纳税规划是谁提供服务、谁开具发票，这种惯性思维已延续了 20 多年，对于发票的管控又是如此严格，所以当时才有了“无解”的观点。但是时代在发展，困难总是有办法的，这个其实是借鉴了网约车的模式进行处理的，只是网约车可能更多的消费者为个人，对于发票的需求不强烈，这个问题倒没有影响到网约车的快速发展、席卷全国之势。

《国务院关于积极推进“互联网+”行动的指导意见》（国发〔2015〕40 号）提出：

加快建设跨行业、跨区域的物流信息服务平台，提高物流供需信息对接和使用效率。鼓励大数据、云计算在物流领域的应用，建设智能仓储体系，优化物流运作流程，提升物流仓储的自动化、智能化水平和运转效率，降低物流成本。（发展改革委、商务部、交通运输部、网信办等负责）

《国家发展和改革委员会关于印发〈“互联网+”高效物流实施意见〉的通知》（发改经贸〔2016〕1647 号）进一步提出：

结合全面推开营改增试点，创新财税扶持方式，落实好无运输工具承运业务按照交通运输服务缴纳增值税政策，研究完善交通运输业个体纳税人异地代开增值税专用发票管理制度。

2016 年 7 月 27 日《网络预约出租汽车经营服务管理暂行办法》突破性地明确了：

第二条　从事网络预约出租汽车（以下简称网约车）经营服务，应当遵守本办法。

本办法所称网约车经营服务，是指以互联网技术为依托构建服务平台，整合供需信息，使用符合条件的车辆和驾驶员，提供非巡游的预约出租汽车服务的经营活动。

本办法所称网络预约出租汽车经营者（以下称网约车平台公司），是指构建网络服务平台，从事网约车经营服务的企业法人。

……

第二十条　网约车平台公司应当合理确定网约车运价，实行明码标价，并向乘客提供相应的出租汽车发票。

在此，网约车已解决了身份的问题，也解决了开具发票的主体问题。加之其从事出租服务，可以选择适用增值税的简易计税方法，其进项的需求就减少了很多。所以个人再向平台以代开发票的形式或小额零星支出的形式入账计入成本，就解决了这一财务难题，更是企业“生死之困”。

那么，对于案例当中提到的类似“货拉拉”这样的货运平台时，其发票如何解决呢？

《交通运输部办公厅关于推进改革试点加快无车承运物流创新发展的意见》（交办运〔2016〕115 号）提出：

（三）认真落实无车承运人营改增相关政策。

《财政部 国家税务总局关于全面推开营业税改征增值税试点的通知》（财税〔2016〕36号）明确规定无车承运业务按照“交通运输服务”缴纳增值税。各省级交通运输主管部门应加强与税务部门的沟通，将营改增相关政策落到实处，进一步细化试点企业增值税征管具体流程和监管要求，协调解决增值税征管中开票资格、进项抵扣、额度监管等实际问题，规范试点企业纳税行为，强化税收监管，防范税收风险。

《国家税务总局关于开展互联网物流平台企业代开增值税专用发票试点工作的通知》（税总函〔2017〕579号，2020年1月1日起失效）规定：

一、试点内容

经省国税局批准，互联网物流平台企业可以为同时符合以下条件的货物运输业小规模纳税人代开专用发票，并代办相关涉税事项。

（一）在中华人民共和国境内（以下简称境内）提供公路或内河货物运输服务，并办理了工商登记和税务登记。

（二）提供公路货物运输服务的，取得《中华人民共和国道路运输经营许可证》和《中华人民共和国道路运输证》；提供内河货物运输服务的，取得《中华人民共和国水路运输经营许可证》和《中华人民共和国水路运输证》。

（三）在税务登记地主管税务机关（以下简称主管税务机关）按增值税小规模纳税人管理。

（四）注册为该平台会员。

二、试点企业的确定

纳入试点范围的互联网物流平台企业（以下称试点企业），应当具备以下条件：

（一）国务院交通运输主管部门公布的无车承运人试点企业，且试点资格和无车承运人经营资质在有效期内。

（二）平台应实现会员管理、交易撮合、运输管理等相关系统功能，具备物流信息全流程跟踪、记录、存储、分析能力。

试点企业代开专用发票不得收取任何费用，否则不得作为试点企业。

三、专用发票的开具

货物运输业小规模纳税人在境内提供货物运输服务，需要开具专用发票的，可以按照《货物运输业小规模纳税人申请代开增值税专用发票管理办法》（国家税务总局公告2017年第55号发布，以下称《管理办法》）的有关规定，就近向国税机关自行申请代开专用发票，也可以委托试点企业按照以下规定代开专用发票：

（一）试点企业仅限于为符合本通知第一条所列条件的货物运输业小规模纳税人（以下称会员），通过本平台承揽的货物运输业务代开专用发票。

（二）试点企业应与会员签订委托代开专用发票协议，协议范本由各省国税局统一制定。

（三）试点企业使用自有专用发票开票系统，按照3%的征收率代开专用发票，并在发票备注栏注明会员的纳税人名称和统一社会信用代码（或税务登记证号码或组织机构代码）。

货物运输服务接受方以试点企业代开的专用发票作为增值税扣税凭证，抵扣进项税额。

（四）试点企业代开的专用发票，相关栏次内容应与会员通过本平台承揽的运输业务，以及本平台记录的物流信息保持一致。平台记录的交易、资金、物流等相关信息应统一存储，以备核查。

（五）试点企业接受会员提供的货物运输服务，不得为会员代开专用发票。试点企业可以按照《管理办法》的相关规定，代会员向试点企业主管税务机关申请代开专用发票，并据以抵扣进项税额。

四、涉税事项的办理

（一）试点企业代开专用发票应当缴纳的增值税，由试点企业按照《管理办法》的相关规定，按月代会员向试点企业主管税务机关申报缴纳，并将完税凭证转交给会员。试点企业主管税务机关征收税款后，不再就同一笔业务代开专用发票。

（二）会员应按照其主管税务机关核定的纳税期限，按规定计算增值税应纳税额，抵减已由试点企业代为缴纳的增值税后，向主管税务机关申报纳税。

（三）试点企业办理增值税纳税申报时，代开专用发票对应的收入不属于试点企业的增值税应税收入，无须申报。试点企业应按月将代开专用发票和代缴税款情况向主管税务机关报备，具体报备内容由各省国税局确定。

《交通运输部 国家税务总局关于印发〈网络平台道路货物运输经营管理暂行办法〉的通知》（交运规〔2019〕12号）规定：

第二条 从事网络平台道路货物运输（以下简称网络货运）经营，应当遵守本办法。

本办法所称网络货运经营，是指经营者依托互联网平台整合配置运输资源，以承运人身份与托运人签订运输合同，委托实际承运人完成道路货物运输，承担承运人责任的道路货物运输经营活动。网络货运经营不包括仅为托运人和实际承运人提供信息中介和交易撮合等服务的行为。

实际承运人，是指接受网络货运经营者委托，使用符合条件的载货汽车和驾驶员，实际从事道路货物运输的经营者。

……

第十九条　网络货运经营者应遵照国家税收法律法规，依法依规抵扣增值税进项税额，不得虚开虚抵增值税发票等扣税凭证。

第二十条　网络货运经营者和实际承运人均应当依法履行纳税或扣缴税款义务。

《国家税务总局关于开展网络平台道路货物运输企业代开增值税专用发票试点工作的通知》（税总函〔2019〕405号）规定：

一、试点内容

经国家税务总局各省、自治区、直辖市和计划单列市税务局（以下称各省税务局）批准，纳入试点的网络平台道路货物运输企业（以下称试点企业）可以为同时符合以下条件的货物运输业小规模纳税人（以下称会员）代开增值税专用发票，并代办相关涉税事项。

（一）在中华人民共和国境内提供公路货物运输服务，取得《中华人民共和国道路运输经营许可证》和《中华人民共和国道路运输证》。以4.5吨及以下普通货运车辆从事普通道路货物运输经营的，无须取得《中华人民共和国道路运输经营许可证》和《中华人民共和国道路运输证》。

（二）以自己的名义对外经营，并办理了税务登记（包括临时税务登记）。

（三）未做增值税专用发票票种核定。

（四）注册为该平台会员。

二、试点企业的条件

试点企业应当同时符合以下条件：

（一）按照《交通运输部 国家税务总局关于印发〈网络平台道路货物运输经营管理暂行办法〉的通知》（交运规〔2019〕12号）规定，取得经营范围中注明“网络货运”的《道路运输经营许可证》。

（二）具备与开展业务相适应的相关线上服务能力，包括信息数据交互及处理能力，物流信息全程跟踪、记录、存储、分析能力，实现交易、运输、结算等各环节全过程透明化动态管理，对实际承运驾驶员和车辆的运输轨迹实时展示，并记录含有时间和地理位置信息的实时运输轨迹数据。

（三）与省级交通运输主管部门建立的网络货运信息监测系统实现有效对接，按照要求完成数据上传。

（四）对会员相关资质进行审查，保证提供运输服务的实际承运车辆具备合法有效的营运证，驾驶员具有合法有效的从业资格证。

试点企业代开增值税专用发票不得收取任何费用，否则将取消其试点企业资格。

三、专用发票的开具

试点企业按照以下规定为会员代开增值税专用发票：

（一）仅限于为会员通过本平台承揽的货物运输服务代开增值税专用发票。

（二）应与会员签订委托代开增值税专用发票协议。协议范本由各省税务局制定。

（三）使用自有增值税发票税控开票软件，按照3%的征收率代开增值税专用发票，并在发票备注栏注明会员的纳税人名称、纳税人识别号、起运地、到达地、车种车号以及运输货物信息。如内容较多可另附清单。

（四）代开增值税专用发票的相关栏次内容，应与会员通过本平台承揽的运输服务，以及本平台记录的物流信息保持一致。平台记录的交易、资金、物流等相关信息应统一存储，以备核查。

（五）试点企业接受会员提供的货物运输服务，不得为会员代开专用发票。试点企业可以按照《货物运输业小规模纳税人申请代开增值税专用发票管理办法》（国家税务总局公告 2017 年第 55 号发布）的相关规定，代会员向试点企业主管税务机关申请代开专用发票。

四、涉税事项的办理

（一）试点企业代开增值税专用发票应当缴纳的增值税，由试点企业按月代会员向试点企业主管税务机关申报缴纳，并将完税凭证转交给会员。

（二）试点企业办理增值税纳税申报时，代开增值税专用发票对应的收入不属于试点企业的增值税应税收入，无须申报。试点企业应按月将代开增值税专用发票和代缴税款情况向主管税务机关报备，具体报备的有关事项由各省税务局确定。

（三）会员应按照其主管税务机关核定的纳税期限，按规定计算增值税应纳税额，抵减已由试点企业代为缴纳的增值税后，向主管税务机关申报纳税。

财税〔2016〕36 号文件开始提出了无运输工具从事的运输服务认定，即适用运输业的税率方式，内容如下：

无运输工具承运业务，按照交通运输服务缴纳增值税。

无运输工具承运业务，是指经营者以承运人身份与托运人签订运输服务合同，收取运费并承担承运人责任，然后委托实际承运人完成运输服务的经营活动。

若是无车承运的平台或物流公司提供了服务，其实很多时候是找的第三方特别是个体户或个人的车辆，挂靠的车辆运输的，一方面面临着按9%计销项税额的风险，另一方面却无法取得抵扣，甚至入成本费用的发票都没有，以致“白条”入账，在无法税前扣除时，就可能利用虚假的发票，如运输票、油票、过路过桥发票等入账替代。而很多的个人运输经营者，既不愿意也不方便去代开发票交给委托方，痛点由此产生。在此之后，财税部门想出了很多的便利举措，比如《货物运输业小规模纳税人申请代开增值税专用发票管理办法》（国家税务总局公告2017年第55号）规定：

第二条　同时具备以下条件的增值税纳税人（以下简称纳税人）适用本办法：

（一）在中华人民共和国境内（以下简称境内）提供公路或内河货物运输服务，并办理了税务登记（包括临时税务登记）。

（二）提供公路货物运输服务的（以4.5吨及以下普通货运车辆从事普通道路货物运输经营的除外），取得《中华人民共和国道路运输经营许可证》和《中华人民共和国道路运输证》；提供内河货物运输服务的，取得《国内水路运输经营许可证》和《船舶营业运输证》。

（三）在税务登记地主管税务机关按增值税小规模纳税人管理。

第三条　纳税人在境内提供公路或内河货物运输服务，需要开具增值税专用发票的，可在税务登记地、货物起运地、货物到达地或运输业务承揽地（含互联网物流平台所在地）中任何一地，就近向国税机关（以下称代开单位）申请代开增值税专用发票。

此时就提供了各种便利，这相当于放开了增值税的纳税地点规定。当然，这么便利的情形下，可能个人去代开发票的意愿还是不强烈，因为有的地方还要求收个税，流出的利益过多，加之个人小货车的业务无固定发生地，可以在全国范围内从事运输服务，但是代开发票需要到税务机关办理，并不是在手机APP上直接进行操作（有的地方与第三方机构可能有这样的功能开发并“悄悄地”实施)。后来,《国家税务总局关于落实支持小型微利企业和个体工商户发展所得税优惠政策有关事项的公告》(国家税务总局公告2021年第8号)提出:

三、关于取消代开货物运输业发票预征个人所得税有关事项

对个体工商户、个人独资企业、合伙企业和个人,代开货物运输业增值税发票时,不再预征个人所得税。个体工商户业主、个人独资企业投资者、合伙企业个人合伙人和其他从事货物运输经营活动的个人,应依法自行申报缴纳经营所得个人所得税。

这就缓解了各地征管的压力与个人的负担,但是对于上述个人如何自行申报缴纳经营所得的个人所得税,恐怕还是困难的事情,个人的自我遵从度也不一定那么强,即使已办理了临时税务登记的个人,其纳税的完整性、准确性也不一定能够达到预期。

作为无车承运的升级版,正是由于没有车,才需要找车提供运输。无车承运的平台若是自己接单,增值税税率是9%,那么进项及税前扣除就需要专用发票来抵销,尽管有上面提到的各种代开的便利,也不尽理想,于是网络平台道路货物运输企业就出现了,它的主要功能在于可以给会员代开增值税专用发票,当然,在疫情之下,其给小规模纳税人代开的专用发票可以是1%。货运平台的出现对于改革有着深远的意义,主要在于有助于充分匹配社会资源,增强社会资源的运营效率,解决因发票开具不畅、需要去税务机关办理的困难。比如运输公司若能够有效配置社会零星资源,搭建货运平台场景,通过网上接单、结算,对接供需两边的信息,则确实值得期待。但是据笔者的观察,多有筹划达人,认为货运平台很有税收价值,可以在某地区搭建,将全国各地的运输资源与业务“迁转”过来,实现便利地代开,可能规模上有百亿、千亿的想象空间,这里的税收贡献“钱景诱人”,躺着得到当地的财政奖励就幸福了。但是解决了代开增值税专用发票的事就结束了吗?并不限于此。为了实现在平台所在地有更多的税源入库,实现更多的奖励价值,直接将该个人的临时税务登记办理到平台所在地,甚至根本不做登记,就是视同平台会员处理了,将其个税直接核定一个征收率处理了。甚至还有的说是给平台个人会员“代缴”

了，其实可能落到自己的腰包，这其中就有欺骗的行为发生。在任何一个新生事物出现之后，或有一段野蛮成长阶段，这时就会有漏洞存在，只是可能这个漏洞在税收上隐藏得比较深，背后风险也比较高，需要有所防范。平台代开发票的主要风险在于发票的虚开，若运输行为自始就在平台上实现，加之平台所有的定位、轨迹等佐证，款项亦通过平台结算，那这个事情的发展还是比较理想的，比如下面的这些情形，就可能涉嫌虚开了：

一是倒开发票的方式。原来的业务已经发生完了，作为运输方或者托运方，找到平台补开发票，此时的车号、业务、地区可能都无法匹配，平台也没有办法核对真实性，缺乏相应的监控手段，此时就真是“撒开把”、代开“虚开”了。

二是编造业务虚开发票以补充其他类的支出或提现之用，相当于运输业务是编造的；

三是一些物流公司少票的情形下，以转包的方式形成支出，无法取得发票之时，甚至有自开自用的问题。

货运平台的业务存在税源转移、个税核定的问题，可能都不是大问题，主要风险就是虚开增值税专用发票，以较小的成本撬动税前扣除的利益。与灵活用工平台相比较，网络平台道路货物运输适用面小，但金额可能挺大的。切忌因税收征管的宽容给某些平台的虚开带来便利，关于这一点，需要做好强制性的规范与检查，并且要注意设立这些平台的个人或机构，其背书能力如何，是不是真实运营的人。笔者担心这一创新事务被利用的可能性是很可能存在的，但生意人追逐利润的脚步却不因税务风险而停下。

**（2）无车承运平台的税收筹划案例探讨。**

税收政策有没有漏洞？有，因为刚出台时环节、链条不关联，很可能考虑了一个点，遗漏了另外一个点，被快速地利用得以实现较大的税收利益，这种情况时有发生，如表 4－10 所示：

本节中我们以无车承运平台来探讨一个案例，这个案例是基于自用平台进行的增值税筹划。

**表 4－10　　相关税收政策的疏漏之处**

| 事项 | 描述 | 政策 |
|---|---|---|
| 政策性搬迁补偿漏洞，享受了双重优惠，后来该政策漏洞被堵住 | 准予其搬迁或处置收入扣除固定资产重置或改良支出、技术改造支出和职工安置支出后的余额，计入企业应纳税所得额。同时允许固定资产可以按照现行税收规定计算折旧或摊销，并在企业所得税税前扣除 | 国税函〔2009〕118 号① |
| 货运代理服务 | 在未定义无车承运适用运输服务计征增值税之前，多有利用代理业按6%计税，取得运输企业的11%（现在已变为9%）抵扣的方式，也是类同快递公司将运输拆分出来，“瞒天过海”式进行筹划的路径。后面的这种路径，基于税收政策与两种服务的拆分匹配，笔者认为很容易否定，只是当前很多地区似乎还是认可的 | 营改增的试点政策 |

**【案例 4－10】** 某大型建筑公司有自己的运输部门，但自有车辆并不太多，多数是使用外部个人的车辆，对方开具发票的情形也不多，于是就统一向委托地税务机关代为开具普通发票入账。近期，该公司拟对增值税进行筹划，主要是为了增加进项税额的比例。首先，该公司将运输部门拆分成立一个独立的网络平台式运输公司，跟政府洽谈了一个财政奖励的比例，同时为了扩大抵扣，财务想由公司统一买油，给个体的车辆使用，车辆使用费同时调低。但财务人员担心，这种情形下，个体车辆是否还属于提供运输服务（车与人一并）？同时油费因为有13%的进项税额抵扣，本身没有这么多自有车辆，会不会有问题？

分析：起先，财务人员咨询了一些知名专家，专家的意见是：油费的抵扣，在营改增的文件当中不属于不得抵扣的事项，所以抵扣没有问题。车与人一并提供的服务，也是运输服务，只是油料是委托方提供的。笔者确实认为这个事项存在别扭的地方，因为个体车辆用油无法抵扣，体现不出抵扣的价值，即使一样的金额，若在公司能得到部分抵扣，13%就直接

① 国税函〔2009〕118 号，即《国家税务总局关于企业政策性搬迁或处置收入有关企业所得税处理问题的通知》，已于2012 年10 月1 日起失效。

体现出来利益了。笔者认为，这种情形跟建筑服务的甲供材是不一样的，因为油是给提供服务方用于其运输服务了，这其中有没有转移对价的问题呢？简单地套用财税〔2016〕36号文件，确实没有说此类情形不得抵扣，但不代表没有风险。若某税务机关认为，这种情形是以油费抵运输费用，除非公司支付的是车的租赁费与人的使用费，否则没有油如何能提供运输服务呢？当然，这种判断有点“钻牛角尖”，在模糊的状态下，不妨先进行着，至少没有造成税款的流失。至于能不能抵扣，这是现实当中交易的约定，若事实如此，并不是个人拿着以公司名头开具的油费来报销，而是采取统一采购的方式，倒是可以解释的。

大家可能有感觉，我们的快递、货物运输成本是比较高的，一定程度上阻碍了生产力的释放，无车承运平台、网络货运平台的创新性政策引导，希望让商品快速地流动起来，也能降低运费的成本。政策本意是很宽容的，但是在这个过程中，若发票的虚开风险不能进行有效防范，缺乏样本检查处理的警示，很有可能影响整个行业的健康发展。

### 4.2.3 利益传递可以选择的筹划

或许大家看电影会发现，有时利益输送传递是通过买卖字画、古董完成的，它没有标准的价格，也没有可比性，所以利益的传递，融入了企业筹划过程的方方面面。

《国家税务总局关于企业所得税若干政策征管口径问题的公告》（国家税务总局公告2021年第17号）明确提出：

五、关于文物、艺术品资产的税务处理问题

企业购买的文物、艺术品用于收藏、展示、保值增值的，作为投资资产进行税务处理。文物、艺术品资产在持有期间，计提的折旧、摊销费用，不得税前扣除。

虽然不得折旧、摊销税前扣除，但并不妨碍其可以当交易标的。注意，此时的筹划就不是节税的筹划，而是为了转移利益。不过有的时候，利益转移涉嫌洗钱等行为，当然也可能是老板间分割利益的方式，但可能会损害国家的税收利益。

**【案例4-11】**某老板A帮另一个老板B的企业处理了一件融资的事儿，若按业务属性来看，属于咨询服务、代理服务的范围，但是两位老板约定，不以服务费用的发票处理，B老板的公司直接买A老板持有的一个公司的股权，这份股权对应的投资价值是100万元，B老板花1亿元购买。于此，股权转让成为解决某些利益转移的载体。

这仅仅是一个小案例，在不同的场景下，有很多载体可以考虑。但笔者认为，这是一种“二次包装”的交易，掩盖了前面的真实交易，但现实生活当中确实难以发现，因为它根本没有体现在纸面上、账面上，虽然发生了却没有可循的痕迹，于是这种寻找新载体交易的筹划成为一种可实现目标功能的工具了。

有的时候处理不好，可能会引起争议，比如之前发生过比较大的争议案例即德发案，就是比较有代表性的案例，其以单一拍卖人的方式转让资产，被税务机关认为价格偏低重新调整价格。引入第三方交易平台，比如拍卖机构、交易所等机构，设置相匹配的交易条件，假借第三方之手进行操作，更具有挑战难度。有的时候，还可能套上金融工具，更让这种交易充满了高级感、神秘感，加之多数基层税务机关对新型的金融事项并不是很清楚，筹划操作更具有超前性。

**【案例4-12】**笔者发现，某些金融部门的私行客户、贵宾客户等高净值人士，喜爱写写画画的文人雅士较多，买卖字画的情形也比较多。注意，这时候就可能有人存在偷逃税款的行为了。比如销售字画用个人的银行账号收款，这实际上属于财产转让的性质，是销售货物，其增值税与个人所得税可能并没有完整地计缴税款，此时只要举报就可能事不小。这从另一个方面也暗示了“为富要仁”的道理，不要以为有钱就“天不怕、地不怕”。而且笔者发现，以税作为找别人“麻烦”或者为国护税的突破口，案例似乎也是越来越多。

从发展趋势看，当税务机关掌握足够的信息并敢于对大额款项进行税收风险识别之后，这种事情更会有比较好的解决出路。目前来看，随着《中华人民共和国税收征管法》的修订，逐步授权税务机关相应的银行数据使用权与共享权，在国家战略层面明确常规的复核、检查程序，而不仅仅是有案须查时才能履行相应的程序并有限度地调取，方能有效地打击偷逃税款的各种行为。

比如《中国税务报》曾刊登《金融情报：反“两高”自然人逃税的利器》，摘录如下：

2017 年 6 月，也就是税银金融情报交换平台建立后不久，眉山市某商业银行依照《金融机构大额交易和可疑交易报告管理办法》向眉山市人民银行反洗钱中心提交了一份有关自热人黄庆（化名）的重点可疑交易报告。眉山市人民银行立即通过情报交换平台向眉山市地税局传递了这份报告。

该可疑交易报告显示，眉山市人黄庆在眉山市某商业银行开设的个人结算账户，在 2015 年 5 月 1 日至 2017 年 5 月 1 日期间共发生交易 1 904 笔，累计金额高达 12.28 亿元。这些交易主要通过网银渠道完成，具有明显的异常特征。比如，其账户大额资金交易频繁，大大超出了个人结算账户的正常使用范畴。其账户不设置资金限额，不控制资金风险，不合常规。还有，黄庆本人身份复杂，是多家公司的法定代表人，其个人账户与其控制的公司账户间频繁交易，且资金通常是快进快出，过渡性特征明显。根据这些异常信息，银行可疑交易报告认为黄庆存在逃税、避税等违法行为的嫌疑。

……

得悉税务机关已掌握其账户信息后，黄庆知道自己的逃税谋划瞒不住了。他非常积极地配合稽查人员开展调查工作，认真进行税收自查，并在稽查人员规定的时间内报送了自查报告。

自查报告显示，黄庆 2015 年从其控股的眉山市公司取得股息、红利所得 2 亿元，未缴纳个人所得税 4 000 万元。

经过仔细审核，眉山市地税局稽查局认可了这份自查报告，督促黄庆及时补缴税款。黄庆应允，并先后于2017年7月和9月两次补缴股息、红利所得个人所得税2 200万元，并制定了剩余1 800万元应补税款在2018年2月底前分期补缴入库的缴纳计划。

文章中描述的情形多是地方政府部门之间的协作处理，还没有形成全国范围内银税合作的长效机制。尽管这种案例与本节的议题不是一类事，但其背后同样涉及资金的流转与风险识别，若无法有效地掌握这些，反筹划的举措恐怕还是少了一个利器。

### 4.2.4 满足特定税务处理条件下的筹划

享受税收优惠的条件、适用税收特定政策的条件，这些基础性的数据或条件若达不到，就难以实施税务筹划。让相应的现状满足可以筹划的条件，这本身就是一项前置性的安排筹划。很多优惠政策可能都面临着这样的前置要求，比如高新技术企业、研发加计、软件企业的优惠条件，都是硬性的可计量的要求，这些就不多讨论了。下面我们结合一些大家可能地有接触的案例，温习一下条件改变的筹划。

**（1）满足特殊性税务处理的条件。**

对于特殊性税务处理，在企业所得税上有其广泛的应用场景，在税务筹划的安排下，特殊性税务处理并不鲜见，这是因为企业集团上市并购等情形频繁发生，很多的培训、文章、书籍等无不在探讨着这些情形的是是非非，以及其存在的争议性等。表4-11列示了满足特殊性税务处理的条件。

**表4-11　满足特殊性税务处理的条件**

| 应用场景 | 说明 |
|---|---|
| 满足股权收购的50%的要求 | 若某一方只有40%，此时先行从其他股东方取得10%及以上，再进行股权收购的特殊性税务处理安排 |
| 满足划拨特殊性税务处理 | 100%直接控制的母子公司之间的关系，可以进行相应调整以达到此条件（同一控制下的合并有12个月的事前要求） |

续表

| 应用场景 | 说　明 |
|---|---|
| 特殊性税务处理中分立与被分立的选择关系 | 比如某企业欲分立，但分立企业需要有相应的持续时限性要求，若考虑转让部分资产，则将不准备转让的资产进行分立，被分立的企业并没有时限性的要求 |
| 划拨、赠与资产的处理 | 子公司从其企业股东取得的赠与资产，以增加资本公积的协议约定来处理，避免被认为受赠所得计税的情形 |
| 吸收合并的安排 | 亏损企业吸收合并盈利企业，还是反向处理，特殊性税务处理可以有不同的选择 |

所以，任何一个筹划，可能都需要异常的谨慎分析与条件筹备，想必很难有拿来即用的完美模板等着大家去套用。不同企业的经营结构与业务流程各有特色，相应的交易目的及条件更是不同，筹划的政策依据可能是一致的，但实施的方式却是需要提炼与组合安排的，不能按照千篇一律的方式操作，如此，从结果看则可能呈现多样美妙。

**【案例4－13】**有A、B、C三个企业，其结构关系是A100%持有B，B100%持有C，即母公司、子公司、孙公司之间的关系。A持有一项无形资产，账面价值100万元，估值5 000万元，A拟划拨给B，再由B投资到C，由于在适用划拨的特殊性税务处理中，有的税务机关认为只有第一步划拨可以适用，第二步的划拨或投资要待满12个月才行，不然否定第一步划拨的特殊性税务处理①。其实笔者认为此举并不必然，但在依条款进行扩大化与延伸化的解释上，有此争议性的风险存在。那么这个方案应如何处理呢?

分析：一个方案就是从100%的角度延伸，两步连续划转可以争取为一个办法，笔者认为这个原理是通的；第二个方案是B将C的股权划转给A，A将无形资产划转给C，待12个月后再由A将C划转到B也可以，其

① 《国家税务总局关于资产（股权）划转企业所得税征管问题的公告》（国家税务总局公告2015年第40号）规定：七、交易一方在股权或资产划转完成日后连续12个月内发生生产经营业务、公司性质、资产或股权结构等情况变化，致使股权或资产划转不再符合特殊性税务处理条件的，发生变化的交易一方应在情况发生变化的30日内报告其主管税务机关，同时书面通知另一方。另一方应在接到通知后30日内将有关变化报告其主管税务机关。

实就是若干情形的组合。

**（2）增资与新设投资的条件适用差别**。

**【案例4-14】** 某企业拟进行重组，以其股权作为非货币性资产出资，设立小强公司，该企业认为这是属于特殊性税务处理情形下的股权收购，于是与税务机关进行确认。但是得到的答复是：不行！为什么呢？因为税务机关认为的重组是基于已存续企业的股权收购，即投资到已存续企业中换得股权。这看起来似乎没什么区别，但是理解就是差别这么大。2009年重组文件刚发布时，笔者记得就有这样的争议案例出现，后来听闻企业操作的人反馈，税务机关最终认可其新设方式属于股权收购的特殊性税务处理了。那么，新设的情形，肯定是属于股权对价的支付方式，若收购的比例达到50%（原来是75%）及以上时，是符合政策要求的标准的，但政策并没有限制出资新设立就不行。若真担心有这样的风险，那么就考虑先投1元钱或认缴10万元成立一家公司，再进行增资处理，何苦硬碰硬呢？

笔者通过上市公司的案例查询，发现有较多的案例在其进行资产拆分重组调整时，是通过新设方式处理的，且公告其拟按特殊性税务处理进行涉税安排。普通性的不予认可的情形，在资本市场上还是会有一定负面影响的。

在此补充一下，特殊性税务处理并不是一种优惠政策，只能说是相对优惠，其本质上是递延纳税，当然这种递延的年限无限长时，可以约等于“免税”。不过似乎也存在达成共识的理解，是关于契税的免税政策。《财政部 税务总局关于继续执行企业事业单位改制重组有关契税政策的公告》（财政部 税务总局公告2021年第17号）规定：

六、资产划转

对承受县级以上人民政府或国有资产管理部门按规定进行行政性调整、划转国有土地、房屋权属的单位，免征契税。

同一投资主体内部所属企业之间土地、房屋权属的划转，包括母公司与其全资子公司之间，同一公司所属全资子公司之间，同一自然人与其设立的个人独资企业、一人有限公司之间土地、房屋权属的划转，免征契税。

母公司以土地、房屋权属向其全资子公司增资，视同划转，免征契税。

这里的规定条款明确是增资，当然这可能跟此文件的起草者的理解与用意相关，也可能有其政策考量，对此可以分析一二。而《财政部 税务总局关于继续实施企业改制重组有关土地增值税政策的公告》（财政部 税务总局公告2021年第21号）则规定：

四、单位、个人在改制重组时以房地产作价入股进行投资，对其将房地产转移、变更到被投资的企业，暂不征土地增值税。

所以，有的时候，税收安排的形式表现是非常重要的条件准备，若没有前置进行充分的准备，在后面的税务检查中，这种问题的应对成本是很高的。比如若想财政部或税务总局再出个文件帮助解释，这是很困难的，与其担心，把希望寄托在第三方身上，不如自己先包装起来，充分满足相应的条件，这样筹划或许更有价值。

**【案例4-14】** 某咨询公司为某企业做了一份详细的筹划方案，主要是高管薪酬避税方面，节税效果很明显，企业与个人都很开心，咨询公司也收到了不菲的费用。但在后面的税务检查中，税务机关提出质疑，主要是发现用工合同的签订与服务的交付成果相矛盾，无法有效举证，相关人员也无法解释自己的角色，不清楚自己的工作如何匹配财务的报酬发放数额。

分析：在财务人员主导的筹划实施中，大家可能更多关注的是政策上的空间，也未向相关个人解释政策与业务的关系，工作人员认为自己就是雇佣关系，而财务则可能给对方包装成了服务关系。这种矛盾的发生，根本在于这是脱离事实的筹划，最后“背锅”的可能就是财务人员了。笔者认为，上面提到的准备筹划的素材，本身是需要严格评估、谨慎确认的，同样，筹划的配合也是要到位的，这是基于事实的认定，事实的认定源于对于事情描述的一致性理解，还有交付载体的证据体现等。有时支付一定的维护成本，也得值得的。

### 4.2.5 会计处理方法考虑税务筹划的需要

会计与税务在企业中发挥着各自的角色功能，二者各司其职，是独立的核算体系，相信这个还是能够形成基本共识的。但是由于税收制度的落实并没有完整的核算要求与体系，还是要依赖会计数据，比如企业所得税是以会计数据为基础进行相应的纳税调整后计缴的，所以两者又有“理不清、理还乱”的关系。特别是在税务检查时，基本上都是从会计账簿入手，对于会计数据的理解、判断与使用，进而推导、校验税收数据。企业的会计处理一方面是企业纳税的素材、原材料，另一方面是判断是否纳税的一种外在表现，甚至个别情形下还决定着是否产生纳税的行为。所以选择可行的会计处理方式、表述，就成了一种为税收服务的会计处理方面的选择筹划。

笔者查询并收集了一些涉及会计处理与税收处理协调方面的事项（见表4－12）。

**表4－12　　涉及会计处理与税收处理协调方面的事项**

| 税　种 | 规　　定 | 依　据 |
|---|---|---|
| 企业所得税 | 在计算应纳税所得额时，企业财务、会计处理办法与税收法律、行政法规的规定不一致的，应当依照税收法律、行政法规的规定计算 | 《企业所得税法》 |
| | 纳税人在计算企业所得税应纳税所得额及应纳税额时，会计处理与税收规定不一致的，应当按照税收规定计算。税收规定不明确的，在没有明确规定之前，暂按国家统一会计制度计算 | 《中华人民共和国企业所得税年度纳税申报表（A类）》填报说明 |
| | 二、企业接收股东划入资产的企业所得税处理<br>（一）企业接收股东划入资产（包括股东赠与资产、上市公司在股权分置改革过程中接收原非流通股股东和新非流通股股东赠与的资产、股东放弃本企业的股权，下同），凡合同、协议约定作为资本金（包括资本公积）且在会计上已做实际处理的，不计入企业的收入总额，企业应按公允价值确定该项资产的计税基础<br>（二）企业接收股东划入资产，凡作为收入处理的，应按公允价值计入收入总额，计算缴纳企业所得税，同时按公允价值确定该项资产的计税基础 | 《国家税务总局关于企业所得税应纳税所得额若干问题的公告》（国家税务总局公告2014年第29号） |

续表

| 税 种 | 规 定 | 依 据 |
|---|---|---|
| 企业所得税 | 八、关于税前扣除规定与企业实际会计处理之间的协调问题<br>根据《企业所得税法》第二十一条规定，对企业依据财务会计制度规定，并实际在财务会计处理上已确认的支出，凡没有超过《企业所得税法》和有关税收法规规定的税前扣除范围和标准的，可按企业实际会计处理确认的支出，在企业所得税前扣除，计算其应纳税所得额 | 《国家税务总局关于企业所得税应纳税所得额若干税务处理问题的公告》（国家税务总局公告2012第15号） |
| 增值税 | 纳税人生产经营活动中采取直接收款方式销售货物，已将货物移送对方并暂估销售收入入账，但既未取得销售款或取得索取销售款凭据也未开具销售发票的，其增值税纳税义务发生时间为取得销售款或取得索取销售款凭据的当天；先开具发票的，为开具发票的当天 | 《国家税务总局关于增值税纳税义务发生时间有关问题的公告》（国家税务总局公告2011年第40号） |

上面的这些举例，是基于协调会计与税款计缴之间的关系的，比如有的情形下，因为会计处理不到位，就存在影响计缴税款的确认条件。上面规定的适用情形，是直接明确规定事项，还有一些业务事项，就需要规划好会计处理以完成安排特定税务处理的目标。

**（1）无形资产加计摊销的会计核算“保护”。**

下面我们探讨的这个案例，是在研发加计过程中发生的，或许会让我们多一些思考。

**【案例4－15】**某企业研发完成了一项资本化的无形资产，其归集的金额是1 000万元，会计上预计折旧年限为10年，并按10年进行直线法摊销，每年100万元。假设1 000万元均满足加计扣除的口径范围，即以摊销额进行加计，假设加计扣除比例为50%，则相当于每年税前扣除为150万元。但是由于技术更新得比较快，这项技术预计用到第5年时被淘汰，相当于摊销完了500万元，加计扣除了250万元，企业在第5年年底进行报废处理，核销资产净值500万元，那么余下的500万元能否继续进行加计？

分析：企业开展研发活动中实际发生的研发费用，未形成无形资产计入当期损益的，在按规定据实扣除的基础上，按照本年度实际发生额的50%，从本年度应纳税所得额中扣除；形成无形资产的，按照无形资产成本的150%在税前摊销。同时规定已计入无形资产但不属于《通知》中允许加计扣除研发费用范围的，企业摊销时不得计算加计扣除。企业所得税汇算清缴附表A107012表的填报说明中提到：

43. 第43行“四、本年形成无形资产摊销额”：填报纳税人研发活动本年形成无形资产的摊销额。

44. 第44行“五、以前年度形成无形资产本年摊销额”：填报纳税人研发活动以前年度形成无形资产本年摊销额。

依正常的业务事项，无形资产若无转让或报废等情形，在会计上是允许持续计提摊销的。同时，依准则，使用寿命不确定的无形资产不应摊销。但是此处会计上的摊销额并不一定等于加计扣除的计算基数，其原因有如下两点：

一是，会计上的摊销额，有部分支出可能并不符合加计扣除的统计范围，比如摊销额200万元，但符合加计扣除范围的摊销额是130万元，这是口径缩小的税收影响。比照上面的填报说明，不应机械地认为是会计数据200万元，而是要填报130万元；

二是，税会差异的影响，这里又分为两个方面，其一是会计折旧年限若为5年，而税收规定不得低于10年时，在填报上述数据时，应按10年进行摊销填报，而不是按会计上的5年摊销数据进行填报。其二是若存在无形资产计提减值准备的影响，其会计摊销数据亦受到影响，此时也只能按税收标准计提摊销数额填报。

再回到上面的案例情形中来，若是因为报废处理了，会计上已无摊销额，此时对于损失的部分，能否就此加计扣除？目前来看，并无此方面的明确规定，因为只是明确了摊销加计，而损失作为一种摊销的余额的处理，延伸理解宜认为可以加计，但是依填报说明来理解，认为还是存在瑕疵的。那么能否在税务上仍继续进行摊销呢？因为转为损失没有摊销，损失又要税前扣除，所以这是一个两难的问题。若是损失得不到税前扣除的认可，那么是不是又要因“未满足扣除条件”而得不到加计扣除呢？

虽然这种情形可能不多见，但因为如此，笔者认为可以考虑两种替代性的处理方案：

一是，以计提减值准备的方式替代报废处理，进而继续进行税务摊销维持相应加计基数的存在；

二是，以一次性会计摊销的方式进行处理，同样维持税务摊销的延续。

正因为税收规定的适用场景与考虑的情形有其假设性，这种假设又相对常规而无法面面俱到，所以就有了偏门的争议，这种争议的出现形成了纳税合规性的利益保护成本，为了减少不必要的折腾成本，宜采取同样可以达到目标但维护税前扣除利益的方法。

**（2）加速折旧的税会关系处理。**

加速折旧影响的是企业所得税的税前扣除选择权，选不选择加速折旧税前扣除，取决于其时间性价值的整体评估。目前最为常见与有效的政策规定是新购进的设备、器具，单位价值不超过500万元的，允许一次性计入当期成本费用在计算应纳税所得额时扣除，不再分年度计算折旧（以下简称“一次性税前扣除政策”）。该政策已明确执行到2023年12月31日。

非常明确的是，加速折旧在税前扣除并不受会计处理的影响，会计上仍然可以保留按年度折旧的方式，以保持相对合理的使用预期，同时对于现金的时间性价值体现也是有好处的。但是会计处理会关系到加速折旧政策的享受，这正是笔者想与大家交流的。

一是，加速折旧的税前扣除并不强求一个纳税人全部一致性的范围与时间选择使用。

这里要考虑两个方面：其一，加速折旧政策的使用中，即企业当年度有两个满足可加速折旧的固定资产时，一个可以选择，一个可以放弃，在此并没有限制；其二，若 2021 年一个满足条件的选择适用，2022 年另一个满足条件的可以放弃加速折旧。在范围与时间上有相对的灵活性。

二是，单位价值的确认需要借助于会计处理的判定规则。

依照《企业会计准则第 4 号——固定资产》的规定：

第四条　固定资产同时满足下列条件的，才能予以确认：

（一）该固定资产包含的经济利益很可能流入企业；

（二）该固定资产的成本能够可靠计量。

第五条　固定资产的各组成部分具有不同使用寿命或者以不同方式为企业提供经济利益，适用不同折旧率或折旧方法的，应当分别将各组成部分确认为单项固定资产。

比如一条生产线，对于其中的传递系统、机器设备、电子控制单元等，其使用寿命极可能不同，有的时候财务会计在核算时直接记为一个单项的固定资产，就可能失去了加速折旧的机会。若某个生产线总投资为 3 000 万元，其中电子控制部分为 1 000 万元，使用寿命为 5 年，机器设备由 10 余个单独的设备组成，单项为 150 万元，使用寿命为 10 年，其余为传递系统的价值，此时就可以选择后面的机器设备加速折旧。但是，若记为一笔固定资产，则失去了选择的主动性。

会计与税务的关系，在税务筹划中，绝不是彼此独立的，会计上的表现、会计上的核算方法选择，甚至会计上的原始凭据描述、记账摘要，都可能是一个个“陷阱”，需要进行合理筹划使之变为一个个“机遇”。笔者发现，在涉税服务中，有较多的律师同行，也有直接学跨学科专业的比如公共管理等，对于会计上的内容了解较少，认为只要搞懂税务上的法律关系、政策规定就可以了。殊不知，会计是税收处理的“种子”，长出什么样的果实，种子很重要。不过有会计也不是万能的，博学多识，还是要更进一步地学习与钻研税收原则与税收技巧。

### 4.2.6 营改增中“甲供材”试点政策解放了增值税但留下了“陷阱”

甲供工程，是指施工方可能采购部分设备、材料、动力，也可能完全不采购，工程所需全部或部分设备、材料、动力由工程发包方自行采购。

在营改增的试点政策学习中，国家税务总局货劳部门宣传政策时举了一个例子：

在建筑工程中，出于质量控制的考虑，甲方一般会自行采购主要建筑材料，也就是俗称的甲供材。目前，甲供材主要有两种模式：

第一，甲供材作为工程款的一部分，甲方采购后交给建筑企业使用，并抵减部分工程款（比如，工程款1 000万，甲方实际支付600万，剩余400万用甲供材抵顶工程款）；第二，甲供材与工程款无关，甲方采购后交给建筑企业使用，并另行支付工程款（比如，工程款600万，甲供材400万）。按照营业税政策规定，不论哪一种模式，建筑企业都要按照1 000万计算缴纳营业税。

从增值税的角度看，其实甲供材并没有特殊性。对第一种模式，甲方用甲供材抵顶工程款，属于有偿转让货物的所有权，应缴纳增值税；甲方征税后，建筑企业可以获得进项税额正常抵扣。对第二种模式，甲供材与建筑企业无关，建筑企业仅需就实际取得的工程款600万计提销项税额即可。

但是，由于甲供材属于现行营业税的税基，前期行业普遍关注营改增后甲供材的处理。焦点主要在于第二种模式，建筑企业无法取得甲供材的进项税，一旦按照工程款和甲供材的全额计提销项税，税负将大幅度提高。此前我们也就甲供材问题进行了解释和说明。但为了进一步化解业内担心，我们将在针对税务机关的营改增业务培训，以及针对纳税人的营改增纳税宣传和政策解释工作中明确，第二种模式下建筑企业的计税依据中不包括甲供材。

从上面的举例发现，其实甲供材即使抵顶了工程款，也可以解决建筑企业税负增加的问题，比如，发包方采购了 1 000 万元（不含税）物资，进项税额是 130 万元，就算抵顶了工程款，则其应向建筑企业开具增值税专用发票供其抵扣。但是问题在于，建筑企业需要就此业务按照一般计税方法计税，而不是选择简易计税方法（满足甲供材的前提条件），此时要评估一下其他采购项目的进项税额有多大的影响。若相较于简易计税不划算，这种处理就产生问题了，发包方得不到真正抵扣，建筑企业也得不到抵扣，处于两难境地。

笔者发现，对于工程预算、工程款的描述，若是合同约定不当，也是很容易产生税务争议、商务争议的。比如曾有建筑企业的财务同行咨询，其在与发包方的合同当中提到“工程总产值（包括甲供材部分价值）是 3 000 万元”，由此税务机关认为，发包方提供的甲供材部分是工程款，这就产生了不必要的麻烦。下面这个摘自中国裁判文书网的法院案例，则说明了商务上开具发票的争议。

新疆天宇建设工程集团有限责任公司建设工程施工合同纠纷再审审查与审判监督民事裁定书

中华人民共和国最高人民法院

民事裁定书

（2021）最高法民申 1337 号

再审申请人（一审原告、反诉被告，二审上诉人）：新疆天宇建设工程集团有限责任公司。

……

被申请人（一审被告、反诉原告，二审上诉人）：新疆新颐园房地产开发有限公司。

……

再审申请人新疆天宇建设工程集团有限责任公司（以下简称天宇公司）因与被申请人新疆新颐园房地产开发有限公司（以下简称新颐园公司）建设工程施工合同纠纷一案，不服新疆维吾尔自治区高级人民法院（2019）新民终297号民事判决，向本院申请再审。本院依法组成合议庭进行了审查，现已审查终结。

天宇公司申请再审称，请求依据《中华人民共和国民事诉讼法》第二百条第二项、第六项之规定再审本案。事实和理由：（一）原判决判令天宇公司向新颐园公司开具发票超出人民法院管辖范围。根据《中华人民共和国税收征收管理法》《中华人民共和国发票管理办法》《中华人民共和国民事诉讼法》的规定，开具发票属于税务行政主管部门的管辖范围，不属于人民法院民事案件的审理范围。（二）原判决判令天宇公司对未实际支付的工程款开具发票违背基本事实和财务准则，以下款项不应作为已付工程款也不应由天宇公司开具发票。1. 商砼作为甲供材均是由甲方自行采购并直接向供货商转款，该款项从未向天宇公司支付，天宇公司不应对新颐园公司向第三方支付的款项承担开具发票的义务。2. 新颐园公司于2013年9月17日收到天宇公司开具的2 643 020.18元后实际支付2 183 020.18元剩余46万元未付，2014年1月15日实际付款比天宇公司提供发票金额少80万元，以上两笔共126万元不能作为已付工程款。3. 新颐园公司以两套房屋抵偿工程款1 609 063元，但至今房屋未交付也未办理产权登记手续，故以房抵债未产生付款效力。4. 新颐园公司在收到天宇公司开具的793 425.70元基坑支护费收据后，仅支付753 754.42元，尚有39 721.28元未付。另外，新颐园公司按收据金额96.64%向天宇公司支付工程款，至今仍余56 699.75元工程款已开发票未支付。（三）原判决对工程价款认定错误。1. 原判决以鉴定机构作出的工程造价7 190余万元认定工程价款错误。新颐园公司未依约支付工程进度款、违规建设幼儿园地下室并将部分工程违法肢解分包，致使工期从2012年10月延误至2016年1月，造成工期延误、工地管理成本增加、材料上涨。工期延误非天宇公司原因，天宇公司不能预见和克服，新颐园公司应承担工期延误产生的风险，故应当以鉴定机构作出的施工阶段划分造价 7 466 万余元确定工程价款。2. 经济签证有争议部分 2 080 962.37 元均有监理方的签字确认，应计入工程造价，原判决以新颐园公司未签字确认为由，将该部分款项未计入应付工程款错误。综上，经计算新颐园公司应向天宇公司支付工程款 10 323 951.41 元，亦应以此基数计算工程款利息。

新颐园公司陈述意见称，天宇公司的再审申请理由不成立，请依法驳回天宇公司的再审申请。理由如下：（一）关于开具发票问题。原判决判令天宇公司提供发票未超越人民法院管辖范围。天宇公司根据新颐园公司支付工程款的金额提供发票，属于补充协议中约定的义务。天宇公司作为工程的承包方，是工程款的纳税主体，开具发票是其法定义务。（二）天宇公司关于不向新颐园公司开具相关数额的工程款发票的再审申请理由没有依据，该理由不能成立。天宇公司在原审庭审中明确表示同意按照确定的付款金额向新颐园公司开具发票。根据双方的结算及对账，双方在工程造价中已将商砼款计入工程总造价，在对账单中也将商砼款计入已付工程款，故商砼并非甲供材，天宇公司的该项再审申请理由不成立。未支付的 126 万元工程款已作为履约保证金扣除。双方在对账明细中均同意以房抵付工程款 1 609 063 元，并进行了确认，房屋是否交付与本案争议并非同一法律关系，不能作为天宇公司拒绝开票的理由。（三）关于案涉工程款的认定问题。1. 天宇公司要求按照施工阶段划分造价确定工程造价没有合同依据。新颐园公司与天宇公司签订的施工合同约定的工程承包范围为工程的主体及粗装，天宇公司所称的工程分包与天宇公司的施工范围并不冲突，天宇公司认为系新颐园公司原因造成工期延误的再审申请理由不能成立。2. 依据施工合同约定，经济签证必须经过新颐园公司书面确认后方可进入工程结算，天宇公司再审所称的经济签证系其单方制作，没有新颐园公司的确认，该部分争议项不应计入工程造价。天宇公司再审主张的工程款争议金额及理由二审均已查明并作出回应，其再审理由无事实和法律依据。

本院经审查认为，本案系再审审查案件，应当依据再审申请人的申请再审事由以及《中华人民共和国民事诉讼法》第二百条等规定进行审查。

（一）关于开具发票问题

关于开具发票是否属于民事案件的审理范围问题。根据《中华人民共和国税收征收管理法》第二十一条第一款“税务机关是发票的主管机关，负责发票印制、领购、开具、取得、保管、缴销的管理和监督。单位、个人在购销商品、提供或者接受经营服务以及从事其他经营活动中，应当按照规定开具、使用、取得发票”及《中华人民共和国发票管理办法》第十九条“销售商品、提供服务以及从事其他经营活动的单位和个人，对外发生经营业务收取款项，收款方应当向付款方开具发票；特殊情况下，由付款方向收款方开具发票”的规定，收取工程款，开具工程款发票是承包方税法上的义务，承包人应当依据税法的相关规定向发包人开具发票。本案中，双方补充协议中约定的提供发票并非是指由税务机关提供发票，而是指在给付工程款时需由承包方向发包人给付税务机关开具的发票，当事人之间就一方自主申请开具发票与另一方取得发票的关系，属于民事法律关系范畴，原判决认定开具发票属于民事案件的审理范围，并无不当。天宇公司该再审申请事由不能成立，本院不予支持。

关于天宇公司所称的原判决对未支付的工程款开具发票问题。1. 双方在补充协议中约定商砼为甲供材，在结算时将商砼款计入工程总造价，在对账时将商砼款作为已付工程款进行了扣除，鉴定报告亦将商砼款作为应付工程款计入工程总造价。因此，天宇公司关于其对商砼款不承担开具发票义务的再审申请事由不能成立。2. 根据原审查明的事实，天宇公司所称的 2013 年 9 月 17 日、2014 年 1 月 15 日实际付款与发票差额 126 万元，系新颐园公司从应付工程款中扣除的天宇公司应向其交纳的履约保证金，原判决认定履约保证金应当退还，从已付工程款中扣除了该款项，天宇公司关于该款项的再审申请事由不能成立。3. 双方在对账明细表中均同意以房抵偿工程款 1 609 063 元，原判决按照双方的对账将此部分款项作为已付款扣除，并无不当。天宇公司所称的房屋未交付、未办理过户登记，属于以物抵债的具体履行问题，天宇公司可依法另行主张。4. 对于天宇公司所称的基坑支护费收据与实际支付款项的差额、未按收据金额支付工程款问题，天宇公司并未提交证据证明，原判决按照收据金额将此部分款项作为已付款并无不当。综上，天宇公司关于原判决对未实际支付的工程款开具发票的再审申请事由不能成立，本院不予支持。

（二）关于工程价款认定问题

双方签订的《建设工程施工合同》中对合同价款调整方法进行了约定，之后双方又签订《补充协议》约定工程价款的取费标准、人工及材料调差执行标准。鉴定机构依据《建设工程施工合同》《补充协议》确定工程造价为 71 900 976.15 元，原判决依据该数额认定工程造价符合双方约定。原判决认为天宇公司主张以施工阶段划分造价认定工程价款数额，与双方约定不符，并无不当。

双方签订的《补充协议》中约定，将新颐园公司确认的经济签证列入工程结算。根据原审查明的事实，天宇公司提供的部分经济签证中没有新颐园公司的确认，不符合合同约定。再者，天宇公司未提供有效证据证明该部分经济签证所对应的实际施工内容，鉴定机构在现场亦未勘查到该部分施工，故原判决将该部分款项未计入工程造价，并无不当。天宇公司关于经济签证争议部分 2 080 962.37 元应计入工程造价的再审申请事由不能成立，本院不予支持。

天宇公司关于工程款的再审申请事由不能成立，原判决对工程款的认定并无不当，故天宇公司关于工程款利息计算基数的再审申请事由不能成立，本院不予支持。

综上，天宇公司的再审申请不符合《中华人民共和国民事诉讼法》第二百条第二项、第六项规定的情形。本院依照《中华人民共和国民事诉讼法》第二百零四条第一款，《最高人民法院关于适用〈中华人民共和国民事诉讼法〉的解释》第三百九十五条第二款规定，裁定如下：

驳回新疆天宇建设工程集团有限责任公司的再审申请。

审判长　曾宏伟

审判员　徐　霖

审判员　张　梅

二〇二一年五月三十一日

法官助理赵静

书记员陈小雯

新疆天宇建设工程有限责任公司、新疆新颐园房地产开发有限公司建设工程施工合同纠纷二审民事判决书

新疆维吾尔自治区高级人民法院

民事判决书

(2019) 新民终297号

上诉人（原审原告、反诉被告）：新疆天宇建设工程有限责任公司

……

上诉人（原审被告、反诉原告）：新疆新颐园房地产开发有限公司

……

上诉人新疆天宇建设工程有限责任公司（以下简称天宇公司）因与上诉人新疆新颐园房地产开发有限公司（以下简称新颐园公司）建设工程施工合同纠纷一案，不服新疆维吾尔自治区乌鲁木齐市中级人民法院(2018) 新01民初88号民事判决，向本院提起上诉。本院于2019年6月20日立案后，依法组成合议庭，于2019年8月16日开庭进行了审理。上诉人天宇公司的委托诉讼代理人毕晓华、马中嫣，上诉人新颐园公司的委托诉讼代理人武军、陈玲到庭参加诉讼。本案现已审理终结。

天宇公司上诉请求：1. 撤销一审判决第一项，驳回新颐园公司要求天宇公司开具金额10 804 599.04元工程款发票的诉讼请求；2. 撤销一审判决第二项，驳回新颐园公司要求天宇公司提供完整竣工资料及竣工图的诉讼请求；3. 撤销一审判决第三项，判令新颐园公司向天宇公司支付工程款10 323 951.41元、利息912 665.98元（计息期间：2016年1月14日至2017年11月14日，按银行同期贷款利率4.75%计算）；4. 鉴定费由新颐园公司负担。一、二审诉讼费由新颐园公司负担。事实与理由：一、根据《中华人民共和国税收征收管理法》《中华人民共和国发票管理办法》《中华人民共和国民事诉讼法》规定，开具发票属于税务行政主管部门的管辖范围，不属于人民法院受理民事案件的审理范围，一审法院判令天宇公司向新颐园公司开具发票超出人民法院管辖范围和职权，应予以撤销。二、天宇公司对新颐园公司未实际支付的工程款无开发票义务。包括：1. 商砼款900余万元。商砼作为甲供材由新颐园公司自行采购，新颐园公司未向天宇公司支付商砼款。2. 履约保证金126万元。新颐园公司收到天宇公司于2013年9月17日、2014年1月15日开具的发票后向天宇公司支付工程

款时扣除126万元作为履约保证金。3. 以房抵债形式抵偿工程款1 609 063元，但至今未向天宇公司交付上述房产或办理产权登记手续。4. 天宇公司向新颐园公司出具基坑支护费收据793 425.70元后仅支付753 754.42元，尚有39 671.28元未付；新颐园公司按收据金额96.64%支付工程款，至今天宇公司已开具发票的工程款中，新颐园公司尚有56 699.75元未付。上述款项合计96 371.03元不应计入已付工程款，亦不应开具发票。

……

新颐园公司辩称，天宇公司的上诉请求不能成立。一、一审法院要求天宇公司提供发票未超越人民法院管辖范围和职权。涉案《补充协议》对天宇公司需按期提供工程款发票作出约定，天宇公司负有根据新颐园公司支付工程款提供发票的合同义务。依据《发票管理办法》《税收征收管理法》的规定，天宇公司作为工程的承包方是工程款项的纳税主体，对其收取的工程款负有开具发票的法律义务。二、一审法院查明新颐园公司已付工程款67 304 813.01元，天宇公司认可已开具56 500 213.97元发票，故一审法院认定天宇公司未提供发票10 804 599.04元正确。天宇公司在一审中表示“我公司同意按照确定的付款金额向新颐园公司开具发票”，即天宇公司认可一审法院计算开具发票金额方法。涉案商砼系乙供材甲付款，商砼款应计入工程总造价且双方已在对账单中作为已付工程款予以确认。对于抵账房作价抵偿工程款双方亦在对账确认单中作为已付工程款进行确认，抵账房屋是否交付与本案并非同一法律关系，亦不能作为拒绝开发票的理由。

……

天宇公司向一审法院起诉请求：1. 判令新颐园公司向天宇公司支付工程款23 460 000元、利息2 058 650元（按银行贷款4.75%计算2016年1月14日至2017年11月14日），共计25 518 650元；2. 判令新颐园公司承担本案诉讼费和鉴定费。

新颐园公司向一审法院反诉请求：1. 判令天宇公司承担工程维修费用

815 998.7 元；2. 判令天宇公司承担工期逾期违约金 8 000 000 元；3. 判令天宇公司向新颐园公司开具已付款 10 804 599.04 元的工程款发票；4. 判令天宇公司向新颐园公司提供工程完整竣工资料两套及竣工图一套；5. 判令天宇公司承担本案诉讼费。

……

一审法院认为，天宇公司与新颐园公司签订的建设工程施工合同及补充协议均系双方当事人的真实意思表示，且不违反法律法规的强制性规定，合法有效，一审法院予以确认。天宇公司提出其已履行了合同义务，新颐园公司未能按合同约定向其支付全部工程款项，故要求新颐园公司向其支付拖欠的工程款及利息，新颐园公司认为天宇公司施工质量存在严重问题，且未履行维修义务，其自行维修产生维修费用应由天宇公司承担，及天宇公司存在逾期交工情形，应按合同约定承担违约金。就双方诉争的问题，分析如下：

……

三、关于新颐园公司主张天宇公司向其开具已付款 10 804 599.04 元的工程款发票，并提供工程完整竣工资料两套及竣工图一套的反诉请求能否成立的问题。根据本案查明的事实，新颐园公司已向天宇公司支付工程款 67 304 814.13 元，根据双方补充协议的约定，天宇公司应按期提供工程款发票，故天宇公司应向新颐园公司开具发票，且天宇公司在质证意见中也表示同意开具发票，现天宇公司已向新颐园公司开具了 56 500 213.97 元的发票，还应开具 10 804 600.16 元的发票，对新颐园公司主张天宇公司向其开具已付款 10 804 599.04 元的工程款发票的反诉请求，予以支持。双方在建设工程施工合同中约定，工程竣工验收后 10 天，天宇公司应向新颐园公司提供竣工资料贰套及竣工图壹套，现天宇公司未能举证证实其已履行了提供竣工资料和竣工图的义务，故对新颐园公司要求天宇公司向其供工程完整竣工资料两套及竣工图一套的反诉请求予以支持。综上，依照《中华人民共和国合同法》第四十四条、第六十条、《中华人民共和国民事诉讼法》第一百四十条、《最高人民法院关于适用〈中华人民共和国民事诉讼法〉的解释》第九十条规定，判决：一、天宇公司向新颐园公司开具金额为10 804 599.04元的工程款发票；二、天宇公司向新颐园公司提供工程完整竣工资料两套及竣工图一套；三、驳回天宇公司的全部诉讼请求；四、新颐园公司要求天宇公司承担工程维修费用815 998.7元的诉讼请求；五、驳回新颐园公司要求天宇公司承担工期逾期违约金8 000 000元的诉讼请求。本案本诉案件受理费169 393.25元（天宇公司已预交），由天宇公司负担；反诉案件受理费36 756元（新颐园公司已预交），由新颐园公司负担；鉴定费490 000元（天宇公司预交），由天宇公司负担。

本院二审期间，当事人围绕上诉请求依法提交了证据。本院组织当事人进行了证据交换和质证。天宇公司提交以下证据：1.《协议书》用以证明，混凝土属甲方供材，天宇公司对9 900 368.55元商砼款无开发票义务。2. 2013年9月17日、2014年1月13日《收据》用以证明，新颐园公司向天宇公司支付工程款时扣除履约保证金126万元，不应计入已付工程款。3.《秀城2代宅认购协议书》2份、2014年1月13日《收据》2份、(2018)新01民初88号民事案件开庭传票用以证明，新颐园公司用价值4 372 480元的房产抵偿涉案工程款，但抵偿房产无法办理产权证书，抵房协议无法履行，故4 372 480元不应计入已付工程款并开具发票。新颐园公司经质证认为，1.《协议书》系复印件，对真实性不认可，双方在《对账单明细表》中明确商砼计入总造价，天宇公司对商砼款应开具发票。2. 认可《收据》的真实性，新颐园公司提交《情况说明》明确，新颐园公司向天宇公司支付工程款时扣除履约保证金126万元未实际支付，双方于2016年1月14日对账时将该126万元确认为已付款，但认为天宇公司存在违约情形、涉案工程存在质量瑕疵，退回履约保证金条件尚不成就，且履约保证金系独立的诉讼请求，不属于本案的审理范围。3. 认可《秀城2代宅认购协议书》、两份《收据》及（2018）新01民初88号民事案件开庭传票的真实性，但双方对已付款已进行对账确认，（2018）新01民初88号民事案件已撤诉，不涉及房屋交付及责任承担的问题。因新颐园公司对《协议书》真实性不予认可且该协议书系复印件，天宇公司未提交其他证据印证，本院对《协议书》真实性不予以确认。涉案商砼款已计入工程总造价，天宇公司未主张从工程总价中扣除商砼款仅主张免除出具商砼款发票义务，于法无据，本院对该证据与本案的关联性不予采纳；鉴于新颐园公司对证据2、3的真实性予以确认，本院对上述证据的真实性及与本案的关联性均予确认。

新颐园公司二审中未提交证据。

本院二审查明，1.《建设工程施工合同》第三部分专用条款第4项图纸约定：“4.1发包人向承包人提供图纸日期和套数：发包人在核发中标通知书3日向承包人提供图纸叁套”。2.涉案工程《图纸会审记录》分别于2012年5月31日、6月1日由建设单位、设计单位、监理单位、施工单位四方签字确认。一审开庭笔录载明，新颐园公司对有原件且有新颐园公司签字盖章的《图纸会审记录》的真实性予以认可。3.《关于协调解决兰新二线乌鲁木齐段征收工作遗留问题的会议纪要》载明，“关于新疆新颐园房产公司秀城小区提供的安置房源未能按期交付使用……造成217户安置户过渡费超支事宜……查明安置户未按期交付的原因，按照‘谁的责任谁承担’的原则，尽快提出217户安置户过渡费超支问题的解决意见”。4.涉案《建设工程施工合同》附件三《工程质量保修书》第三项质量保修责任约定，“属于保修范围和内容的项目，承包人应当在接到修理通知之日后7日内派人修理。承包人不在约定期限内派人修理，发包人可委托其他人员修理，保修费用从质量保险金内扣除”。5.新颐园公司分别于2017年5月14日、2017年10月23日通过EMS向“新疆库尔勒市天山西路天宇大厦二单元”邮寄《关于秀城小区屋面漏水的情况函》及关于发生维修费用的《函》，根据新颐园公司提交的EMS查询单显示，《关于秀城小区屋面漏水的情况函》签收妥投的时间为2017年11月4日，关于维修费的《函》EMS回执注明拒收退回。6.鉴定报告有争议部分经济签证中，仅涉及脚手架损失24 840元的经济签证有监理签字而无建设单位签字，但该经济签证备注“……应由施工总承包方承担……未履行报验及建设方、监理方、施工方三方共同验收程序”，其余存在争议的经济签证均无监理或建设方签字。7.新颐园公司提交《情况说明》载明，“……关于保证金的问题：2013年9月及2014年1月，我公司支付天宇公司工程款时，天宇公司向我公司缴纳履约保证金共计126万元（缴纳方式：天宇未主动缴纳，是我公司从工程款中扣除的，双方在2016年1月14日对账时确认为已付款）……”8.涉案《补充协议》第五条约定，“乙方同意向甲方交纳履约保证金……确保工期和质量，待工程竣工验收后一次性退还，不计利息……甲方分包的项目，以发包价计取2%工程配合费……”第七条约定“……乙方按期提供工程款发票……”。本院审理查明的其他事实与一审认定事实一致，本院予以确认。

本院认为，本案的争议焦点为：1. 涉案欠付工程价款数额如何确定。2. 新颐园公司主张天宇公司承担工程维修费及逾期交工违约金的反诉请求能否成立。3. 新颐园公司要求天宇公司开具10 804 599.04元工程价款发票及提供完整竣工资料及竣工图纸的请求能否成立。4. 本案一审鉴定费的负担。

一、涉案欠付工程价款数额如何确定。

……

二、新颐园公司主张天宇公司承担涉案工程维修费及逾期交工违约金的反诉请求能否成立。

……

三、新颐园公司要求天宇公司开具10 804 599.04元工程价款发票及提供完整竣工资料及竣工图纸的请求能否成立。

关于发票。涉案《建设工程施工合同》第三部分专用条款第32.1约定“承包人提供竣工图的约定：工程竣工验收后10天提供竣工资料贰套及竣工图壹套”《补充协议》第七条约定“…乙方按期提供工程款发票…”即天宇公司负有向新颐园公司开具发票、交付竣工资料的合同义务，天宇公司关于提供发票不属于法院审理范围的抗辩，本院不予采纳。天宇公司认为，商砼款900万余元、履约保证金126万元、以房抵账形式抵付工程价款1 609 063元及新颐园公司欠付天宇公司出具收据、发票金额96 371.03元不应计入已付款且不应开具发票。对于商砼款，涉案鉴定报告已将商砼款计入工程总造价作为新颐园公司的应付款，在天宇公司未要求从工程总造价中扣除商砼款，仅拒绝出具与商砼款对应发票无合同及法律依据，本院不予支持；对于履约保证金126万元，新颐园公司认可未实际支付，应从一审法院认定的已付工程款中扣除，天宇公司应按实际支付的工程款数额出具发票；对于以房抵债形式抵付工程价款1 609 063元，双方在对账明细表中均同意作为已付工程价款予以确认，该对账明细系双方真实意思表示且不存在相关法律、法规认定无效的情形，应予以确认，双方应继续履行房产过户手续；对于实际支付工程价款金额与收据面额相差96 371.03元的问题，天宇公司未提交证据予以证明，本院不予采纳。综上，一审法院认定的已付工程价款扣除履约保证金后，天宇公司应就新颐园公司已付工程价款66 044 814.13元（67 304 814.13元－1 260 000元）向新颐园公司开具发票，天宇公司已向新颐园公司开具56 500 213.97元发票，天宇公司还应向新颐园公司开具9 544 600.16元发票（66 044 814.13元－56 500 213.97元）。

涉案工程竣工资料及图纸。按照涉案《补充协议》关于“甲方分包的项目，以发包价计取2%工程配合费”的约定，可以认定12项分包项目系由新颐园公司进行分包，双方亦认可幼儿园地下室工程及12项分包项目并非天宇公司实际施工，故对天宇公司认为其无义务提供上述工程及项目的竣工资料及竣工图纸的主张成立，本院予以支持。

四、本案一审鉴定费的负担。

……

综上所述，天宇公司的上诉请求部分成立，新颐园公司的上诉请求不能成立。本院依照《中华人民共和国民事诉讼法》第一百七十条第一款第二项之规定，判决如下：

一、维持新疆维吾尔自治区乌鲁木齐市中级人民法院（2018）新01民初88号民事判决第四、五项，即：驳回新疆新颐园房地产开发有限公司要求新疆天宇建设工程有限责任公司承担工程维修费用815 998.70元的诉讼请求；驳回新疆新颐园房地产开发有限公司要求新疆天宇建设工程有限责任公司承担工期逾期违约金 8 000 000 元的诉讼请求；

二、撤销新疆维吾尔自治区乌鲁木齐市中级人民法院（2018）新 01 民初 88 号民事判决第三项；

三、变更新疆维吾尔自治区乌鲁木齐市中级人民法院（2018）新 01 民初 88 号民事判决第一项为：新疆天宇建设工程有限责任公司于本判决发生法律效力后十日内向新疆新颐园房地产开发有限公司开具金额 9 544 600.16 元的工程价款发票；

四、变更新疆维吾尔自治区乌鲁木齐市中级人民法院（2018）新 01 民初 88 号民事判决第二项为：新疆天宇建设工程有限责任公司于本判决发生法律效力后十日内向新疆新颐园房地产开发有限公司提供工程完整竣工资料两套及竣工图纸一套（不含幼儿园地下室工程及 12 项分包工程）；

五、新疆新颐园房地产开发有限公司于本判决发生法律效力后十日内向新疆天宇建设工程有限责任公司支付工程价款 284 198.97 元及利息 24 749 元（计息期间：2016 年 1 月 14 日至 2017 年 11 月 14 日，按银行同期贷款利率 4.75% 计算）；

六、本案鉴定费 490 000 元由新疆天宇建设工程有限责任公司负担；

七、驳回新疆天宇建设工程有限责任公司的其他诉讼请求。

如果未按本判决指定期间履行给付金钱义务，应当依照《中华人民共和国民事诉讼法》第二百五十三条之规定，加倍支付迟延履行期间的债务利息并支付迟延履行金。

一审本诉案件受理费 169 393.25 元（新疆天宇建设工程有限责任公司已预交），由新疆天宇建设工程有限责任公司负担 167 343.6 元，由新疆新颐园房地产开发有限公司负担 2 049.65 元。反诉案件受理费 36 756 元（新疆新颐园房地产开发有限公司已预交），由新疆新颐园房地产开发有限公司负担；二审案件受理费162 731.69元（新疆天宇建设工程有限责任公司预交89 219.7元，新疆新颐园房地产开发有限公司预交73 511.99元），由新疆天宇建设工程有限责任公司负担86 766元，由新疆新颐园房地产开发有限公司负担75 965.69元。

本判决为终审判决。

审判长　陈建红

审判员　刘雅文

审判员　韩雅婷

二〇二〇年四月十四日

书记员　袁　丰

案例中提到甲供材部分的发票开具问题，想必也是基于双方的商务约定、政策理解产生的“偏差”。其一，在对账结算、鉴定报告中均描述为工程款，且计入双方对账的统计口径，这明显变成了属于结算款项的内容，至于房地产开发企业就甲供材部分有没有及如何向建筑企业开具发票进行供应的结算，还是由甲供材的供应商直接向建筑企业开具了发票进行结算，没有描述清楚，所以这里首先要梳理清楚商务关系；其二，案涉事项属于营改增前的经营业务，当时的甲供材部分需要依规定并入营业税的计税依据中，但是并入归并入，不代表就要对应此依据开具发票，发票是结算的票据，案涉事项据分析应存在普通发票的争议，不涉及增值税专用发票，即使有营改增后的票据补开，也应是增值税普通发票。若是房地产开发企业将自己甲供材的部分计入建筑企业的发票开具额中，极可能会造成成本费用重复列支的问题。

笔者认为，营改增政策中关于甲供材计税的试点政策，是理性的回归，是实事求是的回归，以所谓的税收公平来“虚增”计税基数的传统思维，在营商环境改善的大潮中，慢慢得到修正与改善。这是税收法制的进步，也是治税思维的进步，单凭这一点，降税是得到欢迎的，但也不宜认为这是优惠，而是价值的回归，本性的回归。但是税收政策不总是完美的，当我们面对税收政策在商务关系处理中的实际应用时，不得不防范对手、凭证表述中的陷阱，这也是此方面税务筹划的价值所在，避免被利用、被误解，这其实更是一种自我保护的税务筹划。

### 4.2.7 变更股东（合伙人、投资人）身份与地点的筹划

这是当下最为活跃的筹划安排类型之一，比如集团公司内部多是以转让定价的方式进行税务优化，在当前的法律框架下，直接调整投资人架构，对于非上市公司（包括非挂牌公司）而言是相对自由的，因此这成了很多民营企业家常用的避税安排。不过，对于民营企业家，以及上市公司或挂牌公司的实控人而言，即使其控制的企业有上市或挂牌的，其减持、转让股票情形下的涉税筹划，在过往的数年中，亦是非常的“猛烈”。

**（1）民营企业老板们头疼的“税事”**。

笔者从业以来，接触了众多领域、不同地域、多层级经营规模的民营企业家，在他们身上，无不体现了中华民族勤劳、吃苦、坚韧的精神，多数是苦尽甘来，创业之路并非一帆风顺，成功的背后是艰辛的付出。与他们的每一次交流与接触，都让自己收获颇多。

当时代的发展已进入到一个升级换代的阶段时，过去野蛮生长的环境正在逐步规范化，另外税收征管改革大力推进，从人管税到系统、数字管税，联动管税，税收法制化越来越刚性的趋势下，过去能解决的事情今天就不一定能解决了。同时，科技与金融行业的兴起与发展，进一步压缩了传统行业的生存空间与盈利空间，如何在大平台、大资本的市场“攻伐”之下跟上发展的大潮，生存与发展下去，也是十分困难的一件事。

说到税事，一是老板们在面对涉税缴纳时仍以传统处理思维与方法去进行决策，二是因为外部环境的变化与业务相关方的牵连，这些情形下也极可能被动接受风险。比如表 4 – 13 列举的事项：

表 4-13 风险事项

| 事项 | 说明 | 风险 |
| --- | --- | --- |
| 涉及虚开增值税发票的行为 | 刑法与行政法均有严格的处罚规定，虚开发票违法行为的触发频率与可能性比较大 | 笔者观察，多有所谓的成功企业、创业人因为虚开发票违法行为让自己身陷囹圄，事业毁于一旦 |
| 账外收入不入账 | 账外个人户或利用亲属户等方式收款，故意偷逃税款，使用内外账的方式时有发生 | 这属于故意性质的偷逃税行为，笔者发现有的公司在上市规范过程中，就有此类事项的披露，比如账外支付员工工资、支付供应商款项等 |
| 有利润不愿意缴税情形 | 要求财务分主体拆分收入，或者编造虚假申报数据的情形 | 建议财务人员要注意此方面的执业风险，专业提醒，协助进行合规的操作等安排，最为主要的是防止自己触及刑法责任 |
| 公私钱物不分 | 这是非常普遍的情形，但在实践当中税务检查的力度不强 | 若存在多股东时，可能存在侵占公司财物等责任风险，税务上多是税前扣除与个税所得认定的风险 |
| 涉税方面的举报 | 一般情形下举报就需要立案，这种情形下面临的问题比较聚焦，且有举报人对相关问题的持续关注，若再加上政府其他相关部门的同步协调，或许事情就更加复杂化 | 只要涉及举报的事项，除了关注税的问题外，还需要考虑其他方面的风险。举报的事项对于税务机关和被举报人都是需要谨慎对待的 |

经历过野蛮成长阶段的一些民营企业家，仍以惯常思维继续处理一些涉税事项时，无异于把自己的“前途”交给了别人掌握，过去或许存在的一些问题没有被追究，但它并不代表永远不被追究，也不代表永远没有问题。既得利益的取得，需要从野蛮成长过渡到正常合规经营的框架中来，要知道，对于偷税的追缴是无限期的。

不过，现实当中也存在着很多不担心税事的人士，认为自己有关系、有渠道，税的事就是沟通的事，至于那些因税出事的人，是小概率事件，是其个人倒霉，但自己说不定会成为下一个“倒霉者”。也有的企业家可能是另一种心态，宁肯多缴点税，也不要在税上出现问题，其实这存在一定困难，面对税收政策的复杂多变，一样容易被检查出问题。看看那些国有企业，很少有在税上打主意的，一旦检查起来，恐怕补税额也是相当大的。无论重视也好，轻视也罢，只要从事业务，只要有钱的流转，我们就离不开纳税的义务与征管管辖，税款的支付、税负的承担、税务检查的发生，都是老板们关注与担心的税事。

**（2）从个人直接持股到合伙企业、个人独资企业持股的筹划路径。**

这是涉及有限责任公司变更投资人的一种筹划类型，这种类型的税务筹划目的比较简单，多是以节约个税为导向，比如为股权转让或股息红利所得的筹划。

**【案例4-16】**张三持有某有限公司100%的股权份额，欲对外转让，于是闻讯而来的税务专家提出可以给予筹划方案。张三原来的实际投资成本是1 000万元，企业现在的净资产额为5 000万元，股权拟转让价格为2亿元，所得为1.9亿元，若按20%计算财产转让所得的个税为3 800万元，当地也没有个税返还的政策，自我感觉税负太重，于是纳税人（扣缴义务人与纳税人尚未签订转让合同）与专家达成服务共识，由其提供筹划方案。

分析：从笔者的观察来看，这种临时抱佛脚的处理，第一步往往需要大胆。很明显，个人转让股权所得按20%计税，规定比较“死板”，没有多少筹划空间，至多有的人在中介服务费上想办法多列支一些支出，抵减收入额，但这往往是“杯水车薪”。

表4-14中的情形可能是现实当中存在的常规“筹划”方法：

**表4-14　现实当中存在的常规“筹划”方法**

| 方　式 | 说　　明 | 风　险 |
|---|---|---|
| 分步转让找洼地（转让的方式可以考虑多种方式） | 低价转让，比如按照平价或适当以5 000万元转让，第一步缴纳20%个税，第二步以某地成立的合伙或个独企业受让，按核定征收个税（比如所得率10%，甚至征收率低于2%的情形） | 第一步转出需要考虑转让价格的核定空间；第二步的核定，金额大的目前已比较难操作，即使操作了也处于被追的风险之中 |

续表

| 方 式 | 说 明 | 风 险 |
| --- | --- | --- |
| 分步转让找洼地（转让的方式可以考虑多种方式） | 同上第一步，但第二步接盘后转让“争取”按20%①计缴税款，并争取得到较优的财政奖励政策，不过此方式较核定的利益差别明显，多不能“打动”老板。本方法中若是按5%～35%计税方式，即使有40%之多的财政奖励，也不如直接转让的20%划算 | 20%的默契计税申报若不符合创投选择条件，明显不合规 |
| | 同上第一步，虽然不进行征管程序中正式的核定，但进行“实质性的核定”，以默认的核定进行申报所得依5%～35%计税 | 若处理不到位，涉嫌偷逃税款，虽有再次核定的空间，但是需要提前掌握评估好 |
| 直接迁户转移个人所得税纳税地 | 直接迁户到洼地，比如西藏等地，以20%纳税后再争取财政返还 | 相对风险不大，也有对此“核定”的个案明显违规 |

上面的这些常规筹划方式，有的操作越来越复杂，交易形式、架构逐步复杂，例如拆分收入法，装入不同的主体中，分解所谓的风险；自我交易次数再多一些，部分是核定，部分是财政返还相结合的方式；还有的是将合伙企业的架构搭建的忽东忽西，中间组合了好几层，减少实际控制个人直接转让自己的交易，避免被轻易地识别出风险。其实无论如何做，要找出来还是很简单的，比如查询合伙企业或个人独资企业持股的情形下，从市场监督管理部门取得相应的信息，若有比例变化时，以此进行展开或穿透查找个人纳税人的信息，对金额较大的转让可以反推风险进行查验，但此时可能会存在以经营所得或个人财产转让所得等不同形式申报个税的处理。若税务部门对于有持股情形的合伙企业或个人独资企业的核定一律严格把关，相信会较好地控制这种失控的税源流失风险。

其实对于个体工商户、个人独资企业、合伙企业等主体，之前多是个人的辛勤劳动所得，给予一定的核定，大家也是可以理解的，但是随着投融资环境的改变与方式的多样化，个人独资企业与合伙企业越来越多地参

① 对于非核定的个人独资企业与合伙企业来讲，其个人纳税人的经营所得应依5%－35%的方式计税，而各地之前创新地认为比如合伙企业中的有限合伙人可以按照20%计个税，还有地方延伸至无限合伙人与有限合伙人均可以以默认的方式计缴个税。

与投资业务活动，大额的交易越来越多，越来越普遍，比如股权收购的交易、限售股减持的交易等。恰逢这些年来资本市场进行整合，投融资活跃，高溢价频现，依照传统的核定比例来继续套用这些投资型的业务主体，已不大匹配。当这种情形越来越多时，足以影响到以查账征收为核心的主流征管体系，扰乱了正常的纳税秩序。而且这是通过税务机关认可的方式操作的，减少了自己操作中“偷税”的风险，何乐而不为呢？所以这种情形必然要进行整治，追责、反避税追税事项频有发生。

本节中提到的这种变更方式，是一种自编自导的筹划模型，且很容易被发现，毕竟是直接关联到了实体的核心资产价值。就算中间隔层进行了交易层级的变化，比如转让合伙企业份额方式、转让母公司股权的形式等，要是查也是很容易被识破的。自2022年1月1日起，持有股权、股票、合伙企业财产份额等权益性投资的个人独资企业、合伙企业，其经营所得个税一律适用查账征收方式计征个税（利股红仍单独按20%计算）

**（3）不公允但有合理理由的跨境个人股权转让是不是存在空间**。

这个问题的出现，源于有一次笔者与同事一起探讨国家税务总局公告2014年第67号[①]时想到的。其中有这样的一段描述：

第十三条　符合下列条件之一的股权转让收入明显偏低，视为有正当理由：

（一）能出具有效文件，证明被投资企业因国家政策调整，生产经营受到重大影响，导致低价转让股权；

（二）继承或将股权转让给其能提供具有法律效力身份关系证明的配偶、父母、子女、祖父母、外祖父母、孙子女、外孙子女、兄弟姐妹以及对转让人承担直接抚养或者赡养义务的抚养人或者赡养人；

① 国家税务总局公告2014年第67号，即《国家税务总局关于发布〈股权转让所得个人所得税管理办法（试行）〉的公告》。

（三）相关法律、政府文件或企业章程规定，并有相关资料充分证明转让价格合理且真实的本企业员工持有的不能对外转让股权的内部转让；

（四）股权转让双方能够提供有效证据证明其合理性的其他合理情形。

对于上述第（二）项中列举的近亲属之间的转移，这不是简单的交易关系，因此可以无偿赠送，也可以低价、高价转让，税务机关不进行价格的核定，前提是得有法律认定的列举关系。其实在现实生活中的一些事项，有人经常利用婚姻关系来突破，比如以“假离婚”方式取得购房资格，规避资产被执行、没收等风险。现实当中也不排除有假离婚变成了真离婚的情形，所以对于物质利益的追求与对于纯粹精神的追求，不同的人有不同的理解与把握，这也是他们的一种筹划安排。一定意义上说，各行各业都有一些这样的筹划事项发生，只是税务上的筹划是直接与钱产生匹配关系的，且每天大量地发生着，它的应用需求与发生场景就更为普遍了。

**【案例4－16】**张三与其妻子在境内投资设立一家有限责任公司，各出资50万元，各占50%的股份。张三的哥哥张二在国外定居，已取得境外居住国的国籍，不具有中国国籍与户籍。在经营过程中，张三想将其中50%股份0元转让给张二，以扩大出口经营。张二后来以8 000万元转让了该股权，试探讨一下这其中涉及的个税问题。

分析：这里先涉及外商投资的问题，此问题的处理方式暂不讨论，我们仅就税的问题进行假设性分析。首先可明确的是，第一步，转让方张三的赠送不需要被核定收入价格，张二也不存在应税受赠所得之说（所在国亦无此规定），办理变更登记即可。第二步，张二转让股权，依文件规定，按取得股权发生的合理税费与原持有人的股权原值之和确认股权原值，税费忽略不计，那么张三原来的投入成本50万元，也是可以作为张二转让股权的价格计税的，相当于视张三、张二为一个利益主体来考虑，此时算出来的税款为（8 000－50）×20%＝1 590万元。但此时，我们就需要考虑税务安排或协定的问题了，中国对于张二有没有征税权，若存在征税权，则按相关的约定优先判断。比如依中韩税收协定，若相关的财产转让不是直接或间接由不动产组成的，对方要回到其国内计缴税款①，此时转让所得，中国就无征税权。但由于赠送环节又没有反避税的政策规定，这种特别的情形或许也存在筹划空间。对方国家或地区若认为资本利得不征税时，就可以实现不缴税的安排。当然，若金额足够大，张二也是完全可以再利用对方国家的税收政策进行筹划的。

本书中的内容，我们更多探讨的是国内税法框架下的筹划考虑，未充分考虑境外的因素，大多数创业者、老板还是在国内从事生意、生活更多一些，出境也多是因为旅游、孩子读书等事项。若将境外的因素考虑进来，将非常复杂，后续我们大力税手法税团队从事海外业务的同事们，有机会可以进行深入探讨。不排除我们在表 4－15 中列示的一些大家可能遇到的境外筹划安排事项。

**表 4－15　　境外的筹划安排事项**

| 事项 | 说明 | 备注 |
|---|---|---|
| 利用境外收款直接“降低”纳税额 | 这种情形一般以拆分支付、境外发放薪酬，直接利用中国税务机关对此信息不对称来逃避纳税义务 | 尽管 CRS 等国际反避税的措施在推进，但是尚无进入普遍的实质性的落实中 |
| 利用境外变化身份的第三人作为代理人收款 | 相当于由其家人或亲属等代收所得的安排 | 往往也会通过合同进行形式上的操作 |

① 《中华人民共和国政府和大韩民国政府关于对所得避免双重征税和防止偷漏税的协定》规定：

第十三条　财产收益

一、缔约国一方居民转让第六条所述位于缔约国另一方的不动产取得的收益，可以在该缔约国另一方征税。

二、转让缔约国一方企业在缔约国另一方的常设机构营业财产部分的动产，或者缔约国一方居民在缔约国另一方从事独立个人劳务的固定基地的动产取得的收益，包括转让常设机构（单独或者随同整个企业）或者固定基地取得的收益，可以在该缔约国另一方征税。

三、转让从事国际运输的船舶或飞机，或者转让属于经营上述船舶、飞机的动产取得的收益，应仅在该企业总机构或实际管理机构所在缔约国征税。

四、转让一个公司财产股份的股票取得的收益，该公司的财产又主要直接或者间接由位于缔约国一方的不动产所组成，可以在该缔约国一方征税。

五、转让第一款至第四款所述财产以外的其他财产取得的收益，应仅在转让者为其居民的缔约国征税。

续表

| 事项 | 说明 | 备注 |
|---|---|---|
| 利用在境外成立的企业来处理 | 同上，以公司名义来解决境内公司或个人的收款事项，但当前个税政策对“居民个人控制的，或者居民个人和居民企业共同控制的设立在实际税负明显偏低的国家（地区）的企业，无合理经营需要，对应当归属于居民个人的利润不作分配或者减少分配”可以要求进行反避税调整 | 比如避税地的公司，笔者也了解到现在境外开户的难度已有所增加。目前反避税的细则还没有颁布 |
| 利用信托等金融工具与平台进行操作 | 以受境外法律保护的财富管理方式进行非显名化的操作 | |

上面的案例只是“冰山一角”，新个税法已开始关注，CRS 等国际间的信息情报交换也在推进中，为了给自己减少麻烦，建议那些采取较为野蛮方式进行的境外“避税”安排及早做出应对与调整。毕竟，违法与能解释是完全不同的属性。

**（4）不同环节下涉税争议问题的风险分析。**

近来，笔者观察到通过核定进行筹划的案例，正受到越来越严格的监控与频繁的风险约谈，要求其补税之意明显。那么，当我们面临这样的争议时，需要结合法律与政策，也需要结合合理性，在不同的阶段进行不同的协商处理。比如我们极可能面临着表 4－16 中的这些问题：

**表 4－16　　不同环节下涉税争议问题的风险分析**

| 争议点 | 事　项 | 风险分析 |
|---|---|---|
| 核定政策被推翻不予认可 | 比如明星工作室、网红个独企业的核定被否定，认定为属于劳务报酬需要补缴税款 | 穿透形式进行的调整，对于明星、网红等有着巨大的影响，人为搞分拆，“阴阳合同”的问题频现，出问题是迟早的事 |
| 核定征收个税不被认可按查账补缴 | 特别是对于那些未注销仍在经营的企业 | 部分地区进行事前核定其实是违背征管法的原则规定的，尽管也有“试运行”后再行核定的处理，但也只是形式 |

续表

| 争议点 | 事　　项 | 风险分析 |
|---|---|---|
| 同上 | 对于那些已注销情形的追溯检查，比如向个人合伙人、出资人进行的追溯协查或跟进整顿的处理。方式比如重新协商比例或按原股权转出时20%追缴自行申报补税 | 物极必反，所谓筹划的底线若是过于激进，被追究相应的税款是可能发生的，这里面可能存在样本效应，是一种税制完善中的机会主义 |
| 大额财政返还的情形 | 随着审计部门对于此方面的问题检查与披露，地方与税额缴纳挂钩进行大额返还的操作在逐步受到限制 | 其实国务院之前有文件要求禁止此类操作，但后来对此又进行了适当的保留，在财政压力与增量的业绩需求下，其比例在没有最高只有更高的“竞争”中不断突破 |
| 合伙企业按20%计缴的情形 | 政策明确的是个人合伙人按照20%计算“利股红”的个税及创业投资企业可选择的20%计税情形，其余按5%～35%以查账方式计税时，若仍对股转或限售减持以20%计税，是不是有问题？比如有的地方之前认为有限合伙人个人可以套用20%①，也有地方对所有合伙人均默认此处理 | 可以认为是纳税人自行缴纳的结果，因为此时并不需要税务机关出具认可或审批的文书，这样来看似乎就是一种默契 |

其实我们在考虑上面的这些问题与风险的时候，还是要思考一下合伙企业本身的功能与适用的征税原则。为什么出现这些问题，这些问题出现之后如何在当前的法规框架下解决，未来如何在征管与法制方面进行完善等。

问题一：为什么会出现大规模的核定筹划

最近五年以来，转让股权个税核定的信息与专家如“过江之鲫”，充

① 比如某地的口径：对有限合伙企业中不参与执行业务的自然人有限合伙人，其从有限合伙企业取得的股权投资收益，按“利息、股息、红利所得”项目，适用20%的比例税率，在有限合伙企业注册地税务局缴纳个人所得税。

斥在头条、微信的信息当中，使得很多有资本交易类所得的纳税人找到了供方市场，一旦有相关的转让交易信息出来，毛遂自荐者甚多，较多打着“有关系、价格低、服务好”的口号来抢得合作。纳税人也是一头雾水：竟然能这么轻松避税？

在从事此类业务的过程中，我们需要考虑一个问题：为什么很多人倾向于核定？这是因为当时的财税〔2000〕91号①文件，提出了关于核定的下列条款：

第七条 有下列情形之一的，主管税务机关应采取核定征收方式征收个人所得税：

（一）企业依照国家有关规定应当设置但未设置账簿的；

（二）企业虽设置账薄，但账目混乱或者成本资料、收入凭证、费用凭证残缺不全，难以查账的；

（三）纳税人发生纳税义务，未按照规定的期限办理纳税申报，经税务机关责令限期申报，逾期仍不申报的。

第八条 第七条所说核定征收方式，包括定额征收、核定应税所得率征收以及其他合理的征收方式。

第九条 实行核定应税所得率征收方式的，应纳所得税额的计算公式如下：

应纳所得税额＝应纳税所得额×适用税率

应纳税所得额＝收入总额×应税所得率

① 财税〔2000〕91号，即《财政部 国家税务总局关于印发〈关于个人独资企业和合伙企业投资者征收个人所得税的规定〉的通知》。

或　＝成本费用支出额÷（1－应税所得率）×应税所得率

应税所得率应按图4－1规定的标准执行：

应纳所得税额=应纳税所得额×适用税率

应纳税所得税额=收入总额×应税所得率

或　=成本费用支出额÷（1−应税所得率）×应税所得率

应税所得率应按下表规定的标准执行:

应税所得率表

| 行业 | 应税所得率（%） |
|---|---|
| 工业、交通运输业、商业 | 5~25 |
| 建筑业、房地产开发业 | 7~20 |
| 饮食服务业 | 7~25 |
| 娱乐业 | 20~40 |
| 其他行业 | 10~30 |

**图4－1　应税所得率表**

企业经营多业的，无论其经营项目是否单独核算，均应根据其主营项目确定其适用的应税所得率。

第十条　实行核定征税的投资者，不能享受个人所得税的优惠政策。

对于从事投资业务的个人来讲，最近几年来恰逢中国经济的快速发展期，大家的市场预期较高，资本市场的竞争也比较激烈，使其溢价空间暴涨，而历史上相应的投入成本较之偏低，按20%计缴个税明显比核定中的“认定”高。正是因为核定的比例低，所谓水向低处流，逐利自然有其空间了。

大规模的核定方式出现，作为财税人，我们要反思一下，这是不是税法遵循的“倒退”，是不是存在不作为。是站在国家的层级上考虑，还是站在地区的层级上考虑，站位不同，判断的结果也不会相同。若出现此类问题，还是要结合当前的法律法规来处理，而不宜单凭感觉来判断定性。但是对于那些打着“劳务派遣”之名，以差额大额开具上亿、数十亿之巨的“卖票”行为，没有真实业务发生的，则是需要重点打击的对象。比如某个人或机构以为某地做出税收贡献之名，在几天内为需求发票方代开了上亿元的发票，这类情形是存在的。

但是，无论是哪种情形，当它在全国遍地开花之时，说明需要采取一些限制手段和治理措施了。

问题二：核定征税谁之“过”

要说核定是一种过错也不尽然，需要辨证地看。因为核定方式是征管当中一种常用处理手段，这也是符合税收征管法规定的，但是我们不能就此认为核定就可以“为所欲为”了。核定征税方式现实生活中主要存在下列问题：

一是核定率过低，在最底线水平上认定，甚至是低到自己都不好意思的比例上，似乎是有一些“得寸进尺”了。

二是对较大规模的应建立起完整财务核算体系的、有能力的纳税人进行核定，这是欠缺考虑的。即使征管法规定了核定的“自由裁量权”，但也要有相应的职业风险意识，即可能引起不合理的税款流失。

三是核定事项本身可能存在的利益传递的违规风险，这是在税法规定之外存在的执业风险与服务风险。

四是涉及某些知名企业家时，因此而受到牵连与举报等，可能得不偿失，纳税多少是代表一定社会贡献度的。

五是有一些地方可能是给的假核定，这本身就存在一定的欺骗性，若相应的查账核算不到位而一味蛮干的话，极可能涉嫌偷税了。

当我们从全方位的角度来看待核定的时候，即使它受到法律保护，但也存在着诸多的不确定性。老板们在考虑时，看值不值得去冒这个险。属地权限的过度释放，加上税务征管系统可能存在未完全联网的地方，这种操作就会发生了。有的人士可能提出，我们是正规纳税，比那些偷逃税款的行为好多了，谁让政策有这样的空间呢？没错，这很难说是违反了哪一条刚性规定，但它的问题也是明显存在的，不然为何还“悄悄地”进行呢？好在，反避税的手段已在路上了。

**（5）筹划过程中及结果形成后的争议解决**。

前面我们有所提及，对于核定本身的问题，是有一些争议的。不过笔者倒不是“疾恶如仇”地认为要穷尽打击，凡事皆需要用法之原则来判断，至于部分存在的违规违法行为，有针对性地处理就可以了。部分纳税人确实得到了税上的“便宜”，给其他纳税者带来了税收上的不公平，这是管理者需要平衡的，长此以往，必然需要治理再加以引导。

其实在资本市场中，大家对于税务筹划的应用，很多情形下是成片的，存在模仿效应，不同的时期往往有不同的筹划花样，似乎认为只要有人做，心里可能也是抱着“人多了整治起来就难”的想法。当一个漏洞被堵住并完善之后，必然是在探寻着下一步的利益空间，时代发展迅速，筹划手法各异，这也是很正常的。

正在推进的针对核定征收的整治，甚至追溯责任的处理。那么，无论是作为税务机关的一方，还是作为纳税人及其服务机构的一方，我们如何来看待这种情形下争议的发生及依法处理的方式呢？

情形一：用什么方法来否定核定计税的“低纳税筹划”。

若是站在税务机关的角度，从检查入手，如何依法考虑核定这个事情呢？即以税收法律法规来重新审视核定。笔者恰好有机会与相关专家进行交流并请教，同时也关注到相关的案例，在此不妨作一个技术性的探讨。

表 4－17 核定计税的“低纳税筹划”方法

| 方式 | 描述 | 风险 |
|---|---|---|
| 核定不规范（即事前核定），予以否定调整为查账征收 | 税收征管法① | 对于存续的企业这种风险很容易发生 |

① 第三十五条 纳税人有下列情形之一的，税务机关有权核定其应纳税额：

（一）依照法律、行政法规的规定可以不设置帐簿的；

（二）依照法律、行政法规的规定应当设置帐簿但未设置的；

（三）擅自销毁帐簿或者拒不提供纳税资料的；

（四）虽设置帐簿，但帐目混乱或者成本资料、收入凭证、费用凭证残缺不全，难以查帐的；

（五）发生纳税义务，未按照规定的期限办理纳税申报，经税务机关责令限期申报，逾期仍不申报的；

（六）纳税人申报的计税依据明显偏低，又无正当理由的。

税务机关核定应纳税额的具体程序和方法由国务院税务主管部门规定。

【释义】本条是对税务机关核定纳税人的应纳税额的规定。

核定税额征收税款是在不能以纳税人的帐簿为基础计算其应纳税额时，由税务机关核定其应纳税额的一种征税方法。这是我国税收征管工作中一直采用的一种方式，世界上许多国家对那些难以帐簿计征税款的纳税人也都采取核定税额的方法。本条规定税务机关有权核定纳税人应纳税额的情形是：

（一）依照法律、行政法规的规定可以不设置帐簿的：关于设置帐簿，根据本法规定，纳税人按照有关法律、行政法规和国务院财政、税务主管部门的规定设置帐簿。本法对哪些纳税人依法可以不设置帐簿，未作具体规定，而是要求按照有关法律、行政法规和国务院财政、税务主管部门的规定进行。对于不设置帐簿的，无法根据其帐簿记录计算应纳税额，所以本条规定由税务机关核定其应纳税额。

（二）依照法律、行政法规的规定应当设置帐簿但未设置的：与第一项相比，这一项也是未设置帐簿，但两者不同的是，第一项是依法可以不设置帐簿，而这项是依法应当设置帐簿但未设置的。

（三）擅自销毁帐簿或者拒不提供纳税资料的：根据本法规定，从事生产、经营的纳税人、扣缴义务人必须按照国务院财政、税务主管部门规定的保管期限保管帐簿、记帐凭证、完税凭证及其他有关资料。擅自销毁帐簿，就是没有按照国务院财政、税务主管部门规定的保管期限保管帐簿。关于提供纳税资料，本法规定纳税人在进行纳税申报时，应当报送纳税申报表、财务会计报表以及税务机关根据实际需要要求纳税人报送的其他纳税资料。拒不提供纳税资料，就是违反本法规定，不将纳税资料提供给税务机关。

（四）虽设置帐簿，但帐目混乱或者成本资料、收入凭证、费用凭证残缺不全，难以查帐的：这一项包括两种情况，一是设置了帐簿，但没有按照会计法及会计准则等有关规定进行记帐，帐目混乱；二是设置了帐簿，但是没有按照会计法及国家有关规定对有关凭证进行审核、保存，造成其成本资料、收入和费用凭证不全，难以查帐。

（五）发生纳税义务，未按照规定的期限办理纳税申报，经税务机关责令限期申报，逾期仍不申报的：依据本法规定，纳税人必须在法律、行政法规规定或者税务机关依照法律、行政法规的规定确定的申报期限内办理纳税申报，报送纳税申报表、财务会计报表以及税务机关根据需要要求纳税人报送的其他纳税资料。如果纳税人未按照上述规定进行纳税申报，税务机关首先责令其限期申报，对逾期仍不申报的，根据本条规定，由税务机关核定其应纳税额。 （转下页注）

续表

| 方式 | 描述 | 风险 |
|---|---|---|
| 以反避税的方式进行应对 | 若起始相应的股份是通过非公允价转给合伙企业或合伙企业不公允增资方式取得的，以反避税的方式应对。这里是借用的核定当中的计税依据明显偏低又无正当理由来突破。可以对存续的企业，也可以对注销后的企业进行发起 | 若将全链条以反避税的方式来应对调整，但由于当前没有反避税的细则，略有一些名正但言不顺，这里存在出发点的瑕疵① |
| 以检查、自查相结合的方式让纳税人自行补缴税款 | 这种情形下是督促以自查方式，减少纳税争议行为发生，引导式以自愿方式补税 | 在这个过程当中，不补、少补的想法必然存在，但后面的稽查、检查能否经得起全面审核，可能是新的风险点需要衡量 |

从征管政策来看，纳税人“可以”认为这是税务机关的责任，是法定的核定，很难认定为偷税行为，其权利应得到保护。这样的解释有一定的合理性，笔者认为也是说得通的，除非有一些假核定的行为，或者直接对有限责任公司的个人股东进行核定，才属于明显的征管处理错误。有限责任公司的核定最多是企业所得税的处理，而不能对于个人所得税 20% 进行“打折核定”。此时若认为核定有问题，需要以“一案双查”等方式进行尝试处理时，可能会有别的问题发生，这种情形也要考虑到。笔者认为，

---

(接上页注①)（六）纳税人申报的计税依据偏低，又无正当理由的：这一项是本法修改新增加的内容。其含义是纳税人申报的计税依据，与其相同或者类似的纳税人相比，明显偏低，但是该纳税人又不能作出合理解释的。这主要是针对有的纳税人采用各种方法减少应纳税额而作的规定。

对属于上述情况的纳税人，本条一方面规定税务机关有权核定其应纳税额，另一方面，为了规范税务机关的行为，防止税务机关随意核定应纳税额，更加全面地保护纳税人的利益，本条又明确规定税务机关核定应纳税额的具体程序和方法由国务院税务主管部门规定。即税务机关核定应纳税额应当经过一定的程序，遵循一定的方法。国务院税务主管部门应当制定有关的规定。

① 《个人所得税法》规定：第八条　有下列情形之一的，税务机关有权按照合理方法进行纳税调整：

（一）个人与其关联方之间的业务往来不符合独立交易原则而减少本人或者其关联方应纳税额，且无正当理由；

（二）居民个人控制的，或者居民个人和居民企业共同控制的设立在实际税负明显偏低的国家（地区）的企业，无合理经营需要，对应当归属于居民个人的利润不作分配或者减少分配；

（三）个人实施其他不具有合理商业目的的安排而获取不当税收利益。

税务机关依照前款规定作出纳税调整，需要补征税款的，应当补征税款，并依法加收利息。

若是通过正当合规的程序办理了相应的手续，最后顺利清算的情形，其法定的权利倒是可以主张的。核定本身可能并不是“核定”这么简单，关键在于能否经得起全面的检查。之前很多案例已草草了结并“逃之夭夭”，比如有超过5年之久的，税务机关追缴的可能性已变得越来越小，更多时候发挥的可能是近年来的案例样本与警示作用。

笔者认为，突破的方式是有的，只是每个案例的操作或有差异之处，需要结合实际情况判断。税务机关若想追究，是有一定的理由可以解释的，这一点要有信心。方式与方法上是需要考虑的，但也不至于进行穷尽式处理，毕竟税收政策存在的漏洞带来的结果，不宜全由纳税人买单。站在中立的角度看待这个问题，不作“好人”与“坏人”的画像，及时查缺，亡羊补牢亦未晚。

情形二：迁户及变性的处理

将企业直接迁移至“洼地”去，这种情形屡见不鲜，尽管各地有保护税源的考虑，不过最近几年来，由于营商环境的变化，要求不得对此设置过多的限制条件，迁户的情形就比较多见了。比如笔者了解到，相关的部门中也有税源管理室之类的进行环节评估，若涉及企业真是为了经营之需进行的迁转，还是宜支持为好，毕竟支持企业发展是要考虑在内的，发生举报也不好处理，但之前招商时已给的财政奖励是可以要回来的。

在迁户过程中，有两个问题需要考虑：一是迁户后得到财政奖励、激励，得到土地使用的支持，这是实实在在的利益。大的企业也极可能有政府产业基金的投资，比如合肥模式，其引进的新能源、显示器等产业资源，目前看来达到了很不错的效果。不过亦不排除有“骗取”财政资金的情形，比如虚假项目、虚假合作与承诺未来的贡献等，还有以虚假技术评估出资、评估虚增价值等方式，这种情形下，有可能被认为涉嫌侵占国有资产。二是变性的问题，表现为迁户过程当中，从有限责任公司变性为合伙企业。比如笔者发现之前存在异地有限公司迁往新疆某地，允许登记为合伙企业的操作。其实这属于有限公司的清算情形，需要计算清算所得[①]，只是被人为“忽略”处理了。笔者认为在这个环节当中，迁出地的税务机关或者是迁入地的税务机关是可以对此发起挑战的。也曾有人认为这样“洗”一下变性为合伙企业，再转移回来或去别的地区进行处理，这是筹划吗？这明显属于瞒天过海，是不是违规，恐怕自己也是清楚的。

情形三：关于事后参照价格的处理

**【案例4－17】** 某公司拟进行上市规划前的架构调整，在2020年6月1日时拟引进外部投资，公司账面净资产3 000万元，经过评估估值为3亿元，是原来净资产的10倍。但是，为了保持合理性，公司拟在投资者进来之前进行一些调整安排，将原来股东公司董事长王强的公司股权70%中的10%转让一部分给员工持股平台（合伙企业），以300万元作为转让价格，此时公司认为，这样将减少被税务机关核定转让价格的风险。

分析：首先这种处理方式，是利用信息不对称进行的提前操作安排，为了减少王强个人转让股权被以公允计价核定计算缴纳的个税。一旦有了前面战略投资者入股的公允参考价，则按照国家税务总局公告2014年第67号[②]文件规定，是可以直接参考的。在税的处理上抢得先机，也是可行的。但是，笔者认为，若处理时的年度作为未来的申报报告期整理年度数据，依据会计准则的判断，这是存在股份支付的计量的，有必要进行关联性计算。但是若过了申报数据的报告期，可能操作也就操作了，比如转让给其他个人、单位或机构，以及可能存在的潜在利益方，都可能有这样的安排。

---

① 《财政部 国家税务总局关于企业重组业务企业所得税处理若干问题的通知》（财税〔2009〕59号）规定：

四、企业重组，除符合本通知规定适用特殊性税务处理规定的外，按以下规定进行税务处理：

（一）企业由法人转变为个人独资企业、合伙企业等非法人组织，或将登记注册地转移至中华人民共和国境外（包括港澳台地区），应视同企业进行清算、分配，股东重新投资成立新企业。企业的全部资产以及股东投资的计税基础均应以公允价值为基础确定。

企业发生其他法律形式简单改变的，可直接变更税务登记，除另有规定外，有关企业所得税纳税事项（包括亏损结转、税收优惠等权益和义务）由变更后企业承继，但因住所发生变化而不符合税收优惠条件的除外。

② 国家税务总局公告2014年第67号，即《国家税务总局关于发布〈股权转让所得个人所得税管理办法（试行）〉的公告》。

若税务机关在检查时，发现评估的报告日期是在转让之前，是可以对此提出质疑的。

国家税务总局公告2014年第67号规定：

第十四条　主管税务机关应依次按照下列方法核定股权转让收入：

（一）净资产核定法

股权转让收入按照每股净资产或股权对应的净资产份额核定。

被投资企业的土地使用权、房屋、房地产企业未销售房产、知识产权、探矿权、采矿权、股权等资产占企业总资产比例超过20%的，主管税务机关可参照纳税人提供的具有法定资质的中介机构出具的资产评估报告核定股权转让收入。

6个月内再次发生股权转让且被投资企业净资产未发生重大变化的，主管税务机关可参照上一次股权转让时被投资企业的资产评估报告核定此次股权转让收入。

（二）类比法

1. 参照相同或类似条件下同一企业同一股东或其他股东股权转让收入核定；

2. 参照相同或类似条件下同类行业企业股权转让收入核定。

（三）其他合理方法

主管税务机关采用以上方法核定股权转让收入存在困难的，可以采取其他合理方法核定。

若相应的评估报告出具在此之后，倒是有合理的理由解释。还有关联方交易问题，当前政策是对于关联方才有税法上的明确适用规定，若是因为某笔非关联业务达到了很好的效果，后面双方形成持股关系，成为真正的关联方，则不应再向前追溯不是关联方时的交易是否存在问题，因为双方在其之前是非关联方。

**（6）个人所得税的反避税与企业所得税的反避税方式存在差别。**

虽然都是所得税，也都叫反避税，但是两者却存在一些根本性的差别，企业所得税的反避税多是基于关联交易的反避税，如果是非关联方，就算价格有一些“不公允”，但也缺乏相应的反避税措施，纳税人的实际交易特性应得到尊重。还有诸如间接转让中国境内财产征收预提所得税的反避税措施，这是另一层面的措施。但对于个人所得税，有时却并不这样“讲理”，其中比较有代表性的就是涉及股权与房产的情形。

**【案例 4－18】** 张三以 0 元转让其投资的大强公司的股权，净资产对应份额的金额是 100 万元，由于相应的资产难以变现，同时因为新冠肺炎疫情影响，员工薪酬、房租支出大，业务恢复慢，此时拟 0 元转让给李四①。这时的税务处理规则要如何理解呢？

分析：个人所得税法规定的反避税措施②中，与企业所得税反避税措施的逻辑存在差异之处，对于本案来讲，这属于国内的非关联方关系，但是基于反避税的想法，出现了核定转让价格的征管方式，在现实当中，若无特殊情形，多按净资产份额以 100 万元确认转让收入计算转让所得从而计缴个税，对于这种以核定价格作为反避税理念一环的方式，我们需要理解。这种情形下，文件也是给予了受让方承接原值的衔接处理，倒不失为一种“人性化”的处理方式。但这并不是绝对的，有的时候有可以解释的合理理由但认可的职责不明确，出于监管责任等考虑，进行报表数据的核定成为了征管中的常识操作。

---

① 不是配偶、父母、子女、祖父母、外祖父母、孙子女、外孙子女、兄弟姐妹以及对转让人承担直接抚养或者赡养义务的抚养人或者赡养人。

② 第八条 有下列情形之一的，税务机关有权按照合理方法进行纳税调整：

（一）个人与其关联方之间的业务往来不符合独立交易原则而减少本人或者其关联方应纳税额，且无正当理由；

（二）居民个人控制的，或者居民个人和居民企业共同控制的设立在实际税负明显偏低的国家（地区）的企业，无合理经营需要，对应当归属于居民个人的利润不作分配或者减少分配；

（三）个人实施其他不具有合理商业目的的安排而获取不当税收利益。

税务机关依照前款规定作出纳税调整，需要补征税款的，应当补征税款，并依法加收利息。

接着我们要说明一下，依当前的个税法规，受让方并不需要就“承接”的核定价值作为所得计税，即不存在这样的“受馈赠所得”计税的规定，就是“白得”的，至于转让方能不能告诉受让方核定纳税实情则很难断定。由于税务系统中并不必然绑定转让方的核定收入数据，受让方未来转让之时，原值可能因不知情而少扣也是可能的。

**【案例 4-19】**承上述案例中提到的张三与李四的关系，张三有房屋一套，价值500万元，现在要无偿赠送给李四，此时涉税处理的规则跟上面的股权就产生差异了。

分析：若从反避税的角度，是不是要对张三的价格进行核定？似乎规则应一样才具有公平性，但是当前的政策并不支持这样的认定，股权是有其特殊性的。

《财政部 税务总局关于个人取得有关收入适用个人所得税应税所得项目的公告》（财政部 税务总局公告2019年第74号）规定：

二、房屋产权所有人将房屋产权无偿赠与他人的，受赠人因无偿受赠房屋取得的受赠收入，按照“偶然所得”项目计算缴纳个人所得税。按照《财政部 国家税务总局关于个人无偿受赠房屋有关个人所得税问题的通知》（财税〔2009〕78号）第一条规定，符合以下情形的，对当事双方不征收个人所得税：

（一）房屋产权所有人将房屋产权无偿赠与配偶、父母、子女、祖父母、外祖父母、孙子女、外孙子女、兄弟姐妹；

（二）房屋产权所有人将房屋产权无偿赠与对其承担直接抚养或者赡养义务的抚养人或者赡养人；

（三）房屋产权所有人死亡，依法取得房屋产权的法定继承人、遗嘱继承人或者受遗赠人。

前款所称受赠收入的应纳税所得额按照《财政部 国家税务总局关于个人无偿受赠房屋有关个人所得税问题的通知》（财税〔2009〕78号）第四条①规定计算。

依规定，受赠人李四需要按照“偶然所得”项目计算缴纳个人所得税，此时并未对张三提出要核定转让价格的税务处理规定。对于房屋，有明确的独立性规定的，对于赠送汽车、货币等其他资产的，没有这样的规定，不应作扩大化解释，这是当前税法的现行规定与特定性事项的管理规则。

若张三与李四约定赠送的价值是1元，此时税务机关倒是可以参照市场价格进行调整，与股权相比，这不是反避税的处理方式，这是基于应税所得的判定规定，其所得的金额当然需要以相应的市场价格作为参照。注意，若未来李四转让，依文件可以扣除的购置成本却是原捐赠人取得时的实际购置成本，不是李四按公允价计偶然所得的金额，这里似乎会存在重复征税的问题。李四已用负税成本换得了成本，为何不认可呢？笔者认为这里存在两个计税的逻辑线，一个是基于财产转让所得的延伸，另一个是受赠所得的计税，分属两个不同的所得类型。因为没有定义转让方为纳税人，且未调整其价格，从原值扣除的角度，认可承接捐赠人的实际购置成本已是一种“不错的选择”。反之，若原值是500万元，捐赠时的市场价格是100万元，这样看来似乎又得“便宜”了。所以这是一个规定，有其未考虑周到之处。为此笔者专门咨询请教了权威的专家，认为这里确有此问题存在，只是赠送房屋的情形比较少，我们就在政策的研究中探索一下吧。

**【案例4-20】**张三与其妻子直接拥有一家有限责任公司，各持有50%股份，现在想重新调整架构，于是两个人各成立了一家个人独资企

---

① 四、对受赠人无偿受赠房屋计征个人所得税时，其应纳税所得额为房地产赠与合同上标明的赠与房屋价值减除赠与过程中受赠人支付的相关税费后的余额。赠与合同标明的房屋价值明显低于市场价格或房地产赠与合同未标明赠与房屋价值的，税务机关可依据受赠房屋的市场评估价格或采取其他合理方式确定受赠人的应纳税所得额。

五、受赠人转让受赠房屋的，以其转让受赠房屋的收入减除原捐赠人取得该房屋的实际购置成本以及赠与和转让过程中受赠人支付的相关税费后的余额，为受赠人的应纳税所得额，依法计征个人所得税。受赠人转让受赠房屋价格明显偏低且无正当理由的，税务机关可以依据该房屋的市场评估价格或其他合理方式确定的价格核定其转让收入。

业，两个人各自向其个人独资企业转让股份，当期净资产份额各为1 000万元，当时个人实际投资额各为100万元，相当于各有900万元差异。张三及其爱人认为两人之间是左手倒右手，还是按100万元转让处理，结果在办理变更登记时，税务部门认为需要按照核定的净资产价值计算个税。由此产生争议，张三及妻子百思不得其解。

分析：其实这就是反避税的概念，个人与其所投资的公司之间、个人所投资的公司之间，这种交易属于关联交易的范畴，那就需要掌握独立交易的原则，在这种存在税收独立性的税收体系下，认为属于正常交易，是交易就要公允计量。除非特别情形下的例外规定，如基于特殊性税务考虑、分期纳税的考虑，还有个人利用非货币性资产出资到个人独资企业（不是买卖，也不宜认为是买卖关系），可以理解这是自己与自己的财产转移，不需要进行公允计税。很多集团内企业间发生的业务，不正是关联方交易要进行关注与调整的范围吗？本身也可能都是自己100%控股的母子、子子关系，所以这种处理才是符合政策的正确理解的。那些认为其不是交易平价转移的观点其实是正常的，实务中确有个案的认可操作，属于实务中的“漏网”情形。在这里，笔者还要啰嗦一个问题，就是现在的所谓专业圈，往往呈现个案操作的普遍认知化，即往往以某个税务机关的回复意见或口径作为普遍认识的理解，以此认为这是有“依据”的，并且似乎如获至宝，特别是当存在一些误导性的解释时，往往会让人失去独立思考的能力，也混淆了很多政策的本意。

不过，我们有所担心的是，关于反避税条款的过度使用，“个人实施其他不具有合理商业目的的安排而获取不当税收利益”。如何理解其边界，笔者认为宜有所限制，不然只要“看着”不合理的就对其进行反避税调整也是不合时宜的，这个执法规范需要进一步明确。

若从反避税的角度来调整补税，其实也是给了一个“优惠”，即不缴滞纳金，而是利息。税务机关依规定作出纳税调整，需要补征税款的，应当补征税款，并依法加收利息。这比每日万分之五的滞纳金低得多，也降低了纳税人的补税成本。

在上面探讨的内容中，我们提到非房屋的赠送，目前还没有特别明确受让方个人要视应税所得征税的规定，但这个也不能绝对化地理解，有一些事项，我们还是需要进行全方位考虑的。比如某公司高管，老板在每个年度结束后，会通过个人账户给每个高管发一笔大红包，这是应税薪酬所得，还是受赠非应税所得呢？或者这笔钱是通过老板的家人、亲属等间接发放的，此时又如何判断呢？老板为什么要给个人发红包呢？其实还是跟工作有紧密的相关性，视同为薪酬所得基本上没有问题。但现实当中检查可能并不这样严格，在企业改制上市（挂牌）过程中，有一些企业进行了相应的费用还原，"被逼"改错处理。对此我们又得解释一下，若是老板与员工、高管之间有过节时礼尚往来、结婚礼金等的支出，这是人之常情，是有个案适用的场景的，并不是批量存在的，与工作薪酬无关有其合理性的解释，虽然可能夹杂着工作原因，但确属于没有回报的馈赠之意，此时就不宜"一刀切"处理。

**【案例 4－21】**某企业老总张某想到一个创新产品，即以其名义设立了一个信托，这个信托产品的收益主要用于发放员工的奖励，此时信托公司向张某解释，这种情形下不需要计缴个税，是很好的避税产品，该公司的会计认为有风险，因此向笔者咨询。

分析：若单单只是一个信托受益人的分配，目前执行层面并没有强制性地要求对此征收个税，也并未明确要求信托机构代扣代缴个税（企业取得的收益需要并入所得计税不存在争议）。但是凡事皆需考虑原由，为什么张某愿意给不相关的人设立信托？这个前提是相应的人员属于其企业的雇佣人员或劳务人员，通过劳动取得所得，信托受益的所得是基于此劳动基础的，若是员工离职了，可能就不会向其分配收益了吧。站在整体性角度考虑，这个问题就很好理解，拆开来独立看，认为是行得通的方案，全面看其风险方面并不是100%安全。

从当前情形预测，未来对于一般纳税人的企业所得税或个人所得税核定，可能要存在困难了，据闻某直辖市已在进行此方面的试点，原来大规模的操作重新明确了统一规范。同时，对于有大额的占多比例的投资性所得时，包括股权性投资所得、投资合伙企业的份额所得，其核定亦受到限制。笔者认为，回归纳税人的居民义务之责，纳税人相应所得的税负率将会更为公平，于公于私，这些情形应得到规范。当直接涉及个人利益、税额相对较大甚至巨大之时，新的筹划方式与路径说不定又会出现，筹划与反筹划之间彼此追赶的游戏，仍是会继续延续下去的。

笔者听闻某核定个税合伙企业申报了大额个税后，注销了。上级部门在检查时发现其名下处置了股票，要求个人补一定金额的税，个人解释我们开始是贸易企业，后来取得财产转让所得，不是故意的，后来干脆不接电话。这种“玩法”大家心知肚明，但能否对其恢复身份“治理”应对呢？这个问题就复杂了。

### 4.2.8 资本市场中的节税通道

资本市场往往存在着收益率高、投入成本低的特性，当在收益额较大，面临比如25%的企业所得税或5%～35%的经营所得的个人所得税等税负成本时，出于利益考虑就极可能寻求税务筹划。对于亏损的投资，筹划没有任何意义，但对于投资损失部分，如何有效地后期利用起来，是具有筹划价值的。

资本市场非常庞杂，业态多样，比如公募基金、私募基金、信托与资管、天使投资个人等参与主体，对象涉及股票市场、债券、股权、基金、REITs[①]、融资等领域。资本市场的节税路径也是比较多的，比如可以考虑投资主体的选择、地域的选择、征税方式的有利获取等，甚至还有通过一些境外主体进行投资的业务，对所得进行中间隔离与递延纳税的操作。下面这个案例，笔者认为少有人进行探讨，但也有相应的应用场景，同时满足国家的政策导向，有很好的借鉴意义。

**【案例4－22】**张三与李四共同投资设立了一家有限责任公司（各实缴投资500万元），其2019年年末资产负债表的数据如表4－18所示：

① Real estate investment trusts（“REITs”），即不动产投资信托基金，目前我们国家的试点方式是公募加资产证券化的方式进行处理。

表 4－18　　资产负债表数据　　单位：万元

| 资产类型 | 金额 | 负债与权益 | 金额 |
|---|---|---|---|
| 现金 | 1 000 | 负债 | 500 |
| 固定资产净额 | 1 000 | 实收资本 | 1 000 |
| 无形资产净额 | 1 000 | 未分配利润 | 1 500 |
| 总额 | 3 000 | 总额 | 3 000 |

该公司拟进行改制，准备进行新三板挂牌，此时面临着未分配利润是不是要增加注册资本的选择，若是在此时转入注册资本，相当于张三与李四各有 750 万元的分红，需视同分配股息红利按 20% 计缴个税（由个人承担并通过单位扣缴入库）150 万元，此时注册资本增加到 2 500 万元，作为改制后的股本金额。但若是转到资本公积中，则不需要在此时计缴个人所得税，因为依政策规定，在计入个人名下时先计为个人所得再投资形成股本才计所得。但有人说这是时间性差异，将来再转增股本时就会形成所得了，这里先打一个问号，我们接着看表 4－19。若张三与李四选择转入资本公积处理，此时不计算个人所得税。

表 4－19　　转入资本公积后的资产负债表数据　　单位：万元

| 资产类型 | 金额 | 负债与权益 | 金额 |
|---|---|---|---|
| 现金 | 1 000 | 负债 | 500 |
| 固定资产净额 | 1 000 | 实收资本 | 1 000 |
| 无形资产净额 | 1 000 | 资本公积 | 1 500 |
| 其他 | 0 | 未分配利润 | 0 |
| 总额 | 3 000 | 总额 | 3 000 |

若该公司于 2020 年 2 月顺利挂牌之后，于 2021 年 5 月将资本公积转增股本，此时总该计入个人所得要计税了吧！这就理解错误了。有的人认为这是转制时形成的资本溢价，此时转增股本依据政策不需要计税啊，这同样存在明显的错误，但可惜的是有的律师就是这样认为的，还白纸黑字地写在了法律意见书中。转制时形成的，不属于股票溢价发行收入形成的资本公积金，不能用此规定来判断不征税。但也并不是说不适用就要征个人所得税，因为还有其他的规定可以支持免税。

《财政部 税务总局 证监会关于继续实施全国中小企业股份转让系统挂牌公司股息红利差别化个人所得税政策的公告》（财政部公告 2019 年第 78 号）规定：

现就继续实施全国中小企业股份转让系统挂牌公司（以下简称挂牌公司）股息红利差别化个人所得税政策公告如下：

一、个人持有挂牌公司的股票，持股期限超过 1 年的，对股息红利所得暂免征收个人所得税。

个人持有挂牌公司的股票，持股期限在 1 个月以内（含 1 个月）的，其股息红利所得全额计入应纳税所得额；持股期限在 1 个月以上至 1 年（含 1 年）的，其股息红利所得暂减按 50% 计入应纳税所得额；上述所得统一适用 20% 的税率计征个人所得税。

本公告所称挂牌公司是指股票在全国中小企业股份转让系统公开转让的非上市公众公司；持股期限是指个人取得挂牌公司股票之日至转让交割该股票之日前一日的持有时间。

二、挂牌公司派发股息红利时，对截至股权登记日个人持股 1 年以内（含 1 年）且尚未转让的，挂牌公司暂不扣缴个人所得税；待个人转让股票时，证券登记结算公司根据其持股期限计算应纳税额，由证券公司等股票托管机构从个人资金账户中扣收并划付证券登记结算公司，证券登记结算公司应于次月 5 个工作日内划付挂牌公司，挂牌公司在收到税款当月的法定申报期内向主管税务机关申报缴纳，并应办理全员全额扣缴申报。

个人应在资金账户留足资金，依法履行纳税义务。证券公司等股票托管机构应依法划扣税款，对个人资金账户暂无资金或资金不足的，证券公司等股票托管机构应当及时通知个人补足资金，并划扣税款。

由于此时其持有股票的时间超过了 1 年，所以享受了免征个人所得税的优惠，依此优惠政策不需要缴纳个税。在上面的这个案例场景中，第一步由于没有计入股本，所以后面就形成实质性的避税了，这是利用了资本市场的优惠政策完成的筹划。但是对于首次公开发行股票并上市的公司却是不同了，因为对于上市公司的原始个人股东来讲，其政策规定的适用与新三板挂牌股份有限公司不同。

《财政部 国家税务总局 证监会关于实施上市公司股息红利差别化个人所得税政策有关问题的通知》（财税〔2012〕85 号）规定：

四、对个人持有的上市公司限售股，解禁后取得的股息红利，按照本通知规定计算纳税，持股时间自解禁日起计算；解禁前取得的股息红利继续暂减按 50% 计入应纳税所得额，适用 20% 的税率计征个人所得税。

前款所称限售股，是指财税〔2009〕167 号文件和财税〔2010〕70 号文件规定的限售股。

这里要考虑解禁日前后的标准，不过即使是解禁日前适用的个税政策也只承担 10% 的税负成本。因为这种资本公积不是股票溢价发行的，也不适用不征税的规定。不过相较于发行并上市交易的困难，新三板挂牌的条件和操作都相对容易。笔者认为从筹划的角度来讲是有更大空间的，特别是如下面案例所描述的情形。

**【案例 4－23】** 承案例 4－22，张三与李四还是投资人，所投资的企业情形如上，同时这家公司是一个控股型的企业，其下面有数家子公司，子公司有丰厚的未分配利润，因为张三与李四认为税负成本太高了。用钱时就从公司借支或想办法找发票报销处理。在上面的内容中，我们有引用差别化股息红利的个人所得税政策，若达到 1 年以上分配，不是可以免税了吗？

分析：首先，若是这家公司挂牌，其本身在整体改制时依惯例需要将留存收益进行折股处理，即不保留留存收益，相当于以一个新公司的样子出现在资本市场上。比如在转入资本公积后，这个科目是不能再作分配股息红利的，在转增股本时，则是我们上面分析的内容。都没有可分配的利润了，还有什么筹划的价值？冷静，案例中尚有其下属的子公司未分配上来的利润，子公司并不需要改制调整留存收益，它们不是挂牌的主体，因此我们可以在母公司挂牌后，再分配利润上来，这时形成的利润免税，可以在超过 1 年之时进行分配，此时就完美地实施了以后分配股息红利免税的筹划。若要做这种筹划，需要适当的付出代价，包括挂牌的各项费用，比如有的样本公司其支出的成本为 150 万元左右，再加上每年的审计等费用，此时也可以跟当地政府提出相应的补助，通常也不太吃亏，但还有一定程度上的信息披露义务等需要遵循。

上面的筹划方式恰当地利用了当前有效的税收优惠政策空间差异，只是操作上比较繁杂。有人提到，个人二级市场买卖股票还免税呢！是不是不用做别的了，就全身心的投身股市吧！相信有句名言大家还记得：“股市有风险，投资须谨慎。”做自己能掌控的事，不然一不小心被当韭菜割了。

### 4.2.9 信托避税几时休

通过信托投资能不能避税？很多人说能，但是若真要正经八百地向财税部门请求明确之时，得到的回复很可能是说没有规定不征！笔者曾经也听过一些培训专家的宣讲意见，认为是不征的，非常明确。作为筹划当事人，需要兼听则明，专家的意见虽然可以开拓视野，但并不对其负责任。而税务机关的观点，相对而言可以明确流程方面的风险应对，曾经也有当事人提及，我们这个业务是某税务专家给的意见，似乎稳操胜券，岂不知，在税收政策的多元化信息掌握方面，他们的信息有时还是存在一些不确定性风险的，不宜把风险绑在别人的身上。

说到信托避税，通常是信托机构在“王婆卖瓜，自卖自夸”，屡见一些大的信托单位在其微信公众号发文称其又创新性地做成了中国第一单某信托服务产品，核心往往是以较小税负成本或没有税负成本完成的信托业务，但又作保密状，不说明是什么样的方式，卖的是商业神秘感，这是有商业宣传价值可以理解。从笔者的观察来看，第一，这是广告造势，实际情形极可能不是这样，只是被“描述”成专业方面极为厉害；二是形式转化，可能只产生了一点影响，却被描述成另外一个解决痛点的场景，带入感非常强；三是可能在某地通过一定的渠道“个案化”解决了某个业务难点，但不具有普遍适用性。若真如此，市场上肯定需求者无数，业界也不会成为秘密，还做什么广告呢？

但我们不得不承认，国内的信托“避税”又实实在在地发生，国外更难追踪。那么在政策没有明确规定，又确实存在的情形下，对于高净值人士或家庭而言，该如何选择呢？笔者认为未来信托方面的税收政策一定会慢慢明确，不可能任其自由地脱离税收规则的限制。同时，税收与金融领域的关联，也需要必要的强势态度。

一般来讲，国内的信托装入的是资金，股票（股权）或房产比较少，因为极可能涉及大额的变更环节的税负成本，没有相应的政策予以豁免，因此只能以交易方式进行计税处理，这确实大大阻碍了信托业务的商业拓展之路。从我国信托法来看，国内的信托基本上是可撤销的信托，而境外的信托方式有可撤销的，也有不可撤销的。

信托公司往往会通过设立信托计划募资，比如笔者曾以实验者的角度体验了某地产项目的信托计划投资，记得约定的利率为9%左右（有风险因素提示，相当于是预计收益率），当时房地产市场还处于比较热的阶段，在分配投资收益的时候并未提及个人所得税事项，但在投资计划中提到：若存在相应的纳税义务由个人自行负责的“套路式用语”。

**（1）投资导向的信托安排。**

投资导向即以取得投资收益为导向的项目，比如上面提到的购买信托计划份额的投资，这是一般性的投资理财行为。当前国内信托，更多的是聚焦于资金的融资功能，部分情形下考虑了个人收益的个税问题。

**【案例4-24】**某金融企业每年在账上计提大额的应付职工薪酬，但由于每一年批复的发放额度所限，会相对较慢地发放。此时公司的管理层提出一个个税的优化方案，即动用该薪酬余额进行信托类产品的投资，选择相对稳健的投资产品，这样获得的收益归属于员工之时，不再视为薪酬所得，不需纳税，这里似乎存在筹划的空间。

分析：在这个案例中，我们要考虑在公司向信托支付款项时，是不是视同发放了薪酬要计个税。这种情形下，信托的受益人写的是员工个人的名字，虽然有条款说明员工违约离职等情形下，公司有权调整受益人的名字。笔者认为，若要实现收益部分不计税，那么最好在购买信托产品时作为薪酬支出处理，计算个税，同时企业所得税税前也可以扣除。但是若认为是单位的投资，投资收益归属于单位，那分配的投资收益要计缴所得税，余额兑现给员工的时候又要按薪酬计缴个税，利益空间并不大。

对于那些以借款为员工购买信托产品或许能避开薪酬发放的认识，其实是形式上的体现。也可以考虑采取公司向该信托投资，个人也相对出一些资金的方式，在分配的时候，适当作出一些倾斜安排，也有想象的空间。

现在市场上也有一些为员工搭建股权激励平台的资管产品，极可能是出于这样的筹划考虑。当中间架接了一层金融机构的"壳"之后，相关的利益就有了隐藏空间，且在相关的协议当中有所保护，加之信托收益是否缴纳个税的规定不明确，让这类产品有了广泛的应用空间。

东营地税东营分局慧眼识破假信托，收缴个人所得税百万元

日期：2009年11月16日 来源：经济导报

根据省地税局重点税源专项检查安排，东营市地税局东营分局稽查局深入开展重点税源专项检查工作。在对某化工企业实施检查时，发现该企业每年都按照股本40%左右的比例进行分红，效益较好。但检查人员通过核实企业股本结构和扣缴个人所得税情况，发现股东登记中只有7名自然人，并且分红款已足额扣缴个人所得税。凭借多年的稽查经验，稽查人员发现疑点重重，经过深入细致的调查发现，该企业每年的分红资金与所扣缴缴纳的个人所得税严重不符，有可能存在应扣未扣个人所得税的行为。经调查证实，股东名册中登记的某信托公司占股本总额的70%多。其实信托公司的入股资金就是该化工企业职工和部分社会人员的入股资金，该化工企业在分配年度收益时，将分红资金汇入信托公司账户，信托公司按股本总额扣除0.5%的固定金额佣金后，将剩余金额发放给各自然人股东。根据国税函发〔1994〕665号文件规定，股息、红利所得的个人所得税扣缴义务人应是直接向纳税义务人支付股息、红利的单位，亦即是股份制企业。所扣缴的个人所得税款，应

就地入库。信托公司是红利的发放单位，化工企业是红利的实际支付单位。该红利所得个人所得税税款的扣缴义务人应是该化工企业。在大量违规事实和税务稽查人员的心理攻势下，化工企业承认了利用假信托逃避个人所得税的违法行为。补缴了税款，并接受了相应的处罚。（常伟华　范飞）

若站在税务机关的角度，能不能直接进行穿透征投资人的个税呢？这里确实要分情形考虑，比如个人通过信托投资，此时税务机关可以从两个方向入手，一是从信托公司入手，让其作为名义投资人纳税，但比较有困难，因为相当于动了信托机构替人理财的"根基"，若是一般的挂名机构估计没有办法，但对于大型的金融机构，估计难以向其征税。二是穿透之后向个人追缴税款，这个似乎可行，但征管成本相对较高，需要从信托单位取得相应的数据，在向具体的个人追缴税款时，信托产品的保密性将会受到挑战。无论如何，这需要顶层决策后在税收政策及征管层面进行设计、进行明确，才利于底层操作。但不排除可以单点进行突破，比如存在涉税举报案例、涉税检查个案时，是有可能单独处理的。

**（2）家庭财富管理导向的信托安排**。

回归到信托的本意，家族信托是比较有代表性的信托产品，且有相关的财产独立性、安全性的特点。最近关于信托的数个案例引起了资本圈与老板圈的强烈关注，比如涉及鲁南制药的某境外信托的案例，涉及某信托财产保全的法院判例，也有数例存在家族信托持股并在境内上市的案例（相对占比较小）。很明显，境内的家族信托业务正在受到越来越多老板们的关注与欢迎。境外的家族信托相对成熟，在境外上市的时候，通过媒介的报道与上市公司的招股说明书资料，多有实控人在顶层搭建了信托的功能架构，这其中就包括了比较多的知名企业家。境外信托的搭建，有考虑不是通过个人直接持有，而是个人再成立一个壳公司进行委托，相当于中间再隔离至少一层。近年来，一些大型的境外上市互联网公司，其员工的股权激励也是通过信托平台搭建的，当这些员工减持时，是否要按照财产转让所得计算个税（当初实施股权激励的时候通常已进行了境内薪酬计税缴纳），现在估计很多高管们都面临着这样的问题。这时，他们的变现资金有的是放在境外，有的需要在境内消费而转入境内，在转入境内之时，银行需要提供合法的款项证明，纳税凭据就是比较明显的一项，不排除个别或未来有的银行要求提供纳税凭据才允许款项入境。但从公布的办理程序上来看，并没有此项要求，只是需要由代理人统一办理。

**【案例 4－25】** 北京某女士以房产注入信托，让信托公司持有房产出租，相应的租金定期分配给其女儿。在实施过程中，该女士先投入 3 000 万元资金，信托支付 3 000 万元给该女士购买其不动产，相应的税费进行了合规的缴纳，相当于将房产买卖间接地放入了信托计划中。那么相应的租金的涉税事项如何确定呢？

分析：我们并不在此案例中讨论如何进行转入不动产的节税筹划，而是分析这种租金的涉税事项。关于不动产的房产税、土地使用税，这是需要由信托公司或其关联运营单位作为其法定形式上的产权人来完成缴纳的，属于维持性的税费，相应的租赁行为印花税、租金的增值税及附加税费等流转税也是在信托公司层面完成的，唯有所得税，由于相应的利益是给予了受益人，而不是委托人，尚无明确受益人取得的这类所得需要计缴个人所得税，不同国家对此的处理方式也不相同。受益人取得的所得，与委托人自己取得所得，产生了身份错位，这类所得在未规定属于应税所得的情形下，不宜进行个税的计缴。

若上述案例中，就是以货币方式设立信托，相应的投资收益如利息等分配给其女儿，其处理方式亦相近。不过有一点，目前信托计划的贷款服务是按照简易办法计税的①。这个处理方式也可以适用于一般单位的贷款服务安排，比如某集团公司内部资金池业务，若按 6% 计算增值税缴纳，

① 《财政部 国家税务总局关于资管产品增值税有关问题的通知》（财税〔2017〕56 号）规定：

一、资管产品管理人（以下称管理人）运营资管产品过程中发生的增值税应税行为（以下称资管产品运营业务），暂适用简易计税方法，按照 3% 的征收率缴纳增值税。

资管产品管理人，包括银行、信托公司、公募基金管理公司及其子公司、证券公司及其子公司、期货公司及其子公司、私募基金管理人、保险资产管理公司、专业保险资产管理机构、养老保险公司。

资管产品，包括银行理财产品、资金信托（包括集合资金信托、单一资金信托）、财产权信托、公开募集证券投资基金、特定客户资产管理计划、集合资产管理计划、定向资产管理计划、私募投资基金、债权投资计划、股权投资计划、股债结合型投资计划、资产支持计划、组合类保险资产管理产品、养老保障管理产品。

财政部和税务总局规定的其他资管产品管理人及资管产品。

支付利息方的进项税额无法抵扣，相当于给集团带来了利益损失，为了节约一些损失，于是拟通过信托类平台进行融资安排处理。据笔者了解，这种单纯贷款类通道产品，对于某些行业如房地产业，有着金融监管上的投放限制，需要进行形式上的调整处理。此举在于节约的税费相较于支出的管理费等费用是有利的，这也是筹划的一种现实之需。

当下信托公司在运营某家族信托的时候，有时是通过图 4－2 的架构实施的：

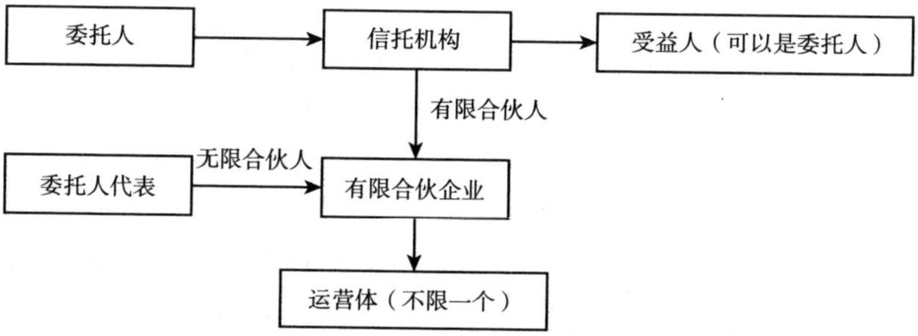


**图 4－2　运营家族信托的架构**

通常我们在看到一些文章时，会提到“三类股东”的情形，即契约性基金、信托计划、资产管理计划，在非新三板或非上市的企业中，他们不能作为法定的公司股东，在发行股份或者二级市场上，他们可以作为股份持有人，这时也不用进行工商类型的登记，是中登公司进行登记管理。若不直接作为股东，可以通过上面的合伙平台作为出资人，所以这样就打通了与信托机构的资产托管关系，也就可以进行运营及投资活动了。那么这时候，管理合伙人为个人时，是需要按经营所得或股息红利、利息所得来计个税的，但上划到信托机构的收益，就淹没在一个金融机构的池子里了，也就是我们提到的，对外披露的信息方面，是无法查阅到的，属于相对隐私的数据。

上面只是对家族财富管理中出现的部分情形的梳理，其实这里面的内容还是比较复杂的，比如一些更为复杂的金融架构、对于一些不同身份人士的信托设立的安排、对于外汇资金的使用、如何成为投资人，还有是否存在避债等情形的提前防范等。笔者认为，既要从传统的规则与思路上进行对接，也要有创新性的规划，面对“第三次分配”的未来大局，对税收工具与财富配置的政策导向必须有充分的认识。

新华社官方账号 8 月 17 日报道中央财经委员会第十次会议时有如下内容（摘录）：

会议听取了国家发展改革委、财政部、人力资源和社会保障部、中央农办关于扎实推动共同富裕问题的汇报，听取了中国人民银行、中国银保监会、中国证监会、国家发展改革委、财政部关于防范化解重大金融风险、做好金融稳定发展工作问题的汇报。

会议指出，改革开放后，我们党深刻总结正反两方面历史经验，认识到贫穷不是社会主义，打破传统体制束缚，允许一部分人、一部分地区先富起来，推动解放和发展社会生产力。党的十八大以来，党中央把逐步实现全体人民共同富裕摆在更加重要的位置上，采取有力措施保障和改善民生，打赢脱贫攻坚战，全面建成小康社会，为促进共同富裕创造了良好条件。我们正在向第二个百年奋斗目标迈进，适应我国社会主要矛盾的变化，更好满足人民日益增长的美好生活需要，必须把促进全体人民共同富裕作为为人民谋幸福的着力点，不断夯实党长期执政基础。

会议强调，共同富裕是全体人民的富裕，是人民群众物质生活和精神生活都富裕，不是少数人的富裕，也不是整齐划一的平均主义，要分阶段促进共同富裕。要鼓励勤劳创新致富，坚持在发展中保障和改善民生，为人民提高受教育程度、增强发展能力创造更加普惠公平的条件，畅通向上流动通道，给更多人创造致富机会，形成人人参与的发展环境。要坚持基本经济制度，立足社会主义初级阶段，坚持“两个毫不动摇”，坚持公有制为主体、多种所有制经济共同发展，允许一部分人先富起来，先富带后富、帮后富，重点鼓励辛勤劳动、合法经营、敢于创业的致富带头人。要尽力而为量力而行，建立科学的公共政策体系，形成人人享有的合理分配格局，同时统筹需要和可能，把保障和改善民生建立在经济发展和财力可持续的基础之上，重点加强基础性、普惠性、兜底性民生保障建设。要坚持循序渐进，对共同富裕的长期性、艰巨性、复杂性有充分估计，鼓励各地因地制宜探索有效路径，总结经验，逐步推开。

会议指出，要坚持以人民为中心的发展思想，在高质量发展中促进共同富裕，正确处理效率和公平的关系，构建初次分配、再分配、三次分配协调配套的基础性制度安排，加大税收、社保、转移支付等调节力度并提高精准性，扩大中等收入群体比重，增加低收入群体收入，合理调节高收入，取缔非法收入，形成中间大、两头小的橄榄型分配结构，促进社会公平正义，促进人的全面发展，使全体人民朝着共同富裕目标扎实迈进。

会议强调，要提高发展的平衡性、协调性、包容性，加快完善社会主义市场经济体制，增强区域发展的平衡性，强化行业发展的协调性，支持中小企业发展。要着力扩大中等收入群体规模，抓住重点、精准施策，推动更多低收入人群迈入中等收入行列。要促进基本公共服务均等化，加大普惠性人力资本投入，完善养老和医疗保障体系、兜底救助体系、住房供应和保障体系。要加强对高收入的规范和调节，依法保护合法收入，合理调节过高收入，鼓励高收入人群和企业更多回报社会。要清理规范不合理收入，整顿收入分配秩序，坚决取缔非法收入。要保护产权和知识产权，保护合法致富，促进各类资本规范健康发展。要促进人民精神生活共同富裕，强化社会主义核心价值观引领，不断满足人民群众多样化、多层次、多方面的精神文化需求。要加强促进共同富裕舆论引导，为促进共同富裕提供良好舆论环境。要促进农民农村共同富裕，巩固拓展脱贫攻坚成果，全面推进乡村振兴，加强农村基础设施和公共服务体系建设，改善农村人居环境。

会议指出，党的十九大把防范化解重大风险作为三大攻坚战之一，几年来，在党中央坚强领导下，国务院金融委按照“稳定大局、统筹协调、分类施策、精准拆弹”的基本方针推进工作，防范化解重大金融风险攻坚战取得重要阶段性成果，守住了不发生系统性金融风险的底线，有力维护了国家经济金融稳定和人民财产安全。

会议强调，确保经济金融大局稳定，意义十分重大。要坚持底线思维，增强系统观念，遵循市场化法治化原则，统筹做好重大金融风险防范化解工作。要夯实金融稳定的基础，处理好稳增长和防风险的关系，巩固经济恢复向好势头，以经济高质量发展化解系统性金融风险，防止在处置其他领域风险过程中引发次生金融风险。要落实地方党政同责，压实各方责任，畅通机制、明确职责、分工配合、形成合力。要落实全面从严治党要求，提升金融系统干部队伍监管能力，提高监管数字化智能化水平，一体推进惩治金融腐败和防控金融风险，加快重点领域改革，做好金融市场舆情引导。要加强金融法治和基础设施建设，深化信用体系建设，发挥信用在金融风险识别、监测、管理、处置等环节的基础作用。

如何顺应党和国家的战略规划，识大局、担重任，这需要觉悟上的提高，更需要依法依规的行为为前提，税收工具在第三次分配中的作用，将会越来越重要的，也会凸显更多的价值出来。

### 4.2.10 合伙企业份额转让与经营所得计税之间的税率差与协调

在本书的其他内容中，我们屡有提到合伙企业经营主体的计税问题、税务筹划的载体安排等事项。不可否认，合伙企业具有非常灵活的融资、决策机制，其法律设立与运营程序也相对灵活，满足了时下融资、管理相结合的投资架构，在这一点上无疑有着广泛的应用空间。

合伙企业从原来缴纳企业所得税改变为直接由合伙人个人缴纳个人所得税，后来引入了法人合伙人，其所得的主体就更多样化了。在此我们简要梳理一下合伙企业这一载体的税收规则体系：

首先，合伙企业的税收规则体系不完善，征管体系更多侧重于某个环节，没有形成完整的上下打通衔接链条，计税规则也存在一些政策层面的不平衡之处。合伙企业的税收问题不时困扰着纳税人，也给税务机关的征收管理带来挑战。

其次，合伙企业所得分配约定灵活，多层合伙架构下层级之间存在税务数据传递断层，不同所得类型（如利股红、经营所得等）征管计税方式存在多样性，其筹划的应用场景非常普遍。

最后，对于合伙企业税制的未来调整或改革方向，还没有非常明确的说法。不过于2019年实施的新个人所得税法，明确提出了个人转让合伙企业份额时，是依据财产转让所得按20%计税，它跟个人股权转让依财产转让所得计税看似相同，实则理解相差较大。因为股权对应的是公司，它们是计缴企业所得税的，其分配股息红利与转让所得都是20%的个税，转让时也不会考虑留存收益的问题；但是合伙企业的个人合伙人经营所得是按5%～35%计税的，是转让份额所得还是取得“应分的经营所得”的兑换所得，税负自然不同。但到现在为止，对于个人合伙份额转让如何计算财产转让所得也没有明确的计税方法解释，不清楚之时，纳税人就可能利用这个税率差进行筹划。

**（1）政策的梳理与理解。**

《个人所得税法实施条例》规定：财产转让所得，是指个人转让有价证券、股权、合伙企业中的财产份额、不动产、机器设备、车船以及其他财产取得的所得。

对此条款规定，大家已比较熟悉，政策发布之后，普遍认为政策已得到明确，税负减轻了，之前各地屡有认为转让个人合伙份额是“先退伙，再入伙”方式，认为属于经营所得计税的方式被否定了。但政策颁布之后，却有新问题了，出在转让与经营所得之间的衔接上。而且笔者在现实当中也遇到了相应的申报问题，如何恰当地进行统一处理，目前尚未明确。

**【案例4－26】**2020年，张三与李四各出资50万元成立了大强有限合伙企业，分配比例各为50%，2020年度实现经营所得（等同于应纳税所得额）200万元，每个人用个人的银行账户按照100万元计缴了个人所得税28.45万元（100×35%－6.55）。2021年4月1日，张三不准备与李四合作了，通知了李四准备退出①，2021年第一季度已实现了经营利润100万元（该季度时无其他影响调整项，不产生纳税调整），每个人按50万元

① 《合伙企业法》规定：第七十三条 有限合伙人可以按照合伙协议的约定向合伙人以外的人转让其在有限合伙企业中的财产份额，但应当提前三十日通知其他合伙人。

预缴了个税 10.95 万元（50×30% -4.05），此时张三拟以 300 万元转让，相当于溢价了 100 万元（300 万元 -2020 年利润 100 万元 -2021 年实现利润 50 万元 - 原始投资额 50 万元）。

分析：我们先以表 4-20 归集一下涉及张三在合伙企业相应的投资变动数据。

表 4-20　投资变动数据　单位：万元

| 项目 | 发生额 | 说明 |
|---|---|---|
| 投资额 | 50 | 投资成本 50 |
| 2020 年利润 | 100 | 已纳税转换为投资成本额 100 |
| 2021 年第一季度利润 | 50 | 季度临时利润 50 |
| 转让价 | 300 | 转让收入 300 |

若不考虑可能产生的相关税费等事项，我们现在要计算张三的财产转让所得是多少。原出资额 50 万元是确定的，2020 年度实现的 100 万元汇算清缴已锁定了计税成本额的转化，相当于负税后换得了可扣除计过税额金额的扣除，此时 300 万元 -50 万元 -100 万元 =150 万元，这是明确没有争议的。对于 2021 年的预缴税额对应的利润额，此时尚未到汇算清缴的年度结束，后面也可能是亏损的，需要办理退税，所以年度金额不确定的。同时，这个预缴税额无法由自然人张三通过税务系统的“过户”过到受让方（对方可能是企业也可能是个人，若是企业不存在合伙企业层面季度的预缴①）。但是张三认为其已预缴了税款，这个 50 万元也要扣除。关于这一点，当前的政策是不明确的，因为这个利润额本身就不是确定的，需要年末汇算再定。之前各地或多或少会有比如此时让张三进行汇算清缴的认识，但随着新个税法的发布，都面临着政策依据的不确定性。从笔者遇到的样本来看，可能有表 4-21 所示的几种方法：

① 参照企业所得税纳税申报表及其填报说明的解释，一般在年度结束后才会产生准备的数据，会计上在期中的时间所填的可能是分回的收益。“（五）合伙企业法人合伙人分得的应纳税所得额”：第 1 列“账载金额”填报合伙企业法人合伙人本年会计核算上确认的对合伙企业的投资所得。第 2 列“税收金额”填报纳税人按照“先分后税”原则和《财政部 国家税务总局关于合伙企业合伙人所得税问题的通知》（财税〔2008〕159 号）文件第四条规定计算的从合伙企业分得的法人合伙人应纳税所得额。

表 4－21 处理方法归集

| 方法 | 描述 | 说明 |
| --- | --- | --- |
| 不扣 50 万元，按 150 万元计个税 20% 为 30 万元 | 50 万元未实现，亦未办理汇算清缴，不予认可 | 张三年度结束后继续在税务上汇算清缴，分配比例填为 0，完成退税到其卡中。这其中需要注意在税务上变更合伙人申报名单，若不申报，还有罚款的可能。若年度汇算无此人名，则可以考虑通过大厅进行人工调整处理（不建议但是一个办法），这种情形下，对于张三是划算的，相当于经营所得部分按 5% ～35% 计税换成了 20% 计税 |
| 如深圳市税务局的意见，按照退伙处理，计算其归属的经营所得的个税 | 这个理解有着广泛的认同，可能存在对于新个税的理解偏差，笔者认为过于复杂化了 | 其实笔者认为归属于该合伙人当年度的经营所得，计缴经营所得个税，这个前提需要假设，即这些经营所得在年度结束时真属于该合伙人，若不归属于其而是属于受让的合伙人，这不是与事实不符合了嘛！另外，若亏损之时，这个虚拟的部分当年度也没有实现，没有最终再分给张三，此时哪有所得，难道是核定的所得？显然不能套用股权转让核定价格的规则，合伙份额转让目前没有这样的核定规定。所以笔者并不是完全地认同这种意见，就算是受让人支付的价款中包括了部分的经营所得且最终也实现了，但那是由受让方最终去计缴经营所得个税了，跟转让方无关，也没有税款的减少损失，20% 的所得计税干净地计算就好了 |

表 4－21 中所提深圳市税务局在其官网上的一个问题解答：合伙企业发生合伙人退出或者合伙份额转让，如何缴纳个人所得税？（发布时间：2020－11－24）

解答：根据《中华人民共和国合伙企业法》的规定，普通投资人对合伙企业债务承担无限连带责任，有限合伙人以其认缴出资额为限承担责任。合伙企业的投资者进行投资，其持有的是合伙企业份额，而不是企业股份，其体现的是原合伙人退伙、新合伙人入伙的形式。因此，一是合伙人退伙，应就归属到该合伙人当年度未缴纳经营所得的未分配利润部分，征收“经营所得”项目的个人所得税。二是合伙人将其投资份额转让，从合伙企业层面，应对合伙人进行退伙清算就其清算所得征收“经营所得”项目的个人所得税；从合伙人层面，应就新合伙人取得原合伙人的份额，所支付的溢价部分，征收原合伙人的“财产转让所得”项目的个人所得税。

另外关于其投资收益的扣减部分，有的税务机关对此进行过明确答复，国家税务总局十堰市张湾区税务局官网中对此进行过解答：合伙企业转让被投资的合伙企业份额如何缴纳个人所得税？（发布日期：2021－07－29）

答：根据《国家税务总局关于〈关于个人独资企业和合伙企业投资者征收个人所得税的规定〉执行口径的通知》（国税函〔2001〕84号）第二条规定，个人独资企业和合伙企业对外投资分回的利息或者股息、红利，不并入企业的收入，而应单独作为投资者个人取得的利息、股息、红利所得，按“利息、股息、红利所得”应税项目计算缴纳个人所得税。以合伙企业名义对外投资分回利息或者股息、红利的，应按财税〔2000〕91号所附规定的第五条精神确定各个投资者的利息、股息、红利所得，分别按“利息、股息、红利所得”应税项目计算缴纳个人所得税。上述规定，仅限于“对外投资分回的利息或者股息、红利”，并不包括股权转让收益，因此除上述规定特殊情况外，合伙企业取得的其他收益应合并在一起作为经营利润，合伙人应按“经营所得”项目“先分后税”缴纳个人所得税。

注意：在计算转让合伙企业份额应纳税所得额时，可扣除被投资企业未分配利润等投资者留存收益中所分配金额。

笔者猜测深圳市税务局的理解是，若张三真分走了一季度的利润50万元，那么依经营所得计税是恰当的，但现实是无法取得，50万元的季度利润并不属于张三，此时张三宜按照溢价150万元计征财产转让所得的个税，即30万元个人所得税，因为此300万元是从受让人处得到来的，并未从合伙企业取得，亦未形成正式的可转移的计税所得（认定其所得后确认计税义务）。对于那些正好截至某个年度结束日的交易，是较为理想的，容易算清楚。至于50万元预缴的税款，则在年度结束后的汇算清缴中商量明确，作退税处理（无法转让），这是征管系统需改善之处。

从理论可探讨的角度，若受让人是个人，在变更时若能够将张三的预缴税款过户到受让人个人，是一个可以考虑的方式，此时由张三按照经营所得对季度50万元的利润计缴，受让人能够抵税才具有缴纳的价格，在转让时李四对此给予补偿。不过若受让人是企业时（合伙企业或公司等），则没有办法形成税款的预缴记录，整体上是行不通的。那么，对于想通过转让份额而避开经营所得从而计 20% 的个税计缴，是不是有空间呢？这当然是有的，因为本身就存在税率差，大不了转让时账务上当年度不预缴是可以存在的。

**（2）适用税率差下可考虑的样本筹划案例。**

**【案例 4 – 27】**某合伙企业设立在北京，合伙人为张三与李四，各认缴额为 100 万元，未实际性出资。考虑到北京当地没有特别明确的优惠支持，因此想转移筹划地点，同时考虑到其持有的限售股要变现了，亦想在整体上有所规划（见图 4 – 3）。

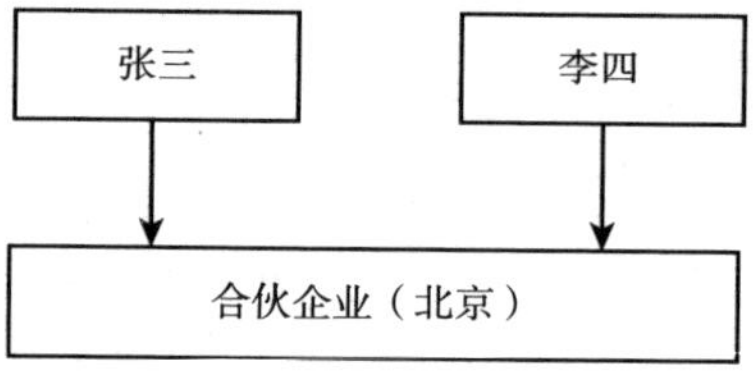


**图 4 – 3　合伙企业合伙人**

现在拟先进行迁移企业的安排（成功完成），如图 4 – 4 所示：

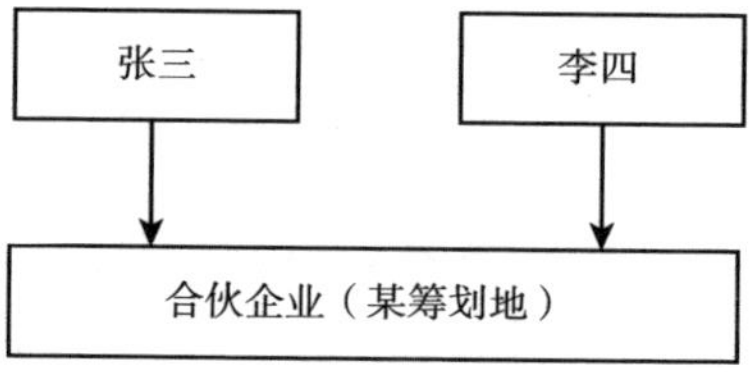


**图 4 – 4　企业迁移**

为了实现降低税负的目标，在此处张三与李四拟先交易一步，按照其持有的限售股的公允价值进行计算，此时若公允价值是 5 亿元，由于在筹划地考虑到风险的问题，合伙人不准备筹划核定了，若最高依 35% 计个税，即使有地方财政的奖励，税负似乎还是比较高。因此想通过交易架构调整（见图 4 – 5），于是先交易一步：

张三与李四转让 99% 的部分给新成立的一家合伙企业（节税合伙企业），转让价格为 4.95 亿元，由于该合伙企业并未实现任何收益，即不存在上述第一节我们所讨论的有账面经营所得的计税争议，就是转让的待实现收益，其公允计量的收益在税收上属于未实现的收益，仅仅是会计上的波动收益，不是经营所得的实现。在此环节，按20%税率计税，个人所得税为0.99亿元。这相当于降低了实质性的税负，若地方按相当于30%的部分给予奖励0.297亿元，即净缴0.693亿元的个税。不过在此过程当中，要考虑纳税地的问题，受让方的合伙企业最好亦设立在当地，以实现纳税地的统一，避免形成扣缴个税的纳税地争议，防范行政罚款风险。

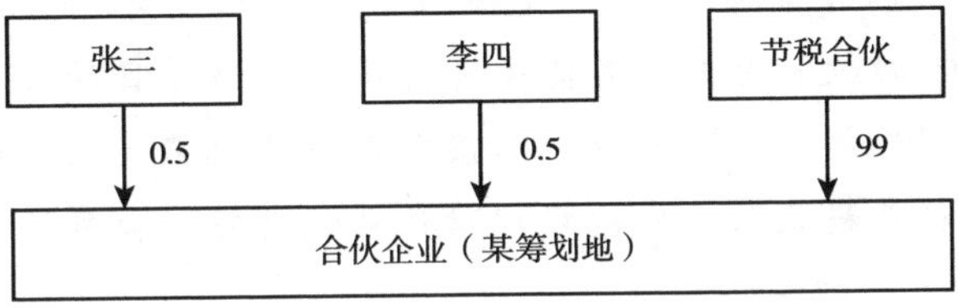


**图4－5 合伙企业经营所得分配**

未来到了合伙企业真要减持变现的时候，需要计算增值税及附加税费，同时按0.5%分别计算张三与李四的经营所得个税，而分配到节税合伙企业的经营所得假设是接近于5亿元，由于其原来的投资成本是4.95亿元，是从别人手中购置的投资价。依上面的数据，其收益是500万元，此时实现的节税效果，会不会存在被否定的风险呢？有，但笔者认为很难，比如税务机关从反避税的角度进行质疑，张三与李四是用公允价转让的，这个没有问题，这是国家税收制度形成的计税规则的结果，不是反避税的内容，相较于不用公允价转移的方式，这是不是更需要保护呢？但是要提醒的是，若受让方是个人主体，则其收购成本很可能得不到扣除，因为存在按所投资的合伙企业层面的经营所得直接计算其所得，不能将个人溢价收购成本纳入其所投资的合伙企业所得的计算范围，所以这是需要谨慎把握的重要一点，因为个人没有归集核算主体的功能。不过，似乎这里也有一个破绽，即上面的4.95亿元，节税合伙的企业并没有钱支付，只能欠账之时，这个投资成本能否扣除？至少笔者认为，并没有不支付就不让税前扣除的限制，因为其负债是体现在账面上的，从清算所得的角度，也应是允许其扣减的。若真是不行，进行一个过桥资金的安排，变化一下债务人，就更为妥当了，或者考虑未来分到钱时再支付也来得及，只要掌握在一个年度内即可。

在最近的一些业务交流中，笔者发现，在真实退伙时，有一项政策似乎也是支持其按20%的税率进行计税的，《国家税务总局关于个人终止投资经营收回款项征收个人所得税问题的公告》（2011 年第 41 号）规定：

根据《中华人民共和国个人所得税法》及其实施条例等规定，现对个人终止投资、联营、经营合作等行为收回款项征收个人所得税问题公告如下：

一、个人因各种原因终止投资、联营、经营合作等行为，从被投资企业或合作项目、被投资企业的其他投资者以及合作项目的经营合作人取得股权转让收入、违约金、补偿金、赔偿金及以其他名目收回的款项等，均属于个人所得税应税收入，应按照“财产转让所得”项目适用的规定计算缴纳个人所得税。

应纳税所得额的计算公式如下：

应纳税所得额 = 个人取得的股权转让收入、违约金、补偿金、赔偿金及以其他名目收回款项合计数 - 原实际出资额（投入额）及相关税费

二、本公告有关个人所得税征管问题，按照《国家税务总局关于加强股权转让所得征收个人所得税管理的通知》（国税函〔2009〕285 号）执行。

本公告自发布之日起施行，此前未处理事项依据本公告处理。

特此公告。

二〇一一年七月二十五日

其实对于退伙，原来认为应按经营所得依 5% ~35% 计税时，是与此相矛盾的，这里是 20%，似乎也能够贴合收回投资的说法，只是当时大家对此的议论并不多。那么现在合伙份额转让明确了适用 20% 之后，对于超过经营所得计税之外的部分，按 20% 计税在转让层面得到了衔接，若就是退伙之时，超过了原来的经营利润多给的部分，是不是不按经营所得，而是按 20% 计税呢？似乎有了一定的讨论空间。因为退伙之时，需要考虑公允计量的问题，但并没有实现税收所得的情形，正好套上前文的政策规则，也更适合财产转让所得的理念。不过前提是合伙企业愿意多给。而在

清算之时，是需要全部按照公允计价方式计算分配的，依规定适用经营所得，这个是没有问题的，尽管也没有实现但在清算时是视为实现的，因为要进行资产的转移分配处理。

《财政部 国家税务总局关于印发〈关于个人独资企业和合伙企业投资者征收个人所得税的规定〉的通知》（财税〔2000〕91号）规定：

第十六条　企业进行清算时，投资者应当在注销工商登记之前，向主管税务机关结清有关税务事宜。企业的清算所得应当视为年度生产经营所得，由投资者依法缴纳个人所得税。

前款所称清算所得，是指企业清算时的全部资产或者财产的公允价值扣除各项清算费用、损失、负债、以前年度留存的利润后，超过实缴资本的部分。

**（3）认缴出资额转让及原值扣除的问题**。

在适用国家税务总局公告2014年第67号文件时，对于已认缴但未实际出资部分的股权份额转让，如何计税没有全国统一的认识。若按0元转让，有的简单化地套用净资产的比例拆分核定转让价格，有的会考虑是不是拥有法定的利润分配权，甚至还有的认为出资义务转让了，自己应欠单位的认缴款项改由受让方实际出资也属于一种所得，所以实际上对相关问题存在很多的理解甚至误解。

笔者观察到，某地税务机关个税专家在讲解此项政策时，是这样解读未出资情形下股权转让价格的核定方式的：比如认缴出资300万元，占50%的份额，实缴50万元，还有250万元未实缴，其余股东均未实缴，此时净资产为800万元，如何计算其可以核定的价格呢？依其意见是（800－50）×50%＋50＝425万元。注意，这里假设除自己出资的部分外，其余的净资产部分是按认缴比例进行划分的，即认为相应的权益是以认缴比例进行划分的。笔者认为有一定的合理性，但与《公司法》的基本规则有差异，若能够结合章程约定的实际情形，比如章程约定以实缴作为分配的比例，那么在此点上，相应的权益都是属于该个人的权益，也是说得通的。另外对于未实缴的部分，并不属于欠公司的款项，在未来若存在偿还债务等情形，个人股东有相应的补齐出资承担责任的义务，但是即使到了约定的出资时点，也并不能说明股东与被投资企业之间形成了简单的债权债务关系。

但要注意，企业作为股东转让股权的时候，并不是按国家税务总局公告2014年第67号的标准来确定，而是按照反避税的方式来处理，也就是需要按照企业所得税的规则来判断，不过现在关注度较弱。

对于合伙企业也是一样，有认缴、有实缴的情形，在计算扣除投资原值时，是实缴的金额，不是认缴的金额。试想，若以认缴的金额扣除，是不是这个出资的资产要算进来增加可交易或清算的资产额呢？实际上是同等变化的，所以，从逻辑上来看，还是以实缴的成本作为原值扣减才是真实可靠的，也是恰当的。但是，在筹划中实缴与认缴、分配约定是很有文章可以探讨与技术应用的。

当我们在合伙的结构中，搭建多层的、跨地区的结构时，比如搭建超过5层以上，是不是这种来自底层的收益类型就因信息不对称而被掩盖了呢？一部分人在筹划中或许会采用多层嵌套这类简单问题复杂化的规划手段。加之合伙人收益分配是以约定为主，这种约定可以较为自由地实现彼此利益的变化。还有一些情形，是在这些合伙企业之外，通过向外支付成本费用的方式，由另外的一些合伙主体、公司主体来实现效益的最终筹划落地，实现主体利益的腾挪，甚至转移到境外。

**（4）关于反避税政策方面的规则遵从及进展。**

无论是对于企业所得税，还是个人所得税，在反避税相关政策及其规则的管理中，纳税人该如何去遵从？一方面，其主观上可能通过相应的关联交易等方式，实现了利益的优化，但这种交易并不必然违反业务发生时的商业性规定，当税务机关质疑其操作并拿出相应的可比性交易参考数据或方法后，并不要求据此去调整业务，而仅仅是税上的处理，纳税人再行调整补缴税款，加收利息处理。

笔者认为，对于跨境交易、海外上市的主体或高管个人的所得、中国境内企业外派境外工作的个人、CRS数据的个案化使用、野蛮避税的个案化处理等，或许可以优先考虑，而对于有相应的实体运营、投资制造业的情形，属于国家重点发展的产业，需要适当地营造相对宽松的环境。比如前几年较为专业的有力推进反避税的地区，最近几年随着经济形势的变化，也慢慢在调整策略了。若有利方面超过不利方面，不能只顾着打击可探讨的不利方面；对于不是明确违法的行为时，需要有一些大局观。

在实践中，我国的反避税一般由税务系统内专门的反避税部门进行统筹协调管理，且一直以跨境反避税为主要的应对事项。近年来，随着稽查、风控等部门尝试使用核定权、税前扣除等方式，也在不断地进行反避税工作，特别是立法对个人反避税明确之后，还是有大量的细化工作要做。

比如在新个税法生效之前，曾有深圳与北京某区的地税部门发起过一项认定，即对于个人境外间接转让境内财产时，反避税工作中的所得认定为来源于中国，这是比较有代表性的创新。现在来看，税务机关的反避税处理应有更为坚实的上位法支持，所谓理解总需要边界限制，在反避税的应用层面上，我们仍期待有更为详细的规定进行规范，以减少扩大化的理解，这也是对于纳税人权利的保护。

**（5）非交易过户适用情形下限售股的筹划路径。**

从2010年起，个人转让限售股开始计征财产转让所得的个税，多年来，对于限售股的避税，一直没停下脚步。前面的章节中我们提到常规的避税方式，本节中我们分析一个新的应用场景。

**【案例4－28】**某合伙企业是某上市公司的原始股东，其上市后限售期结束时，暂时还没有完全减持完股票，于是决定注销合伙企业并将股票清算分配给个人。注意，由于限售期结束后，可以进行相应的转让，若经过分配给个人，相当于个人是从原发行股东手中取得的股票，再进行转让就可以享受所得免税的待遇①。是不是可以在分配环节不需按公允价值计算

① 《关于个人转让股票所得继续暂免征收个人所得税的通知》（财税字〔1998〕61号）规定：为了配合企业改制，促进股票市场的稳健发展，经报国务院批准，从1997年1月1日起，对个人转让上市公司股票取得的所得继续暂免征收个人所得税。后来特别明确了个人转让限售股征税的规定。

经营所得的个税，实现“金蝉脱壳”一举避开纳税义务呢？

分析：该筹划想法似乎并不是天方夜谭，这是因为若是在企业注销的情形下，在登记过户机构是可以实现“非交易过户”的，但我们一定要先打个预防针，所谓的证券非交易过户，不代表税上的非交易计税事项，因这里提到的交易，是证券交易所的交易程序实现的过户方式与程度之别，完全是不同的概念。

2020 年 4 月 30 日发布的《证券非交易过户业务实施细则（适用于继承、捐赠等情形）》规定了包括法人资格丧失所涉证券过户的情形，合伙企业、非法人创业投资企业等非法人组织，因组织资格丧失需办理证券变更登记的，比照法人资格丧失所涉变更登记业务办理。但是依据财税〔2000〕91 号文件规定，在清算时是要计算公允价值并计量个人经营所得的。当然，我们不排除有的合伙企业在注销时，没有进行严格的公允计量，其实这是不对的。比如清算时按公允计量的价格是 80 元/股，未来股价下跌到 60 元/股，未来转让变现时免税，感觉是“吃亏”了，因为已按高的价格进行过所得计税但没有以此价格获得现金利益；反之若升至 120 元/股，则后面的差价可以享受免税。其实个人持有的其他资产，如房地产、设备等，何尝不是这样呢？价格的变化就是市场环境的风险来源，这可能需要合伙人评估一下注销的时点，尽可能地在较低的市场价格时点进行选择。不过笔者认为，以前一个交易日的收盘价作为公允价值的参照，并不必然，关于这一点，我们需要结合市场的交易量及交易场景来分析①。

可以肯定地说，当下想利用注销企业（包括有限责任公司或者是合伙

① 已失效的《最高人民法院关于适用〈中华人民共和国合同法〉若干问题的解释（二）》（法释〔2009〕5 号）曾有这样的意见：

第十九条 对于合同法第七十四条规定的“明显不合理的低价”，人民法院应当以交易当地一般经营者的判断，并参考交易当时交易地的物价部门指导价或者市场交易价，结合其他相关因素综合考虑予以确认。

转让价格达不到交易时交易地的指导价或者市场交易价百分之七十的，一般可以视为明显不合理的低价；对转让价格高于当地指导价或者市场交易价百分之三十的，一般可以视为明显不合理的高价。

债务人以明显不合理的高价收购他人财产，人民法院可以根据债权人的申请，参照合同法第七十四条的规定予以撤销。

企业）进行非交易过户不按公允价值计算所得的行为，是不合规的。在填写清算申报表时（目前合伙企业清算没有统一标准的报表格式），若填写的收入数据未体现出溢价（也可能是折价），是不是主观故意形成偷税，暂不多探讨，但税务机关至少在三年或五年之内可以向纳税人追缴税款，必要情形下，不排除可以考虑以虚假申报为手段。

《证券非交易过户业务实施细则（适用于继承、捐赠等情形）》还新增了一种非交易过户的情形，笔者发现有的人也在探讨这里可能存在的筹划空间。

第九条 私募资产管理所涉证券过户的，申请办理过户业务时需提交以下材料：

（一）过户业务申请；

（二）中国证券投资基金业协会出具的私募资产管理计划备案证明文件；

（三）资产管理协议，如资产管理协议未明确过户证券信息的，需补充提交证券过户协议；

（四）聘请托管人的产品（含私募资管计划）为过出方的，托管人需出具知晓并同意办理证券过户的材料；

（五）私募资产管理计划委托人、管理人有效身份证明文件；

（六）本公司要求的其他材料。

私募资产管理所涉证券过户的股票应为无限售条件流通股。

《证券期货经营机构私募资产管理业务管理办法》（中国证券监督管理委员会令第151号）规定：

第十九条　单一资产管理计划可以接受货币资金委托，或者接受投资者合法持有的股票、债券或中国证监会认可的其他金融资产委托。集合资产管理计划原则上应当接受货币资金委托，中国证监会认可的情形除外。

证券登记结算机构应当按照规定为接受股票、债券等证券委托的单一资产管理计划办理证券非交易过户等手续。

正是基于这个文件的立意与出发点，非交易过户就顺理成章地出现了[①]。对于限售股而言，有的人认为若是非交易过户时不征个税，在资产管理计划中变现分配了，如何应对税收征管上的漏洞呢？需要特别说明的是，一是委托人与单一资产管理计划之间的过户在设立、存续、清算阶段均可以办理；二是过户股票如涉及“减持新规”的，过户前“减持新规”对相关股票的限制在过户后继续有效。笔者学习相关的政策及专家的文章，有的提出单一资产管理计划可以接受投资者合法持有的股票、债券等委托，资产管理人可以为客户提供股票减持、市值管理、网下打新等服务。但非交易过户是需要计缴证券交易印花税的。下面是某上市公司公开发布的非交易过户的公告摘要：

××股份有限公司关于控股股东及一致行动人所持公司股份非交易过户的提示性公告

××塑业集团有限公司（以下简称“公元集团”）为××股份有限公司（以下简称“公司”）的控股股东，持有公司股份465 296 370股，占公司总股本的比例为41.43%。

为开展股票、基金等金融产品投资，××集团委托广发证券资产管理（广东）有限公司设立“广发资管元鑫11号××塑业单一资产管理计划”，

① 为落实党中央、国务院深化“放管服”改革要求以及《证券期货经营机构私募资产管理业务管理办法》中关于单一资产管理计划允许以券出资的规定，在中国证监会统一部署下，对《证券非交易过户业务实施细则（适用于继承、赠与、依法进行的财产分割、法人资格丧失等情形）》进行了修订，新增了私募资产管理所涉非交易过户情形，调整了捐赠等部分非交易过户情形的业务要求，形成了《证券非交易过户业务实施细则（适用于继承、捐赠等情形）》。

拟向中国登记结算有限责任公司深圳分公司申请办理证券非交易过户业务，将其所持56 000 000股公司股份过户至“广发资管元鑫11号公元塑业单一资产管理计划”。作为委托资产由管理人广发证券资产管理（广东）有限公司在有关法律法规和合同规定的权限内进行管理。

本次非交易过户事项及“广发资管元鑫11号公元塑业单一资产管理计划”的运作不会导致××集团所持有的公司股份数量发生变化，××集团仍持有公司46 529 637股，占公司总股本的比例为41.43%。本次事项不存在违反中国证监会、深圳证券交易所关于上市公司控股股东减持股份限制规定的情况。

公司实际控制人之一张某均目前持有公司股份19 629 144股，占公司总股本的比例为1.75%；公司董事长卢某宇目前持有公司股份11 232 130股，占公司总股本的比例为1%；公司副总经理张某媛目前持有公司股份9 000 000股，占公司总股本的比例为0.8%；张某晨目前持有公司股份8 594 928股，占公司总股本的比例为0.77%。

公司实际控制人为张某均、卢某芬夫妇，卢某宇和卢某芬是姐弟关系，张某媛是张某均、卢某芬之女，张某晨是张某均、卢某芬之子，故以上人员均为一致行动人。

为开展股票、基金等金融产品投资，张某均委托广发证券资产管理（广东）有限公司设立“广发资管元鑫52号单一资产管理计划”，拟向中国登记结算有限责任公司深圳分公司申请办理证券非交易过户业务，将其所持19 629 144股公司股份过户至“广发资管元鑫52号单一资产管理计划”。

卢某宇委托广发证券资产管理（广东）有限公司设立“广发资管元鑫53号单一资产管理计划”，拟向中国登记结算有限责任公司深圳分公司申请办理证券非交易过户业务，将其所持11 232 130股公司股份过户至“广发资管元鑫53号单一资产管理计划”。

张某媛委托广发证券资产管理（广东）有限公司设立“广发资管元鑫

54 号单一资产管理计划”，拟向中国登记结算有限责任公司深圳分公司申请办理证券非交易过户业务，将其所持 9 000 000 股公司股份过户至“广发资管元鑫 54 号单一资产管理计划”。

张某晨委托广发证券资产管理（广东）有限公司设立“广发资管元鑫 55 号单一资产管理计划”，拟向中国登记结算有限责任公司深圳分公司申请办理证券非交易过户业务，将其所持 8 594 928 股公司股份过户至“广发资管元鑫 55 号单一资产管理计划”。

作为委托资产由管理人广发证券资产管理（广东）有限公司在有关法律法规和合同规定的权限内进行管理。本次非交易过户事项及单一资管计划的运作不会导致张某均、卢某宇、张某媛、张某晨所持有的公司股份数量发生变化，张某均仍持有公司股份 19 629 144 股，卢某宇仍持有公司股份 11 232 130 股，张某媛仍持有公司股份 9 000 000 股，张某晨仍持有公司股份 8 594 928 股。本次事项不存在违反中国证监会、深圳证券交易所关于上市公司股东减持股份限制规定的情况。

目前来看，主要是上市公司的股东们（包括公司、合伙企业、个人等）为盘活股票价值，所进行的一种投资性活动，不过管理人也不可能随意对其进行减持处理，需要遵从相应的原股东的减持约束条件。而且这个产品本身也不是为减持设计的，大家也不必过分担心。目前来看，对于单位股东，其进行的非交易过户处理，并未形成所得税的利益兑换，笔者认为不需要进行所得确认，可以认为是暂存在资管进行担保打新之用的存量股票。但对于个人持有的限售股，在将其非交易过户到证券公司的资管计划时，要不要计税，笔者发现了一些文章表达了这样的意见：比如认为由于对个人限售股转让是计征个人所得税的，这时候是“转让”行为，需要计征个税。不过对于转让，还是需要以有“所得”为前提的，对于将自己的股票过户到资管计划名下，还属于自己的财产范围，如何实现所得呢？其实股票还是那个股票。尽管不排除有人担心存在避税筹划的风险，但这只是担心，并不是确定，所以笔者认为在此时点不宜计征个税。但是资管若存在减持时，就需要体现所得计税了，由于隐藏了个人开户信息，目前征管中可能存在信息掌握上的漏洞，所以笔者认为这种创新，还是需要进行股票跟踪的，若计征了个税，将来股票再划拨回到个人名下时，是不是要退税，还是视为新购？笔者认为不宜强硬地断定，但据此操作通道认为可以不计缴个税是明显不对的。

另外对于限售股，还需要明确一下，继承与财产分割情形下取得的限售股，在转让时也要计缴个人所得税。之前限售股方面，单位持有时，会有低至5折的价格转让到个人名下，现在的协议或大宗交易转让都做不到这么低了，基本上是掌握在9折的水平上。

现实当中，对于限售股的筹划安排，有一些存在合理的理由，也有一些似乎是“野路子”。不过现在看来，其实施路径越来越严格，空间越来越少。对于老板们来讲，基于合规性的筹划是最基本的要求，第一要素还是要经得起考验，第二是利益的合理取得，第三要考虑风险的有效隔离等。传统筹划、全民筹划的节税挣钱之道要“变无”了。

**（6）其他个人的经营所得并入综合所得税展望**。

最近笔者时常听到税务机关的专家提出，不是存在个人的其他经营所得与综合所得之间的征管漏洞与不协调之处吗？未来的立法实施层面上，不排除想把个人其他经营所得并入综合所得一并计税的想法，以防范混淆劳务报酬、薪酬所得与经营所得，通过相应的核定征收率等方式达到税务筹划的目标，减少这种税负的不平衡以及给社会带来的计税错乱之感。

有人提出来，为何不能把劳务报酬与个人其他经营所得严格区分开来呢？实话讲，这很难分清，尽管我们已设想了成本论、场地论等情形，但是若一个人未办理登记成为个体工商户等主体，也没有办理临时税务登记，就其劳务方式来看，真是很难有相应的证据证明其属于劳务报酬还是经营所得，而且现实当中也确实是存在征管的理解差异。比如网红的个税计缴问题，某地认定其为劳务报酬并要求按此所得类型补缴税款，结果搬离该地，在新的地方却是得到了认可其为经营所得类型的支持，这违法吗？这是理解的差异问题，因为规定的本身就存在着这样的漏洞。此时就看谁的“服务水平与服务能力”更胜一筹。

目前国家还是比较鼓励个体工商户发展的，未来对于个体工商户的政策，有可能作为比较好的筹划载体存在。不过我们也有分析，由于个体工商户不能作为公司股东出资，所以相较于个人独资企业与合伙企业，失色不少。但个体工商户能否作为合伙人，似乎实务中并不明确性禁止，理论上认为不大可行。

另外，对于当前如外卖平台送餐小哥这样的就业群体，其本身因为是劳务外包形式，缺乏相应的社会保障体系，目前国家正在完善相关政策，从而保障其合法的权利，不能因为当前的政策漏洞，导致被大量滥用的情形。

《关于落实网络餐饮平台责任切实维护外卖送餐员权益的指导意见》（国市监网监发〔2021〕38 号）提出：

五、综合运用保险工具，着力强化保障力度

网络餐饮平台及第三方合作单位要依法为建立劳动关系的外卖送餐员参加社会保险，鼓励其他外卖送餐员参加社会保险。按照国家规定参加平台灵活就业人员职业伤害保障试点，防范和化解外卖送餐员职业伤害风险。鼓励针对平台就业特点，探索提供多样化商业保险保障方案，确保缴纳费用足额投保，提高多层次保障水平。

## 4.3 小结

以变制变，既然这是一个变化的世界，我们自己无论是主动地变，还是被动地变，已身不由己。有时候，变化会让自己变得好看，有时让自己变得充实，有时让自己变得健康。“变”的筹划功能，其实就是调整过去、适应现在、谋划未来。

任何一个新生事务的出现，或多或少会有税的因素存在并受其影响，俗语讲：“通则不痛，痛则不通。”若税收问题通畅了，业务才不会痛，所以大家发现，有一些业务的突破点就是在税收上做到“精准疏通”。

本章中的案例，一些是当前筹划领域比较热门的事项，一些是相对冷门的内容。笔者仅是结合自己的观察、理解与分析，拿出来与读者探讨。一个事物的出现，不宜直接定性好或不好，需要以辨证的眼光看待，比如在税收处理上存在模糊之处，但属于经济上的创新，需要适应某个阶段的发展现状，此时宜引导为上，趋利避害。

求“变”的想法，源自多方面的推动，比如：

第一，从纵向看，对现状不满足，拟结合创新举措优化税负，因为变得越早，越能享受政策的时间窗口红利与时间性价值。税务专业人士的创新往往滞后于商业领域的创新，思维的筹划需要从自身入手，不走寻常路。

第二，从横向看，相比同业情形，希望有所改善，更希望能突破常规，领先一步。

第三，从征纳关系看，要满足政策的适用规则，避开“雷区”，减少争议与风险成本的出现概率。

金无足赤，人无完人。变的过程，是曲折的探索过程，很难有十全十美的方案和沟通。结合这些案例，笔者认为，既要对规则充分理解与掌握，还要在此基础上偶尔“脑洞大开”。

反之，站在税务机关的征管、检查角度，对当前这些眼花缭乱的筹划之术，要具备火眼金睛，也要修炼应对之术，笔者认为，可以考虑如下三个方面：

一是，建立大数据的预警与推送机制，滞后的防范是“一步晚、步步晚”，且相当被动，等其他部门发现推送或传递过来之时，可能会有工作失职之嫌。

二是，完善引导机制，通过报纸、媒体，对于某些特定的事项作出针对性的解读与警示，不能只靠最后环节稽查出手。也不能任由泛滥后再整顿，此时可能已有些过晚。

三是，及时明确政策，强化职责，提前布防，形成一支有执行力的“铁军”。

变化，意味着机会，也伴随着风险，这才是人生的日常，也是奋斗的动力。在本章的案例分析中，很多事项其实可以一眼看穿，筹划人士切勿认为税务机关不懂或好糊弄，有时往往一出手，就够受的。所以合规、合理正变得越来越重要。不排除有的基层税务人士被专家或某些文章所迷惑，成为“迷弟”，要对自己有充分的自信。那些看似眼花瞭乱的筹划技巧当了解了之后，哪有神秘可言，所以，专家告诉大家的并非它的全部，而是有利的部分。但筹划本身的必要性，仍是有共价值的，即使展示出来，也不代表被否定。当下经济新生事物频现，变化多样，征管反制与政策等陋行，这需要更多的动作，更多的引导，在“惩恶扬善”中前行。

# 第五章 “调”字诀

中医讲究“调理”，包括调整饮食、调理经脉、调理心情等。“三分治，七分养”，指的是在病人康复过程中，医生和药物所起的作用较少，身体的恢复更多依赖于自我调节，本质上也就是修复自愈力的过程。尽量依靠内力来治愈疾病，是中医的根本宗旨，也是医疗的至高层次。当然中医也有提及治未病之病，想必大家都不想等到最后需要扁鹊那样的高手进行“抢救”。税务筹划也一样，需要提前进行调整，增强自身免疫力，而不能等到有大问题出现了。问题“病入膏肓”之时，筹划也没有意义了，可能连亡羊补牢的机会都没有了。

## 5.1 “调”的手法概述

本章中，笔者将借鉴一些自己遇到或观察到的案例，来聊一下调的重要性，可能部分内容与前面三种方式略有重叠（见表5－1）。

表5－1　　调整方式及目标

| 调整的方式 | 简要说明 | 目　标 |
|---|---|---|
| 调整股东关系 | 包括调整已存的股东关系，比如从某个人变成另外一个人、一个单位 | 为利益的转移做好铺垫 |
| 业务服务主体的调整 | 比如从有限责任公司调整为合伙企业 | 为避税安排 |
| 业务主体的调整 | 从原来的一家做生意拆分为若干家做生意的方式 | 充分享受小微企业的增值税优惠与小型微利企业的所得税优惠 |
| 移花接木式的规划 | 一家企业的优惠到期后，再想办法重新成立一家企业继续享受优惠 | 为了更多地享受减免税优惠 |

续表

| 调整的方式 | 简要说明 | 目标 |
|---|---|---|
| 境内外交易主体的调整 | 从境内单一交易主体到境内、境外分开的交易接单方式，比如在香港、新加坡、美国或非洲等国从事相应的业务、资产交易 | 跨境交易的收汇结算、部分存在周期较长的情形，因此考虑在境外搭建交易主体的方式，从事境外的交易 |
| 交易内容的调整 | 比如从销售货物，到销售货物加安装、会员等方式的筹划 | 这主要是基于降低增值税税率的安排，还比如出租不动产时拆分服务，意在降低房产税 |
| 调工资、奖励发放地的安排 | 在集团内如何发放薪酬所得，何时、何主体、何地选择 | 有的可以实现“改变性质”支付，有的可以实现财政奖励的利益 |
| 调整收入、成本的实现时间 | 在业务中，比如对于结算、对于法定手续的办理等，可以设置相应的条件 | 完成成本的列支、收入的实现，一些情形下可以实现提前或滞后的安排 |
| 调整交易客体的载体价值 | 比如先分配股息红利再转让股权，也有比如通过产品的智能化赋能方式，增加货物的溢价空间 | 交易客体的价值，会实现一定的利益传递，这比直接进行的支付服务费、佣金等更容易得到认可 |
| 调解矛盾的处理方式 | 某企业在A地遇到税务疑难问题，索性迁到B地进行沟通解决 | 笔者曾观察到这样的案例，通过跨区迁移实现注销或解决某涉税争议的处理（通常不是在稽查立案的情形下） |
| 调解股东矛盾 | 比如通过特殊性税务处理分立，12个月后再各自退出，从而减少过程当中的税负 | 在没有产生效益情形下的架构调整，不想产生真金白银的税费支出 |

上述案例样本，或多或少涉及调的功能体现，现实当中，比这些更有效能、更复杂的样本还有很多，结合笔者的经历来看，往往一个小小的变化就可以解决大问题。只是需要找到某个点，下一点功夫，整体评估、小心求证。

相较于前面三种筹划方式，“调”的方式相对比较柔和，主要起到以小搏大的作用，它的筹划核心在于量变到质变。这样的做法，在税收风险管理中也容易得到认可，没有大起大落的波动。但也不是说万无一失，我们前面提到，有一些风险是人为认识的风险，而不是真的违法风险，想必大家在日常与税务机关的接触中也是司空见惯了。

现实当中，笔者也发现一些浑水摸鱼的“调”，比如下面的这些招法：

一是，将报表中应收与应付等“凭感觉”对冲，隐藏了一些借款与付款的处理，进而逃避一些纳税义务；

二是，将研发支出进行资本化与费用化的不恰当调整；

三是，混淆科目使用，故意减少纳税调整的处理，比如应计入费用类的支出，结果计入了主营业务成本处理；

四是，进行总分机构的数据调整，以实现所得税分摊的安排等。

上面的这些处理，藏着不少“不可告人”的小秘密。在假设一个目标的前提下，筹划的路径上实际是有多种选择的，并非一对一的关系。从调理来看，有时润物细无声，税务筹划并不是天天像宣传所描述的那样高大上，其实一个用心的财务工作人员、税务干部，会有自己的想法，做的很多事都是有计划、有判断、有步骤的。因为有一些东西自己可能很难遇到，非要天天研究遇不上的东西来筹划探讨，岂不是浪费大好时光！用得上，用得好，这是根本之处，比如某财务人员新入职一家公司后，会仔细地查看相应的合同、收款、发票的管理与记录，会把发票的开具人、收款人、审核人做一些分离，有条理地快速把进项税额作选择勾选抵扣，这些都是日常中筹划的合规表现，不必把筹划这个事拔到很高的高度上来。

## 5.2 “调”的税务风险平衡

相关的情形，在不同的人看来，或者从不同的地区口径来看，或多或少会有一些不同的理解，下面所探讨的事项，建议有选择地吸收。

### 5.2.1 软件公司的腾挪之术有应对手段了

为何要与大家聊这个事项，是因为这里的筹划手段，在之前的年度里是相当“粗暴”的。但是现在，有一些税务的防范手段出现了。

**【案例5-1】** 张三与李四在2017年成立了一家软件公司，当年度实现盈利并且满足条件享受了“二免三减半”的所得税优惠，2021年优惠政策即将到期，张三与李四拟新成立一家软件公司，地址不变，人员重新签订劳动合同，相关的著作权证书重新办理注册在新公司名下，想再重新享受一次“二免三减半”的软件企业优惠。

分析：在过去，税务机关人士可能真没有好办法否定这样的做法“师出无名”，实际上，原来的外商投资企业在旧税法下享受的期间优惠政策，也存在一些类似的“套路”。这是改头换面，重新包装，从大的方向看，将原来的东西再拿出来享受优惠，也是不够合理的，不宜重复得到。

中华人民共和国工业和信息化部 国家发展改革委 财政部 国家税务总局公告2021年第10号文件规定：

一、国家鼓励的软件企业是指同时符合下列条件的企业：

（一）在中国境内（不包括港、澳、台地区）依法设立，以软件产品开发及相关信息技术服务为主营业务并具有独立法人资格的企业；该企业的设立具有合理商业目的，且不以减少、免除或推迟缴纳税款为主要目的；

（二）汇算清缴年度具有劳动合同关系或劳务派遣、聘用关系，其中具有本科及以上学历的月平均职工人数占企业月平均职工总人数的比例不低于40%，研究开发人员月平均数占企业月平均职工总数的比例不低于25%；

（三）拥有核心关键技术，并以此为基础开展经营活动，汇算清缴年度研究开发费用总额占企业销售（营业）收入总额的比例不低于7%，企业在中国境内发生的研究开发费用金额占研究开发费用总额的比例不低于60%；

（四）汇算清缴年度软件产品开发销售及相关信息技术服务（营业）收入占企业收入总额的比例不低于55%［嵌入式软件产品开发销售（营

业）收入占企业收入总额的比例不低于45%］，其中软件产品自主开发销售及相关信息技术服务（营业）收入占企业收入总额的比例不低于45%［嵌入式软件产品开发销售（营业）收入占企业收入总额的比例不低于40%］；

（五）主营业务或主要产品具有专利或计算机软件著作权等属于本企业的知识产权；

（六）具有与软件开发相适应的生产经营场所、软硬件设施等开发环境（如合法的开发工具等），建立符合软件工程要求的质量管理体系并持续有效运行；

（七）汇算清缴年度未发生重大安全事故、重大质量事故、知识产权侵权等行为，企业合法经营。

二、本公告第一条中所称研究开发费用政策口径，按照《财政部 国家税务总局 科技部关于完善研究开发费用税前加计扣除政策的通知》（财税〔2015〕119号）和《国家税务总局关于研发费用税前加计扣除归集范围有关问题的公告》（国家税务总局公告2017年第40号）等规定执行。

三、本公告自2020年1月1日起执行，由工业和信息化部会同国家发展改革委、财政部、税务总局负责解释。

大家可以发现，相关条件中加了“该企业的设立具有合理商业目的，且不以减少、免除或推迟缴纳税款为主要目的”这样的内容。相当于赋予了税务机关对此方面的调整权，也利于引导纳税人自我风险防范。但笔者认为，我们的宣传内容似乎对此描述得不够明朗，应明确地标示出来为宜。

对于这种时段性的税收优惠，在其他方面也同样存在，比如对于一些基础建设享受“三免三减半”企业所得税优惠的企业来讲，其可以考虑通过不断地增设公司，来划分不同的经营范围与事项，这也可以充分地享受一些优惠政策。目前一些税务机关的人士也开始对此有所关注了。

其实对于软件方面的税收优惠来讲，前面章节已讨论比较多。但有一些问题，值得深度探讨一下，比如关于增值税即征即退的适用情形问题。

依据财税〔2011〕100号文件，要享受到增值税即征即退优惠政策的软件销售，文件规定增值税一般纳税人销售其自行开发生产的软件产品，按17%税率（现在税率为13%）征收增值税后，对其增值税实际税负超过3%的部分实行即征即退政策。

请特别注意，如何理解“自行开发生产”呢？因为软件即征即退的条件，是要取得相应的著作权或版权，若是自己企业雇佣的员工开发的，这是满足条件；若是企业招的临时劳务用工人员开发的，个人提供劳务，这算不算自行开发生产？其实成果的享受与失败的风险均是企业的，别人只是一个实施者。但有的人却并不这样想，认为不是通过员工或老板的智慧开发的，就不是自行开发，是企业“外面的人”开发的，这种“错位”理解看似挺有道理，因为我们是鼓励自己通过专业能力开发并给予优惠，企业若找外部的人来开发，这不是借别人的东西来享受优惠吗？为此，笔者认为不妥，自行开发生产，主要是看谁是它的所有者与拥有者，因为人财物都是投入的成本，个人花的精力与时间都包括在内。比如有一些建筑公司的施工人员也是劳务外包，此时是不是认为也不是这个建筑公司提供劳务呢？在法律上就应得到支持，不宜教条地理解以人的归属来判断，比如在找了很多个人的情形下，经过一起投入才研发出来的成果，此时就更应认为是自行开发了。如果上述情形都得不到理解与认可，若是找外包公司开发，则更得不到认可了。但此问题应引起重视，比如下面的这个案例：

《××软件：关于收到××市国家税务局第四稽查局税务处理决定书的公告》详细披露如下：

××倚天软件股份有限公司于2018年1月17日收到《××市国家税务局第四稽查局税务处决定书》（大国税稽处〔2018〕29号），现将有关情况公告如下：

一、基本情况

××市国家税务局第四稽查局于2017年9月13日至2018年1月10日对公司2007年1月1日至2016年12月31日有关纳税情况进行了检查，认为公司的部分软件产品开发成本中列支的技术服务费，相关业务由第三方完成，不属于自行开发生产产品的范畴，对应的收入应单独核算，不应享受增值税即征即退政策，而公司已申报并收到相关增值税退税款。

二、处理决定

根据《财政部 国家税务总局关于软件产品增值税政策的通知》（财税〔2011〕100号）第一条第（一）项、第四条第（一）项的规定，对公司补征2013年12月增值税317 224.97元，补征2014年10月增值税893 892.40元，补征2014年12月增值税146 013.15元，补征2015年9月增值税252 537.49元，补征2015年12月增值税135 161.89元，补征2016年10月增值税71 967.19元，补征2016年12月增值税47 142.87元。合计补征增值税1 863 939.96元。根据《中华人民共和国税收征收管理法》第三十二条的规定，从滞纳税款之日起，按日加收滞纳税款万分之五的滞纳金。

三、处理事项对公司的影响

公司已按照××市国家税务局第四稽查局的要求于2018年1月17日缴清上述增值税税款及滞纳金，并于1月18日告知主办券商相关事项，此次税务处理未对公司的经营造成较大的影响。

四、公司说明及整改措施

关于此次事件，公司予以高度重视，已组织相关部门和人员进一步加强有关税务法律法规的学习。公司全体董事、监事和高级管理人员将以此为戒，进一步加强对财务内控制度的落实，强化责任意识，杜绝此类行为的再次发生，切实维护公司和股东的利益。

五、备查文件

《××市国家税务局第四稽查局税务处理决定书》（大国税稽处〔2018〕29号）

特此公告。

大连××软件股份有限公司董事会

2018年1月19日

笔者为此咨询了相关的税务老师、同行的意见，确实有不同的认识，也请教了软件协会的相关专家，其理解又存在不同。所以，我们在从事专业服务的时候，需要更广泛地收集信息，以免自己看似没有问题的方案，在另一种情形下遇到质疑，既然是个问题，那就避开为好。所以筹划时尽量做得更丰富一些，避免没有退路可走。

### 5.2.2 房产税的筹划想法与落地

如果企业的房租收入是10 000元（不含增值税），房产税税率是12%，且长期征收。若未出租，是以房产原值折扣后按1.2%征收房产税，也是每年征收。对于重资产运营的公寓、酒店等，这类税负感觉是非常明显的。

下面的这个案例，是笔者在学习中记录的专家分享的内容，意在降低自用时计缴房产税的原值基数。原值的计税基数是需要结合会计准则来核算的，比如在新建房产时，通常认为需要达到预定可使用状态时才转入固定资产，相应的基础装修费多认为需要资本化计入房产原值，而后面的二次装修之类的情形，多认为属于长期待摊费用，不需要资本化处理，也就不需要计入房产原值。涉及一些办公桌椅、挂画等饰品的，这些可移动的物品多是计入低耗品或者是办公类的固定资产、存货等。极端情形下，有的企业若是通过建筑公司协助建造或从房地产公司直接购入的，故意滞后写交付日期，减少一些计缴的时间段，这样就少缴土地使用税或房产税了，这种筹划我们是不建议的。

**【案例5-2】** 大强公司拍得一块办公用地，拟建办公楼一栋，在取得用地后，大强公司开始筹建，建好毛坯房之后，建筑物价值是3 000万元，无形资产是5 000万元，大强公司将该房子的产权划拨到子公司小强公司（新成立的一个空壳物业公司），价值共计8 000万元，市场公允价10 000万元（含税）。其后，大强公司再租回该房产（接近于折旧额）进行装修，此费用列为长期待摊费用，一般按不低于三年进行摊销税前扣除处理。此部分经测算出租的税率按12%计算也是比较高的，过了12个月，大强公司再将小强公司的房产划拨回来，这样实现了固定资产原值减少的目的。

分析：在这个业务过程中，利用了特殊性税务处理的所得税政策，还利用了适当情形下不动产投资时不征土地增值税的政策，不过增值税是需要计缴的，印花税基本上也是需要缴纳的，契税利用了免税的政策。表5－2是母公司划拨时的涉税事项。

表5－2 母公司划拨时的涉税事项

| 税　种 | 税额（万元） | 缴纳方 |
| --- | --- | --- |
| 增值税（一般纳税人） | 10 000÷1.09×9%＝825.69万元，及12%的附加税费 | 大强公司，小强公司抵扣 |
| 土地增值税 | 不征 | 大强公司 |
| 契税 | 免征 | 小强公司 |
| 印花税 | 8 000×0.0005＝4 | 各方均缴纳 |
| 企业所得税 | 办理划拨的特殊性税务处理，同时由小强公司按原值8 000万元入账 | * |

母公司划拨不动产给子公司，土地增值税套用的是投资入股不征的政策，契税是套用的同一投资主体内部所属企业之间土地、房屋权属的划转免税的政策。但是后面子公司划转给母公司时，增值税又要计缴一次、抵扣一次，印花税也是如此，但此时土地增值税没有特别的政策。但笔者发现有类似案例进行了不征税处理，如《海昌新材：北京市康达律师事务所关于公司首次公开发行股票并在创业板上市的补充法律意见书（一）(2019年9月10日)》中提到：

《中华人民共和国土地增值税暂行条例》（中华人民共和国国务院令第588号，自2011年1月8日起施行）第三条规定："土地增值税按照纳税人转让房地产所取得的增值额和本条例第七条规定的税率计算征收。"

鉴于本次国有土地使用权转让系按照土地账面价值确定，无增值额，且美特粉末没有取得收入，按照相关税收法律、法规规定，本次转让无需缴纳土地增值税。

案例中的解释理由是无增值，但也有不予认可的情形，比如笔者在网上查到标示为原宁波地税的一个意见（相关法规为当时有效类似内容文件）：

（四）土地增值税

1. 母公司向子公司划转资产

依据《财政部 国家税务总局关于企业改制重组有关土地增值税政策的通知》（财税〔2015〕5号）规定，除以土地使用权投资于房地产企业用于开发产品或房地产企业以开发产品对外投资需视同按公允价值转让房地产计算缴纳土地增值税外，其他情形不征土地增值税。

2. 子公司向母公司划转资产

子公司向母公司划转房屋或土地使用权，应理解为子公司将房地产转让给母公司，同时母公司等额减资，子公司需就划出资产视同按公允价值转让计算缴纳土地增值税。

3. 母公司将一家子公司的资产划转至另一家子公司

一家子公司将房地产划转至另一家子公司，不属于股权投资、合并、分立等不征土地增值税情形，而应视同按公允价值转让房地产计算缴纳土地增值税。

不过笔者几年前倒是经历过一个相似案例，子公司注销划拨房屋回母公司时，税务机关为其办理不征税证明的过户，此处理意见，还是要结合当地理解口径谨慎地操作。甚至实践当中，母子公司相互持股的形式也是可以考虑的，比如子公司再投资回母公司，这在公司法上也并没有限制，即循环投资，投资额可以越做越大。《公司法》规定："第十五条 公司可以向其他企业投资；但是，除法律另有规定外，不得成为对所投资企业的债务承担连带责任的出资人。"此规定并没有对于投母设置限制因素，且实务当中笔者发现真有这样的情形，甚至100%互相持股的情形。有些人担心虚增资本的情形泛滥，有这方面的担心也正常，但当前这方面确实属于空白区。曾有部门的文件对于特定主体给出限定条件，如《关于修改

〈证券公司设立子公司试行规定〉的决定》（中国证券监督管理委员会公告〔2012〕27号）规定：“第十条 子公司不得直接或者间接持有其控股股东、受同一证券公司控股的其他子公司的股权或股份，或者以其他方式向其控股股东、受同一证券公司控股的其他子公司投资。”

这么复杂的交易设计，就是为了不把后面装修的支出计入原值，比如装修支出预计是3 000万元，假设以某地的计税标准，房产税为3 000×70%×1.2%＝25.2万元，这是每一年均会发生的，如果房子计划用30年，房产税节约合计达756万元。

或许有人提出来，是否可以避免这么复杂的操作呢？能不能人为调整一下账上的数据？反正也不是上市公司。如果未按准则的规范入账，就是涉嫌故意偷税了。笔者听说有的中介机构还提供一些修改数据的筹划服务，比如通过直接改动企业财务报表数据的方式，以达到个人股权转让核定价格变低的目的。纳税人避税心切，可能真以为这是专家的服务了。之前有一些通过阴阳合同进行二手房交易以逃避纳税的案例，东窗事发后，承担了相应的刑事责任。正如虚开发票、偷税一样，留下了案底，是可以无限期追征的。纵使企业注销了，但也不代表能够规避相应的责任。

**【案例5－3】** 大强公司开发运营某一商业街，出租某个商铺时，包括物业服务、广告、水电费、安保、运输、物联网等服务在内，比如出租某个商铺的一年租金是20万元，其房产税即为2.4万元。经过企业的筹划，将相应的服务拆分，服务费共拆出来5万元，依6%缴纳增值税，适用税率也从9%变低了，现在房产税是1.8万元，这种操作比较有合理性。

分析：笔者认为，这是一种还原的处理方法，严格意义上说不是筹划，而是真实地核算，只是原来有点“偷懒”，没有算明白税务的账而已。但这样做，很容易留下“口舌争议”，因为这是一个交易中的拆分，是多种服务的组合，倒是没有增值税上混合销售的争议，但建议不要过度地不合理拆分服务。不过，有一个办法可以考虑，即大强公司再成立一家或数家公司，分别实施不同的管理功能，搭配相应的资产与人员，这样就直接避开了单一主体拆分价格的嫌疑，给自己，也给税务机关方面减少了可能面临的征管争议。

另外，最近笔者发现一个税务检查案例的报道，即对于土地价格计入房产价值计算房产税的问题，《财政部 国家税务总局关于安置残疾人就业单位城镇土地使用税等政策的通知》（财税〔2010〕121号）规定：

三、关于将地价计入房产原值征收房产税问题

对按照房产原值计税的房产，无论会计上如何核算，房产原值均应包含地价，包括为取得土地使用权支付的价款、开发土地发生的成本费用等。宗地容积率低于0.5的，按房产建筑面积的2倍计算土地面积并据此确定计入房产原值的地价。

这里明确是取得土地使用支付的价款，若是划拨用地，后因改制改为国家出资的方式，这是属于未支付价款，此时计算不动产的房产税，不需要并入此账面上的土地使用权的价值。有数个地方税务机关（包括原来的地方税务机关）对此曾进行明确（表5－3）。

**表5－3　各地税务机关规定**

| 地方意见 | 规　定 | 原来出处 |
|---|---|---|
| 厦门 | 以划拨方式取得土地使用权的，初始用地成本为零，不再对土地价值进行评估并入房产原值。如先以划拨方式取得土地使用权，后经批准改为出让方式取得该土地使用权的，其补缴的土地出让金和其他出让费用应作为“为取得土地使用权支付的价款”并入房产原值。 | 《厦门市地方税务局关于明确将地价并入房产原值征收房产税有关问题的公告》（厦门市地方税务局公告2016年第5号） |
| 内蒙古 | 对企业未支付土地出让金等开发成本、费用的无偿划拨土地（主要是老国有企业），虽以国家授权经营、作价入股等方式对土地进行了价值评估，该评估价值不属于取得土地使用权支付的价款，所以不计入房产原值征缴房产税。 | 《内蒙古自治区地方税务局关于房产税有关问题的公告》（内蒙古自治区地方税务局公告2016年第8号） |
| 海南 | 七、划拨土地计入房产原值的问题<br>当前有部分企业（主要是老的国有企业）的土地仍是无偿划拨的，企业为取得土地使用权支付的价款为零。此外，近年来随着国有企业改制，部分划拨土地虽以国家授权经营、作价入股等方式对土地进行了价值评估，这种评估价值不属于取得土地使用权支付的价款，不需要计入房产原值。 | 《海南省地方税务局关于地价计入房产原值征收房产税的解答》 |

对于这个理解，基本上没有争议，若上述的土地再通过投资投入到子公司式对外投资中，此时就可以认为有价值的交易土地价款，属于对方接受公司要计缴房产税的统计范围了。

另外，对于转租的行为，笔者认为也是一个可以利用的机会，下面是相应的政策理解：

国家税务总局纳税服务司 发布日期：2009 年 10 月 26 日

问：甲将自己的房屋（坐落在县城）以 10 万元每年的价格出租给乙，乙同时将承租的房屋以 15 万元每年的价格转租给丙。请问如何缴纳房产税?

答：根据现行房产税政策，房产税由房屋产权所有人缴纳。房产出租的，应由出租人按租金收入的一定比例缴纳房产税，对承租人将房产转租的，其转租收入不再征收房产税。

《湖北省地方税务局关于转租房产租金收入停止征收房产税的通知》（鄂地税发〔2008〕97 号）规定：房产税属于财产类税，不同于流转税，根据规定应由房产的产权所有人或代管人为纳税义务人。对出租房产已由产权所有人或代管人按租金收入缴纳房产税，是否要再对承租人将租入房产进行转租按收取租金高于原支付租金的差额征收房产税的问题，经请示国家税务总局，现明确如下：从发文之日（2008 年 5 月 6 日）起对转租行为不再征收房产税。

再探讨一下，若是投资性房地产，无论是公允价值计量方式还是成本模式计量，因为是出租，即认为属于从租计征房产税，若存在部分或全部未租出的情形，则需要分摊后以租金或原值分别计缴房产税[1]。在免租期

---

① 如《重庆市地方税务局关于房产税有关政策问题的通知》（渝地税发〔2009〕120 号）曾有这样的意见表述：

一、关于房屋出租的房产税征收问题 纳税人的房屋出租的，应按租金收入计算缴纳房产税。纳税人的房屋部分出租、部分自用的，应分别计算缴纳出租部分和自用部分的房产税。自用部分的房产原值，按以下公式计算确定：自用部分的房产原值 = 自用部分的建筑面积 ÷（自用部分的建筑面积 + 出租部分的建筑面积）× 房产原值

出租房产，租赁双方签订的租赁合同约定有免收租金期限的，免收租金期间由产权所有人按照房产原值缴纳房产税。房产原值确定，是按照会计上的确认原值来计算①，原值是发生形成的，不是公允计量增减的变化值，对于这一方面尽管看似没有明确的规定，但存在公允变动值不属于房产原值的原则性理解，不能茫然地只是取会计上的数据。否则，选择原值核算与选择公允价值核算会决定纳税额的变动吗？这个逻辑显然是有问题的。

问：企业取得的土地使用权是否均应确认为无形资产？2019－12－31 来源：会计准则委员会

答：企业取得的土地使用权通常应确认为无形资产，但以下情况除外：1. 房地产开发企业取得的土地使用权用于建造对外出售的房屋建筑物，相关的土地使用权应当计入所建造的房屋建筑物成本。2. 企业外购的房屋建筑物，实际支付的价款中包括土地以及建筑物的价值，应当对支付的价款按照合理的方法在土地和地上建筑物之间进行分配，确实无法合理分配的，应当全部作为固定资产核算。3. 企业改变土地使用权的用途，将其用于出租或作为增值目的时，应将其转为投资性房地产。

另外，中国裁判文书网上有一个关于投资性房地产涉及房产税的案例，值得房地产开发企业关注。《重庆富力房地产开发有限公司与重庆市地方税务局第二稽查局、重庆市人民政府行政复议二审行政判决书》［〔2017〕渝01行终398号］有这样的内容：

---

① 《财政部 国家税务总局关于安置残疾人就业单位城镇土地使用税等政策的通知》（财税〔2010〕121号）规定：

三、关于将地价计入房产原值征收房产税问题

对按照房产原值计税的房产，无论会计上如何核算，房产原值均应包含地价，包括为取得土地使用权支付的价款、开发土地发生的成本费用等。宗地容积率低于0.5的，按房产建筑面积的2倍计算土地面积并据此确定计入房产原值的地价。

《财政部 国家税务总局关于房产税城镇土地使用税有关问题的通知》（财税〔2008〕152号）规定：

一、关于房产原值如何确定的问题

对依照房产原值计税的房产，不论是否记载在会计账簿固定资产科目中，均应按照房屋原价计算缴纳房产税。房屋原价应根据国家有关会计制度规定进行核算。对纳税人未按国家会计制度规定核算并记载的，应按规定予以调整或重新评估。

……

经市地税局审理后，市地税二稽查局于2016年1月26日作出渝地税二稽处〔2016〕2号《税务处理决定书》，认为重庆富力房地产公司于2010年6月将开发成本367 126 653.36元转入投资性房产，2010年6月至2013年12月期间对投资性房地产出租部分按取得的租金收入缴纳了相关税费，但对投资性房地产未出租部分未按规定申报缴纳房产税，根据《中华人民共和国房产税暂行条例》(简称《房产税暂行条例》)、《重庆市房产税实施细则》规定，该公司投资性房地产未出租部分应按账面原值计算缴纳房产税；2010年6月1日至2013年12月31日期间，该公司投资性房地产未出租部分共计少缴房产税8 860 410.87元，其中2010年6月1日至12月31日期间少缴1 500 087.83元、2011年度少缴2 857 267.89元、2012年度少缴2 703 828.63元、2013年度少缴1 799 226.52元，根据《中华人民共和国税收征收管理法》(简称《税收征收管理法》) 第三十二条、《房产税暂行条例》第一条、第二条、第四条及《重庆市房产税实施细则》第四条规定，追缴重庆富力房地产公司2010年6月1日至2013年12月31日期间少缴的房产税8 860 410.87元，并于2016年2月25日向重庆富力房地产公司送达该税务处理决定。

……

在庭审中，重庆富力房地产公司主张系会计账目处理错误，涉案房产不属于投资性房地产，不应缴纳房产税。

……

一、关于涉案房产应否征收房产税的问题。根据《房产税暂行条例》第一条和《重庆市房产税实施细则》第二条的规定，房产税实行普遍征收原则，本案涉案房产位于江北区，属于应税房产的范围。同时，根据《关于房产税、城镇土地使用税有关政策规定的通知》(国税发〔2003〕89号) 第一条关于“房地产开发企业开发的商品房在出售前，对房地产开发企业而言是一种产品，因此，对房地产开发企业建造的商品房，在售出前，不征收房产税；但对售出前房地产开发企业已使用或出租、出借的商品房应按规定征收房产税”的规定，对房产税的缴纳只作个别减免。本案中，根据被上诉人市地税二稽查局举示的《重庆富力房地产开发有限公司2009年审计报告》、投资性房地产房屋评估明细表、结转房地产记账凭证、2011－2013年度资产负债表及利润表、承诺书、询问笔录、房地产权证和商铺租赁合同等证据，能够证明上诉人将其开发建设的富力海洋广场项目中包括涉案房产在内的商业房地产于2010年6月30日从库存商品\开发产品、生产成本\开发成本，转入了投资性房地产\成本、投资性房地产\公允价值变动会计科目，载明开发成本为367 126 653.36元，公允价值变动为180 805 946.64元，且上诉人已持有上述商业房地产，并已相继出租部分房产获取租金等事实。结合财政部财会〔2006〕××号《企业会计准则第××号——投资性房地产》第二条第一款关于“投资性房地产，是指为赚取租金或资本增值，或两者兼有而持有的房地产”的规定，上诉人对其拥有的涉案房产作为投资性房地产进行管理和核算，该部分房地产的价值亦随市场发生损益变化，其性质为投资性房地产，上诉人的这一行为已构成对涉案房产的实际使用。故涉案房产不属于《关于房产税、城镇土地使用税有关政策规定的通知》（国税发〔2003〕89号）第一条规定免征房产税的产品。被上诉人市地税二稽查局认定上诉人涉案房产应当缴纳房产税的事实清楚，证据充分，适用法律、法规正确。上诉人认为将涉案房产转为投资性房地产系会计账目处理错误，该房产实际不是投资性房地产，不应缴纳房产税的上诉理由缺乏证据支撑，本院依法不予支持。

……

### 5.2.3 股东分家的处理情形

创业难，守业更难，兄弟创业做大了，可能就会产生一些理念上的差异进而导致分家。找合伙的伙伴很难，在民营企业，普遍存在家庭式的管理方式，或者“强权式人物”管理方式。在本书中“拆”的环节，我们曾经分析过，一个企业的规模与收入比较可观，老板决定化整为零，拆分为多个小企业，这不是分家，还是一家的生意。在这里，我们要探讨一个合作人之间分家后分割公司的案例。

**【案例5－4】**张三与李四各投资50万元成立了大强有限公司，结果公司发展到2021年的时候，双方无法合作了，此时就想到分家，双方各持一部分业务。在这个思路下，有多种操作路径，但税收成本可能要成为主要的考虑因素。经过专家指导，他们选择了分立的方式，在经过一年之后，各自从对方公司退出。

分析：这个方案有可行性，只是有一个技术性的问题需要探讨，就是目前没有对个人所得税进行特殊性税务处理的递延纳税政策，坊间虽说认可或有案例采用了这种处理意见，但合情不合法，尽管有人干成了不代表不被追究，不代表法不责众。

分立时，若是按照正常的处理规则，有三个环节的问题需要分析：一是大强公司需要就分立出来的资产负债等以公允价值计算转让所得，这相当于是分配；二是对于个人来讲，相应的利润视为分配处理，按公允值对超出转出实收资本的部分计算财产转让所得；三是以此公允值作为投资投入到新公司中资产计税基础。

会计实务处理中，企业分立的账面价值是延续的，没有按照公允值重新计价调整实收资本额，未来税前扣除也是这样的延续。在这点上，即使没有体现上面的计税环节，也相当于没有占国家的便宜，纳税义务确实存在遗漏，所以说这个点现在可以考虑做，但风险是实实在在存在的。

若认为上面分立得不够快速彻底，也可以探讨一些其他方式，比如将相关的业务打包为资产包，加上相应的人员与业务，投资到李四新设立的一个公司，后面李四从大强公司减值退出，同时李四收购大强公司的股权。这种情形下也是考虑了增值不大的可能性，比如没有不动产等增值较多的资产。不过若想要进行特殊性税务处理，则可以考虑先将张三与李四的股东身份变更为公司，成为适用企业所得税的主体，这样相应的争议就好解决了，只是其中的变更需要想办法。

对于合伙企业的份额变化，目前的规则较为灵活，这不光表现在分配方式的约定上，还包括份额变化的相对自由。在这里，笔者举一个例子，感觉有可以利用的空间。

【案例5-5】张三与李四成立了大强有限公司，各认缴并实际出资50万元，此时王五来了，他想入资，此时他可以个人直接投资，但他却选择了成立一家有限公司，注资10万元，再以此公司作为股东增资到大强公司，认缴资本额为1 000万元，并且章程约定，以认缴额作为分配利润的计算比例基数。这相当于稀释掉了张三与李四的股权份额，这样做，在税收上是不是有筹划价值呢？

分析：若从王五未来真实出资的责任角度分析，其只是大胆地认缴了股份，但没有证据证明其能够有1 000万元的出资能力，这里是不是有点“概念投资”的感觉？若王五设立的公司经过经营发展或取得分红，有了1 000万元的资产兑现其实缴约定，也不排除这样的可能。若王五以个人身份作为股东来认缴，在公司出现经营风险的时候，则存在让王五补齐认缴额的情形。

以自己控制的有限责任公司向其他公司出资，当前的《公司法》没有相关限制条件，而2005年《公司法》修订之前是有限制的：公司向其他有限责任公司、股份有限公司投资的，除国务院规定的投资公司和控股公司外，所累计投资额不得超过本公司净资产的百分之五十，在投资后，接受被投资公司以利润转增的资本，其增加额不包括在内。那么，若是王五的公司贷款1 000万元，能否用1 000万元直接进行投资？这个也是没有行政法限制的，但一般企业贷款会有相应的用途约定，如《民法典》明确规定：“第六百七十三条　借款人未按照约定的借款用途使用借款的，贷款人可以停止发放借款、提前收回借款或者解除合同。”

### 5.2.4　个税扣缴“陷阱”的规避

在不同税种的税收政策当中，似乎总有像“陷阱”一样的东西存在，如企业所得税的视同销售政策、增值税的视同销售政策，个人所得税政策中虽没有视同销售的概念，但若单位在商业宣传活动中随机地向个人赠送物品，就需要按照相应的价格确定个人的“偶然所得”并扣缴个税，通常是扣缴完成，即使没有扣缴，个人此时基本上也不会自行计算缴纳，而是在检查补税的时候，由企业迷迷糊糊地承担了。若处理中明明白白地描述成赠送的行为，此时扣缴个税（实际也是单位承担的情形居多）的支出，会让赠送人很委屈，如何根据业务分情况解决呢？

**（1）对于个人应税所得的理解与特例规定。**

《个人所得税法实施条例》规定：

第八条 个人所得的形式，包括现金、实物、有价证券和其他形式的经济利益；所得为实物的，应当按照取得的凭证上所注明的价格计算应纳税所得额，无凭证的实物或者凭证上所注明的价格明显偏低的，参照市场价格核定应纳税所得额；所得为有价证券的，根据票面价格和市场价格核定应纳税所得额；所得为其他形式的经济利益的，参照市场价格核定应纳税所得额。

《财政部 税务总局关于个人取得有关收入适用个人所得税应税所得项目的公告》（财政部 税务总局公告 2019 年第 74 号）规定：

三、企业在业务宣传、广告等活动中，随机向本单位以外的个人赠送礼品（包括网络红包，下同），以及企业在年会、座谈会、庆典以及其他活动中向本单位以外的个人赠送礼品，个人取得的礼品收入，按照“偶然所得”项目计算缴纳个人所得税，但企业赠送的具有价格折扣或折让性质的消费券、代金券、抵用券、优惠券等礼品除外。

前款所称礼品收入的应纳税所得额按照《财政部 国家税务总局关于企业促销展业赠送礼品有关个人所得税问题的通知》（财税〔2011〕50 号）第三条规定计算。

《财政部 国家税务总局关于企业促销展业赠送礼品有关个人所得税问题的通知》（财税〔2011〕50 号）规定：

一、企业在销售商品（产品）和提供服务过程中向个人赠送礼品，属于下列情形之一的，不征收个人所得税：

1. 企业通过价格折扣、折让方式向个人销售商品（产品）和提供服务；

2. 企业在向个人销售商品（产品）和提供服务的同时给予赠品，如通信企业对个人购买手机赠话费、入网费，或者购话费赠手机等；

3. 企业对累积消费达到一定额度的个人按消费积分反馈礼品。

……

三、企业赠送的礼品是自产产品（服务）的，按该产品（服务）的市场销售价格确定个人的应税所得；是外购商品（服务）的，按该商品（服务）的实际购置价格确定个人的应税所得。

我们可以看看上面的规定中，有哪些值得我们关注的概念（见表5－4）。

**表5－4　　相关规定中值得关注的事项**

| 关注事项 | 说明 | 解释 |
| --- | --- | --- |
| 有价证券的所得计量问题 | 条例当中的“票面价格和市场价格”核定所得额，本身如何理解，感觉规定得不清楚。之前深圳地税有一个回复意见中①有这样的说法：<br>一、关于企业以税后利润向员工派发股票红利问题，根据个人所得税法实施条例第八条关于“工资、薪金所得，是指个人因任职或受雇而取得的工资、薪金、奖金、年终加薪、劳动分红、津贴、补贴以及与任职或者受雇有关的其他所得”的定义，员工取得企业直接奖励的个人红股，实际为其个人的“工资、薪金所得”，应与当月工薪收入合并，按“工资、薪金所得”项目计算缴纳个人所得税；同时，实施条例第十条规定“个人取得的所得为有价证券的，由主管税务机关根据票面价格和市场价格核定应纳税所得额”，因此，员工取得上市公司和非上市公司奖励的红股，应分别按股票的市场价格和票面价格计征个人所得税。<br>国税发〔1994〕89号文件规定：<br>股份制企业在分配股息、红利时，以股票形式向股东个人支付应得的股息、红利（即派发红股），应以派发红股的股票票面金额为收入额，按利息、股息、红利项目计征个人所得税。 | 若是股东个人，依面值计算个税（相当于分红转股），这是确定的，不需要考虑公允计量的问题；若是员工或者其他人，需要结合如是否上市还是非上市等来核定，这个核定是税务机关进行的核定，并不是纳税人自行判断的，但是税务机关在什么时候核定的，征管方面的规则不明确，实务中多自行公允计量了 |

① 《深圳市地方税务局关于在大陆长期工作的台籍人士两岸双重征税问题的复函》（深地税函〔2007〕4号）。

续表

| 关注事项 | 说明 | 解释 |
| --- | --- | --- |
| 服务是所得的体现 | 若是有对价的服务，也是可以认为属于其他形式的经济利益，即属于所得的一种。不过普遍看来，由于服务本身的可跟踪度弱，难以有效地发现，也无法有效地计量，比如公司的房屋、车辆、电子产品、服务产品等由个人办理私事使用时，如何计量所得，是不是能清楚地确定属于私人还是公事的关系，很难落实与量化 | 但是若是提供的免费体验、赠送服务，对于提供方的扣缴义务就容易被找到并要求计征个税 |
| 自产产品或服务 | 市场销售价格确定应税所得 | 自己的参照价格 |
| 外购商品或服务 | 外购价格确定应税所得 | 支付的价格 |
| 关于单位低价向职工售房的政策 | 单位按低于购置或建造成本价格出售住房给职工，职工因此而少支出的差价部分，符合《财政部 国家税务总局关于单位低价向职工售房有关个人所得税问题的通知》（财税〔2007〕13号）第二条规定的，不并入当年综合所得，以差价收入除以12个月得到的数额，按照月度税率表确定适用税率和速算扣除数，单独计算纳税。计算公式为：<br>应纳税额 = 职工实际支付的购房价款低于该房屋的购置或建造成本价格的差额 × 适用税率 − 速算扣除数 | 此为一个特例，并不是参照公允价值计算员工个人所得 |

上面我们提到的是一些技术处理及判断的规则，似乎忽略了一个基本前提，即什么是应税所得？《个人所得税法》明确了九大类，对此宜进行准确、狭义地解释，而不应作扩大化的理解。征管中各地确实存在着一些标准与规范不统一的地方，比如关于交通补贴、通信补贴等是否算员工所得、可扣除限额之类的规定，五花八门、形式各异，造成了一些混乱。年度综合所得汇算清缴时，有人就以此为由宣传退税的“法宝”。这种放权各地自行规定扣除额的方式，其实是给整体的执行标准“挖坑”，笔者建议个税所得的界定标准要非常明确、可量化，这是跟个人息息相关的事项，征管处理上需谨慎有加。

**（2）免费体验服务、免费品尝等如何界定是否为应税所得。**

现在通过网上平台订餐、买菜，或者去超市购物时，各种促销不断，比如一分钱抢单等，对于这些“得便宜”的事项，是个人的所得，但是不是应税所得呢，商家或平台有没有扣缴个税的义务？

**【案例5－6】**近几年，大医疗、大健康行业发展快速，前景非常好。

某医疗康养中心于2020年在南方某地成立了高端的康养中心，主打家庭与高净值人士的服务。在前期策划阶段，公司制订了非常诱人的销售方案：邀请一些经销商代表、医疗行业代表、定向的高净值客户，免费给予10次体验服务。公司标明这种服务的价格标准为10 000元/次。经过这样的促销宣传，公司积累了广泛的经验，并且客户在体验中提供了很多的建议与样本参数，大部分直接购买了套餐的服务。但是企业也遇到了麻烦事儿，在税务机关的检查中，他们认为上述有价值的体验服务应属于享受体验个人的偶然所得，需要扣缴个人所得税，并且提出要进行行政罚款。这样的情形，我们该如何进行技术应对，如何调整完善营销方案呢？

分析：这首先要回到什么是所得的问题上。什么是所得，从个人的角度看是得到了可以计量的商品或服务，同时要符合应税所得的界定标准。这些体验者，他们可能是第一批吃螃蟹的人，并不是成熟的服务的无偿接受者。这跟经销商到总部开会一样，去参加会议时免费享用的餐饮住宿等服务，几乎没有人认为这是应税所得，当体验之后提出了一些改善意见或者作为体验对象提供了一些参数样本之后，就形成一种参与式的合作关系，当把个人作为生产环节的样本来“使用”时，是否属于所得呢？这里是需要打问号的。特别是经销商代表，他们体验是为了更好地销售这些产品或服务，在此基础上理解，这是一种业务活动，是彼此参与的业务交流活动。此时向赠送的“偶然所得”上靠，笔者认为不能太绝对，还是可以探讨的，但一定要注意自己的方案或参与方式的表达，而不是只讲“理”。再者说，这种服务并不能带走，只能在其基地体验，看似享受了让人“嫉妒”的服务，实则背后为什么被选择，肯定是有商务原因存在的。

再延伸看，在平台的促销活动中，首单免费时，这是平台的促销策略，就是送给初始会员的见面礼，可以认为这是一种所得，按偶然所得扣缴个税（实际上只能平台承担应扣缴的个税），但恐怕没有几个平台缴纳吧！至于在商场提供面包、奶制品、水果等无偿品尝，也很难判定属于应税的偶然所得，一是难以计量，二是这本身并不是可拿走的或可以后续享受的独立服务。

2012年国家税务总局在线答疑时提出：根据个人所得税法的规定原

则，对于发给个人的福利，不论是现金还是实物，均应缴纳个人所得税。但目前我们对于集体享受的、不可分割的、非现金方式的福利，原则上不征收个人所得税。

在线访谈：国家税务总局2018年第三季度政策解读现场实录2018.8.30

下一个问题：单位组织员工体检，并统一向体检单位支付体检费，体检支出由单位统一核算，未发放到个人名下，这类福利员工是否缴纳个人所得税？

根据现行个人所得税法规定，工资薪金所得，是指个人因任职或者受雇而取得的工资、薪金、奖金、年终加薪、劳动分红、津贴、补贴以及与任职或者受雇有关的其他所得。

对于任职受雇单位发给个人的福利，不论是现金还是实物，依法均应缴纳个人所得税。但对于集体享受的、不可分割的、未向个人量化的非现金方式的福利，原则上不征收个人所得税。[2018－08－30 10：41]

可以适当地参照这样的表述，并不是享受了就一定界定为应税所得，是所得没有错，但并不一定是应税所得，这里需要有合理的商业逻辑与理由去解释。

**(3) 对外业务活动越无偿可能越“受伤”**。

承上述内容，现在的商业经济非常发达，竞争也非常多，加之互联网平台的切入，彼此争夺市场份额、用户量、流量的情形屡见不鲜。近来关于反垄断、反对平台霸王条款的处理案例时有出现，也给了无序缠斗与扩张的资本一记警钟。我们从税收技术性角度来分析一下业务场景中的涉税规则的应用。

**【案例5－7】** 大强公司正在进行业务拓展，其采取的策略是凡登记其App的会员，一律送电子手环一个（外购价值50元一个），经过统计共有10 000人进行了会员登记，价值共500 000元。同样，小强公司也正在进行此活动，同样的情形及数据，但小强公司是要求支付1元钱得到50元的电子手环，相当于收了 10 000 元，秒杀了 500 000 元的货物。在这种背景下，各自的税负如何呢？

分析：首先我们看看“秒杀”活动中得便宜的部分是否应认为是个人的应税所得，此方面没有全国性的规定，下面是笔者找的回复样本案例。

秒杀商品被要求缴差额个税 地税局：不合法

好不容易花 9.9 元钱秒杀到了原价为 80 元的商品，可商家要求顾客就差价部分补缴个人所得税并代为其扣缴，这种做法是否合法？近日部分网友向税务部门反映的这一情况。对此，广州市地税局昨日表示：商家的这种做法不合法。

广州市地税局介绍，根据《财政部 国家税务总局关于企业促销展业赠送礼品有关个人所得税问题的通知》第一条规定，企业在销售商品（产品）和提供服务过程中向个人赠送礼品，属于下列情形之一的，不征收个人所得税：（一）企业通过价格折扣、折让方式向个人销售商品（产品）和提供服务；（二）企业在向个人销售商品（产品）和提供服务的同时给予赠品，如通信企业对个人购买手机赠话费、入网费，或者购话费赠手机等；（三）企业对累积消费达到一定额度的个人按消费积分反馈礼品。

属于下列情形之一的，个人应依法缴纳个人所得税，税款由赠送礼品的企业代扣代缴：（一）企业在业务宣传、广告等活动中，随机向本单位以外的个人赠送礼品，对个人取得的礼品所得，按照“其他所得”项目，全额适用 20% 的税率缴纳个人所得税。（二）企业在年会、座谈会、庆典以及其他活动中向本单位以外的个人赠送礼品，对个人取得的礼品所得，按照“其他所得”项目，全额适用 20% 的税率缴纳个人所得税。（三）企业对累积消费达到一定额度的顾客，给予额外抽奖机会，个人的获奖所得，按照“偶然所得”项目，全额适用 20% 的税率缴纳个人所得税。

广州市地税局解释：秒杀抢购实际上就是商家的打折促销活动，促销价与正常价格之间的价差属于商家的让利促销费用，对个人而言，适用于

相关规定，不征收个人所得税。(记者 严丽梅 通讯员 地税宣)

参照上面的财税〔2011〕50号文件，“秒杀”本身是一种折扣的行为，不属于无偿取得所得的行为，不需要计缴个税。至于这种商业行为是不是违法，也是要关注一下的，需要结合市场监督管理部门的规定来判断。比如某地之前有这样的要求：

团购网站经营者开展秒杀、抽奖等促销活动应当遵守《反不正当竞争法》及工商总局《关于禁止有奖销售活动中不正当竞争行为的若干规定》中关于抽奖式有奖销售的规定，禁止欺骗性有奖销售行为。鼓励团购网站经营者引入第三方公正机构对秒杀、抽奖等促销活动进行监督，保障促销活动的公平、公正。

另外有一个这样的案例，值得我们的企业去关注：

市场监管总局依法对社区团购平台“十××”不正当价格行为再次作出顶格罚款并责令停业整顿

发布时间：2021-05-27 17：26 信息来源：市场监管总局

互联网平台利用资金、流量优势进军社区团购，以补贴低价形式争夺市场，损害了中小企业及个体工商户的合法权益。3月3日，市场监管总局已依法对橙心优选、多多买菜、美团优选、十××等社区团购平台不正当价格行为作出行政处罚，并督促企业积极整改。近期，根据价格监测及举报线索，发现“十××”虽声称积极整改，但在部分地区的业务仍存在不正当价格行为。日前，市场监管总局对其涉嫌低价倾销、价格欺诈行为再次立案调查。

经查，“十××”为了排挤竞争对手，以低于成本的价格倾销，扰乱了正常的生产经营秩序，损害了其他经营者的合法权益。如3月11日销售“库尔勒小香梨250g”，进货成本3.89元，销售价格0.99元，实际销售2万多份；4月7日销售“蓝天三晶加碘精制食用盐500g”，进货成本0.57元，销售价格0.1元，当日销售11万份。违反了《中华人民共和国价格法》第十四条第（二）项规定①。

同时，“十××”利用虚假的或者使人误解的价格手段，诱骗消费者与其进行交易。如2021年4月29日秒杀销售“黑芝麻糊65g”，标示“￥1.45，直降3.05元”，经查，该商品原价为1.36元；2021年4月29日销售“白玉丝瓜”，标价4.99元，划线价8.88元，经查，“十××”采用划线价形式进行价格比较，未准确标明划线价格的含义。违反了《中华人民共和国价格法》第十四条第（四）项规定。

2021年5月27日，市场监管总局依法对北京××科技有限公司（“十××”运营主体）处以150万元人民币顶格罚款，并责令“十××”平台江苏区域停业整顿3日。

当天召开相关企业提醒告诫会，向北京××科技有限公司送达了《行政处罚决定书》。要求所有参会企业引以为戒、举一反三，全面开展自查自纠，不能无视法律法规，必须合规经营。不能无视商业道德，必须严格自律。不能无视监管要求，必须全面整改。再发现屡查屡犯违法行为的，市场监管总局将依法从重处罚。参会企业一致表态，将立即开展自查，全面加强整改。

但有一些业务场景，可能会触及违反其他法律责任的问题，比如抽奖式的“秒杀”业务。下文是一篇相关的报道：

“一元抽奖式购物”更像是在赌博

2016－05－04 15：49：38 | 来源：光明网 | 作者：苑广阔

“市场价值30多万元的豪华汽车、名牌箱包、旗舰手机，花一块钱就能获得！”平常要有人跟您这么说，估计您肯定不会相信。但最近，这种能占大便宜的好事却在网上变得“随处可见”。价值不菲的名车、名包“唾手可得”，试想谁能不动心呢？这是一种叫做“一元抽奖式”的购物网

① （二）在依法降价处理鲜活商品、季节性商品、积压商品等商品外，为了排挤竞争对手或者独占市场，以低于成本的价格倾销，扰乱正常的生产经营秩序，损害国家利益或者其他经营者的合法权益；

站。登陆这个网站，您只要花一块钱，就能买到抽奖号，有机会抽到价值几十万的宝马汽车。(5 月 3 日 央广网)

“互联网 +”催生出了无数新的经济业态，有些更是超过了多数人的想象，闻所未闻。像目前这种一夜流行的“一元抽奖式购物”，就引起了很多人的好奇心，同时在“一元买汽车”“一元买苹果手机”等大奖的诱惑之下跃跃欲试，希望自己能够成为那个被天下掉下来的馅饼砸到头上的幸运儿。但先不论这种“一元抽奖式购物”是否合法合规，仅仅把它看成是一种正常的商业模式，真正能够花费一元钱买到汽车、名牌包包、苹果手机的也是极少数，绝大多数人都是竹篮打水一场空。

举个例子说，精明的商家把一部官网售价 6 088 元的苹果手机分成了 6 408 份让网友每人花一元钱购买，尽管最后会有一名网友以一元钱买走了苹果手机，但是其他人却空手而归，而网站等于是把这部本来价值 6 088 元的手机卖出了 6 480 元。所以说，这种“一元抽奖式购物”网站的兴起，其实就是利用了多数人以小搏大的“赌徒心理”，一方面觉得一元钱不算多，试试也无妨；另一方面又出于侥幸心理觉得万一自己真中了大奖，不是赚大了？但是真正稳赚不赔的还是商家自己，即便网站上那些站出来现身说法的中大奖者都是真实的，但一个中奖者的背后可能站着几百、几千个一无所获者。

而从法律角度来看，尽管可以把这种“一元抽奖式购物”看做是一种抽奖类的有奖销售，但是一旦销售的商品超过了 5 000 元，就已经涉嫌违反了《反不正当竞争法》，是对正常市场秩序的一种破坏。另一方面，这种“一元抽奖式购物”在形式上还像是购买彩票然后等待中奖，而按照国家法律规定，合法的彩票只能在相关的合法部门才可以发行，否则就属于非法销售，一旦有消费者为了中大奖投入巨额资金购买，就已经涉嫌赌博。所以“一元抽奖式购物”实际上就是一种变相的赌博。

但也正因为这种现象在性质上模糊不定，所以给有关部门的监管带来了一定的难度，也让商家变得有恃无恐。为此，有关部门应该尽快明确“一元抽奖式购物”的性质，根据其性质或者是喊停，或者是给予规范和监管。否则，等它“做大做强”，诱使无数消费者上当受骗，进而招致不满了再采取措施，就为时晚矣。

笔者从相关的网络信息中了解到，《互联网金融风险专项整治工作领导小组办公室关于网络“一元购”业务的定性和处置意见》（整治办函〔2017〕78号）对其进行了规范明确：

一、网络“一元购”的经营模式

网络“一元购”，是指将一件商品平分成若干1元金额的“等份”通过互联网平台出售，购买者可以购买其中的一份或多份，当所有“等份”售出后以抽奖方式从购买者中抽出幸运者获得此商品，其他购买者的认购资金不予退还的销售模式。参与人存在获取较大利益的机会，但也承担了损失全部本金的风险。

二、网络“一元购”的定性意见

（一）部分网络“一元购”属于变相赌博行为。

网络“一元购”表面上是销售实物商品，实际上销售的是中奖机会，中奖结果由偶然性决定，在法律上属于射幸合同，具有赌博性质，是一种变相的赌博行为。因此，对纯粹以1元价格销售获取大奖机会的网络“一元购”，可以认定为赌博。

（二）部分网络“一元购”涉嫌诈骗。

若经营机构以网络“一元购”为名，采取抽奖造假、以次充好、不寄送奖品甚至卷款潜逃等方式，骗取参与人钱财，其行为是典型的以非法占有为目的，使用欺骗方法骗取他人财物的诈骗行为。

这里要说明一个事项，如何协调税法与其他法律、法规的关系。笔者认为税法是调节税收计量与征管秩序的规范，不宜直接引入其他法律法规作为判断税收计税规则的依据，尽管在其他法律法规中也时有涉及税收的条款，但如何判断与计算却应按照税收的专门政策执行。若在税收政策中明确违反某方面规定的成本费用不允许扣除，比如违法经营的罚款不得税前扣除，但不代表违法经营的所得不纳税。也不宜认为违反了其他如广告法规定的支付费用就不得税前扣除，而违反了其他规定的收入还要纳税，这种看似复杂的观点，最终都应确定性地受到税收政策的规范。

回归正题，在上述案例中，我们分析了两种促销方案，表5－5分析了其计税的情形。

**表5－5　两种促销方案计税情形**　单位：元

| 税种 | 赠送 | 1元秒杀 |
|---|---|---|
| 增值税 | 按视同销售处理，500 000元（若为不含税价）计算13%销项为65 000元，进项抵扣也为65 000元 | 按10 000元计算销项，属于有正当理由的促销活动，销项为1 300元，抵扣为65 000元，整体计税时相当于节约了税费支出 |
| 企业所得税 | 视同销售处理，不过所得税的视同销售是计算视同销售利润，进销相当可以认为调整数据为0元，税前净扣除500 000元 | 按10 000元确认收入，税前净扣除490 000元 |
| 个人所得税 | 按照500 000元计算扣缴个税：若不反算按20%计算为100 000元，若反算的情形下为125 000元，这里有一些争议，可以考虑按不反算来计算，同时税前也不进行扣减处理 | 是会员花钱购买打折促销的货物，不存在个人所得税的问题 |

很明显，赠送方式在增值税与个人所得税的计算上均出现了不利的结果，这就是一种商业游戏规则中套用税收政策时的处理错位，税收政策的规则非常多，需要通过思考这些问题来反推商务规则。类似的情形还有很多，我们再举一个虚拟的案例。

**【案例5－8】**某虚拟商品平台为了提高行业的业务流转速度与流水，会员在某月份中会频繁地买卖，即进行卖出再买回的处理，这种业务属于增值税的应税事项，但参与交易的企业没有开具发票，也没有申报收入，财务负责人认为平台上这些交易流水是虚拟的，不是真实的销售，不需要申报计缴增值税。

分析：对于此问题，在技术上若想找到突破口的话，可能把销售变成退货才说得通。因为本身就是约定好的“假销售”，似乎与电商刷单销售有相似之处，对于电商平台那种“刷单”的业务，估计没有几个真的计缴税款了吧。笔者认为，对于平台“刷单”的业务，有几个特征，一是款项形式上走了流水，二是物流有体现，但发的不一定是销售的货物或服务，三是款项退还的方式多样，比如找朋友帮着刷单，相应的款项需要还给对方。此时多不存在开具增值税专用发票给对方用于抵扣的情形，不然就要涉及虚开了。对于刷单的业务，笔者认为若能够举证，如果不是税收上的销售收入，是可以不做收入的，其本身也可以从退货的角度进行解释。案例当中若干会员之间线下商定彼此买卖虚拟商品，通过线上达成交易，类似通过协议转让在交易系统中交割股票一样，形成了某种交易法律关系，与造假式的刷单行为是不同的。当然，若最后承认，我们就是虚假的交易，彼此的款项也不结算，也不开发票，愿意接受惩罚，则此时可以认为未形成税收上的应税收入，包括增值税与企业所得税。不过资金流水、交易流水可能是会带来争议的。

另外，对赠送的货物或服务的价值进行计税，比如上面我们提到的500 000 元的不含税金额，在上例的分析中，个税所得是以此金额计算的。但笔者有一个疑惑，要不要按价税合计数来计算个人所得税，即以565 000元来计算20%的个税呢？笔者曾经也有不同的认识，而且业界也有不同的理解，笔者之前是这样认为的，在最终的个人消费环节，一件商品的价值体现在价税合计的金额，比如一个苹果手机的市场价格，京东商城显示购买价为5 000 元，这是含增值税的价格，因为销售方要计提销项税额，增值税是包含在5 000 元内的。但也有人认为销项税额是赠送方承担的，受让赠品的一方只是取得了不含税的价值，因为此时个人没有给付对价的款项，即并不是增值税的最终负税人，负税人是赠送方，既然有人为受让方负担增值税税款了，那么余下的价值就是不含税价格，这是个人应税所得的金额，这个推论似乎很完美。不过笔者仍倾向于前者的观点，因为无论谁负税，在商品的价值中都是可以量化区分的，市场上的可比价值就是5 000 元，而我们从价格的角度来分析，就容易落入不含税的“价格”这个名称的概念陷阱中。再者说，既然有单位给个人承担了应负的税项（附加税费需要统算可以忽略不考虑），是不是也是自己的既得利益的组成部分呢？

### 5.2.5 总分机构之间资产使用牵涉的增值税抵扣与视同销售问题

笔者最近真遇到此类涉税争议的案例了，有伙伴向笔者反映，税务部门认为总公司购入的货物，实际是子公司在使用，不让其抵扣进项税额。笔者认为，其实此税务人士的观点并不是毫无根据，而是有一定的逻辑性推理的。我们对此分析一下，同时也设计一下相应的规划方案。

**【案例5－9】**大强公司的总公司在某市，其在全国各地设立了近十余家分公司，主要从事金融服务。在2020年的时候，总公司购入了一套金融核算系统，计入无形资产，取得增值税专用发票，不含税金额为5 000万元，税额为650万元，由总公司抵扣了，总公司“无偿”提供给分公司使用。税务机关在税负率的评估中，发现总公司的税负率太低，进项税额过大，销项税额几乎没有，因为其业务多在分公司运营发展（包括当地也成立了独立核算注册的分公司）。税务机关初步了解后，认为不属于总公司的使用事项的进项，不能进行抵扣，要求进行转出处理！

分析：当用所得税的思维来考虑增值税的问题时，很多时候会走入误区，比如某一般纳税人企业不需要某项设备，但就是要买入闲置不用，抵扣了进项（非用于不得抵扣的事项），则没有不得抵扣的障碍，增值税的抵扣链条制度设计，并不强制要求其与收入相关。若从不得抵扣的角度来处理，这与所得税中比如贷款资金用于关联方时不得扣除利息的逻辑是不同的。当然，这个案例中，总分机构并不涉及所得税的关联交易，因为是汇总纳税。当税务机关挑战不了进项时，是否能挑战销项呢？笔者认为还是有可行性的，因为总分机构是不同的增值税纳税人身份，是独立的，此时从视同销售提供服务的角度，可以发起挑战，究其原因，也是因为各地税源紧张，总公司所在地的税务机关需要开展相应的税源保护。原来不大关注的事项现在开始严格“规范”了。

或许有的人提出，这种总部（总分机构）模式，总部统采的设备、无形资产、服务不是很多吗？似乎很少有开具发票结算的，也可计算销项的，大多是进行了费用的分摊处理，考虑了内部的绩效考核情况。笔者认为，也不宜过分计算得那么清楚，适当进行一些调整，对于公司整体而言也没有造成税款的多支付，因为总公司计提了销项，分公司进行了抵扣，具有其正当性，且本身业务也是在分公司完成的，若总公司的进项留抵挂账不是更不利于税款的统筹管理吗？

另外，在现实当中，有的总公司所有的房产，产权证明登记在总公司名下，实际上是分公司在占有使用，这时理论上也有视同销售计算增值税的要求，不过在检查层面就很少查得这么细致入微了，毕竟还是有很多明显的问题等着处理的。

财税〔2016〕36号规定：

第十四条　下列情形视同销售服务、无形资产或者不动产：

（一）单位或者个体工商户向其他单位或者个人无偿提供服务，但用于公益事业或者以社会公众为对象的除外。

（二）单位或者个人向其他单位或者个人无偿转让无形资产或者不动产，但用于公益事业或者以社会公众为对象的除外。

（三）财政部和国家税务总局规定的其他情形。

总分机构之间其实隐藏着很多的服务，并没有形成有效的收费规则，要是真去查找免费提供的服务，似乎会是一个“创造税收”的办法。其实税收上也有抓大放小的处理原则，当过小的问题需要耗费大量的征管成本的时候，这种情形当然考虑以放为上，毕竟钻牛角尖征税的方式，与较真手段，很可能让征管秩序产生笔者乱状态中。

### 5.2.6　私募管理人个人所得税的“海南行”

私募管理人通常是以有限责任公司或者合伙企业的形式，主要是打理基金的资金投资，并取得相对固定的管理费，加上收益的奖励分配。笔者经常遇到私募管理机构咨询“节税妙招”的需求，之前的操作花样很多，比如表5－6所示的一些操作方式：

现在，海南存在许多投资机会，很多私募管理人对此产生了兴趣，所以这里到底有没有降低税负的机会呢？

**表5－6　　私募管理机构个人节税操作方式**

| 主体 | 方式 | 风险 |
|---|---|---|
| 有限责任公司形式运营 | 通过让员工找发票报销的方式处理，部分可能涉及虚开发票 | 对于公司而言，财务人员时刻担心虚开发票的风险 |
| 合伙企业形式运营 | 查账征收类型，同上 | 同上 |
| 合伙企业形式运营 | 进行核定，征收服务的个税 | 超过500万元的一般纳税人的个税核定在某市失守后变得越来越敏感了 |
| 有限或合伙企业形式运营 | 由单位通过灵活用工平台协助发放，并开具发票结算 | 有时借用一些身份证代开灵活用工的发票列支服务费用，风险极大 |
| 同上 | 合规纳税 | 遵循真实的业务方式，同时也是真实薪酬情形的反映，也有的个人是通过成立合伙企业的方式来作为合伙人，其分配所得后自行想办法处理 |

《关于海南自由贸易港高端紧缺人才个人所得税政策的通知》（财税〔2020〕32号）规定：

海南省财政厅，国家税务总局海南省税务局：

为支持海南自由贸易港建设，现就有关个人所得税优惠政策通知如下：

一、对在海南自由贸易港工作的高端人才和紧缺人才，其个人所得税实际税负超过15%的部分，予以免征。

二、享受上述优惠政策的所得包括来源于海南自由贸易港的综合所得

（包括工资薪金、劳务报酬、稿酬、特许权使用费四项所得）、经营所得以及经海南省认定的人才补贴性所得。

三、纳税人在海南省办理个人所得税年度汇算清缴时享受上述优惠政策。

四、对享受上述优惠政策的高端人才和紧缺人才实行清单管理，由海南省商财政部、税务总局制定具体管理办法。

五、本通知自2020年1月1日起执行至2024年12月31日。

财政部　税务总局

2020年6月23日

《关于落实海南自由贸易港高端紧缺人才个人所得税优惠政策有关问题的通知》（琼财税〔2020〕1019号）规定：

各市、县、洋浦经济开发区财政局、市场监督管理局、人才发展局，国家税务总局海南省各市、县、洋浦经济开发区税务局：

根据《财政部 税务总局关于海南自由贸易港高端紧缺人才个人所得税政策的通知》（财税〔2020〕32号）和《海南省人民政府关于印发海南自由贸易港享受个人所得税优惠政策高端紧缺人才清单管理暂行办法的通知》（琼府〔2020〕41号），现将海南自由贸易港（以下简称“海南”）高端紧缺人才个人所得税优惠政策享受有关问题通知如下：

一、来源于海南的所得

来源于海南的所得，是指高端紧缺人才从海南取得的综合所得（包括工资薪金、劳务报酬、稿酬、特许权使用费四项所得）、经营所得以及经海南省认定的人才补贴性所得，相应税款在海南缴纳。其中：

工资薪金所得，是指个人因在海南任职、受雇，从该任职受雇单位取得的工资、薪金、奖金、年终加薪、劳动分红、津贴、补贴以及与任职、受雇有关的其他所得。

劳务报酬所得，是指个人因在海南从事劳务从海南取得的所得。

稿酬所得，是指个人因其作品以图书、报刊等形式出版、发表，从海南取得的所得。

特许权使用费所得，是指个人因提供专利权、商标权、著作权、非专利技术以及其他特许权的使用权，从海南取得的所得。

经营所得，是指在海南从事生产、经营活动取得的所得。

海南省认定的人才补贴性所得，根据发放对象、发放方式分别确认。与任职、受雇有关的，计入综合所得；与从事生产、经营活动有关的，计入经营所得。

二、减免税额计算

高端紧缺人才按照以下方法计算海南个人所得税政策减免税额：

（一）居民个人综合所得减免税额计算

减免税额 = （综合所得应纳税额 - 综合所得应纳税所得额 ×15%） × 海南综合所得收入额 ÷ 综合所得收入额（公式一）

（二）居民个人经营所得减免税额计算

减免税额 = （经营所得应纳税额 - 经营所得应纳税所得额 × 15%） × 海南经营所得应纳税所得额 ÷ 经营所得应纳税所得额（公式二）

（三）非居民个人相关所得减免税额计算

非居民个人工资、薪金所得减免税额 = （工资、薪金所得应纳税额 - 工资、薪金所得应纳税所得额 ×15%） ×海南工资、薪金所得收入额 ÷ 工资、薪金所得收入额（公式三）

非居民个人劳务报酬、稿酬、特许权使用费所得减免税额 = 海南应纳税额 - 海南应纳税所得额 ×15%（公式四）

非居民个人经营所得减免税额＝（经营所得应纳税额－经营所得应纳税所得额×15%）×海南经营所得应纳税所得额÷经营所得应纳税所得额（公式五）

三、高端和紧缺人才的确认

省委人才发展局根据掌握的高端、紧缺人才情况，于每年12月底前将高端、紧缺人才初步建议名单先后推送至税务、发展改革和社保等部门。省税务局按照《海南自由贸易港享受个人所得税优惠政策高端紧缺人才清单管理暂行办法》（以下简称《办法》）确定的收入标准对名单核对后，由发展改革、社保部门分别依托海南自由贸易港“信用共享”平台、海南社保登记系统等，对初步建议名单人才的信用、社保缴纳等情况进行核实。因失信受到联合惩戒人员、不符合《办法》规定的社保缴纳及收入等条件人员不得确定为高端、紧缺人才。上述部门按照各自职责分工对初步建议名单核对后，于次年1月底前将核对信息反馈省委人才发展局。省委人才发展局应于次年2月15日前向省税务局提供最终确定的高端、紧缺人才名单。

省委人才发展局、省税务局在高端、紧缺人才名单确定后，以适当方式通知高端、紧缺人才，并通过省级人才服务“一站式”网络平台和人才服务窗口提供人才身份查询服务。

四、征收管理和服务

被确认为高端、紧缺人才的个人，需要对其来源于海南的上述所得享受优惠政策的，其经营所得于次年1月1日至3月31日、综合所得于次年3月1日至6月30日在海南办理个人所得税年度退税。非居民个人在上述期间无法入境办理的，可委托涉税专业服务机构、其他单位或个人代为办理，或在离境前提前30日以上通过省税务局向省委人才发展局提出高端、紧缺人才身份确认申请。省委人才发展局应在10个工作日内对其是否属于高端、紧缺人才进行确认，发展改革、社保部门须予以配合。被确认为高端、紧缺人才的，税务部门按照上述规定为其办理退税。

高端紧缺人才应在5年内保留与海南实质性运营企业或单位签订的1

年以上劳动合同或聘用协议等劳动关系证明材料。

省税务局根据省委人才发展局推送的名单，依托电子税务局，向被确认为高端紧缺人才的纳税人提供享受减免税优惠政策相关服务。

省人才管理、社会保障、税务等部门应加强事中事后监管，对高端紧缺人才享受个人所得税优惠情况联合开展随机抽查。省委人才发展局、省市场监督管理局应根据工作职能，分别牵头做好有关争议解决工作，积极配合税务部门落实好个人所得税优惠政策。

执行落实中的意见建议，请及时报相应省级主管部门研究。

海南省财政厅

国家税务总局海南省税务局

海南省市场监督管理局

中共海南省委人才发展局

2020 年 12 月 15 日

《海南自由贸易港享受个人所得税优惠政策高端紧缺人才清单管理暂行办法》进一步细化：

第二条　海南省对享受优惠政策的高端人才和紧缺人才实行清单管理。

第三条　享受个人所得税优惠政策的高端人才和紧缺人才，须在海南自由贸易港工作并一个纳税年度内在海南自由贸易港连续缴纳基本养老保险等社会保险 6 个月以上（须包含本年度 12 月当月），且与在海南自由贸易港注册并实质性运营的企业或单位签订 1 年以上的劳动合同或聘用协议等劳动关系证明材料。

无法缴纳社会保险的境外高端人才和境外紧缺人才，须提供与在海南自由贸易港注册并实质性运营的企业或单位签订的 1 年以上劳动合同或聘用协议等劳动关系证明材料。

第四条　享受个人所得税优惠政策的高端人才，在符合第三条规定的同时，还应当符合下列条件之一：

（一）属于海南省各级人才管理部门所认定的人才。

（二）一个纳税年度内在海南自由贸易港收入达到30万元人民币以上（海南省根据经济社会发展状况实施动态调整）。

第五条　享受个人所得税优惠政策的紧缺人才，在符合第三条规定的同时，还应当符合海南自由贸易港行业紧缺人才需求目录范围。

海南省人才管理部门负责发布海南自由贸易港行业紧缺人才需求目录，并适时更新。

第六条　海南省人才管理部门会同有关部门根据本办法的规定，定期将享受个人所得税优惠政策的高端人才和紧缺人才名单，提交给海南省税务部门。海南省税务部门也可根据需要临时提出确定高端人才和紧缺人才，海南省人才管理部门应予以配合。

第七条　确定为高端人才和紧缺人才的，当年享受税收优惠政策。不再符合高端人才和紧缺人才条件的，当年不得享受税收优惠政策。

第八条　被依法列为失信联合惩戒对象的人员，不得享受个人所得税优惠政策。

若是作为合伙企业的合伙人，其经营所得的个人所得税税负为15%，不过当前来看，前提要满足高端紧缺人才条件进行登记管理，需要有相应的社保缴纳证明，若是注册的地方再“悄悄地”给点财政奖励，就更为理想了。虽然此税负较之前的一些地方对合伙企业核定的个税税负明显高了不少，不过这是合法有保障的，从外在表现看，也是为海南的发展做出贡献。比如张三原来在上海发放薪酬、缴纳社保等，为了享受海南的个税优惠，挂职在海南工作取得所得，重复缴纳社保，但人时常不在海南，这种情形下，目前来看还是能满足条件的，虽然可能存在社保漏洞。不过从2025年起，当前的政策将发生调整，对一个纳税年度内在海南自由贸易港累计居住满183天的个人，其取得来源于海南自由贸易港范围内的综合所得和经营所得，按照3%、10%、15%三档超额累进税率征收个人所得税。

对于企业所得税来讲，海南也有着很强的吸引力，比如15%的企业所得税优惠，目前还没有特别明确的官方意见表明此类管理人的公司可以享受15%税收优惠的，但笔者认为还是属于鼓励类框架内范围的。

海南QFLP、QDLP基金管理企业可减按15%的税率征收企业所得税（本文来源：国际旅游岛商报）

商报全媒体讯（椰网/海拔手机端记者 刘宁玥）8月20日，省金融监管局召开QFLP、QDLP政策协调会，明确海南QFLP、QDLP基金管理企业适用鼓励类产业企业，可减按15%的税率征收企业所得税。

会上，省金融监管局局长陈阳表示，“双Q”政策的出台，一是有利于促进海南自由贸易港与境内外金融市场的双向开放和互联互通，增强金融资源全球配置的能力。二是进一步便利跨境投资，让境内外投资者充分享受自贸港建设红利。三是推动补齐海南金融组织短板，集聚优秀的投资管理团队和境内外高端金融人才。四是助力重点园区、重点产业和重点项目拓宽资金来源渠道，更好地服务海南自贸港建设。

会后，省金融监管局将会同有关单位，印发会议纪要明确海南QFLP、QDLP基金管理企业适用鼓励类产业目录，享受税收优惠，让跨境双向投融资的高速通道运行更加顺畅、创造更大效益。

### 5.2.7 调整账面资产价值、满足业务条件下的税务问题规划

为什么要讨论这个话题呢？一般我们在进行税务筹划时，都是奔着解决税款等涉税事项去的，但有一种筹划，是为了解决会计的数据问题的，在搭配相应税收工具的基础上，体现出会计的价值。比如某些企业基于发行债券、贷款等目的，需要体现资产溢价，也有一些企业基于融资性贸易

的需要，而进行了相应的商贸交易安排。在此情形下，若税务处理不好，很有可能背上违法责任。

**（1）以交易取得承兑汇票的资金套现。**

**【案例5-10】**某企业向银行申请签发一张票面金额1 000万，期限6个月，保证金比例为30%的银行承兑汇票，表示企业将以300万作为保证金，可以向银行融资700万，即银行等同于向企业发放期限为6个月的金额为700万的流动资金贷款。

在以小搏大的情形下，利用票据做文章的大有人在，在税法上，接触票据相关的事项相对较少，比如票据贴现的利息支出及发票取得的问题，还有涉及票据贴现的费用承担问题等，一般在财务上认为，收到票据即收到了钱，如商业承兑汇票，若真是到期无法承兑，则只能作坏账处理了。最近关于某地产公司汇票到期无法兑付的报道，就是这样的情形，相当于一种远期信用的付款结算。

在贴现的业务中，也有一些私下办理贴现“业务”的服务商，相当于收取较高的“手续费”帮助倒出现金来，而企业还挂在应收票据的科目中。这其实就涉及股东个人使用公司的资产了，会存在个人所得税的风险，若据为己有也涉嫌侵占公司财产的问题。

**【案例5-11】**某企业资金周转出现困难，于是给开户银行交纳了50%的保证金3 000万元，拟提出使用6 000万元的银行电子承兑票据额度。但是需要有业务交易才能使用，于是找到张三，让张三公司为其开具6 000万元的货物销售发票，据此用票据向张三所找的公司支付款项，张三进行贴现之后，再倒几手转到开立票据的这家企业使用。这时张三取得了4%的好处费。

分析：在这个业务中，我们不去讨论是否违反国家金融秩序的问题，单开具发票的事项，就涉及虚开了。如何规避此事项呢？方法可能也是有的，至少不能赤裸裸地凭空虚开发票进行处理。

**（2）如何体现出资产的账面价值问题。**

原来在工业时代，购买的设备、不动产厂房等，都属于看得到的支出换回的资产，在报表上体现为固定资产。而当下的互联网企业越来越多，现在的互联网公司，很多时候是轻资产运行的，基本上就是房租加适当的人工成本。但这些企业需要有展示自己账面价值的地方，从而用于融资、对外招商入股的安排。我们借鉴一个样本来进行探讨。

**【案例5－12】**某互联网平台公司从事在线盖章的签约业务，客户的拥有量达到了近一万家，由此引起一些风投资金的关注。但企业的账面数据表现一般，比如固定资产只有一些电子设备，主要是数据库，其他就是一些挂账的往来款项，多数费用化了。此时企业应该如何梳理架构并技巧性地体现出相应的资产呢？

分析：对于互联网公司而言，可能隐含的无形资产、无形知识比较多一些，有一些甚至就装在老板的脑海里，这种“沉默化”的资产如何表现出来呢？在财税方面，有的认为可以评估增值改账，这在我们的准则当中基本不可行，除非是那些国有企业改制时评估增资转为国家资本金的特别情形。余下的方式是什么？就是交易了。通过交易来换取相应的资产价值，体现出来公允性价值，才是根本。

表5－7的方式可以考虑样本的价值：

但是，不能“变”出来后就不管了，还要建立起后续的利用价值，即搭配自己的合并报表范围，搭建税收价值中心与利润中心，充实自己的核心竞争力。比如专利或技术转入子公司或关联公司之后，要结合政策做一些小型微利企业所得税优惠、高新技术企业优惠、海南省税收优惠、软件企业优惠、技术转让所得优惠等优惠的享受。不过切忌过于贪心，宜分步推进、适可而止。

表 5－7　　能够考虑样本价值的方式及风险

| 方式 | 税务处理方式 | 风险 |
|---|---|---|
| 将原来费用化或直接拥有的成果进行显性化 | 比如通过申请专利、著作权、版权等方式，或者取得相关协会或组织的证书等 | 强烈建议不要直接去买空头的知识产权证明之类的东西，要结合业务现状有基础的取得 |
| 对外进行投资 | 这里的投资可以考虑分为递延纳税、分期纳税或一次性纳税（所得税），增值税相对来讲可以抵扣，不是关注的重点 | 首先要真实，其次评估的价格要相对合理 |
| 进行买卖 | 会直接形成溢价的所得额，但主体企业有亏损时也是可以弥补的。部分情形下可以取得增值税的技术转让免税优惠和所得税的技术转让所得的优惠 | 需要办理相应的登记或备案手续，进行存挡管理 |

**(3) 搭建税收价值架构的调整考虑。**

之前笔者曾多次给一些大型企业提供“税务健康诊断”的服务，这种服务过去很流行，一般在做的时候，会结合企业的组织架构进行考虑。比如一个大型的企业集团由生产部门、研发部门、销售部门、技术部门、物流部门、后勤部门等组成，有时会提议进行部门的独立拆分，同时建立完善各种交易定价规则，提出做一些信息系统等建议。在筹划方面，关注的多是可以直接享受的税收优惠，但后来发现，效果并不见得有多好，离企业的期望值略有差距，为什么呢？笔者后来也进行了一些反思：

一是，没有把握企业的核心竞争力，一个企业的聚集重心在最具竞争力的领域，而上面提到的诊断，很有可能只就税务问题的因素进行了考虑，要求其作出调整，打破了原来的平衡或者是一直保持的市场优势，有一点纸上谈兵的感觉。其实真正懂企业的还是老板，作为专家，有时我们看到的、访谈到的多是表面的东西，只是为财务负责人的工作开展提供一些辅助性的便利。

二是，税务健康诊断的出发点本身存在局限性，根据笔者的理解，只有融入业务线，再来搭配税务功能的价值，才不至于纸上谈兵。若反着来，很可能破坏企业的既有体系，所以企业也不会据建议立马着手处理。

三是，一个运营的业务模式，都必然或多或少存在着税收利益的落地点，只是这几年来，大家在形式上做得太混乱了，已没有耐心与精力去顾及业务层面的深度融合的筹划事情了，往往直接通过形式筹划来达到最终少缴税的目的。这样做的结果是，税务机关只需要轻轻撬动某个环节，就会揭开其神秘的面纱。

本书通篇追寻着这种税收价值的方向、方式，由于税收政策的时时变化，环境与技术、金融的创新不断出现，企业的税务规划，也是需要活到老学到老的。尽管看似说得足够清楚了，但现实当中初学者或刚入行的个人仍会很难理解，因为涉税的事项，若没有经历过，只在书本上、培训中学习过，真不一定有底气能做好。笔者认为，首先要考虑一个公司的核心价值，它是属于哪一种类型，比如销售驱动型、技术驱动型、流量驱动型、资源独占驱动型等，对接明确之后，再进行税务筹划方面的行动也不迟。

表 5 –8 列示了三个纬度的税收价值筹划。

**表 5 –8　　三纬度税收价值筹划**

| 纬度 | 价值表现 | 举例 |
| --- | --- | --- |
| 时间 | 拉长的时间价值就是绝对价值 | 比如在重组并购中大量使用 |
| 空间 | 利用地区间（包括境内外）进行规划 | 很多的筹划事项就是企业在哪里的选择 |
| 想象 | 筹划人的想法、选择，是筹划的决定因素，它并不是自然现象，是一种想法的实施过程 | 每个人心中都有一个“筹划故事”，不同的人或团队做出来的筹划即使很相似，但业务逻辑线、证据链、定价等还是不会完全一致的 |

笔者自创的这个“三纬度税收价值筹划”的名字，大致是这方面的意思：

当我们面对一个需求时，画出现状与目标之间的距离，中间的路径通常会有多长，这就需要选择了，选择好之后更需要创新，当我们充分利用各种工具的规则并进行组装、打通以后，有可能会出现让自己都很惊喜的“奇迹”。通常而言，当政策大改之时，就需要进行适应性规划，而不是等到政策条件完善成熟之后，才想起进行规划，所以税收政策本身是有时间价值的，这是一种机会成本。在空间上，这几年来，国内方面基本上呈现你方唱罢我登场的节奏，恰逢疫情，影响财政收入的因素比较多，所以各地奇招频出，“求着”大家来投资，给出各种优厚的待遇，加之营商环境改变，纳税人似乎“当家做了主人”，真要开辟一番新天地了，对筹划之术也是高谈阔论。若要突破空间的局限，就需要走出去，结合国际视角来思考税务的问题。从笔者的学习经历来看，通过法税角度、国际视角、组合产品来思考税务问题时，会发现有了质的飞跃，这也是自我成长的过程。在正能量价值观的引导下，顺应时代潮流与国家政策，还是有着很大的价值筹划空间的，并不像当下一些财税机构认为的：“不好了，没有核定我们挣不到钱了，没有财政返还没法服务了！”其实想一想，投资、架构与交易，传统的筹划方式也值得一份职工的坚持了。

### 5.2.8 野蛮地调整利润的费用化问题

企业没有利润时，老板愁！企业有了利润时，老板还愁！愁多缴税，有时是自己想不开，有时的确是对于政策缺乏基本的敬畏。还有的老板对税并不是很重视，认为税就是找找关系的事，但这时也有愁的时候，比如通过私户收钱多了，不敢向自己的账户中放，东找一些亲戚，西找一些朋友帮着放钱，偶尔还可能存在被举报的风险，于是在心难安、忐忑中过着看似风光的日子。

**【案例 5－12】**张三持有大强公司 100% 的股权份额，2021 年大强公司转让了一笔股权，收益 2 000 万元。在此过程当中，张三找到某知名专家，想让其为大强公司筹划一下企业所得税，主要是不想多缴税！

分析：办法有，而且有很多种，比如老板给自己发 1 800 万元的工资，或买 1 800 万元的设备（单价 500 万元以内），这不就解决了吗！但老板还是想要“鱼与熊掌”兼得，不想缴个税，钱也不能花出去。专家就可能提出“空手套白狼”的玩法，各种方式套取发票入账，但这个必须要有事实为依据，至少后发生也要发生，而且最好也别盯着股权转让佣金之类的，太过于直接了。

野蛮调节利润避税可能还有一种情形，如图 5－1 某些网红的筹划之法所示

**图 5－1 野蛮调节利润方式**

此方式可能是当下比较多的为解决成本费用票的一种筹划手段，通常个独就是空壳式的存在，核定计征个税，没有人员，没有资产，个独的负责人也很有可能是挂名的，没有实质性的业务发生，就成了一家开具发票的单位了，其中的风险大家也都清楚。这时若让其开具发票结算，遇到行业整顿检查的时候，就难免说不清了。比如笔者听闻在跨省协查某案的时候，会对这些发票的真实性进行联合确认，有被认定为虚开处理的。基于此，我们会对筹划的本质有更深刻的理解，税务筹划不是技术性的单一筹划，而是基于业务的筹划，顺便进行的是技术的配套、使用及升华。

有人提出，我们不这么直接计入成本费用，而是通过费用分摊，虚计固定资产、无形资产，通过摊销来作费用，这样是不是就显得间接一些，被发现的可能性就降低了呢？现实当中，不排除有这样的操作，比如有的时候，客户来咨询，公司账面上有近 1 000 万元的存货，但实际是没有的，想咨询注销事宜，明确提出来：你懂得啊！多数情形下里面会隐藏着来路不清的发票问题，也存在虚假出资的情形，这种委托对于服务机构来讲就需要心里想清楚了。记得数年前听闻一家企业账面有 6 000 余万元的存货，仓库里却是空的，没有实物匹配，觅高手协助注销，这种情况下是编造某种报废还是便宜处理的理由呢？笔者认为最好的办法是远离这类说不清的是非。

**(1) “找啊找啊，找发票”都找了哪些。**

据笔者的观察，当下“取票”的路径有这样的操作存在，如表 5－8 所示。

**表 5－8 当前取票路径及调整方向**

| 取票路径 | 风险提示 | 调整方向 |
|---|---|---|
| 灵活用工平台取票，有的转款有的不转款 | 虚开发票的风险，钱最终到哪儿很重要 | 若有真实的业务支撑就需要日常准备相应的凭据材料，若是出于“套现”的目的，建议尽早地想新的办法 |
| 虚假代开发票（看似税务代开的易被“保护”） | 同上，只是税务代开的发票检查起来考虑的因素多一些 | 需要结合功能做好拆分、计税方法的选择 |

续表

| 取票路径 | 风险提示 | 调整方向 |
| --- | --- | --- |
| 虚借人头发放薪酬 | 虚假税前扣除 | 随着个人所得税 App 的全国联网，这种手段得到了整治，但因有大量的人可能并没有使用，特别是来自农村的个人，还可能在被使用，建议不宜野蛮操作 |
| 虚借“劳务派遣”方式列支用工成本套现或给员工发放薪酬 | 虚假税前扣除或者是避真实发放薪酬少纳或不纳个税 | 向真实看齐 |
| 虚列交易向境外转移 | 从境外进口价格虚高的货物或非贸易项下支付不真实的费用 | 以真实场景来参考 |
| 找第三方“大企业”中转发票，不直接面对灵活用工平台、劳务派遣单位 | 最终款项的流转会说明问题 | 感觉真实，其实多有壳主体“白手套”的感觉 |
| 利用资产的交易找空间，利用股权、无形资产的交易找空间 | 隐含式的交易 | 有合理的基础的，确实难以发现 |

上面提到的这些可能的问题点，关键在于如何进行合规性的自测，并且向着有利的方向变化。笔者认为不应在形式上修修补补，当下要作颠覆性的调整，对于税务机关来讲，治理与引导，是任重道远的。

对于从事财税服务的机构来讲，若提供了此类服务业务，往往出事之后，“三十六计走为上策”，其实受伤的还是纳税人。若有相应的业务支撑，那么在此过程当中出现问题，一是需要服务方的协助，解铃还需系铃人；二是若因服务政策适用、操作失当，潜在的经济损失也需要提前谈明白，若发生损失，最终能不能要回另讲，重要的是要体现对风险的责任明确与把控。

**（2）调报表调出“筹划价值”来。**

**【案例 5 –13】**张三与李四投资成立了两家技术服务公司，这几年运营还不错，净利润比较可观。在 2020 年 3 月份，双方拟各自负责一家公司。其中一家公司，张三将股权平价全部转让给李四。另一家公司，李四将股权转让给张三，但因为账面上的未分配利润积累得比较多，且有留存收益的存在，影响着个人转让股权时税务机关用净资产进行核定的转让收入，于是找来专家进行筹划。经过分析，认为以降净资产为目标。查阅公司资料后发现，企业固定资产、存货、往来款项比较大，于是决定计提准备金，计提了5 000万元的准备金后未分配利润马上成为负数了，这不是达到目标了吗？很简单地就完成了筹划。税务机关若只是看形式数据，“放行”被糊弄也不排除，不过不至于这么简单。

分析：税务机关来管会计的事，这个会不会被纳税人“灰头灰脸”地顶回来呢？还真有可能。但是我们的税务干部也有办法来应对，最为直接的方式就是站在反避税的角度，从纳税人故意规避收入额的核定入手，虽然依据国家税务总局公告2014年第67号的规定，核定是以财务报表为基础进行的，当有特定资产超过20%时可以参考评估报告①，但前提条件是这些报表得是真实的、满足真实核算基础的。比如固定资产的市场价值是500万元，账面价值是300万元，硬要在账上计提200万元的减值准备，而且还要在这个节点上进行操作。其实不必在准则应用的对错上较量，只要看看真实情形下是否需要计提，使用事实排除法。当前，这个报表调整的“坑”是有不少的，税务机关需要结合报表的长期变化作出防范式的风险判断与应对之策。

另外，关于调报表，现实当中的手段可能还有更多，比如之前笔者遇

---

① 《国家税务总局关于发布〈股权转让所得个人所得税管理办法（试行）〉的公告》（国家税务总局公告2014年第67号）规定：

第十四条　主管税务机关应依次按照下列方法核定股权转让收入：

（一）净资产核定法

股权转让收入按照每股净资产或股权对应的净资产份额核定。

被投资企业的土地使用权、房屋、房地产企业未销售房产、知识产权、探矿权、采矿权、股权等资产占企业总资产比例超过20%的，主管税务机关可参照纳税人提供的具有法定资质的中介机构出具的资产评估报告核定股权转让收入。

6个月内再次发生股权转让且被投资企业净资产未发生重大变化的，主管税务机关可参照上一次股权转让时被投资企业的资产评估报告核定此次股权转让收入。

（二）类比法

1. 参照相同或类似条件下同一企业同一股东或其他股东股权转让收入核定；

2. 参照相同或类似条件下同类行业企业股权转让收入核定。

（三）其他合理方法

主管税务机关采用以上方法核定股权转让收入存在困难的，可以采取其他合理方法核定。

到西部某市在办理企业注销的时候，税务机关是倒查三年的账务，起始是从有数据变化的年度节点向前，而不是以提起注销时点向前，这也是怕纳税人人为清完数据，不再进行经营，保持三年数据静止后，将之前的问题隐藏起来再办理注销的安排。还有的调表，往来各种对冲，时间长了，真的有可能会隐藏起很多涉税问题，这种处理极可能影响到最终的税额。

### 5.2.9 影视演员、网红所得的纳税主体界定及被穿透的情形

下文来自国家税务总局官网的两则信息，估计会让一些影视演员及为其服务的财税服务机构们心里很不踏实：

**上海市税务部门依法对郑爽偷逃税案件进行处理**

2021 年 08 月 27 日 来源：国家税务总局上海市税务局

今年 4 月初上海市税务局第一稽查局依法受理关于郑爽涉嫌偷逃税问题的举报后，在国家税务总局指导督办下，在天津、浙江、江苏、北京等地税务机关配合协助下，针对郑爽利用“阴阳合同”涉嫌偷逃税问题，以及 2018 年规范影视行业税收秩序以后郑爽参加的演艺项目和相关企业及人员涉税问题开展全面深入检查。

经查，郑爽于 2019 年主演电视剧《倩女幽魂》，与制片人约定片酬为 1.6 亿元，实际取得 1.56 亿元，未依法如实进行纳税申报，偷税 4 302.7 万元，其他少缴税款 1 617.78 万元。同时查明，郑爽另有其他演艺收入 3 507 万元，偷税 224.26 万元，其他少缴税款 1 034.29 万元。以上合计，郑爽 2019 年至 2020 年未依法申报个人收入 1.91 亿元，偷税 4 526.96 万元，其他少缴税款 2 652.07 万元。

郑爽上述行为违反了 2018 年以来中央宣传部、文化和旅游部、国家税务总局、国家广播电视总局、国家电影局等部门三令五申严禁影视行业“天价片酬”“阴阳合同”等要求，偷逃税主观故意明显，严重扰乱税收征管秩序，违反了相关税收法律法规，税务部门依法予以从严处理。

上海市税务局第一稽查局依据《中华人民共和国税收征收管理法》

《中华人民共和国个人所得税法》《中华人民共和国增值税暂行条例》等相关法律法规，对郑爽追缴税款、加收滞纳金并处罚款共计2.99亿元。郑爽在税务部门送达行政处理处罚决定书时未提出异议，表示不复议不起诉，并已在规定期限内缴清全部税款和滞纳金。税务部门正依法督促其在规定期限内缴清罚款。

税务部门同时检查发现，本案举报人之一张恒作为郑爽《倩女幽魂》项目的经纪人，涉嫌策划了1.6亿元约定片酬的拆分合同、设立“掩护公司”等事宜，并直接操作合同具体执行、催款收款等活动，帮助郑爽偷逃税款。上海市税务局第一稽查局已依法对张恒进行立案检查，并将依法另行处理。此外，相关企业存在涉嫌为郑爽拆分合同、隐瞒片酬提供方便，帮助郑爽偷逃税款等涉税违法行为，税务部门也已依法另行立案处理。

**上海市税务局第一稽查局有关负责人就郑爽偷逃税案件答记者问**

2021年08月27日 来源：国家税务总局上海市税务局第一稽查局

上海市税务局第一稽查局今年4月初受理关于郑爽利用“阴阳合同”涉嫌偷逃税问题的举报后，依法对郑爽进行立案检查。目前，案件事实已经查明并依法进行了处理。上海市税务局第一稽查局有关负责人就案件查处情况回答了记者提问。

1. 请介绍一下税务部门查办郑爽偷逃税案件的具体情况。

答：郑爽偷逃税案件涉及全国多个地区、多个公司、多个演艺项目，案情复杂。在国家税务总局指导督办下，在天津、浙江、江苏、北京等地税务机关配合协助下，在上海市税务局具体领导下，我局以事实为依据，以法律为准绳，全力推进案件查办工作。4个多月来，针对郑爽利用“阴阳合同”涉嫌偷逃税问题，以及2018年规范影视行业税收秩序以后郑爽参加的演艺项目和相关企业及人员涉税问题开展全面深入检查，对十几个省市的几十户企事业单位和上百位证人进行取证，调查和分析了大量的财务和资金数据，查明了案件事实并依法进行了处理。

经查，郑爽于2019年主演电视剧《倩女幽魂》，与制片人约定片酬为

1.6亿元，实际取得1.56亿元，分为两个部分收取。其中，第一部分4 800万元，将个人片酬收入改变为企业收入进行虚假申报、偷逃税款；第二部分1.08亿元，制片人与郑爽实际控制公司签订虚假合同，以“增资”的形式支付，规避行业监管获取“天价片酬”，隐瞒收入进行虚假申报、偷逃税款。在《倩女幽魂》项目中，根据郑爽违法事实认定为偷税4 302.7万元，其他少缴税款1 617.78万元。同时查明，2018年规范影视行业税收秩序后，郑爽另有其他演艺收入3 507万元，同样存在以企业收入名义改变个人收入性质、进行虚假申报的问题，根据郑爽违法事实认定为偷税224.26万元，其他少缴税款1 034.29万元。以上合计，郑爽2019年至2020年未依法申报个人收入1.91亿元，偷税4 526.96万元，其他少缴税款2 652.07万元。

我局依据《中华人民共和国税收征收管理法》第三十二条、第六十三条等规定，以及《中华人民共和国个人所得税法》第二条、第十条、第十一条和《中华人民共和国增值税暂行条例》第一条、第十九条等规定，对郑爽追缴税款、加收滞纳金并处罚款共计2.99亿元。其中，依法追缴税款7 179.03万元，加收滞纳金888.98万元；对改变收入性质偷税部分处以4倍罚款，计3 069.57万元；对收取所谓“增资款”完全隐瞒收入偷税部分处以5倍“顶格”罚款，计1.88亿元。

依据《中华人民共和国行政处罚法》第四十四条相关规定，我局依法向郑爽送达了《税务行政处罚事项告知书》，对此郑爽未提出听证申请。之后，依法向郑爽正式下达《税务处理决定书》和《税务行政处罚决定书》，限其在规定期限内缴清税款、滞纳金及罚款。目前，郑爽已在规定期限内缴清全部税款和滞纳金。税务部门正依法督促其在规定期限内缴清罚款。

2. 本案中罚款有的是四倍、有的是五倍，这是如何确定的？

答：依据《中华人民共和国税收征收管理法》第六十三条第一款规定，对纳税人偷税的，由税务机关追缴其不缴或者少缴的税款、滞纳金，并处不缴或者少缴的税款百分之五十以上五倍以下的罚款。本案中，考虑到郑爽偷逃税案件发生在2018年规范影视行业税收秩序以后，主观故意明显，区分其不同的违法行为，税务机关依法从严进行处罚。其中，对改变收入性质偷税部分，处以4倍罚款；对收取所谓“增资款”完全隐瞒收入偷税部分，由于情节更为严重，处以5倍“顶格”罚款。

3. 前期有网民称，郑爽与制片人已经解除了“增资”协议。为何还要追缴此部分资金涉及的税款？

答：经查，郑爽于2019年主演电视剧《倩女幽魂》，实际取得片酬1.56亿元，其中的1.08亿元，制片人通过向郑爽实际控制公司“增资”的形式支付。双方先通过签订所谓“增资协议”来规避行业主管部门对“天价片酬”的监管，然后再通过虚假申报偷逃税款。2020年，郑爽与张恒发生纠纷向法院提起民事诉讼后，相关当事人担心“天价片酬”事实败露而解除“增资协议”。依据《中华人民共和国个人所得税法》《中华人民共和国增值税暂行条例》《营业税改征增值税试点实施办法》等相关规定，郑爽在2019年已提供演艺服务并实际取得片酬，已发生税法规定的纳税义务，应当依法申报纳税；解除“增资协议”不改变郑爽未如实申报导致少缴税款的既定事实，也不影响对其偷逃税主观故意行为性质和金额的认定，税务部门因此依法对该部分片酬涉及的税款进行追缴，并加收滞纳金和处以相应罚款。

4. 是否会对郑爽追究刑事责任？

答：《中华人民共和国刑法》第二百零一条规定，纳税人有逃避缴纳税款行为的，经税务机关依法下达追缴通知后，补缴应纳税款，缴纳滞纳金，已受行政处罚的，不予追究刑事责任；但是，五年内因逃避缴纳税款受过刑事处罚或者被税务机关给予二次以上行政处罚的除外。

本案中，郑爽首次被税务机关按偷税予以行政处罚且此前未因逃避缴纳税款受过刑事处罚，相应的税款及滞纳金已在规定期限内全部缴清。若其能在规定期限内缴清罚款，则依法不予追究刑事责任；若其在规定期限内未缴清罚款，税务机关将依法移送公安机关处理。

5. 为何税务部门要对张恒进行处理？

答：张恒虽是本案举报人之一，但税务部门检查发现，其存在涉嫌通过策划组织、沟通接洽、具体操作等行为，帮助郑爽偷逃税款。具体是：2018年12月，张恒作为郑爽参演《倩女幽魂》的经纪人，负责郑爽拍摄《倩女幽魂》的演艺合同签订、片酬商谈、合同拆分、催款收款等事宜，并具体策划起草“增资协议”，设立“掩护公司”，帮助郑爽掩盖“天价片酬”，规避行业主管部门监管，逃避履行纳税义务，影响恶劣。我局已依法对张恒进行立案检查，并将依法另行处理。

上海市税务局第一稽查局有关负责人指出，该局将认真贯彻国家税务总局和上海市税务局部署，针对当前影视行业个别从业人员偷逃税的新手法，持续加大“双随机、一公开”抽查力度，严厉查处和曝光各类恶意偷逃税行为，进一步规范影视行业税收秩序，推动影视行业长期健康规范发展。

**（1）“阴阳合同”老套路升级了。**

自2018年范某某因为阴阳合同偷逃税款被查之后，影视行业的整顿随之进行了一轮检查，而今再发阴阳合同偷税之事，恐怕之后对于影视行业的税收监管手段、打击力度、反避税的措施等陆续地要升级了。同时，随即进行一波行业检查也应是在所难免了。警钟长鸣，在法制化持续推进的今天，影视明星涉税案的处理，无疑是加强征管、推进税法遵从的一个很好的警示样本。

上一轮明星工作室的涉税检查，在《依法依规开展工作 促进行业健康发展——规范影视行业税收秩序工作取得积极进展》（2018年12月06日）提出：

按照税法规定，个人从事影视、演出、广告等方面的收入应当按劳务报酬等所得项目申报缴纳个人所得税。对于过去部分工作室将影视人员个人劳务报酬等收入混入工作室经营收入的，三部门有关负责人表示，应当实事求是加以区分。其中属于工作室提供辅助服务的经营收入，过去已按核定征收方式征税的不予调整；其他影视人员个人劳务报酬等收入，由影视人员个人据实申报，自查自纠。同时，三部门再次明确强调，各地工作中要严格依法依规，精准把握和执行政策，维护影视企业及从业人员合法权益。

穿透工作室的外壳，认定影视人员个人的演出等收入为个人劳务报酬收入，不是经营收入，形不成工作室经营所得，自然享受不到核定的政策，需要由个人单独据实申报，这是上轮税务检查中明确的政策解读口径。本次检查所发现的问题，在手法上升级了，比如虽是阴阳合同，一不是由个人账户收款“暴力偷税”，二不是由工作室收款还进行核定，而是经过分拆，由不同的主体，通过不同的商业路径，实施的利益转移。如将部分款项以高溢价增资的方式，转到演员所控制的公司名下，不作为应税收入处理，变相拆分了片酬的应税属性，降低了个人的应税金额，就算后面的增资行为在形式上合法，也不代表前面的纳税行为合法，以合法形式掩盖非法目的，人为地改变了事实，所以这也是阴阳合同的涉税违法行之处了。

但是，拆分业务收入是不是必然是偷税行为呢？不同的案例需更多分析。

**【案例 5－14】**张三与其爱人投资设立了三家企业，其中一家为一般纳税人，两家为小规模纳税人，从事装修设计、建筑服务等。在 2021 年 8 月，张三与客户谈了一笔业务，为其提供装修服务，总金额为 30 万元。这时张三提出来，由一般纳税人的主体提供建筑服务 10 万元，由小规模纳税人的主体各开具 10 万元。那么，这种拆分业务的方式算不算阴阳合同涉嫌偷逃税款呢？

分析：笔者认为，这类情形在现实当中存在较多。但这跟上面提到的影视明星的阴阳合同是不同的，一是其数据均体现在了相应的主体上且形成了收入，老板进行筹划想要的是享受小微企业等一些优惠；二是要关注相关的主体是不是提供了对应的服务，若有的主体只是用来作为老板的“小金库”使用，偶尔地发生几笔业务倒是可以解释的，在这种情形下，客户能接受，且相关的款项也是分别支付的，所以也有一定的可行性；三是可能存在虚开发票的潜在风险，比如某个主体根本未提供服务、销售货物，仅仅是开了一张发票收了款项，自己也解释不清，这可能就成为一个问题。张三可能会说："这几个公司的老板都是我们家人，我们以谁的名义干活还不是自己说了算。"笔者认为，对于服务，确实存在划分的难度，此时建议老板们先各签各的合同，在形式上明确开来，而发生货物销售的主体，由于涉及向供应商采购，所以销售时需要清晰地匹配起来。另外，懂得增值税计算规则的财税人士要注意了，切忌由某一主体代收款项，因为在增值税收入额的解释中，代收款项被认为是属于销售额价外费用的范围，若在这计缴了税款，真正的卖家收款时还要计缴一次税款，有不少的纳税人吃过这个哑巴亏，建议与客户各收各的款，各自结算。

承案例，若该客户与该老板在境外都有外汇，为方便其在境外开支，于是提出来在境外支付20万元，张三认为境内的税务机关无法发现，因此隐匿了该笔收入，这就是偷逃税款的行为了。

**（2）对"穿透"计税规则判定的风险理解。**

影视明星们的片酬，虽有工作室的外衣保护，但终被穿透认定为个人劳务报酬需要补缴个税。这种穿透的风险边界如何掌握呢？因为当下，多有个人以个体工商户、个人独资企业的形式对外从事业务，往往也是一个人在提供服务，比如提供培训、策划、美容设计等服务，若是由个人直接从事服务，通常认为这属于个人所得税中的劳务报酬所得类型，但为了靠上经营所得进而取得核定计税，给自己包装一个壳，是不是也面临着被穿透的风险呢？笔者认为要符合业务常规，而不再形式为上作唯一条件了。

存在的情形及可能的风险见表5－9。

**表5－9　　存在的情形及可能的风险**

| 情形 | 可能的风险 | 备注 |
| --- | --- | --- |
| 没有多少成本的仍是个人本人的业务活动 | 若是小规模纳税人可能是核定处理了，若是一般纳税人，越来越不再适用对其进行核定征收个税的方式了 | 建议适当地列支真实的相应的支出成本 |
| 有投资情形的 | 个人独资企业是可以对外出资设立公司等主体的，此时不宜认为是个人的行为，属于经营所得，不过金额较大时，若查账征税，最高将适用35%的税率计税 | 需要考虑从事业务的类型 |

首先，对于这种穿透的理解，还是相当具有局限性的，即还没有被扩大化地广泛应用，可以认为是行业式案例的处理之策，但有着清楚的警示之意。

其次，对于个人设立的一人有限责任公司，这种情形下是不是也会被穿透呢？相对不会，因为企业所得税是按25%的法定税率计缴，再加之个人取得分配的股息红利时还要按20%计税，税负较高，这时进行穿透反而是给纳税人降税。之所以进行了这样的穿透，主要是因为这些工作室享受了核定的“极低”税负率引起的反制，对于这类事件的处理自然需要“非常处理”。

当下，在网红直播带货的大潮中，我们可以发现，网红与演员看起来有相近之处，网红们似乎也要引起警惕了。若认为网红通过个独之类取得的所得也属于劳务报酬的类型，也有其合理突破之处。

直播平台补缴6 000万个税 主播收入将纳入监控

2017－03－10 新民晚报

新民晚报3月10日报道 ××市××区地税局昨天披露，某直播平台2016年支付给直播人员的收入高达3.9亿元，但未按规定代扣代缴个人所得税，今年最终补缴了税款6 000多万元。网红名人的收入不仅包括打赏收入，还有广告收入、线下商演收入等，税务部门今后将多方监控收入来源，确定网红名人个人所得税扣缴基数。另外还会加强对网红名人所在经纪公司的监督与检查。

想成为主播的门槛并不高，只要下载APP，按照操作提示进行实名认证就可以了。主播们登录平台参与直播，就可以接受网友打赏，而这些礼物就是主播的主要收入来源。小到鱼丸鱼翅，大至跑车飞机，粉丝们一件件虚拟爱心礼物，最终都会变成真金白银掉入主播兜里，更是给直播平台创造了财富。尤其网红主播年收入动辄几十万元、上百万元，但很多高收入的主播“新贵”，竟然连个税都没交。

据介绍，××区地税局今年运用大数据辅助税收征管，重点针对新兴行业业态堵塞税收漏洞，详细分析了几家大型直播平台的业务规模和缴纳税款后，地税人员发现这些企业的业务规模与纳税比重差别很大，便将核查目标放在了一家有数百位明星入驻、活跃用户达百万的直播平台。

进入企业调研核实前，调查组成员专门下载了该公司应用程序，紧急恶补相关知识，尽快熟悉这家企业的运营特点和直播平台的商业运营模式。朝阳地税工作人员调查后发现，该公司主播获得各种礼物的打赏后，再兑换成虚拟货币，通过支付宝提现，在兑换过程中，该公司按一定比例提成。但这家企业自成立以来确认的所有收入，均未包括支付给网络主播的个人分成收入，也未给主播代扣代缴个人所得税。该直播平台相关负责人的说法是“平台主播的收入都是通过支付宝提现的，钱都被主播们直接提走了，所以就感觉没必要再替他们代扣代缴个人所得税了。”

地税部门认为，直播平台制定了相关财务规则，主播也是依靠该平台取得收入，代扣代缴个人所得税的义务应由平台承担，而不可能由支付宝等第三方负责。“对于一名网红在多个平台直播，多处取得收入的问题，税务部门将加大跨省协查的力度。”

目前国内市场上共有200多家直播公司，各方资本纷纷涌入，用户数量已经达到2亿，大型直播平台每日高峰时段同时在线人数接近400万，同时进行直播的房间数量超过3 000个。税务部门认为，直播平台已进入爆发式增长期，但在税收遵从度方面还有待提高。（新民晚报记者于明山通讯员潘子璇）

税务总局曝光增值税发票虚开骗税和隐瞒高收入未如实申报纳税典型案例

2021年09月28日 来源：国家税务总局办公厅

近期，税务部门在“双随机、一公开”抽查中，通过税收大数据分析发现，有两名主要从事电商和直播带货的网络主播涉嫌通过隐匿个人收入、改变收入性质等方式偷逃税款。2021年9月，国家税务总局驻上海特派员办事处统筹协调浙江、广西等地税务部门，依法对这两名主播及相关企业进行立案检查。检查发现，两名主播均涉嫌违规将个人收入转变为企业经营收入，进行虚假申报少缴个人所得税，涉税金额较大。目前，案件正在检查之中，对于查实的偷逃税行为，税务部门将依法严肃处理并予以曝光。

**【案例5-15】** 某地税务机关在检查某网红设立的企业的税收问题时，发现账面上列支了大量的异地个独的发票费用，于是请求异地的税务机关进行协查，是不是涉及虚开发票的问题，有没有真实的业务支撑。异地税务机关在检查后发现这些个独在计税上是采取的核定征税的方式，核定的所得率为10%，联系相关人员后，也说不清楚提供了哪种服务，有的说是运输费，有的说是广告费，有的说是信息技术费等，税务机关先要求将核定征收改为查账征收补税，后要求进一步提供相应的服务合同等资料。

分析：这里有三个问题，一是核定的处理，纳税人有哪些可以保护的权利；二是是否存在虚开发票的情形；三是网红承接业务的公司的成本费用税前扣除问题。笔者认为先要处理是不是虚开的问题，这是关键，其次再看如何处理核定与查账的问题。若相关主体设立人是自己内部的人员，需要协调一些业务的分工说明资料，若真是虚开的发票，这事只能视情形边走边看“造化”了。

笔者认为，简单粗暴式进行避税甚至偷税的网红、影视艺人等，在税收方面可能再难回到从前在税上“省钱”的好日子了。这不单单是税务机关自己的调整、纠正，而是在一个大时代背景下的法治、征管、社会价值回归的情形下，必须要去做的遵从与义务。随着国家对影视艺人的合规守法遵从、社会价值观引导的逐步推进，这一次不仅仅是税的事了，纳税遵从将是一次很大的提升。

### 5.2.10 说法与称谓的差别可能“误伤”了你

结合笔者多年来的工作经验与自己的理解，笔者认为税收的问题，有实质情形下的判断理解与处理，但多数情形下考验的是形式征税的判断规则，很多问题的应对，有时就是对于“某句话、某个词”的解读。但成文法的法规体系，肯定是需要理解“原规定”，相关的案例仅可以作为参考，不能作为依据。下面笔者结合最近遇到的两个案例，与大家作进一步的分享和分析。

**（1）著作权转让与技术转让的免征增值税适用判断。**

**【案例5-20】** 大强公司与小强公司签订了一份协议，大强公司购买小强公司的一项技术，双方在依科委备案的格式合同中，明确合同类型是技术转让合同，资料上体现的是计算机软件著作权转让合同，同时在内容中明确了数项技术的名字，比如机器调控自动化技术等。税务机关认为，即使是在科委备案的技术转让合同，也不认可其属于可享受增值税免税的技术转让，因为双方签订的是著作权转让合同，不是技术合同，即使有科委备案，也不予认可。

分析：类似案例，上面有过一些分析。笔者认为，这是对于著作权与技术之间关系的衔接与理解问题，税务机关依法规条文理解，而企业认为我们都得到了科委的认可，凭什么得不到税务机关的认可呢？这是因为我们戴着不同的眼镜来看这个问题，税务机关的工作人员为了减少自己的执法责任，依“文字”判断，似乎也是可以理解的，不过可能会存在偏颇。

财税〔2016〕36号之《营业税改征增值税试点过渡政策的规定》：

一、下列项目免征增值税

……

（二十六）纳税人提供技术转让、技术开发和与之相关的技术咨询、技术服务。

1. 技术转让、技术开发，是指《销售服务、无形资产、不动产注释》中“转让技术”、“研发服务”范围内的业务活动。技术咨询，是指就特定技术项目提供可行性论证、技术预测、专题技术调查、分析评价报告等业务活动。

与技术转让、技术开发相关的技术咨询、技术服务，是指转让方（或者受托方）根据技术转让或者开发合同的规定，为帮助受让方（或者委托方）掌握所转让（或者委 托开发）的技术，而提供的技术咨询、技术服务业务，且这部分技术咨询、技术服务的价款与技术转让或者技术开发的价款应当在同一张发票上开具。

2. 备案程序。试点纳税人申请免征增值税时，须持技术转让、开发的书面合同，到纳税人所在地省级科技主管部门进行认定，并持有关的书面合同和科技主管部门审核意见证明文件报主管税务机关备查。

……

文件当中是这样描述技术的：

二、销售无形资产

销售无形资产，是指转让无形资产所有权或者使用权的业务活动。无形资产，是指不具实物形态，但能带来经济利益的资产，包括技术、商标、著作权、商誉、自然资源使用权和其他权益性无形资产。

技术，包括专利技术和非专利技术。

自然资源使用权，包括土地使用权、海域使用权、探矿权、采矿权、取水权和其他自然资源使用权。

其他权益性无形资产，包括基础设施资产经营权、公共事业特许权、配额、经营权（包括特许经营权、连锁经营权、其他经营权）、经销权、分销权、代理权、会员权、席位权、网络游戏虚拟道具、域名、名称权、肖像权、冠名权、转会费等。

上例提到的技术，若是专利技术，需要有证书体现，不过专利的申报确认时间非常漫长。但什么是非专利技术，笔者查阅了一些资料，并没有官方的明确规定，实际上也难以规定，技术发展与时俱进，表现形式越来越多样，众人对其的认识也是持续提升的。如下面的资料中提到的：

表 5－10 非专利技术的理解

| | |
|---|---|
| 《国家税务总局关于研发费用税前加计扣除归集范围有关问题的公告》（国家税务总局公告2017年第40号） | 非专利技术（包括许可证、专有技术、设计和计算方法等） |
| 之前营业税背景下《江西省科学技术委员会 江西省地方税务局关于进一步明确科研单位技术合同收入免征营业税有关问题的通知》 | 非专利技术是指除专利技术以外的实用技术，包括专有技术及研制开发成果、技术测试综合分析、技术论证成果、新技术、新工艺、新材料应用成果等其他技术 |

既然在财税〔2016〕36号中提到的“著作权”与“技术”是并列的，那么技术转让当然不包括著作权转让了！而且有的地方税务机关对此还专门进行过解释。

原福建省国家税务局在《2017年8月12366热点和难点问题集（二）》中有这样的回复内容：

3. 纳税人转让软件著作权是否可以按技术转让享受免征增值税优惠？

答：根据《财政部 国家税务总局关于全面推开营业税改征增值税试点的通知》（财税〔2016〕36号）附件3《营业税改征增值税试点过渡政策的规定》规定：“一、下列项目免征增值税……

（二十六）纳税人提供技术转让、技术开发和与之相关的技术咨询、技术服务。

1. 技术转让、技术开发，是指《销售服务、无形资产、不动产注释》中‘转让技术’‘研发服务’范围内的业务活动。”

另根据《财政部 国家税务总局关于全面推开营业税改征增值税试点的通知》（财税〔2016〕36号）附件1《营业税改征增值税试点实施办法》附《销售服务、无形资产、不动产注释》规定：“二、销售无形资产，销售无形资产，是指转让无形资产所有权或者使用权的业务活动。无形资产，是指不具实物形态，但能带来经济利益的资产，包括技术、商标、著作权、商誉、自然资源使用权和其他权益性无形资产。技术，包括专利技术和非专利技术。”

因此，软件的著作权转让应属于转让著作权，不属于技术转让，不能免征增值税。

7. 软件开发是否属于技术开发服务范围？是否可以免征增值税？

答：根据《财政部 国家税务总局关于全面推开营业税改征增值税试点的通知》（财税〔2016〕36号）附件3《营业税改征增值税试点过渡政策的规定》规定：“一、下列项目免征增值税……（二十六）纳税人提供技术转让、技术开发和与之相关的技术咨询、技术服务

1. 技术转让、技术开发，是指《销售服务、无形资产、不动产注释》中‘转让技术’‘研发服务’范围内的业务活动。技术咨询，是指就特定技术项目提供可行性论证、技术预测、专题技术调查、分析评价报告等业务活动。”

另根据附件1《营业税改征增值税试点实施办法》附件《销售服务、无形资产、不动产注释》规定：“（六）现代服务。……1. 研发和技术服务。……研发服务，也称技术开发服务，是指就新技术、新产品、新工艺或者新材料及其系统进行研究与试验开发的业务活动。……

2. 信息技术服务。（1）软件服务，是指提供软件开发服务、软件维护服务、软件测试服务的业务活动。……”

因此，软件开发属于信息技术服务，不属于研发服务范围，不能免征增值税。

我们再来看看著作权是一种什么权利，《著作权法》规定了计算机软件产品属于著作权法下的作品，依法享有著作权，著作权人享有人身权与财产权，在《计算机软件保护条例》中规定：

第八条　软件著作权人享有下列各项权利：

（一）发表权，即决定软件是否公之于众的权利；

（二）署名权，即表明开发者身份，在软件上署名的权利；

（三）修改权，即对软件进行增补、删节，或者改变指令、语句顺序的权利；

（四）复制权，即将软件制作一份或者多份的权利；

（五）发行权，即以出售或者赠与方式向公众提供软件的原件或者复制件的权利；

（六）出租权，即有偿许可他人临时使用软件的权利，但是软件不是出租的主要标的的除外；

（七）信息网络传播权，即以有线或者无线方式向公众提供软件，使公众可以在其个人选定的时间和地点获得软件的权利；

（八）翻译权，即将原软件从一种自然语言文字转换成另一种自然语言文字的权利；

（九）应当由软件著作权人享有的其他权利。

软件著作权人可以许可他人行使其软件著作权，并有权获得报酬。

软件著作权人可以全部或者部分转让其软件著作权，并有权获得报酬。

笔者认为，营改增的文件中提到的著作权有广泛的内涵，其中当然包括计算机软件，但著作权本身是保护人身权与收益权的。而我们提到的技术，一方面它确实是技术，另一方面它体现为软件，可以同时取得著作权，即它不是非此即彼，而可能两者兼而有之，比如特斯拉的自动驾驶技术，本身就是一套软件参数与设备的集成，若使用该技术时，是以支付著作权权益费用的方式，行不行？以一种挂上别的名字的技术，以其名字所属来否定它是技术，笔者认为这不恰当，是误解了技术与著作权之间的关系。

《高新技术企业认定管理办法（2016 修订）》之附件《国家重点支持的高新技术领域》中提到：

（一）软件

1. 基础软件

服务器/客户端操作系统；通用及专用数据库管理系统；软件生命周期的开发、测试、运行、运维等支撑技术，以及各种接口软件和工具包/组、软件生成、软件封装、软件系统管理、软件定义网络、虚拟化软件、云服务等支撑技术；中间件软件开发技术等。

2. 嵌入式软件

嵌入式图形用户界面技术；嵌入式数据库管理技术；嵌入式网络技术；嵌入式软件平台技术；嵌入式软件开发环境构建技术；嵌入式支撑软件生成技术；嵌入式专用资源管理技术；嵌入式系统整体解决方案设计技术；嵌入式设备间互联技术；嵌入式应用软件开发技术等。

3. 计算机辅助设计与辅助工程管理软件

用于工程规划、工程管理/产品设计、开发、生产制造等的软件工作平台或软件工具支撑技术；面向行业的产品数据分析和管理软件；基于计算机协同工作的辅助设计软件；快速成型的产品设计和制造软件；专用计算机辅助工程管理/产品开发工具支撑技术；产品全生命周期管理（PLM）系统软件；计算机辅助工程（CAE）相关软件；分布式控制系统（DCS）、数据采集与监视控制系统（SCADA）、执行制造系统（MES）技术等。

4. 中文及多语种处理软件

中文、外文及少数民族文字的识别、处理、编码转换与翻译技术；语音识别与合成技术；文字手写/语音应用技术；多语种应用支撑技术；字体设计与生成技术；字库管理技术；支撑古文字、少数民族文字研究的相关技术；支撑书法及绘画研究的相关技术；语言、音乐和电声信号的处理技术；支撑文物器物、文物建筑研究的相关技术；支撑文物基础资源的信息采集、转换、记录、保存的相关技术等。

5. 图形和图像处理软件

基于内容的图形图像检索及管理软件；基于海量图像数据的服务软件；多通道用户界面技术；静态图像、动态图像、视频图像及影视画面的处理技术；人机交互技术；裸眼3D内容制作技术；3D图像处理技术；3D模型原创性鉴定技术；遥感图像处理与分析技术；虚拟现实与现实增强技术；复杂公式图表智能识别转换技术；位图矢量化技术和工程文件智能化分层管理技术；实现2D动画和3D动画的自主切换和交互技术等。

6. 地理信息系统（GIS）软件

网络环境下多系统运行的GIS软件平台构建技术；组件式和可移动应用的GIS软件包技术；基于3D和动态多维的地理信息系统（GIS）平台构建技术；面向地理信息系统（GIS）的空间数据库构建技术；电子通用地图构建技术；地理信息系统（GIS）行业应用技术等。

7. 电子商务软件

电子商务支撑/服务平台构建技术；第三方电子商务交易、事务处理、支付服务等支撑与应用技术；行业电子商务、基于云计算的电子商务、移动电子商务支撑与协同应用技术等。

8. 电子政务软件

电子政务资源、环境、服务体系构建技术；电子政务流程管理技术；电子政务信息交换与共享技术；电子政务决策支持技术等。

9. 企业管理软件

企业资源计划（ERP）软件；数据分析与决策支持的商业智能（BI）软件；基于RFID和GPS应用的现代物流管理软件；企业集群协同的供应链管理（SCM）软件；基于大数据和知识管理的客户关系管理（CRM）软件；基于互联网/移动互联网的企业资源协同管理技术；跨企业/跨区域供应链/物流管理技术；个性化服务应用技术；商业智能技术等。

10. 物联网应用软件

基于通信网络和无线传感网络的物联网支撑平台构建技术；基于先进条码自动识别、射频标签、多种传感信息的智能化信息处理技术；物联网海量信息存储与处理技术；物联网行业应用技术等。

11. 云计算与移动互联网软件

虚拟化软件；分布式架构和数据管理软件；虚拟计算资源调度与管理软件；云计算环境下的流程管理与控制软件；基于移动互联网的信息采集、分类、处理、分析、个性化推送软件；移动互联网应用软件；大数据获取、存储、管理、分析和应用软件；人工智能技术等。

12. Web服务与集成软件

Web服务发现软件；Web服务质量软件；Web服务组合与匹配软件；面向服务的体系架构软件；服务总线软件；异构信息集成软件；工作流软件；业务流程管理与集成软件；集成平台软件等。

笔者当然不是认为所有的软件著作权都是技术，但肯定有属于技术范围的以软件为载体的算法或工具，其著作权的转让本身是代表着所有权的转移，包括了里面的技术方法与参数，若此时得到了科委的技术备案，且不管是不是得到了技术验证，但相应部门间的技术认定协作规则，是由科委来担当主导的，税务机关凭此认定就可以了。就好比关于高新技术企业的认定管理上，否定的权限是收归科技部门的，税务部门无权取消其认定的资质。在指标计算上，是可以进行查核的，不满足时企业也会心服口服。

而在企业所得税上，早就大方地认为计算机软件著作权就是技术：

《国家税务总局关于许可使用权技术转让所得企业所得税有关问题的公告》（国家税务总局公告2015年第82号）提出：

一、自2015年10月1日起，全国范围内的居民企业转让5年（含，下同）以上非独占许可使用权取得的技术转让所得，纳入享受企业所得税优惠的技术转让所得范围。居民企业的年度技术转让所得不超过500万元的部分，免征企业所得税；超过500万元的部分，减半征收企业所得税。

所称技术包括专利（含国防专利）、计算机软件著作权、集成电路布图设计专有权、植物新品种权、生物医药新品种，以及财政部和国家税务总局确定的其他技术。其中，专利是指法律授予独占权的发明、实用新型以及非简单改变产品图案和形状的外观设计。

或许我们有相当充分的理由认为，这种认定是所得税的，是关于高新技术范围规定和技术转让所得的，与增值税无关，增值税的规则只能按增值税的文件来执行。这种机械的理解，也可以“理解”，但笔者观察，全国各地并不是都是这样理解的，有的地方认为软件著作权转让、软件开发，属于技术的范畴，不宜过分地套文字“游戏”。或许这本身就代表了技术发展的水平。

不过，既然风险是存在的，对于纳税人来讲，应如何规避著作权转让这类字眼，如何体现技术转让的条款描述呢？如果实事求是、合理地签订合同、进行交易，避免恶意筹划的行为，这也是保护自己权利、减少争议发生的另一种税务筹划了。

**（2）对赌协议的争议短期内难明确。**

近年来，关于对赌事项的涉税争议较多，一个核心的问题在于是拆分环节看交易还是整体性看交易。各地税务的理解口径存在不相同的地方，比如北京曾发生过一个大额的稽查补税的案例，也有的专家提出其顺利解决了先缴税但后续涉及对赌补偿情形下的退税的问题。

其实，这不是多么难的问题，也没有必要从法理上、从法院的判例中再分析过多，其核心在于税收规则跟着市场监督管理登记的环节进行绑定性理解，广泛地、根深蒂固地影响着征管的传统观念与判断。既然变更登记了，控制权变更了，利益实现了，就需要在此环节确认所得征税，而约定未来“或有的”回购或退回条件，并不确定，所以也不会得到认可，先收上税款再说。笔者认为，对于股权转让，或双方就是签订的转让协议且支付了转让款项，相当于已实现了兑价利益，在此环节计征所得税款，亦不为过。至于将来发生的退回或回购之类的情形，则相应给予退税，这是相对合情合理的，也是对事实的尊重。不过对于对赌的条件，可能需要结合税收认可的要素进行判断，而不能天马行空地根据某些情形就全盘接收。

这几年来，有一些专家，或企业的负责人、金融机构的服务人员，对此进行了一些探索。有人提出，对于股权转让中“虚高的转让价款”进行拆分，部分作为转让款，部分作为抵押性质的保证金，暂时存起来，或者放在相应的独立管理账户中，从而减少转让价格的金额。但这至少需要有一个评估的参照，比如评估的股权价格是3亿元，拆出来2亿元作为保证金，从价格公允性上也容易被税务机关突破，除非评估出来价格真的就是1亿元，同时设置保证金2亿元，作为未来达成效益的奖励。在未实现之前，奖励不属于出让方，若实现了，就给予奖励，属于未来的转让相关的收入，这个方式倒是可以考虑。

也有的人提出，能不能以合同未执行完毕来处理，比如受让的一方一直拖着10%的款项不支付，最终双方以诉讼的方式确认合同未执行完毕进行退款处理，这在退税申请的过程当中，增强了一些证据的可行性。从可查的公开数据看，关于对赌的行政诉讼不多，在不确定的情形下，建议避开态度比较强硬的风险地区，且在搭建转让架构时要知道选择地区这一重要的筹划选项。

## 5.3 小结

时代在前进，人们的想法与能力在改变，同时人的追求也在不断地调整，“调”的功能是博大精深的。对于一个有生命的个体来讲，某个节点堵了，或者不协调了，使用中医调理方法，虽慢但长期来看其效果更为显著，相比一些西医式的“快刀斩乱麻”的筹划手段，可能更适合我们的环境与节奏，更符合我们的思维方式。

精益求精，对于每一个税种、每一笔交易，笔者认为都要保持调的态度去不断地完善，没有最好，只有更好。当新发生一项业务的时候，并不需要为了一个所谓的完美方案而犹豫不决，在核心的方向上大致可行，就可以边干边调整。每个创业人、每个企业，都是在不断地摸索种成长的，税务方面的安排与筹划也是同样需要逐渐达成契合的。笔者曾经接触过一些企业家和提供税务服务的同行们，大家的敬业态度、认知是不同的，职业道德方面也存在差异。从负责任的角度来看，若只是简单地做税务服务生意，以拿到钱为原则，也没有什么错误，但用的方子宜秉持良心，切忌用药过猛，也不可光站着说话，久拖病越重。

最后再补充两个小案例，也是笔者最近遇到的，对调的功能理解再多一些感性的认识。

**【案例5-21】**某地的一家企业，原自然人股东转让股权之后，与受让方产生了矛盾，双方从合作走向了关系破裂。其中受让方在检查公司资料时，发现有支付给该股东借款的利息，公司未代扣代缴个税，于是举报该转让方股东偷税。后来经了解，该个人股东曾用自己的不动产抵押贷了款，又提供给企业使用，其认为没有取得利息所得，因为转付给银行了。但税务机关接到举报后，直接明确地要求其必须在某月某日前去补税，可以不追缴滞纳金，不给予罚款。对此有理由可以申辩吗？

分析：首先需要明确一点，税务机关对此案的处理意见是对的，个人取得利息收入并不考虑其成本如何，这跟转租房产的“二房东”计算财产租赁所得个税时，允许扣减支付上一手租金的情形是有区别的。即使此人能完全举证自己就是借款提供给企业用，且自己没有加价，完全平进平出，政策也不允许扣减计所得额。而且大家可以想一下，钱有时哪分得清呢？不让扣也减少征管机关的区分困难与成本，虽感觉是自己吃亏了，但税法就是这样规定的，硬要突破也没有办法。所幸金额不大，“吃个亏”就吃了。注意，此时可只就自己实收的部分计所得，若企业还有欠的，相当于自己没有取得所得，是不需要算个税的，个人取得所得的认定时间是以“到手”为基础来判断的，但是有例外，国家税务总局公告2014年第67号中提到：

第二十条　具有下列情形之一的，扣缴义务人、纳税人应当依法在次月15日内向主管税务机关申报纳税：

（一）受让方已支付或部分支付股权转让价款的；

（二）股权转让协议已签订生效的；

（三）受让方已经实际履行股东职责或者享受股东权益的；

（四）国家有关部门判决、登记或公告生效的；

（五）本办法第三条第四至第七项行为已完成的；

（六）税务机关认定的其他有证据表明股权已发生转移的情形。

可能会有“不公平”的感觉，甚至收的第一笔钱还不够缴税的时候，估计抵触情绪会有，所以收款时要考虑到负税能力的问题。上面的案例中，利息收入还存在着增值税及附加税费的计缴问题，若超过起征点，就有纳税的义务，估计举报人没有提到，税务机关也就没有追究。

那么在这种情形下，可以有哪些改善的空间呢？一是，可以考虑在向单位收取利息时，约定由单位承担税费；二是可以考虑由个人购入某样资产提供给单位，其后再以溢价回购或退货的方式处理，这里会有增值税的产生，所以不开发票办理退货似乎也是可以考虑的，还可以让个人最后支付一点赔偿。或许也可以考虑别的方式，比如购买应收债权等这种暂时未明确要计缴增值税的产品。

**【案例5－22】**大强公司100%投资小强公司，截止到2020年12月31日，小强公司有未分配利润3 000万元，大强公司原始出资成本是200万元，净资产合计3 200万元。大强公司有亏损2 000万元，大强公司转让小强的股权给另一家控股公司（小白公司），若转让价款等同于净资产3 200万元（若无其他影响事项），则大强公司将实现应税所得3 000万元，可以弥补亏损2 000万元了。小白公司取得小强公司的股权后，决议分配股息红利3 000万元，该分红享受免税的待遇，这样该公司的市场价格变成了200万元。此时小白公司就再把小强公司的股权转让给新的大强公司，这样小白公司就产生了可抵减税收的亏损3 000万元，形成了可以利用的亏损。这种情形跟前几年兴起的投资证券投资基金避税的原理相近，只是股权是更为合适的载体，基金避税是自己给自己做亏损，而股权是不同主体之间的交易，若有相应的合理的支撑业务来解释，笔者认为是更可行的。

调的方面其实宜事无巨细，比如某次笔者接触一个案例，税务机关某位专家在检查某企业的涉税问题时，发现其收到的发票中，开具人的名字与本单位人员的名字一致，于是认为这两家单位之间可能涉及关联交易，严重者则“涉嫌虚开发票”。从事税务筹划的业务，细节有时也很关键，不管是不是存在核心的问题，只要有了瑕疵，于里于外都不好。无论如何，对于风险不宜抱侥幸之心，补查税的案例频现，说明了强化税收征管的决心，未来对于大额资金、境外应完税来完税资金的涉税评估与检查会更多出现。

随风潜入夜，润物细无声。调理，恰是如此。

# 第六章　（拟）上市（挂牌）公司税务筹划案例

近年来，我们持续关注了资本市场中一些公司在税务筹划方面的披露信息，这些样本对我们的参考价值在于，当成熟公司进行了一种税务筹划的安排，必然经历了律师或证券发行管理机构的适当把关，多数情形下给出了相应的表述意见。尽管在笔者看来，某些表述意见略显不专业，有牵强之处，也有“甩锅”的一面，不过至少税务机关对此的关注度与以此为线索进行检查的情形不多，所以具有极大的借鉴意义。而之所以税务机关对此“发难”的不多，可能有多种原因，一是没有法定职责与程序的要求，没有相关的责任主体；二是可能考虑到当地政府鼓励经济发展的大环境，以及上市或挂牌之后潜在的财政利益的影响，若因税事阻碍上市，担当不起相应的责任。股份有限公司在挂牌或上市的过程中，往往需要税务机关出具合规的证明，在出具的过程中，税务机关往往也只是对于系统当中的情形进行查阅，并不会真的实地查看，也没有税务检查的程序，直接就由征管部门出具了，目前各地样式不尽相同。后续对于该公司的招股说明书、法律意见书等，也少有人去看，比如在里面提到的补缴税款的事项，也不是税务机关的追缴检查功劳，而是因为某些需求，主动进行税款缴纳。还有提到的存在明显税收政策理解错误的地方，也没有人去善后。当提到的税务筹划的事项，律师往往会回复：“可能存在风险，但是实际控制人愿意承担补税的风险。”有风险的事项，没有人去细究是什么风险，这些问题一般都随着时光流逝而渐渐淡去了。

回到筹划的主题上来，本章中，笔者选取了十个有代表性的涉及筹划的案例，在梳理与阅读的过程当中，感觉收获还是很多的。至少在规模化企业中有应用的场景与先例，代表实务当中的一种可能与尝试，将给读者带来“高级筹划”的视野拓展，相信读者会有一段不错的阅读体验。

## 6.1 实控人变更的筹划

对于个人股权转让时，依据国家税务总局公告2014年第67号文件规定：

第十三条　符合下列条件之一的股权转让收入明显偏低，视为有正当理由：

（一）能出具有效文件，证明被投资企业因国家政策调整，生产经营受到重大影响，导致低价转让股权；

（二）继承或将股权转让给其能提供具有法律效力身份关系证明的配偶、父母、子女、祖父母、外祖父母、孙子女、外孙子女、兄弟姐妹以及对转让人承担直接抚养或者赡养义务的抚养人或者赡养人；

（三）相关法律、政府文件或企业章程规定，并有相关资料充分证明转让价格合理且真实的本企业员工持有的不能对外转让股权的内部转让；

（四）股权转让双方能够提供有效证据证明其合理性的其他合理情形。

上面第（二）项中提到的相关方，其本身是可以组合筹划的，比如老丈人将股权转让给女婿时，其女儿就是中间的桥梁，分两次转让（含赠送）就可以实现“无税负”转移。下面的这个案例就比较有代表性。

比如在《××化学股份有限公司创业板首次公开发行股票招股说明书（申报稿）》中提到这样的内容：

2015年8月，第三次股权转让：

出于税务筹划考虑，俞某秀将其持有的公司6%股权先转让给其父亲俞某忠；

2015年11月，第四次股权转让：

出于税务筹划考虑，俞某忠将其持有的公司6%股权再转让给其孙女俞某。

上述股权代持还原至俞某的原因系俞某为俞某欧之独女，且在公司任职，基于税务筹划及公司管理的角度，由俞某秀转让给其父俞某忠，再由俞某忠转让给直系孙女俞某。

某某集团及其全体股东均已出具《关于股权合法合规性的承诺函》，确认历次股权变动出资来源系自有资金，资金来源合法，股权变动履行的备案、审批等程序合法合规，股权代持已还原，不存在法律瑕疵、纠纷或潜在纠纷。

在上面的关系中，是类似叔叔与侄女之间的关系，不在67号文件列示范围之内，所以找到适当的中间关系人即可以进行过渡操作了，对于房产也是类似的操作。但是要注意，对于有公职或者有需要回避情形的关系人，就不能这样操作了。《公务员法》规定：

第四十四条　公务员因工作需要在机关外兼职，应当经有关机关批准，并不得领取兼职报酬。

第五十九条　公务员应当遵纪守法，不得有下列行为：

……

（十六）违反有关规定从事或者参与营利性活动，在企业或者其他营利性组织中兼任职务；

……

《关于党政机关工作人员个人证券投资行为若干规定》中提到：

第三条　党政机关工作人员个人可以买卖股票和证券投资基金。在买卖股票和证券投资基金时，应当遵守有关法律、法规的规定，严禁下列行为：

（一）利用职权、职务上的影响或者采取其他不正当手段，索取或者强行买卖股票、索取或者倒卖认股权证；

（二）利用内幕信息直接或者间接买卖股票和证券投资基金，或者向他人提出买卖股票和证券投资基金的建议；

（三）买卖或者借他人名义持有、买卖其直接业务管辖范围内的上市公司的股票；

（四）借用本单位的公款，或者借用管理和服务对象的资金，或者借用主管范围内的下属单位和个人的资金，或者借用其他与其行使职权有关系的单位和个人的资金，购买股票和证券投资基金；

（五）以单位名义集资买卖股票和证券投资基金；

（六）利用工作时间、办公设施买卖股票和证券投资基金；

（七）其他违反《中华人民共和国证券法》和相关法律、法规的行为。

《北京××律师事务所关于安徽××木塑集团股份有限公司首次公开发行股票并在科创板上市的法律意见书》有披露这样的内容：

（一）在实际控制人之间进行前述股权结构调整的原因；交易价格确定的依据，是否存在纠纷及潜在纠纷；

1. 本次股权结构调整的原因

根据对唐某卫等进行的访谈，在本次转让之前，发行人第一大股东及董事长唐某卫由于年龄原因，已逐渐减少对公司经营管理，实际控制人内部决定对其持有的发行人股权权益进行调整。

本次调整的原因，首先是基于发行人自成立股份公司以来逐步形成了以总经理唐某远为主的经营管理团队，为加强唐某远在公司经营管理中的重要性以及股东大会形成决策的影响力，唐某卫出让部分股权给唐某远，同时张某、王某亦同意分别出让部分股权；根据《国家税务总局关于发布〈股权转让所得个人所得税管理办法（试行）〉的公告》（国家税务总局公告2014年第67号，以下简称“国税67号文”）的规定，个人股东股权转让所得计算个人所得税时，对申报的计税依据明显偏低（如平价和低价转让等）且无正常理由的，主管税务机关可以按照每股净资产或股权对应的净资产份额等方法核定股权转让收入；但依据国税67号文规定，将股权转让给其能提供具有法律效力身份关系证明的配偶、父母、子女、祖父母、外祖父母、孙子女、外孙子女、兄弟姐妹以及对转让人承担直接抚养或者赡养义务的抚养人或者赡养人属于上述所称正当理由。在张某、王某出让股权过程中，出于税务筹划考虑，张某、王某先分别将发行人股权按照1元/股的价格转让予其配偶唐某飞、唐某雁，再由唐某飞、唐某雁按照1元/股的价格转让予其胞兄唐某远。其次，本次调整后唐某远作为控股股东的持股比例将达到47.00%，有利于确保公司未来上市后控股股东地位的稳定性和经营决策的延续性。

2. 交易价格确定的依据，是否存在纠纷及潜在纠纷

根据对唐某远、唐某卫、张某、王某、唐某飞、唐某雁分别进行的访谈，以及对唐某卫的补充访谈，考虑到本次为亲属之间的股份转让，原因系实际控制人内部对权益进行调整，经各方协商后确定转让价格均为1元/股。

2020年8月21日，国家税务总局广德市税务局出具《股权变更税务登记表》和《股权变更的审核报告》，确认张某、王某分别与唐某飞、唐某雁之间的转让，以及唐某卫、唐某飞、唐某雁分别与唐某远之间的转让，符合国税67号文的税收政策。

根据本次股份转让涉及的股份转让协议、转让价款支付的银行转账业务凭证、本次转让涉及的《股权变更税务登记表》和《股权变更的审核报告》并经访谈股权转让相关方，本次股份转让的对价均已支付完毕，股权已经完成交割，不存在纠纷或潜在纠纷。

这种筹划路径在现实应用中已比较普遍，也比较实用，看似税收规则被轻易地突破了，但也要认可，这属于密切关系人之间的调整，多数并非真实地为了向第三方转让而进行的税收规避行为。当面临着同样的情形，不妨也可以借鉴使用。

## 6.2 员工持股平台由有限公司调整为合伙企业

《××××先进材料技术股份有限公司科创板首次公开发行股票招股说明书（申报稿）》中提到：

2017 年，公司通过增资形式引入员工持股平台多邦有限。

2017 年 12 月 20 日，中国航发下发《关于××云×先进材料技术有限公司实施股权激励的批复》（航发资〔2017〕821 号），同意员工持股平台多×有限以现金 1 690.79 万元对云×有限增资，增资完成后云×有限的注册资本为 6 244.24 万元，多×有限的持股比例为 5%。2017 年 12 月 21 日，云×有限召开 2017 年第八次临时股东会并作出决议，同意吸收多×有限为新股东对公司进行增资，云×有限注册资本由 5 932.02 万元增加至 6 244.24 万元。原股东黎×科技、李某雨、郭某云、江某俊同意放弃优先认缴注册资本的权利。2017 年 12 月 21 日，黎×科技、李某雨、郭某云、江某俊与多×有限就上述增资事项签署了《××××增资协议书》。多×有限按照经国资评估备案的评估报告确定的评估价值增资入股，定价具有公允性。

根据瑞华会计师事务所（特殊普通合伙）出具的《审计报告》（瑞华专审字〔2017〕第 95030010 号），截至 2017 年 6 月 30 日，云×有限总资产为42 881.37万元，总负债为25 884.05万元，净资产为16 997.32万元。2017年11月30日，中联资产评估集团有限公司出具了《××××先进材料技术有限公司引进战略投资者所涉及的该公司股东全部权益项目资产评估报告》(中联评报字〔2017〕第1622号)，以2017年6月30日为评估基准日，经评估，云×有限净资产账面值为16 997.32万元，股东全部权益资本价值（净资产价值）为32 125.06万元，评估增值15 127.74万元，增值率89.00%。2017年12月18日，上述评估报告完成评估备案（《国有资产评估项目备案表》备案编号：0428ZGHF2017012)。

(2) 2020年12月，第二次股权转让

基于税务筹划考虑，公司的员工持股平台由有限公司形式变更为有限合伙：多×有限所有股东按照相同比例新设合伙企业多×合伙，多×合伙受让多×有限持有的公司5%股权。本次转让完成后，公司员工持股平台变更为多×合伙。2020年11月26日，公司召开2020年第二次临时股东大会，审议同意多×有限将其持有的青岛云路5%的股权转让给多×合伙。2020年12月3日，多×有限与多×合伙签署《股权转让协议》，将其持有的××云×5%的股权转让给多×合伙。

在上面的案例中，员工持股平台并不是股权激励，而是相当于员工持股计划的安排，是以评估的公司价值进行的公允入资。注意，1 690.79万元中有312.22万元计入了实收资本，其他的要计入资本公积中，占股比为5%，同时1 690.79万元占评估值32 125.06与1 690.79合计数的5%，这是其中的数据逻辑。

第一个环节的增资，没有资料证明存在员工利益所得，不需要计股份支付计算激励所得；对于第二个环节的操作，相当于有限公司转让股权给合伙企业，这时由于是公司作为股东进行的转让，不会受国家税务总局公告2014年第67号文件核定的约束，相对而言没有特别对应的监管。就算是相应股东与合伙人的比例相同进行一一对应的转让，是自己转给自己的倒手业务，也需要遵照独立交易原则计算所得。若有限公司进行注销时，税务机关同时发现之前转让所持股权的公司的估值又大额增加了，是可以提出企业清算所得税的计缴问题的。不过虽见转让，并不一定付了转让款。

关于持股平台的涉税处理，比较复杂，有老板赠予的股票，有折价买的、增资的、转让的，有境内的、跨境的，不一而足。在股权激励的个税计算上，又有情形不一的税收优惠存在，还要结合税务与会计的差异处理。情形多，漏洞多，筹划自然就多，比如在哪个环节上进行股权激励，是直接进行还是间接通过类似上面的持股平台方式进行？取得时的计税方式与未来分配利润、退出时的计税方式又不同。

为何要变更持股平台的主体，因为以有限公司作为持股平台，有两大问题，一是有限公司决策机制复杂，管理规则要求多，股东变更复杂；二是有限公司税负通常过高，需要缴纳企业所得税后再缴纳个人所得税。目前主流的持股平台模式就是以合伙企业（有限合伙）的方式。

**【案例6－1】**张三投资了大强公司，占股100%，出资额为0，大强公司投资了小强公司，2021年大强公司进行清算，此时账上有30万元现金，对小强公司的投资100万元，未分配利润130万元。大强公司转让了小强公司股权，原出资额为100万元，转让价100万元，转让后没有所得。在审核资料时，税务机关的审核人员认为小强公司的股权转让价格不公允，需要进行调整，按200万元计算转让收入，这样企业所得税的清算所得为100万元，所得税按25%计算为25万元，这样缴完后，张三清算所得按多少计算？

分析：税收清算的应纳税所得额为200－100＝100万元，这是计算企业所得税的基数，缴纳了25万元的企业所得税，这样余下30－25＝5万元，扣除投资成本0元后按20%计算财产转让个税为1万元。

还有一个可以参考的案例，《关于广东××化学股份有限公司首次公开发行股票并在科创板上市申请文件的第二轮审核问询函之回复报告》提到：

问题15.1

关于首轮问询问题1，发行人回复聚×投资股东将股份转移至个人持有及聚×合伙持有，转移至聚×合伙是出于税务筹划考虑。同时回复称，聚×投资的设立目的为解决股份代持。

请发行人说明：(1) 转为个人持有的原因；(2) 具体分析税务筹划的具体情况；(3) 股份代持的原因、解除过程、合规性。

请发行人律师对 (3) 核查并发表意见；请申报会计师对 (2) 核查并发表意见。

……

15.1.1 发行人说明

……

（二）具体分析税务筹划的具体情况

聚×投资成立于2011年3月，为依据中华人民共和国法律在中国境内成立的股份有限公司；聚×合伙成立于2015年4月，为依据中华人民共和国法律在中国境内成立的有限合伙企业。

根据当时有效的《企业所得税法》（2007年3月16日发布）及其实施条例，《个人所得税法》（2007年修订）及其实施条例，财政部、国家税务总局关于印发《关于个人独资企业和合伙企业投资者征收个人所得税的规定》的通知（财税〔2000〕91号）以及国家税务总局关于《关于个人独资企业和合伙企业投资者征收个人所得税的规定》执行口径的通知（国税函〔2001〕84号）等规定，非自然人股东转让××化学股份并将该转让所得分配最终分配至各自然人时，如非自然人股东以合伙企业形式存在，则其各合伙人仅需按照"利息、股息、红利所得"缴纳个人所得税，而如以公司法人形式存在，则需要缴纳企业所得税和个人所得税，具体如下：（略）

综上，根据上述规定，在转让××化学股份并将收益分配至自然人时，如以合伙企业形式存在，各合伙人仅需缴纳个人所得税，而如以公司形式存在，则需要缴纳企业所得税和个人所得税。因此，通过上述持股平台的企业形式降低综合税负，实现税收筹划。

……

15.1.2 发行人律师核查意见

（一）核查程序

1. 查阅股份代持相关的工商登记资料、股东大会文件、《股份转让合同》等资料；

2. 查阅相关出资凭证和《验资报告》、分红及纳税凭证；

3. 查阅各方形成代持关系时共同签署的决议文件、解除股份代持的《协议书》、实际控制人与代持各方签署的《关于××化学部分员工股份代持情况的确认函》；

4. 对发行人实际控制人、代持人和被代持人进行了访谈。

（二）核查意见

经核查，本所律师认为：发行人历史上存在的股份代持关系及其形成原因、解除过程合法合规。

15.1.3 申报会计师核查意见

（一）核查程序

1. 访谈了公司管理层及相关股东，了解聚×投资股东将股份转移至聚×合伙的原因；

2. 查阅了聚×投资、聚×合伙的工商文件、公司章程/合伙协议等；

3. 检查聚×合伙的缴税凭证。

（二）核查意见

经核查，申报会计师认为：聚×投资股东将股份转移至聚×合伙是出于税务筹划考虑的原因合理。

## 6.3 新三板变更股东身份享受优惠“理直气壮”

《关于浙江×力股份有限公司申请向不特定合格投资者公开发行人民币普通股股票并在精选层挂牌的法律意见书》提到：

请发行人：(1) 说明×力控股自2019年至今减持幅度较大且披露精选层相关公告后集中减持的原因及合理性，是否存在规避关于控股股东监管要求的情形。(2) 报告期内的历次减持是否已按照规则要求履行了信息披露义务，是否存在信息披露违规情形 。

2.1 说明×力控股自2019年至今减持幅度较大且披露精选层相关公告后集中减持的原因及合理性，是否存在规避关于控股股东监管要求的情形

2.1.1 2019年减持情况→2019年，×力控股合计减持8 995 000股股票。×力控股的减持交易中，除2 000股为二级市场向公众股东减持外，其余8 993 000股均为实际控制人及一致行动人之间的交易。

×力控股2019年减持幅度较大主要原因如下：

根据《关于继续实施全国中小企业股份转让系统挂牌公司股息红利差别化个人所得税政策的公告》（财政部税务总局证监会公告2019年第78号），个人持有挂牌公司的股票，持股期限超过1年的，对股息红利所得暂免征收个人所得税。海力控股作为法人股东，收到股利分配后再分红至自然人股东时，个人仍需缴纳个人所得税，即无法享受前述个人所得税优惠政策，基于此项税务筹划原因，将部分股份转让给自然人持有。

综上，相关股票原由×力控股持有，2019 年交易至自然人（一致行动人）持有主要系合理税务筹划上的考量，具备合理性。

新三板的交易体系与上市公司有所差异，早几年屡有 1 元、1 分转让股票的情形，后来进行了相应的价格限制，但仍有比较弹性的价格设置空间。比如上面的大宗交易，其价格就存在相应的折扣，所以通过交易系统完成调整之后，属于个人的股息红利，视持有时间可以享受减免税优惠。而这里的交易却并没有受制于国家税务总局公告 2014 年第 67 号文件的核定管控，似乎税务机关也没有相应的手段对此进行动态或持续的风险管理。资本市场的避税方式与通道，相较于未挂牌或上市的企业来讲，似乎空间更大。

而上市公司大宗交易、协议转让价格的管控较为严格，依当前的规则，其相应折扣可以达到 9 折，而新三板的交易规则空间相对灵活一些。比如实务中通过二次转让，实现个人转让新三板原始股所得的筹划，因为依政策转让非原始股的所得免征个税。

## 6.4 被收购前变更股东主体考虑了税收筹划的因素

《中泰证券股份有限公司关于大连××燃气系统股份有限公司重大资产购买之独立财务顾问报告（修订稿）》提到：

本次交易的标的资产为美×辰能源 100% 股权、豪×新能源 100% 股权，两公司均为持股型公司，分别持有目标公司绿×能源 80% 股权、豪×燃气 80% 股权。

本次交易系××股份控制的本次交易实施主体上海×思（暂定名，具体以工商登记为准）以支付现金方式受让大连瑞×祥、大连×丰分别持有的美×辰能源 60.48%、39.52% 股权，即其合计持有的美×辰能源 100% 股权；以支付现金方式受让大连×迈、大连×狮、大连×达信分别持有的豪×新能源 53.50%、44.50%、2.00% 股权，即其合计持有的豪×新能源

100%股权。

本次交易完成后，美×辰能源及豪×新能源将成为上海×思的全资子公司，上市公司将通过上海×思、美×辰能源及豪×新能源间接控制绿×能源及豪×燃气。

《大连××燃气系统股份有限公司重大资产购买报告书（草案）信息披露的问询函》相关问题之专项核查意见提到：

问题3 草案显示，本次交易的标的资产为美×辰能源100%股权、豪×新能源100%股权（简称标的资产），两公司均为持股型公司。标的资产于2020年4月由目标公司出资人及其一致行动人通过合伙企业等主体出资设立，通过认缴新增注册资本方式持有目标公司80%股权。前期，目标公司多次增资价格为每单位注册资本1元，股权转让也以低溢价或平价进行，远低于本次交易作价。请公司补充披露：（1）说明本次交易新设交易对手及目标公司持股平台的主要考虑；（2）结合前期目标公司转让或增资价格，说明本次交易定价与前期差异的原因及合理性；（3）结合上述问题说明本次交易作价是否公允，是否有利于保护公司及中小股东利益。请财务顾问发表意见。

（一）说明本次交易新设交易对手及目标公司持股平台的主要考虑

本次交易新设交易对手及目标公司持股平台的主要考虑如下：

1. 新设交易对手主要基于税务筹划考虑。交易对方均在本次交易前成立，与目标公司所在地的纳税政策相比，交易对方注册地的税负较低。所以目标公司各最终出资人出于税务筹划考虑，按照对目标公司的原始出资比例在税负较低的地区设立投资主体，投资主体通过标的公司向目标公司出资的方式将本次交易的纳税地点转移至税负较低的地区。

2. 新设目标公司持股平台主要是为了减少交易影响考虑。为了避免目标公司层面直接股权变动在当地引起较多的关注，交易对方提前成立控股平台、调整目标公司股权结构，并在持股平台层面实施本次交易。

……

分立前的绿×燃气及绿×能源最近三年的股权转让、增资情况主要为2020年4月，美×辰能源认缴绿×能源新增注册资本4 000万元，取得绿×能源80%股权，本次增资价格为每单位注册资本1元，与本次交易不同的是，美×辰能源的上述增资为非市场化的交易行为，系由绿×能源的最终出资人（及其一致行动人）通过美×辰能源按照对绿×能源的原始出资比例进行的增资，因此，两次交易价格虽时间间隔较短但存在差异亦具有合理性。

笔者查阅了一些相关公司的公开资料，发现此案例有很多值得借鉴的内容，操作之多，时间之密，有兴趣的伙伴可以结合资本市场方面的规定详细了解一下。曾经有伙伴向笔者咨询，这样安排有没有税务的问题？笔者认为，需要结合多种情形来考虑，而且最近几年来，这种临时救驾的方式还是非常多的，其驱动因素跟案例中提到的相近，主要是基于税务筹划的考虑。从注册地的信息来看，略有些偏远，那么其中就可能存在税收特别利益，如核定或财政返还等。

在上市公司的某些案例中，经过了上市公司重大资产购买申报的审核，涉及大额的融资资金交易，最终募资资金流向了被收购方（或实控人的其他资产），取得了对方的“置入资产”。所以，资本市场的税务筹划，其利益绝非上面几章中我们提到的绝大多数案例所能比的。对于创业人来讲，通过自己努力地打拼，以利润致富的规划，还是低了一个层级。偶有个别未上市但也满足现状的企业，比如华为，但这样的企业有几个呢？

转移、交易、核定（取得返还）、清算，基本步骤下却是不一样的操作路径与方式（见表6－1）：

**表6－1　　不同的操作路径**

| 注意方面 | 描述 | 问题 |
|---|---|---|
| 新设主体 | 新设了合伙主体，合伙持股公司、转让公司 | 查账征收下5%～35%计个税，核定征收下所得率一般不高于10%，再按5%～35%计个税 |

续表

| 注意方面 | 描述 | 问题 |
|---|---|---|
| 如何取得核心资产 | 上述公司主体不是通过购买股权这种普遍的做法，而是采取增资的方式取得以公司为载体的核心资产 | 增资稀释了原股权的权益 |
| 资金如何动用 | 充分地利用了认缴的出资方式，不需要真实地出资即可实现可筹划的目标 | 公允估值下的认缴，而不是不公允地出资，这样会更合理、更安全，案例中的增资是非市场化的交易行为，是对原始出资比例进行的增资 |
| 短期内转让 | 从增资到短期内数倍溢价的转让股权，充分说明了这是“真筹划” | 反避税风险 |

看似一个老生常谈的筹划目的，但是实现的路径若设计巧妙，成为一种攻可取、退可守的有利性安排，若税务机关进行核查，没有特别明显的其他可牵制的问题存在，单就税收事项来看，不能得出这是避税操作的结论，最多可以互相“切磋”一下业务，找找不足的方面。由于各地区“洼地经济”创新方面存在不稳定与政策限制，税务筹划高歌猛进的时代慢慢着陆，但估计不会清零，对利益的追求，是永远存在的。

看似简单的路径，其实在整体的事前谋划、展示、出具相应的法律文书方面，都应是十分慎重的，不能随便进行表述，而是要有一套较为成熟的理论基础，且需要努力成为各方共识，苍白的表述很容易出现漏洞。

## 6.5 两步股权转让还原至个人持股利于未来减持免税

这个案例本身是拟上市主体中的个人股东基于税收利益的考虑等因素，而进行的架构调整。在 2021 年 7 月，创业板上市委员会认为上述公司符合发行条件、上市条件和信息披露要求。

我们从其《××眼科首次公开发行股票并在创业板上市招股说明书（申报稿）》中进行了一些内容的摘录：

3. 2019 年 2 月，股权转让

2019 年 2 月 21 日，××眼科召开 2019 年第二次临时股东大会并作出决议，同意××投资将所持××眼科 417.04 万股股份以 1 075.97 万元转让给叶某红，转让价格为 2.58 元/股。同日，双方就上述股权转让事项签署《股权转让协议》。本次股权转让前，叶某红持有××投资 7.0685% 的股权，从而间接持有发行人 417.04 万股。叶某红为了优化其个人持股方式，更便于其行使个人股东权利，经与××投资其他股东协商，通过股权转让的方式将其个人对××眼科的持股方式由间接持股变为直接持股。本次转让完成后，叶某红于 2019 年 5 月将其持有的 7.0685% ××投资的股权转让给徐旭阳，不再持有××投资股权，转变为直接持有发行人 417.04 万股。

具体来看，本次叶某红进行持股方式的变更主要由于以下两方面原因：一方面，本次转让前，叶某红通过××投资间接持有发行人股权。由于××投资本身没有实际经营业务，同时叶某红持有××投资的股权比例也较低，对××投资不具有重大影响，因此该部分股权的流动性及获得投资回报的可能性均较低。基于个人财务筹划的目的，叶某红希望能够直接持有发行人股份，在符合相关规定的前提下，能够自主决策该部分股份的处置方式，这是其变更持股方式的主要原因。另一方面，本次转让后，叶某红直接持有发行人股权，能够在××眼科层面以股东身份行使股东权利，有利于公司治理结构的完善，这是其变更持股方式的次要原因。

基于此，叶某红经与徐某阳、发行人其他股东协商，通过股权转让的方式将其个人对××眼科的持股方式由间接持股变为直接持股。

……

因此，叶某红本次个人持股方式变化系其个人的财务筹划目的，通过持股方式的变更提高了其拥有股权的流动性。由其通过××投资间接持有发行人股份变更为直接持有发行人股份，其所拥有的发行人权益并未发生变化，因此采用平价转让方式，转让对价参考××投资历史上取得发行人股权的价格，即 2.58 元/股。上述持股方式的调整，不构成股份支付。

基于个人财务筹划的目的，笔者分析可能有如下两个方面的考虑：

表 6-2　基于个人财务筹划目的的考虑

| 事项 | 可能考虑的问题 | 注意事项 |
| --- | --- | --- |
| 分配股息红利 | 股息红利的个税在限售期是 10%①，解禁之后执行差别化股息红利优惠政策 | 通过有限公司平台间接持股，取得分配股息红利免所得税，但再次分红给个人时按照 20% 计个税 |
| 转让股份 | 限售股 20% 个税，但若有转股（资本公积转股）时，则可会被摊薄减少计税税额。另可自由地转移纳税地寻找有财政奖励等的地方 | 有限公司转让所得通常要按 25% 计缴的企业所得税，分配时再扣缴 20% 的个税 |

整体而言，这个变更还是挺有“眼光”的。但是我们发现，在整个变更转让时，由有限公司转给个人，要关注相应的价格，尽管解释起来可以认为是“物归原主”，但在税收上却“各为其主”。持股公司转让时需要按照公允价值计算转让收入，在这个环节，用情感式的表述来掩盖独立交易的实质，可能造成有限公司少计所得的结果，但受到的关注度或许并不强。税务筹划除了掌握专业技术外，还需要从人的情感、人之常情角度进行表达，这是另一种境界的体现，或许会让税务机关的检查人员所“迷惑”。

## 6.6 通过股权获取方式间接取得相应的不动产或土地使用权的安排

通过股权收购、注资占股等方式得到公司的控制权，进而取得该公司的核心资产：不动产或土地使用权。这种安排非常普遍，也有些许的争议，比如经常出现股权转让征不征土地增值税等“老大难”问题。

① 《财政部 国家税务总局 证监会关于实施上市公司股息红利差别化个人所得税政策有关问题的通知》（财税〔2012〕85 号）规定：

四、对个人持有的上市公司限售股，解禁后取得的股息红利，按照本通知规定计算纳税，持股时间自解禁日起计算；解禁前取得的股息红利继续暂减按 50% 计入应纳税所得额，适用 20% 的税率计征个人所得税。

前款所称限售股，是指财税〔2009〕167 号文件和财税〔2010〕70 号文件规定的限售股。

某上市公司发布了《关于投资建设装配式建筑示范基地暨收购关联公司100%股权的公告》，其中提到：

鉴于公司订单承接快速增长，为满足业务发展需要，公司拟在浙江省绍兴市投资建设装配式钢结构建筑全生命周期项目管理服务融合示范基地（以下简称“示范基地”），总投资45 000万元，达产后新增装配式建筑产能40万平方米。

鉴于建设的紧迫性及土地资源的紧缺，目前控股股东下属孙公司浙江××国际钢结构工程有限公司（以下简称“浙江××国际”）拥有闲置工业土地102 754.50平方米，且毗邻公司现有袍江（二期）生产基地，符合项目建设需求。为加快推进项目建设，拟购买浙江××国际100%股权，取得土地使用权，满足项目建设需求。

浙江××国际系公司控股股东所控制企业，无实际运营，旗下主要资产即为上述土地。为支持公司业务发展，并进行合理税务筹划，控股股东同意将浙江××国际100%股权转让给公司，本次股权收购构成关联交易。

……

（二）交易标的

1. 浙江××国际钢结构工程有限公司，注册资本2 000万元，注册地址浙江省绍兴市越城区斗门街道莒二村，无实际业务运营。公司控股股东××控股集团有限公司全资子公司浙江××新纤维集团有限公司持有其100%股权。截止2020年11月30日，公司总资产3 632.93万元，净资产3 595.25万元，营业收入0万元，净利润-123.48万元（以上数据均经审计）。

2. 交易价格：经浙江中联耀信资产评估有限公司评估，公司100%股权价值评估值为12 254.66万元，评估增值8 659.41万元，主要系无形资产-土地使用权增值引起。交易拟以净资产评估价格作为交易对价。

3. 公司不存在为浙江××国际提供担保、委托其理财情况，浙江××国际不存在占用公司资金情况。

4. 浙江××国际旗下102 754.50平方米土地中，目前有88 189.10平方米处于抵押状态，主要为其股东浙江××新纤维集团有限公司银行借款提供担保。鉴于银行转贷解押需要一定时间，预计该土地将于协议签署后3个月内解除抵押。公司已在股权转让协议中明确，需待其消除所有对外资产抵押、担保等情形后，公司才支付股权转让款。

……

1. 交易标的：浙江××国际钢结构工程有限公司100%股权

2. 交易价格：12 254.66万元

3. 支付方式及时间：甲乙双方商定，受让方应于标的公司消除其所有对外资产抵押、担保等情形后，将股权转让款人民币12 254.66万元一次性支付至转让方指定的银行账户，即完成股权交割。

4. 协议生效：本协议自双方盖章并取得有权机构审议通过后生效。

这个案例，我们可以作一些延伸性的梳理与分析。首先是基于税务筹划的目的进行考虑的交易方式，不过股权转让本身也是常规操作，不是多么高深的事项，一般人也会想得到，不会直接奔着单纯购买土地使用权去的。这个案例中没有提到土地增值税的风险，估计也作了相应的沟通。鉴于是通过转让的方式，企业所得税产生的所得需要在股东转让方层面进行计缴。

在日常的业务运营中，目标资产单纯是土地使用权的很少，大多已建成了一些房屋建筑物，有时还有相应的生产经营设备，需要考虑增值税等事项。若是想在所得税上进行规划，多是以特殊性税务处理来操作。要注意的是，转让只是其中一种方式，在上面的一些案例中，我们也发现有通过增资来解决的，所以方式比较多，以股权进行非货币性出资按不超过五年均摊所得额也是其中的一种。所有的选择都是为了达成土地使用权目标，若是相应的要素不够，可以提前进行配置。

再比如，奥×科技（A20468. SZ）于2021年3月19日发布公告，披露2017年9月6日潍坊××环保装备有限公司以土地、房产出资设立奥×特种装备，注册资本为3 000万元，持有其100%股权。2017年12月28日，发行人以3 555万元的价款收购奥×特种装备持有的100%的股权，奥×特种装备成为公司的全资子公司。发行人以收购奥×特种装备100%股权的形式完成购买对应的土地房产的目标。公司披露原因，由于直接购买土地使用权需要缴纳土地增值税，出于降低税务成本的考虑，通过成立一家新公司并将上述土地使用权、房屋注入新公司，再收购其股权方式以取得相关资产。2020年8月，奥×特种装备已被奥×科技吸收合并、注销，房产土地已过户至奥×科技，主管税局出具说明，根据财税〔2018〕17号、财税〔2018〕57号文件免征契税，暂不征收土地增值税。

《关于山东奥×新能源科技股份有限公司首次公开发行股票并在创业板上市申请文件的审核问询函的回复》中有这样的描述：

（一）补充说明发行人通过收购奥×特种装备获取土地、房产的背景及合理性

2017年7月，公司收购潍坊××环保装备有限公司的土地、房产的主要原因是出于发展规划考虑。公司当时主要经营场所系向福奥圣通租赁所得，虽然福奥圣通已计划以公司向其租赁的土地、房产对公司增资，但厂区已无足够的空余土地建设新的厂房、办公场所等。考虑到通过国有土地出让方式获得土地使用权耗时较长，在得知潍坊××环保装备有限公司有土地、房产出售意向后，选择向其购买土地、房产。

以先增资再出售的方式主要系基于税收筹划的考虑，公司与潍坊××环保装备有限公司洽谈购买土地使用权、房屋事宜时，由于直接转让土地使用权需要缴纳土地增值税，出于降低税务成本的考虑，经多次协商及谈判，双方就交易方案达成一致，即通过成立一家新公司并将上述土地使用

权、房屋注入新公司的方式取得相关资产。

综上，公司不直接向潍坊××环保装备有限公司购买土地使用权，系在综合考虑交易双方的需求后协商的结果，具有合理性。

……

2. 是否存在补缴税款风险

根据《财政部 税务总局关于继续实施企业改制重组有关土地增值税政策的通知》（财税〔2018〕57号）第二条规定，按照法律规定或者合同约定，两个或两个以上企业合并为一个企业，且原企业投资主体存续的，对原企业将房地产转移、变更到合并后的企业，暂不征土地增值税。

根据《财政部 税务总局关于继续支持企业事业单位改制重组有关契税政策的通知》（财税〔2018〕17号）第三条规定，两个或两个以上的公司，依照法律规定、合同约定，合并为一个公司，且原投资主体存续的，对合并后公司承受原合并各方土地、房屋权属，免征契税。

因此公司吸收合并奥×特种装备，奥×特种装备土地、房产变更到公司符合免征契税、暂不征收土地增值税的规定。2020年5月28日，诸城市税务局第一税务分局出具的《税收情况说明》，“根据财税〔2018〕17号、57号文件规定，按照法律规定或者合同约定，两个或两个以上企业合并为一个企业，原企业投资主体存续的，对合并后的企业承受原合并各方房屋土地权属的，免征契税、暂不征收土地增值税。诸城市奥×特种装备有限公司被山东奥×新能源科技有限公司吸收合并，符合减免规定。”

2020年6月10日，国家税务总局诸城市税务局出具证明，“诸城市奥×特种装备有限公司自2017年9月6日设立之日起至本证明出具之日，一直遵守税收方面的各项法律、法规及规范性文件的规定，依法申报缴纳各项税款，享受的政府补助、税收优惠政策符合法律法规的规定，未有因违反税收方面法律、法规及规范性文件而被我局处罚的情形。”

综上所述，奥×特种装备注销后补缴税款风险较小。

## 6.7 成立小规模纳税人进行业务合作的利益点

自疫情发生以来，连续两个年度，国家大力让利于小型企业，比如增值税上小规模纳税人的优惠力度相较于一般纳税人而言，差的不是一点半点，数年来，财税部门允许符合条件的一般纳税人可以转为小规模纳税人，但2021年尚无此特别政策的发布。曾经有一位财税同行咨询："为什么今年没有这方面的政策啊？感觉一般纳税人的税负有些高。"这也可以理解，当进项税额发生少的时候，单就税负看相对来说还是高于当前的小规模纳税人按1%征收率计算的税负的。

某拟上市股份有限公司在《首次公开发行股票并在创业板上市招股说明书（申报稿）》中披露：

（4）上海××服饰有限公司成立于2015年12月，注册资本50万元，其成立时间较短且注册资本较小的原因及合理性：发行供应商××服饰和××服饰均为实际控制人徐某平、郭某春控制的企业，二者为夫妻关系。徐某平、郭某春夫妇长期从事各类工装生产、销售业务，经访谈了解到徐某平、郭某春夫妇控制的企业从2007年开始与发行人有业务关系。徐某平、郭某春夫妇基于税收筹划的考虑，设立了小规模纳税人××服饰，当发行人个别分公司（小规模纳税人）需要采购工装时，则用××服饰向发行人销售工装，故形成了××服饰成立后即与发行人有业务关系的状况。

上述方式我们在"拆"的章节中进行过详细介绍，这个方法比较实用，其需要防范的风险点在于不要光成立小规模纳税人用于开具发票，其采购、生产等的事项，需要真实地发生，不能将物料消耗、人员费用仍混在原来的一般纳税人账上核算，不宜只发生了开具发票收款的情形。

目前来看，小规模纳税人1%的征收率相较于法定的3%的优惠，2022年预计将得到延续。结合国内的疫情控制、经济的正常化转向，财政也需要有所补充。对于小规模纳税人来讲，在2021年余下的时间里，需要充分评估其销售额的发展影响，很有可能出现一不小心“做多”适用1%征收率的收入额后，被强制转为一般纳税人的情形。若不受此影响，则可以充分地利用好小规模纳税人最高500万元销售额的额度，真实充分地提前拓展一下业务，这也是税务筹划的重要体现。

另外，关于小规模纳税人的其他一些优惠政策，原规定截止到2021年底。《财政部 税务总局关于实施小微企业普惠性税收减免政策的通知》（财税〔2019〕13号）规定，自2019年1月1日至2021年12月31日止实施如下的优惠政策：

三、由省、自治区、直辖市人民政府根据本地区实际情况，以及宏观调控需要确定，对增值税小规模纳税人可以在50%的税额幅度内减征资源税、城市维护建设税、房产税、城镇土地使用税、印花税（不含证券交易印花税）、耕地占用税和教育费附加、地方教育附加。

四、增值税小规模纳税人已依法享受资源税、城市维护建设税、房产税、城镇土地使用税、印花税、耕地占用税、教育费附加、地方教育附加其他优惠政策的，可叠加享受本通知第三条规定的优惠政策。

## 6.8 集中贸易合作关系取得招商引资财政返还

转移主体所在地、架构一个或多个新的贸易运营主体，以享受其在某地的财政奖励，是很多贸易企业倾向于采取的筹划手段，虽然并不会实现纳税的减少，但取得了财政的返还，视为抵减了纳税的金额，其实质性的节税效果是一致的。也有的情形下，双方生产伙伴对于财政奖励部分进行一些分享，也可能销售方自己“独享”了。

《××新材首次公开发行股票招股意向书附录》中有这样的内容：

（4）与发行人发生交易的、由朱某实际控制的公司陆续注销的原因，是否存在违法违规行为；

回复：

【核查程序】

发行人律师核查过程如下：1. 结合重庆市河砂行业背景，分析了发行人与朱某控制的多家公司发生交易的原因；2. 对朱某及其控制公司的工商登记股东进行了访谈，了解了相关公司注销的原因，以及是否存在违法违规行为；3. 通过国家裁判文书网、国家企业信用信息公示系统、企查查、天眼查等网络检索方式，查询了朱明控制公司的信息，确认朱某控制公司不存在违法违规行为。

【核查内容】

1. 发行人向朱某控制公司采购河砂的背景

商品混凝土企业作为河砂使用方，其存储空间有限，不便于大量存储河砂，因此需要连续、稳定的河砂供应。然而，商品混凝土企业一般难以直接与河砂开采方建立广泛、稳定联系，通常也不具备组织运输，尤其组织运砂船长距离运输等能力。2017 年以来，随着重庆市河道砂资源日趋紧缺，重庆市所需河砂大部分来自四川宜宾、湖北荆州等外地，只有具备较强水运和砂源组织能力的贸易商才能满足重庆市当地的河砂需求。因此，重庆市商品混凝土生产企业需要与具备一定实力的贸易商建立合作关系，以保证河砂的连续稳定供应。

朱某控制公司均为河砂贸易公司，其从事河砂贸某易不需要具备特殊资质，亦无生产设备、人员等要求。发行人选择向朱某控制公司采购河砂，主要系在河砂资源日趋紧张的情况下，商品混凝土企业能够选择的河砂供应商有限，而朱某本人具备组织砂源、组织运输的能力，能够向发行人提供稳定的河砂供应，满足发行人商品混凝土生产需要，而发行人并不关注朱某具体供货主体。

2. 朱某控制多家公司向发行人供应河砂的原因

报告期内，发行人向朱某控制的公司采购河砂，这些公司均注册在重庆市潼南区（原潼南县），均为河砂贸易公司，其从事河砂贸易不需要具备特殊资质，亦无生产设备、人员等要求。

根据潼南县人民政府《潼南县招商引资优惠政策》（潼南府发〔2012〕18号）：“三、财税政策……（一）增值税。投资项目自纳税年度起，3年内缴纳增值税县级分成部分的50%安排给企业，用于企业扩大再生产。（二）所得税。投资项目自纳税年度起，缴纳企业所得税的县级分成部分，第1-3年按100%安排给企业，第4-5年按50%安排给企业，用于企业扩大再生产。”

因此，朱某通过控制多家公司从事河砂贸易活动，主要系其考虑在潼南区可以合理享受当地招商引资相关的税收优惠政策，同时可以分散风险。朱某控制多家公司从事贸易活动的模式符合实际情况和贸易行业特点。

比如某股份有限公司在提交的《申报会计师关于发行人首次公开发行股票并在创业板上市申请文件第二轮审核问询函的回复》提到：

报告期，与发行人进行结算的五家贸易企业，是天津××及其股东出于税务筹划及内部经营管理等需要专门设立，仅与发行人开展业务，发行人为相关贸易企业唯一的供应商，天津××为其唯一的客户。个人独资企业在一定贸易规模下所得税可以核定征收，为控制单个企业的交易额度，因此在一个会计年度内存在同时指定多个贸易企业与××股份结算的情况。

……

报告期与发行人进行商务结算的贸易企业均选择以个人独资企业的形式设立，均注册在上海嘉定、上海崇明等有税收优惠政策的地区，其所得税适用核定征收，因此留存部分利润可以达到减少税负的目的。

《×钢股份：2020年年度报告》【2021-03-25】披露了税收筹划的

成果：

三、核心竞争力分析

报告期内，面对疫情影响及严峻的市场形势，公司在安全环保、降本增效、产品质量提升、新品研发等方面强化管理，确保企业效益最大化，提高公司综合竞争力。

1. 降本增效成绩显著。公司以“效益”为中心，强化降本意识，多管齐下抓好降本节支创新挖潜增效工作。一是抓源头原料采购降本。公司坚持低成本采购策略，狠抓原材料波段采购降本、物资招标多轮洽谈再压价降本、耐材再压价洽商等降本举措，实现累计降本 1.8 亿元；二是抓原料结构优化降本。公司积极组织开展“性价比”测算与“三配”降本工作，有效降低了铁前综合成本，实现累计降本 6 472 万元；三是抓重点指标攻关降本。通过优化生产计划编排，不断压降小中包消耗数量并提升中间包使用包龄，实现增效 1 106.02 万元；四是通过强化管理多方面降本。公司深耕精细化管理，努力提高降本增效能力。如全年通过改善合理化建议提案等实现创效 4 889 万元，通过税收筹划及税收优惠政策的落地，全年享受各类税收优惠 6 500 万元。

在变更股东时，转让价格的商定存在不同方式，有的公司是以评估值为参照，比如《北京市天元律师事务所关于北京中科××信息技术股份有限公司首次公开发行股票并在创业板上市的补充法律意见（一）》有这样的描述：

2. 股份转让的具体情形、股份转让价格及其合理性

2015 年 3 月 18 日，中科××有限通过股东会决议，同意股东北京××力源将其持有中科江南有限的 26.44% 股权（对应 500 万元注册资本）转让给天津××力源，同意修改公司章程。同日，北京××力源与天津××力源就上述股权转让事项签署了《出资转让协议书》。

北京××力源此次将全部出资转让给天津××力源，主要原因系税收筹划考虑。天津××力源设立时的合伙人与北京××力源股东相同，出资

情况一致。

中科××有限2015年3月31日账面净资产值7 850万元，每1元注册资本对应账面净资产4.15元。北京东萍会计师事务所（普通合伙）于2015年3月31日出具《北京中科江南软件有限公司股权变更净资产评估报告》（东萍审字〔2015〕第A—348号），根据该评估报告，截至2015年3月31日，中科××有限净资产评估值为7 841.59万元，每1元注册资本对应净资产评估值亦为4.15元。参考上述账面净资产值和评估值，本次股权转让的价格确定为4.18元/1元注册资本。

因此，本所律师认为，北京××力源将所持发行人股权转让给天津××力源的价格系参考账面净资产和评估值而确定，具有合理性。

## 6.9 优惠结束之后再“恢复”的方式

《××网络首次公开发行股票招股说明书附录》中披露了这样的内容：

反馈意见17 招股书披露，发行人子公司××技术成立于2006年，2014年11月其参与设立发行人，发行人承接了××技术相关业务；2014年12月××技术将持有发行人股份转让。2015年初发行人收购××技术，将其变为子公司。

请发行人说明：(1) 新设发行人，且承接××技术相关业务的原因、履行的程序等，是否合法合规，是否存在特殊安排，是否存在纠纷或潜在纠纷等；(2) ××技术将其持有发行人股份转让给其他股东的原因，价格、定价依据及其合理性，价款支付情况；是否履行公司决策和有权机关核准程序，股权转让是否真实等 (3) ××技术的生产经营情况，是否存在重大违法违规情形，是否影响董监高的任职资格，是否存在关联交易非关联化的情形。(4) ××技术历史上存在多次股权转让、增资。则历史上出资是否到位，定价的依据、是否存在瑕疵，是否存在影响公允价值确定的隐藏性条款等；历次股权变动和增资是否符合法律法规的规定，是否存在出资不实、抽逃资本等情况；是否存在纠纷或潜在纠纷，是否存在委托持股、利益输送或其他利益安排等。请保荐机构及发行人律师核查并发表明确意见。

答复：

（一）新设发行人，且承接××技术相关业务的原因、履行的程序等，是否合法合规，是否存在特殊安排，是否存在纠纷或潜在纠纷等

1. 新设发行人，且承接××技术相关业务的原因

发行人的子公司××技术成立于2006年，××有限成立前，其为大中型企事业单位提供第三方运维服务与工程、原厂软硬件及服务销售、软件产品及开发，并帮助其提升运维效率和数据价值的主体。

2014年新设发行人且承接××技术相关业务的原因为根据当时有效的关于软件企业享受所得税税收优惠的法律法规，××技术认定为软件企业时已超出获利年度起五年的时限标准，无法实际享受软件企业所得税税收优惠，因此公司实际控制人及经营管理层出于税收筹划的考虑设立了××有限，具体情况如下：

（1）当时有效的关于软件企业所得税优惠的相关规定

依据国家税务总局核发的《国家税务总局关于执行软件企业所得税优惠政策有关问题的公告》（国家税务总局公告2013年第43号），2010年12月31日以前依法在中国境内成立但尚未认定的软件企业，仍按照《财政部 国家税务总局关于企业所得税若干优惠政策的通知》（财税〔2008〕1号）第一条的规定以及《软件企业认定标准及管理办法（试行）》（信部联产〔2000〕968号）的认定条件，办理相关手续，并继续享受到期满为止。优惠期间内，亦按照信部联产〔2000〕968号的认定条件进行年审。

《财政部 国家税务总局关于企业所得税若干优惠政策的通知》（财税〔2008〕1号）第一条规定：我国境内新办软件生产企业经认定后，自获利年度起，第一年和第二年免征企业所得税，第三年至第五年减半征收企业所得税。

《财政部 国家税务总局关于进一步鼓励软件产业和集成电路产业发展企业所得税政策的通知》（财税〔2012〕27号）第十四条规定：本通知所称获利年度，是指该企业当年应纳税所得额大于零的纳税年度。

据此，根据当时有效的法律法规，我国境内软件生产企业经认定后，自获利年度起享受“两免三减半”的所得税税收优惠。

（2）××技术按照上述规定无法实际享受软件企业税收优惠

××技术于2013年9月10日获得上海市经济和信息化委员会核发的《软件企业认定证书》。而由于××技术自2008年起应纳税所得额大于零，依据上述规定，其获认定为软件企业时已超出获利年度五年的时限标准，无法实际享受软件企业所得税税收优惠。因此，2014年10月，公司实际控制人及经营管理层成立××有限，并着手申请软件企业认证事宜。2016年5月25日，××有限取得上海市软件行业协会颁发的《软件企业证书》，并自2016年起享受“两免三减半”的软件企业所得税税收优惠。

综上，公司实际控制人及经营管理层为了充分享受国家关于鼓励软件企业生产经营的税收优惠政策、降低企业有效税负，新设××有限并以××有限承接××技术相关业务。

2. 新设发行人，且承接××技术相关业务履行的程序

2014年11月，××技术、孙某炎、陆某、程某新、孙某晗、吴某艳、黄某青、孙某晹、农某共同设立了××有限。发行人设立后，于2015年1月召开股东会审议通过向××技术股东收购其持有的××技术全部股权，××技术亦于2015年1月召开股东会确认本次股权转让，本次转让完成后，××技术变更为××有限的全资子公司，××有限相应承接了××技术的部分业务。××有限与××技术的相关股东均签署了股权转让协议，并根据协议约定支付了相应的股权转让价款，经相关方书面确认不存在特殊的权利安排，亦不存在纠纷或潜在纠纷。

综上所述，上述新设发行人并收购××技术股权及承接其部分业务的过程均履行了相关主体的内部决策流程，相关股权变更的程序已经办理所

需的工商变更流程，相关过程合法合规，不存在特殊安排，亦不存在相关纠纷或潜在纠纷。

从这个案例中，我们可能会产生自己的新理解。一是对于软件企业税收优惠的充分理解，即获利年度起开始计算“二免三减半”，若不满足软件企业的条件，不能享受“二免三减半”优惠，但优惠年限要计算。二是重新搭设软件企业，承接相应的业务，这是常见的筹划选项。工业和信息化部公告2021年第10号文件明确规定：该企业（软件企业）的设立具有合理商业目的，且不以减少、免除或推迟缴纳税款为主要目的。

## 6.10 基金避税筹划别用错（滥）了政策

《中国××技术（集团）控股有限责任公司2021年公开发行公司债券（第一期）募集说明书》（2021-09-09）详细披露如下：

（一）2018年度重要前期差错更正

1. 前期重大会计差错的性质、内容、形成原因

（1）子公司中×公司所属××国际贸易有限公司

2012年至2014年期间购买基金等金融资产，对购买时已宣告但未实际发放的分红计入“可供出售金融资产”总额，实际收到红利时计入“投资收益”核算且做纳税调减处理，导致少缴纳企业所得税共计4 425.28万元。2018年9月10日上海浦东新区税务局出具了税务处理决定书（沪浦税处〔2018〕18号），决定××国际贸易有限公司补缴企业所得税共计4 425.28万元，本年度调整期初数。

在这个案例中，笔者认为是错误地理解并误用了税收优惠的政策，已宣告但尚未实际发放的分红属于应收的款项，而不是“实现”的投资收益，这是遵循会计处理的规则与常规理解得出的结论，既然不是投资收益就不能认为其属于从基金分配中取得的收入，当计入当期利润表中的投资收益时，就不能进行纳税调减处理。此部分金额在原来处理中应是计入了投资成本，即转让时进行扣减了，其实应剔除正确记入应收类款项，但企

业记入了投资成本中，将收回的分红计入投资收益作为免税调减。比如投资金额1 000万元，分红300万元，按700万元转让退出时损失300万元，转了一圈钱没少税前扣了300万元。现在税务认为300万元分红不属于免税，属于应收款项，这样700万元成本抵700万元转让收入没有损失，对调减的部分补税处理。账上的收益300万元与损失300万元抵销不存在了。

那么，对于基金避税的筹划，目前到底还能不能做呢？笔者认为，在政策上并不违规，只是在征管当中，有的税务机关人士，认为不合理，投机性地对基金分红享受免税后，紧接着进行转让形成的亏损予以认可。对于符合国家政策规定的正当的分红，是不存在争议，上面案例中提到的分红，若是在宣告分配前投资取得，案例中补税的理由可以进行解释。

《财政部 国家税务总局关于企业所得税若干优惠政策的通知》（财税〔2008〕1号）规定：

二、关于鼓励证券投资基金发展的优惠政策

（一）对证券投资基金从证券市场中取得的收入，包括买卖股票、债券的差价收入，股权的股息、红利收入，债券的利息收入及其他收入，暂不征收企业所得税。

（二）对投资者从证券投资基金分配中取得的收入，暂不征收企业所得税。

（三）对证券投资基金管理人运用基金买卖股票、债券的差价收入，暂不征收企业所得税。

这里要解释一下，对于第（二）项中提到的“不征收企业所得税”，应如何理解呢？在我们的认识及申报表的设计与填报说明中，是以免税对待的，并不是某些人提到的属于企业所得税的“不征税收入”的范围，成本费用也同时不允许扣减①。现在的问题是当大家都知道基金可避税的时

① 《企业所得税法实施条例》规定：企业的不征税收入用于支出所形成的费用或者财产，不得扣除或者计算对应的折旧、摊销扣除。

候，一切就会变得谨慎敏感起来。本质上看，对于长期持有的基金产品，其享受税收优惠（避税）是正当的，就是明确地享受着国家的优惠政策，而短期的投资产品，确实存在漏洞。因此，对于短线交易的筹划安排（提前预判有分红计划），并不是税收政策的错，而是基金本身作为投资产品，其“取得”的优惠政策“被利用的问题”。注意，这种筹划适用于净值型核算的基金，并不适用于货币型基金，后者是获利后直接进行转分额的处理，前者是进行决议分红的处理。

《公开募集开放式证券投资基金流动性风险管理规定》（中国证券监督管理委员会公告〔2017〕12号）规定：

第二十二条　基金管理人经与基金托管人协商，在确保投资者得到公平对待的前提下，可依照法律法规及基金合同的约定，综合运用各类流动性风险管理工具，对赎回申请等进行适度调整，作为特定情形下基金管理人流动性风险管理的辅助措施，包括但不限于：

（一）延期办理巨额赎回申请；

（二）暂停接受赎回申请；

（三）延缓支付赎回款项；

（四）收取短期赎回费；

（五）暂停基金估值；

（六）摆动定价；

（七）中国证监会认定的其他措施。

基金管理人应当围绕前述工具的实施条件、发起部门、决策程序、业务流程等事项，制定清晰的内部制度并定期更新，确保相关工具实施的及时、有序、透明及公平。

前述第（一）、（二）、（三）项措施，应当符合《公开募集证券投资基金运作管理办法》第二十三条至第二十七条等规定。

第二十三条 基金管理人应当强化对投资者短期投资行为的管理，对除货币市场基金与交易型开放式指数基金以外的开放式基金，对持续持有期少于7日的投资者收取不低于1.5%的赎回费，并将上述赎回费全额计入基金财产。前述情形及处理方法应当在基金合同、招募说明书中事先约定。

笔者观察到中国税务报有过一篇相关的文章，对于此类避税行为进行过探讨：

分红公告前后买基金 计税成本不一样

2019年07月26日 作者：翟真真 李伟松 陈俊峰

根据会计准则的规定，待分配的基金分红在会计核算时，应单独确认为应收项目，不作为成本计入当期损益。某资本管理有限公司A公司在对基金投资进行会计处理时，误将待分配的基金分红计入基金成本，导致多计成本10.85亿元，减少了企业所得税应纳税所得额。最终，国家税务总局深圳市前海税务局要求该公司调减成本，调增应纳税所得额，追缴企业所得税税款及滞纳金共计约3.7亿元。

症状：突击买入高分红基金

近期，A公司向其主管税务机关前海税务局提出税务迁出申请。税务人员在受理其申请时发现，该公司在2014～2017年度企业所得税年度纳税申报表中，填写了大额免税项目——证券投资基金投资者获得的分配收入，金额为10.85亿元，占营业利润的比例超过20%。

税务人员对该异常情况产生了疑问，便向A公司了解其主要投资的基金项目，随后迅速在基金交易网站找到对应的基金项目，查看其分红情况，发现部分基金项目在A公司投资的年度分红比例远超出其他年度。由此，税务人员初步判断，A 公司可能在得知基金将进行高比例分红的消息之后，才买入基金并短期持有，目的是享受基金分红免税政策。

诊断：多计基金投资成本少缴税

税务人员要求 A 公司填写“基金投资情况调查表”，并提供公司买入、卖出各基金项目的时间、金额、对应的会计处理以及各基金项目对应的分红公告、分红时间等信息。通过在基金网站核实基金分红情况，同时结合 A 公司购买基金的记账凭证及附件（基金交易确认单、银行回单等）进行分析，税务人员发现，A 公司大部分基金投资都是在基金公告后买入，在基金分红权益登记日之后很快卖出，并且将全部购买金额都计入了投资成本。

税务人员介绍，该案例可以简单理解为下述情况：基金在 1 月 1 日发布分红公告，企业在 1 月 2 日买入了 1 000 万元基金，1 月 3 日获得基金分红 400 万元，1 月 4 日企业将基金全部卖出，卖出金额为 600 万元（因为分红导致基金价值降低）。企业在进行会计处理时，将 1 000 万元购买金额全部计入投资成本，400 万元的分红享受免税优惠，卖出基金时又计算了 400 万元的投资亏损。

根据《财政部 国家税务总局关于企业所得税若干优惠政策的通知》（财税〔2008〕1 号）的规定，对投资者从证券投资基金分配中取得的收入，暂不征收企业所得税。因此，企业将分红金额填写在免税项目是没有问题的，但是按照会计准则的相关规定，已宣告未分配的红利，应单独确认为应收项目，不计入当期损益。因此，企业在基金分红公告后买入的基金，待分配的红利不能计入基金投资成本，自然也不能抵减企业所得税的应纳税所得额。公告前和公告后买入，基金分红都是免税的，但是分红公告前买入的基金，投资成本为全部购买金额，而公告后买入的基金，投资成本是购买金额减掉分红金额——这才是问题的关键。

税务机关认为 A 公司对投资收益的会计处理不正确，在分红公告后买入基金时，应将购买金额减掉待分配的红利部分作为投资成本，于是要求 A 公司调减成本。最终，A 公司接受了税务机关的建议，调减成本 10.85

亿元，并相应调增应纳税所得额14.8亿元，补缴企业所得税税款及滞纳金共计约3.7亿元。

处方：谨慎确认损益金额

企业所得税免税优惠项目由企业自行申报、自行享受，投资收益也由企业进行会计核算之后自行申报，企业应当按照法律法规的要求如实申报。在此案例中，A公司多个年度都申报了基金分红免税项目，并进行了错误的会计处理，总体金额非常大，由此产生的滞纳金也非常高，公司为此项错误付出了巨大的代价。因此，建议纳税人在适用税收优惠政策和进行会计处理时一定要谨慎，遇到不确定的涉税事项，及时咨询主管税务机关，防止不必要的损失。

（作者单位：国家税务总局深圳市税务局）

会计准则中有这样的描述："企业取得金融资产所支付的价款中包含的已宣告但尚未发放的利息或现金股利，应当单独确认为应收项目处理。"税务机关以企业违反会计准则核算的规则予以突破，收到的分红变成应收款项，优惠被否定。现实当中，基金避税的操作是通过渠道"预先知道"分红的安排，在分红公告之前就入手，分红公告的日期与权益登记日一般很接近。那么对于这种已宣告的分红，应如何理解其在税收上的法定性质呢？

比如2020年6月22日发布的《关于华安宝利配置证券投资基金分红公告》，本次分红方案（单位：元/10份基金份额）：2.670元，权益登记日：2020年6月23日，除息日：2020年6月23日，现金红利发放日：2020年6月24日，分红对象：权益登记日在华安基金管理有限公司登记在册的本基金全体持有人。税收相关事项的说明：根据相关法律法规的规定，对投资者（包括个人和机构投资者）从基金分配中取得的收入，暂不征收个人所得税和企业所得税。并提示：权益登记日申购或转换转入的基金份额不享有本次分红权益，赎回或转换转出的基金份额享有本次分红权益。

为此笔者摘录了中国基金业协会的一个宣传资料，其中提到：

权益登记日是指登记享有分红权益的基金份额的日期，基金份额持有人在权益登记日持有的基金份额享有利润分配的权利。

除息日是指免除基金份额享有的分红权益的日期，除息日持有的基金份额不参与基金收益分配。

目前，我国多数开放式基金的权益登记日和除息日为同一天。这种情况下，基金的分红公告会说明：权益登记日申请赎回或转换转出基金的基金份额享有本次分红权益，权益登记日申请申购或转换转入基金的基金份额不享有本次分红权益。

不可否认，企业取得了分红的利润，一般会在权益登记日确认其有资格领取分红的投资人，既然属于要分配的对象，为什么不认可其有权享受分红的优惠呢？问题就出在准则的核算规定上。因为已经宣告了，企业再投资购入基金，其中有部分明显是属于应收类的事项，因为对方已宣告明确是可计量的金额，只能说“有名无份”了。这是一个令人伤心的筹划故事，值得引起读者们的警惕。

基金分红避税，并不是谁都能做，公开的投资信息《证监会重拳整治分红避税乱象!"内鬼"泄密、仓位违规；有公司被停发新基金6个月》（中国基金报记者 丁汀，2017年12月22日）曾对此进行过关注：

经查，相关公司分红信息管控薄弱，个别从业人员甚至协助机构客户利用分红开展避税，在日常工作中主动寻找具有避税需求的机构客户并主动告知避税方法，在基金分红方案确定后提前泄露分红信息。

这就是说，有基金公司利用尚未披露的公告信息，向有关机构“兜售”分红避税方案，而这样的分红避税方案一旦被机构的大资金快进快出，会对基金投资行为产生一定的影响。

……

经查，相关公司在实施基金分红过程中，未从保护存量持有人利益角度审慎办理基金大额申赎业务，大额资金的短期进出影响了基金正常运作，甚至导致基金投资比例不符合基金合同约定。

这一条更为核心，谈及了对投资的影响，大额资金短期进出不仅影响基金正常运作，还导致“仓位违规”。

尽管不知道具体违规的基金具体仓位限制是多少，基金君也从专家那里得到一些范例，可以解释为何会出现“仓位违规”。

例如：某只混合基金的股票仓位限制是60%到95%，分红前原本仓位是80%，基金规模为5亿，4亿是股票，如果基金分红比例是资产的10%，在分红前某一天密集进来5亿资金来用分红避税，那么10亿资产分红10%之后还有9亿，4亿股票占9亿资产的比例自然下降到了44.4%，这就需要基金经理一天大举加仓至少1.4亿，才能达到60%的最低仓位，没有加仓1.4亿，就会出现监管层所说的那种“仓位违规”现象。

“主动寻找具有避税需求的机构客户、主动告知避税方法、提前泄露分红信息，这三点是比较严重的，违反了《基金管理公司投资管理人员管理指导意见》第二十一条‘基金公司应当制定信息管理及保密制度，加强风险隔离’、《证券投资基金管理公司内部控制指导意见》第三十条‘公司掌握内幕信息的人员在信息公开披露前不得泄露其内容’等规定。”一位基金公司人士表示。

……

针对上述基金分红信息管控不当等行为，《通报》中强调了进一步加强基金分红管控等事宜的监管要求，明令了以下几点：

一、建立健全基金分红信息管控机制。建立分红信息保密及知情人登记制度，严禁公司及相关从业人员泄露因职务便利获取的未公开分红信息、利用该信息从事或明示、暗示他人从事相关交易活动。

二、严格规范基金分红行为。严格控制分红公告日至权益登记日之间的时间间隔，除法律法规、相关规则或基金合同另有规定外，原则上不超过2个工作日。

三、审慎办理基金分红敏感期间大额资金的申购赎回。在基金分红决议通过日起至权益登记日期间，原则上暂停办理机构投资者的大额资金申购。

加强对基金大比例分红（包括但不限于基金分红金额超过基金资产净值的5%）行为的监测与分析，在大比例分红发布公告日后20个工作日内，向公司所在地证监局提交大比例分红事项说明，包括但不限于分红原因、分红公告日前后15个工作日内机构投资者申购赎回情况、基金投资指标合规情况等说明，并在公司监察稽核年度报告中作汇总分析说明。

四、持续落实依法全面从严监管。对泄露基金分红决策信息、损害基金份额持有人利益的行为，将依法依规查处。

上面提到的是基金类产品的投资问题，但是对于股权类投资，若有相应的股息红利分配的宣告，也是有相似问题要考虑的，但结果却是不同。《企业所得税法实施条例》规定：

第十七条　企业所得税法第六条第（四）项所称股息、红利等权益性投资收益，是指企业因权益性投资从被投资方取得的收入。

股息、红利等权益性投资收益，除国务院财政、税务主管部门另有规定外，按照被投资方作出利润分配决定的日期确认收入的实现。

《国家税务总局关于贯彻落实企业所得税法若干税收问题的通知》（国税函〔2010〕79号）规定：

四、关于股息、红利等权益性投资收益收入确认问题

企业权益性投资取得股息、红利等收入，应以被投资企业股东会或股东大会作出利润分配或转股决定的日期，确定收入的实现。

被投资企业将股权（票）溢价所形成的资本公积转为股本的，不作为投资方企业的股息、红利收入，投资方企业也不得增加该项长期投资的计税基础。

在作出利润分配决定日，去确认收入的实现。比如某有限公司于2021年9月30日作出利润分配的决定，对股东甲企业来说，在税收上实现股息红利的收入了，但企业并不一定在年度中间的会计处理中计入投资收益，而是要结合会计处理来判断。若是计入了投资收益，季度申报时作为免税收入可以扣除，但在年度汇算清缴时需要确认收入并进行优惠享受的调整。

如《紫金矿业集团股份有限公司2020年年度权益分派实施公告》中提到：

每股分配比例：A股每股现金红利0.12元（含税）

股份类别：A股

股权登记日：2021/7/8

除权（息）日：2021/7/9

现金红利发放日：2021/7/9

……

本次利润分配方案经公司2021年5月28日的2020年年度股东大会审议通过。有关股东大会决议公告于2021年5月29日刊登在《证券时报》《上海证券报》、上海证券交易所网站和本公司网站。

……

二、分配方案

1. 发放年度：2020年年度

2. 分派对象：

截至股权登记日下午上海证券交易所收市后，在中国证券登记结算有限责任公司上海分公司（以下简称“中国结算上海分公司”）登记在册的本公司A股股东。

3. 分配方案：

本次利润分配以方案实施前的公司总股本26 327 602 240股为基数，每股派发现金红利0.12元（含税），共计派发现金红利3 159 312 268.8元。

……

四、分配实施办法

……

3. 扣税说明

(1) 对于持有无限售条件流通股的公司A股自然人股东和证券投资基金：根据《关于上市公司股息红利差别化个人所得税政策有关问题的通知》(财税〔2015〕101号) 和《关于实施上市公司股息红利差别化个人所得税政策有关问题的通知》(财税〔2012〕85号) 的有关规定：

1) 持股期限超过1年的，股息红利所得暂免征收个人所得税；

2) 持股1年以内(含1年)的，本公司暂不代扣代缴所得税，待该类股东转让股票时，中国结算上海分公司根据其持股期限计算实际应纳税额，由证券公司等股份托管机构从个人资金账户中扣收并划付中国结算上海分公司，中国结算上海分公司于次月5个工作日内划付本公司，本公司在收到税款当月的法定申报期向主管税务机关申报缴纳。具体实际税负为：股东的持股期限在1个月以内(含1个月)的，其股息红利所得全额计入应纳税所得额，实际税负为20%；持股期限在1个月以上至1年(含1年)的，暂减按50%计入应纳税所得额，实际税负为10%。

(2) 对于持有限售条件流通股的公司A股自然人股东及证券投资基金，根据《关于实施上市公司股息红利差别化个人所得税政策有关问题的通知》(财税〔2012〕85号) 的有关规定，解禁后取得的股息红利，按照规定计算纳税，持股时间自解禁日起计算；解禁前取得的股息红利暂减按50%计入应纳税所得额，适用20%的税率计征个人所得税，即按照10%的税率代扣代缴所得税，扣税后实际每股派发现金红利0.108元。

(3) 对于持有公司A股的合格境外机构投资者(QFII)股东，本公司将根据《关于中国居民企业向QFII支付股息、红利、利息代扣代缴企业所得税有关问题的通知》(国税函〔2009〕47号) 的规定，由本公司按照10%的税率代扣代缴企业所得税，扣税后实际派发现金红利为每股人民币0.108元。如果QFII股东涉及享受税收协定(安排)待遇的，可按照相关规定在取得股息红利后自行向主管税务机关提出申请。

(4) 对于通过“沪股通”持有公司A股股票的香港市场投资者（包括企业和个人），根据《关于沪港股票市场交易互联互动机制试点的有关税收政策的通知》（财税〔2014〕81号）的相关规定，其现金红利将由本公司通过中国结算上海分公司按股票名义持有人账户以人民币派发，按照10%税率代扣所得税，并向主管税务机关办理扣缴申报，扣税后实际派发现金红利为每股人民币0.108元。对于沪股通投资者中属于其他国家税收居民且其所在国与中国签订的税收协定规定股息红利所得税低于10%的，企业或个人可自行或委托代扣代缴义务人，向本公司主管税务机关提出享受税收协定待遇的申请。

(5) 对于持有公司A股的其它投资者，其现金红利所得税由其自行缴纳，实际派发现金红利为每股人民币0.12元。

在上面的资料当中，2021年5月28日是股东大会作出决议的日期，所以这一天依税收规定属于股息红利收入的实现日，2021年7月8日为股权登记日，若企业股东持续持有股票，则在收到后作为2021年度的免税所得，对此是没有争议的。但若2021年6月30日，大强公司将其持有的股票转让给了小强公司，大强公司依上述决议计算的可收分红金额为1 000万元，但现在股票转让了，谁来享受1 000万元的免税优惠呢？

一是，若从已宣告未实际取得的角度，后面的接盘方是不能享受的，承上面基金的案例，已有过被税务机关检查的先例了。

二是，转让方能否享受？因为已宣告，转让方相当于取得了一份宣告分配的权益，只是它还没有等到去办理登记，就给了另一个人，此时交易各方（在系统中交易的交易对手基本上不是一对一的，也不会知道是谁）都会知道这里包括了多少的分红利益，且不是对持有的股票产生直接影响，一般分红前价格不大会变化，其市价已体现了收益的回报空间，这个无法由交易各方所控制，还是要看系统中的供需关系，通常是在除权日后价格会有所降低，因为对应的净资产减少了。

三是，承接作出决议形成收入的税收观点，随着股票产生的股息，根据权属关系原来的人可以取得，若其转让了，其相应的价格中应认为包括了这部分的利益，即受让方给的款项中包括了转让方的分红部分，剔除之后才是转让所得。相对应，受让方支付的款项中，相当于已宣告分配的分红金额是记入应收款项的，这也支持了其转付股息红利对价，后面实际收到分红后得到补偿，同样因为分红后除权（息），相应的股票的价格也会对应作减除处理。例如股票价格是 10 元，派息 1 元，则受让方支付了 10 元，相当于 9 元是除息后的价格，1 元是先行代上市公司支付的股息。当然这不是绝对的，若真有极好的消息出现，即使派息后股价也说不定仍大涨。另外要注意原持有方持有的期限是不是达到了 12 个月，这是享受优惠的要件。

《最高人民法院公司法司法解释（四）理解与适用》对于具体利润分配权的描述也会相应地支持上面所作的分析：

三、具体的利润分配请求权可以单独转让

公司作出分配利润决议，股东享有的是具体利润分配请求权，该权利产生于作为成员权的抽象利润分配请求权，但已经脱离利润分配请求权独立存在，性质上与普通债权无异，故股东可以在不转让股权的情况下，将公司利润分配决议中已经确定分配的利润转让给他人。受让人即使不是公司的股东，亦可以基于公司利润分配决议向公司主张分配利润。因此，请求公司分配利润诉讼的原告，虽通常是股东，但亦可能是从享有具体利润分配请求权的股东处受让具体利润分配请求权的受让人。此时，该原告除了要提交载明具体分配方案的股东会决议，亦需要提交其从有权分配利润股东处受让利润分配请求权的证据材料。

四、具体的利润分配请求权并不当然随股权转让而转移

利润分配请求权属于股权的重要内容，股东转让股权，原则上应认为利润分配请求权一并转让，但这并不绝对，应当区分抽象利润分配请求权和具体利润分配请求权。公司未作出利润分配决议，股东享有的是抽象利润分配请求权，该权利是股东基于成员资格享有的股东权利的重要内容，属于股权组成部分。股东转让其成员资格的，包括利润分配请求权在内的所有权利一并转让。公司作出利润分配决议，股东享有的是具体利润分配

请求权，该权利已经独立于股东成员资格而单独存在。股东转让其成员资格，如果没有特别约定，利润分配决议形成前已经确定的利润属于原股东，原股东仍可基于公司利润分配决议向公司主张权利。

…….

六、利润分配请求权的实现方式

根据拒不分配公司利润的情形，法院支持分配利润的裁判方式也不同。对于具体的利润分配请求权，即已经在决定分配公司利润的股东会决议中指定了具体的分配方案，则法院会直接判决按照股东会决议内容执行分配方案，向股东分配利润。

对于抽象的利润分配请求权，即公司尚未未作出具体的利润分配方案，但依据《公司法司法解释四》第十五条“但书”部分应当判决公司分配利润的，则法院享有相应的裁量权。最高院认为，法院裁量权的行使过程中要贯穿以尊重公司自治为原则。判决书中应当对决议分配的期限、范围、比例底限或者具体金额作出适当的安排。关于分配的期限、范围、比例或金额等，公司章程、股东会决议或者股东协议等文件已作出明确约定的，应遵从约定。如无约定，法院可以对分配的期限、范围、比例作出要求：分配期限可以确定为判决生效之日起一定期限内；分配的范围既包括公司当年的税后利润，也包括法院认为过高的任意公积金中的一部分；分配比例主要适用于要求公司限期作出股东会分配决议的判决中在此类判决中，法院可以根据案件实际情况自由裁量确定一个比较合适的比例作为最低限制，股东会的决议只能高于不能低于该比例；但法院在综合判断后认为直接作出具体分配判决更为合适的，不需要以限期股东会作出分配决议为前置要件；此时法院可以对分配的金额作出裁判。

七、总结

利润分配是公司内部自治事项，在无法定事由的情况下，司法不能干预公司并强制要求公司分红，但这并不意味着股东的利润分配请求权无法得到救济。一般有三种救济途径：

一是在公司作出载明具体利润分配方案的股东会决议的情况下，起诉要求公司按照决议的利润分配方案执行；

二是在部分股东控制公司拒不分红、损害其他股东利益的情况下，依据《公司法司法解释四》第十五条“但书”部分要求公司分红；

三是公司连续五年盈利却拒不分红时，可依据《公司法》第七十四条要求公司按照合理的价格收购自己的股权。

这需要区分股东当前享有的抽象的利润分配请求权还是具体的利润分配请求权，并结合具体的案情进行分析，从而找出最高效便捷的解决之道。

《最高人民法院关于修改〈最高人民法院关于破产企业国有划拨土地使用权应否列入破产财产等问题的批复〉等二十九件商事类司法解释的决定》（法释〔2020〕18号）规定：

分配利润的股东会或者股东大会决议作出后，公司应当在决议载明的时间内完成利润分配。决议没有载明时间的，以公司章程规定的为准。决议、章程中均未规定时间或者时间超过一年的，公司应当自决议作出之日起一年内完成利润分配。

决议中载明的利润分配完成时间超过公司章程规定时间的，股东可以依据民法典第八十五条、公司法第二十二条第二款规定请求人民法院撤销决议中关于该时间的规定。

当明确的分红决议作出或发布之后，权利人得到的是一项具体的分红请求权，即视为债权。在这种逻辑下，其享受的权益与此权益的法律规则适用就匹配了，而不是一定要看谁最终取得此款项才能享受优惠。因为当它作为债权转让后，其他主体方是可以得到分配的利润的，并不是一定要给到有此权利的主体人。由此笔者认为，当决议分配作出后，股东是有了此项权利，所以税法明确应在被投资企业股东会或股东大会作出利润分配或转股决定的日期，确定收入的实现，这也是恰当的。既然有了此权利，相信在未来的转让中，对此款项的取得会得到相应的确认与保护，即使纳税人再转让的时候给了巨大的折扣，也不影响此类款项的利润定性，在转让时体现出来即可。而会计上对于应收股利科目的核算说明也是给予了相应的支持：

1131 应收股利

应收股利是指企业因股权投资而应收取的现金股利以及应收其他单位的利润，包括企业购入股票实际支付的款项中所包括的已宣告发放但尚未领取的现金股利和企业因对外投资应分得的现金股利或利润等，但不包括应收的股票股利

本科目期末借方余额，反映企业尚未收回的现金股利或利润。

在长期股权投资的会计准则中，规定长期股权投资采用成本法核算的，应按被投资单位宣告发放的现金股利或利润中属于本企业的部分，借记“应收股利”科目，贷记“投资收益”科目。当发生转让时，则其应收股利的款项将由受让人垫付，而受让方记入应收股利继续向被投资企业进行收取冲抵处理。

另外，企业所得税中对于国债利息收入的免税政策，是明确以持有期间确认的，依据《国家税务总局关于企业国债投资业务企业所得税处理问题的公告》（国家税务总局公告 2011 年第 36 号）规定：

（二）国债利息收入计算

企业到期前转让国债、或者从非发行者投资购买的国债，其持有期间尚未兑付的国债利息收入，按以下公式计算确定：

国债利息收入 = 国债金额 ×（适用年利率 ÷365）×持有天数

上述公式中的“国债金额”，按国债发行面值或发行价格确定；“适用年利率”按国债票面年利率或折合年收益率确定；如企业不同时间多次购买同一品种国债的，“持有天数”可按平均持有天数计算确定。

（三）国债利息收入免税问题

根据企业所得税法第二十六条的规定，企业取得的国债利息收入，免

征企业所得税。具体按以下规定执行：

1. 企业从发行者直接投资购买的国债持有至到期，其从发行者取得的国债利息收入，全额免征企业所得税。

2. 企业到期前转让国债、或者从非发行者投资购买的国债，其按本公告第一条第（二）项计算的国债利息收入，免征企业所得税。

但是个人所得税却是完全不同的，是直接绑定在股权登记日的个人作为股息红利的所得利益方，对于个人而言，没有作为一个主体进行核算的要求，是分类型确认所得的，这样的处理就相对简化了。在确认差别化股息红利的政策时，判断的信息也是基于登记人的信息，而不会再去追溯决议时对应的上一个个人。

正当情形下的税务筹划，还是可靠的。《002966 苏×银行首次公开发行股票（A 股）招股意向书摘要》有这样的内容：

2. 利润表重要项目分析

（1）经营业绩概要分析

本行 2018 年、2017 年和 2016 年的净利润分别为 23.14 亿元、21.50 亿元和 19.87 亿元。报告期内，本行 2018 年净利润同比增长 7.64%，主要是由于本行 2018 年本行贷款及垫款规模增长，相关利息收入增加，同时公允价值变动损益较去年增长；此外，2018 年本行调整经营策略，积极开展具有税收优惠的业务，取得免税证券投资基金分红收入金额较 2017 年增加 4.68 亿元，导致本年较 2017 年所得税费用下降。2017 年净利润同比增长 8.19%，主要是由于本行信贷资产质量好转，拨备计提减少所致。

……

（9）所得税费用

2018 年、2017 年和 2016 年，本行所得税费用分别为 3.99 亿元、5.69 亿元和亿元和 4.81 亿元。本行 2018 年所得税费用较 2017 年减少 29.85%，主要系2018年本行调整投资方向，取得免税证券投资基金分红收入额较方向，取得免税证券投资基金分红收入额较2017年增加4.68亿元，且2017年基于谨慎性考虑未将2017年取得的基金分红收入作为免税扣除，而于2018年汇算清缴时将该部分备案调减。

## 6.11 小结

为什么要增加一章关于（拟）上市（挂牌）公司的税务筹划案例呢?有三个原因：一是样本效应，上市公司的案例经历了一定的考验，“勇于”披露出来，具有比较好的借鉴意义；二是上市（挂牌）公司的交易规则、优惠政策，可能会带来筹划的巨大便利及机会，同时，由于税务机关对金融与资本市场的政策相对谨慎，一般不会普遍性地对不确定性事项发起税务挑战，加之上市公司的规模也相对较大，相关问题的沟通渠道也比较多；三是应对解释的借鉴，对于一些看似有问题的操作，我们可以通过相关的公告及披露的信息，来分析律师、会计师所发表的意见，并且注意某些情形下的税务机关的意见表达，会给我们提供很好的解释思路。

比如一个很有意思的定向分红的案例，也是存在一些样本，很值得我们关注与借鉴。

《深圳市××华科技股份有限公司创业板首次公开发行股票招股说明书（注册稿)》披露：

（二）发行人报告期内股利分配情况

2015年11月24日，××华有限召开股东会审议通过《关于向股东周某伟定向分红的股东会决议》，为了激励经营股东，全体股东同意向股东周某伟定向分红500万元（含税)。××华有限依法对周某伟先生的本次分红履行了个人所得税代扣代缴义务。

该次定向分红是全体股东以股东会决议形式做出的一致意思表示，为全体股东对于利润分配的有效约定。截至本招股说明书签署日，各股东之间未因本次定向分红产生任何争议或纠纷，亦未曾因此引起任何股东权益比例变动。

除上述情况外，报告期内，公司未再进行过利润分配。

《关于营口××新材料股份有限公司发行人及保荐机构回复意见》中有这样的内容：

××实业对发行人出资的资金来源于2016年11月××有限向风光实业的分红。

2016年11月22日，××有限股东会通过股东会决议，同意增加注册资本人民币4 000万元，新增注册资本4 000万元由营口市××实业发展有限公司认购。同日，××有限与××实业签署《增资协议》，双方约定××有限增资4 000万元，本次增资由××实业以人民币14 000万元认购，其中10 000万元为资本溢价计入资本公积。

2016年11月25日，××有限召开股东会审议通过，以现金形式向股东进行利润分配，分红金额为22 400万元，全体股东一致同意本次分红不按出资比例分配，向××实业分红22 400万元，王某、韩某兰不参与本次分红。

2016年11月25日－30日，××有限分5笔陆续将上述分红款转账支付给××实业，2016年11月30日，××实业将认缴增资款14 000万元缴存至××有限。2017年12月29日，致同会计师事务所（特殊普通合伙）针对本次增资出具了“致同验字（2017）第110ZC0496号”《验资报告》。

综上，××实业对发行人出资的资金来源于其作为股东从风光有限取得的22 400万元分红，其在成立短期内即缴付14 000万元出资款具有合理性。

……

4. 2016 年××有限向××实业分红的合规性

2016 年 11 月 25 日，××有限召开股东会审议通过，以现金形式向股东进行利润分配，分红金额为 22 400 万元，全体股东一致同意本次分红不按出资比例分配，向××实业分红 22 400 万元，王某、韩某兰不参与本次分红。

（1）当时有效的《公司法》并未禁止定向分红方式

根据当时有效的《公司法》第 34 条的规定，有限责任公司的股东按照实缴的出资比例分取红利，但是，全体股东约定不按照出资比例分取红利的除外。

根据 2016 年 11 月 25 日发行人通过的股东会决议，当时××有限的全体股东一致同意不按照出资比例分取红利，并定向分配给××实业，该股东会决议属于全体股东就分红事项达成的合意及约定，不存在实质性违反当时有效的《公司法》规定的情形。

（2）营口市税务主管部门已确认此次定向分红的合法合规性

2020 年 7 月 15 日，国家税务总局营口市老边区税务局出具“证明”，认为 2016 年 11 月 25 日营口市××化工有限公司进行的定向分红不违反法律法规的规定，营口市××化工有限公司、营口市××实业发展有限公司及当时的自然人股东均不需缴纳税款，亦无需对其作出纳税调整并补征税款、滞纳金或罚款。

《发行人及保荐机构关于第二轮审核问询函的回复意见（营口××新材料股份有限公司）》披露：

2. 王某、韩某兰在 2016 年向发行人实缴增资时存在占用发行人资金并通过第三方周转拆借、使用分红款偿还拆借款情况的原因

（1）短期内增加注册资本并完成实缴的原因及合理性

发行人在 2016 年拟参与神华集团等下游客户的招投标，其中部分金额较大的招标项目中对发行人的注册资本具有不低于 10 000 万元的要求，且招标工作人员表示因投标方均具有较强实力，不排除后续在评标过程中通

过考察投标方注册资本实缴情况遴选中标方。为此，发行人为增加中标可能性需要在短期内将注册资本增加至10 000万元以上并完成全部实缴。

（2）关于通过占用发行人资金方式获取增资资金后通过分红方式归还部分资金的原因及合理性

鉴于上述实缴注册资本的时间周期较短且金额较大，王某、韩某兰难以在短时间内通过归集其名下及对外存放的各账户资金完成对发行人的注册资本实缴。但直接向自然人股东分红将涉及较高税负且此次分红安排主要用于向发行人增资，故王某、韩某兰在当时积极研究税收筹划方案（即通过王某、韩某兰所控制企业对发行人增资并向该企业定向分红的方案）并就该税收筹划方案与所在地税务主管部门进行了沟通。但鉴于该等税收筹划方案的论证及沟通均需要一定时间周期，为尽快推动注册资本实缴，王某、韩某兰决定暂通过向发行人拆借资金方式解决实缴出资的资金问题，并在税收筹划方案确定后通过分红及其他自有资金的归集尽快完成占用资金的归还。

同时，王某、韩某兰为避免直接占用资金对发行人造成不利影响，故通过××电脑及上海××以往来款方式拆借该等资金，同时通过多个第三方归集、周转的方式予以归还。

上面提到的定向分红的案例，不是大家想象的只给某个人分红就结束了，前面是有着很多铺垫理由的，核心就有税的重点考虑，相信大家会大受启发。

那么，这些案例给我们带来什么样的思考、什么样的改善想法呢？

站在企业的角度，笔者认为有筹划的动机与行动很正常，就算在相关的说明中给出一些带有掩饰的、略显牵强的说法，只要是合法合规的操作，给人以正能量的表现，还是以认可为宜。而且现实当中就算披露出来，也没见到后续有税务机关对此进行检查与发起挑战后补税的案例，似乎也没有人进行过举报。另一方面，还存在一些明显违背政策的理解与做法，这些意见或许并不是上市企业自己的人员或老板想出来的，而是中介机构帮着想出来的计策。比如笔者整理过很多企业在有限改制为股份时对个税的处理，有的就是硬向“股票”的溢价上靠，认为不需要征税，这是明显的错误。对改制的处理部分律师认为属非货币性出资分五年缴，这也是政策套用的错误。还有的对于过去股东未纳税的情形，以一句超过五年过了追征期免责这种“不脸红”的方式来解释。在上市的时候，主动进行补税做出良好的表率，对融资是不是也有好处呢，再说了，这是中介机构们广而告之广大股民的话吗？总之，靠自我驱动进行的税务安排，绝不能过于依赖与信赖。“文字筹划”的解释能力。

站在税务机关的角度，笔者认为，可能存在对于资本市场的娇惯、宽容，错失了一些完善税制、统一规范、封堵漏洞的机会，以致当样本越来越多的时候，其对税收法制的漠视就会不自觉地表现出来。另外，在上市合规审核的过程中，对于一些税务疑惑的提出与认可问题，税务部门若都不参与肯定是功能缺失，无论是帮助也好，协同也好，参与进去才能发挥作用。角色的缺失，似乎真的为某些“无税区”的形成提供了条件。

资本市场的热火朝天，总要有税务的那片云出现。

# 第七章　大结局，新开始

合著者通过自己的学习、观察，通过一些案例的参与处理，通过法税多方面的人与事的接触与融合，从实务的角度，撰写本书。本书中的案例相对直白，简单，作为一本可轻松阅读的图书，希望是一种享受。

声明一下，本书之目的不在于“育人”，也不存在“教唆”之意，就算作一段时间来的学习积累笔记吧。找个地方，品品一个个零星的涉税案例，安静地思考一下税收政策的逻辑、应用，以及故事的演绎方法。所谓旁观者清，希望能够借此推进税收法定、依法纳税的理念构建，探讨企业如何顺应时代变化与国家的发展战略方向，用好税收政策的机会与空间。

## 7.1　筹划的正当性与违法性

很显然，国家的税收法制是存在适用主体、适用政策、适用优惠的差异性的，这中间的经营选择与匹配适用，自然存在利益的差别，筹划有其正当性，是国家政策给予的优惠适用权。无论是叫筹划也好，还是规划或安排也好，都不可避免地存在着追求某种税收利益的“冲动”。有时候，适用的优惠情形越多，说明从事的业务越为国家所鼓励，所以筹划自然存在着正当性。

“冲动之下也有魔鬼”，对于以虚假的事实、编造的交易、虚假的凭据为载体来实现筹划企图的，其前置行为就是违法违规的了，也正是基于此类频发的涉税违规案例，一直以来都存在着根深蒂固的对筹划的抵触和高度敏感，以致很多时候，税务筹划都要“偷偷摸摸”地进行。征纳双方之间不信任、信息不对称、利益冲突性明显，筹划二字在此时似乎暗含了某种规避合规纳税义务的不良之意。但越让筹划隐藏起来，反而越增加了其可疑性。

**【案例7-1】**某集团公司拟进行一些税务筹划安排，于是搭建了交易链条与交易架构，年度实施过程中，产生了很好的税收筹划利益。但是作为主管财税板块的副总经理，对此仍心有不安，害怕这种安排有补税的风险，自己也要承担责任，于是在相应的成本费用中，保守地计提了一定比例的减值准备（会计报表上体现，税前不作扣除），这是谨慎性筹划的体现，也是作为职业经理人必要的自我保护。当然，这种操作更多是一种隐藏式的操作，通常税务上出现指标预警或在税务检查时会有发现，但日常征管中若未涉及虚开发票等违规操作，多数处于一种“先干再说”的状态。

依照当前税务检查的一些安排，多数情形下的检查是倒算三年或五年，所以有的时候，筹划有一定的随着时间流逝而风险渐缓的感觉，隐藏式筹划也成了筹划本身的一部分。

筹划存在适用大政方针的情形，也有纯技术性的“技巧”安排，后者看似是一种“得便宜”的操作，但这种操作有时间性价值，有时会体现在某个过渡期间或试点期间。笔者观察到某些大的服务机构，给客户提出的拆分业务名目以达到调整税目降低增值税税率的方式，甚至在业界被称为“某大模式”，或许有人认为这很高大上，其实无不利用了某种政策的空间，在实践当中有的地方的税务机关会不断对此提出挑战。笔者认为，税务检查人员的理解度、包容度与专业度，一定程度决定着筹划的可持续性与安全性。但可惜的是，各地对于税务筹划的挑战，更多情形下是“单打独斗”，没有形成全国的合力，税务领域的意识迷信也让很多基层人士多了不少顾虑。

所以我们不必恐惧筹划，也不必过于担心筹划。无论你是喜欢它还是不喜欢它，它每天就发生在身边，只是其被不同的外衣包装进而演绎着各式各样的故事而已。本书从筹划与反筹划的角度出发，遵循中立之道，作分析，明风险，换位思考，意在合规、引导，能纳税更加准确。

## 7.2 筹划的多样性与表演性

在财税、法律等服务领域中，筹划业务无疑是吸引人的，毕竟其代表的是税款的节约，也就是钱的节约，所得的增加对企业和个人的吸引力很强，高兴的事当然就发生得多了。而那种应对涉税争议、复议或诉讼的业务，原本大家的心情就是一团糟，处于“各自为战”的状态，对于老板们而言，这属于“花钱免灾”，所以大家做完了这个业务，就划句号了。

在以合规为前提的筹划当中，根据笔者的理解，可以从三个角度来考虑筹划的思路：

一是，合规性筹划，此筹划的目的是在既定行为或事实的情形下，解决某些涉税的问题及税负承担。比如关于研究开发费用加计扣除的筹划，在这种情形下的筹划，是基于合规要求进行的辅助性筹划。

二是，利益性筹划，这种方式是满足符合条件下节税，达到降低企业所得税或个人所得税等税负的目的，比如关于高新技术企业，软件企业等情形。

三是结构性筹划，比如基于业务调整的安排、转移资产的处理，在最终利益未实现、结果没有达到之前，为了减少过程性的税负承担而进行的筹划。时下的并购重组多有这方面的需求。

正如《孙子兵法》中的故事，现实当中存在筹划的表演性颇强，似乎有点江湖中的“三教九流”之味。无论是实施者，还是协助实施者，在实施之前，都会作一些表演性的安排。

**【案例7-2】** 在当下“最有效”的一些筹划路径上，某些商业人士邀请专家、税务机关退休专家等政府部门的人士进行“增信”宣传，与基层税务机关进行交流、洽谈，以实现其筹划工具的落地。时下的招商平台、灵活用工平台，政府招商部门主导比较多，税务部门多为辅助角色。但某些时候，也有因税务干部的坚决反对而没有“招商成功”的案例。也有一些机构或个人，可能采取以“吓”为导向的业务宣传方式，比如吆喝这种方式风险很高，那种方式有被税务机关发现并定为违规而要求补税的案例，其背后的逻辑其实可能也是卖某项服务。包装的手段多种多样，包括讲成功学的案例，比如一分钟节约上千万、上亿元的税款，也有以制造恐惧、贩卖焦虑为焦点，打造“灵魂的工程师”的人设。当然，笔者认为，在合法的前提下，这只是营销的方式而已，很多业内的人士都或多或少使用过。

术业有专攻，服务需落地，原来以提供方案与意见书为服务结果交付的时代已经过去，现在更多的是需要有落地实施的能力与成果。由此就产生了以节税额为基准的服务费用结算方式，似乎也为大家所接受。

当下，大量代账等机构与专家是某些筹划服务的主力军，还有证券公司、信托公司等平台在开展其主业的时候一并为客户“赠送、打理”税务的筹划，像个人股票减持、信托的搭建服务中，其本身是自带“神秘”卖点，比如个人限售股减持时选择纳税地区及协助取得财政返还等，已成为了其一种服务的配置。

《国家税务总局关于进一步加强涉税专业服务行业自律和行政监管的通知》（税总纳服函〔2021〕254号）提出：

涉税专业服务行业要牢固树立“诚信为本”的理念，教育引导涉税专业服务机构及其从业人员将社会效益放在首位，恪守职业道德规范，积极支持和服务税收领域的各项改革，不得通过线上线下渠道，对税收政策和管理服务措施进行误导式解读；不得使用虚假承诺、虚假广告等手段进行业务推介；不得借改革之机诱导纳税人购买中介服务，谋取不正当利益。

……

各地税务机关要充实涉税专业服务监管力量，畅通涉税专业服务举报投诉渠道，加强涉税专业服务日常监管。对实际开展纳税申报代理、发票服务、税务咨询等涉税业务而未纳入监管、使用税务师事务所名称未办理行政登记、（注册）税务师挂名执业、无相关资质开展税收策划、出具涉税鉴证报告等违反监管规定的问题，及时责令限期改正或予以约谈。对涉税专业服务行业内较为突出的出具虚假意见、泄露委托人及关联方发票涉税数据等敏感信息、开展虚假宣传谋取不正当利益、歪曲解读税收政策措施扰乱税收秩序等问题，开展严厉整治。对经查属实的，按照《涉税专业服务监管办法（试行）》相关规定，采取列为重点监管对象、暂停受理所代理的涉税业务、扣减涉税专业服务信用积分、降低信用等级、纳入涉税服务失信名录等措施予以严肃处理。要加大典型案例曝光力度，形成警示震慑效应，促进规范涉税专业服务行业秩序。

## 7.3 财政机关、税务机关等政府部门如何协同与防范不合规筹划

本书的前面部分，更多地是站在纳税人的角度，思考新路径，新方法，以期在税收利益的追求上有探讨，也提示其有所不为之处。在最后一章中，我们不再去探讨那些看似高深的技术方案，而是需要回归自我，在平静的时间里，去思考，在自己的职业生涯中、服务过程中，在改革的浪潮不断发展变化的环境中，在税收治理持续强化的大背景下，何去何从？这是个很严肃的问题，不是去听几次筹划大课，请几个筹划专家或专业大师所能圆满解决的。

如当前一些税务筹划的处理案例中，有的问题是先由审计部门发现并转由税务部门进行的跟进处理，有的受到某些案例的牵涉，也有的是源于举报等。曾经听闻某些税务老师对此的意见表达是：某企业来本地区拓展没有业务场景的委托代征业务，招商部门请税务部门发表意见，谨慎地发表意见给拒了。

在目前各地政府的产业规划中，有诸如最强风投城市、基金小镇或基

金产业园区、人力资源产业园区、总部经济产业、互联网产业、建材之都、网红之都、互联网运输平台、影视之都等，这既是城市的名片，也是产业招商的布局。当然有的是相当靠谱的，有的就很明显就是奔着利益来的，建几栋大楼，却没有多少员工，几乎全是壳企业。应该说，不同的角色，基于不同的职责风险承担，政府不同部门对于税收问题的看法是存在差异的，有的是看到有税源的贡献，有的担心自己承担的责任。在过往公开的相关报道中，也存在着个别人士因提供便利协助、涉及利益问题而受到处理的情形。

笔者认为，在未来几年，如下的一些税务筹划事项，应会发生重大的变化。同时税务机关的谨慎性会得到明显提高，无论是领导干部，还是基层的办事人员，这种意识正在持续加强中。比如新近财税部门对一些重大案例的公布或通报，一些代表性地区的政策调整，就在无形之中强化了征管水平。一些之前频频发布筹划消息的专家们也慢慢沉寂下来，希望也是多一种反思吧。

一是某些不合规的核定正在大范围地消失，比如对于合伙企业或个人独资企业的限售股减持的核定，对于巨额贸易收入的核定，对于大额股权转让收益的核定，在经历了清理、整顿之后，正在回归查账征收的体系。对于一般纳税人身份的企业的核定，也在试点进行清理调整，不再允许地方上无限制地放开“口子”。

二是灵活用工平台、预付卡费用平台、劳务派遣公司、网红经济等产业模式受到关注，部分情形下的发票虚开的风险越来越大。

三是委托代征的大幅度减少。以征收率为特色的大额代开，正在受到越来越多的关注，不再向一些社会人士或机构大规模地开放。

四是对于大比例财政返还或奖励方式的限制与调整。例如某地明确要求各区之间不得对于限售股减持进行彼此的“财政招商”，不得在彼此竞争中让财政受到“伤害”。

五是重点行业的回头看、强征管措施。比如对于影视业，很有可能再来一遍重点“关照式”的处理。

在样本效应下，在相关部门持续加强问题披露力度的背景下，各地政府对于过去招商过程当中的一些行为也进行了调整。不过，目前来看，还是税务部门承担了更多的职责与压力，在出现问题之后，受到的舆论关注也比较多。在这种情形下，对于税收违法行为的容忍度将变得越来越低，纳税人纵使与政府其他相关部门保持着“良好的关系”，亦很难在税务严格的程序规范与严肃的整顿要求下，从容地解决一些不合规的安排，解决由此产生的问题。

另外，部门之间的协作，也包括个人股权转让方面、企业注销、跨地区迁移等事务的彼此协作，这些事务中存在的筹划安排，也是需要在不同的政府部门之间进行处理，同时也在不断尝试一些新的方式方法。

笔者认为，在应对税务筹划的案例时，有必要考虑表 7－1 中的因素：

**表 7－1　　应对税务筹划时需要考虑的因素**

| 因素 | 关注点 | 可能的风险点 | 相关行业 |
|---|---|---|---|
| 业务是否真实 | 提供业务发生的证据，比如服务的交付内容及合理性、支付金额的合理性、支付方的负责人信息等。不过服务的内容是什么多有税务人士以货物比较非要验明正身进入折腾误区 | 业务不真实，再筹划也是假的，无非是转移利润、减少税负，或套取现金 | 比如咨询、医疗、建安、影视网红、广告、保险、金融等重点风险领域 |
| 业务真实体现情形下的合理性 | 主要是指交易的合理性，部分情形下是“避税”的安排 | 关联交易等的风险 | 比如大额费用支付的情形 |
| 资金回流的问题 | 这往往是问题虚假的主要表现，但不代表资金转入实控人手中就一定存在问题 | 主体业务的真实性，比如拿工资的高管设立个独、个体户又向单位开具发票的情形 | 互联网类型的企业 |

续表

| 因素 | 关注点 | 可能的风险点 | 相关行业 |
|---|---|---|---|
| 平台型费用的情形 | 取得的是互联网平台型企业、劳务派遣公司、委托代征费用、互联网货运平台的发票等 | 落实业务支付的真实性，以及取得发票的合理性，至于中间方开具的发票是否存在虚开，对于真实的业务，目前还没有特别明确的定性 | 网红、医疗、物流等行业的企业 |

在接下来的几年，税收立法的进程将持续推进并逐步收尾，同时，基于税种征收的中央与地方财政分配的改革，也在推进中，比如关于房地产税的推出、关于中央与地方的消费税的分配归属等，都是影响比较重大的。当下各地财政收入也是面临着一些压力，要实现增收目标，就要在地区的产业发展、招商引资中有所安排，亦需要在强化税收征管手段方面有所作为。适当地、高效应对税收违法的行为，遏制野蛮税务筹划，正在路上。

## 7.4　税务筹划，合法是基础，合理、合情是空间

这个标题太大，笔者权当抛砖引玉，作一点启发性的探讨。在不同的人眼里，对税务筹划有不同的认识，比如纳税人希望其带来节税的机会，而税务机关可能就时时防范税收流失的风险。当双方同时站在跑道上时，他们可能是一组平行线，但当跑了第一圈之后，赛道可能就互相串了，你中有我，我中有你，很多问题都会存在要达成共识的地方。

在过去、现在及未来，在国内与国外，因为税收的强制性、无偿性，所以从税收产生的时候起，税务筹划就一直存在，且应用场景越来越多，也越来越复杂。

在本书中，笔者一直倡导的是正能量的税务筹划，与国家和社会共同进步的税务筹划。具体到法制环境、征管环境中，如何与时俱进地发展，也是个很大的课题。粗略分析，可以考虑表 7－2 中的五个方面：

表 7－2　　与时俱进的税务筹划需要考虑的五个方面

| 考虑的方面 | 考虑的因素 | 筹划的风险 |
|---|---|---|
| 国家鼓励的行业性税收优惠 | 产业调整，达到可适用的条件 | 低，可充分地规划适用 |
| 国家鼓励发展的地区 | 合理分配，利用差异化的优惠窗口期 | 低，但需要适当匹配享受的条件，而不是形式化的套用 |
| 国家鼓励类的企业类型 | 创造条件，达到可享受的条件 | 低，但相应的条件需要自创进行显性化 |
| 税收技术性的筹划 | 利用税种间的差异、主体计税的差异、政策条文当中的特例差异，找到某个筹划的“机会”，这属于技术性的筹划 | 结合征管方面的程序与理解进行操作，风险相对可控 |
| 政策不明确情形下的筹划 | 在有利于纳税人的前提下寻找空间机会 | 属于可遇不可求的机会，需要短期地进行评估、适用 |

在之前的一些案例与政策的分析中，我们多次强调合法筹划的重要性，筹划既然是纳税人的权利，那么也需要承担相应的或可能的责任和义务，它是一个事情的两个方面。

当我们在思考一个筹划想法时，通常会有多个出发点，但要以合法为基础。一是源于自我感觉的税负过重；二是看到或者借鉴其他同行的“套路”或“操作”；三是源自专家们的建议或服务意见。几乎每个介绍自己服务方案或建议的机构或专家，都极可能认为自己的方案是“合法合规”的，是久经考验的，这是一贯的“广告词”，但真出了问题，找不到影、甩锅的情形比比皆是。实际上，对于合法的理解，本身就很考验专业技术，并不是口头所说的合法就是合法。笔者认为合法的前提是尊重事实，所有事项要体现在账目上，而不是通过私户收款、说不明白原因变换名目收款来避税，还有一些利用境外渠道收款等隐性野蛮的偷逃税款方式。基于合法的前提，假设后续税务机关不予认可进行追税，在主观故意的认定上还是有解释空间的，比如理想状态下五年的追溯期的适用，也是对纳税人的一种保护。

另外，对于法的理解，也需要进行一些探讨。涉及税收的法律、法规并不多，涉及的税务部门规章（国家税务总局令）也不多，存在更多的是大量的税务规范性文件，这就有了一些人关注的上位法与下位法相衔接的处理问题，在一些法院案例中也有同时提起合法性审查的情形。因此，对于“法”的范围理解，需要进行专业判断，从其所处的法律级次、上下对接方面，进行研判及分析、应用。所以，对于某些文件需要带着自己的法律思维来考虑。不过，由于规范性文件代表了税收管理机关与征税机关的意见，一定程度上具有相当高的权威性，在法院层面上，普遍性地会得到相当的认可。而对于法的遵循，除了上面提到的对法律层级方面的关注，还有“解释”方面的合法，鉴于成文法的特点，会存在一些理解的差异，纳税人的理解与税务机关的理解的差异、不同税务机关人士的理解差异等，现实当中可谓“五花八门”，屡有意见相左的情形。这时的合法，你会如何看待呢？持怀疑态度的求证过程，本身就是对于合法的一种追求。

税务筹划与做人一样，人间正道是沧桑，尽量避免那些“歪门邪道”！以法为根基，心里不慌，于己于客户均有底。

当我们基于合法前提去追求利益的过程中，以什么样的方式来书写自己的筹划故事呢？这就需要有场景化的考虑了。基于合理之需、合理发生、合理目标情形下的安排，认为这个事项符合自然之法，取之有度，适可而止，不冒进，不激进，比如一般的市场行情是10万元的标准，利用关联方交易做到500万元，并且还没有支持性的资料或资产，就可能受到质疑，“乐极生悲”。此时若有税务举报发生，料想会很难处理。承如我们开篇的内容所讲，一项税务筹划的安排，其实可以认为是一个故事，故事的高潮内容就是合情了，晓之以理，动之以情，可能效果会更好。在法制的大环境下，不可否认的是，若干个人作为主体在参与法的遵从、理解与判断，合理、合情之下，才会更好地去表达，那么对于法的遵从才会得到认可。

比如疫情之下，就给一些税务筹划提供了应用的场景，特别是创新产品的使用，比如互联网联系工具、文档传递工具、网络签章、电子发票的使用，对于安全方面的投入与使用等，放在不同的时代背景下，去丰富自己的筹划产品，可能就更容易被理解与接受。

尽管基于合法、合理与合情前提下的筹划处理是我们提倡的，但是，凡事皆需要考虑不利情形下的风险发生及应对的预案，即使是再完美的方案，有时在一个非常规的场景当中，也会遇到推进困难。因为越是不按套路出招的质疑，越是需要证明自己是对的，特别是在进入司法程序之前，纳税人会明显陷入涉税处理的被动局面，所以任何的税务筹划都需要具备忧患意识，多想想不利的可能，切勿沉迷于“理想的结果”。

从事税务筹划的时候，不妨考虑一下法税同行，拓宽视野，汲取经验，集合多专业方式，增加确定性系数。站在税务机关的角度，对于不合规的税务筹划，知彼知己，给出有理、有据、有节的警示与引导，通过样本效应进行治理，因势利导。同时及时查漏补缺，启动多部门联动机制，虽任重道远，但已在路上。

## 7.5 小结

税收政策，既然是思维所制定出来的规则，它就是有理解选项的，有理解空间的，税务筹划就有天然存在的土壤。

钱是需要挣出来的，不是光省就能省出来。所以不要对税务筹划寄望过高，同时也不宜全民齐筹划，尽管对筹划抱有很高的期许，有节税效果很开心，但它不应是一个生意人的全部。走向违法犯罪之路的筹划，那就不是税务筹划，而是“玩火自焚”。

创业人、生意人，皆有或大或小的雄心之志，也有其过人之处；作为提供商业服务的中介人士，不宜过于清高，自认聪明之至。所谓大智若愚，其实有很多做企业、做业务的理念与取舍观，远非税务小聪明能媲美的。知晓规则、合理推演、有利保障、维护细节，受人之托，本分之责。有时，作为服务人士在看待税务问题时，看到的是“损失”了多少利益，而商业人士看待问题思考的则是挣了多少钱，只要有挣钱，边际收益就是增加的。更何况，对于具备一定身家规模以上的老板，节税就可能真是节约了一个数字的感觉了。

税务筹划的存在，在于术业有专攻，经验与案例的积累，与生产技术有异曲同工之处，所以它也是一种可用的生产要素，可锦上添花，助力竞争，此为常规功效。至于流传于江湖上的一些带来了巨大价值的经典筹划案例，笔者认为是存在的，这种案例须同时具备天时、地利、人和之势，复制性相对有限，偶尔“天上掉下个林妹妹”是有可能的。但多数是移花接木式的故事而已。

但，税务筹划很多时候存在野蛮成长的过程，正如开篇所言：君子爱财，取之有道。若缺乏对于法的尊重与敬畏，野蛮地“筹划”无异于离法律的惩处越来越近。

当下，新经济业态发生着巨大变化，制造业面临着新的升级机遇，同时法制化进程加速，监管手段与工具全方位落实，媒体信息加速流动，经营风险陡增。夹在其间的税务风险首当其冲，税务筹划的技术需要有法的保障基础，也需要“洗心革面”，进行相应的升级、升华。税务征管与稽查部门在观察、应对税务筹划的过程中不断进步，从纵容、检查、清查，到处理、打击，再到引导、共存，这是彼此的新时代，也即将面临新挑战。

凡事预则立，当发现问题，从口号走到实践当中时，需要政策的引导、完善与责任的明确，从点到面，从熟悉的可触及的领域到敏感的、金融的领域，当下正是发展契机。长效机制、数字机制、制约机制，也正在路上。同时要考虑在处理税务筹划的问题时，有“敌我矛盾（如跨境、违法犯罪等行为)”，也有“人民内部矛盾”，亦需要锁定重点，关注并进行反筹划。

筹划与反筹划，如果相遇，愿留下美好！

**附件1：**

## 中共中央办公厅、国务院办公厅印发了《关于进一步深化税收征管改革的意见》

近年来，我国税收制度改革不断深化，税收征管体制持续优化，纳税服务和税务执法的规范性、便捷性、精准性不断提升。为深入推进税务领域“放管服”改革，完善税务监管体系，打造市场化法治化国际化营商环境，更好服务市场主体发展，现就进一步深化税收征管改革提出如下意见。

**一、总体要求**

（一）指导思想。以习近平新时代中国特色社会主义思想为指导，全面贯彻党的十九大和十九届二中、三中、四中、五中全会精神，围绕把握新发展阶段、贯彻新发展理念、构建新发展格局，深化税收征管制度改革，着力建设以服务纳税人缴费人为中心、以发票电子化改革为突破口、以税收大数据为驱动力的具有高集成功能、高安全性能、高应用效能的智慧税务，深入推进精确执法、精细服务、精准监管、精诚共治，大幅提高税法遵从度和社会满意度，明显降低征纳成本，充分发挥税收在国家治理中的基础性、支柱性、保障性作用，为推动高质量发展提供有力支撑。

（二）工作原则。坚持党的全面领导，确保党中央、国务院决策部署不折不扣落实到位；坚持依法治税，善于运用法治思维和法治方式深化改革，不断优化税务执法方式，着力提升税收法治化水平；坚持为民便民，进一步完善利企便民服务措施，更好满足纳税人缴费人合理需求；坚持问题导向，着力补短板强弱项，切实解决税收征管中的突出问题；坚持改革创新，深化税务领域“放管服”改革，推动税务执法、服务、监管的理念和方式手段等全方位变革；坚持系统观念，统筹推进各项改革措施，整体性集成式提升税收治理效能。

（三）主要目标。到2022年，在税务执法规范性、税费服务便捷性、税务监管精准性上取得重要进展。到 2023 年，基本建成“无风险不打扰、有违法要追究、全过程强智控”的税务执法新体系，实现从经验式执法向科学精确执法转变；基本建成“线下服务无死角、线上服务不打烊、定制服务广覆盖”的税费服务新体系，实现从无差别服务向精细化、智能化、个性化服务转变；基本建成以“双随机、一公开”监管和“互联网 + 监管”为基本手段、以重点监管为补充、以“信用 + 风险”监管为基础的税务监管新体系，实现从“以票管税”向“以数治税”分类精准监管转变。到 2025 年，深化税收征管制度改革取得显著成效，基本建成功能强大的智慧税务，形成国内一流的智能化行政应用系统，全方位提高税务执法、服务、监管能力。

## 二、全面推进税收征管数字化升级和智能化改造

（四）加快推进智慧税务建设。充分运用大数据、云计算、人工智能、移动互联网等现代信息技术，着力推进内外部涉税数据汇聚联通、线上线下有机贯通，驱动税务执法、服务、监管制度创新和业务变革，进一步优化组织体系和资源配置。2022 年基本实现法人税费信息“一户式”、自然人税费信息“一人式”智能归集，2023 年基本实现税务机关信息“一局式”、税务人员信息“一员式”智能归集，深入推进对纳税人缴费人行为的自动分析管理、对税务人员履责的全过程自控考核考评、对税务决策信息和任务的自主分类推送。2025 年实现税务执法、服务、监管与大数据智能化应用深度融合、高效联动、全面升级。

（五）稳步实施发票电子化改革。2021 年建成全国统一的电子发票服务平台，24 小时在线免费为纳税人提供电子发票申领、开具、交付、查验等服务。制定出台电子发票国家标准，有序推进铁路、民航等领域发票电子化，2025 年基本实现发票全领域、全环节、全要素电子化，着力降低制度性交易成本。

（六）深化税收大数据共享应用。探索区块链技术在社会保险费征收、房地产交易和不动产登记等方面的应用，并持续拓展在促进涉税涉费信息共享等领域的应用。不断完善税收大数据云平台，加强数据资源开发利用，持续推进与国家及有关部门信息系统互联互通。2025 年建成税务部门

与相关部门常态化、制度化数据共享协调机制，依法保障涉税涉费必要信息获取；健全涉税涉费信息对外提供机制，打造规模大、类型多、价值高、颗粒度细的税收大数据，高效发挥数据要素驱动作用。完善税收大数据安全治理体系和管理制度，加强安全态势感知平台建设，常态化开展数据安全风险评估和检查，健全监测预警和应急处置机制，确保数据全生命周期安全。加强智能化税收大数据分析，不断强化税收大数据在经济运行研判和社会管理等领域的深层次应用。

## 三、不断完善税务执法制度和机制

（七）健全税费法律法规制度。全面落实税收法定原则，加快推进将现行税收暂行条例上升为法律。完善现代税收制度，更好发挥税收作用，促进建立现代财税体制。推动修订税收征收管理法、反洗钱法、发票管理办法等法律法规和规章。加强非税收入管理法制化建设。

（八）严格规范税务执法行为。坚持依法依规征税收费，做到应收尽收。同时，坚决防止落实税费优惠政策不到位、征收“过头税费”及对税收工作进行不当行政干预等行为。全面落实行政执法公示、执法全过程记录、重大执法决定法制审核制度，推进执法信息网上录入、执法程序网上流转、执法活动网上监督、执法结果网上查询，2023 年基本建成税务执法质量智能控制体系。不断完善税务执法及税费服务相关工作规范，持续健全行政处罚裁量基准制度。

（九）不断提升税务执法精确度。创新行政执法方式，有效运用说服教育、约谈警示等非强制性执法方式，让执法既有力度又有温度，做到宽严相济、法理相融。坚决防止粗放式、选择性、“一刀切”执法。准确把握一般涉税违法与涉税犯罪的界限，做到依法处置、罚当其责。在税务执法领域研究推广“首违不罚”清单制度。坚持包容审慎原则，积极支持新产业、新业态、新模式健康发展，以问题为导向完善税务执法，促进依法纳税和公平竞争。

（十）加强税务执法区域协同。推进区域间税务执法标准统一，实现执法信息互通、执法结果互认，更好服务国家区域协调发展战略。简化企业涉税涉费事项跨省迁移办理程序，2022年基本实现资质异地共认。持续扩大跨省经营企业全国通办涉税涉费事项范围，2025年基本实现全国通办。

（十一）强化税务执法内部控制和监督。2022年基本构建起全面覆盖、全程防控、全员有责的税务执法风险信息化内控监督体系，将税务执法风险防范措施嵌入信息系统，实现事前预警、事中阻断、事后追责。强化内外部审计监督和重大税务违法案件“一案双查”，不断完善对税务执法行为的常态化、精准化、机制化监督。

**四、大力推行优质高效智能税费服务**

（十二）确保税费优惠政策直达快享。2021年实现征管操作办法与税费优惠政策同步发布、同步解读，增强政策落实的及时性、确定性、一致性。进一步精简享受优惠政策办理流程和手续，持续扩大“自行判别、自行申报、事后监管”范围，确保便利操作、快速享受、有效监管。2022年实现依法运用大数据精准推送优惠政策信息，促进市场主体充分享受政策红利。

（十三）切实减轻办税缴费负担。积极通过信息系统采集数据，加强部门间数据共享，着力减少纳税人缴费人重复报送。全面推行税务证明事项告知承诺制，拓展容缺办理事项，持续扩大涉税资料由事前报送改为留存备查的范围。

（十四）全面改进办税缴费方式。2021年基本实现企业税费事项能网上办理，个人税费事项能掌上办理。2022年建成全国统一规范的电子税务局，不断拓展“非接触式”、“不见面”办税缴费服务。逐步改变以表单为载体的传统申报模式，2023年基本实现信息系统自动提取数据、自动计算税额、自动预填申报，纳税人缴费人确认或补正后即可线上提交。

（十五）持续压减纳税缴费次数和时间。落实《优化营商环境条例》，对标国际先进水平，大力推进税（费）种综合申报，依法简并部分税种征期，减少申报次数和时间。扩大部门间数据共享范围，加快企业出口退税事项全环节办理速度，2022年税务部门办理正常出口退税的平均时间压缩至6个工作日以内，对高信用级别企业进一步缩短办理时间。

（十六）积极推行智能型个性化服务。全面改造提升12366税费服务平台，加快推动向以24小时智能咨询为主转变，2022年基本实现全国咨询“一线通答”。运用税收大数据智能分析识别纳税人缴费人的实际体验、个性需求等，精准提供线上服务。持续优化线下服务，更好满足特殊人员、特殊事项的服务需求。

（十七）维护纳税人缴费人合法权益。完善纳税人缴费人权利救济和税费争议解决机制，畅通诉求有效收集、快速响应和及时反馈渠道。探索实施大企业税收事先裁定并建立健全相关制度。健全纳税人缴费人个人信息保护等制度，依法加强税费数据查询权限和留痕等管理，严格保护纳税人缴费人及扣缴义务人的商业秘密、个人隐私等，严防个人信息泄露和滥用等。税务机关和税务人员违反有关法律法规规定、因疏于监管造成重大损失的，依法严肃追究责任。

**五、精准实施税务监管**

（十八）建立健全以“信用+风险”为基础的新型监管机制。健全守信激励和失信惩戒制度，充分发挥纳税信用在社会信用体系中的基础性作用。建立健全纳税缴费信用评价制度，对纳税缴费信用高的市场主体给予更多便利。在全面推行实名办税缴费制度基础上，实行纳税人缴费人动态信用等级分类和智能化风险监管，既以最严格的标准防范逃避税，又避免影响企业正常生产经营。健全以“数据集成+优质服务+提醒纠错+依法查处”为主要内容的自然人税费服务与监管体系。依法加强对高收入高净值人员的税费服务与监管。

（十九）加强重点领域风险防控和监管。对逃避税问题多发的行业、地区和人群，根据税收风险适当提高“双随机、一公开”抽查比例。对隐瞒收入、虚列成本、转移利润以及利用“税收洼地”、“阴阳合同”和关联交易等逃避税行为，加强预防性制度建设，加大依法防控和监督检查力度。

·（二十）依法严厉打击涉税违法犯罪行为。充分发挥税收大数据作用，依托税务网络可信身份体系对发票开具、使用等进行全环节即时验证和监控，实现对虚开骗税等违法犯罪行为惩处从事后打击向事前事中精准防范转变。健全违法查处体系，充分依托国家“互联网+监管”系统多元数据汇聚功能，精准有效打击“假企业”虚开发票、“假出口”骗取退税、“假申报”骗取税费优惠等行为，保障国家税收安全。对重大涉税违法犯罪案件，依法从严查处曝光并按照有关规定纳入企业和个人信用记录，共享至全国信用信息平台。

**六、持续深化拓展税收共治格局**

（二十一）加强部门协作。大力推进会计核算和财务管理信息化，通过电子发票与财政支付、金融支付和各类单位财务核算系统、电子档案管理信息系统的衔接，加快推进电子发票无纸化报销、入账、归档、存储。持续深化“银税互动”，助力解决小微企业融资难融资贵问题。加强情报交换、信息通报和执法联动，积极推进跨部门协同监管。

（二十二）加强社会协同。积极发挥行业协会和社会中介组织作用，支持第三方按市场化原则为纳税人提供个性化服务，加强对涉税中介组织的执业监管和行业监管。大力开展税费法律法规的普及宣传，持续深化青少年税收法治教育，发挥税法宣传教育的预防和引导作用，在全社会营造诚信纳税的浓厚氛围。

（二十三）强化税收司法保障。公安部门要强化涉税犯罪案件查办工作力量，做实健全公安派驻税务联络机制。实行警税双方制度化、信息化、常态化联合办案，进一步畅通行政执法与刑事执法衔接工作机制。检察机关发现负有税务监管相关职责的行政机关不依法履责的，应依法提出检察建议。完善涉税司法解释，明晰司法裁判标准。

（二十四）强化国际税收合作。深度参与数字经济等领域的国际税收规则和标准制定，持续推动全球税收治理体系建设。落实防止税基侵蚀和利润转移行动计划，严厉打击国际逃避税，保护外资企业合法权益，维护我国税收利益。不断完善“一带一路”税收征管合作机制，支持发展中国家提高税收征管能力。进一步扩大和完善税收协定网络，加大跨境涉税争议案件协商力度，实施好对所得避免双重征税的双边协定，为高质量引进来和高水平走出去提供支撑。

**七、强化税务组织保障**

（二十五）优化征管职责和力量。强化市县税务机构在日常性服务、涉税涉费事项办理和风险应对等方面的职责，适当上移全局性、复杂性税费服务和管理职责。不断优化业务流程，合理划分业务边界，科学界定岗位职责，建立健全闭环管理机制。加大人力资源向风险管理、税费分析、大数据应用等领域倾斜力度，增强税务稽查执法力量。

（二十六）加强征管能力建设。坚持更高标准、更高要求，着力建设德才兼备的高素质税务执法队伍，加大税务领军人才和各层次骨干人才培养力度。高质量建设和应用学习兴税平台，促进学习日常化、工作学习化。

（二十七）改进提升绩效考评。在实现税务执法、税费服务、税务监管行为全过程记录和数字化智能归集基础上，推动绩效管理渗入业务流程、融入岗责体系、嵌入信息系统，对税务执法等实施自动化考评，将法治素养和依法履职情况作为考核评价干部的重要内容，促进工作质效持续提升。

**八、认真抓好贯彻实施**

（二十八）加强组织领导。各地区各有关部门要增强“四个意识”、坚定“四个自信”、做到“两个维护”，切实履行职责，密切协调配合，确保各项任务落地见效。税务总局要牵头组织实施，积极研究解决工作推进中遇到的重大问题，加强协调沟通，抓好贯彻落实。地方各级党委和政府要按照税务系统实行双重领导管理体制的要求，在依法依规征税收费、落实减税降费、推进税收共治、强化司法保障、深化信息共享、加强税法普及、强化经费保障等方面提供支持。

（二十九）加强跟踪问效。在税务领域深入推行“好差评”制度，适时开展监督检查和评估总结，减轻基层负担，促进执法方式持续优化、征管效能持续提升。

（三十）加强宣传引导。税务总局要会同有关部门认真做好宣传工作，准确解读便民利企政策措施，及时回应社会关切，正确引导社会预期，营造良好舆论氛围。

**附件 2：**

## 财政部 税务总局关于权益性投资经营所得个人所得税征收管理的公告 财政部 税务总局公告 2021 年第 41 号

为贯彻落实中央办公厅、国务院办公厅《关于进一步深化税收征管改革的意见》有关要求，深化“放管服”改革，现就权益性投资经营所得个人所得税征收管理有关问题公告如下：

一、持有股权、股票、合伙企业财产份额等权益性投资的个人独资企业、合伙企业（以下简称独资合伙企业），一律适用查账征收方式计征个人所得税。

二、独资合伙企业应自持有上述权益性投资之日起 30 日内，主动向税务机关报送持有权益性投资的情况；公告实施前独资合伙企业已持有权益性投资的，应当在 2022 年 1 月 30 日前向税务机关报送持有权益性投资的情况。税务机关接到核定征收独资合伙企业报送持有权益性投资情况的，调整其征收方式为查账征收。

三、各级财政、税务部门应做好服务辅导工作，积极引导独资合伙企业建立健全账簿、完善会计核算和财务管理制度、如实申报纳税。独资合伙企业未如实报送持有权益性投资情况的，依据税收征收管理法相关规定处理。

四、本公告自 2022 年 1 月 1 日起施行。

特此公告。

**财政部 税务总局**

2021 年 12 月 30 日

# 后　记

从着手准备写这本书，到初步形成稿件，前后历时半年多。这其中我们观察了很多的筹划案例，色彩纷呈，在快速变革的今天，似大浪淘沙，每个故事中的人们在经历着其中的酸甜苦辣，有的在暗中窃喜，有的在苦苦追寻，有的在经受一些折腾，也有个别的走入不归路。

当自由筹划的空间越来越小的时候，当考验技术的门槛越来越高的时候，我们不妨平静下来，权当歇歇脚，经过数年来的筹划生意的一路狂奔，红灯已开始亮起。这时候，每个人不妨也总结一下，让自己更好地与时俱进。

曾经我们也在思考，写这本书有没有必要，会不会得罪人，或者会不会丢了饭碗。我们感觉，知识的分享永远是在路上的，这段路没有终点，它不是装在肚子里就能生财，也不需要时不时地拿出来炫耀一下，放大自己的虚荣。至少笔者认为，分享使我进步，让我们的法税伙伴在进步。更为主要的是，当我们在思考税务筹划的时候，也在学习着如何从正能量的视角去看待，去专业地表达与引导，参与到国家税制改革的大潮中，做一点有益的工作，而不是让自己单纯地成为一个生意人、一个缺乏正义价值的人。或许这也是当代年轻人们需要去思考、去反思的地方。

纵观这些年，关于税务筹划的图书、文章、培训层出不穷，所谓高端的、流行的，良莠不齐，很多时候，我们的观点是从纳税人的角度展开的，在特别自我的时候，就很容易迷失方向。有时认为自己无所不能，有时认为自己做得不够光明磊落，关于这些，有必要以一种新的角度来看待，来探讨。我们也是第一次引入反筹划的问题进行思考，矛与盾，一件事情的两个方面，它是永远存在的，我们不能忽略它，更不能忽视它。

对于书中合著者所自创的一些名字与方法，无非是希望做到一种技术上的通俗易懂的表达，不代表它多么得先进，多么得高大上。读过我书的伙伴应知道，其实我们就是探讨一些接地气的东西，高大上的东西因为忽悠之气离得太遥远，我们还是要生活在现实中。同时，我们要放平自己的心态，在做一点税务筹划的时候，要尊重我们的“对手”，更要尊重事实。没有一个人比自己笨，比自己“傻”，只是很多的明白人不去较真，看得开而已。所以以务实、低调的心态来看待税务筹划，它可能会变得美丽起来。我们也希望让它滤去伤害、远离“仇恨”。

本书由郝龙航（第三只眼）统筹规划、统一梳理。其中，郝龙航、王骏、张妍共同梳理撰写第一章、第二章、第三章和第五章，陈仁梳理撰写第四章、第六章，刘剑、谢波峰、王淑红等专家给予了合规理解方面的指导，编委中的很多老师提供了相应的素材与案例，大家以正能量为初心，以专业为导向，以知识助力企业合规、健康成长。此外，还有很多同行、老师给予了点点滴滴的帮助和关心，我们将记在心中，感恩前行。

阳光总在风雨后，我们国家，我们每个人，相信在抗击疫情的过程中，都更加成熟、更加自信，也更加有责任感。纳税义务属于法定之责，不可儿戏，而政策给予的权利，恰当地行使，有所为，有所不为，是事之本，人之本。

但愿这是你喜欢的一本书！

2021 年 12 月 10 日